# Dictionnaire amoureux
# de la Bretagne

Du même auteur

*Romans*

*Le Charme noir*, Gallimard, 1983.
*Les Noces barbares*, Gallimard, 1985. Prix Goncourt.
*La Femme sous l'horizon*, Julliard, 1988.
*Le Maître des chimères*, Julliard, 1990.
*Prends garde au loup*, Julliard, 1992.
*Disparue dans la nuit*, Grasset, 1994.
*Noir animal*, Bartillat, 1995.
*La Force d'aimer*, Grasset, 1996.
*Happy Birthday, Sara*, Grasset, 1998.
*Osmose*, Laffont, 2000.
*Boris après l'amour*, Fayard, 2002.
*Vert cruel*, Bartillat, 2003.
*Moi et toi*, Fayard, 2004.
*Les Affamés*, Fayard, 2004.
*Ma première femme*, Fayard, 2005.
*La Dégustation*, Fayard, 2005.
*L'Amante*, Fayard, 2006.
*Mineure*, Blanche, 2006.
*L'amour est fou*, Fayard, 2006.
*Le Plus Heureux des hommes*, Fayard, 2007.
*La Puissance des corps*, Fayard, 2009.
*Les Sables du Jubaland*, Plon, 2010.

(suite en fin d'ouvrage)

Yann Queffélec

# Dictionnaire amoureux de la Bretagne

*Dessins d'Alain Bouldouyre*

L'ABEILLE
PLON

92, avenue de France
75013 Paris
Tél. : 01 44 16 09 00
Fax : 01 44 16 09 01
www.plon.fr
www.lisez.com

Dépôt légal : mars 2020
ISBN : 978-2-259-28345-8
Mise en pages : Nord Compo

*À Neven-Ael, mon fils chéri,*
*et à tous les* bugale Breizh *et*
*d'ailleurs.*

*Plus qu'aucun peuple, les Bretons ont gardé vivantes les coutumes et les pensées de leur race... On a depuis longtemps remarqué les différences profondes qui séparent les uns des autres, les Léonards, les Trégorrois, les Vannetais. Ou encore les habitants des côtes et les habitants de l'intérieur. L'individualisme que l'on a signalé comme la caractéristique de la race prise dans son ensemble est encore la marque de chacun des membres qui la composent. Rien n'est plus complexe que le caractère breton, ce prodigieux mélange de ténacité et d'indécision, d'énergie et d'inertie, de rusticité et de délicatesse, de matérialisme et d'idéalisme, de violence imprévue et de maîtrise de soi-même, la simplicité du raisonnement unie à l'intelligence la plus souple et à l'imagination la plus vive. Ce tout, ondoyant et divers comme la mer qui frappe les falaises de Bretagne, est fait pour déconcerter les critiques qui cherchent à enfermer l'âme d'un peuple dans une formule étroite.*

Georges DOTTIN, professeur,
université de Rennes, 6 novembre 1902.

# *Breizh*

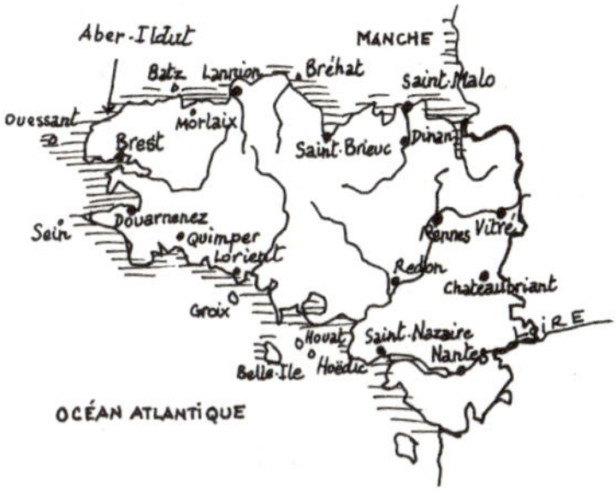


*Ma Bretagne est d'Armor, le pays dans la mer.*

*Elle est d'Armor, elle est d'Argoat – mer et forêts –, arrimée par l'ouest à ses destinées atlantiques, et par l'est à la pointe aiguë du socle européen.*

*On y allait en train quand j'étais enfant. Le Paris-Brest à vapeur des années 50. La moleskine olivâtre du compartiment pour huit, les œufs durs écalés sur les genoux, la limonade poisseuse, trois gorgées chacun – une baffe à l'occasion ! Neuf heures de rail sans voir la mer ou si peu vers Saint-Brieuc, pas toujours. On débarquait à Brest avec l'impression d'amerrir au bout du monde, hébétés, couverts d'escarbilles. Un mirage à perte de vue, la rade, l'océan plein ouest après six cent vingt-sept kilomètres de voie ferrée.*

*Devant la gare SNCF, un poussif autocar Chausson crème et rouge emportait les estivants dans sa tournée des villages et lieux-dits* via *Saint-Renan, valises sanglées sur le toit. On descendait à l'Aber-Ildut en pays léonard, le* pagus, *chez nous, et l'été commençait. Trois mois d'éternité radieuse.*

*Ma Bretagne fut un royaume, il n'y a pas si longtemps. Elle avait ses rois, ses Rois mages et ses dieux, tous aujourd'hui ralliés au Fils de Bethléem. Elle tenait tête à l'Empire carolingien, deux fois vaincu par ses armées dans les parages de Redon.*

*J'entends d'ici ricaner la galerie : Ça va comme ça, les Bretons, vos bling-bling de nostalgie, vos binious et autres* kenavo, *vos épées magiques. Assez du folklore* brezhoneg *et des* Gwenn-ha-Du *qui n'ont jamais existé.*

*On répond : Taisez-vous, raisonneurs, pisse-froid, vos pseudo-temps modernes ont déglingué la baraque.*

*Assez d'un idéal qui sacrifie Mère Nature à l'or noir des nantis. Assez d'un progrès fanfaronnant sous les autorités jumelles du fric et du flingue. Il n'a pas eu Plogoff ni les mégawatts du Pellerin ? Il a eu la peau des pêcheurs, des poissons, des abeilles, il a eu l'herbe de Brennilis toujours irradiée. Il a ses marées noires, ses marées vertes, il a son algue vireuse – responsable mais pas coupable ! –, il a ses grandes gigues éoliennes qui brassent le vent dans tous les sens du mot, la panacée du bol d'air électrodynamique, mon œil ! Bitume, bagnole, béton, becquerels, nitrate,* $CO_2$*, gazoline, particules fines, polluants : maîtres mots d'un futur mondialisé qui tartine au lisier les flux marins, multiplie nos amis les porcs, salit rivages, rivières, estuaires, eau courante et pluviale, en Armor, et pas fichu de sauvegarder nos grands feux d'atterrissage inoccupés : Jument, Kéréon, Triagoz, Armen, Héaux, Pierres Noires, ou de rendre Nantes à sa bretonnité dispersée.*

*On répond : Sornettes, le « passéisme armoricain », la « quête identitaire désespérée ». Hier, demain, vice-versable équation pour le Breton contemporain, riche d'une mémoire ancrée dans la suite et dans la fête, habitué à louvoyer entre les fatalités extérieures et l'insularité, son panache. Pas un des grands skippers économiques du* made in Armor *qui fasse fi du lien culturel entre la région et l'action. François Pinault, notre doge armoricain, fait flotter un immense* Gwenn-ha-Du *sur le fronton du palais Grassi, à Venise – peut-être l'*alma mater *des Vénètes ; Michel Salaün, grand voyagiste et grand voyageur, créa le prix Carnet de voyages qui veut associer la beauté du voyage à la beauté du livre qu'il permet d'imaginer de toutes* *pièces ; Michel-Édouard Leclerc, patron des centres Leclerc, a pour credo : de la culture partout, son réseau de librairies est unique en Europe ; Jean-Guy Le Floch, bienveillant patron d'Armor Lux, parle du cercle vertueux unissant naturellement la mémoire aux gestes commerciaux ; les frères Guillemot, les as de la technologie innovante et du jeu vidéo, dont le cher Lapin crétin, adjurent la Bretagne de renouer avec sa vocation maritime, avec l'Ouest qui fit son rayonnement en Europe ; Jacques Rocher, fils d'Yves Rocher, fondateur des cosmétiques Rocher, consacre la fortune de la marque Rocher au bien-être partagé – l'art de vivre ensemble –, en célébrant les forces édéniques des lieux, la plus haute expression du génie tribal de l'homme ; Vincent Bolloré, patron de Bolloré Technologies, soutient les éditeurs bretons et finance intégralement le prix Breizh, prix littéraire fondé par Gwen-Aël Bolloré, feu son oncle, autrefois alors directeur des éditions de La Table Ronde.*

*Hénaff, Le Couviour, Beaumanoir, Cotten, les frères Glon, Piriou, tant d'autres noms prestigieux affluent pour témoigner de la modernité du vieil homme celte aujourd'hui. Non, la Bretagne n'a pas à rougir de la tradition qu'elle danse et chante à la barbe des mauvais plaisants moins enracinés qu'elle. Plus elle se souvient, plus elle va de l'avant. Plus elle chante et danse, plus elle fortifie l'air du temps, plus elle incite à vivre, à espérer.*

*Ma Bretagne est le pays des marins : pêcheurs à pied, ligneurs, gabariers, goémoniers, terre-neuvas, islandais, corsaires, loups de mer chéris des palmarès du monde entier. Porzmoguer, Surcouf, Tabarly, Kersauson, Colas, Joyon, Peyron & broth's, Coville,*

*Escoffier Bob & Servane, Poupon, Le Cam, Bertillet, Desjoyeaux, Le Cléac'h, Gabare, etc., on cherche en vain des régionalistes bornés ou des songe-creux parmi ces conquérants plus nombreux chaque année.*

*Ma Bretagne n'oublie jamais les péris en mer, deuil toujours recommencé. Marc Linski, Paul Vatine, Dominique Guillet, Loïc Caradec, Alain Colas, Didier Bestin, Éric Tabarly, on porte un toast à vos mémoires... À vos mémoires, sous-mariniers de la* Minerve *ou de l'*Eurydice, *disparus en 1962 au large du cap Camarat ; à vos mémoires, amis inconnus du* Bugaled Breizh *sombré corps et biens le 15 janvier 2004, par 49°42'N et 5°10'W – Yves Gloaguen, Patrick Gloaguen, Pascal Le Floch, Éric Guillamet, Georges Lemétayer... À vos mémoires, Per Pondaven, biologiste de Landunvez, Jobig, goémonier lampaulais, que je vis étendu sur la cale de l'Aber-Ildut un soir de juillet, les pieds violacés, mon premier cadavre humain, mon premier Ankou. J'avais dans les quatre ans.*

*Ma Bretagne est le pays des femmes vraies, et je ne pense pas qu'aux libres Ouessantines en les évoquant. Je pense aux grands-mères, aux mères, aux épouses, aux filles qui tiennent debout les familles, contre vents et marées, aujourd'hui comme hier. La Bretonne a le caractère entier, c'est sûr, opiniâtre, délicat, racé. Dans mon histoire, elle est paysanne ou femme de marin le plus souvent, parfois les deux. Elle élève les gosses, elle « ramasse » l'argent du poisson, elle tient tête au mari fatigué par la houle – la houle croisée du dernier verre entre amis sur un comptoir de survie. « Les sous dans l'armoire, fermée l'armoire, la clé dans ma poche : le mouchoir par-dessus ! » Devise d'une femme de pêcheur guilviniste, ennemie jurée des veuves qui rincent la dalle aux équipages dans les cafés du port.*

*Ces grillons du foyer, ces anges au grand cœur ont pour la plupart disparu avec les métiers des mers, mais l'esprit demeure. Volontaire, studieuse, férue de sa bretonnité, en phase avec son temps et libre par-dessus tout, la Bretonne aujourd'hui ne l'est pas moins que le Breton son allié, et peu lui chaut du qu'en-dira-t-on ! On t'a beaucoup sifflée, Bécassine, ma chère Annaïg Labornez, et pas qu'à Montparnasse-Bienvenüe ou chez la marquise de Grand-Air, ou devant le palais de la Femme où la chance aux yeux noirs avait nom Pigalle au siècle dernier. On te siffle encore à l'occasion, mais tu peux dormir en souriant, la belle, Nolwenn est arrivée, et aussi Kohann, Mariannig Larc'hantec, Cécile Corbel, Anne Queffélec, ma sœur Anne aux mains qui chantent.*

*Ma Bretagne est un pays qui chante à travers les âges. Célèbres sont Botrel, Jean Cras, Glenmor, Stivell, Servat, Tri Yann, Dan ar Braz, Ronan Le Bars, Gweltaz ar Fur, Ar Yaouank – le phare de ralliement des jeunes Bretons à la fin du second millénaire. Célèbres aussi Denez Prigent, Roland Becker, Miossec, Myrdhin, les Marins d'Iroise et les Corsaires Malouins. Célèbre Taÿfa qui fait rayonner au sud le sens universel du mot tradition, et bientôt célèbre le Badume's Band qui mêle au son typiquement breton le groove éthiopien. Mais que seraient ces champions sans l'unanimité bretonne autour d'eux ? Sans les sonneurs des* bagadous, *les talabardeurs, les danseurs, la foule ? Que seraient-ils sans les villages et les villes de liesse qui les font maîtres du chœur en plein air, saison après saison : Rennes, Brest, Lorient, Vannes, Bénodet, Saint-Malo, Concarneau, Sarzeau, Carhaix, Lesneven, Huelgoat, etc., ces hauts lieux d'amitié où se transmettent à longueur d'année l'héritage et la nostalgie visionnaire des Celtes ? Alors oui, merci à Jean-Yves Le Drian pour ces* Breizh Touch *de féerie sur les Champs-Élysées, merci à Jean-Pierre Pichard, prince de la nuit bretonne auquel on doit la grand-messe interceltique de Lorient, retrouvailles rituelles du celtisme de partout.*

*Ma Bretagne est le pays des écrivains, et tous écrivent en français par la force des choses. Je n'ai pas connu Chateaubriand, Hugo, Segalen, Le Goffic, Le Braz, Corbière, Souvestre, Brizeux, Max Jacob, Renan, Hémon, Guilloux, etc. Mais Pierre Jakez Hélias oui, notre superbe Chevalier d'Orgueil – écrivain breton bilingue –, je l'ai bien connu. Et aussi Le Quintrec, Lhéritier, Le Bris, Guillevic, Mona Ozouf, Irène Frain, Coatalem, Markale, autres fieffés enchanteurs de l'Armor, et bien sûr Martin-Chauffier, Mahé, Gourio, Palou, Vavasseur, mes frères d'encre et de sang.*

*Ma Bretagne est le pays d'une langue bretonne qui faillit s'en aller d'une mort programmée par l'État – qui mourut quelque temps, d'ailleurs, et qui lutte aujourd'hui pour sa résurrection, combat gagné d'avance. Il est des chevaux que l'on n'achève pas à l'usure : les chevaux d'orgueil, pardi ! symboles vivaces d'une civilisation à renaître.*

*Ma Bretagne est le pays des lumières et des peintres, les mangeurs de lumière, venus en chemin de fer à la Belle Époque. Ils arrivent de Paris-Saint-Lazare, descendent à Quimperlé terminus, poursuivent en voiture attelée. Ils cherchent l'océan qu'ils n'ont pour la plupart jamais vu. Ils sont anglais, américains, normands, hongrois (le bonheur, au Musée national de Budapest, en 77, de repérer une toile du marché de Ploudalmézeau par Munkácsy). On les trouve à Morgat, à Concarneau, à Belle-Île-en-Mer, au Pouldu, à Doélan, dans le Sud. À Pont-Aven, ils vont chez Marie Gloanec, soixante-quinze francs la nuitée, vin rouge à discrétion. Un pêle-mêle farceur de génies à la bourse plate, la moins plate pour tous. Ils s'appellent Moret, Laval, Lansyer, Brelhaut, Gauguin, Méheut, du Puigaudeau, Mauffras, Van Gogh, Harrison, Boudin, Renoir, Haffner, Lapicque ou Redon, Monet, Gwenc'hlan Le Scouëzec, Matisse, Picasso, Lemordant : et plus tard Tanguy, Dufour, Laporte, Dilacerre et Plisson, Morinay… Leur litanie remplirait un dictionnaire amoureux.*

*Ma Bretagne est le pays des Pardon, la fête estivale du péché célébrée sous la bannière de sainte Anne, bonne mère ! Ma Bretagne m'a beaucoup pardonné, oh oui, pardon, pardon…*

*Quant aux amours charnelles, ô fiancées d'Armor, elles éclosent en respirant l'air iodé que l'Iroise a toujours nourri d'un appel à vivre l'instant qui vient à nous le sourire aux lèvres. On l'a bien vécu, cet instant-là, non ?… Souviens-t'en, dictionnaire amoureux, souviens-toi des îliennes au bout du môle, agitant le mouchoir des adieux.*

*Ma Bretagne, pardon !* mea culpa ! *est le pays d'un paradoxe aussi navrant qu'immémorial : l'autodénigrement… J'éviterais d'en parler si les Bretons n'en parlaient pas eux-mêmes en baissant les yeux, incapables d'y remédier, c'est dit,* yamat !

*Ma Bretagne est d'abord le pays des miens. Ma mère, Yvonne, la première à me bercer de chansons marines et d'histoires. Mon père, Henri Queffélec, l'homme et l'écrivain que j'ai le plus admiré, le bel indifférent aux yeux d'horizon. Mes frères et sœur Tanguy, Hervé, Anne – la pianiste au long cours –, ma cousine Marie-Louise Féral, mes regrettés cousins Malo et Vincent, ma regrettée nièce Dominique, quinze ans d'âge, ma tante Germaine et mes grands-parents, Henry, Annah, Joseph, Henriette, et vous mes aïeux inconnus, ô mes aïeux.*

*Ce dictionnaire amoureux, très amoureux, va recherchant dans ma voix d'homme fait l'enfant qui perdure en moi, le* bugaled Breizh *intemporel sous l'hermine de ses aïeux.*

*Entre nous, l'Armor est mon pays usuel, mon pays définitif, j'y naîtrai toujours.*

## Abalone

*Etre kastell Tremazan hag an Treizh*
*Eman ar c'haeran bro a zo e Breizh*

Aber-Ildut, 1er juin 2009, dix-neuf heures, marée basse.

Dissimulé dans les rochers du Crapaud, je prends les notes que voici. Je mets en chantier ce dictionnaire amoureux sur un cahier chinois bleu santal. J'apprends à l'aimer en lui fournissant les mots qu'il préfère en moi. Lesquels ? J'y vais à tâtons. Des mots essentiels, à mon avis, comme enfance, bateau, famille ou maison. Vous voyez la maison blanche au fond du port, derrière nous ? C'est la mienne, ou plutôt : c'était la mienne... Un dictionnaire amoureux peut commencer par un chagrin d'amour, une maison vendue.

J'ai passé la journée d'hier, toujours au Crapaud, à rédiger le préambule à ces variations déclinées sur le thème de Bedrich Smetana : *Ma Vlast* – Ma Patrie.

Elles sont un peu sentimentales, désolé, je n'y changerai rien. Il n'y a pas de termes exacts pour figurer ses doutes, son amour, son espoir, pas de note bleue ni de silence idéal à quoi raccorder sa voix sur la page. Comme un peintre sur la falaise épiant la nature, et s'en délivrant aussi vite que possible, l'écrivain se traduit lui-même au petit bonheur des mots nés du moi profond, ce for intérieur où rien ne se passe comme il se résigne à l'écrire, et selon ce qu'il devient en l'écrivant.

À mes pieds l'océan, une luisance d'acier. Je vois la tourelle rose du Lieu, le piquet noir de la Pierre de l'Aber, le cormoran perché sur la balise tordue, le glacis miroitant du chenal du Four, je vois à l'horizon Ouessant, Molène, Lityri, les trois îles de l'Ouest qui préludent au couchant. Ma vie d'enfant tient tout entière entre ces îles et le carnet bleu santal où je hasarde ces premières impressions. Mer d'huile, crépuscule sans vent, sans voix hormis l'appel défaillant d'une bouée quelque part.

Durant des années, j'ai conservé sur mon bureau une écaille d'ormeau, ce coquillage armoricain dont le nom savant est abalone et le nom coutumier dans les îles anglo-normandes oreille de mer. Il me servait de presse-papier, de gobe-fourbi : trombones, clés, Scotch, préservatifs, jetons de casino, cachous. Les étudiants fauchés utilisaient l'ormeau comme cendrier, dans les années 60, il voisinait avec un magnum de valpolicella dégoulinant de chandelle poussiéreuse, généralement coiffé d'un abat-jour enclin à prendre feu.

J'ai renoncé à dépeindre l'ormeau par écrit. Nacre inodore, il m'a suivi dans tous mes déménagements.

Si la mer n'y chante pas, cette paume irisée d'infinie douceur irradie comme un cristal de voyante. Elle paraît englober la Bretagne de mon enfance et tous les mots jusqu'au dernier – jusqu'au silence énervé du lecteur butant sur l'achevé d'imprimer –, tous les mots de ce futur dictionnaire amoureux. Abalone, lampe d'Aladin, madeleine de Proust, chouquette industrielle de Muriel Barbery – Bretonne par alliance –, manteau de Gogol et toi lièvre de Vatanen, je vous dédie humblement ce qui va suivre, en espérant vous avoir à mes côtés jusqu'au havre du Z, ma destination si Dieu le veut.

En fait d'outils, pour ce chantier littéraire en Armor, outre mes crayons B5 et l'ormeau d'Iroise, j'ai sous les yeux la photo noir et blanc d'Yvonne, ma mère, à bord de la vedette *Cambronne*, un jour de balade heureuse à l'île de Houat, et la mini-barquette en papier blanc que mon fils Neven vint poser sur ma table d'écriture, un soir, sans dire un mot, après que j'eus perdu mon vieux bureau Louis-Philippe au jeu du qui perd gagne. Non moins à mon crédit les soixante-trois ans d'une existence passée en Armor, même aux heures où je m'en trouvais séparé, ce qui n'arriva jamais bien longtemps. Je l'imaginais quand j'étais loin, je l'écrivais, le racontais, le promettais (surtout les îles). Et toute ma vie je n'eus de cesse que de retourner à l'Aber auprès des miens. Vous connaissez tous l'Aber, j'imagine, l'Aber en…

## Aber

*Merc hedigou an Aber*
*A zo merc hed a stad*
*Merc hed an lambaol*
*An tan en o gaol*

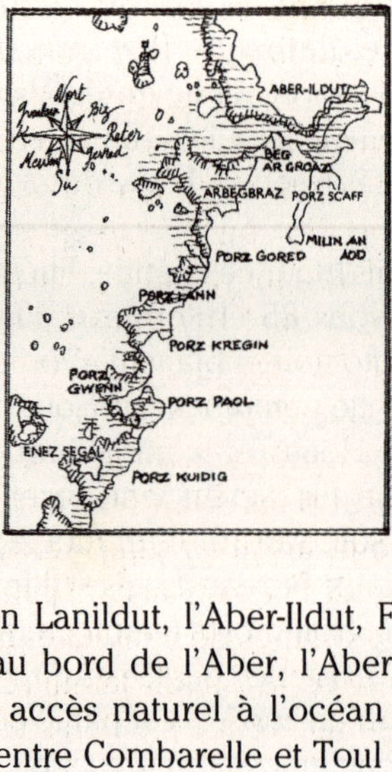


… l'Aber en Lanildut, l'Aber-Ildut, Finistère nord, 29 N, l'Aber au bord de l'Aber, l'Aber mi-partie lac et rivière, un accès naturel à l'océan par le goulet du Crapaud, entre Combarelle et Toul ar Bara. Plein ouest les îles Molène, Ouessant, Quéménès, l'horizon, et plus loin ce reflet scintillant qui n'est pas l'Amérique, pas du tout, mais la Breizh rêvée de tous les Bretons venus jadis par l'autre côté du miroir, la mer promise, fortunée.

La maison familiale, déjà centenaire à ma naissance, donnait sur la rue du village et sur les trois eaux labéroises, l'océan, le port, la rivière. Une volée de marches en granit montait au jardin comme elle descendait à la grève et, quatre fois par jour, attendait la marée. Et cent fois par jour écoutait nos pieds nus cavaler en tout sens.

Le mieux, pour vous présenter les miens, c'est encore de passer à table avec eux pendant que Marie Cloarec, épouse Gouzien – personne glébeuse et bretonnante –, la bonne de ma grand-mère, sonne la cloche du dîner sur la grève, rameutant mes cousins en vadrouille, et probablement votre serviteur.

Voilà, c'est chose faite, ils sont au complet dans la salle à manger comme aux temps bienheureux des années 50, l'âge d'or où l'on m'appelait *p'tit frère*. Ensuite l'enfant Tanguy paraît, mon frère puîné, et l'on ne sait plus à quel saint me vouer. Jean-Marie, Jean, Jean-Jean, *Pen di Valo*, vilain cadet, ti mignon, chenapan, baratineur.

C'est moche, cadet, ça porte à faux, c'est toujours un peu seul dans son coin, la morve au nez, les ongles dévorés jusqu'au sang. Yann viendra plus tard, les amoureuses ne s'en laissant jamais conter par les proches aux syllabes de miel. Elles-mêmes ont eu maille à partir avec les on-dit familiaux, doucereux cyanure dont se meurent les enfants trop bien dans leur peau.

Veuillez entrer, s'il vous plaît... *La port'il était resté ouverte, io vais fermer.* Oubliez la table aux vingt et un couverts. Observez le miroir du fond (une glace murale étamée au mercure entre deux vaisseliers bretons). Il n'invente rien, celui-là, juré craché, il en sait long sur nous autres, il est un peu fou. Il en a pour deux heures à filmer le dîner familial, sans rien omettre si ce n'est les voix et les rires, le bâillement des anges, et, par-ci par-là, une petite ombre désœuvrée qui s'ennuie à périr, la mienne j'imagine, ou la vôtre.

À l'extrémité nord de la table, deux affreux jojo : moi et mon cousin Yves Richarme, scout marin, grand lecteur de *L'Os à moelle* et de saint Jean de la Croix. Son caractère exalté montre-t-il déjà les symptômes d'une altération morbide ? Il me commente *L'Os à moelle* à voix tonitruante, le soir, de lit à lit, au grenier. Je ris aux larmes en écoutant la règle du jeu dit « Vratouille », lequel se joue muni d'une « pamoise » et d'un « corbechin », selon Pierre Dac, son inventeur. *Le jeu consiste à décluter le corbechin de l'adversaire en lui rabouizant ses*, etc.

Au nord-nord-est, entre mon cousin Alain dit Linlin, dit le gros Linlin, et mon grand-père Henry Pénau dit Kapé (va savoir pourquoi !), mon père Henri Queffélec, le géant aux yeux bleus, l'ami de Gracq, Senghor, Pompidou, Bresson, le normalien catalogué romancier catholique par *Le Figaro* et *La Croix* (qu'est-ce qu'un romancier catholique ? C'est un croyant qui ne surprend jamais ses personnages en train d'assurer la continuité de l'espèce. Il est vrai qu'Henri s'abstient de peindre les corps charnels, hormis ceux des fruits de mer). Sa chaise est vide, en effet. Non, il ne vient pas à l'Aber cette année. Il est coutumier du fait. S'il vient, il viendra fin août, si tel est son bon plaisir, si la mer le laisse accoster le point final du roman qu'il écrit actuellement sur l'érection catastrophique du phare d'Armen au tournant du siècle dernier, livre majeur qui lui vaudra le grand prix du Roman de l'Académie française en 1958.

Plein est, entre l'oncle Jean-Marie Pénau et mon arrière-grand-mère Annah Bodet, dite grand-mère de l'Aber – quatre-vingt-dix-huit ans, s'il vous plaît –, ma grand-mère Annah Pénau, créature aux airs pincés. Un tempérament ombrageux, similaire à celui du baromètre du vestibule jamais satisfait du temps qu'il prophétise à coup sûr entre Pluie et Vent…

Pluie et Vent ! Il n'a que ces deux jurons accrochés au bout de sa vieille aiguille bleue. À croire qu'il le fait exprès.

Ma grand-mère dit NON aux sorties du soir des petits chéris, NON aux sorties à la plage avec les jeunes de l'Aber, aux amitiés mixtes, aux baisers réprouvés par les canons grégoriens, NON à l'usage du transistor, abjecte boîte à yéyés, NON aux risques et périls d'un bonheur dont elle se privait désespérément aux mêmes âges que nous en son Institut de la Légion d'honneur, à Saint-Denis. Un enfant bien élevé qui veut jouer dehors, mes petits chéris, le soir, peut toujours proposer à sa grand-mère une partie de croquet dans le jardin avec les grandes personnes. Alors, croquet ?

Mon grand-père nous laisserait volontiers sortir, lui, et nous amuser entre nous, mais il n'est pas homme à dire OUI quand ma grand-mère dit NON. Il dit amen, il sourit jaune et se met à fumer son calumet de verre à gueule de serpent, le regard au loin. À la mode indienne, il fait comprendre aux chers mignons qu'il endure un cauchemar, depuis le jour de son mariage, à laisser ma grand-mère exercer les pleins pouvoirs de sa tyrannie sur la tribu, sur lui, sur des belles-filles incapables d'enseigner l'étiquette bourgeoise à leurs chérubins, sur le baromètre borné du vestibule, sur les horaires du lever, du coucher, sur Marie Gouzien qui se fait bien voir en caftant nos pendables tours.

Grand-père se tait, mais n'en est pas moins un merveilleux grand-père, un homme de bien, un savant. Il s'est toujours arrangé pour économiser l'argent, varier les placements en dépit des guerres et des krachs boursiers. Il a inventé le Viandox et la Soframycine, un dépuratif nasal vendu à prix d'or aux Américains. Les royalties, les pépettes, les beaux appartements à Paris, les maisons de rapport, les terrains bretons et normands, la limousine américaine avec chauffeur en livrée, c'est pour vous les enfants, patience, je n'ai que soixante-seize ans. Et tout cela qui n'est pas dit expressément transparaît mot à mot dans les anneaux de fumée torsadés que ses lèvres arrondies par l'effort expirent au beau milieu d'un silence de fin du monde.

Dans la soirée nous recevrons de sa part un baiser sur le front. Dieu qu'elle sent bon, sa barbiche en pointe, elle sent la Boyard maïs.

« Toujours pas d'amateur de croquet ? »

À l'est-sud-est, ma cousine Dominique Richarme entre ma tante Marie-Rose et mon adorée mère, elle un baromètre lumineux toujours aimanté par Rire et Tendresse… Toujours ? Je la surprends quelquefois devant la fenêtre de sa chambre, assise le mouchoir aux yeux sur un tabouret, je n'ai rien mon chéri, non, et le visage en pleurs elle sourit aux anges.

Dominique a dix ans, une bicyclette rouge, elle nargue l'univers à toute vitesse, jambes nues, le fou rire au vent, elle marche sur les mains, grimpe à la corde lisse en équerre, plonge du muret dans l'eau glacée du port, tire la langue aux garçons, chante à la fin des repas. Mes cousins en sont fous, mon grand frère en est fou, j'en suis fou. J'ai beau tenter ma chance entre deux portes, entre deux baignades, elle n'est pas intéressée du tout par certains échanges de vues qui me délivreraient, moi, des soifs de feu qu'elle m'inflige en grandissant. En tapinois je la regarde enfourcher sa bicyclette ou faire le cochon pendu, sa jupe coquelicot dans les yeux et sa queue-de-cheval noire balayant la poussière, et j'avale péniblement ma salive. Je sais bien qu'elle a trois ans de plus que moi, mais est-ce une raison pour rembarrer un jeune cousin qui veut juste voir et montrer ?

À l'extrémité sud, côte à côte, mon cousin Gilbert, l'ironique, et ma sœur Anne appelée Tita, pianiste-née, épistolière-née, amoureuse-née, d'un brio si naturel qu'elle fait planète à part, bien souvent, jalousée par les uns et par les autres dont les enfants, moins vifs d'esprit ou moins doués, peinent à trouver leurs doigtés sur le clavier bien tempéré du Pleyel du petit salon. Je m'entends bien avec Tita, je la fais rire, elle me fait rire, complicité qui réjouit mon ego viril naissant.

Plein ouest, mon oncle André Chauvel entre ma tante Denyse (sosie de maman, sosie tourmenté) et ma tante Jeanne, dite Jeannot, mère de l'oncle André, veuve d'un médecin de marine tué aux Dardanelles en 1915 à bord du cuirassé *Bouvet*. Jeannot s'habille à l'ancienne, guimpe et tailleur noir Sévigné à buste plat, robe noire. Jeannot a des fous rires suicidaires, elle écarquille une bouche d'otarie mourante, une veine bleue promet d'imploser sur son front. Il est interdit de raconter une histoire drôle en sa présence ou de se livrer à une imitation du recteur, ou d'une vache en train d'excréter une bouse. Jeannot tient l'harmonium de la paroisse de Lanildut. Chaque dimanche, de service aux trois messes du matin, elle fait chanter leurs cantiques bretons aux Labérois comme à tous les paroissiens des campagnes avoisinantes : rue Morvan, Ruludu, Vern, Roudouce, Pontique, Kervazgouézan, Pouloupry. Ceux qui veulent s'époumoner à vêpres sont les bienvenus. Jeannot ne croit plus qu'en Dieu et, ce qui revient au même, en son fils unique notre oncle André.

Eh non, l'oncle André n'est pas à table avec nous, lui non plus. Ma tante Jeanne attrape ses lunettes d'écaille, et, d'une voix flûtée, se met à lire une lettre arrivée d'Indochine *via* Air Mail, et peut-être suis-je le seul à l'écouter jusqu'au bout.

*Ma chère maman, les Viets risquant de pousser leur offensive jusqu'à nous, je me vois dans l'obligation de rester cette année encore auprès des Moïs. Les récoltes de thé royal ont pris du retard du fait des précipitations tardives et la Couronne britannique s'en émeut. Que veux-tu, Sa Majesté la reine dépérit sans mes feuilles séchées. As-tu bien reçu le dernier colis de poivre noir en date du 5 mai 57 ? Cette épice a les mêmes vertus que cet agnus-castus dont je vous sais tous friands. Rassure-moi pour le colis. Je ne voudrais pas voir se renouveler l'incident de l'andouille de Guémené errant d'un bâtiment de l'escadre à l'autre, et mon regretté père ne la voyant jamais arriver sur son bateau.*

*Croisé le cardinal Spelmann dans une rizière de Fou Zu, lui gêné, la soutane aux genoux, soi-disant en mission pour la Croix-Rouge. Sache que je t'expédie ce jour deux mandats. Le premier pour le dîner annuel des petits Labérois (s'il fait beau le repas peut leur être servi dans les allées du parc à l'exception de l'allée des hortensias, manoir fermé aux visiteurs, tennis interdit), le second à partager entre mes chers nièces et neveux le jour du Pardon. Peux-tu m'en dire un peu plus sur mes bateaux ? Que mes neveux ne touchent à rien. Je n'ai pas compris si le* Ninioblo *était parti à la dérive ou si l'une des amarres arrière, que j'ai pourtant doublées l'autre jour, s'était rompue lors du coup de vent du 16 avril. J'avoue être très inquiet. Je le suis pour Sam dont tu me dis qu'il perd l'appétit…*

Mon oncle André, vous l'avez compris, est planteur en Indochine. C'est un baroudeur. Il chasse le tigre, héberge et nourrit les serpents qui cherchent asile dans sa villa sur pilotis, vit avec une demi-douzaine de chiens d'attaque, deux dobermans, deux bull-mastiffs et deux bull-terriers. Il n'écrit jamais à l'Aber sans prendre des nouvelles de Sam, le vénérable berger allemand qui garde le parc de Kervaly en son absence, concierge lunatique. Il s'enquiert de ses chers voiliers au repos depuis seize ans qu'il s'est exilé sur les monts annamitiques avec les Moïs.

Ils sont quatre voiliers blancs béquillés à la vasière du Gour Bihan, la *Marmotte*, le *Petit Charlot*, le *Star*, et le *Ninioblo*. Chaque hiver, ils se couvrent d'un humus verdâtre, logent des chauves-souris et des guêpes, se couchent à la façon du dromadaire anémié. Les années passant, ils ne croient plus au retour du maître à bord. Leur avenir s'est écroulé quand il est parti sous les drapeaux, jamais revenu. Ma tante Jeanne a beau vouloir les requinquer, ces vieux racers asthéniques, et leur lire en plein vent les courriers chaleureux du capitaine aux antipodes – le plus fin régatier du Finistère nord dans les années 30 –, les mots prennent froid, délayés par le crachin, par les pleurs de Jeannot, et les voiliers grincent des dents – trop tard, la vieille, cause toujours.

Un bateau négligé ne met pas fin à ses jours violemment. Il prend ses quartiers d'épave à la dérobée, se désagrège à longueur d'année. Il se dévêt de son être physique, meurt en pièces détachées, haubans, mât, ferrures, gouvernail, roof, il ôte ses bordés pourris un à un, son nom vissé en lettres de laiton, ses derniers cordages. La cage thoracique à nu, rempli d'eau, il exhibe ce qu'il devient en attendant pire, un squelette aux ossements chapardés pour le feu des vivants. Ainsi va l'Ankou sur les grèves.

Au nord-nord-est, ma grand-tante Yvonne Marotel entre l'oncle Jean Richarme et Hervé dit Bouéboué, mon frère aîné. Ma tante Yvonne, une veuve poivre et miel, est plutôt bien placée à table, je trouve, pour un simple rôle de silhouette au fil de ces pages. Elle est la tante de maman qu'elle appelle Bichette, la sœur quasi jumelle de ma grand-mère, la sœur aînée de Jeannot. Elle ne parle jamais sans annoncer la couleur par une trémulation des paupières imitant le volettement du hanneton paniqué. Tout sourire de porcelaine, les yeux d'un bleu transparent, elle chuchote à l'oreille des enfants un flot d'insanités vipérines qui les glacent d'effroi. Elle n'a jamais eu d'enfants, grands dieux, non ! Elle déplore qu'il y ait des enfants sur la Terre et dans les familles, et qu'on ne leur coupe pas la langue, à la naissance, comme on circoncit les nouveau-nés juifs ou que l'on sectionne les matous. Au moins un enfant sur deux, mâle évidemment, les mâles sont assommants !

À la Belle Époque, on la voyait beaucoup sur les transatlantiques à vapeur de la French entre Cherbourg et New York. Elle faisait les beaux soirs du sieur Sheradam, businessman réputé « cher aux dames », qui la débarqua sans l'avoir épousée. Ma tendresse envers elle, et mon respect, tient sans doute au simple fait qu'elle n'est plus, mais puis-je oublier qu'elle m'offrit au jour de l'an de grâce 61 ce livre que je relis en moyenne une fois tous les cinq ans, *La Mer cruelle* par Nicholas Monsarrat, un roman d'amour dont l'héroïne, le vieux destroyer britannique *Compass Rose* – créature féminine comme tous les navires anglais –, veut faire toucher Terre à l'ange de la Poésie, mais l'ange de la Mort atterrit en premier… Impossible d'avoir la dent bien aiguisée contre celle, ennemie jurée des enfants ou non, qui vous remit un jour *La Mer cruelle* en main propre, sans témoin, comme de la part de quelqu'un d'autre et comme s'il y allait de sa réputation de pédophobe éclairée.

Tante Yvonne, au dîner, parle beaucoup à mon frère Hervé, un patipata frangé de rires perlés. Il est assez courtois pour se laisser abreuver sans appeler à l'aide, ce qui l'élève au-dessus de l'exécrable race enfantine, à tel point qu'elle souhaitera filer son boniment par lettres au cours de l'année scolaire, sans regarder au prix des beaux timbres. Elle tourne le dos à mon oncle Jean, son voisin de droite. Il est sourd, le pauvre, il ne vaut pas mieux qu'un enfant.

Elle lui en veut comme elle en veut aux enfants de venir au monde.

Cet oncle Jean est un dur d'oreille jovial, sans raison apparente. Sourd, il n'en chante pas moins Brassens, Aznavour, le père Duval ou Marian Anderson. Il rit de bon cœur à tout bout de champ pour tromper son monde. Quelle heure est-il, oncle Jean ? Et le voilà qui se roule par terre, les oreilles congestionnées. Cet ours roublard, oursifié par la surdité, fut un as de l'aviation sorti de l'École de l'air dans la botte, devenu ingénieur au secret, tel M. Legrand dans *Les Aventures de Jo, Zette et Jocko*. Si la volabilité du Breguet Deux-Ponts – un stratonef : je veux dire un aéronef haut de gamme en 1929 – fut ce qu'elle fut, on doit en féliciter l'oncle Jean – ce que l'on ne fait jamais de peur qu'il ne se roule par terre. La maison Breguet reconnaissante, pour sa retraite, lui fit livrer à domicile une moitié d'hélice de Breguet Deux-Ponts à son monogramme entrelacé : J.R., ce qui est déjà moins envahissant qu'une aile entière ou qu'un train d'atterrissage à roues jumelées.

Mon oncle Jean n'est vraiment pas le premier sourd venu. S'il a percé les gracieux mystères de l'intrados et de l'extrados, auxquels Léonard de Vinci s'intéressait déjà en son château du Clos Lucé, ce n'est pas aux dépens d'une rêverie artistique innée chez lui. Il photographie, peint, filme la beauté du monde survolée de très haut par nos amis les aéronefs. Jean Richarme est un grand nom du cinéma documentaire pour ses travaux sur l'Ouest armoricain d'avant-guerre, chefs-d'œuvre non parlants à la Renoir. On y voit la mer édénique, on y voit l'humain, servitude et grandeur, on y voit la misère heureuse du pays terraqué, on y voit les travailleurs de la mer d'Iroise comme ils n'apparaissent nulle part ailleurs, dans aucun document visuel, et *tels qu'en eux-mêmes enfin l'éternité les change*. On y voit le progrès – ce loup dressé par les cow-boys d'Oncle Sam – convoiter l'âme celtique à tous les niveaux des us et coutumes. Jamais civilisation, pourtant, ne mobilisa ferveur plus acharnée contre l'usage de la chasse d'eau, dérisoire émule cybernétique du grand flot marin balancé par la lune. On y voit l'Aber-Ildut, ma grand-mère jeune femme, mon grand-père homme jeune, ma tante Jeanne presque sexy, ma mère enceinte embarquant sur l'*Enez-Eussa*, le courrier des îles, destination Molène, juillet 49. Je naîtrai le 4 septembre.

Caméra ou pinceau, trépied télescopique ou chevalet, mon oncle est tourné vers l'océan. Il fait ses marines à la gouache, à la détrempe, que d'eau, que d'eau. Il peint sur motif breton : rochers, mer calmée, vent du soir, calvaire à lichen, bateau de pêche, gabare de Lampaul émergeant d'un brouillard aussi rose qu'il est bleu, qu'il est gris, occupé à filtrer un soleil de buée… Probablement une allégorie de la surdité en attente du boum symphonique de *La Cinquième* par Ludwig, l'ange gardien des malentendants.

Chaque matin, au lever du jour, mon oncle déploie son attirail de maître barbier sur le muret du jardin. Miroir, bol de savon, cuvette, serviette, rasoir coupe-chou, blaireau, lotion antifeu, il est paré. Lui, torse nu, savates et pyjama, prend à témoin l'horizon. Maître barbier sourd, il fait tinter son rasoir sur le zinc émaillé, semant le branle-bas dans la maison qui flemmarde au lit. Scandaleux pour ma grand-mère et ma tante Jeanne en chemise de nuit derrière les contrevents à persiennes du petit salon. Qu'y faire ? Aller tapoter le front sourcilleux du baromètre : Pluie ou Vent.

À table se trouve aussi l'aînée des grands-mères Bodet, la préférée du miroir depuis quatre-vingt-dix-huit ans. On l'appelle grand-mère de l'Aber.

J'avais six ans lorsque ma grand-mère de l'Aber sortit du jeu. Le monde s'effaça dans mon esprit, le miroir brumeux perdit la vue. Grand-mère de l'Aber est au ciel, j'entendis ce mensonge un matin. Au ciel ? Un ciel de larmes ignoré du baromètre du vestibule, un ciel où l'on mettait les guerres et les accidents d'auto, les bateaux engloutis, les poissons d'avril, un ciel noir enseveli sous les pelletées du grand Job et les hortensias. Grand-mère de l'Aber, le lait de la tendresse humaine, les plus douces mains qui m'aient pris les mains… Nous jouions aux cartes ensemble, aux dominos, aux dames, elle me laissait gagner. Je lui montais son dîner sur un plateau, je l'aidais chaque matin à descendre les deux escaliers qui menaient au jardin, je lui gardais ses cannes, l'une en bois lisse, l'autre en bois noueux. Diable et bon Dieu.

Je n'ai pas oublié grand-mère de l'Aber, elle non plus. Je m'endors et ce qui n'est plus s'épanouit comme la fleur du Tivoli dans l'eau minérale, retrouvant les vives couleurs de l'instant choyé par les pendules, et soudain ma grand-mère vient à moi pour me montrer comme elle est heureuse, toujours, et dans la douceur de ses mains je pourrais oublier toute ma vie.

À présent superposons la table des années 60 et la table des années 50. La physionomie des dîners labérois a bien changé. Que d'absents ! Les Richarme ont disparu, tous, petits et grands. Ils font construire à Saint-Gildas-de-Rhuys, ces renégats, au sud du Morbihan. Le Sud, parfaitement, le Sud éhonté, *casus belli*, discorde en vue. Ah ! si les Richarme ont opté pour la chaleur avec moustiquaires et brise-brise, si l'oncle Jean peut se raser entre deux orages, si Dominique ne veut plus de sa bicyclette rouge, s'il lui faut un vélo bleu des mers du Sud et des baignades à vingt-cinq degrés !

Valse des points cardinaux, des bons points familiaux. Aux lâcheurs de l'Ouest, par une rotation quasi funiculaire, succédèrent les déserteurs du Sud, mes cousines et cousin Pénau, la branche maternelle. Ils remontent en Panhard Tigre des Lecques, une villégiature à la mode entre Cannes et Saint-Tropez. Pour des raisons qui m'échappent, ces Méridionaux de longue main se replient sur notre Aber frisquet avec cirés, bottes, cabans, tricots, *Paris Match* et dernier Françoise Sagan.

L'oncle Jean (sourd) est relayé par l'oncle Marc (chauve, se lotionnant l'œuf à l'Ajax ammoniaqué), la tante Denyse par la tante Fern, Yves le scout marin par Yves le tombeur, un vrai Sacha Distel au sourire constamment allumé. Le soir, je n'ai plus la lecture à tue-tête de *L'Os à moelle*, mais l'imitation du *Goril' vous salue bien* qui dépasse en hilarité diurétique les sempiternels ouaf ! ouaf ! de Pierre Dac.

Mes cousines Pénau, nouvelles venues, sont France, Marianne, Corinne (respectivement Françounette, Toutoune, le Tintinou). Trois ingénues aux cils entremêlés, trois magiciennes originaires des vallées d'Ithaque, séjour où le père adoptif d'une certaine Dolorès, soi-disant veuf de race blanche, vit caché sous une pelure de bouc en attendant l'arrivée des flics. Elles vont en jean, short, bermuda, bikini, un corsage en crépon noué sur le nombril, les orteils dorés dans leurs tongs tropéziennes, blasées d'instinct quant aux *a priori* poussiéreux stigmatisant l'arbre à pommes au nom du Père et du Fils. Trois sœurs de la Sibylle, aussi radieuses que peut l'être la tentation quand elle s'abstient de voir l'influence du Malin à tout bout de champ.

Dans leurs sacs à dos, mes cousines apportent un mot bizarre : complexe, mot dont j'entrevois qu'il vous pourrit l'existence. Elles feuillettent leurs magazines féminins à toute allure, en quête de nez, hanches, cuisses et autres reliefs anatomiques appropriés à leurs vœux. Presque toujours, au détour des pages, on surprend Dieu créant la femme à La Madrague et la baptisant B.B. sur les sables de la Voile Rouge. Pas mal, évidemment, du beau « châssis » comme on disait jadis, mais pas mieux qu'elles. Autre chose.

Quant à moi, je n'ai pas de complexes, à dix ans, excepté mes oreilles décollées. Si j'arrive à les recoller cinq minutes par mois, je m'estime heureux. J'utilise la colle à froid Rémy, une gomme à l'eau recommandée pour le papier mural. Encore faut-il me tenir aussi figé qu'un pharaon badigeonné *a fresco* sur la paroi de sa chambre funéraire, le sourcil étiré vers la tempe, et ne réagir à l'appel de mon nom qu'en faisant pivoter l'ensemble de mon individu robotisé, tête et corps de profil, sur des talons circonspects.

Le collage durait cinq minutes au maximum, puis il me semblait qu'une première oreille se détachait de ma personne, tranchée à la feuille de boucherie, et la seconde suivait presque aussitôt. La douleur était si vive, si longue la cicatrisation, que je devais attendre un bon mois pour oser un nouvel essai. J'appris à varier les colles. La Rémy n'ayant pas donné satisfaction, je chipai la Vulcain dans une sacoche de vélo. La Vulcain m'inspirait confiance, elle équipait les seigneurs du Tour de France. Une colle réservée aux crevaisons des roues à boyaux extrafins, même un chirurgien me l'aurait prescrite. Une vraie vulcanisation à froid garantissait la notice imprimée sur le tube bleu roi. Vulcaniser une rustine à froid ou vulcaniser une oreille humaine, c'était du pareil au même !

Mes cousines ne voyaient rien à redire à mes libres oreilles flottantes. « Elles sont douces et bien proportionnées. » « Tout le monde ne peut pas avoir les oreilles de Brigitte Bardot, Jean-Jean. » Mes cousines étaient bienveillantes, elles n'avaient de complexes que pour elles-mêmes, elles ne complexaient pas les autres, et de grandes oreilles ne déparaient pas un jeune homme attirant, pas plus qu'un long nez.

L'après-midi, nous allions à la plage en voilier. Elles me contaient leurs déboires sentimentaux, leurs espérances. Elles sollicitaient mon avis sur tel ou tel garçon qu'elles trouvaient mignon à mourir, et moi ridicule et vulgaire. S'il me flattait, me troublait, ce rôle de confident titillait ma jalousie. Des sentiments j'en avais aussi, après tout, et ces promiscuités secrètes en bateau me rendaient nerveux. Elles ne remarquaient rien. Quels sentiments irait éprouver un enfant de chœur aux oreilles décollées, à dix ans ?

Tourment bénin, ses feuilles de chou diaphanes. Il aime les bateaux, il passe ses journées sur les grèves, se couche tôt, ne fait pas le mur pour aller chercher un baiser salé sur le port, une caresse d'un soir à la belle étoile. La bonne nature qu'il a, notre petit cousin turbulent. Jamais là quand on a besoin de lui, toujours partant quand il est là.

« Emmène-moi faire un tour en barque à la rivière, Jean-Jean, montre-moi la chambre aux échos dans la carrière inondée. Il n'y a pas de vent, là-bas, on pourra bronzer. »

« Prends une casserole, Jean-Jean, allons à la maison brûlée chercher des mûres, tout le monde aime ça. J'adore leurs petits grains craquants sur la langue, pas toi ? »

« Ça te choque, si je mets mon bikini, Jean-Jean ? Grand-mère déteste ça. Mais si ça te choque, je prends mon vieux une pièce… Mauvaise idée, Jean-Jean, j'ai grossi, il est indécent. »

Attention, il ne faudrait pas que ce dictionnaire amoureux devienne un *Dictionnaire amoureux des Bretonnes*.

Certains lecteurs curieux, et je respecte la curiosité d'autrui, semblent vouloir s'intéresser au miroir de la salle à manger, lequel n'est plus à vendre depuis longtemps.

Miroir, joli miroir au mur entre les deux vaisseliers bretons, gigantesque petit miroir au pourtour biseauté, c'est toi notre héros. Tu es mystérieux, tu es grand, tu as un brin de folie, ton cadre de bois ressemble à des racines enchevêtrées. Tes reflets changeants à des oiseaux qui se pressent au bord de la mer. Tu vas de la salamandre au plafond, légèrement incliné. En profondeur on ne saura jamais où tu vas. Même le bathyscaphe du marquis di Gorgonzola renoncerait à sonder tes abysses.

Me voilà de nouveau dans la salle à manger, moi, l'homme de soixante-trois ans contemplé par un petit bonhomme de huit. Et j'ai l'audace de l'envier, cet enfant tenu au silence, alors qu'il va devoir endurer les peines qui sont notre lot à tous les deux par tous les temps, alors qu'il est moi.

Satisfaits, les curieux ?

J'ai ouï dire que les maisons n'ont aucune importance et qu'on peut les oublier sans regret. La maison sur la grève a beau ne plus occuper que mon interminable mémoire, elle survit en moi comme un voilier disparu, amalgamée à ces riens dont s'enivraient mes sens, jadis, quand se verrouillait la porte du jardin, puis la porte sur la rue. Les deux fois deux tours de clé du soir, pas tout à fait jumeaux, enfermaient dans mes yeux la nuit tout entière, la grève, les bateaux et les îles, Brigitte Bardot, Françoise Sagan, mes oreilles décollées et mes trois cousines, mon cousin Yves et son goril' désopilant. Si j'avais su, j'aurais jeté les clés par la fenêtre et j'aurais continué à roupiller dans mon enfance à travers les âges, avec ma grand-mère de l'Aber et les autres. Et Dieu aurait fait venir mes enfants dans cette maison qui n'a pas su ou pas voulu passer entre leurs mains. Un miracle n'est pas coutume, je l'attends toujours, j'y crois.

C'est la mort de maman qui m'a réveillé en catastrophe, aux aurores d'un 15 mai sans nuages. Elle m'a dit : Tu as vu l'heure qu'il est ? Je me suis levé pour constater que je n'étais plus dans la maison. Disparue, la maison. Je n'avais pas le souvenir d'en être sorti. Je frissonnais dehors, nulle part, et pour la première fois j'ai commencé à rendre des comptes à la destinée. C'est bien ainsi que l'on appelle en grandissant la vie réelle, je crois – la destinée. Allez dire après que les maisons nous sont bien égales et qu'elles ne suivent jamais les corbillards. Comme si les maisons n'étaient faites que de murs épais et de tours de clé presque jumeaux.

Voilà, vous connaissez tout le monde, chez nous, excepté mes autres cousins du Trez-Hir, de Morlaix, de Toulon, de Nouméa, de Nijni Novgorod et de Versailles-Chantiers, excepté Marie-Louise, Vincent, Antoine, Jean-François, Dominique, Bernard et Lili. N'oubliez pas que nous sommes en Bretagne où les cousins de mes cousins sont mes cousins, et leurs cousins cousins d'autres cousins qui sont aussi mes cousins, à bon entendeur... Ce dicton ne fait qu'illustrer les choses de la vie comme elles sont à l'ouest, entrelacées et ramifiées à perte de vue dans les canopées houleuses de Brocéliande. Telle est la grande famille arthurienne, en expansion continue par-dessus calvaires et cadrans solaires, par-dessus vents et marées. Allez, vous en savez bien assez long désormais pour me suivre au pays de...

## Ankou

*An Maro, an Barn, an ifern ien*
*Pa ho soing den e tle crena*
*Fol eo na preder e speret*
*Guelet ez-eo ret deceda*

… au pays de l'Ankou, le redoutable Oberour ar Maro, l'ouvrier de la mort.

On dit aussi : le moissonneur des corps.

Et aussi : le valet charretier du diable.

Il porte un long manteau grisâtre, une faux emmanchée à l'envers, un chapeau à large bord qui dissimule ses traits. On dit ça.

Il apparaît au crépuscule, seul, sur des chemins où ne passe jamais personne, on entend d'abord sa charrette aux essieux mal graissés.

Une chansonnette à vous dissoudre les boyaux, dit Alain Le Goff l'Ancien, le grand-père de Pierre Jakez Hélias.

Laissez passer l'Ankou, s'il vous plaît, laissez-le faire son boulot, voyons, et si c'est votre regard qu'il doit croiser ce soir, vous n'y pourrez rien, il n'y peut rien, par ici…

Les Bretons y sont très attachés, à l'Ankou, leur funèbre mascotte. Elle est parfois l'objet, syndrome de Stockholm (ou d'Helsinki ?), d'une dévotion pathologique, obsidionale. L'église de Ploumilliau, au nord-est de Morlaix, est bien connue pour la beauté de ses fonts baptismaux, symbole de vie naissante et d'espoir éternel, mais elle ne l'est pas moins pour son personnage de bois figurant l'Ankou dans tout son dénuement macchabéen. Un squelette, une bêche, une faux, un sourire de bienvenue, la charrette est dehors, on y va ?…

Autrefois se déposaient des offrandes aux pieds de cet Ankou tutélaire, et le plus fréquemment dans la période de l'Avent. Il y eut des fruits, des bouteilles de vin, des hochets, un fusil à pompe, un fœtus humain, un chien boiteux, un nœud coulant, un bracelet-montre, une andouille, un soulier d'enfant, je ne sais quoi d'autre : un camée représentant le pur profil de Vénus, des lunettes à monture d'argent, une mallette de voyage garnie, une main d'ivoire pour se gratter, tous ex-voto dont les donateurs avaient choisi l'anonymat. À se demander si cet Ankou plus vrai que nature, élevé par l'imaginaire angoissé des vivants au rang magistral de saint Ankou patron du néant, ne rendait pas des points à Dieu lui-même en sa maison d'amour.

Au nord-ouest de Saint-Quay-Portrieux, à la chapelle de Ker-Maria-an-Isquit – la chapelle de Marie-qui-sauve – bâtie par un croisé du XIII^e^ siècle, une farandole populaire emmenée par un Ankou boute-en-train déploie ses laridés sur un mur de l'abside, invitant gueux, notables, curés, et tout mortel, quel qu'il se croit être, à entrer dans la ronde où il entrera bon gré mal gré. Et je dois dire qu'à l'église de Lanildut, sous les regards de saint Maudet et saint Ildut, le saint Michel qui terrasse le dragon d'un coup de harpon divin paraît bien être le frère pareil de l'Ankou, aux bonnes joues près.

On redoute la mort, chez les Bretons, mais contrairement aux bobos parisiens, on la fait danser et mimer sur le devant de la scène, au centre du réseau social :

elle a sa marionnette pour cristalliser au mieux les sentiments qu'elle inspire. Pas très enjouée, la marionnette, mais toujours le sourire…

Le Roi qui se meurt chez Ionesco gémit : Ce qui doit finir est déjà fini. L'Ankou reste silencieux car la mort est au-delà des mots, jamais si loin que l'on espère. Il n'est pas un fantôme, une bête Pharamine, un dahut d'effroi vu par l'esprit des imaginatifs auxquels on a promis l'enfer s'ils regardaient la femme du voisin. Il n'est que le sort banal de l'humanité dans son imprévisible *carpe diem*. S'il avait voix au chapitre, on entendrait : *Ah, insensé qui crois que je ne suis pas toi*… Mots qu'il finira d'ailleurs par souffler en douce au personnage de Victor Hugo.

C'est Anatole Le Braz, grand écrivain non reconnu à sa juste grandeur, le chantre de la mort en tant que présence ordinaire, chez les Bretons. Sa *Légende de la mort* a beau dater du début du XXe siècle, elle ne vieillit pas d'un souffle, ce qui d'ailleurs serait un comble pour l'Ankou :

*De tous les peuples celtiques, les Bretons sont celui qui a conservé la plus intacte la curiosité de la race pour les problèmes de la mort. Il n'y a pas de sujet qui les captive davantage ni qui leur soit plus domestique, en quelque sorte, et familier. La physionomie même du pays qu'ils habitent semble avoir contribué à les entretenir dans cet état d'esprit. L'indécision de la lumière, la fréquence des brouillards, la déformation souvent singulière qu'ils font subir aux objets, les silhouettes fantomales et mystérieusement animées qu'ils prêtent aux rochers des côtes ou aux troncs, déjà bizarres en soi, des chênes ébranchés sur les talus, la plainte du vent qui règne ici en maître, celle de la mer dont l'accent n'est jamais le même le long d'un rivage découpé à l'infini, tantôt creusé d'entailles profondes, tantôt semé de récifs ou jonché de galets, tout concourt à favoriser le penchant inné de l'imagination bretonne au fantastique et au surnaturel. Sur cette terre si propice aux évocations d'outre-tombe, le Breton a prodigué les monuments funéraires. Voyager en Bretagne, c'est fouler le sol classique des ossuaires et des charniers…*

*La plupart de ces maisons des morts sont agrémentées d'inscriptions latines, françaises ou bretonnes, ressassant toutes le même refrain hallucinant :* Memento mori. *Les motifs sculpturaux qui décorent ces édifices sont naturellement en harmonie avec leur destination. Ce sont des os en croix, des têtes de mort. C'est quelquefois un ange élevant dans ses bras un petit personnage nu qui symbolise une âme. Quelquefois un cadavre essayant de secouer les plis de son linceul et de se dégager de la tombe. C'est surtout la figuration de la mort elle-même, sous les traits d'un squelette armé de la lance qui lui est également donnée pour attribut dans les drames comiques et les mystères bretons. Son nom dans le langage populaire est l'Ankou, le Trépas… Sur le tailloir de granit qui surmonte le crâne décharné de celui de Landivisiau, se lit cette ironique épigraphe :* Or ça, je suis le parrain de celui qui fera fin. *L'Ankou de la Roche-Maurice, lui, brandissant sa lance comme un javelot, a ce cri de menace ou de triomphe :* Je vous tue tous…

La mort à la bretonne ne manque pas non plus d'épater l'ombrageux Mirbeau, celtomaniaque à ses heures :

*Le taciturne Breton, sur qui pèse âprement le fatalisme catholique, est familier avec la mort… Il ne se plaint point, ne se défend point, il va de son même pas lent, sans seulement détourner la tête du bruit de la mort qui galope derrière lui et le talonne. Il y a de l'Oriental dans ce Celte anémié, dont l'esprit part sans cesse en caravane de prières vers La Mecque de sainte Anne.*

Minute, bigorneau ! Rappelle-toi : Ceci est mon sang, prenez et buvez-en tous... Chez le Breton, c'est la dive hémorragie du raisin ou des pommes, ou des prunelles à cochons, qui veut étancher la soif du Très-Haut. Octave Mirbeau, frileux, atrabilaire, un plaid sur ses genoux serrés, cherche à sudifier ce tempérament nordique issu des soleils de minuit. Il y a du Finlandais chez un Finistérien d'Armor, qu'il soit malouin, trégorrois, léonard ou morbihannais. Et quand l'écrivain lapon Paasilinna nous dit qu'à la Saint-Jean, 21 juin, solstice d'été au cap Nord, cinq millions d'assaillants se ruent à l'assaut du vague à l'âme, se rassasiant de saucisses graisseuses et de côtes de porc, s'enivrant à tombeau ouvert au son des accordéons, s'écroulant dans les aulnaies et les buissons d'orties après les corps à corps du sexe et du coup de poing, s'affalant face contre rien dans les flaques de pisse où ils se noient l'âme en paix, j'ai l'impression d'arriver à Sainte-Anne-la-Palud ce jour de Pardon multitudinaire où Tristan Corbière, le Morlaisien au grand cœur, patron du cotre le *Négrier*, surnommé *an Ankou* par ses potes du Légué, entonna sa *Rhapsode foraine* à la santé des mutilés sans grabats ni civières, *yamat !* venus à l'ouest coltinés par les gosses et les vieux.

Mais un Dieu vivant souffle son haleine avinée sur les extatiques poivrots d'Armor, et sinon Dieu leur sainte Anne adorée qui vaut bien cette supplique du Morlaisien claudicant, gueux parmi les gueux :

*Fais venir et conserve en joie,*
*Ceux à naître et ceux qui sont nés,*
*Et verse sans que Dieu te voie*
*L'eau de tes yeux sur les damnés.*

Que l'on n'aille pas me dire après que la villanelle de Corbière ne vaut pas la chaconne de Baudelaire ou la passacaille de François Villon ou une leçon de ténèbres de Couperin. Mais il est question des musulmans, je crois, et comme nous l'enseignent les sages de l'Orient, la vérité est en elle-même simple, parfaite, et ne demande même pas à être formulée, chut !

On ne parlait pas de l'Ankou, à l'Aber, de l'Ankou breton et bretonnant. Au milieu des années 50, le fantôme hystérique du judéophage à moustache, qui venait de faucher par millions petits et grands d'une race amie, accaparait au dîner un rôle d'Ankou dénaturé, schleu, nazi. Mon grand-père Henry, chrétien sur la défensive, celte mélancolique, résistant discret – il avait caché des espions et ne s'en vantait jamais –, évoquait les camps de concentration, les juifs et la libération des juifs, leur arrivée par camions bâchés à l'hôtel Lutetia, boulevard Raspail, sous ses fenêtres. Il faisait partie du comité d'accueil de la Croix-Rouge.

Que dit-on à des squelettes ? De quelle bienvenue les entourer ? De quel pardon leur demander l'aumône ? On les épouillait, on les lavait, on les nourrissait. On cherchait s'ils avaient un nom, s'ils s'en souvenaient, s'il y avait quelqu'un qui s'en souvenait pour eux. Les mots sonnaient creux, les regards n'échangeaient rien, les pleurs ne coulaient même pas, les bouches closes ne livraient aucun secret. Et Dieu, soi-disant tout-puissant, ne faisait jamais une pierre si lourde qu'il ne puisse la porter.

Grand-père citait Schwarz-Bart : Je crois à Dieu, mais je crois aussi à la pierre…

Grand-mère soupirait : Henry, je t'en prie…

Grand-père avait un ricanement gêné. Peut-être se considérait-il comme un survivant, à l'époque où ses petits-enfants venaient au monde, un rescapé plus attaché à la survie qu'à toute sa vie d'avant la guerre et les guerres, initié rongé par des secrets qui lui brûlaient les lèvres. Et nous chipotions, nous ergotions… Il devait nous trouver bien délicats, nous ses chers mignons, devant la nourriture et les plaisirs de la vie. Le spectacle de nos tablées débordant de victuailles et d'arrogance enfantine avait sûrement quelque chose d'irréel, comparé à celui des enfants juifs du Lutetia que personne, aucun parent, n'attendait à la descente du camion, après leur saison en enfer. C'était un peu lui, l'Ankou, mon grand-père, certains soirs, et son ricanement signifiait : Gare à la suite, mes chers mignons.

Un jour que je lui demandais comment il allait, grand-père prit ma main dans la sienne et la pétrit avec un sourire étrange : Oh moi, prononça-t-il d'une voix chaude, je ne suis plus bon qu'à mettre dans le suaire.

Le premier à me parler de l'Ankou, à l'Aber, s'appelait Job du Trou. Un surnom que lui donnaient sous cape les Labérois.

Job tenait le café-comptoir qui jouxtait l'Économie bretonne, épicerie au crépi jaune serin. Il était marié, il avait deux filles dont l'une, handicapée, servait les « limonades arrangées » sur le comptoir de lino. Les limonades arrangées attiraient les alcooliques repentis, ou soi-disant tels. Beaucoup de limonade teintée au vin d'Algérie, en principe. Beaucoup de rouge, en réalité, et quelques bulles timorées, noyées dans la masse. Job lui-même, de temps à autre, se repentait à son propre comptoir, et cet homme réservé, très doux, se mettait à parler fort.

Il plaidait sa cause : Job du Trou je suis, mignon... C'est moi qui creuse les trous, là-haut, derrière l'église... C'est pour ça qu'on m'appelle Job du Trou... Il y en a qui m'appellent l'Ankou et qui refusent de toucher ma main, et qui secouent la tête quand ils me voient... Comme ça qu'ils secouent la tête. Il y en a qui veulent me serrer la main et qui s'arrangent pour attraper la manche de ma veste. Il y en a qui m'apportent leur pelle à patates pour que je creuse mes trous avec leur pelle, et que je leur rendrai quand j'aurai le temps. Je creuse les trous parce que M. le Recteur me l'a demandé, mignon, et parce que les anciens marins font ça bien. Méticuleux qu'ils sont, toujours propres, et quand on leur donne bien les cotes du trou à creuser, il n'y a pas un centimètre de terre de perdue, pas une motte qui va chez le voisin. J'ai une jambe plus courte que l'autre, mignon, c'est ça qui leur donne des idées. Ils me voient remonter vers l'église avec ma bêche et ma jambe courte, et ils font leur signe de croix. Et ils se demandent si c'est leur tour…

Je n'étais pas bien grand le soir où Job me prit pour confident. Il était tout seul, accoudé comme un client au comptoir de lino brûlé par les mégots. J'étais venu pour une miche de pain, la boulangerie étant fermée. On trouvait chez lui ces pains du matin que l'on appelait du « pain de mer », j'ignore pourquoi, sans doute une allusion à l'humidité saline qui déforme tout, le moral des troupes, le bois des bateaux, les pains perdus (Marraine, ma tante Denyse, la sœur de maman, marinisait le pain à l'extrême avec son pain de grève, une pâte de blé noir où elle incorporait une escabèche de goémon blanc, même les crabes verts tournaient de l'œil à sa vue).

Ce soir-là, j'ai bu avec Job la première limonade arrangée de ma vie, bien rouge, bien sucrée. J'eus l'occasion de m'en repentir en cours de nuit, mon lit se prenant pour un canot submergé et mon père attendant que je lui dise la vérité, cramponné à l'avant. Quand j'eus bien vomi la vérité par-dessus bord, la tempête se calma, et mon père s'estompa comme un brouillard.

Pierre Jakez Hélias, vingt ans plus tard, me parlerait avec jovialité du serviteur de la mort. Il aimait bien l'Ankou, le bon ouvrier aux bons outils, du travail perlé, toujours là quand il faut, pas une seconde à perdre avec lui, le juste prix chaque fois. Pauvres petits naïfs de la ville qui le relèguent aujourd'hui dans le coffre aux vieilleries, avec les oripeaux des morts oubliés, les dentiers poussiéreux et les strass déchaussés. Pauvres d'eux qui fanfaronnent et crient à la superstition barbare, alors que le Tout-Paris n'a jamais autant couru les astroflashs et les cartomanciennes, les mages ethniques et autres guérisseurs à fumerolles, et discrètement investi la roulotte sur cales de Josée Davilez, place Denfert-Rochereau.

Pitié pour l'éternel Ankou, le traînard des landes aux heures nocturnes où la brume envahit les talus, pitié pour lui quand il fait sa ronde autour des vivants. Il ne rôde pas, il est en mission.

Sur les intersignes fatals, attirail ordinaire d'un Ankou de village, Pierre Jakez Hélias, roi des monts et merveilles, pouvait tenir le crachoir des heures durant. Natif du pays bigouden, grand bretonnant et grand lettré classique, il apportait à sa formidable mémoire d'enfant le brio du conteur, élevé à la ferme au bord de l'âtre, dans les jupes noires des fileuses à la quenouille ou des *mamm-goz* qui fumaient la pipe en marmonnant des sortilèges à l'attention des braises. C'était avant l'électricité, du temps que la voix des conteurs s'étirait sur les murs avec les ombres du feu. On ne savait plus, du conteur ou du feu, qui racontait l'histoire à la veillée. Et Pierre Jakez Hélias n'aurait pas juré, passé d'une civilisation paysanne à une civilisation réputée savante, d'avoir gagné au change sinon tout perdu. Il rappelait sans cesse l'invocation mythique de son grand-père, Alain Le Goff l'Ancien : « Trop pauvre que je suis pour acheter un autre cheval, du moins le cheval d'orgueil aura-t-il toujours une stalle dans mon écurie. »

Pierre Jakez Hélias n'a jamais cessé de récolter le bon vent des on-dit campagnards prompts à essaimer d'un village à l'autre, et d'un puits maudit au suivant : On dit qu'un oiseau n'entre pas dans une maison que l'Ankou n'attende à l'extérieur la permission d'entrer. On dit que l'Ankou a deux chevaux pour tirer sa charrette, l'un gras, l'autre maigre, et que le tranchant de sa faux est tourné vers le dehors. On dit que le visage de l'Ankou peut tourner sur lui-même et que rien n'échappe à sa vue. On dit que l'Ankou passe toujours escorté d'un ange, et que mieux vaut regarder les plumes que les os. On dit qu'un forgeron, le soir de Noël, se vit abordé par un homme de haute taille, un paysan dont la faux était emmanchée à l'envers. Le forgeron la répara. « Vous avez là fort bien fait votre dernier travail, lui dit l'inconnu. Rentrez chez vous et faites appeler le prêtre par votre femme. » Le forgeron comprit qu'il parlait à l'Ankou et, résigné, mourut au chant du coq.

C'était aussi l'aura poétique de l'Ankou villageois qui ravissait Pierre Jakez Hélias, cet art spontané du Breton pour enchanter son désarroi devant la mort, le parant d'une cocasserie glaçante. À Bénodet, chez Gwen-Aël Bolloré, il m'apporta un texte étrange de sa main paru dans *Les Cahiers d'Iroise*. Il y décrit une émission de radio qu'il animait en public dans un village, quand il fut soudain pris à partie par des « comedians » semblant surgir du Moyen Âge. Et dans la troupe : l'Ankou…

*C'était à Poullaouen, dans une salle toute retentissante du* kan a diskan. *Je vis s'approcher de mon microphone une vieille femme timide, auréolée de son fond de coiffe, le visage éclairé, malgré ses rides, de cette curieuse fraîcheur d'enfance que conservent parfois les paysannes jusqu'aux approches de la mort. D'autres femmes la poussaient à gestes brusques, l'encourageaient à voix aiguës. Quand elle fut près de moi, elle fit monter une de ses mains vers sa poitrine et prononça tout uniment ces paroles : « Je suis l'archange Gabriel. » Après un temps de stupéfaction, je découvris soudain que je me trouvais en présence de l'ancien théâtre breton des Mystères. Cette femme avait joué, chanté, vécu le rôle de l'Archange dans la fameuse* Pastorale de Poullaouen. *Elle incarnait toujours le personnage dans le vrai sens du mot, c'est-à-dire le porte-masque sacré, le sens qui se conserve dans le nom breton du prêtre :* an aotrou person. *De même que certains bedeaux et sacristains, à force de servir les offices divins, en viennent à revêtir une dignité ecclésiastique, de même la ferveur de cette femme l'avait rendue angélique. Notre ancien théâtre, c'était d'abord et surtout cette ferveur, cette totale identification au rôle qui fit mourir réellement en croix, pendant la représentation, un figurant du Christ. Peu importe que le texte fût écrit dans un breton haillonneux et maladroitement transposé du français. Ce qui m'importait, c'était la conviction, le sens dramatique de l'acteur, cette puissance d'identification qui permettait à des hommes rasés jusqu'au sang de tenir le rôle de la Vierge Marie en tirant simplement leur chemise sur leurs braies. Telle était la grâce qui habitait la vieille dont je parle, elle et tous les autres « comedianis », y compris celui que l'on vit jouer l'Ankou en bleu de chauffe (et jamais vêtement de travail ne mérita mieux son nom), avec un tortillon de paille enflammée qui était l'enfer tout entier. À côté de cela, les trouvailles de la mise en scène moderne apparaissent dérisoires. Et c'est dans l'Argoat que le vieil esprit lyrique a résisté, c'est dans l'Argoat que je l'ai encore vu flamber à d'autres moments.*

Reste à savoir ce qu'entend le Breton, le *kelt*, dirait Jack Kerouac, par la mort. Sûrement pas la fin de tout. Sûrement pas le bout de la nuit ou le jardin du néant. L'Ankou fait peur et peine à voir, mais c'est lui qui prélude à l'envers du décor, à l'Autre Monde, au Dieu vivant. Et Gwenc'hlan Le Scouëzec écrit que du Breton parvenu chez les Pères, il se dit qu'« il a attrapé l'autre moitié ». Il rappelle aussi que l'éternel retour, bien avant le *credo in unum Deum*, était déjà la foi du druide armoricain dans une mort épanouie jusqu'aux ultimes retrouvailles, « la mort n'étant jamais que le milieu de la vie ».

Comme l'univers ou l'être humain, Dieu est une longue patience, un perpétuel devenir.

À l'Ankou, la légende prête volontiers une dimension surnaturelle, surhumaine, et l'on s'étonnera de le croiser ni plus grand ni plus robuste qu'un individu, disons, dans notre genre. Il apparaît sous les traits d'un vieillard décharné, dans une charrette – *Karriguel an Ankou* – dont le grincement lugubre annonce aux vivants sa visite imminente. Aussi bien c'est un squelette aux allures hiératiques, le squelette éternel, compagnon de saint Yves ou sainte Anne dans les églises et tout lieu de prière où la mort a ses habitudes, elle aussi…

Aussi bien il prend la liberté de baguenauder entre chien et loup, sur vos talons, quand on ne sait plus trop s'il faut rentrer chez soi, ne pas rentrer, depuis combien de temps on est parti se faire pendre ailleurs, et qu'on lui propose un dernier verre, bêtement.

L'Ankou aurait-il un problème d'alcool ? Petit canaillou, va, j'attendais la question. Élargissons-la, si vous permettez, recouvrons-en la péninsule armoricaine, ajoutons les îles de Noirmoutier à Chausey, sans oublier nos phares de haute mer du temps qu'ils étaient habités par des gardiens, comme celui d'Armen. Le Breton a-t-il un problème d'alcool ?… Bigre, comme vous y allez. Problème est un mot tellement négatif. Interrogez-vous plutôt sur le taux d'alcoolémie à l'ouest, depuis le règne des druides et druidesses. Aucun Breton ne vous suivra dans cette quête aux incriminations larvées, bien plus complexe qu'il n'y paraît, sans commune mesure avec la soif ou la morale en vigueur. Mais si vous désirez connaître mon opinion, allons nous en jeter un et parlons-en. Quant à l'Ankou, soyez sans crainte, son cheval marche droit lorsque la charrette aux présages nous fait grincer des dents.

Car il a beau ne pas être un justicier, l'Ankou figure l'ordre fatal, impeccable du monde, ni plus ni moins. Il est le dernier des trépassés en date, chargé de passer le relais au futur trépassé qui deviendra l'Ankou pour tous et pour un, chacun à son tour. Il se donne les douze mois de l'année pour le découvrir, pas un jour de plus, ça laisse du temps. Craindre l'Ankou est un bon moyen de le tenir à distance un moment, le narguer revient à chercher noise au destin, l'ignorer c'est être déjà mort.

Dans un conte populaire de François-Marie Luzel, le plus grand des folkloristes bretons secondé par Lan Inizan après la Terreur, on voit l'Ankou dévorer des araignées vivantes qu'il…

## Araignée

*Seiz gwech'm gwerzt bleo ma fenn*
*Da brena bara en T-Gwenn*

... qu'il sort de sa poche et ne demande qu'à partager avec la première âme qui vive. Il ne faut jamais accepter une araignée de l'Ankou : ni araignée ni soupe aux orties, aucun pique-nique sur le pouce à la tombée du jour sauf à n'avoir plus rien à se mettre sous la dent, pas le plus petit vermisseau d'espoir. À votre bon cœur, monsieur l'Ankou... Monsieur ou madame ?

C'est l'araignée de mer, mon crustacé préféré. Dans le capharnaüm des marées basses – algues frisottées, goémons noirs à vésicules pétaradantes, laminaires à queue d'alligator, salades variées imitant roquette ou laitue, polypes verts des madrépores dits sainfoin arrachés par les courants sous-marins, manches à balai mollassons pour se talocher entre gosses, *pissouz* grenat qui vous gicle entre les orteils –, dans cette charpie l'araignée singe une pelote de ficelle bourrue, crispée, dénuée de tout intérêt pour l'estomac humain. Passe ton chemin, morfal, rien à becqueter par ici.

On l'attrape au collet, la pelote s'anime, se met à gigoter, il lui pousse de longs ciseaux écarquillés qui l'embarrassent plutôt qu'autre chose. Mais, s'il est facile de la prendre en main – encore faut-il en dénicher une –, allez donc la faire entrer dans la casserole. L'araignée se démultiplie, un vrai roncier. Elle a piquants, pattes, pinces et pincettes. Toute une gamme d'élancements télescopiques en éventail – velus, pédicurés au vernis noir, dame araignée est une coquette – lui hérisse le corps, elle vagit comme un chiot.

Étourdie par les vapeurs du court-bouillon, l'araignée replie ses canifs et s'évanouit dans la gamelle, yeux grands ouverts. Patientez quatorze minutes, à présent, profitez-en pour tourner la mayonnaise aux deux huiles, à la cuiller s'entend. Et le moment venu n'oubliez pas la dégustation du « brun » le moins ragoûtant des sot-l'y-laisse, on s'en dira des nouvelles.

Pas un caviar, foie gras, tournedos, col-vert, poussin, grouse ou gélinette, pas une langue d'agneau, crête de coq, fraise ou ris ne peut défier l'araignée de mer partagée sur une terrasse bretonne au soleil, avec l'océan pour convive essentiel, celui-là redoublant d'exhalaisons iodées en son honneur.

L'araignée, comme tout fruit de mer de bonne compagnie excepté l'huître – le plus parisien d'entre eux –, se mange à la mer, uniquement à la mer, car l'océan fait partie de l'araignée qui vous enchante le palais, et si tu supprimes l'océan, béotien : de beurre aux herbes tu prives l'escargot, de gribiche la tête de veau, de neige au carreau la tartiflette, de goudron fumant le rôti en croûte du cantonnier, etc. L'araignée se mange à la mer et seulement à la mer sous l'œil unique de l'horizon, pas dans la forêt de Tronçais le soir de l'ouverture de la chasse, encore moins à Paris qui n'a jamais rien compris à l'empire des goémons, et rien à la marée basse, aux mers dans la lune.

Adolescent, je vais à l'araignée – ainsi dit-on – avec François Réguer, fils de François Réguer le cap-hornier patron du ligneur *Intrépide*, une hélice de laiton bipale. On y va dans les platures de Kérandran, entre Porzmeur et l'île Melon (ne cherchez plus le menhir de l'île Melon, les Allemands l'ont fait sauter sous l'Occupation, il gênait les tirs).

François dit les « enragés » pour les araignées, comme aux anglo-normandes. Avec sa carapace hérissée telle une grenade sous-marine, la plus aguicheuse des araignées paraît vous en vouloir à mort, ce qui est compréhensible en présence d'un tueur omnivore. François dit « aiguillette » pour l'orphie aux arêtes vertes, phobie des Anglais (ils mangent du mouton à la menthe, ils rechignent aux os verts des orphies, sacrés Anglais !...). François dit « oreille de mer » pour l'ormeau, il dit « mousse » pour l'araignée naine, et « moussaillon » quand l'instinct paternel prime l'instinct chasseur devant cet araignelet flageolant, cet enfançon du sérail océanique, ce pitoyable pince-mou. Il n'a pas mangé lui-même qu'il doit être mangé, circulez...

Les crustacés des trois abers ignorent leurs grands noms parisiens. Je n'ai jamais entendu appeler un crabe « tourteau », chez nous. On dit « dormeur », pour une raison évidente. Et s'il ronflait, on dirait « ronfleur ». Parmi les dormeurs, il en est certains que François appellent « chinois ». Ou bien ces crabes imitent les guerriers samouraïs, ou les samouraïs ont copié sur eux. Il y a aussi les crabes de fer impatients dont la caboche semble avoir été martelée sur une enclume par un démiurge entre deux vins, pressé d'inaugurer l'évolution. Pas d'étrilles, aux abers, mais des « crabes sardines ». De même on confectionne une poupée en assemblant des bigorneaux et autres coquillages mariés à la Seccotine, avec une brénique en guise de chapeau de paille d'Italie (et plus souvent de parapluie de Cherbourg), de même l'étrille se confectionne en cousant des sardines entre elles, des sardines miniatures arrachées aux nageoires de leurs mamans éplorées.

Voilà comment, un jour de ma longue enfance, je m'expliquai le nom du crabe sardine, un rat auprès du monumental dormeur – le Rocco Siffredi de la gent crustacé – mais un nain des plus goûteux si l'on en croit nos muqueuses de bouche, ménades unanimes à chérir le crabe sardine en miettes, en morceaux, en soupe, le meilleur du littoral armoricain où les crabes sont les meilleurs des sept mers. Chauvinisme ? Quelle idée malveillante. Cette excellence n'est due qu'à la température des eaux bretonnes, idéalement fraîches au Tournant de Lochrist sous l'abbaye de la pointe Saint-Mathieu, l'orée du pays léonard, là même où l'océan Atlantique entre dans la Manche et vice versa deux fois par jour.

En 78, la maison de l'Aber vendue, j'ancrai mon ketch *Aeleutheria* sur la rivière de Lanildut à la hauteur du Gour Bihan, sous l'église de Saint-Ildut, là où mon oncle André, rappelez-vous, avait laissé mourir ses yachts. Chaque jour, ramant dans l'annexe aux boudins plus ou moins crevés, le gonfleur à portée de main, j'allais à Lampaul chercher mon dîner. Là-bas, je retournais les galets du littoral au petit bonheur, en quête d'une pitance. Les grèves étaient giboyeuses, vers Porz-Paul, à marée basse, et je n'étais pas seul à piller les menus fretins abandonnés par le jusant. Se confondant avec la fourrure étalée des goémons, les vieilles *mamm-goz* trifouillaient courbées sur les flaques, et c'était chacun pour soi comme au temps du bris.

Crabes rouges, crevettes, bigorneaux, bréniques, petits poissons, anguilles, je ne revenais jamais bredouille. Je n'avais pas trop les moyens du steak de boucherie, à l'époque, l'entretien du bateau me vidait les poches, un jusant permanent. Certains soirs, j'en arrivais à détester les fruits de mer, et dîner me faisait horreur. Ah ! si l'on avait pu ramasser des tournedos sous les galets du Léon, ou des escalopes à la crème, ou des gratins dauphinois, ou des œufs à la tripe. Même pas un lieu, un merlan, un maquereau bien dodu. C'était toujours bigorneaux, palourdes, ou larges *brennigs* pareilles à des vulves.

Je gagnais ma vie en échangeant des liasses de billets contre des balades en mer plus moins longues, en 78, de préférence au bout du monde. Les amateurs ne se bousculaient guère. Une autre ambition me faisait espérer une carrière littéraire à la Monfreid, à la Hemingway : Je patiente à la poste centrale de La Havane sous un ventilateur à bout de souffle, un buraliste en sueur me fait signe, et je reçois une pleine valise de dollars pour prix d'un manuscrit envoyé chez Gallimard quelques jours plus tôt. Après quoi je reprends la mer…

Le plus étrange est que ce vœu, à peine retouché dans sa physionomie, finira par s'exaucer.

Un après-midi que le soleil labérois n'était pas au rendez-vous – la pluie l'était depuis cinq bons jours –, j'attrapai mon crayon Koh-I-Noor B5, *alias* ma grise mine, et, installé à la table à cartes, je voulus écrire je ne sais quoi d'urgent, une sorte d'improvisation désabusée sur ma situation. Si désabusée que je reposai mon crayon sans avoir accouché d'une seule phrase qui tînt.

Les hublots étaient couverts de buée, le courant clapotait sous la voûte arrière, je m'en voulais de rester au mouillage en attendant la manne. J'ouvris au hasard l'*Almanach du marin breton* et ces paroles de Glenmor, le grand barde national breton, me sautèrent aux yeux : « La Bretagne exprimant sa glorieuse Armorique fut d'abord pays, puis province et région, sans mandat. » S'échappa du bouquin une carte enluminée portant le *Gwenn-ha-Du* faseyant sur la hampe d'un L démesuré promettant *Légende*, œuvre de quelque moinillon celtique au Moyen Âge. Suivait le fac-similé d'un manuscrit concernant les cinq départements bretons.

L'ayant relu plusieurs fois, j'écrivis sur mon livre de bord ceci : « La péninsule armoricaine, jadis, comprenait cinq cités distinctes : la cité des Redones, aujourd'hui Rennes, la cité des Namnètes, aujourd'hui Nantes, des Vénètes, aujourd'hui Vannes, des Osismes, aujourd'hui Carhaix, des Coriosolites, aujourd'hui Corseul. L'Armorique, au IXe siècle, gagna de haute lutte son indépendance qu'elle gardera jusqu'au mariage de la duchesse Anne avec Charles VIII. Elle ne fut plus ni duché ni royaume, mais simple province du pays voisin, depuis toujours combattu. La Révolution divisa l'Armorique devenue Bretagne en cinq départements ou pays : celui des Redones devint Ille-et-Vilaine ; celui des Namnètes Loire-Inférieure ; celui des Osismes Finistère ; celui des Coriosolites Côtes-du-Nord ; celui de Vannes Morbihan.

Sous l'Occupation, en 1941, le gouvernement collaborateur de Vichy révisa le découpage administratif de l'Assemblée constituante, au mépris de traditions plusieurs fois millénaires. En termes officiels et minéralogiques, la Bretagne perdit la Loire-Inférieure et, partant, perdit Nantes qui se vit parachuté dans la famille hétéroclite des Pays dits de Loire où figuraient notamment la Sarthe et la Mayenne, que le fleuve Loire, à ma connaissance, n'a jamais eu l'intention d'arroser. Au moins soixante pour cent des habitants de Loire-Atlantique refusent cette partition, et, régulièrement, se prennent à défiler, réclamant la réunification promise à la Bretagne. »

Le soir tombait sur la rivière endormie, un couchant timide rosissait la pénombre. J'apercevais le clocher de Lanildut par le hublot. Il avait dû sonner sans conviction ses deux angélus, je n'avais rien entendu. J'étais enthousiasmé par cette nouvelle, à savoir que Nantes souhaitait revenir dans le giron armoricain. S'ouvraient à moi les horizons vertigineux d'une appartenance historique dont j'avais méconnu l'ampleur. D'où venaient les Bretons ? Qui étaient-ils ? Qui étions-nous ? Les Queffélec avaient des origines galloises, je le savais, mais si mon père s'en flattait à l'occasion, il était trop gaulliste pour s'en faire une bannière.

Moi, né en 49, qui m'en empêchait ?

Je me penchai sur le tableau électrique du pont. J'enfonçai un bouton vert à diode rouge et le feu de mouillage s'alluma, indispensable au sein d'une rivière obscure. Je passai la soirée à bouquiner des ouvrages bretons dont le *Guide de la Bretagne mystérieuse* de Gwenc'hlan Le Scouëzec, un peintre, mais aussi un historien qui semblait ne rien ignorer des migrations celtiques ou des enchantements arthuriens, comme si les druides l'avaient désigné pour témoigner contre les avis officiels, se rappeler au bon souvenir des mieux-disants mal informés ou tricheurs. Plus tard, je dînai d'une Royco-minute-soupe aux trois légumes chabrolisés à la bière, et, à demi noyé dans ma documentation, me lançai dans la…

## Armorique

*Pigna ran xar an dorchenn*
*Da gonta deoh ar gonchenn*

… dans la rédaction d'un plaidoyer identitaire à la gloire des Bretons frustrés depuis cinq cents ans ?… Même pas : un exposé sur nos ancêtres les Armoricains, copie dont je n'ai pas lieu d'être fier. Son mérite éventuel est de vouloir cerner au plus près la matière du celtisme à travers les âges, où qu'il ait pu faire souche, où qu'on l'ait mortifié. Un examinateur du baccalauréat aurait bien du mal à noter cette composition française, et bretonne, des plus libres quant à son plan, ses affirmations. On n'est absolument pas tenus d'en prendre connaissance, on n'est d'ailleurs tenus de rien.

Des esprits fantoches font remonter les Armoricains au pieux Énée, à Hu, voire à Jupiter en personne. Bien tentant, quand on ne sait pas, d'apparenter les races celtique, germanique, grecque, latine – terrain familier. Impossible de prouver leur filiation, impossible de la récuser. Certains imaginatifs recourent à Noé pour déposer un couple de Bretons sur l'île de Sein – pourquoi Sein ? Pourquoi l'Ouest armoricain ? – après une longue errance de survie dans l'hydrosphère. La Bretagne serait fille du Déluge originel, le Breton fils du patriarche biblique Noé, le premier à planter la vigne et à se piquer le nez, tout cela ne tient pas debout.

Les généalogistes contemporains, mieux renseignés, portent leurs regards sur l'Asie, berceau du genre humain. Là-bas la Genèse a placé les sept jours de la Création. Là-bas se sont opérées la dispersion des races et la décrue des eaux.

Notre histoire, à nous Bretons, n'a d'autre origine. Voilà deux bons millénaires que dans les *festou-noz* de Cornouaille ou du pays de Galles se chantent les mélodies chantées dans les temples hindous. Coïncidence ? Bien sûr que non. Miracle d'une gémellité remontant au début du monde. Comme la plupart des races occidentales issues de la famille indogermanique, les races celtiques ont suivi le cours naturel du soleil vers l'Occident, oubliant l'Orient natal, l'Asie – n'oubliant pas la musique.

À quelle époque eurent lieu ces migrations ? Les premiers témoignages sont latins. Pour Cicéron, César, Pline ou Tacite, il ne fait aucun doute que Cimmériens, Celtes et Gaulois sont une seule et même famille, tous venus d'Asie : « Marius, dit Cicéron, repoussa les hordes gauloises qui déferlaient sur l'Italie. » Hordes gauloises : hordes celtes, hordes sœurs. Le fameux bouclier celtique de Marius, son plus beau trophée à la bataille de Verceil, représente un guerrier tirant une langue démesurée, ce qui est bien dans la manière puérile du Breton.

Lorsque César franchit les Alpes en 58 avant J.- C., faisant mouvement vers le nord-ouest, les Gaulois se trouvent acculés à l'océan, repoussés dans les roches de l'Armorique et du pays de Galles. Voilà sans doute aucun l'histoire de nos aïeux, qu'on les appelle Cimbres avec les Romains, Cimmériens avec les Grecs, Celtes ou Gaulois avec le Jules César des *Commentaires*. Et ce sont les immigrés forcés de l'île d'Albion, la branche galloise, qui donneront à la péninsule armoricaine le nom de Bretagne en repassant la mer. Là-dessus, les textes de Pline, Tacite, ceux des Bénédictins et Triades galloises sont formels, attestant bien que la Grande-Bretagne tient son nom de quelque tribu celtique émanant de la Gaule après sa dérive et sa déroute à travers le monde. Quant au mot Bretagne, il a deux étymologies plausibles. *Breton* ou *bretoun* ou *breizad*, qui vient de *briz* et signifie : peint de diverses couleurs. Et *Breizh* qui veut dire : bigarré. En effet les Celtes gaulois se teignent le corps et la chevelure, et sont nommés les *Picti* par certains clans d'Écosse. Breton peut dériver aussi de *bro* qui signifie : pays, et de *than* qui signifie : homme du pays, indigène.

Les Celtes sont grands et blonds, ils ont la peau blanche, la tête haute, les yeux bleus et vifs. Le géographe grec Strabon en parle ainsi : « … une race irritable et folle de guerre, prompte à la lutte sans malignité. Si par malheur on les excite, ils marchent droit à l'ennemi. Un jour, ils allèrent voir le conquérant de l'Asie, ce jeune Alexandre devant qui les rois s'évanouissaient d'épouvante. Que craignez-vous ici-bas ? demanda le Maître de la Grèce aux hôtes Bretons. – Que le ciel nous tombe sur la tête, pas autre chose. » Ils ont toutes les qualités et tous les défauts en même temps, insolents avec les inconnus, dissolus avec les femmes, se vautrant dans les plaisirs, promettant tout et n'importe quoi, patte molle avec les enfants.

La femme celte surpassait l'homme en beauté, d'après Strabon, parfois en force et en violence. « Ses yeux bleus sont voluptueux et sauvages. Quand elle est en colère, sa gorge enfle, elle grince des dents et porte des coups qui semblent partir d'une machine de guerre. »

À lire ce témoignage édifiant, on peut raisonnablement supposer que la femme bretonne, bien avant Mai 68 et Simone Weil, faisait respecter ses droits à l'égalité jusque dans les pires moments.

Romains, Germains, Français, Normands, Anglais frapperont à coups redoublés sur la nation bretonne. En vain. Telle terre, telle race. Elle encaissera leurs assauts comme les caps de son paradis rocailleux encaisseront les coups de boutoir de l'océan. Que peut craindre celui qui n'ajoute foi qu'à l'illusion, inaliénable fortune ? Si les Saozon, autrement dit les Saxons, croient mort le roi Arthur, le prince aimé des chevaliers bretons, le sage de la Table ronde, les Bretons d'Armorique savent qu'il n'en est rien. Le roi Arthur attend son heure, endormi d'un sommeil profond sous l'Etna. Merlin dort aussi, captivé par sa Vyvyan, leur dormition finira, ils reviendront. Telle est l'indomptable espérance du Breton.

Les premiers Celtes armoricains se peinturlurent et se tatouent comme les Peaux-Rouges. Ils se dressent les cheveux en touffes sur le crâne, habitent les cavernes du littoral, arment à la pêche des barques d'osier bardées de peaux de vache. Les druides, juges suprêmes en toute chose, sont leurs souverains. Leur histoire est l'histoire même de leur religion.

Par la mer du Nord arrivèrent les riches Vénètes, originaires on ne sait d'où. Les Celtes sont fiers de combattre nus ces ennemis cuirassés de métal. À leur manière, ils se couvrent d'ornements, inventent la cotte de mailles, arborent un casque de fer surmonté de cornes de buffle ou d'élan, rehaussé d'ailes gigantesques ou d'un panache touffu. En guise de baudrier, ils ont des chaînes de cuivre où pend un énorme sabre. Ils portent une barbe démesurée, teinte en rouge, en bleu, et leur chevelure flotte sur leurs épaules.

Ces batailleurs courageux n'en sont pas moins de bons vivants toujours prêts à éclater de rire. Posidonius, qui sillonna la Gaule occupée, décrit un repas breton : « Autour d'une table basse on trouve disposées des bottes de foin : ce sont les sièges des convives. Les mets consistent d'habitude en un peu de pain et beaucoup de viande grillée ou rôtie à la broche : le tout servi proprement dans des plats de terre ou de bois chez les pauvres, d'argent ou de cuivre chez les riches. Quand le service est prêt, chacun choisit un membre entier d'animal, le saisit à deux mains, et mange en mordant ; on dirait un repas de lions. On boit à la ronde dans un seul vase en terre ou en métal qu'on fait circuler. On y revient fréquemment. Les riches ont du vin de Gaule ou d'Italie, qu'ils boivent pur ou légèrement trempé d'eau. La boisson des pauvres est la bière ou l'hydromel. Près de la mer ou des fleuves, on consomme beaucoup de poissons grillés qu'on asperge de sel, de vinaigre et de cumin. L'huile est peu recherchée. »

Durant le repas, les Celtes se battent à l'amiable. Duels simulés. Ce n'est qu'un jeu, voyons. Ils s'attaquent et se défendent du bout des doigts. Leur arrive-t-il de se blesser en jouant, on ne joue plus. Ils se tapent dessus avec une telle rage qu'il faut les séparer. Il est d'usage alors que la cuisse de sanglier du perdant revienne au vainqueur. Essayez de la lui disputer, il vous en cuira.

Au fait, l'alcool abonde à la table bretonne… Eh oui : déjà ! Certains historiens taxent nos aïeux d'ivrognerie, mais d'autres vantent leur sobriété : « Rien n'était plus simple que leur nourriture. Le laitage, les herbes et les racines, parfois la chair de porc ou la venaison en faisaient les frais. Ils buvaient une sorte de bière qu'ils nommaient *kourou*. Ignorant les délices des nations voisines, ils en ignoraient aussi les maux et vivaient jusqu'à cent vingt ans. »

Relation édifiante, objective espérons-le, qui laisse deviner où le grand Goscinny est allé recruter les personnages d'Obélix et d'Astérix.

Au village, tout mâle est soldat. Chaque mère, cérémonial obligé, donne à baiser au fils nouvellement né l'épée nue du géniteur. À chaque lune, les chefs de village mesurent les jeunes gens avec leur ceinture, hauteur, tour de taille. Celui dont l'intempérance a développé l'embonpoint doit payer une amende ou prouver en duel que ses kilos l'avantagent. La vieillesse importe peu. La vieillesse a baroudé. On voit de vieux guerriers à barbe blanche, garrottés sur leur monture, mener à la bataille des troupes d'adolescents. Les soldats marchent aux chants des bardes, cheveux et corps peints, ils hurlent pour épouvanter l'ennemi, César lui-même en aura des sueurs froides.

Autre usage des Celtes armoricains qui se retrouvera chez les chouans, leurs dignes petits-fils, la voix : « Quand survient, dit César, un événement d'importance, les premiers qui l'apprennent le proclament à grands cris dans la campagne, et ceux qui entendent ces cris les transmettent à d'autres, et ainsi de suite, de village en village. Si bien que la nouvelle traverse le pays à la vitesse de l'oiseau. »

C'est un peu court, naturellement, l'oiseau va trop vite. Il manque à cette allusion pittoresque aux chouans bon nombre d'épisodes impliquant l'histoire de France en Bretagne, et sans doute un point de vue personnel de l'auteur. Bref, il est grand temps pour moi de hisser l'ancre du ketch égaré dans l'Aber, et de me laisser porter vers la prochaine étape de mon dictionnaire amoureux dont les cahin-caha n'ont rien d'anodin.

Pour accéder à moi-même en ta bonne compagnie, passagère ou passager, je m'applique à tirer des bords dans le lit des…

## *Avel*

*Avel uhel avel nor*
*A zegas ar pense d'ar bord*
*Ha me a-raok*
*Da c'hoari va faotr*
*Ha pa'd ajen d'ar groug*
*E teuio un tortad war va chouk…*

… dans le lit des risées sucrées salées du temps qui passe, et sur mer dans le lit du *vent* – *avel* en breton.

La seule chose qui n'ait pas changé, à l'Aber, outre l'horizon, c'est l'odeur du vent. Nulle part je n'ai respiré cet air vif, anisé, salin, dans aucune autre partie du monde où j'ai pu toucher terre en bateau. On se réjouit du bon air, en Armor, comme on se réjouit du bon beurre ou du bon pain cuit au feu de bois chez Perhirin. Il sent l'iode émané des laminaires de rive, les palmeraies du littoral, debout dans les profondeurs à marée haute, affalées sur les galets à marée basse ; une panacée d'algues introuvables ailleurs qu'en Iroise, sœur océanique de la forêt vierge à quoi tient la santé du globe.

*Avel* ne connaît pas sa force, et quand il prend son élan, plus une embarcation ne se risque au large. Il surgit du nord-ouest, on l'appelle noroît. S'il apporte à longueur d'années pluies, crachins, bourrasques, et tout l'Hexagone en sait quelque chose, il n'en fait pas moins largesse au contemplatif des merveilles architectoniques du couchant, divulguant les fantasmes du Père et du Fils. Une fois qu'il a bien empilé cathédrales, portiques, donjons, méga-pétanques en émeraude et rubis, l'irisation s'écroule, c'est la nuit.

À l'Aber-Ildut, *Avel* en a gros sur le cœur des gabares et des équipages engloutis au cours des âges, marins qu'il a nourris, perdus, lamentés. Et les compagnies pétrolières ont beau jeu d'excuser par ses rages les gabegies criminelles des sieurs : *Gino*, *Tanio*, *Olympic Bravery*, *Torrey Canyon*, *Amoco Cadiz*, *Erika*, *Prestige*, *TK Bremen*, tous ces gredins ayant gerbé leur *carbon black*, *alias* or noir, dans nos eaux-mères au péril des sauveteurs, armant de serpillières, grattoirs, seaux, des milliers de bénévoles venus à la rescousse des oiseaux enmazoutés jusqu'aux yeux : des *brennigs*, des galets, du sable, des laminaires, de cette nature qui fait sourire en coin les pachas de la haute finance. La faute au vent, les naufrages, la faute à la mer, la faute à pas d'chance : votre faute, bande de naïfs ! Désolé pour vos si jolies petites plages, elles s'en remettront.

*Avel* était dans le coup, en 99, quand le typhon décima Brocéliande et projeta les yachts de Lesconil au milieu des vaches de misère épouvantées au fin fond des campagnes. Oh, noroît ?... C'est bien toi, n'est-ce pas, qui t'acharnas cette nuit-là sur les pointes de Bretagne : pointe Saint-Mathieu, pointe du Raz, pointe de Pen-Marc'h, les trois arêtes nasales de la caboche armoricaine ?... Non ? Pas toi ?... Ce n'est pas lui, non, mais suroît son frère de lait, tous les vents marins étant fils de la Rose engendrée par Éole, amant chouchou des Océanides.

Le 16 janvier 99, le vent grimpa dans les tours comme il sait faire en hiver et, plein sud, atteignit des impulsions enregistrées à soixante-dix nœuds par une bouée britannique ancrée par 59°N et 12°W, soulevant les déferlantes à quatorze mètres de hauteur, exactement comme il les soulève au cap Horn au plus fort du souffle : preuve que les cinquante-cinquièmes, au nord, ne sont pas moins rugissants que les quarantièmes, au sud. Le noroît, quant à lui, le 17 janvier 99, s'il ne fut pas un simple figurant de dernière minute sur le théâtre des catastrophes naturelles, se vit confier les clés d'un coucher de soleil kinopanoramique envahissant l'horizon cristallin sous le dernier choc du flux perturbé, flux sud et ouest, selon la formule en usage à Météo France.

Mais *Avel* est changeant, porté aux avatars. Il ne passe pas son temps à cogner, défier les anémomètres ou complaire aux Cassandres d'une climatologie tourneboulée par les effets de serre. Le grand méchant *Avel* se fait poussin perdu, l'été, sur le lit à sec de l'Aber, entre Pont-Reun et Bel-Air. Il tourne en rond, flâne ici et là, caressant d'un mieux inespéré les cervicales des anciens, côte à côte assoupis sur les bancs paroissiaux, va faire un tour à la maison brûlée, réchauffe le dard frileux des taons à l'affût sous les marjolaines, se change en esprit gazouilleur, infiltre les velours térébrants des ajoncs, salue le scarabée dans sa bouse encore fumante, court se frotter aux mûres, aux abeilles, aux lèvres salées des amoureux invisibles sous les pins bleuissants, aux orvets enroulés sur les wagonnets renversés parmi les orties recouvrant les blocs de la carrière à granit désaffectée, vire en douceur avec le soleil du soir, attendant que le jusant le remporte avec lui sous la lune, sa mère matrie.

Laissons la parole aux diseurs de vent, les anciens, les contemporains. À tout seigneur tout honneur, prêtons l'oreille à Victor Hugo, seigneur de sang breton par Sophie Trébuchet, sa mère. Elle est nantaise, elle est royaliste, elle est chouanne, elle veut une Bretagne bretonne. Hugo ne renie pas, tant s'en faut, ses attaches armoricaines. À dix-huit ans il est obsédé par la *Breizh*, nation d'honneur et de pauvreté. Il parle des va-nu-pieds des mers. Avec ses frères, il travaille au lancement d'une revue qui aurait pour nom : Les Lettres bretonnes. C'est dire ! Et suivant son tropisme celtique, Hugo l'ambitieux aspire à n'être rien, personne, si ce n'est l'égal en littérature de François-René de Chateaubriand, son compatriote malouin. Rappelons également, ce que la Sorbonne n'est guère empressée à souligner, que la mer adorée par Victor Hugo, la mer de Gilliatt et des *Travailleurs de la mer*, des *Pauvres Gens* et de *Quatre vingt-treize*, cette mer misère est le vieil océan d'Armor, l'Atlantique, celui qui ravitaille en eaux ultramarines les mers du Nord et autres Méditerranée assoiffées.

Parole de Victor Hugo, non publiée de son vivant, rédigée vers 1860 en vue d'une préface à l'ensemble de son œuvre :

*Regardez encore. Ceci est la mer : le mouvement gigantesque et continu, une sorte d'en-avant furieux et effréné des masses et des souffles, des bruits, un tas de montagnes en fuite, ayant l'écume pour neige, une inépuisable colère des nuées contre les vagues et des vagues contre les rochers, une poussée horrible de l'ombre contre l'ombre, un cloaque de baves, un râle sans fin ; Autans, Foehns, Borée, Galerne, Aquilons, bourrasques, grains, rafales, tourmentes, raz de marée, coups d'équinoxe, barres, mascarets, ressacs, flux et reflux ; l'agitation à jamais, le bouleversement indéfini ; un dragon est noué autour du globe, et souffle et hurle ; le tumulte s'est fait monstre : voici la mer, voici le vent.*

Encore plus venteux : l'*avel* dans son intrépidité planétaire, universel, tel qu'il s'énumère à profusion dans les *Travailleurs de la mer* :

*Pour le compas, il y a trente-deux vents, c'est-à-dire trente-deux directions ; mais ces directions peuvent se subdiviser indéfiniment. Le vent, classé par directions, c'est l'incalculable ; classé par espèces, c'est l'infini.*

Eugène Guillevic, né à Carnac en 1907, n'est pas hugolien du tout. Il a le souffle court, le verbe plat, il répugne aux grands vents alexandrins, à la phrase chantournée. Il écrit menu, voire étroit s'il s'agit du volume. De deux mots il faut choisir le moindre. Non, pas de cerise sur le gâteau, malheureux ! À la rigueur le noyau, la queue bien ridée. Et certainement pas de gâteau. Mais Guillevic, dont le métier, hélas, oublions ça très vite, fut le contentieux fiscal (je vais probablement effacer cette information qui me chagrine autant que vous), est un géant d'écriture et de poésie par le talent dont le moindre accent, et sans forfanterie le moindre silence, est chargé comme de résine la pomme du pin de Lanvaux.

La manière dont il se tait entre les mots, les strophes, est d'une grâce inimitable – et désespérément imitée –, et les marges blanches autour de sa voix ne sont que l'ombre inspirée des choses, une ombre où il enflamme des allumettes qui ne s'éteignent jamais.

Il a beau répéter : je ne suis qu'un petit harmonica, nul n'est dupe. Sur son brin d'herbe ou son fifrelin, il joue d'un Mozart qui s'appelle Eugène Guillevic.

*La mer comme un néant*
*Qui se voudrait la mer*

*Qui voudrait se donner*
*Des attributs terrestres*

*Et la force qu'elle a*
*Par référence au vent.*

Il n'y a que les Japonais pour atteindre un pareil dénuement dans le jeu prosodique le plus raffiné des poètes nippons : les haïkus. Et pas plus strict, plus nu que le vent balayant l'infini des mers.

*Pas absente du vent*
*Quand le vent se dépasse*

*Et fait autour de nous*
*Un creux pareil au tien.*

On jouerait un bien vilain tour à Guillevic en limitant son écriture à cet artisanat sublimé, lyophilisé, qui peut donner soif d'ampleur, à la longue, au plus frugal des vents marins. Le rythme pair, il connaît. Il a payé de plusieurs sonnets son engagement aux côtés des communistes pendant la guerre d'Espagne. Mais au double-six de l'alexandrin, maintes fois disloqué, conspué, puis rabiboché par Hugo lui-même – un pisseur d'alexandrins comme on n'en fera plus ! –, Guillevic préfère le double-cinq des chansonnettes grises, l'impair verlainien, ce qui ne l'empêche pas, soudain, d'espérer complaire à la midinette aux aguets chez tout lecteur sincère de poésies françaises, la plus ronronnante du continent européen.

En bon Breton fleur bleue qu'il est, Guillevic décroche à l'occasion le vieux luth gondolé des baladins :

*N'était peut-être pas venue*
*Quand tu croyais l'avoir tenue*

*N'était peut-être jamais née*
*Ton souvenir, ton épousée.*

*Était peut-être dans tes bras*
*Lorsque tu la pleurais tout bas.*

*Avait peut-être un corps tout chaud*
*C'était pour toi, c'était trop beau.*

*Avait peut-être deux regards*
*L'un pour t'aimer, l'autre pour quoi ?*

*N'était peut-être que douceur*
*Quand c'était toi craignant son cœur*

*A peut-être saigné ton sang*
*Pour que tu sois cet innocent*

*Peut-être née, peut-être morte,*
*Pour que tes jours, tes nuits la portent*

*Peut-être t'aura tant aimé*
*Que jamais ne s'en est allée*

*Est restée, si elle est venue,*
*Et contre toi se serre nue.*

Rien à voir avec le vent ?… Comme si l'*avel* n'entraînait pas la rêverie du flâneur dans son envolée, dans sa ruée vers la guérison du Tout et du Rien. Comme si l'on pouvait respirer l'air marin sans que l'âme s'abreuve et cherche à fredonner Noël entre nos dents.

Un autre, et pas des moindres, Anatole Le Braz, s'est essayé à la poésie mélodieuse. « La chanson du vent qui vente » me charmait quand j'étais enfant. Elle est un peu mièvrelette, au prime abord, comme souvent les chansons, mais à bien l'écouter elle n'a pas toute sa raison, ce qui la rend typiquement bretonne et comme sifflotée dans la carriole de l'Ankou.

*Le vent qui vente est à ma porte*
*Il pleure comme une âme morte*
*Il geint : « Ouvrez pour l'amour Dieu*
*Je voudrais me chauffer un peu. »*

*Avec des bonds de chien folâtre*
*La flamme a sursauté dans l'âtre :*
*« Salut a dit le foyer clair*
*(Car le foyer parle en hiver),*
*Salut au pauvre vent de mer. »*

*Le vent, assis sur l'escabelle,*
*A répondu de sa voix belle :*
*« Langue de feu, chère aux humains,*
*Lèche les pieds, lèche les mains*
*Du vagabond des grands chemins. »*

*À la claire flamme vivante*
*S'est réchauffé le vent qui vente*
*S'est réchauffé le vent errant*
*Qui toujours va courant, courant,*
*Si maigre qu'il est transparent.*

J'avoue que la maigreur du vent, auquel ce folâtre de feu daigne lécher les pieds, est pour moi une trouvaille attestant l'irrationalité innée du génial auteur de *La Légende de la mort*.

La Bretagne étant univers, parole au Sicilien Lanza del Vasto découvrant la puissance élémentaire des choses en Armor. Ce que le vent marin lui faire dire, tout Breton aurait aimé le dire avant lui, moi le premier. Et béni soit Dieu d'avoir inspiré ce poème à quelqu'un, Breton ou non.

*J'ai ma maison dans le vent sans mémoire*
*J'ai mon savoir dans les livres du vent*
*Comme la mer j'ai dans le vent ma gloire*
*Comme le vent j'ai ma fin dans le vent.*

La parole à feu Nicolas Raiewsky, l'ami russe qui m'enseigna cette vérité tristement bienfaisante : « Le meilleur ami de l'écrivain, c'est sa corbeille à papier. » Trop souvent je fus en froid avec la mienne. La sienne, par chance, eut le bon goût d'épargner le chef-d'œuvre qui suit, écrit d'un seul jet à l'île de Sein à la vue du chaos de granit appelé : pont de Sein, rien d'autre qu'un pont naturel sans issue jeté sur l'enfer des courants de marée en direction de la bouée sifflante d'Armen, la plus occidentale du continent européen :

*Ma pierre est là, ma pierre est lourde,*
*Sœur sourde du pavé des villes,*
*Les grands vents ont la voix moins sourde,*
*Sur l'océan moins lourdes sont les îles,*
*L'océan tiendrait dans ma gourde.*

La parole à Paul Valéry, auteur du plus beau vers peut-être jamais écrit sur le souffle marin :

*Le vent se lève, il faut tenter de vivre...*

Il suffit d'un vers comme celui-là pour sauver une œuvre, en Russie. En France, il faut du volume et des volumes, il faut d'immenses poumons déployés comme les avait Alexis Leger dit Saint-John Perse. La simple évolution du nom civil vers le pseudo en dit beaucoup sur le format exponentiel des poumons du sujet. Le poumon, vous dis-je…

La parole à Marguerite Eymery dite Rachilde, une femme écrivain du début du XX^e^ siècle. Un écrivain femme. Une personnalité sulfureuse à la George Sand, aimant à jouer sur la confusion des sexes. Une vraie *garçonne* selon les vœux de l'écrivain à scandale Victor Margueritte, à l'origine de la mode féminine des cheveux courts en 1922. Rachilde est l'auteur de plusieurs romans dont *La Tour d'amour*, une fiction marine où le vent, la mer, la folie sont les doux héros bons à enfermer.

Folie métonymique des éléments, folie psychotique des personnages animés par une romancière combattant sa propre folie dans le rôle de Barnabas, le gardien de phare timbré qui n'est plus homme ni d'aucun genre, et la tempête solitaire dans le rôle d'un raisonnable blanc-bec nommé par les Ponts et Chaussées pour espionner les agissements du vieux dégénéré.

*À pic, par le travers du Saint-Christophe, s'élevait le phare d'Armen, tout entouré des crachats de l'Océan. Les vagues se révolutionnaient à sa base en hurlant et bavant avec la bonne envie de le démolir. Jamais je ne l'aurais cru si grand, si colosse. Son esplanade, lisse comme du marbre, présentait l'aspect d'un perron de préfecture, tant elle était blanche et jolie, mais, tout autour, quand la vague se recroquevillait sur elle-même, on découvrait des trous, des vieux trous de dents gâtées, et cela sentait la marée, âprement, avec un surgoût de sang pourri… On établit les signaux et la grue d'arrimage s'abaissa. Le monstre daignait nous tendre la patte. On nous jeta des bouées : il fallut près d'une heure pour les harponner, la mer y mettait des façons, le vent emportait tout.*

La parole à Irène Frain, autre femme écrivain, écrivaine. Son roman *Le Nabab* l'a rendue célèbre, mais c'est de son inspiration bretonne qu'elle est la plus fière, et c'est dans cette voie que sa belle écriture classique excelle à perdre la tête, à la retrouver. En vraie native d'Armor, enracinée chez les rouges de Cadoudal, elle se souvient des partances désespérées des aïeux qui n'ont pas essaimé que pour leur bon plaisir autour du monde. Des sacrifiés, tels sont *Les Naufragés de l'île Tromelin* au cœur de nulle part, au cœur de la mer et du vent.

*Nuit et jour, la mer bat. Elle flanche rarement. Même lorsqu'il fait beau. Quand elle consent à se calmer, c'est presque toujours dans les heures qui précèdent un cyclone. Ensuite, elle se déchaîne comme jamais, elle jette à l'assaut de l'île des vagues géantes qui l'engloutissent aux neuf dixièmes. Elle ne reflue qu'une fois l'ouragan passé. Pour recommencer comme avant. Même pouls méchant têtu, mêmes lames qui frappent, fracassent et brisent, déferlent et redéferlent, frappent encore, roulent et cassent, broient, éparpillent, émiettent, s'acharnent contre cette minuscule plaque de corail perdue au cœur de l'océan… Longtemps que le vent prête main-forte à la mer. Lui s'y prend en sournois. Il érase, il arase. L'île est ultra plate. Une minuscule amande sans relief. L'océan est visible de presque partout.*

La parole à Mirbeau, Octave Mirbeau, tour à tour normand, breton, provençal, parisien. Il vient à l'Armor par l'amour, en 1883, impatient d'oublier Judith – le prénom préféré de Barbe Bleue –, une maîtresse flambeuse qui lui tient la dragée haute. En Bretagne il va et vient, festoie, rend visite à Monet à Belle-Île-en-Mer, se marie : pas avec Judith, non non, avec Alice, il s'installe à Kérisper du côté d'Auray, donne au *Figaro* ses « Feuilletons de Bretagne ». Il a la bougeotte, il s'embête avec Alice, il quitte le pays breton où il ne remettra les pieds qu'une seule fois pour encourager Dreyfus au procès de Rennes, puis s'exile à Menton.

M'attache à Mirbeau le fait qu'il soit aussi mal aimé, d'abord de lui-même, esprit écorché tout en voltes et revirements, antisémite un jour, dreyfusard à tous crins le lendemain, ennemi du mensonge social et du bourgeois gloussant : non pas l'« hénaurme » bourgeois tympanisé par Flaubert, le gros bourgeois confit en fatuité matérialiste, mais le sale coyote de bourgeois faux cul, buveur du sang des petites gens qu'il assassine à coups de lois. *Le Jardin des supplices*, « pages de crimes et de sang », est un ouvrage ahurissant de sensualité déjantée, le genre de copie qu'un auteur moins désabusé ne laisse pas émerger du fond du tiroir à navets. Comme *Le Jardin*, son *Journal d'une femme de chambre* en dit long sur l'opinion qu'il a des femmes, ces petites chéries irrésistibles au cœur de la nuit, si peu vivables au quotidien. Vis-à-vis de la Bretagne il est partagé, souvent ironique : une pose de faible, mais dès qu'il voit la mer enlacer les rochers d'Audierne, il n'en peut plus d'émotion.

*Tout à coup des nuages s'amoncelèrent, l'eau s'assombrit et la brise, fraîchissant, me cingla le visage. Bientôt la vague s'enfla, les rochers se bordèrent d'écume que le vent faisait tourbillonner ; et la mer fut toute blanche ; elle s'acharnait sous l'effort du vent furieux qui tordait l'embrun comme des crinières de chevaux emportés. Les gouffres mugissaient, on sentait sous la terre ébranlée comme un bouillonnement de volcan.*

C'est à Vannes qu'il se laisse adopter par la douceur magicienne de la mer du Morbihan, happé dans l'intime réclusion d'un golfe pareil au miroir sans fin des légendes nordiques, où l'huile aux riches pigments des crépuscules d'été fait tache aux quatre coins de l'œil obligé sans cesse de cligner.

*Il ne se lassait pas d'admirer le spectacle de cette petite mer intérieure qu'enclosent, à droite, la côte d'Arradon, à gauche, les collines d'Arzon et de Sarzeau, et qui s'ouvre sur l'Océan par un étroit goulet entre la pointe effilée de Locmariaquer et les promontoires carrés de la presqu'île de Rhuys. Des courants la sillonnent en tout sens, laissant sur la surface bleue des traînées blanches, des sentes laiteuses et nacrées ; une multitude d'îles la parsèment ; celles-ci cultivées comme l'île aux Moines ; celles-là sauvages comme Gavrinis où les temples druidiques érigent leurs blocs de granit barbare. Toutes elles ont des aspects différents, bizarres : les unes ressemblent à de fabuleux poissons dressant au-dessus des flots leurs nageoires dorsales ; et qui s'en vont à la dérive ; il y en a qui paraissent s'avancer ainsi qu'une troupe de phoques, dans un bouillonnement d'écume ; d'autres encore, rocs luisants, tantôt couverts, tantôt découverts par la marée, émergent de l'eau clapoteuse et développent, sur la clarté irradiante, des bouquets de pins en capricieux et noirs éventails.*

La parole à… La parole à qui ? Mis à part Hugo, et l'écrivain proche d'Hugo qui ferme cette évocation déléguée, je ne suis animé d'aucun *a priori* touchant l'ordre des intervenants. Ils sont bretons, ou ils ont un lien suffisant avec la Bretagne, ils se sont approchés de la mer et du vent qu'ils ont parsemés de leurs larmes de joie, cette causerie thématique est leur. En fait ils ont toute mon attention depuis des années. Les citant, je ne fais que rendre à César, le plus fortuné des grands disparus, ce qu'il subodora quand il vint camper avec ses légions sous le soleil du Morbihan : la force du génie créatif breton, je parle du génie des lieux marins, je parle des marées, je parle des grèves, je parle des ciels et du vent, je parle du bleu. Allons, je m'enflamme, il est temps de partager ce flambeau d'Armor avec Xavier Grall qui brûla d'amour toute sa vie pour la Bretagne et les Bretons, et dont je soutiens qu'il fut un grand brûlé de la geste celtique contemporaine.

Il est mort, ami repose en paix. On dirait qu'il n'est pas mort, on dirait qu'il est juste parti faire un tour sur la côte, on dirait qu'on l'attend d'une seconde à l'autre, on dirait que l'on a toujours besoin de lui pour gueuler contre la gougnafferie généralisée des casseurs d'âme et d'ingénuité bretonne, ceux qui veulent des ponts high-tech entre les îles ou des buildings de verre avec hélico sur le toit dans les régions classées au Patrimoine mondial de l'humanité, ceux qui ont obtenu le permis de détruire la côte sauvage de Belle-Île-en-Mer en élevant une foutaise hôtelière de Babel à l'Apothicairerie, s'il vous plaît ! la beauté du monde à l'état virginal. Ce qui réduit à néant la virginité du coup d'œil et donne à penser qu'en un jour pas si lointain on aura des ronds-points luminescents à l'île de Sein et des suites Privilège intitulées « Esmeralda » ou « Quasimodo » en haut des tours de Notre-Dame.

Xavier Grall, dont parle si bien Charles Le Quintrec, son compagnon des mauvais jours, a perdu son œuvre et son nom dans l'idolâtrie qu'il a suscitée à tort et à travers chez les amateurs de totems. Avec lui c'était la Bretagne et c'était l'Amérique, c'était la partance à la rencontre des *lonesome* routards de la 66, la Road avec un grand R, c'était la *beat generation* élessdéenne à l'est d'Éden, incarnée par Bob Dylan ou le James Dean de *La Fureur*, et non moins par le Breton Jack Kerouac en quête du bateau ivre, lui aussi, du coup de shit rédempteur et d'un style uniquement déboussolé par l'oralité à chaud.

*Xavier Grall aime ceux qui s'en vont, ceux qui partent et ceux qui se sauvent. Les marginaux, les vagabonds sublimes, les clochards célestes, les poètes des quais et des gares, les coureurs de bordels, ceux qui couchent dans les docks, ceux qui rêvent du Transsibérien, ceux qui pâlissent au nom de Vancouver et d'Armor… Qu'un navire s'échoue, que la mer soit plus noire ou plus menacée, et il est là qui gueule et fraternise avec les victimes.*

Ainsi parle de lui Le Quintrec.

*Xavier Grall n'est pas unique, non, il n'est pas ce mage éclaireur que l'on a voulu faire de lui pour arracher la Bretagne à la veulerie des édiles. On l'a instrumentalisé en le hissant malgré lui sur le brenn du seul chef, et pis, ce qui aurait achevé de le désespérer, on l'a folklorisé, statufié dans la peau d'un gueulard d'Armor.*

Au-delà des clichés amoncelés sur sa postérité souffreteuse, Grall le colérique a parfois le souffle des grands pour écumer à pleins naseaux d'orgueil la rage de son mal-être armoricain.

*Même plus de vent. Rien. Tout est immobile. Me vient mémoire des vents anciens, jamais pareils, jazz ou cantiques selon saison. Il y avait les vents léonards qui houspillaient les loquets, éparpillaient la pluie des chrysanthèmes alentour les chapelles. C'étaient des alizés querelleurs toujours en quête d'un manoir où chavirer les lampes, c'étaient des vents noirs accourus du nord-ouest et qui râlaient des Libera à la pointe des ifs. Vents fantastiques, la gueule pleine de cris de femmes vieilles. « Qu'est-ce ? », disait-on. Nulle réponse hormis cette plainte de louve. Gwalarn... Souffles de novembre qui grimpaient des abers jusqu'à l'Arrée et s'en allaient agiter les brandes à Saint-Sauveur et à Brasparts. Ils venaient d'Irlande avec les âmes des gaëls morts. Certains fils de Breizh savaient reconnaître dans ces vents fols et funèbres les hymnes de révolte. Et ils les écoutaient comme on écoute, avant la bataille, une messe solennelle.*

*Il y avait les vents de mai, espérants et bleus. Ils caressaient la joue des barques où séchaient les écailles de couleur. Ils éparpillaient semences dans les labours ouverts. Le hennissement des poulains les harponnait au passage. C'étaient les vents de lin et de bluet. Ils arrivaient d'Afrique et, lassés des Sahel, reposaient en nos terres, portant dans leurs plis la tiédeur des sables et la joie des colombes. Ceux-là, on les aimait comme on aime les bohémiens. Ils étaient naïfs et baladeurs. On leur donnait l'hospitalité des granges, parmi le trèfle et les timons.*

*Il y avait les vents d'été pleins de tourterelles. Ils s'engouffraient dans la bouche des batteuses et l'on vannait leur rire avec la paille des épis. C'étaient des vents paillards. Ils gonflaient les jupes, flirtaient dans les dentelles, tapaient au zinc des buvettes. [...]*

*Et cependant les vents de mon cœur étaient des vents d'automne. Ils étaient tristes de devoir s'exiler dans les contrées du nord, amenant dans leurs gibecières des théories de martinets. Ils se rassemblaient sur les plages de Pould'hoan et de Pendruc et plus loin là-bas, dans les chênaies où se forgeait leur puissance d'équinoxe. Et pour se faire pardonner leur future colère, ils caressaient les chaumes, peignaient les lochs, séchaient les bergeries, lissaient les haies vives. En Argoat et au Trégor, ces aquilons écrivaient des légendes dans la suie des âtres, et lissaient de pitié la robe des lièvres en sang. Oui, les vents d'automne étaient les vents de mon âme.*

La parole au « Conseiller du département chargé de constater l'état moral et statistique du Finistère en 1794 ». Il s'appelle Jacques Cambry, c'est un Lorientais. Il va sillonnant littoral et campagnes, il observe, si l'on peut dire, en caméra cachée, ces Bretons mi-paysans mi-loups de mer qui parlent un idiome guttural aboyé en crachotant. Il ouvre des yeux ronds sur les cromlechs, et des oreilles grandes comme ça aux veillées des marins conteurs de légendes. Il est dans les foires, il voit représentés les mythes bretons sur des tréteaux, les mystères. Sa pérégrination administrative, errance initiatique au bout du compte, n'a rien du périple de Phileas Fogg ou M. Dumollet découvrant des humanités mal dégrossies du singe ou d'un exotisme à dormir debout. Cambry, natif de Lorient, tombe amoureux du Breton qu'il est, presque à son insu, en sillonnant la Bretagne qu'il ne connaît pas. Le fonctionnaire se fait écrivain. L'observateur se fait chose observée. Le témoin objectif, vendu à l'ordre public tout neuf, se fait l'apôtre d'un monde auquel il doit son sang et la meilleure part de sa folie. Il est comme un déserteur de la foi qui la retrouverait sur scène en jouant le rôle de saint Guimiliau ou saint Yves, patron des indigents.

Écoutons-le quand il se confronte au spectacle de la pointe Saint-Mathieu, le cap nord de la rade de Brest où l'océan semble pivoter à contrecœur en direction des Anglais, et devient Channel ou Manche au lieu-dit Tournant de Lochrist, figuré par le berlingot rouge d'une bouée couchée dans les remous du courant.

*C'est sur la pointe de Saint-Mathieu que les amis, les mères, les amantes tendent les bras, présentent leurs enfants, fondent en larmes au départ des vaisseaux qui sortent pour la guerre ou pour les courses éloignées. C'est là qu'on les attend, qu'on les salue, quand une flamme bienfaisante ou le canon annonce leur retour : on les appelle, on les suit le long du rivage, on ne peut les perdre de vue : impatience, cris d'allégresse, mouchoirs agités dans les airs, marche précipitée, inquiétude, battements de cœur, convulsions ; tout genre de sentiment, d'émotions, d'amour, d'amitié, de frayeur ; tout mouvement que le cœur détermine se manifeste sur ce rocher aride et sur ces routes momentanément animées. C'est là qu'après une victoire on entend des chants de triomphe. C'est là qu'après des sorties imprudentes ou des combats sanglants ou malheureux on pleure sur le sort des milliers de victimes que l'ignorance ou le hasard viennent de livrer à la mort, sur le délabrement d'une flotte ruinée ; sur les vaisseaux perdus, et sur le déshonneur plus cruel aux Français que toute espèce d'infortune.*

*Telle est la force des tempêtes sur la pointe de Saint-Mathieu qu'à cent cinquante pas du niveau de la mer, dans les coups de vent du sud-ouest, on est quelquefois couvert d'écume, enveloppé d'une vapeur humide qui se porte jusqu'au couvent. Ce vent était le Circius auquel Auguste fit élever un autel dans les Gaules ; il est l'effroi des matelots, mais il purifie l'air de ces contrées.*

*Que sur le promontoire de Sunium, Platon instruise ses disciples ; que dans la forêt de Windsor, Herschell observe un nouvel astre, et découvre de nouveaux mondes ; que sur le pavillon de Boboli, Fontana fasse chaque nuit cinquante observations météorologiques. Mais là, sur ce rocher sauvage, quand le soleil se plonge à l'occident, lorsque la mer s'élève, gronde, annonce une tempête : esprits sublimes, philosophes profonds, âmes fortes, mélancoliques, poètes exaltés, venez méditer en silence.*

La parole à Michel Le Bris : l'auteur de *L'Homme aux semelles de vent,* roman dont je suis, dont vous êtes le héros. Auteur de *La Bonté du monde*, roman dont nous sommes tous les héros aux semelles de vent, partagés entre les tentations d'un destin épique et la réalité quotidienne.

Michel Le Bris – créateur à Saint-Malo du festival Étonnants Voyageurs – fait partie des écrivains bretons qui bretonnent en français, des puissants râleurs de l'Armor, uniquement soumis à l'attraction du large, et par là j'entends la force d'une imagination que n'a jamais entravé le pathos médiatique parisien, caramel gluant jeté sous les pattes frêles des jeunes auteurs impatients de roucouler sous les flashes. Michel

Le Bris s'est donné pour maître à divaguer Robert-Louis Stevenson, celui d'Irlande, celui des Cévennes, celui de *L'Île au trésor* et des *Nouvelles Mille et Une Nuits*, celui du gentil-méchant docteur Jekyll, celui des îles Samoa, celui des horizons jamais franchis, et l'on peut s'immerger dans ses romans avec une âme d'enfant. Si le mot « souffle » a du sens, concernant l'écrivain qui ne reste jamais longtemps la plume en l'air, c'est bien dans l'œuvre de Michel Le Bris où l'irrationnel tchekhovien paraît tisser des histoires vraies.

À propos de souffle, d'ailleurs :

*Certains soirs, c'était comme un appel à vous déchirer l'âme, une promesse chuchotée de mondes à conquérir, et puis il revenait tout à coup en tempête et m'emportait dans son ressac, et cette clameur venait des premiers âges du monde, et ma demeure était la mer, et mes musiques les orages, et j'étais un barbare déferlant sur le monde !*

Je clos ce tour du vent chez les écrivains d'Armor avec Henri Queffélec, l'auteur du *Recteur de l'île de Sein*, grand écrivain mal compris de son vivant même aux heures d'un succès tiré vers le malentendu, vers Clocher-les-Bécasses où l'oncle Corentin ravaude au bord de l'océan ses filets déchiquetés par les crabes. Syndrome de Bécassine, complexe de supériorité du Parisien qui se croit parisien quand le Breton paraît, le comble de l'exotisme plouc à ses yeux. N'est-ce pas au Breton que le Quartier latin voulut bien destiner ces mots proverbiaux : le baril sent toujours le hareng ?

D'emblée, dans les années 50 – à l'heure où la merveilleuse Françoise Sagan, la Tropézienne aux pieds nus, galvanisait le Tout-Paris du féminisme renaissant –, on voulut celtiser Queffélec sur le mode : un Indien à la ville. Et moins le celtiser, noble spéculation, que l'installer sous le chapeau rond du pittoresque homme de l'Ouest armoricain dont on peut sourire, à l'occasion, quand il met les doigts dans son grand nez, comme on sourit du Bourguignon *sui generis* dans *Les Femmes savantes*, avec ses « J'allions point »... Un bien bel écrivain breton, ce Queffélec, un feu sacré dont son Recteur est embrasé : ce feu qui sent le brûlis des fours à soude où l'on mettait les goémons à bouillir sur les rivages de Plouarzel, ou ce feu follet qu'allumaient les naufrageurs entre les cornes des vaches pour leurrer les bateaux dans la brume, bref ce feu...

Le milieu littéraire, grand marchand d'étiquettes, le sot métier, voulut machinalement amoindrir Queffélec, ou l'abstraire, en le repoussant vers l'ouest. On considérait la Bretagne avec un dédain sans fard, dans les années 50, et l'auteur du *Recteur de l'île de Sein* comme le Recteur de l'île de Sein lui-même, une sorte d'original harponné par la grâce d'une lubie tout à la fois sacrilège et d'intérêt public, dans une île de misère où personne – en 45 – n'aurait mis les pieds. On passait outre au fait qu'Henri Queffélec, fils de Joseph – un polytechnicien tombé en 17 à Verdun à la tête de ses troupes –, était lauréat du premier prix de thème grec au Concours général, agrégé de lettres classiques, normalien, et qu'il avait tissé rue d'Ulm des liens d'amitié fervente avec Senghor – le Celte noir –, avec Pompidou, avec Louis Poirier – le futur Julien Gracq –, liens jamais démentis dont j'ai largement profité. On voit mal, en dépit des pisseurs de vinaigre, comment cet Henri Queffélec de « Brest-même » aurait pu briguer une figuration drolatique dans *La Semaine de Suzette*, au coude à coude avec Annaïg Labornez et Marie Quillouch.

Au physique, ce bel homme d'Henri n'était jamais décrit par les journaux tel qu'il était. Je nous revois ma mère et moi abasourdis en lisant dans *Marie-Claire* cette phrase de l'écrivain Georges Blond, un prétendu ami : « J'ai rencontré Henri Queffélec au cocktail du Pen-Club, il y était aussi à l'aise qu'un congre dans un wagon-lit »... Mon père, je dois le dire, ne mesurait pas moins d'un mètre quatre-vingt-trois. Un géant pour l'époque. Il impressionnait par son allure nordique et ses yeux bleus, et par un je-ne-sais-quoi d'infiniment doux qui chavirait le public féminin. Les dames se disputaient son baise-main, hommage désuet auquel il s'adonnait pour complaire à son épouse, ma mère, sensible au cérémonial mondain, spécialement la galanterie qui fait briller les yeux et les rires.

Mon père était beaucoup mieux qu'un homme du monde, formule auréolée d'un cabotinage appris et cultivé au salon : il était naturellement stylé, silhouette, regard, voix, discours, humour, et n'avait aucun besoin de paraître pour être. On regardait ses mains et l'on savait quel homme il était. Son âme avait la forme de ses mains. Dans son bureau du parc Montsouris, devant sa table de travail, était accroché au mur un dessin du graveur allemand Albrecht Dürer, le peintre phare de la Renaissance allemande, représentant deux mains jointes. On aurait dit la copie inspirée des mains d'Henri. J'avais l'impression de voir ses mains prier sur le mur tandis qu'il écrivait ses romans. J'avais l'impression qu'il avait quatre mains dédoublées, deux occupées à prier, les deux autres à mener leur fil d'encre bleue vers l'îlot jamais assuré du point final. Belles à voir, ses mains l'étaient aussi quand il caressait la chevelure de ma mère en un geste régulier, très amoureux et très respectueux, qui devait leur donner des frissons à tous les deux.

Où en étais-je ?... Ah oui, cette marotte des romanciers qui se croient mis au défi de répondre à la force du vent par la force des mots. Henri Queffélec n'est pas en reste. Il a lu les pages de Victor Hugo sur le vent, la grande armée quasi napoléonienne du vent qui tient l'univers sous sa botte. Apparemment, cette armée n'est pas allée livrer bataille ni caserner à l'île de Sein, une étourderie du formidable Hugo.

C'est là-bas, dans ce *no man's land* habité par une poignée d'êtres irréels, entre les phares de Vieille et Petite-Vieille, et la Basse-Froide où le phare d'Armen s'emmanche directement dans l'œil de la faux de l'Ankou, qu'Henri envoie le corps expéditionnaire du vent d'ouest servir les bouches à feu devant un homme seul, la poitrine offerte au chaos (un prétendu personnage, le tartufe alibi des écrivains embusqués dans leur moi-je universel), un homme seul nanti d'une plume or Waterman à seize carats et d'un gros jersey bleu à torsades tricoté par sa sœur (ma tante Thérèse, une vieille fille affligée d'une verrue poilue au menton), un homme seul depuis la mort du vieux Brest et de sa bibliothèque dans la maison familiale du 33 *bis*, place du Château, le tout carbonisé en 44, seul, marié, quatre enfants, fort de son talent d'écrivain chrétien qui croit à la divine nature de la tempête qu'il a sur le bout de la langue et s'apprête à coucher sur le papier :

*Les armées du vent, toute la nuit, défilèrent sur l'île. La faible résistance que leur offraient les maisons, elles en faisaient, par rage ou désir d'épouvante, une montagne ; elles sifflaient, elles poussaient des hurlements. Elles fouinaient contre les murs, à la recherche de l'interstice, contre les portes, contre les fenêtres. Elles s'engouffraient dans les cheminées. Des courants d'air traversaient les pièces, glaçant les poitrines, arrêtant les courages. Le vent traversait la maison comme un courant d'eau une épave pourrie. Il était chez lui, et sa cohue s'offrait des airs de cortège. C'était ici un château du vent – une fête nocturne se déroulait à laquelle prenaient part les esprits du vent.*

Pour ma part, j'ai respiré les premiers vents labérois en 49, l'année de ma naissance. Quand j'eus compris la relation rien de moins qu'ombilicale entre voile et…

## *Avel ann*

*Karantez ar merc'hed a zo 'egiz ar pell*
*Pa sonjer nebeuta ez a gand ann avel*

… entre voile et vent, je voulus dessiner cette alliance. Autrement dit, je dessinai des voiliers. Pas une heure ne s'écoulait, dans ma première enfance, sans que ma flotte navale s'enrichît d'un nouveau *sister-ship* toutes voiles dehors sur une mer en papier quadrillé. Mon premier engin flottant fut confectionné par mon père, un curieux joujou né d'un flotteur de liège et d'une ardoise brisée. Le liège : la carène ; l'ardoise coupée en deux : la voilure et la quille.

Ce bateau pouvait naviguer quille en l'air, voilure en bas, et de toute manière il naviguait moins bien qu'un sabot crevé. Je crois me rappeler une bouée fournie par le bouchon d'une bouteille d'un côte-du-rhône appelé Vieux Moines.

Plus tard nous eûmes la riche idée, Yves et moi, de transformer en voilier la barque à rames de grand-père Henry. Un jour que la tempête hurlait sur le port, on put nous voir nous évertuer sur les avirons du canot familial, tâchant de rallier Toul ar Bara, la rive opposée. Nous voilà rendus face au destin, lequel est d'une blancheur de neige à la sortie du goulet, gros d'une barre infranchissable où l'horizon paraît foisonner. Avant tribord, scie bâbord : l'étrave du canot passe le lit du vent, accomplit un cent quatre-vingts parfait. La voilure est déroulée vent arrière ou mieux : bourrasque au train…

Après quoi, nous franchissons avec brio un épisode initiatique dont nous sommes restés marqués, Yves et moi. Cousins étions, frères sommes devenus en quelques minutes. Il n'y a pas comme la mer pour souder les âmes ou les enrager d'envies meurtrières. Vais-je dire que le canot s'envole ?… J'ai l'impression qu'il est équipé d'un moteur d'avion. Le remous qu'il enfle en traversant le maréodrome labérois projette sur nous des embruns pulvérisés avec un bruit de limonade en feu, comme sur les vrais yachts de compétition. Quand je laisse ma main traîner dans la mer, elle s'accroche à l'écume et ne veut plus remonter à bord. À toute vitesse nous passons devant la maison familiale, le dancing, les épaves de l'atelier mécanique de Micho, l'école communale, la forge Poulaouec, et parvenus dans la rivière : la maison

Goachet, la carrière, la maison brûlée, le Gour Bihan, les couleuvrines de Bel-Air, la ferme du Roudouce... Encore un méandre et la croisière à voile se prend à faseyer sous l'œil narquois des ruminants à longs cils disséminés sur les prés-salés, le vent ne sait plus très bien d'où il vient ni ce qu'il fait là. Il retrouve la mémoire sitôt viré de bord pour rebrousser chemin.

Le gréement prototype imaginé par Yves et moi combinait deux manches de haveneau dont l'un faisait office de mât, le second d'espar, crucifix sur quoi s'enverguait la cabine de bain en éponge bouclée qui voyait se dénuder mes cousines et mes tantes, et pourquoi pas certains oncles pudibonds. Nous avions expérimenté toutes sortes d'oripeaux issus des malles du grenier : Mackintosh, Barbour, plaid à chien moribond, caban, pèlerine, robe de mariée, soutane, fourreau lamé, pour convertir à la voile une brave bête de canot à fond plat, mais rien n'égalait cette cabine de bain hissée tel un phare carré sur la fusée du galion d'Acapulco.

Vent labérois, vent des îles, vent d'Armor, vent qui tourmente, enchante, vent qui sauve ou jette à la côte, mon frère le vent : *Avel*... Le plus marin des mots pour un enfant du pays du vent. Il me disait la nuit dans mon grenier, soufflant contre les carreaux disjoints : qu'est-ce que tu attends ?... Je quittais mon lit, je descendais l'escalier sans lumière, j'allais me pencher sur le muret du jardin, claquant des dents. Je lorgnais vers l'ouest où les étoiles se contaient des riens à travers les sifflements du noroît. Les étoiles ne crient jamais, et par les plus mauvais temps elles ont encore l'air de conspirer à voix basse. J'imaginais les gabariers perdus au cœur de la nuit, avec leur petite lanterne à pétrole au bout d'une chaînette rouillée dans l'habitacle. Je me disais : Partir, être moi-même un corbeau des mers planant sur les flots noirs, poursuivre l'horizon dans les ténèbres du vent…

J'eus envie de passer ma première nuit en mer. Permission me fut accordée par maman d'aller coucher sur le *Saint-Gildas*, barque non pontée, mouillée devant la cale, déglutie jour après jour par les tarets, mais nous l'ignorions. Yves se joignit à moi. Bonsoir, Yves. Bonsoir, Jean-Jean. Il ne plut pas. À l'aube une buée serrée parsema l'esquif de grosses gouttes glacées. Réveillé par le froid, trempé dans mon duvet trempé, je hissai l'ancre du *Saint-Gildas* cependant qu'Yves se cramponnait à sa literie, mâchoires grelottantes.

Je n'eus plus qu'à godiller, Yves à ramer d'un seul côté, ainsi font les placides goémoniers lampaulais. Nous voilà partis en mer assister au lever du soleil. Mer d'huile, vent de beurre, *avel ann*. Parvenu à la tourelle du Lieu, je prends conscience de l'emplacement inexorable des points cardinaux. J'ai beau regarder vers l'ouest, le soleil s'obstine à monter dans mon dos, sur la côte, entre le clocher de Brélez et le clocher de Lanildut.

Pour moi, tout se déroulait à l'ouest et sur l'océan. Je n'avais que ces mot à la bouche : l'océan, le vent, l'ouest… L'est, c'était bon pour les vaches et les trains, pour Paris. Couchant ou levant, le soleil devait allégeance à l'ouest. J'étais révolté qu'au point du jour il commençât par les vaches et les trains. C'est vrai qu'il n'est pas à son avantage, l'océan labérois, entre l'aube et l'aurore, on dirait un miroir de cendre. On n'a pas envie d'aller aux îles.

La famille petit-déjeunait à notre retour. Pour maman, j'étais une espèce de Marco Polo, et si je vidais mes poches il en tomberait des clous de girofle et du fil d'or. Le soleil se lève à l'est, maman, tu savais ça ? Non, cette question ne constituait pas un présent, je la gardai pour moi. C'était bizarre, le ciel. Les étoiles changeaient de place, la lune maigrissait ou grandissait suivant les nuits, elle n'apparaissait jamais où on l'attendait. Il n'était pas possible que le soleil se levât toujours entre le clocher de Brélez et celui de Lanildut, jamais sur celui de Molène, en pleine mer. J'allais surveiller ça de près...

On ne fit guère attention à nous, en réalité. C'est plutôt chacun pour soi, dans les familles françaises, au petit déjeuner. On en veut à la terre entière. Il est bien connu qu'il ne faut pas vous adresser la parole avant onze heures. On se rend de menus services à contrecœur, les yeux baissés : Tu peux me passer la confiture ? le beurre ? le pain ? le miel ? Tu peux faire un peu moins de bruit en mangeant ?... Et justement le beurre posait problème, ce matin-là. Toutes les tartines ne seraient pas beurrées équitablement. Les partisans de la garniture à triple niveau : beurre, confiture, miel, devraient laisser le beurre aux autres. Conscient du danger, je voulus m'emparer du beurrier. Coiffée d'un chapeau de paille noire à cerises mordorées, ma tante Yvonne me tapa sur les doigts avec son face-à-main :

« Un grand naufragé ne mange pas de beurre, il suce des plumes de goéland, c'est riche en sels minéraux.

— Il préfère sucer du beurre, tante Yvonne, quand on lui donne le choix. Et je ne vois aucun goéland sur la table.

— Il ne sait même pas dire poliment "beurre" en breton. »

Derrière la tante Yvonne, Marie Cloarec me souffla la réponse et je…

## *Avel' mann*

*Ur beg toul n'hel derhel avel*

… et je pus clouer le bec à cette vieille chouette en lançant comme un juron devant la famille au complet :

« *Amann sall !* »

*Amann sall* : beurre salé. Le soleil marin changé en nourriture, un nectar baratté au chêne de Brocéliande, moulé en mottes mammaires exprimant une sueur de lait décrochée de la mamelle des fées. *Amann sall*, une invocation celtique digne du Thalassa ! Thalassa ! des compagnons d'Ulysse arrivant sur les sables d'Argolide et découvrant la mer.

Nous autres Labérois – pieds-marins et pieds-salés comme on est pieds-noirs ou pieds-rouges – avons le culte païen du dieu Beurre, encore que le saint chrême aux intonations crémeuses, utilisé par les abbés pour les onctions dernières, m'ait tout l'air de vouloir dériver du beurre ou du lait natal. Nous aimons le beurre, nous le vénérons, nous y pensons avec gravité en nous endormant : Est-ce qu'il y a du beurre pour demain matin ?... Est-ce qu'une journée chrétienne peut commencer au pain sec, sans beurre ?... Est-ce que le Jésus multiplicateur de victuailles faisait manger du beurre à ses disciples ?... La première fois que maman se met au piano, dans le petit salon mal chauffé, côté grève, c'est pour me jouer *La Tartine de beurre*, opus de Mozart étrangement classé dans les pièces enfantines, comme si les adultes n'étaient pas les premiers à tartiner au petit déjeuner. Comment ne pas aimer d'amour la musique, après ça ? Comment ne pas s'imaginer Mozart sorti de la cuisse de Rosaleen, lui aussi, pris par le tourbillon des gènes celtiques autrefois emportés vers l'ouest dans les bourses des pirates saxons, ce doux mélange des races à qui perd gagne ?

Le mot « beurre », à l'Aber, est à ranger dans les saintes formules ésotériques des druides et druidesses qui touillaient des eucharisties astringentes pour leurs guerriers bleus. Le Breton n'a aucunement besoin d'alcool pour être beurré, le beurre accompagnant chaque minute de l'ordinaire des cinq Bretagne historiques, chez les riches et les pauvres. Et la duchesse Anne, comme Surcouf ou Cadoudal, ou le faux saunier Jean Cottereau dit Chouan qui faisait ululer ses mutinés du fisc à travers le bocage, trempait son pain beurré dans le lait du matin – lequel mouillait aussi la galette ou le *kig a farz*.

Le Breton n'ira jamais parler du beurre en précisant beurre salé, pléonasme criminel à ses yeux, tels « secousse sismique », « s'avérer vrai », « commémorer un anniversaire » ou « tri sélectif », etc. Doux, le beurre ! Ils sont fous, nos amis normands. Et pourquoi pas des hosties pour incroyants ?

S'il vous plaît, goûtez-moi ce beurre de Machecoul, un beurre du Grand Sud armoricain, aussi puissant qu'un finistérien. C'est le Nantais Antony Clémot, le chef du Drouant, qui l'a choisi pour vous, pour moi, ce matin. Ne remuez pas les dents, pas encore. Fermez les yeux. Détendez vos mâchoires, voilà. *Amann sall*, c'est lui, des millénaires de sagesse et d'éternel retour. Il se réchauffe, il commence à bien mollir, vous sentez ? À s'étaler vers les gencives, à rouler sous la langue, à vous absorber dans son intimité. Il en use avec vous comme l'opiomane ou le grand mystique béat perché sur un nuage. Il se fond à votre moi spirituel dont vous croyiez tout savoir, à votre moi charnel dont vous ne savez rien, il fait rayonner des énergies disparues et des pans entiers de votre vie se relèvent à votre insu. Vous n'êtes plus qu'un, *amann sall* et vous. Succombez, il est vivant.

*Amann* va louvoyant d'une gencive à l'autre, il se meut de crique en grotte, il reconnaît vos dents, ces hauts fonds inhospitaliers dont il veut enlacer les moindres contours, il furète, rêvasse, renaît. Et cela dure longtemps, longtemps, cela fait voyager l'esprit baladeur sur les traces de ce vocable allitératif prédestiné, rappelez-vous : Machecoul, presque une injonction si l'on entend bien.

Machecoul, en Loire-Atlantique, domine un tertre féodal où le Barbe Bleue nommé Gilles de Rais, pendant la guerre de Cent Ans, mangeait dans sa forteresse, à la gloire de Belzébuth, des tartines vivantes qui s'appelaient « petiote » et « petiot », enfants prétendument errants qu'il se procurait directement auprès de leurs infortunés parents soulagés de n'avoir plus à nourrir ces parasites. Mais par quelle aberration mortifère ce compagnon de Jeanne d'Arc, grand tombeur d'Anglais, maréchal de France, protecteur d'une chapelle privée qui croulait sous l'or de ses largesses, fut-il aussi l'ogre pédophile le plus insaisissable qu'une justice de ribauds et de simoniaques (*sic*) eut à vouer au gibet, puis au bûcher ?

L'esprit ne voyage pas si loin, non, et va-t-il quelque part, enhardi par l'aiguillon délicieux d'*amann sall*, c'est au chevet du marmot qui téta sa mère ou quelque nourrice, en venant au monde, et n'eut jamais l'occasion de s'en souvenir. C'est inconsciemment qu'un enfant se repaît du sein maternel, chaque fois qu'il attrape un beurrier sur la table, avant les autres, quitte à se faire taper sur les doigts.

Chez nous le beurre se prenait chez Jacob, au Roudouce, une ferme établie sur l'Aber, quarante états. Et parfois il se prenait chez Milbéo où des cochons vivaient dans la grande salle avec les fermiers. Il s'enveloppait contremoulé dans du papier sulfurisé, par lingots transpirants d'une livre ou demi-livre. Il affectait un relief de fleur, vache, cocotte, ou poisson. Beurre et poisson n'ont rien à voir ensemble, *a priori*, sauf que l'on peut se lécher les babines pour l'*amann sall* et pour le merlan frit : frit au beurre salé.

Faire maigre, à l'Aber, ne consistait pas, sauf au 15 Août, à manger des fruits de mer ou du poisson, mais des crêpes. On s'attablait pour des repas qui pouvaient durer l'après-midi les jours de pluie. On mangeait des galettes de blé noir arrosées de café au lait, puis des crêpes de froment, puis du raisin de Kervaly. Marie Gouzien, suante, cramoisie, armée du rozell et d'un croûton de miche graissé au saindoux, passait la journée au piano, une antique cuisinière de fonte noire à bois et charbon. Beurre avec les galettes, beurre avec les crêpes, *amann sall* à gogo. Le soir, la baignade à la cale Combarelle ressuscitait les appétits des plus vaillants.

Mon frère Hervé et moi, discrètement, faisions des joutes à qui mangerait le plus grand nombre de crêpes et boirait le plus grand nombre de bols de café au lait (de notre appétit alimentaire nous étions à peu près libres, à l'Aber, uniquement celui-là). Si j'ai toujours eu l'estomac profond, force m'est d'avouer ici qu'Hervé, mon frère aîné, sur le terrain des boulimies confrontées avec une hargne de pugilistes virtuoses, duels sans haine où la nausée d'un adversaire équivalait au coup de gong du premier sang, me rendait chaque fois des points.

Il me revient un record de vingt-cinq crêpes avalées dans un style très pur, très classique, avec un sourire d'angelot, une sorte de continuum inexorable et probablement terrifiant à surveiller sans moufter. Mon cousin Gilbert le caustique arbitrait en toute équité. Cette victoire de l'aîné, admirable prouesse technique et physiologique, confirma Hervé dans son droit d'ironie sur un cadet torturé par ce privilège. Quant à moi, c'est une omelette de trente-huit œufs qui figure à mon palmarès dans les annales de la gloutonnerie familiale, trophée remis en jeu chaque année depuis quarante-cinq ans. J'attends. Mes enfants sont de fameux estomacs et je ne demande qu'à saluer un tombeur. Tombeuse ?... Sait-on jamais.

Non content de me battre au ping-pong, au tennis, au foot, à la balle au poing, aux crêpes, au *farz-buen*, à l'accroupissement perpétuel, aux ricochets, à la barbichette, au petit-malin, mon frère aîné – que j'aime tendrement – me défiait sur les terrains piégés d'une endurance mentale au bord de la folie. Les batailles de mémoire qui nous opposaient, le dîner fini, ma grand-mère ayant mis bas les feux dans les étages, lui faisaient apprendre par cœur, en une seule nuit chronométrée, les soixante strophes publiées de la « Chanson du mal-aimé » d'Apollinaire, et dans le même temps, à la lampe de poche, j'assimilais en français comme en breton « Les séries des nombres », la plus ancienne poésie d'Armor également appelée « Le Druide et l'Enfant », un chant pédagogique et sacré révélant la cosmogonie, la géographie, la chronologie, l'astronomie, la pharmacie, la médecine, la magie, la métempsychose et la vérité qui tient en un mot dont tout enfant garde la clé dans son cœur. Si l'essence de la poésie est quelque part, si les mots sont possédés d'une harmonie perdue, c'est bien dans cette récapitulation liturgique versifiée en douze questions et douze réponses échangées par le druide et l'enfant sur les doctrines du destin, archi-secrètes, héritées des premiers enchanteurs.

J'en pleurais sous ma couverture de laine, j'avais des malaises en me rabâchant ce poème à perte de vue tiré du *Barsaz Breizh*... Que dis-je : un poème, un circuit labyrinthique à travers les symboles, une troménie de phrases incompréhensibles et cependant bêtes comme chou dont la monotonie m'enivrait. J'aurais pu la réciter en allant à la mort. Je n'ai connu que Pierre Jakez Hélias capable de la réciter lui aussi en breton, en français, d'un souffle sans heurt, des larmes dans la voix. Pierre Jakez Hélias était à la fois le druide et l'enfant.

Le matin, exsangues, le pourtour des yeux violacé d'insomnie, la salive rare, nous nous enfermions dans les deux cabinets du jardin, mon frère et moi, et de chiotte à chiotte par-dessus le mur, chacun à son tour délivrait sa mémoire écœurée de la cargaison de rythmes et rimes accumulés durant la nuit. Et si le cadet, une fois encore, serrait la main du vainqueur en sortant des chiottes, c'est parce que j'achoppais toujours sur la prononciation de mots tels que sélage, jusquiame, ou samolus, et le troisième achoppement, *dixit* Hervé, me disqualifiait.

À propos du *Barsaz Breizh*, en français : *Chants populaires de Bretagne*, il…

# B

## *Barsaz Breizh*

*Jezuz peger braz eo, plija dur ann enéo*
*Paz'int dirak Doué Hag enn he garante*

… il m'a toujours paru désolant, voire honteux, qu'il ne soit pas davantage à l'honneur dans nos manuels de français pour petits et grands. Les intellectuels et les enseignants tordent le nez au nom du *Barsaz Breizh*. L'ont-ils seulement lu ? Qu'est-ce que le *Barsaz Breizh* ? Rien de moins que la somme poétique, légendaire, musicale, morale, de la plus ancienne histoire de Bretagne, une œuvre sans nom. On l'appelle *Barsaz Breizh* par commodité. On pourrait aussi bien l'appeler *Va dire à la poussière* ou *L'Héritage du vent*, deux titres déjà existants. Il réunit tous les rythmes et mots bretons que la seule pollinisation du bouche à oreille a dispersés dans la nuit des âges, sans qu'il se trouve une bonne âme assez avisée pour en fixer la trace écrite, en se disant : Halte-là !

On sourit au nom de La Villemarqué. Théodore Hersart de La Villemarqué. Un vicomte, un grand ami de Chateaubriand. L'Ancien Régime chez les péquenots, le sang bleu au chevet d'une coutume analphabète. Du beau linge armorié dans la fange des galetas d'Armor et d'Argoat. Et si le vicomte avait bidonné sa prestigieuse épopée celtique sauvée des étables ? Si c'était lui tout seul, l'auteur de ce *Barsaz Breizh* prétendument glané de ferme en ferme, et de lit clos en lit clos, extirpé sous le dentier des vieilles, pressuré avec la chique des poivrots ?

À la parution du *Barsaz*, en 1839, Baudelaire a dix-huit ans, Mérimée trente-six, George Sand trente-cinq. On applaudit La Villemarqué, c'est bien, c'est beau, c'est folklorique, instructif, bienveillant. Paris, étant déjà ce qu'il est, lui fait un procès en falsification. On le taxe de bretonnisme, au premier chef, d'imposture au second, tel ce James Macpherson, écrivain britannique frustré, parti soi-disant déterrer dans les Highlands les *Poèmes d'Ossian*, un barde écossais du IIIe siècle, et pas plus d'Ossian que de beurre à la cambuse. Macpherson a tout inventé (un péché véniel, entre nous, au vu de la puissance des textes aujourd'hui célébrés comme étant fondateurs du romantisme anglais), mais le vicomte ? Un faiseur ou un samaritain ? Un faiseur, éructe Paris, le pouce tourné vers le pavé de la place de Grève, un vil suborneur !

Longtemps le doute plana sur la sincérité du vicomte, doute qu'il traita par le mépris. De récents travaux l'ont disculpé de toute implication personnelle dans l'écriture ou dans la forme du *Barsaz Breizh*. Rien d'imaginé, rien d'arrangé, truqué pour enjoliver cette œuvre magique où l'on entend les intonations des druides envoûtés par la foi qu'ils propagent. Où les mots sont comme arrachés au gosier des grands-mères et conteurs de veillées. Et chacun parlant un breton bien à lui, un breton qui varie suivant les paroisses, il faut traduire, interpréter. La Villemarqué traduit poésies et chansons bretonnes imprimées dans les deux langues, l'une en regard de l'autre. Une réconciliation inimaginable qui me donne des frissons.

À sillonner cinq années durant les différents pays bretons, de Trégor en Goëlo, de Cornouaille en Armor, en Morbihan, à courir Pardon, foires, funérailles, noces, veillées mortuaires, soupers des pêcheurs, cafés des matelots, foyers du marin, banquets et autres comices agricoles, à courtiser les vieilles paysannes rougissantes, les *mamm-goz* bouleversées de pousser leur chansonnette en breton ou de confier une belle histoire qu'elles étaient les dernières à connaître, et qu'elles tenaient d'une arrière-grand-mère un peu magicienne, à noter le jamais-écrit breton sur ses carnets, le vicomte a renfloué la mémoire d'un celtisme en train de partir en fumée.

C'est lui qui révéla au public français, d'abord assez chipoteur, que le folklore était la science des us culturels de la tribu, et qu'il exprimait le strict et le nu des civilisations. Que faisait d'autre le musicien hongrois Béla Bartók, en 1933, lorsqu'il parcourait les villages transylvains, poursuivant les vieilles babouchkas dans les champs, les écoutant travailler aux accents d'une cantilène monotone et sans fin ? Il glanait du folklore, lui aussi, de l'intelligence communautaire sauvée par des chansons, une culture de plein vent livrée depuis des siècles aux poussières volantes de la *puszta*. Comme La Villemarqué, c'étaient les femmes qui l'intéressaient. Plus âgées elles étaient, plus ancienne était la musique ressuscitée, plus vaste le butin.

C'est grâce à Bartók et La Villemarqué que l'on peut écouter aujourd'hui les *Noëls roumains* pour piano, berceuses à pleurer, ou se plonger dans les délices troublantes du *Barsaz Breizh*, non moins à pleurer. C'est aussi grâce à Pierre Jakez Hélias si beaucoup plus tard la poussière n'a pas tout emporté du miracle celtique.

George Sand n'hésite pas à parler des « purs diamants » du *Barsaz Breizh*, retrouvés intacts dans l'ouvrage compilatoire de La Villemarqué. Les diamants des va-nu-pieds, chère baronne, car c'est bien le dénuement qui chante et prie dans ces écritures nées du souffle vital, recueilli chaque fois à même les lèvres du dernier des Mohicans d'Armor.

Ma chère tante Jeanne, la mère de l'oncle André, me fit connaître le *Barsaz Breizh* au manoir de Kervaly, quand une crise d'oreillons m'alita chez elle après les vacances d'été, tout un mois d'octobre gagné sur la vie scolaire. J'avais onze ans. Elle me récita le lais des « Neuf petites mains blanches », dans une étroite chambre attenant à son cabinet de toilette, puis me lut « Le Druide et l'Enfant », lais qui décrit les mystères sacrés du monde. Il n'est pas bon de vouloir les élucider. Il revient aux mortels de les chanter et de les enseigner.

Cette incantation, qui doit se moduler d'une voix monotone, a l'influence narcotique des berceuses, elle engendre la rêverie. Outre un long dialogue secret entre le vieillard et l'enfant, ce poème est un prodigieux exercice mnémonique, soit dit en passant aux héroïques maîtresses d'école qui ont pour mission d'initier les plus jeunes à la faculté du souvenir et de former leurs oreilles à la musique des mots.

Allez, je m'éclaircis la voix et je vous récite un extrait du chant des « Séries ». Le Druide parle en premier. J'ai l'impression d'entendre la voix féerique de Pierre Jakez Hélias, voix que l'on n'écoutait pas réciter les Séries sans que le monde se mette à chavirer dans l'espérance :

*— Tout beau, bel enfant du Druide, réponds-moi. Tout beau, que veux-tu que je te chante ?*

*— Chante-moi la série du nombre un, jusqu'à ce que je l'apprenne aujourd'hui.*

*— Pas de série pour le nombre un. La Nécessité unique, le Trépas, père de la Douleur, rien avant, rien de plus.*

*— Chante-moi la série du nombre deux, jusqu'à ce que je l'apprenne aujourd'hui.*

*— Deux bœufs attelés à une coque, ils tirent, ils vont expirer. Voyez la merveille.*

*Pas de série pour le nombre un. La Nécessité unique, le Trépas, père de la Douleur, rien avant, rien de plus.*

*Tout beau, bel enfant du Druide, que te chanterai-je aujourd'hui ?*

*— Chante-moi la série du nombre trois, jusqu'à ce que je l'apprenne aujourd'hui.*

*— Il y a trois parties dans le monde, trois commencements et trois fins, pour l'homme, comme pour le chêne.*

*Trois royaumes de Merlin, pleins de fruits d'or, de fleurs brillantes, de petits enfants qui rient.*

*Deux bœufs attelés à une coque, ils tirent, ils vont expirer. Voyez la merveille.*

*La Nécessité unique, le Trépas, père de la Douleur, rien avant, rien de plus.*

*Tout beau, bel enfant du Druide, que te chanterai-je ?*

*— Chante-moi la série du nombre quatre, jusqu'à ce que je l'apprenne aujourd'hui.*

*— Quatre pierres à aiguiser, pierres à aiguiser de Merlin qui aiguisent les épées des braves.*

*Trois parties dans le monde, trois commencements et trois fins pour l'homme comme pour le chêne. Trois royaumes de Merlin pleins de fruits d'or, de fleurs brillantes, de petits enfants qui rient.*

*Deux bœufs attelés à une coque, ils tirent, ils vont expirer. Voyez la merveille !*

*La Nécessité unique, le Trépas, père de la Douleur, rien avant, rien de plus.*

*Tout beau, bel enfant, que te chanterai-je ?*

*— Chante-moi la série du nombre cinq, jusqu'à ce que je l'apprenne aujourd'hui.*

*— Cinq zones terrestres, cinq âges dans la durée du temps, cinq rochers sur notre sœur.*

*Cinq pierres à aiguiser, pierres à aiguiser de Merlin qui aiguisent les épées des braves.*

*Trois parties dans le monde, trois commencements et trois fins pour l'homme comme pour le chêne. Trois royaumes de Merlin pleins de fruits d'or, de fleurs brillantes, de petits enfants qui rient.*

*Deux bœufs attelés à une coque, ils tirent, ils vont expirer. Voyez la merveille !*

*La Nécessité unique, le Trépas père de la Douleur, rien avant, rien de plus.*

*Tout beau, bel enfant, que te chanterai-je ?*

*— Chante-moi la série du nombre six, jusqu'à ce que je l'apprenne aujourd'hui.*

*— Six petits enfants de cire, vivifiés par l'énergie de la lune, si tu l'ignores, je le sais.*

*Six plantes médicinales dans le petit chaudron, le petit nain mêle le breuvage, son petit doigt dans sa bouche.*

*Cinq zones terrestres, cinq âges dans la durée du temps, cinq rochers sur notre sœur.*

*Six pierres à aiguiser, pierres à aiguiser de Merlin pour les épées des braves.*

*Trois parties dans le monde, trois commencements et trois fins, pour l'homme comme pour le chêne.*

*Deux bœufs attelés à une coque, ils tirent, ils vont expirer. Voyez la merveille.*

*La Nécessité unique, le Trépas, père de la Douleur : rien avant, rien de plus.*

*Tout beau, bel enfant, que te chanterai-je ?*

*— Chante-moi la série du nombre sept.*

*— Sept soleils et sept lunes, sept planètes, y compris la Poule. Sept éléments avec la farine de l'air.*

*Six petits enfants de cire vivifiés par l'énergie de la lune, si tu l'ignores, je le sais.*

*Cinq zones terrestres, cinq âges dans la durée du temps, cinq rochers sur notre sœur.*

*Sept pierres à aiguiser, pierres à aiguiser de Merlin pour les épées des braves.*

*Trois parties dans le monde, trois commencements et trois fins, pour l'homme comme pour le chêne ; trois royaumes de Merlin, pleins de fruits d'or, de fleurs brillantes, de petits enfants qui rient.*

*Deux bœufs attelés à une coque, ils tirent, ils vont expirer. Voyez la merveille.*

*La Nécessité unique, le Trépas, père de la Douleur : rien avant, rien de plus…*

*Dis-moi, bel enfant, que te chanterai-je ?…*

Mais – *magis*, davantage – ce qu'enseigne le druide à l'enfant, au-delà des Séries par essence illimitées, filles des nombres d'or, c'est la lenteur, la lenteur étant l'apanage du retour saisonnier, cercle non pas accroché au cercle des séries mais unifié à lui dans tous ses points dont aucun n'est fini. Cercle vivant des *mandalas*, l'origine extrême-orientale.

Retour, éternel retour, fatal retour, celui que Milan Kundera entendait par l'*es muss sein* noté par Beethoven à la marge d'une partition, le *sein* hypothétique du destin, ce qu'Hamlet avait déjà proclamé. Mais Hamlet est un moderne, un homme libre, un pleurnichard du refus existentiel, quoi qu'il en pense, et tout Celte qu'il reste là-haut sur les remparts d'Elseneur. Le druide, à l'enfant qui paraît, ôte le goût des larmes amères et celui de l'*or not to be* grincé par un homme trop conscient, plus vaniteux qu'amoureux. Au-delà des Séries il y a le gabarit non substantiel des Séries, le 0 qui n'est pas même un cercle aux équidistances avérées, sur lequel nul retour n'influe, car le 0 passe outre au cercle des choses. Aussi chaste que l'enfant lui-même, le druide aspire à ne jamais désigner ce qui n'existe en rien dans la vie d'un enfant ni dans la sienne, et dans aucune vie. Le Trépas, père de la Douleur, fait mourir la Mort, le 0, et le retour continue. Rien avant, rien de plus. Tout est là, présent, déjà donné. La transcendance est un ailleurs désespéré, superflu, sauf à considérer que la transcendance est entrée dans la ronde au bras de l'Ankou, avant d'avoir eu le temps de décliner son nom.

Platon, Aristote, le Christ n'ont pas dit mieux s'ils l'ont dit autrement. Du chant des « Béatitudes » au dialogue des Séries, il y a l'intervalle d'un cheveu d'ange cueilli sur la tête de l'enfant. Ce cheveu, c'est lui, levier du génie clairvoyant du druide, et de toute religion révélée. C'est lui qui fait briller le doute sur la Terre, et partant la foi. La parole du vieux *romancero* breton a la force des incantations qui se passent des mots que l'on attend vainement au tournant du gosier. Espoir, amour, où êtes-vous ? Ce chant n'est qu'espérance, amour, lenteur, il se fredonnait bien avant que les dieux grecs ne se mettent à verser des pleurs, à s'humaniser désespérément, suppliant Jésus de monter sur la Croix.

Et le dialogue des Séries se poursuit jusqu'à douze.

À présent que Pierre Jakez Hélias s'est tu, laissons La Villemarqué nous dire lui-même ce qu'il pense des Séries :

> *Les Druides, on le sait, étaient les instituteurs de la jeunesse. Ils avaient, dit César, un nombre immense de disciples. L'enseignement qu'ils leur donnaient était oral et non écrit. Ils faisaient apprendre par cœur une multitude de vers sur les dieux, l'immortalité de l'âme et son passage d'un corps à un autre après la mort, les astres et les révolutions sidérales, le monde, la Terre et la mesure de l'un et de l'autre, enfin toutes les choses de la nature. Leurs leçons étaient traditionnelles et sous forme de dialogue.*

Avec le *Barsaz Breizh*, le vicomte ne s'est pas contenté, bonne pioche – et sous couvert d'augmenter les futures anthologies d'intérêt national –, de soutirer à la paysannerie bretonne sa plus fervente mémoire. C'est en ethnographe bienveillant qu'il s'est porté vers la tribu. Il nous dépeint des gens qui serrent les coudes et dont certains n'ont plus que leurs yeux pour pleurer. Il respecte ceux que les aléas du *fatum* ont pu réduire à la disette. On ne juge pas celui qui est démuni. Il n'y a pas de vagabondage, en Armor, mais un nomadisme perpétuel peut jeter certains sur la route. Et les mendiants on les appelle : les devins.

Ils s'arrêtent chez vous, la porte est ouverte. Ils s'annoncent avant d'entrer. Qu'on ne réponde pas, ils passent leur chemin.

Cette tradition de la bienvenue à toute heure, j'ai pu l'expérimenter moi-même à la campagne, à la ville. On arrive à l'entrée d'une maison silencieuse. On distingue un long couloir dans la pénombre. On n'entend pas une voix. Il y a des sabots alignés sur le sol, pointes tournées vers le mur. Une femme se présente, une odeur de café la précède, entrez. On arrive à l'hôtel Victor Hugo, à Lorient. On dit que l'on a sommeil et pas un sou. La patronne vous tend une belle clé numérotée, elle vous emmène au restaurant : Vous mangerez bien un morceau. Plus tard on saura son nom : Mme Stephan, veuve.

On n'est jamais perdu, en Bretagne, ou jamais longtemps. On est tôt ou tard le devin qui tombe de sommeil dans une ville inconnue, et des portes s'ouvrent. Et je ne vois pas comment cet élan gratuit pourrait s'effacer chez des gens qui continuent de traverser la mer et de considérer les choses de la vie par le regard de l'autre.

La parution du *Barsaz Breizh* déchaîna contre La Villemarqué les rumeurs du plus mauvais aloi. Soupçonné d'être l'auteur masqué, il le fut aussi d'avoir pillé l'œuvre de Gwenc'hlan, barde breton dont lui-même avait eu la faiblesse de parler chaleureusement dans l'ouvrage, presque un aveu : « Ce barde, le seul dont la tradition populaire ait gardé le souvenir, se nommait Gwenc'hlan. Ses manuscrits, que l'on a confondus mal à propos avec le manuscrit breton de Sainte-Nonn, récemment exhumé, portaient le titre de *Diouganou*, *Les Prophéties*, et se conservaient dans l'abbaye de Landévénec »...

Prosper Mérimée, grand écrivain, grand mauvais coucheur, inspecteur général des Monuments historiques, sans doute un peu chagriné du succès d'un Breton que Paris tentait vainement de renvoyer à ses chemins creux et binious mités, entreprit de mettre la main sur les « Prophéties » pour en avoir le cœur net. Arrivé à Brest, *an tu all ar mor*, la rive sud de la rade où Landévénec a son abbaye, il se chuchote qu'il est un voleur, lui Prosper Mérimée. Les Prophéties ont disparu, la presse locale le passe à tabac. L'auteur de *Mateo Falcone* – chef-d'œuvre absolu – prend l'Armor en grippe :

*Ces sauvages m'ont persécuté dans leurs journaux, m'accusant d'avoir enlevé d'autorité à leur province un manuscrit d'un certain barde du V^e siècle, un certain Guinclan, manuscrit que j'ai cherché partout inutilement. Un petit élève de l'École des chartes a prétendu avoir trouvé le manuscrit, mais quand il a fallu le montrer il n'a pu le produire et il avait disparu. Je n'ai pu d'ailleurs lui faire dire de quelle grandeur, de quelle couleur, de quel caractère il était, et je suis convaincu qu'il ne l'avait pas vu plus que moi.*

Gwenc'hlan a-t-il jamais existé ? Qui le vicomte espère-t-il mener en bateau avec ce zombi ? François-Marie Luzel en personne, le rassembleur de la tradition celtique – auteur des *Gwerziou* et *Soniou* – asticoté à son tour par une vilaine petite puce noire nommée Jalousie, montre du doigt La Villemarqué : menteur !... Mais les beaux esprits se passent de justification et les procureurs n'ont qu'à gaspiller leur fiel. Offensé, le vicomte se drapera dans sa particule et celle de Chateaubriand, autre bel esprit. Le silence ayant tort, la thèse du faux primait encore au début des années 60, quand les cahiers du collectage en Armor furent miraculeusement retrouvés : deux manuscrits bilingues annotés, et le vicomte fut rétabli dans son honneur de Juste et de Bienfaiteur du génie breton.

George Sand – les femmes, toujours ! Protectrices des génies mal aimés – entrevit la puissance homérique du *Barsaz Breizh* avant tout le monde. Et ce qu'elle éprouva, manifesta haut et fort, je le ressentis un soir où je dévorais les strophes lancinantes de Joseph Le Floc'h, paysan du village de Kergerez, notées dans leur parler jaillissant par La Villemarqué, puis traduites en français.

Il est question, dans ce chant poétique et guerrier, d'un père en deuil et du souverain d'Armor Nominoë, lequel vainquit les Franks et par la force et par la ruse, en 841, et porta les frontières de la future Bretagne jusqu'au Poitou, sans que l'empereur Charles le Chauve se risque à lui chicaner son bornage. Il faut dire que Nominoë est un brave, et qu'à tout mauvais présage il réagit par l'action.

L'herbe d'or vient d'être fauchée, herbe du malheur, herbe que la faux n'effleure pas sans que le ciel se voile aussitôt :

### *« Le tribut de Nominoë »*

### I

*« Il bruine, disait le grand chef de famille au sommet des monts d'Arez, de plus en plus, et de plus en plus du côté des Franks.*

*Si bien que je ne puis en aucune façon voir mon fils revenir vers moi :*

*Bon marchand qui cours le pays, sais-tu des nouvelles de mon fils Karo ?*

*— Peut-être, vieux Père d'Arez, mais comment est-il et que fait-il ?*

*— C'est un homme de sens et de cœur. C'est lui qui est allé conduire les chariots à Rennes,*

*Conduire à Rennes les chariots traînés par des chevaux attelés trois par trois.*

*Lesquels portent sans faute le tribut de Bretagne, divisé entre eux.*

*— Si votre fils est le porteur du tribut, c'est en vain que vous l'attendrez.*

*Quand on est allés peser l'argent, il manquait trois livres sur cent, et l'intendant a dit : "Ta tête, vassal, fera le poids."*

*Et tirant son épée, il a coupé la tête de votre fils.*

*Puis il l'a prise par les cheveux et il l'a jetée dans la balance. »*

*Le vieux chef de famille, à ces mots, pensa s'évanouir.*

*Sur le rocher, il tomba rudement, en cachant son visage avec ses cheveux blancs.*

*Et la tête entre les mains, il s'écria en gémissant : « Karo, mon fils, mon pauvre cher fils ! »*

II

*Le grand chef de famille chemine, suivi de sa parenté.*

*Le grand chef de famille approche, il approche de la maison forte de Nominoë.*

*« Dites-moi, chef des portiers, le maître est-il à la maison ?*

*— Qu'il y soit ou qu'il n'y soit pas, que Dieu le garde en bonne santé. »*

*Comme il disait ces mots, le Seigneur rentra au logis.*

*Revenant de la chasse, précédé par ses grands chiens folâtres.*

*Il tenait son arc à la main et portait un sanglier sur l'épaule.*

*Et le sang frais, tout vivant, coulait sur sa main blanche, de la gueule de l'animal.*

*« Bonjour ! Bonjour à vous, honnêtes montagnards. À vous d'abord, grand chef de famille. Qu'y a-t-il de nouveau ? Que voulez-vous de moi ? »*

*— Nous venons savoir de vous s'il est une justice. S'il est un Dieu au ciel et un chef en Bretagne.*

*— Il est un Dieu au ciel, je le crois, et un chef en Bretagne, si je puis.*

*— Celui qui veut, celui-là peut. Celui qui peut, chasse le Frank,*

*Chasse le Frank, défend son pays, et le venge et le vengera.*

*Il vengera vivants et morts, et moi, et Karo et mon enfant.*

*Mon pauvre fils Karo décapité par le Frank excommunié.*

*Décapité dans sa fleur, et dont la tête blonde comme du mil a été jetée dans la balance pour faire le poids. »*

*Et le vieillard de pleurer, et ses larmes coulèrent le long de sa barbe grise.*

*Et elles brillaient comme la rosée sur un lys au lever du soleil.*

*Quand le Seigneur vit cela, il fit un serment terrible et sanglant :*

*« Je le jure par la tête de ce sanglier et par cette flèche qui l'a percé.*

*Avant que je ne lave le sang de ma main droite, j'aurai lavé la plaie du pays. »*

III

*Nominoë a fait ce qu'aucun chef ne fit jamais : il est allé au bord de la mer avec des sacs pour y ramasser des cailloux.*

*Des cailloux à offrir en tribut à l'intendant du Roi Chauve.*

*Nominoë a fait ce qu'aucun chef ne fit jamais :*

*Il a ferré d'argent Pioli son cheval et il l'a ferré à rebours.*

*Nominoë a fait ce que ne fera plus aucun chef.*

*Il est allé payer le tribut en personne, tout prince qu'il est :*

*« Ouvrez à deux battants les portes de Rennes, que je fasse mon entrée dans la ville.*

*C'est Nominoë qui est ici avec des chariots pleins d'argent.*

*— Descendez, Seigneur. Entrez au château, et laissez vos chariots dans la remise.*

*Laissez votre cheval blanc entre les mains des écuyers et venez souper là-haut.*

*Venez souper, et d'abord laver, voilà que l'on corne l'eau, entendez-vous ?*

*— Je laverai dans un moment, Seigneur, quand le tribut sera pesé. »*

*Le premier sac qu'on apporta (il était bien ficelé),*

*Le premier sac qu'on apporta, on y trouva le poids.*

*Le second sac qu'on apporta, on y trouva le poids de même.*

*Le troisième sac que l'on pesa : « Ohé ! Ohé ! Le poids n'y est pas ! »*

*Lorsque l'intendant vit cela, il étendit la main sur le sac.*

*Il saisit vivement les liens, s'efforçant de les dénouer.*

*« Attends, attends, Seigneur intendant, je vais les couper avec mon épée. »*

*À peine achevait-il ces mots que son épée sortait du fourreau.*

*Qu'elle frappait au ras des épaules la tête du Frank courbé en deux.*

*Et qu'elle coupait chair et nerfs, et l'une des chaînes de la balance de plus.*

*La tête tomba dans la balance, et le poids y fut bien ainsi.*

*Mais voilà la ville en rumeur :*

*« Arrête ! Arrête ! L'assassin ! Il fuit ! Il fuit ! Portez des torches, courons vite après lui. »*

*« Portez des torches, vous ferez bien, la nuit est noire et le chemin glacé.*

*Mais je crains fort que vous n'usiez vos chaussures à me poursuivre,*

*Vos chaussures de cuir bleu doré, quant à vos balances, vous ne les userez plus.*

*Vous n'userez plus vos balances d'or en pesant les pierres des Bretons. »*

Armelle Lavallou, historienne de l'art, auteur du *Voyage en Bretagne*, me révéla l'existence du texte de George Sand en faveur du *Barsaz Breizh*, paru en 1840, texte que j'aurais bien aimé signer moi-même :

*Une seule province de France est à la hauteur, dans sa poésie, de ce que le génie des plus grandes nations et celui des Nations les plus poétiques ont jamais produit. Nous oserons dire qu'elle les surpasse. Nous voulons parler de la Bretagne. Mais la Bretagne, il n'y a pas longtemps que c'est la France. Quiconque a lu les* Barsaz Breizh *recueillis et traduits par M. de La Villemarqué doit être persuadé avec moi, c'est-à-dire intimement pénétré de ce que j'avance. « Le tribut de Nominoë » est un poème de cent quarante vers, plus beau que l'*Iliade, *plus complet, plus grand, plus parfait qu'aucun chef-d'œuvre sorti de l'esprit humain. « La Peste d'Elliant », « Les Nains », « Desbreiz », et vingt autres diamants de ce recueil breton attestent la richesse la plus complète à laquelle puisse prétendre une littérature lyrique. Vraiment, nous n'avons pas encore assez fêté notre Bretagne, et il y a encore des lettrés qui n'ont pas lu les chants sublimes devant lesquels, convenons-en, nous sommes comme des nains devant des géants. Singulières vicissitudes que subissent le beau et le vrai dans l'histoire de l'art.*

Tout est dit par George Sand, baronne Dudevant… Mais elle se trompe en parlant de littérature. Le *Barsaz* est tradition orale, antilittérature, antibibliothèque, antimémoire, il meurt comme il naît d'un caprice de l'air du temps. Il est du « vent qui vente », dirait Le Braz – il est le livre même du vent grossièrement apprivoisé par l'écriture, un fauve admis dans le rond de lumière artificielle où le cirque se joue pour un public payant. Et soyons sûrs que le *Barsaz* trépassa bien souvent, au cours des âges celtiques, chaque fois que le vent tomba comme à Kerpenhir, chaque fois que cette vieillasse de *mamm-goz* aux dents ruinées égara sa plus belle voix dans la mort ou dans la folie.

Vous êtes plusieurs à sembler désirer mon opinion sur l'affaire La Villemarqué, je vous la donne volontiers. Paris, dans cette histoire de faux et d'usage de faux, Gwenc'hlan ou pas, se contrefichait du vicomte. Le drame national était qu'il avait du succès, sinon lui la Bretagne en avait sur un terrain prestigieux où nul ne l'attendait. On brûla l'homme de paille, mais c'était la Bretagne que l'on cherchait à brûler. Ne l'avait-on pas déjà brûlée ?

Les instituteurs de la République nommés en Armor l'étaient pour l'idéal républicain. Ils partaient en croisade, avec mission d'imaginer des brimades aux dépens des ouailles bretonnantes, entêtées à mouliner des *kenavo* passibles d'amendes, voire d'emprisonnement. Ils prenaient leurs consignes chez les préfets : « Il faut absolument détruire le langage breton, qu'ils ne puissent plus s'entendre. » On tranchait la langue à la Bretagne, et la tranchant on frappait d'interdit les rites familiaux, sociaux, religieux, les traditions jetées à la rue du vocabulaire, chassées des oreilles et des voix, sorties du courant continu des fatalités pleines de grâce et d'espoir. Là où les lansquenets allemands de l'armée royale, et autres arquebusiers gascons, soudards anglais s'étaient cassé les dents durant la Ligue, le Nouveau Régime de France, totalitaire, jacobin, bourgeois, fit mouche en ordonnant aux Bretons motus et bouche cousue, il fallait y penser.

Vassalisé comme jamais, l'Armor, aligné sur le modèle unique de l'appartenance au drapeau national, terre non plus conquise, mais libre partie d'un État libre où l'on parlait français, uniquement français à tous les échos du sol de la Mère Patrie. Le *Barsaz*, désigné comme étant la fine fleur du génie poétique des peuples civilisés, supérieur à l'*Iliade*, aux papyrus du *Livre des morts* ou au *Devisement du monde*, outrageait l'idée que Paris entendait banaliser des Bretons confits dans leur crasse et leurs *kenavo*. Le *Barsaz* se devait d'être un faux, un non-lieu, une utopie suscitée par le vent. Depuis quand l'Histoire s'écrit-elle avec l'encre des perdants ?…

J'exagère à peine, vous savez, en parlant des araignées saturées de crachin salé qui tissaient leurs filets bleus sur les bouquins du salon, arrivées par le conduit radoteur d'une ancienne cheminée obturée au papier journal (*Le Télégramme*, *Ouest-France*, *Paris Match*, *Petit Echo de la mode*, *Votre beauté*), ce que je découvris quand la maison fut vendue.

Les araignées descendaient par le conduit, le crachin suivait. Il y avait aussi des perce-oreilles qui terrifiaient ma sœur. Une fois dans la maison, guidés par leur instinct, ils allaient droit aux lits des filles – oreilles délicates –, et les escaladaient en tapinois.

Tandis qu'elles dormaient, les innocentes, ils leur perçaient les oreilles et restaient suspendus aux lobes perforés jusqu'au matin. Ma sœur avait ce genre de fantasme à leur vue. J'avais en charge l'inspection de la literie et la tuerie des indésirables mangeurs d'oreilles.

Assis ou couché sur le tapis du salon, vers Pâques, ce n'était pas un livre mais deux que je sortais des rayons. J'en lisais un, l'autre me servait d'écrase-araignées. Le modeste in-quarto noir des *Méditations*, une édition d'origine reliée en veau (1836, imprimerie Jouan), bien compact et bien lourd d'humidité, ne manquait jamais sa proie. Et j'aimerais savoir combien d'araignées labéroises Lamartine a pu zigouiller au cours de ces nuits pascales où je grelottais en bouquinant. Rien de sacrilège, rien d'irrespectueux dans ces manières d'agir avec les auteurs. Les livres étaient chez nous les plus nobles objets conçus par l'homme, ce qui n'empêchait pas ma tante Jeanne, paroissienne au-dessus de tout soupçon, de coincer le pied vermoulu de la table à repasser du grenier avec la grosse Bible de Jérusalem qu'elle avait eue pour sa première communion…

Malgré mes années parisiennes, j'ai l'impression de n'avoir grandi nulle part ailleurs qu'à l'Aber, ce lac océanique arrosé d'un…

## Basse mer

*Itron Varia Molènez*
*Degazig p'ense da 'm menez*
*Ha c'hwi , Aoutrou Sant Reunan*
*Na zegasit ket evit unan*
*Gedasit evit daou pe dri*
*Evit m'en deveso lod pep hini*

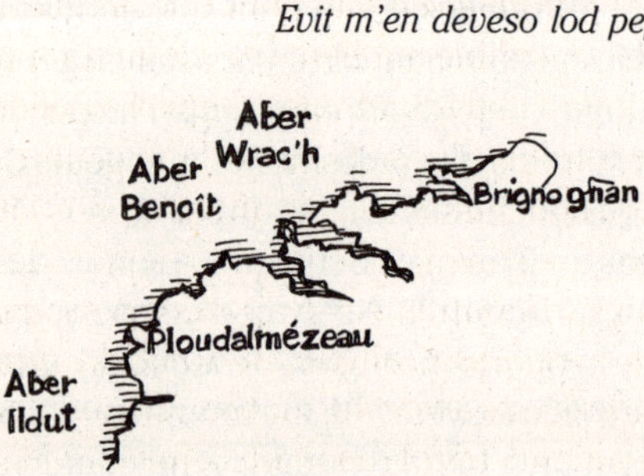

… ce lac océanique arrosé d'un côté par la rivière qui mourait à Pont-Reun, de l'autre par les marées luni-solaires de l'ouest.

Au nord de Brest ils sont trois abers entre l'île Vierge et la pointe Saint-Mathieu : l'Aber-Wrac'h, l'Aber-Benoît, l'Aber-Ildut. On dira quatre avec le Conquet, lequel se voit refuser l'appellation d'aber, trop évasé quant à son entrée défendue par un môle artificiel. On est pêcheurs à l'Aber-Benoît et l'Aber-Wrac'h, un peu naufrageurs aussi, frères de la côte – on suspend des feux entre les cornes des vaches –, on est pêcheurs au Conquet, les meilleurs crustacés du monde, la meilleure mayonnaise. À l'Aber-Ildut se vendent du sable et du goémon : du sable aux cimenteries, du goémon aux laboratoires de chimie qui le métamorphosent en cosmétiques. Peut-être serez-vous heureux d'apprendre que le gisement laminaire des atterrages labérois absorbe à lui seul autant de dioxyde de carbone que toute la forêt d'Amazonie.

L'Aber, à ma naissance, était déjà un port à flot. La mer brillait à toute heure entre ses rives ondulées, et si le jusant dénudait la grève et les anses, il restait toujours assez d'eau pour que les gabares chargées à bloc, écubiers affleurant, viennent s'amarrer à leurs bouées attitrées, amples toupies rouillées que le courant tournait dans un sens, dans l'autre, avec un tintement spectral de fin du monde, ô Charon frère d'Ankou.

Tous ces badauds sur le port, ces hommes, ces femmes, ces gosses alignés le long du muret, tous ont rendez-vous avec la marée. Chiqueurs au nez bourgeonnant, tricoteuses de laine noire, batteurs de grève, voileux, retraités… Les Parisiens en congé attendent la *Jeannette*, un cotre blanc au matricule lie-de-vin, le mufle cabossé, un moteur Couach de 7 CV. La *Jeannette* est le seul ligneur du port autorisé à vendre sa pêche sur la voie publique. La *Girelle*, un cotre blanc au matricule noir, vend aussi du poisson aux particuliers, mais sous le manteau, ça reste entre nous.

Le patron de la *Jeannette*, c'est François Tépot, salopette et gibus de paille, beaucoup d'hameçon, un peu de casier. La patronne, Michelle, est une armoire à glace à mitaines et sarrau ciré vert wagon, les ongles vernis rouge sang. Elle vient en triporteur chercher la pêche du jour à la cale. Elle fait corner la trompe et les commères affluent, porte-monnaie au poing.

On épie la marée machinalement, à l'Aber, cette longue buée qui s'éternise entre ciel et mer à l'horizon, ce deuxième horizon. On serait quoi, sans la marée ?… On en a besoin pour ne penser à rien, pour oublier qui l'on est, pour se dire qu'un jour on ira là-bas, là-bas, et qu'on en reviendra peut-être avec la marée. Elle ne dit pas ça, la vieille Mme Talarmin, et la vieille Phrasy non plus, les deux veuves en taffetas noir, mais quand même elles attendent la marée, le seul plaisir qu'elles puissent encore espérer du vivant des choses. Chacun y va de toute sa vie pour attendre le retour du flot. On a les coefficients par la dernière du *Télégramme de Brest*. Elle chipote un brin, la marée, en mortes-eaux. Si la lune chipote, elle aussi, pas de raison. Elle est à l'aise en vives-eaux quand elle reflue au plus bas, semant la grève de flaques jamais vues, si brillantes et morcelées que l'on dirait des miroirs de poche en miettes. Allez, Perrette, c'est pas le tout, il faut recoudre la mer sans délai, c'est du 117 aujourd'hui, la ville d'Ys a montré ses vieux os.

Haute et pleine, la mer paraît l'avoir toujours été quand elle est pleine et haute, et l'on ne voit pas quel tour de magie pourrait lui retourner les sangs, quel tour de lune.

Petit, élément vivant du décor marin, je passais ma vie sur la grève, en violation des commandements grands-maternels affichés dans les W.-C. des enfants. Comme les autres gamins du port, j'empruntais les plates embossées à la cale et j'allais godiller autour des bateaux. Le cas échéant, j'amenais des gabariers à terre. On n'échangeait pas un mot. Les Lampaulais méprisaient les Labérois. Ils allaient chez Héliès, le Café du Port, une adresse à eux. Plus tard, je les ramenais à la gabare, pas un merci, pas une pièce. J'imaginais la femme du Lampaulais quand son gabarier d'époux empoivré jusqu'au sang lui revenait à la maison : De l'Aber que tu viens ! Fatigué que tu es !

Les Labérois n'étaient pas les derniers à s'aviner, sauf qu'ils n'allaient jamais boire à Lampaul. Même Job du Trou, le fossoyeur, titubait dans les ruelles obscures de la boulangerie. Il n'y avait guère que Mme Penhor's à ne jamais hésiter sur son cap et ses tibias d'échassier.

Dîner à dix-neuf heures trente, extinction des feux à vingt et une. Ma mère venait me dire bonsoir. Assise au bord du lit, elle me faisait parler puis me racontait une histoire à sa manière. Elles étaient magnifiques, ses histoires, elles donnaient la chair de poule et l'on avait besoin de les entendre une seconde fois. Le crime du Gars du bois, je ne m'en lassais pas, un affreux bonhomme armé d'un bâton piquant attaquait les gens dans une forêt. On se perd, dans les forêts, il y fait nuit très tôt…

À force d'aller pieds nus sur l'estran labérois, que bien des habitués comparaient à un dépotoir, et l'on ne voit d'ailleurs pas quel autre nom lui donner, je finis par attraper un panaris sous la voûte plantaire gauche. Le Dr Galliou jugea bon d'attendre huit jours, le temps que l'abcès mûrisse, pour débrider la plaie. Pendant huit jours, la fièvre me rendit fou. Ma mère passait mes nuits blanches avec moi, sa main dans la mienne, et quand mon père venait la chercher, elle disait : J'arrive, et elle n'arrivait jamais. Mon père s'énervait, je distinguais son ombre dans l'ombre, et j'avais l'impression qu'il me haïssait, moi et mon panaris. Son ombre faisait la navette entre des lueurs, des reflets, son ombre s'enflait démesurément, se faisait Gars du bois.

Il parlait tout seul. Une fois encore, ses prédictions s'avéraient. J'avais désobéi, j'avais menti, j'avais triché, j'avais donné des frayeurs à ma chère maman. J'étais sorti pieds nus et je m'étais coupé sur quelque ferraille empoisonnée, je l'avais bien cherché. La prochaine fois, ce serait quoi ?…

Un soir, ma nature aventureuse l'inquiétant, ma mère me raconta les malheurs du fils Jacob. Et tandis qu'elle parlait, j'eus l'impression de vivre ce qu'elle disait, d'être ce fils Jacob appelé à croiser son destin… Vint le moment où le délire me fit botter en touche, où ma mère disparut dans l'ombre de mon père, et je n'eus plus besoin de personne pour me dérouler une histoire qui s'était changée en film entre-temps, ce qu'il y a de mieux pour voir les choses de près, comme si l'on y était.

On l'appelait le fils Jacob, mais fils de quel père Jacob, impossible à dire. Il était ouvrier agricole au diable bouilli. La journée finie, il venait à bicyclette à l'Aber et restait appuyé au muret de la cale, bras croisés. Un jeune homme hautain, habillé en patron de pêche, la vareuse, la casquette, les bottes. Il semblait sortir d'un bateau, pas d'une ferme crottée. Une allure de marin hollandais, disait Henri. Il ne parlait à personne et j'en aurais bien fait un ami.

Le fils Jacob possédait une plate grise à bout carré. Le soir, il prenait la mer. Il allait pêcher à la Pierre de l'Aber, dalle à fleur d'eau où pointait le piquet d'une ancienne balise. Un perchoir à cormorans déformé par les rouleaux. Comme il n'était pas deux Labérois assez inconscients pour accoster la Pierre et tourner un bout sur ce piquet de malheur, il était chez lui, là-bas, pêcheur miraculeux des crustacés que les restaurants de la côte lui payaient comptant. À l'aube, il rentrait au port où sa bicyclette l'attendait. On aurait dit qu'il ne dormait jamais, fermier le jour, braconnier la nuit. Fils Jacob à toute heure.

Il se fit voler ses cuissardes, à la ferme, et c'est en sabots qu'il dut se rendre à la Pierre. Une nuit d'août, son pied gauche resta coincé dans une faille à fleur d'eau. La mer allait descendre encore une heure ou deux. Prisonnier du granit, il s'allongea sur la dalle et vit la nuit s'enrouler au bout du piquet. Les étoiles et la mer se contaient leurs petits riens habituels, un murmure audible uniquement les soirs de grand beau.

Courants et contre-courants se turent, le murmure cessa. Il n'y eut plus un souffle d'air, plus un bruit. C'est l'étale, pensa le fils Jacob fils de Jacob en regardant naviguer la lune au-dessus de lui… Qui avait bien pu lui voler ses cuissardes, une paire de bottes payée à crédit chez Masson ? Il grelottait de fièvre, sa cheville enflait. La mer se remit à clapoter, les étoiles à chuchoter. Elle monte, pensa le fils Jacob. Le lendemain, il avait rendez-vous avec le paysan Roué pour aider au goémon. Dans les rayons de lune, il voyait le canot noir du goémonier côte à côte avec la charrette du paysan, il voyait le cheval, de l'eau jusqu'aux genoux, jusqu'au ventre, il voyait la fourche plantée là-haut dans le tas de goémon. Il n'arrivait pas à l'attraper, cette damnée fourche, à travers la lune. Et la charrette, *ma Doué !* Qui c'est qui va la charger ? Le cheval avait maintenant de l'eau jusqu'aux naseaux, il se noyait sans bouger, sans fermer les yeux… Le fils Jacob voyait rouler ses doux yeux mélancoliques à la surface de l'eau… *Hue dia !* hurla-t-il sous la lune, *hue dia, nom de Dié !* Et il perdit connaissance.

La Pierre de l'Aber n'était pas inconnue du public en 1955. Quelques années plus tôt, en 1836, elle avait fourni son piédestal parisien à l'obélisque de Louqsor, don de Méhémet Ali, vice-roi d'Égypte, au roi Louis-Philippe, de la part de Ramsès II. Il avait fallu trouver quelque part des blocs de pierre assez résistants pour épontiller ce menhir à hiéroglyphes, place de la Concorde, et c'était tombé sur le granit rose de l'Aber-Ildut après tirage au sort. On aurait pu bâtir la Vallée des Rois avec les pierres de l'Aber. Un chicot pointait hors du chenal, mais sous le chicot la dent n'en finissait pas d'allonger ses racines. C'est au fils

Jacob qu'elle dut les honneurs des gazettes, encore une fois, à ce malheureux jeune homme amputé du pied gauche à même la pierre où il venait arrondir ses fins de mois. Que le vent se soit levé, que la houle ait déferlé, qu'un Peau-Bleue d'Iroise ait flairé l'odeur du sang… Il s'en fallait d'un cheveu que la Pierre de l'Aber ne soit devenue Pierre de Jacob.

De l'hôpital de la Cavale Blanche, à Brest, il ressortit sur des béquilles en bois étuvé modèle Sécurité sociale. Le lendemain, il était à la cale de l'Aber appuyé au muret, toujours aussi hautain. Il n'était pas seul, il avait un chien avec lui. La lune ramena les beaux coefficients et il retourna godiller au coucher du soleil, emmenant son chien, béquilles rangées sous la banquette de la plate. On se demandait ce qu'il pouvait aller manigancer en mer sur un seul pied. Bientôt sa plate resta pourrir à la cale, il ne se montrait plus.

Non, ma mère ne m'a pas raconté l'histoire comme je vous la raconte, mais ce qu'elle a dit m'a donné l'envie de faire la connaissance de l'homme au pied en moins, aussi mystérieux, finalement, que l'obélisque de Louqsor ou que ce Ramsès vieux de quatre mille ans. En août 56, il réapparut au pré communal du Tromeur, la nuit du Pardon. « Le fils Jacob », dit quelqu'un, et je pus enfin le voir de près. Il vacillait sur ses béquilles, cuité à mort, il enguirlandait son corniaud. Du bout d'une de ses béquilles, un œil fermé, il mitraillait les filles déchaînées sur les Nacelles Brestoises de Cucu Forain. Les casse-gueule tournoyaient, les filles hurlaient, la musique hurlait. Il voulut faire un tour de casse-gueule, mais Cucu Forain lui conseilla d'aller dormir dans un fossé avec son chien. Le fils Jacob m'aperçut alors et j'eus peur qu'il me soupçonnât d'avoir pris ses bottes. Il était effrayant avec ses béquilles, il m'hypnotisait. Il s'approcha, me tendit son ticket de casse-gueule à un franc et disparut dans l'obscurité.

Cette même nuit, un pêcheur au lamparo découvrit le corps du fils Jacob tombé dans le port entre la cale et sa plate remplie d'eau. Le lendemain, la marée rapporta l'une de ses béquilles et Marie la récupéra pour Édouard, lequel ne boitait pas. De mon côté, je n'eus aucun scrupule à récupérer la plate et à l'écoper. Peine perdue. La plate se remplissait à chaque marée, et n'avait pas fini de pisser l'eau par les bordés disjoints que la marée suivante était là, submergeant la première.

L'inhumation du fils Jacob fut à son image, discrète et pauvre. Les funérailles étant payées par la commune, le cercueil était un modèle bon marché fabriqué par Job, une plate pour l'au-delà. Se doutant qu'il n'y aurait ni fleurs ni couronnes, Job avait creusé le trou au bas du cimetière, là où finissaient les fleurs qui commençaient à sentir. Et quand elles commençaient à sentir elles revivaient, on croyait respirer une puissante odeur d'urine de carnivore. En tout cas le fils Jacob aurait des fleurs autour de sa tombe, et dessus une croix de bois gravée à son nom. Les Bretons ayant pour le trépas le plus profond respect, Mademoiselle Marie chanta *Da feill* et *Ar Baradoz*, et tante Jeanne joua de l'harmonium. Dans son oraison, le recteur Scottey déclara que le fils Jacob n'était pas fils par hasard et qu'il avait un père, aujourd'hui, Dieu le Père tout-puissant, et qu'à la droite du Père on ne manquait de rien. Il rappela aussi qu'un voleur de bottes était à l'origine du décès du fils Jacob, mais que l'on court mal, avec des bottes volées, et que cet hiver l'Ankou n'aurait pas froid aux pieds. Sa voix tremblait à ces derniers mots.

La folle du village, toujours présente aux funérailles de la commune, chanta elle aussi en breton, passa l'aumônière qui rapporta les vingt centimes de ma tante, je pense, et pas un sou de plus. Après la messe, elle vint nous montrer son alliance d'argent, expliquant qu'elle était la veuve du fils Jacob. Les folles ont un passé amoureux comme les autres, après tout, et il n'est pas exceptionnel que ceci explique cela. Elle ne voulait pas faire le mal, en cachant ses bottes. Elle voulait juste qu'il n'aille plus en mer, la nuit, elle avait peur de la mer. Mais voleuse elle n'était pas, ça non. Et les bottes il les aurait sur sa tombe, la nuit prochaine, pour sûr qu'il les aurait. Pour sûr que l'Ankou n'aurait pas froid aux pieds. Et qu'il ne marcherait pas sur des béquilles.

Moi aussi, je me sentais en deuil du fils Jacob. Un jeune homme sans le sou qui m'avait offert son ticket de casse-gueule avant de tomber à l'eau. Et pas un mot d'échangé, pas un regard.

Il en va de la mer et du bateau comme il en va de l'œuf et de la poule. Qui a commencé ? Ai-je aimé la mer en premier ? Les bateaux ? Un psy ne manquerait pas de vouloir éclairer ma…

## Bateaux

*Bagip hep stur gant gwall avel*
*En em sko abred war ar roc'hell*

… de vouloir éclairer ma lanterne, encore que je la préfère un peu sourde et que la question importe peu. Contrairement à Jean Markale, explorateur méticuleux du tempérament breton, je crois à la vocation maritime de mes pairs armoricains. Les Vénètes, descendants des Atlantes, valaient bien les Vikings à la mer. Et mystérieusement ils perdent contre moins forts qu'eux à la bataille de Kerpenhir, César en est le premier éberlué.

À quatre ans, j'avais pour jouets des cubes, les ancêtres du Lego. Ils s'illustraient de motifs animaliers représentant girafe, éléphant, gorille, baleine, mouche, etc. Avec mes cubes, je m'étais fabriqué un lit-bateau sur le bulgomme de la chambre, et ma douce maman ne m'avait pas dit bonsoir que j'allais dormir à bord. Je n'ai jamais réussi à passer une nuit complète en mer sur le bulgomme, je faisais naufrage assez rapidement.

J'ai eu seize bateaux, au cours de ma vie, seize bateaux plus ou moins ruineux. Eh non, je n'en ai plus. Un jour mon fils Neven, petit prince de dix ans à l'époque, m'apporta le dessin d'un trois-mâts qui s'appelait *Clou d'Or*. Nous commençâmes à tirer des plans sur la comète. La longueur de *Clou d'Or*, la couleur de *Clou d'Or*, la voilure de *Clou d'Or*. Neven étant le seul de mes trois fils à m'avoir connu marin débarqué, marin nostalgique des riches heures où son voilier l'attendait quelque part dans le monde, il me semblait lui devoir un bateau. De combien de clous d'or me fallait-il disposer pour acheter *Clou d'Or* ? Neven souhaitait que nous le construisions nous-mêmes, en famille, un trois-mâts en bois. Même en réduisant le nombre de mâts, même en s'improvisant charpentiers de marine, *Clou d'Or* se montrerait gros mangeur de clous, gros mangeur d'or. Un goinfre. On les connaît, les voiliers, quand ils s'attablent devant un budget et qu'ils vous disent avec un clin d'œil : Bon appétit !... Et si l'on faisait de *Clou d'Or* : *Clou d'Argent*, Neven, ou *Clou d'Acier*, *Clou d'Espoir* ?... Le voilier s'appellera *Clou d'Amour*, fiston. Il aura la taille qu'il aura, mais il prendra la mer un jour, foi d'animal d'Armor. Quand ? Tôt ou tard, et c'est toi qui tiendras la barre, fiston, foi d'animal paternel.

Mon intérêt pour les bateaux gris remonte à l'âge enfantin où je me voulais un homme fort, un être doux armé jusqu'aux dents. Plus grandes étaient leur puissance de feu, la longueur de leurs canons, la force de leur moteur, plus beaux ils me semblaient. Tant pis pour les affreux méchants qui se trouvaient sur la trajectoire de leurs ogives à fragmentation. C'est presque un honneur, de succomber au trait mortel d'une arme aussi perfectionnée pour l'époque.

Mon cousin Malo, fils d'officier, sculptait sur bois les différents bâtiments de la célèbre flotte de guerre Darlan – amiral prestigieux dans les années 30 et pour le moins démonétisé par la suite –, une marine supérieure à la Royal Navy en tonnage et en modernité. Chez Malo, à Versailles, dans la maison des pages à deux pas du château, s'alignaient frégates, escorteurs, avisos, cuirassés, dragueurs, vedettes, sur la corniche d'un lit clos. À l'intérieur patientaient les coques inachevées, manquées, à peindre, tout un chantier naval de modèles réduits.

À la mort de mon cousin, tué pour ainsi dire en Algérie par un colonel Molinier qui conduisait sa Jeep en état d'ivresse, Marie-Louise, sa sœur, Bébelle pour la famille, m'offrit le cuirassé *Richelieu* en souvenir de Malo. Elle en savait long, sur ce navire, ses connaissances techniques étaient stupéfiantes.

Au naturel, le *Richelieu* mesurait deux cent quarante-cinq mètres, était large de trente-trois, renfermait deux cent dix-huit kilomètres de coursives, ses canons pouvaient tirer par-dessus l'horizon jusqu'à vingt-deux milles marins, et sa défense antiaérienne abattre autant d'avions qu'il daignait s'en présenter dans son rayon d'action. Mais ce qui me parut le plus impressionnant, outre les six chaudières Sural fournissant une puissance de 115 000 CV, ce fut le diamètre des hélices, quatre mètres quatre-vingt-sept, et non pas deux mais quatre hélices d'un cuivre spécial antichoc.

Exactement le genre de bateau sur lequel j'aurais aimé dormir, la nuit, sur le bulgomme de ma chambre.

Le fait de voir ce géant naviguer dans ma main, aussi délicat qu'un œuf de vanneau, me fit aussitôt m'attacher à lui. Comme si l'âme de Malo prenait la forme de ce colosse miniature pour se joindre à la mienne. Comme si je possédais la plus sacrée des reliques.

Le 18 juin 1940, le cuirassé *Richelieu* quitta Brest précipitamment. Le commandant Marzin venait de recevoir l'ordre de saborder son navire ou d'appareiller pour Dakar. Le *Richelieu* était alors si neuf qu'il lui manquait la plupart de ses canons, tous ses appareils de défense antiaérienne, et quatre des six chaudières dédiées à sa propulsion. L'énorme cuirassé n'en effectua pas moins une sortie remarquée du goulet de Brest à quatorze nœuds. Il devait convoyer en Afrique du Nord une division de croiseurs auxiliaires chargés d'or jusqu'aux dalots, deux mille tonnes d'or, soit toutes les réserves de la Pologne et de la Belgique en exil. Le 28 juin, le convoi touchait terre à Dakar, sain et sauf. Mission accomplie. Le cuirassé n'eut pas frappé ses amarres à quai que l'armistice fut signé. *Aïe !*

Après quoi le *Richelieu* aurait pu connaître le sort pitoyable de ces navires français, techniquement les plus évolués du catalogue européen, qui ne savaient plus pour qui battait leur pavillon. Sur qui tirer ? Ne pas tirer ? Dans quel camp sommes-nous ? À bâbord, c'est français, à tribord français…

Un soir, le cuirassé dubitatif essuya au port une première attaque du porte-avions britannique *HMS Hermes*. Tir de semonce, avion torpilleur *Swordfish*, torpille au but, manière de dire : Hep ! du *Richelieu*, secouez-vous… Vous êtes pour les Allemands, maintenant ? C'est l'armistice qui vous crée du souci ?… Vous ne voyez pas que vous êtes libres, là où vous êtes, libres de combattre selon vos convictions, vos couleurs ? Vous ne seriez pas plus à l'aise dans les Forces navales de la France libre ? Le prochain coup, on les amène avec nous…

Les 23 et 24 septembre 1940, les canons du *Richelieu* font merveille contre les cuirassés britanniques *Barham* et *Resolution*, les contraignant à se retirer. Ils font merveille aussi contre les unités des Forces navales françaises libres. Il y a des victoires contre les Anglais dont on se passerait bien. Et des victoires contre les Français pires que la défaite.

Mais passé une calamiteuse entrée en guerre, reflétant la valse-hésitation d'un gouvernement déboussolé que sa marine, hélas, croyait bon d'écouter, le *Richelieu* sut pointer ses canons sur des cibles qu'il n'était pas déshonorant d'éliminer. Immobilisé à Dakar par les avaries dues à l'*Union Jack*, réparé à l'arsenal de Brooklyn en 42, la même année où des amiraux français à la dérive se faisaient fort de suicider la flotte française à Toulon, comme si tous ces merveilleux navires les encombraient, il rejoignit la *Home Fleet* en 43, participa à quatre opérations contre les Japonais, à un raid contre Sumatra, puis contre les îles Nicobar, puis le capitaine Merveilleux du Vignaux l'amène à Singapour où se tient la cérémonie de capitulation du Japon, puis il repart pilonner les lignes viêt-minhs à Nha-Trang, et finalement c'est en vétéran cabossé qu'il rejoint la Mère Patrie.

Quand il arrive à Toulon en 46, ayant lavé l'honneur des navires noyés dans les eaux du port, c'est pour y recevoir la croix de guerre. Voilà le cadeau que me faisait Marie-Louise en souvenir de Malo. Voilà l'œuf de vanneau que je protégeais dans ma main comme s'il y allait de la mémoire de mon cousin disparu.

En juillet 1965, à douze ans, je fis à l'arsenal de Brest mon premier séjour d'apprentissage nautique à Jeunesse et Marine, une école de mer fondée par le père Y. D. Mesnard, un ancien aumônier de la flotte. Mon père m'avait dit : Tu verras, p'tit vieux, tu ne seras pas déçu. Tu dormiras sur la *Duchesse Anne*, un trois-mâts. Je m'en étais fait plusieurs films, du trois-mâts. Je m'étais imaginé grimpant dans le nid-de-pie, carguant des voilures trempées pleines de gros sel, faisant naufrage et prenant le commandement d'une chaloupe...

J'arrivai en gare de Brest le bon jour, à la bonne heure, muni de ma feuille de stage, hagard de timidité. Un car de l'armée bleu marin déposa les stagiaires à l'arsenal, loin dans l'arsenal, là où s'embossait le trois-mâts *Duchesse Anne*.

En sortant du car, j'eus le choc de ma vie. J'avais le *Richelieu* sous les yeux. Mon cuirassé *Richelieu*, le vrai. C'est peu dire que mon cœur battit à plein régime. Un navire dont je pensais qu'il n'existait plus et n'avait jamais existé qu'en rêve, pour moi seul. Je le pris symboliquement parlant dans ma main, me demandant ce qu'était devenu le *Richelieu* sculpté jadis par mon cousin. Aurais-je lu Flaubert, à cette époque de ma jeunesse, je me serais sans doute écrié : le *Richelieu*, c'est moi... Je n'aurais jamais imaginé qu'un bateau, même un cuirassé, pût être aussi grand. Poupe à quai, proue tendue vers la mer, il braquait la toute-puissance de ses huit canons sur la rade.

À couple du cuirassé : la *Duchesse Anne*, regardez-moi ça !... Une misère, ce rafiot ! cette coque grisâtre où saillaient les moignons d'une mâture elle aussi peinte en gris, sectionnée aux trois quarts. À couple de la *Duchesse* : le thonier *Dauphin*, un dundee blanc minuscule auprès des deux autres. Je connaîtrais la même impression gullivérienne la première fois que je verrais le *Dieu Protège* à Brest. La gabare totémique de Lampaul évoquait le sosie tout riquiqui d'elle-même, entre deux escorteurs, un trompe-l'œil ou la plus petiote des poupées babouchkas, la seule à ne pas avoir dans les entrailles une babouchka jumelle à mettre au monde.

Le soir de notre arrivée, le maître d'équipage nous réunit dans l'entrepont : Vous êtes à l'école de la mer, les gars. Tout écolier marin sait faire des nœuds plats, des épissures, des portugaises, des culs-de-porc, des têtes-de-Turc, des carricks, des toulines. Le B.A. BA du matelotage, les gars, on arrête les nœuds de vache. Demain matin, matelotage, et l'après-midi sortie sur les canots, il faudra tirer sur le bois mort (ramer à s'en faire saigner les mains). Après-demain, sortie à la voile sur le *Dauphin*, il faudra hisser, border les écoutes (tirer sur des cordages reliés aux voiles). À présent, allez chercher vos hamacs dans les casiers au fond du poste, ce sera votre première et dernière leçon de hamac, celui d'entre vous qui n'écoute pas risque de mal dormir. Et pas de réveille-matin, compris ? Je ne veux entendre aucun réveille-matin. Le clairon du *Richelieu* vous mettra sur pied au lever du soleil, sinon c'est moi personnellement qui me chargerai du branle-bas.

Cette première nuit sur le trois-mâts chamboula ma conception du sommeil pour toujours. J'eus à gréer un hamac suspendu aux crochets des barrots de pont, puis à régler les drisses de l'« araignée », filins servant à doser le creux de cette coquille d'insomnie. Ce n'est pas que je dormis mal, je dormis éveillé dans le rêve de quelqu'un qui dorlote un fantôme de cuirassé dans son hamac. Mais le fantôme a le don d'ubiquité, on peut le voir sourire au hublot, on entend ses chaînes grincer, on pourrait le toucher en avançant la main.

Revenu de Brest, je mis du temps à me réhabituer à la nuit dans un lit. Le hamac était un bateau dans un bateau. Il ajoutait son propre bercement au bercement du navire, on y faisait le tour de la nuit sans bouger, on en débarquait un peu flageolant quand sonnait la diane du cuirassé. J'imagine qu'avant de se risquer à naître, un enfant doit éprouver des sensations similaires au plaisir de perdre conscience au sein d'un lit suspendu dans un bateau balancé.

Plus tard je reverrais le trois-mâts *Duchesse Anne*, toujours aussi gris, tronçonné. Je le reverrais à Brest, à Lorient du côté du Blavet. Il servait de dortoir, de navire-atelier, de témoin d'on ne savait plus quelle civilisation défunte, lui-même avait l'air mort. Puis la ville de Dunkerque, un vivier de héros au temps des guerres de course, acquit l'épave maintes fois promise à la casse avec l'espoir de la restaurer. Aujourd'hui la *Duchesse Anne*, presque remise à neuf, est présentée comme le plus beau fleuron du musée portuaire de la ville.

J'appris beaucoup de choses délicieusement inutiles, à Brest : à ferler tête nue, dans les règles de l'art, un pavillon national descendu au coucher du soleil, à ramer comme un galérien.

Attention, je dis pavillon : il faut dire couleurs, on rentre où l'on envoie les couleurs. Je dis ramer : il faut dire nager. Je dis rame : il faut dire aviron, la rame étant un aviron de quinze mètres de long, privilège de galérien cadenassé au banc de la chiourme. Je sus trévirer, mâter les avirons, scier bâbord, avancer tribord, avancer partout, réagir au coup de sifflet d'un maître de nage habitué à former les orphelins de l'école des mousses. Des notions non spéculatives, c'est vrai, et qui trouvent rarement à s'appliquer dans la vie en société. Aujourd'hui, je bénis mon père qui jugea favorable à mon épanouissement cette initiation rudimentaire à l'art de la rame en toutes circonstances, et davantage à la poésie du grand port militaire où il était né.

La récompense de nos évolutions ramées autour du *Richelieu* mouillé à l'avant sur deux chaînes croisées devait être la sortie sous voiles à bord du *Dauphin*. Nous l'attendions, cet embarquement. Nous n'en pouvions plus du bois mort et des ronds dans l'eau sous les écubiers noirs du cuirassé. Le maître d'équipage nous dit enfin : Vous êtes mûrs pour hisser les voiles, les gars. Demain, vous embarquez sur le thonier… Or allait se produire un incident qui plongea les stagiaires et tout l'arsenal de Brest dans la stupéfaction, et le chagrin, rendant la sortie en mer impossible.

Durant la nuit, le thonier *Dauphin*, rescapé de la tempête de 1930 au cours de laquelle onze thoniers groisillons périrent corps et âmes dans le golfe de

Gascogne, prit conscience du fait qu'il était pourri du gouvernail à l'étrave. Il aurait pu s'en apercevoir plus tôt, ce ne fut pas le cas.

Dessillé quant à son état général, le dundee se désintégra le long du trois-mâts. À mon réveil, quand je le découvris surnageant à fleur d'eau, il semblait imiter quelque pain perdu mis à tremper, repu de toute la flotte qui l'imbibait.

« Saluez le *Dauphin*, dit le maître d'équipage, il a fait son temps, c'était un brave. »

Mon séjour à Brest en 1965 me fit découvrir la poésie des bateaux gris. Je vis en construction la *Résolue* qui serait bientôt la *Jeanne d'Arc*, porte-hélicoptères et navire-école voué au tour du monde avec les bordaches, élèves de l'École navale. Je visitai la vieille *Jeanne d'Arc* à la veille de sa déconstruction, un escorteur d'escadre, un escorteur rapide, un contre-torpilleur du type le *Malin* dont la vitesse atteignait les cinquante-quatre nœuds en configuration d'attaque. Je sortis en mer sur le dragueur de mines magnétiques *Betelgeuse* et nous allâmes inspecter les flots en baie de Douarnenez. S'il n'était pas construit en bois, un dragueur sautait sur la première mine qu'il détectait.

Tous ces bateaux guerriers, furtifs, autodéfendus contre le rayonnement nucléaire, exhalaient un fumet délicieux qui remontait des cambuses, grimpait à la passerelle, redescendait, pénétrait dans les postes d'équipage, et se faufilait jusque dans la salle des machines, épousant l'haleine âcre des moteurs sous pression. Un marin qui mange mal est un marin triste, un marin triste un mauvais marin. La marine française est un cordon-bleu.

La deuxième semaine du stage, un cas de scarlatine se déclara sur la *Duchesse Anne*. Le médecin venu l'examiner dans son hamac se consigna lui-même à bord du trois-mâts. Nous fûmes en quarantaine, ravitaillés à la coupée du cuirassé par des marins qui déposaient les plats sur la passerelle, et se hâtaient de tourner les talons. Un drapeau de quarantaine à la poupe de nos embarcations, nous faisions voile et rame à travers la rade, aucunement abattus par cette scarlatine qui n'amena finalement qu'un seul des nôtres à l'hôpital militaire. Le soir, au cours de veillées arrosées à la bière, nous poussions hardiment la chansonnette, ayant reçu chacun le livre de chansons marines du *Borda*, navire où l'École navale résidait jusqu'à la fin des années 30. Le livre de chants est un hommage musical appuyé aux filles, à la mer, à l'amour, à la partance, aux grandeurs et misères du marin dont l'unique fortune, là-bas, tout là-bas, est l'horizon.

La scarlatine allait prolonger d'une semaine mon séjour à Brest. La croisière à quai se transforma en odyssée intérieure, en dérive initiatique immobile, loin des vivants normaux que je voyais aller et venir sur le quai, dans un autre monde. Le spectacle de l'arsenal en pleine activité autour du trois-mâts au piquet faisait l'effet d'un mirage, et même le soleil avait l'air d'un soleil d'opéra quand il se couchait. La nuit, nous assurions la veille à tour de rôle. RAS. J'arpentais le pont, les gaillards, j'allais me percher sur la proue. L'ombre du cuirassé débordait sur la mienne. Dans le livre de bord j'écrivais des historiettes, des poèmes, je me prenais pour Ismaël sur le baleinier *Pequod*, s'attendant à voir Moby Dick.

Un matin, je fis mes adieux à la *Duchesse Anne* et au *Richelieu* qui retourna s'éterniser dans ma main. Je quittai l'arsenal à pied, sac de marin sur l'épaule, et partis chercher l'autocar crème et rouge de Bodénan devant le magasin des Dames de France, en route pour l'Aber.

Je crus que ma tante Jeanne allait défaillir quand elle me vit au portail du manoir de Kervaly. Elle trembla, elle rougit, elle pâlit à ma vue (merci à l'auteur). Était-ce bien moi qu'elle voyait ? Étais-je aussi beau qu'elle en avait l'illusion ? J'étais habillé en matelot de pied en cap. Bachi, maillot rayé, vareuse en drap, pantalon à pont. Il était environ dix-huit heures et j'avais faim, mais elle insista pour rendre visite aux gens du pays. J'avais l'impression qu'à soixante-quinze ans elle voulait présenter son fiancé de douze ans à tout l'Aber, eh oui, son neveu, eh oui, le fils de Bichette, eh oui, la plus chaste des veuves de la paroisse amoureuse d'un pompon bleu.

La tournée des présentations se termina au presbytère, une visite un peu tardive, monsieur le recteur, je suis confuse... Fusil en bandoulière, long short gris, savates de cuir mastic, chaussettes noires hautes, le plus roux des recteurs du Léon souriait à la porte d'entrée du jardin-potager. Quel bon vent vous amène ? Mademoiselle Marie préparait la soupe et nous allions passer à table avec eux. Les corneilles lui donnaient bien du souci, depuis quelque temps. Elles faisaient le malheur de ses choux verts. Je m'aperçus qu'il tenait à la main, non pas une corneille dégoulinante de sang, mais un chou qu'il avait dû fusiller par mégarde en essayant d'épouvanter les intruses. La soupe de Mademoiselle Marie consista en une omelette aux lardons suivie d'une potée aux choux, et lorsque nous prîmes congé le soleil n'était toujours pas couché. Content de la soirée, le recteur m'emmena choisir un chou dans son potager.

Ainsi prit fin mon épopée sur le cuirassé *Richelieu*, avec le présent d'un énorme chou vert mis dans mes bras par un recteur breton à la gâchette hasardeuse. Un cuirassé, un chou… Je n'ai pas le souvenir que d'autres cadeaux matériels m'aient fait autant plaisir, dans mon enfance. Le mini-canot à moteur apporté par Christine Coste à Pâques, peut-être bien, un bateau.

J'ai lu que la plus grande souffrance humaine est d'être expulsé du ventre maternel, repoussé dans l'espace infini. Bateau veut sûrement dire : ventre maternel, le mot est d'ailleurs féminin chez les Anglais et il le fut chez nous au Moyen Âge.

La maison de l'Aber elle aussi, carène à l'envers, toiture charpentée, lattée comme…

## Bécassine

*Lost ar brezhell, pen ar wrac'h,*
*Hag an tamm kreiz eus ar plac'h*

… comme le pont du navire terre-neuvas, me fait partir en croisière, la grande bâtisse où craquaient les âmes inassouvies des aînées, seul bateau dont ma grand-mère fût le capitaine avant Dieu. Que Dieu s'expliquât d'abord sur ses intentions divines quand il dessina ces monstres d'appareils génitaux, masculins ou féminins, avant d'évincer ma grand-mère de la timonerie et de tapoter le baromètre du vestibule. Difficile à se représenter, l'âme d'une grand-mère aussi rebutée par l'accouplement des êtres humains.

L'âme de ma grand-mère, que j'admire avec un profond respect, que j'aime et remercie de m'avoir enseigné la concordance des temps qui ne concordent jamais dans mes calendes, était pour moi comme un gobie courroucé. Il habitait les ténèbres d'un repaire englouti, de lui seul connu, en des profondeurs telles que les êtres tapis à ses côtés se demandaient s'ils étaient des galets vivants ou des crustacés. Pas un pêcheur, pas un observateur ne descendait les renseigner, encore moins les juger comestibles. Le gobie aurait pu sortir de son trou, gagner des eaux plus fréquentées, mais non. C'était aux autres de venir à lui, de l'aimer assez pour trouver sa cachette. Il restait seul.

Au grenier de la maison-bateau, Sindbad découvrit derrière une machine à coudre Singer, dont il avait faussé la pédale ajourée, une pile de *Semaine de Suzette* que les mères et grands-mères de l'équipage avaient lues en leur temps, saison préservée des appareils génitaux. Là, je fis la connaissance d'Annaïg Labornez, notre amie Bécassine, et ce fut un plaisir de l'accoster. Bonjour, Bécassine, comment ça va ? *Kenavo*. Toi parler avec moi ? *Kenavo*. Il fait beau, pas pluie dans ciel, contente ? *Kenavo*. Toi, beau parapluie rouge si pleuvoir. *Kenavo*...

Bécassine l'idiote, un QI de chou-fleur (pardon, chou-fleur), une gentillesse d'andouille (pardon, andouille), un *kenavo* d'analphabète (pardon, analphabète)... Bécassine au soleil, si nature et non délurée, si malapprise qu'elle n'a même pas une bouche dessinée pour l'éclosion des mots, et quant à l'appareil génital, rien que d'y penser...

Un bref rappel des faits. On est en février 1905. Mme Jacqueline Rivière née Spallarossa, rédactrice en chef de *La Semaine de Suzette* – magazine édifiant destiné aux petites filles modèles de la comtesse de Ségur née Rostopchine –, remplit les pages de son prochain numéro. Horreur, une page blanche ! Crotte de bique, la tuile !... Femme de talent, Mme Jacqueline Rivière (un pseudo) tricote au primesaut une histoire qui la fait hurler de rire, avec au centre du jeu une petite bonniche bretonne comme on en raffole à Paris. On ne comprend rien à ce qu'elles racontent, elles ne comprennent rien, elles bavent, et, quand on leur annonce un colonel des hussards, hi ! hi ! elles le confondent avec un homard, hi ! hi ! mort de rire !...

Le sieur Caumery, *alias* Maurice Languereau, éditeur de *La Semaine*, crie au génie, se charge du scénario, et le dessinateur Joseph-Porphyre Pinchon n'a plus qu'à nous crayonner la bonniche qui s'appellera, euh... Connasse ? Non, c'est un peu trop fort, alors...

Bécasse ? Ça rime, Bécasse, ça rime un peu trop fort, alors Bécassine, génial…

C'est parti, gros tirage et tout le bataclan médiatique. Miss Annaïg Labornez, enfin Bécassine, est adoptée par les mieux-disants culturels de la bourgeoisie parisienne, par la presse, elle devient la coqueluche de ces dames et demoiselles qui voudraient toutes l'avoir à la maison, cette petite guenon d'Armor atterrie les deux pieds dans le même sabot sous les lambris des beaux quartiers du baron.

Récemment s'est posée la question morale du mépris antibreton signifié au grand public par cette héroïne-souillon. Quel rôle faisait-on jouer à Bécassine, depuis bientôt cent ans, dans une société française où l'esclavage est aboli, où le racisme est un crime, où l'incivilité passe au tribunal, où les aveugles sont des non-voyants et les nains des géants à croissance contrariée, où *mademoiselle* est un mot qui s'en prend à la virginité des employées au travail, où l'Égalité-Fraternité se veut le seul droit régalien du ressortissant national où qu'il ait vu le jour, et quelle que soit la suprématie qui le mette à genoux. Et naturellement se sont élevés les halte-là ! des tartufes et divers jacobins. Quels séparatistes d'arrière-garde osent s'effaroucher ? Où va se nicher la mauvaise foi ? la puérilité bretonne ?... Quel Cadoudal d'opérette est derrière tout ça, quel *Breizh a tao* ?... Se vexer à l'échelon national, au bout d'un siècle de bons et loyaux services, parce que Bécassine se prend les sabots dans le tapis !... Bécassine est gentille, Bécassine est pure, Bécassine est pleine de bon sens, Bécassine aime les enfants, Bécassine est une arriérée sans malice comme on adorerait l'être tous ! On aime Bécassine, on t'aime, Bécassine, tu es notre cousine, Bécassine !...

Eh bien, je mets les pieds dans le plat avec toi, cousine, et les sabots s'il le faut. Je les remue et je dis : N'importe quoi ! aux fines gueules du bécassinage pavoisant, les défenseurs des gros rires *Y a bon Banania* que Senghor voulait « déchirer sur tous les murs de France » au nom des *négros* et des *ploucs*.

Rappelez-vous. Quand Bécassine voit le jour en 1905, la Bretagne est au plus mal, bel et bien rejetée comme une zone enclavée dans un Ouest inaccessible où il pleut. C'est vrai que la Capitale est un miroir aux alouettes, pour les campagnards. C'est vrai que Paris attire les jeunes Bretonnes issues du terroir le moins éduqué, scolarisé, une jeunesse tentée par le mirage d'un gagne-pain chez les riches. C'est vrai que la gare Montparnasse voit débarquer massivement nos filles d'Armor dont beaucoup ne parlent même pas français : elles *baragouinent* ! Et ce n'est pas un hasard si Montparnasse est la patrie des crêpes, à Paris-sur-Seine. Mais pour une crêpière, voire une bonniche ridiculisée par ces dames de Grand-Air et troussée sous les toits par leurs chers petits maris, combien de prostituées virées de leurs illusions parisiennes, à peine arrivées, proies faciles des apaches qui les surprennent au bout du quai, prêts à rendre service, à leur faciliter l'arrivée dans la Capitale, à les loger, à leur montrer la tour Eiffel et plus avec ou sans affinités.

J'ai vu de mes propres yeux, dans les années 60, devant le Palais de la Femme, maison bienfaisante, une soldate en tenue de l'Armée du Salut repousser à coups de parapluie un jeune proxénète en souliers bicolores venu bonimenter les oies blanches aux marches du Palais. Que pense tout bas la *vox parisiani* dans les années 90, en exprimant de la part de toute la famille nationale ses pensées les plus affectueuses à cette chère Bécassine : Estime-toi heureuse de n'avoir pas fini au bordel, toi aussi, pauvre andouille !

Je veux bien que tous les paysans de France aient passé pour des bestiaux, au tournant du XX^e^ siècle, mais il n'en reste pas moins que le mot plouc a l'accent breton et que *plou*, chez nous, signifie paroisse. Et laissez-moi vous dire que si Bécassine avait été juive en plus d'être bretonne, fille spirituelle d'Alfred Dreyfus, le Grand-Paris des intellos aurait poussé les hauts cris : eût-elle été musulmane, une fatwa se serait acharnée sur les auteurs, relayée par les plus enfiévrés des penseurs de gauche, ceux-là médusés qu'une telle xénophobie, de nos jours, ose encore, et blabla et blabla. Laissez-moi vous dire enfin qu'elle a bon dos Bécassine, et bon dos les Bretons, et bon dos les tirailleurs sénégalais du *Y a bon* cacaoté.

À huit ans, à fond de cale dans mon grenier de Sindbad, je ne pense pas à mal en lisant *Bécassine*, les pieds sur la pédale de la machine à coudre. Je me souviens qu'elle m'ennuie prodigieusement, Bécassine, et que sa complicité naturelle avec les enfants turbulents m'est bien égale. Je me souviens aussi que, sous la pile des *Semaine de Suzette*, il y a des *Tartine* et des *Lucky Luke* planqués par Gilbert, bien plus attractifs, et la pile des revues nautiques de mon oncle André enfant. En noir et blanc les *Brittania* en construction, les yachts de Sa Majesté. En noir et blanc le *Shamrock* et *l'Endeavour* flambant neufs dans les fosses d'un chantier d'Écosse. En noir et blanc des voiliers qui sont des cathédrales de neige avec leur voilure déployée à crever le ciel. J'en tremble d'excitation. Je serai marin, capitaine, officier comme on a pu l'être dans ma famille, si j'en crois les tableaux alignés sur les murs de la salle à manger, du salon. Et capitaine, je m'exerce à l'être en descendant godiller à la cale dans les plates des pêcheurs, comme tous les gamins des environs. Par toutes les fibres de mes pieds nus je sens qu'il…

## *Belem*

*Ur chaseour hag ur pesketour*
*A zo e-giz ur riboter dour*

… je sens qu'il est un secret des mers jamais dévoilé depuis que les premiers aléas tectoniques ont pétri les reliefs continentaux et les îles. Pas un navire ne monte à l'horizon sans paraître l'avoir capturé, cet immémorial talisman. Plus ancien le bateau, plus attirant le secret, auréolé du charme des minutes envolées. Comme si le Temps n'avait fait que partir en voyage, une lubie métaphysique, et qu'il revenait à bon port après quelques ronds dans l'océan.

Les voiliers d'autrefois sont les magiciens de la haute mer, combinant les riches heures et les milles marins, mariant loch et sablier ; rapatriant la mémoire au sein d'une histoire en marche dont l'homme, échaudé par quelques bavures apocalyptiques à son image, apprend à se méfier. Non que ce fût mieux, jadis. Les mutins pendaient au bout des vergues, le scorbut empuantissait l'entrepont et les rats forniquaient dans les boules de pain moisi ; sur les radeaux on tirait la courte paille à qui serait mangé, puis à qui tuerait l'infortuné désigné par le sort ; boussole ou pas, on s'empêtrait dans les sargasses, les calmasses ; on sombrait plus souvent qu'à son tour et la belle mort ne consistait jamais à faire de vieux os dans les rades ou dans son lit.

Ce n'était pas mieux, mais le progrès technique, en sa lenteur, épargnait la santé des éléments. Il ignorait ces mots désastreux : dégazage, aérosol, ozone, etc. On pouvait « pêcher la sardine à Messine » ou « le hareng à Lorient », sans qu'ils aient gobé des planctons radioactifs ou siroté le lait noir d'un tanker crevé. Ce n'était pas mieux, non, mais c'était la marine à voile, découvreuse, boucanière, épique, aléatoire, ingénue, et si rares en sont les navires témoins, chez les Français, qu'ils ont aujourd'hui valeur de totems.

Ainsi du trois-mâts appelé *Belem* à sa naissance, en 1896, après que l'armateur nantais – Crouan Fils – eut appelé *Para* le trois-mâts dit « antillais » que le *Belem* allait remplacer, l'aîné se faisant vieux.

Sachez que *Para* désigne un État du Brésil, et *Belem* la capitale de cet État paradisiaque pour les chercheurs d'or, de poivre et de caoutchouc. C'est au Brésil que la maison Crouan envoie ses fiers voiliers chercher les fèves de cacao pour Menier, la chocolaterie à succès du moment.

Sans être des bateaux jumeaux – des *sister-ships* –, *Belem* et *Para* sont deux élégants navires à fret, deux hardis trois-mâts de stricte obédience éolienne, en des temps charnières où le commerce maritime hésite encore entre voile et vapeur. Le *Para* est en bois, le *Belem* en métal. Aujourd'hui le *Para* n'est plus ; le *Belem*, sauvé par l'Écureuil à la fin du dernier millénaire, n'a peut-être jamais été un navire aussi sûr depuis son lancement – jamais aussi rêveur en tout cas.

À quoi rêve le *Belem* ? C'est notre rêve à nous, pardi, qu'il va filant au gré des instants et des mers. Autant de passagers, autant d'imaginations en voyage, autant de *Belem* différents dont chacun est vrai. Tels sont les navires inspirés que l'on fait siens en montant à bord, comme ils nous font leurs, et vive le vent.

Dieu sait qu'il revient de loin, ce glorieux *Belem*, et pas seulement d'un âge éteint. Il a bourlingué d'un pavillon à l'autre et failli bien souvent loger à l'enseigne des péris en mer. Il vivait d'agréables jours sous pavillon italien, navire-école à Venise, lorsqu'il repassa enfin sous pavillon français, de nouveau *Belem*, son premier état civil. Une chance miraculeuse, ce retour au pays natal d'un chef-d'œuvre oublié. Aucune invention ne peut évincer le charme ancestral du feu brûlant dans la cheminée ; aucun navire à moteur, fût-il *Queen Elizabeth* ou *Normandie*, n'a jamais libéré l'imagination comme un voilier d'autrefois. Un mystérieux *alter ego*, ce voilier, criant d'accords secrets avec la destinée humaine ; symbolisant à la perfection les fatalités coutumières qui nous assujettissent au calendrier : partir, traverser, risquer, douter, s'initier ; se souvenant des saisons héroïques où l'on naviguait à l'estime, au double sens du mot, géographique et moral. Estime de soi et de l'équipage autour de soi, estime comparée des paramètres nautiques.

Outre les joies du rêve ultramarin, que vient-on chercher aujourd'hui sur le *Belem* ? Rien, si ce n'est…

## Belle-Île-en-Mer

*Kalon ur wreg a zo un delenn*
*Hag a son ker kaer pa gar he den*

… si ce n'est le mieux caché des trésors, le plus précieux : soi-même.

De l'Aber on voyait des îles, on avait l'impression qu'elles bougeaient, s'affairaient, que les nuages avaient amerri. Par les beaux soirs d'été, Molène partait à la dérive et le courant la dépalait vers le goulet du Crapaud, là même où, ce soir, j'écris ces mots au MECHANICAL PENCIL 906829, une mine de plomb de type HB 5. Le soleil se couchait, l'île venait à moi dans son rayonnement vaporeux, je pouvais compter les maisons du village pareilles à des sucres empilés autour de l'église. Et certains jours les sucres de Molène imitaient à s'y méprendre ceux du Mont-Saint-Michel.

Île Molène, île d'Ouessant, île Keller, île d'Yock, île de Batz, Grand Bey, île aux Chevaux, île de Sein, Glénan, île de Groix, etc. Ils sont une pléiade d'avant-postes océaniques à bastionner les atterrages de la côte bretonne.

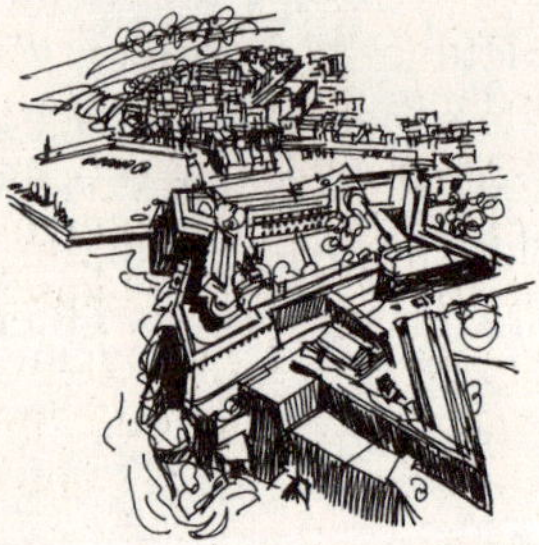

À treize milles de Quiberon, quatre cents milles de Vigo, dix milles de Houat, Belle-Île est un village à part baigné d'un océan plus bleu, plus intime et plus vaste qu'ailleurs. Plus doux y est le sable, moins pressé d'en finir l'instant. Si la lumière est belle ? Interrogeons Monet, Derain, Gromaire, Matisse, Bazaine, et bien d'autres qui vinrent y jouer du pinceau, envoûtés par cette lumière de paille aussi dorée qu'à Lisbonne à la croisée de l'Atlantique et du Tage. Au sud-est, la Bretagne a du sang levantin. Pas d'oranges et pas d'oliviers, mais du jasmin, des tamaris, du mimosa, des lauriers, des figuiers, des camélias, de la vigne. Étonnant d'ailleurs, vallonnée comme elle l'est, que Belle-Île n'ait pas son petit gris du Morbihan ou son cuisse de nymphe émue, vin de soif au demeurant délicieux. Belle-Île embaume, jolie fille au soleil, elle dort sur la mer comme une amoureuse allongée dans un champ de violettes.

Au nord de l'île, la côte sauvage est défendue par des à-pics naturels de granit schisteux ; la violence des vagues a fini par y creuser des ports : Sterwenn et Stervas, anciens camps gallo-romains où les bateaux se balancent entre deux falaises blanches de mouettes. Débordant Goulphar, les aiguilles de Port-Coton doivent leur nom aux envolées d'écume. Les jours de brise, il neige de bas en haut. En file indienne au milieu des flots enneigés, les aiguilles imitent une théorie de babouchkas saisie dans la pierre, de la plus grande à la benjamine, et se dandinent sans bouger vers l'Amérique. Aux beaux jours, les plongeurs chassent le crustacé sous leurs jupons, et parfois les jupons gardent les hardis soupirants. Un peu plus loin, l'Apothicairerie. La grotte fameuse est évidemment l'œuvre de la mer. Elle est dorénavant fermée au public, s'étant comportée en fauve lunatique envers ses admirateurs. Un panneau planté sur la falaise à l'entrée du sentier muré donne la liste des victimes et déclare : DANGER. Elle n'est pas close. Les gens désobéissent. Et moi donc.

C'est le soir qu'il faut y descendre en catimini, à l'heure hugolienne des lions assoiffés. La grotte, long tunnel courbe ouvert aux deux extrémités, regarde ainsi vers deux horizons. Le vent tombe, il fait doux, la mer est une pâte mauve rayée d'ébène. Ne nous montrons pas. Les vagues affluent sous la voûte, elles s'ébrouent, s'étirent, elles font leur toilette du soir, se pourlèchent, miaulent, rêvassent.

« J'ai un petit creux, dit l'une, pas vous, les filles ?

— Une dalle monstre ! dit l'autre. Si je tenais l'abruti qui nous a collé ce panneau DANGER sur la falaise ! »

À l'orée du troisième millénaire, les scientifiques ont cru déceler chez les vagues armoricaines un regain de brutalité significatif, modifiant des courbes de violence établies sur les vingt dernières années. Ce réveil de l'instinct déprédateur du flot marin, pareil à celui d'un volcan réputé inactif, quelle interprétation lui donner ?... Les scientifiques hésitent à répondre, il est un peu tôt. Autrefois, s'agissant des lames de fond et autres ondulations exceptionnelles, on parlait couramment de « vagues sourdes » ; on parle aujourd'hui de « vagues scélérates », les pauvres ! Et des arbres, on dit qu'« ils tuent » en moyenne six cents automobilistes par an. Les arbres aussi sont des « scélérats », comme les vagues. Et l'on ose se plaindre des humains, les trouver méchants. À quand les typhons « psychopathes », les neiges « dégénérées » ? On n'a pas fini de rigoler sur la Terre.

L'Apothicairerie ne se caractérisait pas jadis par une pharmacie clandestine où l'on disséquait les crapauds et les fées, mais par une bicoque rose à la façade indistinctement mauresque ou californienne, évoquant assez bien le terminus d'un chemin de fer jamais tracé, imaginé pour relier la côte sauvage à la ville d'Ys. Vous connaissez, la ville d'Ys ? On en reparlera. Revenons à la bicoque rose, à l'hôtel de l'Apothicairerie, une auberge au bout du monde tenu par les trois sœurs Maillard.

Ruine lugubre, effritée, délabrée, chapeautée d'un toit branlant, au centre d'une cour pelée qui n'a jamais eu la prétention d'accueillir des massifs de fleurs ni de disputer aux bruyères la primeur de l'ouragan, l'Apothicairerie vous serre le cœur. Son tête-à-tête avec l'océan ressemble à celui d'un corbeau décharné contemplant les neiges d'antan. On n'imagine pas que la maison puisse être habitée, encore moins que des estivants bourgeois ayant versé des arrhes, et renseignés à l'avance, aient le goût scabreux d'y venir passer leurs vacances. Aujourd'hui, l'hôtel a disparu, mais il n'a pas dit son secret. Ses habitués non plus. Que venaient-ils chercher en cette auberge épouvantable, au-dessus des grottes interdites et des roches percées qui s'effondrent les soirs de lune ? La vétusté. Les toiles d'araignées. Le luxe barbare de la bonne franquette. Le philtre des apothicaires. Le charisme diabolique de trois logeuses un peu brindezingues dont l'une faisait les comptes et se léchait les doigts pour tourner les pages du cahier, dont l'autre assurait l'intendance, aboyait sur le personnel, et dont la doyenne, une poupée grise hors d'âge immergée dans un fauteuil médicalisé entre la caisse et l'armoire aux balais, triturait un large billet de banque périmé – son doudou, son rosaire, son désespoir, son mari –, dernière attache matérielle avec le bon sens.

Ces trois incarnations membraneuses, ces trois larves d'Halloween qui jetaient l'effroi dans le sommeil des enfants régnaient pourtant sur la meilleure table de Belle-Île-en-Mer. Pas un poisson qui ne fût de ligne et du jour, pas une herbe qui ne fût née sur la dune aux alentours de l'hôtel, pas un homard qui ne se prévalût d'un pedigree bellilois, pas une poule qui n'eût fait ses classes au milieu des mouettes et picoré les flocons salés des aiguilles de Port-Coton.

On y allait à vol d'oiseau, à dos de lapin, à petite reine, à la rigueur en voiture après un long chemin de ronces et de boue carrossable. Les nouveaux pensionnaires se payaient le taxi, des familles épuisées par le voyage et les affres du mal de mer. Les maris portaient les valises, les enfants considéraient bouche bée l'hôtel des vacances, une bâtisse de film à sensations, les mères franchissaient la porte une seconde, apercevaient la Trinité des vieilles louloutes au pied de l'escalier, et détalaient en poussant les hauts cris. On reprenait le taxi sans même avoir sorti les bagages ni vu l'océan dérouler ses horizons.

Seuls les vrais, les acharnés qui s'obligeaient à rester dîner, à trouver du sex-appeal aux araignées grassouillettes établies dans la salle à manger sur des vitres fendues jamais nettoyées, à passer la nuit sous un plafond qui semait ses croûtes sur les dormeurs, à fréquenter le ouatère commun, rien d'autre qu'un trou rond dans une planche de salut quasiment posée sur la mer démontée, seuls ces privilégiés-là se réveillaient initiés, conquis, fanatisés. Les trois sœurs ? Trois anges. Trois océanides. Trois cordons-bleus. Trois amies. L'hôtel ? Un bijou. Entrés dans la ronde infernale, ils n'en sortaient plus jamais, n'en parlaient à personne. On aurait dit ces Bréhatins si jaloux de leur paradis méridional au nord-ouest que le visiteur non parrainé ne s'y rend plus sans numéroter ses abattis et ses billets de banque.

L'hôtel de l'Apothicairerie s'est écroulé, mais pas de vieillesse. Il est mort comme la chèvre de M. Seguin, vaincu par les loups. Dénoncé aux services d'hygiène, au fisc, aux organismes sociaux, il s'est vu fermer sur ordre des pouvoirs publics, et des promoteurs qui rôdaient ont fait leur offre de pacotille, à prendre ou à laisser. Fastoche, la vie. Les machines sont venues raser la baraque, et d'autres machines éparpiller les trois sœurs avec…

## *Bezhin*

*Bezhin diwriziet,*
*Gant al lanv a vez kaset*

… avec les gravats. On aurait dit la marée basse après la tempête, cet hôtel en mille morceaux jetés sous la pluie, patouillis de vestiges emberlificotés, où surnageaient pieds de chaise et marmites. On aurait dit que c'était cela que les rares curieux venaient reluquer à bicyclette – un naufrage à la côte, le naufrage du vieux galion pirate *Apothicairerie* et des trois piratesses Maillard disparues on ne sait où, peut-être noyées.

Vous ne me verrez plus dans les parages, dis-je aux mouettes glapissantes en train de becqueter la bourre des matelas, tant pis pour vous, et joignant le geste à la parole je retournai *illico* au pays des laminaires, chez moi, regrettant la froidure venteuse et les vastes clartés du soir, mon enfance me manquait.

« Que de fucus ! » lança Christine Coste à la vue du goémon sur la grève-de-devant.

Elle arrivait des hauteurs de Perpignan, sa voix chantonnait lavande et cigale. Elle n'avait jamais vu descendre la mer, et ce fucus en liberté sur l'estran labérois, ce *bezhin* lui mettait le feu aux joues. Elle m'offrit un canot de sauvetage à moteur grand comme la main, lequel eut son port d'attache au milieu des goémons, devant l'escalier qui descendait à la mer. Je jouais à sauver les paquebots en perdition, et, regardant ma sœur Anne et Christine assises genoux serrés dans l'escalier, je les arrachais à la mer démontée, je risquais ma vie pour elles, je les blottissais frissonnantes contre mon cœur, puis j'étais invité chez les cigales de Perpignan.

Le goémon fait l'unanimité au pays du Léon, tant qu'il n'est pas vert ou d'un vert nauséabond à faire pâmer sangliers et chasseurs. À l'Aber, il désignait le goémon de grève aux inextricables fourrés. Ainsi l'appelait Marie Cloarec, *bezhin*, ainsi les bretonnants du port. Le mot *bezhin* qualifiait d'ailleurs tous les types de goémons, bruns, rouges, verts, à *dreadlocks* ou non, visibles sur les rochers découvrants à marée descendante. Par flemme, on l'utilisait pour les accortes laminaires, zostères gluantes, algues de plein océan dont les palmeraies déploient comme une Brocéliande subaquatique sur le plateau rocheux molénais, légitime orgueil de l'Armor en Europe.

Petit, sur la grève-de-devant, j'avais affaire au plus commun des *bezhin*, la litière bourgeoise des plateaux de fruits de mer. Il y avait le *bezhin* aux amas gélatineux, très agréable au toucher, et le *bezhin* à boules pétaradantes, si rêche au soleil qu'il vous écorche les pieds. Il y avait aussi, rare celui-là, trèfle à quatre feuilles, ce petit goémon frisotté qui blanchit comme neige au soleil, et d'ailleurs tel est son nom : neige-au-soleil, je veux dire : goémon blanc. Les *nénénes* labéroises en font du pain sucré pour les filleuls de la côte, une gelée fadasse moulée au bol, un morne dessert à tremblote de cellulite, plus aphrodisiaque que la chair des pieds-de-cheval ou le chocolat noir, mais quand on a dix ans... Tous les dimanches soir, à l'Aber, on y avait droit. Et comme un grand vin piqué que toute la tablée, par politesse envers les hôtes, s'accorde à trouver au-dessus du lot, il fallait s'extasier en déglutissant ce brouet d'hospice, avec une pensée pour ceux qui n'ont rien à manger.

Maman nous emmenait souvent marcher sur la dune, Tita et moi, et l'on s'arrêtait pour escalader les tas de goémon. Ils ressemblaient à des ruminants évanouis, statufiés par la malédiction d'Elohim châtiant les villes dépravées. Ils avaient une vieille voilure rapiécée sur l'échine, à l'occasion, comme s'ils craignaient d'attraper froid. Ils embaumaient la mer, les sucs essentiels de la vie. On les respirait nez contre goémon, Tita et moi. Leur odeur nous creusait l'appétit, on essayait d'en manger, on croquait. Beurk : on crachait. Pas beurk du tout : bon, très bon, mais immangeable. Ce biscuit naturel trompait chaque fois nos espérances, il fallait se contenter d'une saveur de sel mêlée d'une autre saveur au-delà des mots. On n'est pas moins déçu par la gousse de vanille, on a beau la mâchouiller, ce n'est jamais une pâte de fruit.

La dune aux laminaires était aussi le pays des chevaux. On en avait peur, des chevaux, ils étaient partout. Ils viraient quelquefois autour d'un pieu, mais ils gambadaient libres, le plus souvent, nous regardant venir. On passait en rampant le trou d'une haie bocagère, le cheval était là, menaçant, l'œil globuleux. Plus loin, maman soulevait la barrière d'un pré, vestige de roue de charrette couleur de granit : Allez-y, les enfants, courez, et l'on courait chacun pour sa peau sous le regard du cheval qui parfois nous emboîtait le pas. Maman courait la dernière, elle se sacrifiait déjà. Chaque jour, en allant à la plage, il fallait revivre ce conte de fées. Et je me souviens qu'une fois j'entendis le cheval galoper sur mes talons, l'ogre existait bien, les sages-femmes ne mentent jamais.

On peut comparer le goémon de la ceinture dorée d'Iroise avec l'or de la Sierra Madre, pour signifier la magie prophétique et populaire de ces quêtes toujours d'actualité, en précisant bien que le goémon n'est que l'or du pauvre, au temps des fauchaisons manuelles ou du faucardage, et que l'on n'amasse pas fortune en décrochant des laminaires. Ce n'est pas une cupidité à la vie à la mort que l'espoir du *bezhin* fait naître au cœur des goémoniers, mais l'amour d'un destin tribal scellé par la divinité des éléments, jadis, au temps des druides sans mémoire.

Œuvre au noir de vieux sorciers philosophes, voué au feu tel un minerai, le *bezhin* n'est que l'autre nom du pain quotidien, en Armor. On le fauche à basse mer, on le ramasse après la tempête – femmes, enfants, vieilles et vieux, toute main-d'œuvre est bienvenue –, on le met à sécher en tas sur la dune, à brûler dans les fours à soude, on charge les pains de soude – soixante, cent kilos – sur les gabares de Lampaul, et la fournée part aux usines chimiques de Brest ou du Conquet. Et tant que l'iode n'est pas extrait, tant qu'il n'a pas montré ses carats mirobolants au client le troc n'a pas lieu, le goémonier attend son dû comme l'orpailleur celui du courtier. Et parfois il revient bredouille, à la maison, faucheur fauché.

La mer enfante le *bezhin*, le *bezhin* fécondé par le feu engendre l'iode à son tour, l'iode fait place à l'argent. Pacte sacré de l'homme, de la mer et du feu.

Les bateaux goémoniers eux-mêmes semblent issus de la mer et du feu. Ils sont noirs du talon de quille à l'étrave, moins peints qu'enduits, talochés d'un goudron qui cloque au soleil et pisse bleu, retrouvant les ébullitions du chaos. Jardin d'Éden : jardin du Feu. Et n'allons pas confondre les algues du brûlage, les algues à soude : les laminaires, avec le goémon de fumure : le fumier de mer, jamais si prisé à la vente que livré pourri et mélangé avec tous les crottins du monde.

Aujourd'hui prolifère aussi le *bezhin glas*, cette algue verte amie des eaux qu'elle pollue. Ce goémon-là n'est plaisant qu'agrippé à la roche, lorsqu'il répand ses vivants effluves. Arraché par les vagues, il se décompose, il fermente, exhalant le fumet charnel des fleurs en putréfaction, on n'arrive plus à s'en débarrasser. On l'épand sur les terres agricoles, il renaît comme le chiendent, accumulant sur les plages bourrelets et terrils mous d'un charnier végétal qui déshonore brise et soleil. On n'ose même plus manger les *brennig* dans son…

*Brennig*

*Gwellan brennig a ya d'am c'hof*
*Eo brennig Gaolog-Gozh*
*Gwellan brennig a zo war an tan*
*Eo brennig Inizan*

… dans son voisinage immédiat.

Tout le monde connaît la *brennig*, la bernique, la brénicle, la bernicle, la barnacle, la brénique, tout le monde l'appelle aussi chapeau chinois. Juron breton en désuétude : *kaoh brennig !* crotte de bernicle. On la donne à manger aux poules de Perchoc, aux gélinettes de Perhirin, mais on peut en manger soi-même, toujours là quand on crève la dalle. Ce mets inodore au goût puissant, un jour ou l'autre roulé sous les aisselles du roi Marc'h, est à classer dans les fruits de mer amuse-bouche, comme la grise, la rose, le bigorneau, la civelle ou l'éperlan, le pouce-pied. Il a nourri les familles bretonnes au cours des siècles, et les gueux des quilles-en-l'air ne mangeaient rien d'autre. Aujourd'hui les vieux pêcheurs, très vieux, en sont toujours friands.

Futée comme pas deux, la *brennig*. Il faut la cueillir à marée descendante, à l'instant où elle affleure et se croit toujours sous la mer, s'abreuvant à l'océan. Chassée par surprise, elle est à vous. Qu'elle prenne peur, il est impossible de la bouger d'un millimètre, et la pointe du couteau n'y peut rien. Les partisans du nœud gordien, généralement des gosses, la fracassent à coups de galet. Le spectacle d'une *brennig* broyée sur la roche est vaguement écœurant, pour un enfant.

On l'aimera gobée crue ou grillée, agrémentée de lardons badigeonnés au noilly.

Avec François Réguer, à bord du ligneur *Intrépide*, un soir de Toussaint, entre Molène et Brest sous un ciel de plomb, on les bâfrait par dizaines à grand renfort de muscadet. Et ce fut en chantant *Da feil adou koz*, épuisés par les trois nœuds et demi lancinants d'un Couach d'avant-guerre, que nous finîmes par arriver sains et saufs au…

## Brest

*Debrin tout*
*Kac'hat trout*
*Ha mont da Vrest da choum*

… au port de Brest, la Cité du Ponant, ville où j'aurais voulu naître à part entière, où bien souvent je me suis piqué d'être né. Une seule fois dans ma vie, tel Henri Queffélec, pouvoir coucher cet aveu prodigieux en incipit du roman de moi-même : *Je suis né à Brest, au bout de la Bretagne, un jour d'hiver…*

Brest, en 2013, est une ville en pleine renaissance et modernité, ou mieux : actualité, et je m'en veux, sitôt que son nom me vient aux lèvres, de ressortir le sempiternel sac de cendres où le fantôme du vieux Brest dort en mille morceaux. Il était une fois un bombardement. Il était une fois une ville bretonne effacée par ce bombardement. Il était une fois un grand terrain vague au bord de la mer, d'un bleu bien particulier, ce jour-là – le bleu qui bleuit la voix des conteurs. Il se disait, mais il n'y avait personne, qu'une ville existait à cet emplacement, la veille, une ville heureuse et blanche comme dans les prophéties où des sauterelles de feu s'abattent en rangs serrés sur la cité coupable, jusqu'à ce qu'il n'en reste rien, pas même une petite larme pour humecter sa mémoire.

Ni coupable ni vieux, Brest. Le vieux Brest est mort aussi jeune qu'il avait toujours été, prisonnier d'une guerre qui avait réussi, pour une fois, à escalader ses remparts. Ce n'est pas « Brest-même » qui s'est fait bombarder, en août 44, pas Recouvrance, la Penfeld, le pont National, le cours d'Ajot, la place du Château, la rue de Siam, c'est la guerre en personne, la guerre dont chaque pore de la ville avait fini par s'imprégner. La guerre ne périt jamais, sous les bombes, elle s'en nourrit, s'en pourlèche, elle part les digérer ailleurs, elle attend les suivantes, bien camouflée dans sa houppelande, et comme le carcajou elle sent la pisse annonciatrice de mort.

On dira que ce n'était pas le jour ni l'endroit, pour le vieux Brest, en 44. Ces choses-là se produisent à intervalles réguliers. Le Nord avait dégusté en 14-18, l'Ouest morfla plus encore en 39-45, entre-temps on avait fait des progrès. Guerre et progrès sortent du même sac.

J'ai trouvé ça magnifique, le Brest bombardé, quand on y est arrivés en train à vapeur, ma famille et moi.

Je pris pied dans une ville de bois, un jouet sans limites. Je croyais voir les sœurs de la cabane en rondins que j'avais eue pour Noël, et la mer avait l'air d'un jouet que j'aurais pu découvrir dans mon soulier...

La ville de bois fit place à une ville de ciment, la mer enfantine à l'océan, mon père apparut et nous allâmes boire du beaujolais chez ma tante Thérèse, une sinistrée réinstallée depuis quelques jours au quatrième étage du 33, place du Château. Il y eut des araignées-mayonnaise en entrée, une poignée de crevettes qu'elle avait pêchées aux dunes de Sainte-Marguerite, et des coquilles Saint-Jacques au xérès. Mon père m'envoya chez le marchand de vin racheter du beaujolais pour le *kouign-amann* mis à tiédir au four. De là où j'étais assis, je voyais la mer par-dessus les freesias jaune vif du balcon. Il se tramait quelque chose entre le jaune vif et le bleu marin. Je n'oserais pas dire qu'ils s'aimaient, pourtant c'était le cas, et les freesias dodelinaient dans l'indigo comme on se frotte le nez sous l'aisselle d'une fille à qui l'on promet monts et merveilles. Je suis sorti sur le balcon et tout l'océan m'est tombé dans les bras. Je voyais Brest pour la première fois, et quand on voit Brest d'en haut, il faut savoir que cette vue peut consister à prendre la mer aussi loin que l'on peut aller par les yeux.

Brest, ville contorsionnée, jadis, livrée en 45 aux équerres de l'urbanisme contemporain venu flirter avec les bow-windows apportées par la troupe américaine en 14-18, Brest n'est pas une ville-cage, une ville renfrognée sur l'esthétique de ses façades classées, à la marge des éléments qui risqueraient de ravir la vedette au génie des sculpteurs. Brest est une ville de pleine mer, plein ciel, plein rêve, où l'horizon fait partie du mobilier urbain.

Le souffle court sur le balcon aux freesias défaillants d'extase, j'ai failli appeler mon père et lui dire : Viens voir ça, Riton (je l'appelais Riton après 68, il appelait bien Sartre : le vieux con), tu n'imagines pas ! Comme si c'était moi qui avais la moindre chance, ce jour-là, d'initier le fils de Brest à l'horizon brestois. J'ignore si vous l'avez déjà vu, cet horizon. Tout comme j'ignore si vous avez déjà vu un horizon montagnard depuis la terrasse d'un chalet situé sur une crête boisée. L'impression est la même. Vous surplombez et vous êtes surplombé.

L'horizon brestois laissait venir à lui la mer et la ville, sa tour Tanguy, son château fort et sa rade, ses môles, ses plans d'eau à perte de vue, sa douceur crépusculaire, ses caps *an tu all ar mor* qui se fragmentaient en bribes pachydermiques, au sud-ouest, à la manière d'une famille éléphant où l'on se suit du plus grand au plus petit, lequel voit s'allumer le phare de l'île de Sein. Et je manquerais à tous mes devoirs de témoin objectif en omettant de préciser que cet horizon accessible par les deux Minou du chenal, le Grand Minou, le Petit Minou, a pour nom goulet. Pas un bateau n'emprunte le goulet que les Brestois ne se passent le mot : la *Belle-Poule* est sortie, le *Charles* est rentré, l'*Enez-Eussa* a du retard, le *Latouche-Tréville* est en deuil. Chaque Brestois, depuis que Brest est Brest, se charge d'assurer la vigie d'un port où la perfide Albion, toujours à rôdailler par vent d'ouest, s'est maintes fois cassé les dents.

Enfant, je venais à Brest aussi souvent que je venais à l'Aber. Ma grand-mère prenait les pâtisseries chez Lallement, mes oncles et tantes, que l'ennui mordait au sang, proposaient : crêpes à la Duchesse-Anne, assiette marinière au restaurant de l'hôtel des Voyageurs, tour de rade en Vapeur brestois.

Mon père avait son Brest à lui qui ne débordait pas sur le Brest de ses beaux-parents. Quand ils disaient Brest, ça sonnait creux. Quand il disait Brest, ça donnait des frissons, et j'en ai la chair de poule en l'écrivant. Son « Brest-même », il y allait tout seul retrouver le jeune homme qu'il était la veille des bombardements. À qui l'a-t-il présenté, ce doux rêveur ? À ma mère ? Je n'en suis pas sûr. Elle seule connaît la réponse. Ils étaient mariés quand la ville fut mise en joue. Quel regard eut mon père ce jour-là ? Quels mots ? Je ne l'ai jamais su. Je sais qu'il obtint la permission d'entrer dans la zone où Brest l'avait vu naître et grandir à la maison.

Ce qu'il écrivit ou déclara de sa confrontation avec la dépouille de Brest m'a toujours paru malaisé, d'une sincérité arrangée, dissociée du réel. Sa voix d'écrivain, d'une liberté de jeune albatros en croisière, se rétamait sur les mots qui l'étouffaient depuis quarante ans : Aujourd'hui Brest est mort, ou peut-être hier, mots qu'Albert Camus lui aurait bien volontiers prêtés, tant il est vrai que l'amour ne prête qu'aux âmes riches. Combien de fois, aux époques où nous n'étions pas en délicatesse, ai-je tenté d'obtenir de lui des paroles confiantes sur son retour à Brest au lendemain du dernier bombardement. Il redisait sans cesse la même chose, l'air gêné. Sa propre version officielle serinée depuis trente ans. Un M.P. lui avait mal parlé. Il imitait le M.P. : *Go away !* Il avait un accent déplorable. Il était meilleur en grec ou latin.

« Mais encore, papa ? »

Il fronce les sourcils, prend la parole. Il est comme un acteur qui filerait son texte sans jouer, comme un réveille-matin détraqué dont les aiguilles s'affolent, précipitant les heures et les jours autour du cadran sans qu'il se soit guère écoulé plus d'une minute.

« C'est comme ça, p'tit vieux. Depuis Prévert il pleut sur Brest, et je pense qu'il pleuvra toujours. L'ensoleillement brestois vaut celui de Montpellier. Il y a plusieurs types de vent, à Brest, le plus ventant est le vent d'ouest. Jusqu'à la machine à vapeur, le régime des vents d'ouest handicapait la marine française. Les Anglais en profitaient pour poster des navires à l'entrée du Goulet. Il y a aussi plusieurs types de pluie. La pluie franche et serrée, la plus rare, une espèce en voie de disparition, pour cause d'altération climatique. La pluie douce et bleue qui naît spontanément, la brume de chaleur avec gouttelettes, et bien sûr le crachin atlantique, le préféré des goélands brestois.

« Le crachin n'a rien d'une spécialité bretonne, en dépit des rumeurs, il crachine autant sur la côte ouest espagnole, en Galice, où le crachin s'appelle sirimiri. La Cité du Ponant n'est pas peu fière de son crachin mystérieux et confidentiel, où pointe une odeur de muguet. On parle à Brest du silence neigeux du crachin. Très sociable, ce crachin, il n'est pas plus tôt là que les rues se remplissent de bavards, de parapluies.

« Il y a des mots clés, p'tit vieux, à Brest : la rade, le château, l'arsenal, l'escadre atlantique. L'escadre est aujourd'hui toulonnaise, compensée par la flotte sous-marinière, invisible sous les granits de l'île longue.

« La rue de Siam est à Brest l'équivalent des Champs-Élysées. Au XVIIe siècle, une délégation siamoise – on dirait aujourd'hui thaïlandaise – débarque au royaume du crachin. Ça les change des canaris tropicaux. Ils sont amenés par la *Maligne* et l'*Oiseau*, deux frégates françaises. Il y a trois ambassadeurs du roi du Siam, six mandarins, trois interprètes, deux secrétaires et une vingtaine de domestiques. Ils viennent rendre visite au Roi-Soleil et la pluie les accueille. Ils sont bariolés, chargés de présents. Ils remontent à pied la rue Saint-Pierre, sous le crachin. Ils ne sont pas plus incommodés par le crachin que les fleurs de nénuphars du lac Värmeln. En Suède, p'tit vieux, ce lac, pas au Siam. Ils vont mouvants comme des rêves. On les trouve si pimpants dans la grisaille que Brest débaptise en leur honneur la rue Saint-Pierre. Depuis, la principale artère brestoise a nom rue de Siam, et les générations successives ont jugé intouchable ce toponyme asiatique, digne d'une cité naturellement portée sur le monde.

Autrefois, la rue était mince, elle sinuait, virait, déjouait les sursauts du vent, un tramway jaune y bringuebalait sous un flot d'étincelles. Il y avait de beaux magasins dont le magasin Queffélec, un marchand de bonbons. Rien à voir avec nous, si ce n'est le cousinage universel du Breton. Enfant, je vivais assez mal cette homonymie désintéressée. Quand je croisais à la messe les Queffélec-Bonbons, je refusais de les saluer. Ils nous faisaient payer les caramels au beurre salé, à nous des Queffélec, ce qui révoltait mon esprit de famille.

— Et à part les canaris tropicaux et les bonbons gratuits, tu n'as rien à me dire sur Brest ? Il y a quand même eu la guerre, non ? »

Le réveille-matin reprend sa course folle autour du cadran :

« En 44, le Brest *intra-muros* fut bombardé à blanc. Pas de victimes, excepté les chiens, les chats, les rats, les mouettes, la ville entière, mille six cent cinquante immeubles pulvérisés, excepté les pensionnaires du zoo, les éléphants pareils à d'énormes savonnettes noires éparpillées, excepté le pont National et les tramways. Il ne reste rien. Un silence inhumain. Une odeur de peste et de poudre. Une lumière foudroyée, des arbres carbonisés gisant à plat comme des ombres. Un frêne encore debout se raccroche à du ciel bleu sur le cours d'Ajot. Tout chavire, tout fout le camp vers la rade, poussière, chiffons, paperasse, débris dorés, squelettes d'arbres déchiquetés, toute une ville de loques brûlées va se vomir dans la Penfeld, la Penfeld n'est plus une rivière, la fosse des remorqueurs est une glu noire tapissée de cuirassés suicidés.

— Et toi ?

— Moi ?... » Il paraît ahuri : qu'est-ce qu'il vient faire là-dedans ? « Brest payait le prix d'un emplacement rêvé pour abriter les cuirassés allemands.

— Mais toi, papa, dans tout ça ?

— Je n'ai pas à juger, p'tit vieux. On a reconstruit avec les moyens du bord, et Mathon a fait du bon boulot. Il fallait bien loger les habitants, ils n'en pouvaient plus de bivouaquer ici et là. Je reconnais que l'impression générale est une certaine monotonie, comme souvent les villes de garnison. Le Havre et Saint-Malo ont eu plus de chance, plus d'argent… Saint-Malo jouissait d'appuis politiques… Brest ne cesse de s'embellir, depuis quelque temps, et les échappées sur la rade sont toujours aussi, comment dire, appelantes…

— Je ne vois pas le rapport avec la choucroute.

— … appelantes, c'est le mot. »

Avis au lecteur, à présent. Je suis entré par ici dans le Brest disparu, j'aurais pu entrer par là. Pas une question d'angle : une question de mots. Ils ont tous la bonne clé. Reste à trouver la porte, et Brest n'en manque pas, chez les Queffélec.

Portes dérobées, portes maquillées, trompe-l'œil. Chaque fois, c'est mon père le portier, soupçonneux, embusqué au guichet.

Il me dit : Qui va là ?… Je lève les yeux au ciel, je sais bien qu'il fait semblant de ne pas me reconnaître, ou à contrecœur. Il n'a aucune envie d'être accompagné dans le théâtre intérieur où il s'est barricadé, théâtre redécoré de sa pieuse main. Coquillages, manuscrits brûlés, casserole fondue, grenade incendiaire, tout ça… S'il te plaît, papa, c'est moi. Drôle de moi que le mien, pour lui. Ma naïveté le fait sourire. Il est en chaussons, bon signe. Il est moins fuyant quand il est en chaussons. Les pantoufles ne font aucun bruit sur la cendre des villes incendiées, et je veux bien avoir des patins sous les pieds pour l'aider à m'oublier, moi qui n'ai rien à faire à Brest, selon lui. À la rigueur, si j'étais mon frère Hervé, l'aîné, le premier des quatre enfants. Mais je suis moi, je suis là, j'insiste, et j'ai d'autres clés pour le cas où il me claquerait la porte au nez.

Autre entrée, autre porte, et toujours mon père au guichet jouant les étonnés en chaussons.

« Parle-moi de Brest, papa, comment c'était, avant ?

— Avant quoi ?

— Avant qu'un certain Maréchal-nous-voilà dise qu'il ne manquait pas un bouton de guêtre dans l'armée de son pays. Et surtout après le dernier raid aérien des Alliés.

— C'était moche, j'ai pu y entrer à quelques jours de là. »

Il était descendu au port de commerce et la mer était très belle, très bleue. Il était épuisé en arrivant sur les quais. Il venait de l'Aber-Ildut à pied, trente-huit kilomètres avec les différents barrages militaires qu'il avait dû franchir ou contourner, ce qui fait une belle trotte pour quelqu'un qui vient de perdre sa ville.

La veille, il ne s'était pas couché. Il était allé au Crapaud, il avait essayé d'entendre quelque chose, mais on n'entendait rien à part un bruit sourd de moteurs d'avions qui volaient très haut pour éviter la DCA.

Il signalait comme un détail sans intérêt que le ciel était rose, cette nuit-là. Il faisait noir sur la côte et sur la mer, on ne voyait pas un phare, avec le couvre-feu, mais le ciel était d'un rose ardent qui palpitait jusqu'aux îles, comme si le ciel flambait.

Il ne trouvait pas les mots que j'avais besoin d'entendre, ces mots erraient en lambeaux dans les nuées roses d'un ciel de nuit brûlé, emportés avec les cendres de Brest en cours d'agonie. On perd des mots comme des êtres chers, parfois. On y pense, on dit qu'ils sont là et qu'ils veillent sur nos souvenirs, mais ils nous manquent autant que la voix des vivants lorsqu'ils s'en vont. Et de leur absence naît la solitude.

En remontant du port de commerce, il avait reconnu les pierres de sa maison, un morceau de papier peint. Ses livres qu'il cherchait dans les gravats, non, pas retrouvés, les photos, les cahiers sur son père, pas retrouvés, aucun objet à part le coulis brillant de ce qui pouvait être une casserole fondue. Un seul remède à cette perte des choses qui constituent notre âme et conscience : la foi, peut-être bien, mais d'abord la folie, p'tit vieux.

Croyez-moi, j'ai été élevé par un fou qui cachait bien son jeu.

Un soir, fouillant dans l'armoire de son bureau, je tombai sur cette prose de jeunesse où il se prend pour une Mme Aubert rentrant chez elle après que sa ville a subi l'épreuve du feu. Cette œuvre en dit long sur Brest et son retour à Brest, ce qu'il éprouva en marchant seul à travers la ville morte, informe et comme incinérée, cherchant à se diriger du côté où se trouvaient des êtres semblables à lui.

*Madame Aubert s'éveille dans une chambre d'un monde heureux ; Pas plus tard que… Inutile de chercher la date. Elle a vu, elle a cru ; elle croit toujours. Les maisons brillent, les rues coulent, toute la ville est intacte ; l'appartement est venu contre ses yeux. De blancs commutateurs, des saladiers bleus, des tables orange vivaient là comme des anguilles endormies par le froid. Elle a vu. Les bombardements et les ruines, billevesées. Les anges existent et aussi les truelles des anges. Ô mon appartement, mon appartement. Marchez encore, fredonne le silence, et vous trouverez quelques ruines ; Madame Aubert sourit. Pourquoi s'inquiéter d'un cauchemar ?…*

Relisons de Gogol la géniale élucubration du *Journal d'un fou*. Pas plus de folie mûrement raisonnée dans son élucubration que dans celle de Mme Aubert le jour où elle se présenta dans sa ville sous les traits d'Henri Queffélec, propriétaire au 33, place du Château, sinistré.

Je ne voulais pas rouvrir le sac des cendres brestoises, et l'on dirait que le sac s'est rouvert de lui-même. Les avions ont raclé le ciel rose, les bombes ont plu sur la ville, et dans sa fuite éperdue Barbara ne s'est pas aperçue qu'elle piétinait sous la pluie les premiers cahiers d'écrivain d'Henri.

Papa, tes cahiers, ils me manquent. J'ai lu tous tes livres, et ma chair n'est pas triste, pas encore.

Sache-le, papa, j'entrerai dans Brest, que tu le veuilles ou non. Mais c'est toi, mon père, c'est avec toi que j'espère y aller, ce 24 septembre 1944, à midi, sous le zénith de la fin du monde. Chateaubriand est né le 4 septembre. Je suis né le 4 septembre, tu es retourné dans ta ville en septembre 1944. Septembre ne peut-il constituer un lien viscéral entre nous ?

En 71, serrant contre ma poitrine un moi tuméfié par le deuil, je demande encore une fois à l'accompagner dans son Brest bombardé. Le portier s'est amadoué. Il me regarde, il vérifie que c'est bien moi (il n'en a jamais été vraiment sûr, je fus toujours un autre à ses yeux).

« Par ici, p'tit vieux. »

Le 24 septembre 1944, nanti d'une permission préfectorale qu'il dut présenter à tous les check-points de barbelés disposés autour de la zone sinistrée, Henri pénétra dans Brest. Dans ce qui n'était plus Brest. Dans l'aire de destruction où stagnait l'âme de Brest. Dans l'*area bombing* dûment traité par les avions alliés.

Quelques jours plus tôt, en prévision du raid aérien des forces anglo-américaines et françaises, on l'avait sorti de Brest *manu militari*, lui et tous les autres Brestois. Quelques jours plus tard, le carnage effectué, il venait au résultat. Le premier signe concret qu'il avait vu gisait sur un trottoir défoncé. Un écriteau blanc À VENDRE. Il dirigea ses pas désorientés vers la rade, autre signe concret. Nul chien n'aboya. Nul jardinier municipal ne lui fit présent d'une fleurette. Nulle vieille demoiselle aux aguets sur sa véranda ne le dévisagea. Nul policier rural ne l'inquiéta. Nulle fille aux yeux clairs ne lui sourit. Nul piano ne sortit par une fenêtre ouverte, ainsi qu'un oiseau-piano, venant lui rappeler qu'il jouait du Chopin, l'autre jour, au quatrième étage de cette maison intégralement changée en bulle d'air. Du Chopin, vraiment ? Il jouait « Grandpa and Grandma », l'air de jazz apporté du Far West par un boy de l'Oncle Sam en 1917. Déjà, les boys. C'était un boy de l'Oncle Sam qui lui avait appris à jouer au piano « Grandpa and Grandma », un blues bien swingué issu des cannes à sucre d'Alabama où les ciels n'avaient jamais flambé qu'embrasés par l'orage.

Parvenu au port de commerce, en descendant l'escalier intact d'une pente en ruine où la veille se pressaient les joyeux bordels de Brest, il s'était rappelé des bribes d'Audiberti. Mon œil ! Je pense, moi, qu'il ne s'est rien rappelé sur le moment, et que les bribes sont venues après coup, et que la mémoire a joué des tours ou qu'il a joué des tours à ses propres souvenirs. Terrain vague. Endroit de rien. Endroit sans piano. Pour y mourir quand on est chat. Pour y tourbillonner quand on est ressort de sommier.

Des chats, il y en avait partout, dans l'endroit de rien. Ils se frottaient aux plis roussis des fantômes, à l'aise avec les fantômes, à l'aise avec les vieilles demoiselles aux aguets sur les vérandas. Les chats pérégrinaient sans hâte au sein des *areas bombing*, pullulant comme les poissons dans les coursives des pétroliers fracassés.

C'est en regardant la rade aux airs placides, en s'évadant par les yeux qu'il s'était dit : Brest est là… Cet horizon ressemble à celui que j'ai toujours connu, que je voyais de mon balcon, 33, place du Château. C'est vers la rade, à présent, que je me tournerai pour voir Brest. Brest *intra-muros*. Brest-même n'est plus sur la rive nord de la rade, il m'attend *an tu all ar mor*.

Enfin je pus comprendre à quarante ans, libre de ce moi qui dérangeait Henri comme une tique insaisissable, pourquoi mon père avait toujours eu l'air de regarder ailleurs. À Paris, dans notre appartement du sixième étage, dînant avec sa femme et ses quatre enfants, il se débrouillait pour regarder vers Brest, en douce, ni vu ni connu, un petit coup de rade au crépuscule. Et même à l'aurore du 15 mai où ma mère est partie, je le jure, je l'ai vu se repeigner soigneusement devant la fenêtre du salon. Nous avions sous les yeux les frondaisons du parc Montsouris rosies par le jour levant, mais lui regardait le jour se lever sur Brest, ou le soleil se coucher pour la dernière fois. Ma mère elle aussi, désormais, l'attendrait là-bas, *an tu all ar mor.*

Henri n'a jamais cessé de regarder vers Brest, vers la rade. Il n'est jamais revenu de Brest, le 4 septembre 1944, cinq ans avant ma naissance. Il prétend qu'il a ramassé un bout de grenade incendiaire, en souvenir, seul larcin qu'il se fût permis aux dépens des Forces alliées, rien de personnel. Je pense en effet qu'au lieu d'emporter quelque chose – il aurait fallu, tel Atlas, prendre sur son dos l'univers tout entier – il a caché sous les gravats son âme d'enfant, estimant que là était sa place auprès des passions perdues, les cahiers de cours, les manuscrits brûlés, la photo du père qu'il avait si peu connu, le sourire de ses grands-mères. Puis, toujours à pied, il a rejoint l'Aber à cloche-cœur, un morceau d'âme en moins dans la poitrine.

À ma mère, à mes grands-parents, il a montré l'éclat de grenade incendiaire. On aurait dit qu'il exhibait un coquillage inconnu rejeté par la tempête. Après quoi, il a dévissé son grand stylo Waterman, et, comme si Brest ne l'intéressait plus, il a écrit d'un seul jet *Un recteur de l'île de Sein* qui lui vaudrait le Lion d'argent à Venise en 1949, année où je vins au monde.

À ma naissance, il était célèbre, heureux, décoré, mais ce destin gagné sur un passé perdu lui faisait l'effet d'un pied-à-terre qu'il aurait pu quitter du jour au lendemain. Certes il aimait ma mère, il en était fou, il aimait sa fille et son fils aîné, mais son âme d'enfant, bonté divine ! qu'est-ce qu'elle était devenue, dans tout ce bonheur, sous les gravats du vieux Brest ? Voilà pourquoi Henri ne pouvait pas me voir, aveuglé qu'il était par son regard éperdu sur la rade. Je m'interposais entre la rade et lui, je faisais de l'ombre à l'ombre du plus grand chagrin. Je me croyais plus fort que Brest et mon besoin d'amour paternel était écœurant. Alors il me disait : Pousse-toi, p'tit vieux.

Dernière entrée, l'entrée des artistes. On est dans un Brest d'avant-guerre et d'après, ce que Brest fut toujours. Le mystère est tel, en cette ville au charme féminin qui rend fou, que pas un écrivain n'en revient sans éprouver le besoin d'en parler. Et d'en parler un peu follement, quitte à proférer des âneries plus grosses que lui.

Flaubert ! Déjà qu'il s'était singularisé du côté des menhirs, tel un adolescent fanfaron comparant son pénis avec celui du voisin. Avantage aux obélisques de Louqsor, honte aux menhirs de Carnac. Il récidive à Brest. M. Flaubert n'aime pas Brest. Et voilà ce qu'il ose confier à la feuille blanche après son voyage à l'Ouest, preuve que les délices de Keravel ou des « petites alliées » n'ont guère bousculé son agenda. Pas étonnant que Mme Bovary soit lui : « Ici la nature est absente, proscrite, comme nulle part ailleurs sur la Terre, c'en est la négation, la haine entêtée... » Ce qu'il préfère, à Brest, c'est le bagne ; son Brestois préféré, le bagnard :

*J'ai été ému comme un enfant en voyant sur le lit d'un forçat une portée de petits chats qui jouaient sur ses genoux. Il leur faisait des boulettes de papier et ils couraient après sur la couverture en se retenant aux bords avec leurs griffes pointues. Puis il les retournait sur le dos, les caressait, les embrassait, les mettait dans sa chemise. Renvoyé au travail, plus d'une fois sans doute, quand il sera bien triste et bien las, il rêvera à ces heures tranquilles qu'il passait, seul avec eux, à sentir dans ses mains rudes la douceur de leur duvet et leurs petits corps chauds se tapir sur son cœur.*

Mais ça, ô grand Gustave, sauf ton respect, c'est de la littérature, c'est de la belle page pour critique littéraire ou lycéen studieux, ce n'est pas le Brest vu et dit avec tendresse par Mac Orlan :

*Brest donne accès à toutes les choses qui n'ont plus rien à voir avec la Terre, ses routes conquises par les automobiles et ses voies ferrées qui laissent des traces brillantes dans la nuit. Ce qui donne un charme incomparable à Brest, c'est qu'elle ne tourmente que l'imagination des hommes et qu'elle s'insinue perfidement d'histoire en histoire, de souvenir en souvenir, de chanson en chanson. Il ne pleut pas toujours à Brest, je pense qu'il ne pleut pas plus que dans l'Île-de-France, mais ici, la pluie est chaude et douce, familière et purificatrice, elle est honorée comme une divinité païenne qui sentirait le muguet. Elle s'accore avec les frondaisons légendaires de la forêt du Huelgoat et les parapluies Tom Pouce des îliennes et des pures jeunes dames du pays de Léon.*

*Fanny de Laninon est une jeune fille de Brest comme il y en a beaucoup : elles ont un bon ami parmi les matelots de la deuxième escadre, car il ne faut pas oublier qu'à Brest le matelot de la marine de guerre est le personnage le plus aimé de la ville. Brest, depuis toujours, appartient aux matelots de l'État, aux midships, aux petites alliées du café de la Marine. C'est le matelot qui tient les clés de Brest : l'élément féminin passe très naturellement au deuxième plan.*

*Les demoiselles de Brest, je veux dire celles qui fréquentaient les petits cafés de Recouvrance, étaient pour la plupart des filles d'une profonde honnêteté sentimentale. Ce n'étaient pas les coquines pittoresques des grands ports de commerce dont l'unique préoccupation était de s'emparer de la solde des matelots ; la Bretagne est un pays d'une puissante personnalité : toutes les Bretagne, devrais-je dire, car il y a autant de personnalités différentes qu'il y a de coiffes entre Rennes et Camaret.*

Jean Genet, Jules Romain, Chateaubriand, Pierre Loti, André Suarès, Marie Lenéru, ils ont tous écrit sur Brest, même Jack Kerouac, le meneur malgré lui de la *beat generation*, dont on oublie systématiquement qu'il était breton, originaire de Kervoac près de Lanmeur, un Breton impatient de réimplanter ses racines dans l'Ouest armoricain, « sur la route » de ses ancêtres :

*Cette fois, nous arrivons enfin à Brest. C'est le terminus, le bout de la Terre, et j'aide la femme et le mari à descendre leur berceau portatif... Sale, avec ma barbe de deux jours, mon imper noir et mon chapeau de pluie, sale, je sors de là et remonte des rues noires, en pataugeant, cherchant comme tout Américain en difficulté, jeune ou vieux, la rue principale. Je la reconnais instantanément, c'est la rue de Siam, ainsi appelée en l'honneur du roi de Siam quand il est venu dans cette ville. Mais je ne suis pas bouddhiste, je suis un catholique en pèlerinage sur cette terre ancestrale qui s'est battue pour les catholiques, à dix contre un, et qui a pourtant fini par gagner, car certes, à l'aube, je vais entendre sonner le tocsin, les cloches vont sonner pour les morts.*

*Je me dirige vers le bar le mieux éclairé de la rue de Siam qui est une très grande rue comme celle que vous voyiez, disons, durant les années 40, à Springfield, Massachusetts, ou Redding, Californie, ou comme la grande rue que James Jones a décrite dans* Some Came Running, *dans l'Illinois.*

Je ne vois guère que Flaubert à ne pas s'être enamouré de la Cité du Ponant... Son erreur, ou son « Hénaurmité », mot qu'il affectionnait quand il voulait casser du bourgeois, fut d'arriver dans Brest un filet à papillons sur l'épaule, en s'imaginant dénicher de beaux spécimens hauts en couleur pour sa collection d'exotismes. De quoi épater Sainte-Beuve. Il ne trouve pas les papillons escomptés. Il est vexé. Il se venge par écrit. Ne pouvant admirer, il dénigre. Brest, ville à matelots, ville à filles, à nuits blanches, ville entre deux voyages, entre deux batailles, ville à coups de vent, Brest n'est certainement pas une ville où l'on se dit en observateur sur la défensive : c'est beau, pas beau, j'aime, j'aime pas, à moins d'être sot.

Brest, grand port du bout du monde, est une ville pour écrivains, une ville poignante, une ville de passage, une ville d'une étrange allégresse liée à l'océan Atlantique qui chaque jour renouvelle les équipages, et chaque jour reprend les équipages de la veille. Brest est une ville d'escales, le mot le plus troublant du vocabulaire, et qui dit au revoir pour dire adieu, et t'en fais pas pour : jamais plus...

Rappelons-nous que ce sont deux Bretons, dont un Brestois, Alain Robbe-Grillet et Jack Kerouac, qui ont réinsufflé du tonus au roman français un rien suranné après la Seconde Guerre mondiale, *beat generation* et nouveau roman. Rien de plus devancier ou novateur depuis *Le Voyage* de Céline, encore un Breton : un Breton avec la mention « hélas ! ».

Mon plus beau souvenir à Brest est le retour de mon frère Tanguy sur la frégate lance-missiles *Duquesne*, après un an autour des mers. Mon père, sur le quai des Flottilles, n'en menait pas plus large que moi. Il y avait là une foule de proches et de petites amies et d'épouses, les yeux humides. Il faut avouer que le cérémonial d'accostage d'un si grand bateau qui revient de si loin et qui n'oublie pas un seul de ses coups de sifflet ou de ses salutations rituelles, avant de rendre les marins à la vie terrestre et à leur famille, paraît symboliser ce qu'il y a de plus mystérieux au monde : le destin voué tôt ou tard à sortir du jeu.

Mon plus douloureux souvenir est l'arrivée du chalutier *Bugaled Breizh* sur une civière flottante au coucher du soleil, le 14 juillet 2004, lors des Fêtes maritimes de Brest.

Il arrive de Falmouth tiré par un remorqueur illuminé dans la nuit tombante. Un hommage unanime de cornes de brume lui est rendu par tous les bateaux en régate. C'est un vaisseau fantôme, il a sombré le 15 janvier 2004 au sud des Cornouailles anglaises. Cause du naufrage ? Fortune de mer, fortune hautement sujette à caution, fortune en procès avec X. Le *Bugaled* vient d'être renfloué par décision de justice et l'on a retrouvé le corps de Patrick Gloaguen, l'un des marins du bord, sur sa couchette.

À l'heure où j'écris ces mots, l'épave du *Bugaled Breizh*, amas de rouille violentée par un sort inconnu, gît toujours sur ber à l'arsenal de Brest sous la déclivité de la porte Caffareli. L'enquête suit son cours. Elle s'intéresse aux sous-marins de l'Otan présents dans le secteur du *Bugaled Breizh* au moment du naufrage. Elle s'y intéresse de très près.

Aujourd'hui, si Brest entend s'adonner sans complexe à la tradition bretonne, il n'irait jamais sacrifier l'avenir aux neiges d'antan. La Cité du Ponant vit avec son temps comme avec tous les temps. Cadavre de ville maudite en 1945, on dirait bien qu'une voix lui a dit : Lève-toi et marche, et la voilà portée vers le futur, sous l'impulsion d'un enthousiasme à la new-yorkaise.

Nouveau tramway, port de plaisance *intra-muros*, Océanopolis, Institut des énergies décarbonées, voué à l'exploitation des énergies marines renouvelables, autant d'innovations qui font la part belle aux messes du temps présent. Et parallèlement, la fête maritime des Tonnerres de Brest réunit tous les quatre ans les plus beaux voiliers du monde, célébrant la noce de la mémoire et du moment. Cette semaine-là, comme aux plus beaux jours de la marine, on se blanchit les coudes au comptoir dans les bistrots du port de commerce, on se laisse tituber vers Recouvrance au bras de Jean Quéméneur, et Dieu sait quand la nuit touche à sa fin.

Parmi les gens qui m'ont impressionné, à Brest, est Alain Robbe-Grillet.

Ce n'est pas Brest qui nous rapprochait, dans les années 90, mais les circonstances mondaines de la vie littéraire. Et comme nous n'étions des mondains ni l'un ni l'autre, en dehors du plaisir que nous prenions à voir briller les yeux des jeunes filles, nous en profitions pour nous échapper au bistrot ou sur les chaises longues du Sporting, à la plage de Nice, d'où l'on a une belle vue sur la mer qui n'en est pas une. (Eh ! Je trouve qu'un lac peut être aussi beau qu'un océan, aussi dangereux, majestueux. Et même la pièce d'eau des Suisses, à Versailles, me fait battre le cœur. Mais il ne suffit pas de saler un étang ou un lac pour obtenir la mer, César en convenait. C'est la mer enchantée, la Méditerranée, bien sûr que oui, tant que l'on n'a jamais vu l'océan. Et pour Melville, l'Atlantique était un océan tant que l'on n'avait pas vu l'océan Pacifique : celui-là pouvait dire qu'il était la mer, lui seul.)

Un jour, Robbe-Grillet m'expliqua qu'il avait écrit un roman, jeune homme, après avoir vu Brest gisant dans ses décombres. Jérôme Lindon, le fondateur des éditions de Minuit, le reçut dans son bureau pour lui dire avec une grande amabilité ces mots qu'Alain semblait savoir par cœur, et que je retranscris fidèlement : Mon cher ami, promettez-moi quelque chose. Même en danger de mort, vous m'entendez bien, même en danger de mort, n'acceptez jamais de publier un aussi mauvais roman…

Robbe-Grillet se le tint pour dit, mais n'en suivit pas moins la révélation qu'il avait eue à Brest en 44. Le roman était mort, effacé comme Brest l'était, la guerre avait eu sa peau. Il fallait se débarrasser du cadavre et pour ce faire écrire un *nouveau* roman qui réduirait l'autre à néant, comme cette ville de Brest exterminée par les coryphées d'une civilisation soi-disant au comble de sa génialité morale, intellectuelle, artistique, spirituelle, tout ce qu'on veut, alors qu'elle ourdissait la Shoah comme Hiroshima.

Ce nouveau roman se bornerait aux quatre vérités conspuées par les écrivains d'hier. Il dirait à l'écriture qu'elle était impuissante à saisir le réel dans son irruption permanente, à l'homme qu'il ne donnait pas leur sens aux choses, et que ce n'était pas son discours qui les enroulait dans l'espace, pas plus qu'il n'enroulait la mémoire ou la psychologie dans une humanité maîtrisée par des mots, ou la tripartition du temps qui d'après lui structurait l'univers.

La théorie, rappelez-vous, ne cessa d'évoluer, de soutirer des tonnes de salive aux intéressés, d'enfumer bistrots, amphithéâtres et plateaux de télévision, débats parfois musclés. Elle s'apparente à l'« abhumanisme » d'Audiberti, autre théorie littéraire post-Hiroshima que j'appréhende avec difficulté – l'homme est en trop dans l'univers, ou trop prépondérant, ou pas assez, ou centrifuge alors qu'il se croit centripète, en tout cas il n'est plus ce qu'il a toujours pensé qu'il était, le centre du monde, et le roman doit répercuter toutes affaires cessantes cette répudiation de salut public.

Voilà ce que me dit Robbe-Grillet sous le soleil de Nice, au Sporting, un jour de son âge avancé où il n'avait plus droit au pastis. Il était goguenard, comme souvent, goguenard et mélancolique, comme souvent les Brestois, et toujours les anciens viveurs. Il n'en revenait pas du foin qu'il avait semé avec son idée romanesque nouvelle après la guerre. Il s'agissait pour lui, et pour lui seul, de redonner l'avantage à la fiction dans l'écrit, non de caporaliser une règle d'or à laquelle tous auraient intérêt à se conformer, sauf à passer pour du crottin. « On m'a prêté des propos que je n'ai jamais tenus, on a fait de moi une espèce de gourou, rôle que j'ai toujours fui… »

Il ne s'était voulu que le chef de file de sa propre imagination, bien que le mot lui fît horreur. Les années passant, il admettait que le sens des mots ait pu muter, oui, muter comme un gène, et que ce terme d'imagination, cinquante ans après la mort de Brest, semblait présenter un « bon caractère modifié ». Il n'avait eu d'autre guide en littérature, toute sa vie, que l'amour de la page en souffrance, un amour redoublé à Brest en contemplant cet effacement général des choses bâties par l'être humain. Et nouveau romancier ou non, cet amour de la vie, de l'écriture de la vie, du changement des formes nécessaires à la compréhension du monde, il l'avait formulé en bon Brestois qu'il était, comme n'importe quel enfant du pays l'aurait fait.

Ce doute envers la civilisation qui progressa vers le boum apocalyptique de *Little Boy* en 45, je l'ai ressenti bien des fois. J'ai beau me raisonner, je hais le progrès corrompu qui s'abattit sur la Bretagne au début du siècle dernier. Je refuse d'accoler au mot progrès le pouvoir de saccage esthétique accordé systématiquement aux maires, aux particuliers, aux instances publiques, aux divers passeurs du droit, les uns comme les autres acharnés à déniaiser Mère Nature en tout bien tout honneur, à l'ouest, estimant leur petit confort individuel, ou l'argent vite empoché, au-dessus des blablas romantiques sur la beauté du monde, entre-temps devenue santé du monde, autre blabla romantique, autre déluge à l'horizon – on sera loin quand les poissons perdront leurs dents.

Je crois au progrès tant que progrès il y a, tant que le bien se trouve bien du mieux qu'il induit, tant que le génie créatif des mortels surprend agréablement la force des choses. Je remercie l'inventeur de la morphine et celui qui traversa nu Syracuse en s'exclamant : *Eurêka !* Je remercie l'alchimiste italien qui faillit brûler vif pour avoir seulement dit, tout à son fanatisme rationnel : Plus on en sait, plus on est couillonné. Et non moins l'artiste qui, voyant tomber une feuille morte en un mouvement gracieux la fit remonter aussitôt changée en hélicoptère, mot qu'il aurait pu créer. Je remercie la fée Electra, qui pourtant fit péricliter la tradition orale, compagne du feu, et je remercie les savants qui nous donnèrent la vie plus longue et plus douce, et je remercie Dieu qu'elle ne soit pas éternelle, nonobstant la douleur du deuil, injure suprême à…

## « Brest-même »

*Ann ten e Brest*
*Ar glav a zo prest*

… injure suprême à l'esprit humain dont je n'ai pas la plus vague idée, le 4 septembre 1949 à 7 h 02, à l'instant du cri d'amour primordial, celui qui vous remplit les poumons comme une voilure déployée.

Le jour se lève, il fait briller les yeux bleus d'Henri, mon père, et les yeux marron clair d'Yvonne, ma mère. Il fait briller les miens pour la première fois, chez les sœurs de la clinique Sainte-Félicité, des garces au cœur sec, me dira maman. Elle me console à sa manière, elle est nourriture et pardon. Je n'ai pas gardé vivante en moi la sensation du lait maternel, mais allez savoir ? Que savons-nous du silence entre les mots ?

Regardez-le, ce bambin langé à l'ancienne, une pièce jaune de cinquante francs plaquée au nombril avec du sparadrap : c'est moi, c'est Jean-Marie, plus tard on m'appellera p'tit frère, et plus tard Jean-Jean, et plus tard Yann et même Yanos, et même Yanounet, on n'y est pas.

Je n'ai pas d'âge encore ou si peu, le temps passe déjà, je parcours l'univers dans mon youpala à roulettes. Mes lessives de marmot claquent au vent qui vient du large à travers les îles du Ponant – Lityri, Molène, Quéménès, Ouessant, Keller, celle-ci un îlot dans la grande île. Je ne suis pas à plaindre, oh que non ! Des filles de l'Aber me brandissent en riant, elles prodiguent leur sein nourricier, vont battre mes langes au lavoir, jamais fatiguées, jamais plaintives, elles parlent breton. Leurs fortes odeurs de savon croisent les parfums sucrés des algues mises à blanchir sur la dune, agar-agar, varechs ou laminaires semées de lunules violacées, balanes et puces de mer pétrifiées, respirez-les, vous en verrez trente-six chandelles. Et vous vous croirez bu.

La mer et l'azur crépitent à l'unisson, des bras me portent vers ce bleu natal, ma plus chère nostalgie. Après le ventre maternel, après les eaux premières : les eaux marines, baignade, flux, reflux, Bretagne, Éden.

Que se passe-t-il ? On m'enlève au sol, on me trimballe de car en car, de train poussif en train rapide. À mes oreilles, un mirage de bruits mécaniques annonçant l'ignoble retour à la vie parisienne. J'ai faim, j'ai soif, mal au cœur, et tout mon être se rebiffe contre cet exil.

Un peu moins bon vivant qu'il y paraît, ce dictionnaire amoureux, douloureux, joyeux, est un hommage à mon enfance, à ma famille, aux maisons vendues, aux bateaux perdus, à la tante Sabote qui n'a jamais existé (ma sœur Anne et moi grelottions au soleil dans une mare glacée du Crapaud, *alias* baignoire de tante Sabote), un hommage à tous ces hauts-fonds sur lesquels j'ai failli plus d'une fois déchirer mes voiliers, à mes terreurs de gamin dérivant dans la brume, au Roc'h Melen, aux grèves, aux tessons des bouteilles qui m'ont écorché les pieds, à cette fringale d'errer que j'éprouvais petit garçon, p'tit frère, ce flottement naturel aux miens, du plus champêtre au plus océanique, spontanément portés vers l'eau.

Pigouillers nous sommes, les Bretons, race de culs-terreux hauturiers, race amphibie domiciliée chez elle et dans les horizons lointains, obnubilée par les temps supposés glorifier la lumière créatrice au premier jour du monde, s'il eût jamais lieu.

Un hommage à mes parents, ce fichu dictionnaire ! et mon père je l'appelle Henri. Papa – trop intime, gnangnan. Henri Queffélec – trop distant, bêcheur. Ma mère, Yvonne, bichon, je ne suis jamais embarrassé pour la nommer, vous verrez. Et ne vous étonnez pas si je dis tour à tour l'*armor* ou l'*arvor*, si je dis bonnet bleu ou bleu bonnet. Si je dis « votre serviteur » pour moi, un moi suffisamment détaché du mien nombril originel, espérons-le, pour rallier le moi épars de tout un chacun. La nature humaine est capable de tout, hélas et tant mieux, sauf d'oublier ce qu'elle fut, et n'en revient pas d'avoir été, et cherche à partager.

Ce moi en plein essor, petit personnage intrigué par le secret vivant des mers, est surnommé p'tit frère avant la naissance de Tanguy, et j'ai toujours besoin de ce lien fraternel avec autrui pour prendre possession d'un moment comme celui-ci…

… Il est midi, l'été bat son plein, je rentre à la maison par la grève, je rapporte un cadeau. J'arbore en sautoir les entrailles d'un poisson-lune, présent d'un équipage de Camarétois en escale. Il est à moi, ce collier mirifique de vahiné, cet interminable lasso vivant, je vais l'offrir à mon tour.

La tête de Marie Cloarec à la vue de ce margouillis d'intestins verdâtres empilés dans l'entrée du manoir de l'oncle André, sur un authentique tapis d'Orient payé en monnaie d'or ! La colère de ma grand-mère ! Et moi qui pensais mériter une ovation. Premières illusions perdues. Revenues depuis, reperdues, jamais loin. Qu'elles m'oublient un instant, je pars à leur secours, je les sors du pétrin où qu'elles se fourvoient. Les rêves de l'enfance, seul viatique à sauvegarder sous peine de vieillir d'un seul coup.

C'est bizarre, je n'ai pas du tout l'impression d'écrire un dictionnaire, en vous écrivant, mais un roman qui part extirper sa mémoire en Armor, à l'Aber-Ildut... J'y suis, à l'Aber, cet après-midi. N'est-ce pas vous que je vois lézarder sur le sable du Gouérou, sous la dune ? Vous qui avez racheté ma maison ? J'aurais fait pareil, comment vous en vouloir ? Je n'ai pas vu s'effacer le « Brest-même » initial dans un incendie tombé du ciel, mais comprenez-moi, je suis en deuil d'une maison où j'ai dormi profondément, et rêvé comme jamais, et me voilà bernard-l'ermite, ou si vous...

## Brière

*Ra vezo digabestr ma Bro...*

... ou si vous préférez le cliché de « l'oiseau tombé du nid », je veux bien vous l'infliger entre guillemets, sauf que l'oiseau est un fichu prédateur, et qu'il ne finit pas toujours entre les mâchoires de maman renard.

Dans le langage inusité des oiseaux, les mots « dictionnaire amoureux » chercheraient vainement leur modulation. Ce que l'oiseau dit à l'oiseau dit peut-être l'amour de l'oiseau : dit l'orage, le chat griffu, le vent, la mer ou les étoiles de mer, ou quelque chose d'autre typiquement oiseau et typiquement sibyllin pour autrui. Mais il ne dit jamais « dictionnaire amoureux », *cui cui cui*, d'une branche à l'autre, en lâchant sa petite fiente mordorée qui porte chance aux mignonnettes en promenade, et pourquoi pas au roi Marc'h sur leurs talons. Et les poissons dont l'oreille humaine, insensible aux ultrasons, n'a jamais su capter la mélodie, quoi qu'ils se racontent, ne le racontent jamais avec une allusion négligente au dictionnaire amoureux, tout en laissant choir sur le *Titanic* assoupi la neige poudreuse de leurs excréments.

Je vous avouerai que je fus grandement surpris quand mon père, un jour qu'il revenait du Groenland ou du Labrador, *via* Saint-Renan par l'autocar Chausson, fit livrer à l'Aber deux cagettes de langues de morue conservées dans du mâchefer, c'est-à-dire un sel qu'il fallut attaquer au burin. J'ignorais que les morues fussent dotées d'un appendice labial aussi développé. S'il existait une langue, dans la bouche des morues, il devait bien exister un langage morue, un cri morue, une jactance morue dont retentissaient les houles de l'Atlantique Nord ?

Quinze jours de langues de morue à tous les repas, toutes les sauces, en répétant qu'on ne s'en lasse pas, vous haïssez les morues. J'allais surveiller le niveau des stocks dans les cagettes. J'écopais une grosse bolée de langues de morue au passage et j'en refilais aux gélinettes de Perhirin à travers la clôture : ma tante Jeanne aux pauvres de la paroisse, mes cousines à leurs petits amis prêts à tout, même aux langues des morues, pour les fréquenter.

Avec cette digression langagière, je cherche seulement à manifester mon désarroi d'auteur et d'amoureux commandité par les éditions Plon dans le sens : S'il te plaît, dessine-moi ta Bretagne, et surtout n'oublie pas André Suarès le méconnu.

Elle est immense, ma Bretagne. Elle est originaire de l'Aber-Ildut, je pense que vous l'avez compris, mais elle a bourlingué, roulé à travers des épisodes variés. Or, si véloce que soit mon Koh-I-Noor, il m'apparaît que jamais il ne pourra se faufiler dans tous les mots qui font résonner ma mémoire, telles des gouttes sonores claquant au fond d'une grotte menacée par la marée.

J'ai peur, tout en moi tremble et résonne à la pensée qu'il manquera dans mon dictionnaire amoureux des chansons d'amour ici et là qui s'attendent à être chantées. Il me faudrait être oiseau, morue, poisson-volant pour retourner partout où je suis allé dans mes Bretagne vives, et surtout pour les dire en termes traduits du poisson-volant. Gageure, gageure…

Vos coiffes, Bretonnes, vos merveilles de coiffes, vos *koef*, j'aimerais tellement raconter leur mémoire et, voyez, le temps nous presse déjà. Chacune de vos coiffes aurait une histoire à dévoiler, chacune est un livre d'heures aussi bavard qu'une bouche de poisson. Une infinie bibliothèque de mousseline empesée à la maïzena, au jus de macaroni, orne vos chevelures et vos fêtes, vos cérémonies, adressant un signe enchanteur de rébellion aux oppresseurs venus trop souvent déchirer l'Armor. Ces hiéroglyphes au point de chaînette, brodés main à Tréboul, à Quimper, à Pont-l'Abbé, à Fouesnant, à Rosporden, ne sont pas fioritures et joliesses de mijaurées, ils sont la pavillonnerie d'un code sibyllin déchiffré par la tribu. La coiffe aérienne du pays bigouden, la coiffe gratte-ciel qui culmine à trente-trois centimètres du zéro des cartes, sans compter les talons, la hauteur de la personne et la hauteur de la falaise avoisinante, n'est pas arrivée menhir de grâce sur le front des Bretonnes. Il fallut d'abord que ce salopard de Louvois, l'inventeur des dragonnades et autres « missions bottées », ennemi juré des protestants mais non moins des protestataires de l'Ouest, fît décapiter la bagatelle de cent Bretons dans un champ appelé depuis le champ du sang. La coiffe bigouden s'élança, d'un centimètre plus haute chaque année. Elle disait à Louis XIV : Vous pouvez raccourcir nos hommes, Sire, vous n'empêcherez pas nos âmes de s'élever vers Dieu, au-dessus de la couronne des rois. La jonction avec le Très-Haut se fait à trente-trois centimètres de l'occiput, sachez-le.

Non, je ne pourrai pas dire tout ce que j'ai sur le cœur, et le tri subjectif se fera par nécessité du choix, non par désamour ou préférence, hormis la maison sur la grève-de-devant.

À l'Aber, un soir de Pardon caniculaire, je vis Mme Talarmin tout en noir, coiffée d'un bonnet de toile fine, roucouler au micro sur la terrasse du Café du Port, chez Héliès : « C'était un beau gars, un beau mâle, un gars de la coloniale », et remporter un lot de cinq paquets de Traou Mad offerts par les Malabousse de l'économie bretonne, maison où j'étais ami avec Jean-Claude, Pierrot et Tété.

Seigneur ! La lettre B vient à moi, déjà, et sauf à mentir en vous embobinant une Mme Balarmin revisitée par nécessité, je suis hors sujet, j'attente à l'Oulipo. Où aller ? Réponse automatique soufflée par André Breton : faire un tour en Brière, une Bretagne qu'Henri disait franche et secrète, une Bretagne au bois dormant. Une Bretagne dont Alphonse de Châteaubriant, le Châteaubriant marqué d'un t à la fin, l'auteur interdit de séjour dans les manuels scolaires de la République, s'est fait le chantre avec un puissant roman paysan au titre significatif : *La Brière*.

Incriminé souvent d'avoir défiguré sa patrie – excepté le basque et le corse –, l'indigène briéron, lui, l'a toujours préservée des modernités hâtives, exerçant le plein esprit de rébellion breton qui le différencie du reste du monde, et fit parfois sa gloire. Ici, modestement, on s'est contenté de privilégier systématiquement la coutume, ardoise, pierre, et surtout chaume, refusant les vils succédanés de synthèse, aggloméré, tuile, brique, béton, et tout perlimpinpin dont se font les contrevents si fiers de mépriser la rouille. Franchement, elle n'est pas belle, notre ardoise des monts Noirs à reflets mauves ? Et pas beau, notre chaume aux tons beurre frais ?

On moissonnait à la faucille, autrefois, moitié seigle, moitié blé. La partie de la tige restée en terre s'appelait « glui ». Le chaume, c'est lui, c'est glui. On l'utilisait pour couvrir les toits.

Le pays du chaume, ancien golfe parsemé d'îles, s'étend sur une vingtaine de kilomètres au nord de la Roche-Bernart, la plus petite commune du Morbihan. Ne cherchez pas la mer, elle est partie faire un grand tour il y a longtemps, Jésus n'était pas né. Il n'était pas né non plus quand la forêt briéronne a pris feu, et que les mortas carbonisés ont fini tourbe au revers des sphaignes.

La Brière est un parc régional, aujourd'hui, le dernier archipel campagnard où se trouvent des villages entiers coiffés de paille. Un parc, un havre de grâce pour non-fumeurs, un labyrinthe aquatique, on s'y déplace en bateau à rame, et l'on parle doucement sans trop savoir pourquoi. On vit sur des buttes volages que l'on a l'outrecuidance d'appeler des îles, et le sol plus ou moins terreux a le reflet brûlé du morta.

Objurgations préfectorales, modernité, risques d'incendie, âpreté des assureurs, câlins réitérés des promoteurs, la Brière est restée sourde au chant des sirènes, et quand une maison s'embrasait on criait : Au feu ! Puis on la remontait à l'identique, attifée de ses poils de beurre aujourd'hui camarguais.

On chercherait en vain décor plus harmonieux et plus vénitien que ce marais briéron où la tignasse du blé rayonne sur les toits parmi les feuillages vert foncé, où le chassé-croisé des eaux mortes attire à lui tous les contre-jours d'une minute errante, où les montres ne tournent pas rond mais au prix de mille zigzags, livrant les heures aux étourdissements d'un colin-maillard dont vous êtes sûr de faire les frais en partant. Car on est ici dans un autre monde, une oasis fantomatique où l'on est sans…

## *Bugaled Breizh*

*Lestr ar fur a ya d'ar porzh*
*A-enep mar ha kerreg*

… où l'on est sans nouvelles de la mondialisation.

SANS NOUVELLES

Nom : *Bugaled Breizh*.

Date et lieu de naissance : mai 1987, Belz, Morbihan.

Adresse : Loctudy, Finistère Sud.

Type : chalutier à pêche arrière, deux treuils et deux enrouleurs bobinant câbles et filets.

Âge : seize ans.

Longueur : vingt-quatre mètres.

Largeur : six mètres soixante.

Poids : cent cinquante tonnes.

Moteur ABC turbocompressé, 6 cylindres en ligne, 650 CV.

Équipement : sonars, radars, ordinateurs, imprimantes, GPS, téléphonie par satellite, messagerie par satellite, mouchard par satellite renseignant la terre à chaque instant sur les positions.

Autonomie : quinze jours.

Équipage en janvier 2004 : Yves Gloaguen, quarante-quatre ans ; Georges Lemétayer, soixante ans ; Pascal Le Floch, quarante-neuf ans ; Patrick Gloaguen, trente-cinq ans ; Éric Guillamet, quarante et un ans.

Vu pour la dernière fois le 15 janvier 2004 par l'équipage du chalutier *Eridan*, lui-même originaire de Loctudy.

Péri corps et biens pour un motif inconnu par 49°42'N-5°10'W.

Après un long procès contre X, qui commença par disculper tous les sous-marins présents sur et sous la zone du naufrage, il semblerait que la piste dite sous-marine ait tout lieu de mener quelque part.

Le nom d'un marin anglais défraie régulièrement la chronique : celui d'Andy Coles, commandant du sous-marin nucléaire d'attaque le *Turbulent* soupçonné de s'être caché sous la coque du chalutier en pêche, lors d'une course-poursuite amicale avec un autre sous-marin nucléaire d'attaque.

Ce même illustre commandant de la Royal Navy, le 23 octobre 2010, était aux manettes de l'*HMS Astute*, le plus grand sous-marin nucléaire d'attaque européen, que tout le monde put aller regarder échoué sur une jolie petite plage de l'île de Skye, en Écosse, aussi désorienté, aussi marri qu'un…

## *Buzug*

*Neb 'zo laouen gand bara seac'h*
*A gav da beuri e ped leac'h*

… aussi marri qu'un vulgaire *buzug* au sortir de la vase.

*Buzug* est un mot affectueux. Il y a du bisou dans *buzug*. Il y a l'idée que les *buzug* sont les Hobbits de l'Océan, membres de la gent *buzug* prospérant sous le théâtre gullivérien des marées basses, l'estran. Le *buzug* vous dit : vous n'êtes pas seul, ce que nul astre de la galaxie n'a dit jusque-là. On se gullivérise à son contact. On n'est pas si grand que ça. On est embuzugué par le *buzug* qui vous fait des chatouillis sous la plante des pieds. Le *buzug* est un rigolo, avec ça, regardez la tête qu'il fait. Sa tête est sa queue, au choix. Mais qui es-tu, *buzug* ? Un ver de terre ? Un ver de mer ? Lève-toi et danse.

Le *buzug* est partout chez lui dans la vase ou dans les campagnes mouillées par la marée. Les *buzugs* de l'anse Styvel, aussi réputés que les bêtises de Cambrai, voient toutes les *mamm-goz* de l'Aber farfouiller au crépuscule en jargonnant leurs bretonneries. Les poissons en raffolent, l'hameçon appâté d'un *buzug* est un sot-l'y-laisse de roi. Les Bretons sont très attachés à leur *buzug*, le *buzug* est universel. Un drôle de paroissien est un *buzug*. Un maladroit est une espèce de *buzug*, un mari trompé a toutes les chances d'en être un. Le *buzug* prête à sourire. Il est mou.

Le *buzug*, s'il est un être vivant sous la grève, est d'abord un état d'esprit, comme le *zibloum* de Jacques Audiberti, cette fameuse ironie du grand jaloux du petit. « Avoir le *buzug* » signifie : se sentir Gros-Jean comme devant, le rouge aux pommettes. Le commandant du *HMS Astute* avait le *buzug*, je suppose, quand son prestigieux sous-marin talonna sur le gravier au nord de l'Écosse.

Pour ma part je rangerais bien dans mon panthéon personnel à *Buzug*, lequel, rassurez-vous, est à double fond, toute la cohue grouilli-grouilla des marées descendantes, le ver-saucisse en priorité, bien évidemment, mais aussi le gobie, la *brennig*, la moulette en buisson, la coque, la palourde, la gravette, le crabe à l'air constipé, le crabillon, le couteau, l'arénicole, la crevette naine et comme aplatie, le bigorneau, surtout le bigorneau jaune canari dont on fait les poupées, l'anguille, l'étoile de mer aux poils urticants, la dînette immangeable de la biosphère hors d'eau, tout ce qui fait dire à l'enfant : Je vais à la pêche, et tout ce qui fait dire aux aînés, l'air on ne peut plus sérieux : Je vais aux *buzugs*. Comme si on y allait, aux *buzugs* ! Armé d'une cuiller à soupe ou d'une fourchette à trois dents, on va tout simplement rêvasser le long du bord de mer en se laissant pénétrer jusqu'à la moelle par le bonheur de respirer les lumières de l'Océan, la buzubonhomie spontanée des instants et du flot.

L'âme est sereine, elle est *buzug*, elle est *zibloum* pour ces grands explorateurs de l'estran gagné par la nuit. Gloire à toi *buzug*, à toi *zibloum*, sans qui la mer ne serait que ce qu'elle est.

Je me suis fait aider par Edmond Rostand pour cette dernière phrase, non ? Il écrit quelque part :

*Ô Soleil ! toi sans qui les choses*
*Ne seraient que ce qu'elles sont !...*

Vous en pensez quoi, d'une phrase pareille ? Je pense que...

# C

## Capitaine

*Ar mor glas pa vez fall an amzer*
*A gustum gwennaat war ar gareg*

… je pense que ma tante Jeanne aurait pleuré en écoutant ces mots. Vous avez remarqué ? Les vieilles dames ont des larmes perlées, toutes fines et presque roses. Tante Jeanne fondait au premier alexandrin où l'astre vaporeux des nuits se levait sur un lac.

L'alexandrin parlait-il d'un oiseau ensanglanté dans la neige, elle s'étouffait d'horreur, on appelait le médecin. D'un marin perdu en mer : elle tournait de l'œil. Tante Jeanne était bon public pour la poésie, *pour les ânes si doux marchant le long des houx*. Elle pensait qu'en prenant appui sur ses conseils, mon père avait toutes les chances de camper dans un roman à succès un beau caractère d'homme viril, incapable d'une défaillance morale, sanglé dans l'uniforme à galons dorés des officiers de marine, le muscle du maxillaire inférieur adouci d'un collier de barbe noire.

Cet homme existait déjà. Il nous regardait tous les soirs dîner en famille. Il avait son tableau sur un mur de la salle à manger, à droite en entrant. Il faisait face au grand miroir attentif aux faits et gestes du clan, miroir qui lui donnait l'asile à discrétion, et peut-être le nourrissait à nos frais. Le capitaine Lucien Bodet, le père de grand-mère et tante Jeanne. Un homme éduqué pour garder son sérieux en toutes circonstances, y compris dans l'au-delà entre les stucs dorés d'un cadre vieillot.

Plus d'une fois, je l'ai vu se mordre la lèvre inférieure, retenant un fou rire posthume. Il regardait Jeannot décortiquer ses crevettes roses, ou se mettre à pleurer pour le rien d'une émotion passagère, ou rire à se trouver mal, et les poils de sa barbe frémissaient comme les franges d'un rideau soulevées par un vent coulis.

Ma tante Jeanne avait une passion pour son père.

Pour le marin.

Pour le médecin de marine.

Pour le capitaine, l'homme auquel on dit : Commandant ! sur le navire, et qui s'attache au grand mât plutôt que d'embarquer sur la chaloupe du sauve-qui-peut.

Elle avait une passion pour Dieu, le seul maître du maître à bord.

Le capitaine et Dieu faisaient à peu près le même métier.

Être Dieu n'est pas un métier, mais tante Jeanne se comprenait, et ces deux sauveteurs qu'elle adorait la comprenaient aussi.

Les différents galonnards accrochés sur les murs de la maison, père, oncles, maris, étaient des héros, je devais les imiter à la perfection si je voulais qu'on me dise un jour : Commandant ! Si je voulais mériter la Légion d'honneur et l'hospitalité du grand miroir où le regretté capitaine Lucien Bodet avait ses habitudes depuis cinquante ans qu'il n'existait plus.

Quelle voix elle avait pour dire : Commandant !

Elle m'emmenait dans l'escalier, dans les chambres, et me faisait la présentation des tableaux. À l'entendre, il n'y avait eu que des capitaines, dans la famille, et ces capitaines s'étaient sacrifiés comme un homme viril doit savoir le faire lorsqu'il y va de l'honneur de Dieu sur la mer.

Comme l'aurait fait le corsaire malouin Beauchêne, au XVII$^{e}$ siècle, ou l'amiral Jules Dumont d'Urville qui découvrit le continent Antarctique en 1840 et lui donna le nom d'Adélie, son épouse bien-aimée.

Pas d'amiraux, dans la famille, mon petit chéri, rien que des capitaines et deux médecins de marine dont l'un, moustachu, servit sur le *Guépratte*, un escorteur d'escadre, et l'autre, barbu, sur le tristement fameux cuirassé *Bouvet* de la bataille des Dardanelles, en 1915, sous les ordres de l'amiral Guépratte, un prétendu capitaine

Courage : un capitaine Trompe-la-Mort, oui, un orgueilleux surnommé « le mangeur de feu » par les Anglais…

Sa voix se faisait menaçante au nom de Guépratte, elle se redressait, rajeunissait, et brusquement la douce tante Jeanne se métamorphosait en terrible capitaine au long cours, les galons d'or, les manchettes rougeâtres, le sabre, le collier de barbe noire.

Elle me parlait d'un âge où l'officier suprême avait des états d'âme avant de prendre la mer, de nobles peurs dont elle voulait que mon père écrivain fût bien conscient quand il se risquait sur la page blanche, elle ne demandait qu'à l'aider…

Ô tante Jeanne, que tu es belle en capitaine de vaisseau. Raconte-moi comment c'était, la marine, à ton époque.

« Il y a si longtemps. »

Elle n'était qu'une petite fille… Elle se souvenait d'avoir accompagné son père au pied du navire, lorsqu'il prenait la mer, et d'être allée le chercher au port lorsqu'il rentrait. Les premiers paquebots avaient des roues à aubes, des hélices, des voilures d'appoint, de frêles canots pour se sauver quand les salles de chauffe explosaient. Les passagers avaient peur d'embarquer, les financiers tremblaient pour leurs gros sous.

Un clipper disparaît : c'est l'ordre naturel, le pain noir d'une profession où l'héroïsme est à la fois grandiose et routinier. Un paquebot périt corps et âme : c'est contraire au progrès industriel, c'est immoral, il faut mettre au pas l'océan.

Le capitaine est intarissable :

En mer la chance est inique.

Il est des bateaux submergés qu'une poche d'air maintient à flot jusqu'au salut.

Il en est que leurs marins recousent au fil de fer et le bateau reste en vie.

Il en est qui sombrent sans dire pourquoi.

Il en est qui brûlent.

Il en est que leur commandant veut engager dans le chas d'une aiguille, et l'expédition La Pérouse disparaît à Vanikoro.

Il en est qu'une glace dérivante effleure, un *tchin-tchin* cristallin dans la nuit limpide, et c'est la fin.

Il en est qui s'endorment profondément, à l'unanimité de tout l'équipage. On les retrouve un siècle plus tard entre deux continents, momifiés, envahis par les rats, les fleurs, les champignons, les serpents.

Des albatros nidifient dans les gamelles.

Sur les lits couchettes et dans les enfléchures : les squelettes rongés à blanc des gabiers.

À la passerelle : un timonier réduit à la poudre de ses vieux os amoncelée entre la boussole et la longue-vue.

Bonsoir les choses d'ici-bas.

Il est des bateaux qui sombrent par le côté, en écrasant les canots remplis de passagers.

Il en est qui sombrent en continuant d'avancer, dans un désastre de chaloupes fracassées comme de la vaisselle en furie.

Il en est qui sombrent par l'arrière, à la verticale, et c'est la chute des corps.

Le capitaine hasarde une idée simple : un navire insubmersible où les chaloupes, symboles de survie comme le parachute en avion, enjolivent les ponts supérieurs, rassurant les passagers.

Racontée par les rescapés, l'agonie du *Titanic* va scandaliser l'opinion. Les armateurs de la compagnie

White Star gardent leur sang-froid. Trop de milliards en jeu, la vie continue. À la mer comme à la mer, d'autres navires demandent à traverser l'Atlantique à prix d'or.

L'*Olympic*, *sister-ship* du paquebot noyé, doit appareiller pour le Nouveau Monde une semaine après la mort du jumeau. Les armateurs croient pouvoir s'en tirer avec quelques canots de toile pliants ficelés sur le pont. Mutinerie des personnels révoltés, refus général d'embarquement. Il faut rembourser, désarmer l'*Olympic*, enlever les boiseries des salons, doubler la coque de bout en bout.

Contre la peur du client : l'éblouissement. Après le naufrage du *Titanic*, le paquebot du XXe siècle – *mobilis in mobile* – est un trompe-l'œil.

À l'extérieur, bateau. À l'intérieur, château. À l'extérieur, voyage et distance parcourue, périls éventuels ; à l'intérieur, utopie, maisons, rues, boutiques, librairies, cafés, inviolables ustensiles d'un monde alésé au millimètre où, théoriquement, le sol ne s'ouvre pas sous les pieds.

Ce théâtre aux merveilles ignore les heures légales et le courbe océan qu'elles enlacent en cours de route. Le vent peut hurler dehors et les vagues se lécher les babines, l'immobilité prime l'instabilité, la mer n'est plus un mal et la croisière s'amuse : elle danse, elle dîne, elle fait l'amour, et de temps à autre on la retrouve au lit avec le commandant.

L'artiste naval au goût du jour, Charles Frédéric Mewès, est français. Avant les paquebots, il décorait les palaces de la Riviera, péchés mignons des souverains d'Europe.

Albert Ballin – un Allemand directeur de la Hamburg American Line – remarque l'œuvre de Mewès un soir qu'il dîne au Ritz-Carlton, et songe à lui pour embellir ses bateaux. Il ne supporte plus Johannes Poppe, son décorateur attitré, un esthète mégalomane. Les paquebots allemands sont beaux, mais aménagés comme des opéras spaghettis, d'un luxe à vomir.

Mewès se voit confier les intérieurs de l'*America*, puis ceux des trois *Imperator* – une aigle prussienne à l'étrave, ultime oripeau du goût néobaroque à la manière de Poppe. Le pli se prend, au diable la concurrence, de faire appel à ce magique urbaniste naval, innovateur des fastes modérés par le bon goût : grill-ritz, café parisien, restaurant à la carte. La Cunard elle-même se laisse tenter. Si le *Mauretania*, tout de bois précieux décoré, continue de bichonner la tradition du grand yacht anglais verni, cosy, rutilant, cuivré, le *Lusitania*, premier grand navire à turbine, choisit résolument un style français, à la stupéfaction du landerneau transatlantique. Et c'est vent en poupe que la Compagnie française, sous la direction de Jules-Charles Roux, peut donner leur chance à deux nouveaux paquebots aussi raffinés qu'étonnants.

En 1906, la *Provence*.

En 1910, le *France*.

Le premier n'est pas un géant. Il n'a que deux cheminées sur le pont. Mais outre l'élégance et le chic pavillon français, il a la TSF à long rayon d'action qui couvre l'océan d'est en ouest et, chaque matin, avec son petit déjeuner en cabine, le passager reçoit le *Journal de l'Atlantique* imprimé dans la nuit. Croissants frais, nouvelles fraîches. La radio rapproche les continents et l'infini des mers n'est plus si grand qu'il faille s'en inquiéter.

La *Provence* est un fend-la-bise. Il ne compte pas moins de vingt et une chaudières, soit quatre-vingt-quatre foyers.

Au premier voyage, il atteint New York en six jours ; au deuxième, il défie le paquebot *Deutschland*, détenteur du Ruban bleu depuis 1900. Sur la *Provence* il y a les Vanderbilt, sur le *Deutschland* les Rockefeller. Bras de fer ou plutôt bras d'or. Les paris engloutissent des fortunes. Les machinistes, alléchés par les récompenses, se piquent au jeu.

Quatre heures dans la vue, c'est la belle avance du navire français quand il passe la ligne d'arrivée sous les hourras des flambeurs qui se précipitent au bar.

Quant au *France*, il n'a rien à envier aux mastodontes anglo-saxons. Quatre cheminées, huit ponts, vingt-trois nœuds, il peut loger princièrement deux mille six cents passagers et les entraîner dans un Luna Park où la fête se joue parmi des miroirs Louis XIV, Louis XV, Régence, Louis XVI ou Directoire… À sa première traversée, la mer est en deuil. Quelques jours plus tôt, croisant à tombeau ouvert au milieu des glaçons dérivants, le *Titanic* n'a pas qu'à moitié raté son passage inaugural.

Le *France*, comme l'*Île-de-France* une guerre plus tard, filera de grisantes amours avec l'océan. On achètera ses billets à prix d'or, on vendra ses cabines aux enchères, on enverra ses officiers dormir à l'infirmerie pour ne laisser aucun notable à quai. Et si belles seront les fêtes, si blanches les nuits du bord que la clientèle appellera Versailles ce navire où le temps n'est vraiment à l'heure qu'en arrivant au mouillage.

Les civilisations meurent, les bateaux rouillent, se noient, changent de main. Ils sont vendus, humiliés parfois. Le dernier *France* a perdu son nom sous pavillon norvégien, rebaptisé *Norway* ; le *Mermoz* a vivoté jusqu'en 2000 aux couleurs des Bahamas. « La plus longue passerelle du monde », slogan de la French Line aux belles heures, explore un souvenir, une odyssée révolue.

Au Havre pas plus qu'à Cherbourg on n'entend aujourd'hui siffler les paquebots, ni grincer les treuils, ni manœuvrer les trains sous les préaux bondés. Fini le brouhaha des cohues, l'idole s'éloignant en fanfare du quai, le cri des remorqueurs, les serpentins.

« Tu t'y connais drôlement bien, tante Jeanne.

— Pas qu'en paquebots. »

Elle alla chercher les deux sacs de cailloux de grand-mère de l'Aber. On aurait dit qu'elle manipulait des sacs d'or. Les cailloux noirs, les cailloux blancs, tous ramassés sur les grèves du Morbihan vers Carnac. En disposant les cailloux, elle pouvait reconstituer la bataille des Dardanelles où son mari avait trouvé la mort, avec les forces ennemies en présence et l'emplacement des mines turques.

« Ce gros caillou noir veiné de blanc, tu vois, c'était le *Bouvet*, le cuirassé où ton oncle Louis était médecin de marine lorsqu'il sauta sur une mine devant le fort de Tchanak.

— Tchanak, ça rime avec Carnac.

— Et Carnac avec Karnak en Égypte.

— Quel rapport ?

— Aucun, j'imagine. Les Égyptiens n'avaient pas la bougeotte et nulle chronique ne fait état de leur passage en Armor. Ils sculptaient les pierres qu'ils dressaient, ce qui n'est pas le cas des menhirs alignés par centaines dans les champs du Carnac breton.

— Qui les a mis là ?

— On n'en sait rien. Personne n'est d'accord, entre ceux qui pensent qu'ils servent à drainer les énergies telluriques du sous-sol, ceux qui les prennent pour des soldats romains pétrifiés alors qu'ils poursuivaient saint Corneli, patron des bêtes à cornes, et ceux qui les vénèrent comme des pierres tombales. »

Plus tard je lus de Flaubert *Par les champs et par les grèves*, un écrit de jeunesse lors d'une virée bretonne avec l'écrivain Maxime Du Camp, et je…

## Carnac

*Trouz mor deus Penn-Foull*
*E c'hell pep hini chomen doull*
*Trouz mor deus an nAelez*
*E c'hell pep hini mont d'e zevezh*

… et je tombai sur le passage suivant :

*Voilà donc ce fameux champ de Carnac qui a fait écrire plus de sottises qu'il n'y a de cailloux… On ouvre, devant, des yeux naïfs et, tout en trouvant que c'est peu commun, on s'avoue cependant que ce n'est pas beau. Nous comprîmes parfaitement l'ironie des granits qui, depuis les druides, rient dans leurs barbes de lichen vert à voir tous les imbéciles qui viennent les visiter. Il y a des gens qui ont passé leur vie à chercher à quoi elles servaient… Si l'on me demande à mon tour quelle est ma conjecture, j'émettrai une opinion irréfutable, irréfragable, irrésistible, une opinion qui ferait pâlir l'Égyptien Penhoët, qui casserait le zodiaque de Cambry et hacherait le serpent Python en mille morceaux. Cette opinion, la voici, les pierres de Carnac sont de grosses pierres.*

J'ai de quoi répondre à Mme-Bovary-c'est-moi, mais Henri dit tellement bien ce qu'il faut penser d'une page aussi petit-bourgeois, que je me tourne vers lui :

*« L'amas de toutes ces gentillesses, dit Flaubert, après avoir renversé les différents systèmes, constitue ce qu'on appelle l'archéologie celtique. » L'héritage gréco-latin l'emportait chez lui, tandis qu'il écrivait cette impertinence, sur un héritage barbare et viking dont pour d'autres occasions il savait tirer orgueil. Parlez-nous d'une colonne, d'une statue grecque. Fussent-elles maniérées, décadentes, elles sentent bon le parfum sec de l'élaboration artistique, elles disent quelque chose. Alors que ces cailloux… Flaubert hurle contre eux son mépris… Flaubert vaut mieux, beaucoup mieux que ce dandy irrité par la difficulté d'un problème, et qui en déchire l'énoncé. Il offrira un jour aux mégalithes une phrase merveilleuse, qui efface le souvenir de tous ses affronts. Le seul vrai reproche qu'on puisse d'ailleurs lui adresser est d'avoir très mal regardé les pierres, d'être arrivé à elles avec une provision de hargne, non pas en « homme nouveau devant les choses inconnues », comme le demande Claudel. Car pour le reste, les théories qui avaient cours à son époque n'étaient, dans l'ensemble, que du vent.*

Il est acquis désormais que les pierres levées, couchées, en cromlechs ou couloirs, en dolmen ou menhirs, en table ou champignon, qui jonchent de leurs somptueux tessons les rivages d'Armor, n'ont aucune chance d'être l'héritage des Celtes. *Carbonus quatuordecimus dixit.* Et cette vérité fait si peine à voir, elle offense tellement la poésie des idées reçues dans l'enfance qu'on ne veut tout simplement pas s'y intéresser. Et l'on continue de créditer nos ancêtres les Gallois de cette force d'aurochs qu'il fallait recéler dans l'échine et sur l'encolure, pour vaincre la gravitation de ces blocs infiniment réservés quant à leur message en plein air. On se dit qu'il suffit de rebrousser les époques pour croiser des hommes d'une force à coltiner des îles, comme ces…

## Celtes

*Doriou an tu all me rank o digeri*
*Med diskenn a ran evid ma levenez*

… comme ces formidables Celtes leveurs de menhirs, surgis du flot dont ils paraissaient les ondins.

Mes aïeux font côte en Armorique au VI^e siècle avant J.-C. Ils parlent les mots d'une tribu dont on retrouvera des vestiges en Chine. Ils sont pauvres, habitués à chercher fortune en mer. Leurs bateaux sont bâtis pour s'échouer dans les eaux d'un littoral aux dents longues. Lourds, mafflus, ils le resteront plus d'un millénaire, bateaux-maisons quand nécessité fait loi. La façade atlantique verra s'élever les villages des quilles-en-l'air – c'est leur nom –, petite communauté de bernard-l'ermite vivant avec femmes et enfants sous des chaloupes aménagées, des barcasses percées de fenêtres, raccommodées à la feuille de zinc, au *coal tar*, et la chaussure humaine marque le sol lunaire, en 1969, qu'il se trouve encore parmi les chardons bleus du Léon nombre de ces chaumières navales ayant proue, poupe et cheminée, sans compter la mémoire d'une lointaine épopée sur les flots.

On a oublié, mais avant l'ère mécanique, le temps qui tourne en rond avait toujours le même âge ou peu s'en faut. Il faisait cercle autour des habitudes humaines, à la manière des saisons. Il englobait les traditions, que l'on fût grec, phénicien, romain, basque ou breton. Si l'on piquait la baleine ici, prenait du lieu jaune ailleurs ou les tortues argentées, c'était toujours la rame ou le poumon d'Éole qui ramenait l'homme à terre.

Au XVIII^e siècle, avec la machine à vapeur, le métier voit naître la notion d'économie lucrative et le futur prend un sens imprévu. Il est voué à progresser. En Bretagne, on découvre le chauffage en vase clos, la conservation, le stock, l'accès aux marchés éloignés. Inchangé depuis le naufrage de la ville d'Ys, l'équivalent breton de Sodome et Gomorrhe, le littoral atlantique est envahi d'usines aux fumées écœurantes, les confiseries. On y met la sardine en boîte, tête-bêche, petite reine idolâtrée de ce premier boom industriel issu du flot. Butin chéri des armateurs, la marée monte en chemin de fer à la capitale, chaque jour. Douarnenez, Concarneau, le Guilvinec, Port-Tudy, ces bouts du monde armoricains, ces utopies griffues vont bientôt figurer en lettres de majesté dans les halles parisiennes. Et l'on n'imagine pas, voyant des poissons aux couleurs de vitrail béer sur la glace pilée, que des gosses mal nourris risquent leur peau pour les attraper.

Le progrès tente aussi les îles. On reste fidèle aux voiliers, mais on les veut plus grands, plus rapides, on convoite les horizons lointains. À Groix, la tutélaire grésillonne – barque à voile pontée – est répudiée pour l'olonnoise, une chaloupe à voûte arrière et tape-cul, celle-ci répudiée à son tour pour le sloop sardinier gazelle, bientôt détrôné par le plus élégant des navires de pêche ayant mis cap à l'ouest : le dundee. Il est construit aux Sables-d'Olonne d'après les gabarits d'un yacht américain nommé *Dandy*. Pas meilleur bateau. Bon marcheur par petit temps, véloce dans la brise, excellent fuyard.

L'été, c'est un chasseur de thons qui croise au sud de la Galice, au sud de l'Irlande, et cette marée-là peut durer plusieurs semaines. Elle mesure le temps écoulé entre le moment où le voilier quitte le port, salué par les femmes, et le moment où il revient, toujours salué par les femmes. Caboteur l'hiver, le dundee ne regarde pas au fret, transportant légumes ou charbon. Au début du XX^e^ siècle, on en compte au bas mot cinq cents, rien qu'en Bretagne Sud, de Camaret au

Croisic, et les deux tiers sont des Groisillons. Et la tempête les forçant à l'escale, ils se réfugient dans le golfe du Morbihan, comme fit…

## César

*Kenavo César, Ankou varo te saluten*

… comme fit César avant d'attaquer ces Vénètes qu'il ne doutait pas de vaincre un jour, sinon de soumettre à ses dieux, malgré leur supériorité navale et leurs étranges manières de voyous.

*Ave*, César, vaillant capitaine, le glaive dans une main, la plume dans l'autre. Et merci, témoin sans peur et sans pitié, d'apporter une lumière aussi vive à notre histoire gauloise avec tes *Commentaires* un tant soit peu dédaigneux. Quoi qu'il en soit, tu nous apprends comment tu circonvins les tribus ennemies, en stratège éhonté, les dressant les unes contre les autres, laissant aux premières leurs chefs et leurs lois, imposant aux secondes la férule de tes lieutenants, et toi te multipliant sur le terrain comme un être surnaturel, partout présent comme une légende et parfois présent pour de bon.

La Gaule, avant ton invasion ? Vaste chambard divisé par les querelles des druides, affaibli par la rivalité des confédérations. Alésia tombe, c'était prévu. Tu es au rendez-vous des accords de paix.

La rançon romaine pesée, Vercingétorix jeta son épée dans la balance en disant : *Vae victis*, Malheur aux vaincus ! Dont acte, opina César, toi-même, et tes légions de fondre sur le Nord, encerclant les tribus alpestres, les Saliens, les Allobroges, les Helvètes, les Nerviens, les Aquitains, les Belges et pour finir les Bretons, les plus coriaces à mater. Elle est pour toi, cette proie, elle mérite le glaive d'un *imperator*. Tu rejoignis tes troupes.

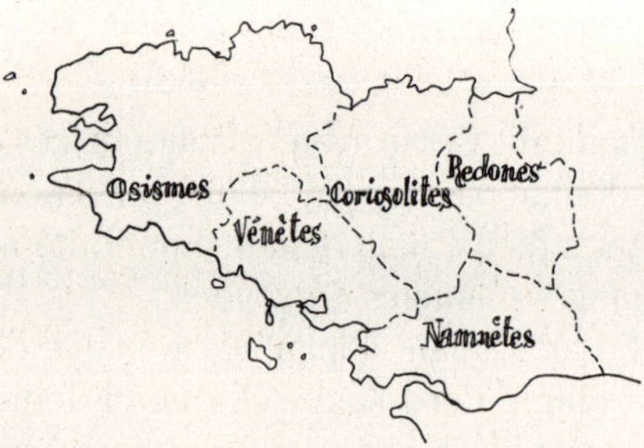


La parole à Michelet :

*J'aurais voulu voir cette délicate et pâle figure fanée avant l'âge par les débauches de Rome, cet homme frêle et nerveux, le front nu sous les pluies d'Armorique, à la tête de ses légions, traversant nos fleuves à la nage ou bien à cheval, au milieu de sa garde germaine, entre les litières où ses secrétaires étaient portés, dictant quatre, six lettres à la fois, exterminant en chemin deux millions d'hommes.*

Sans compter les continuelles prises de bec avec la racaille des grand-routes, les réparations des attelages, le ravitaillement aléatoire, la mauvaise humeur du fantassin, les voies sans issue, jamais balisées. Sans compter la brume.

Te voilà en garnison au sud du Morbihan, et si tu regardais l'heure à la flèche du cadran solaire jupitérien, tu verrais qu'il est - 57 avant Bethléem. Cinq tribus sont établies à l'ouest. Au nord : les Redones, vers le Couesnon ; au centre : les Coriosolites ; à l'ouest : les Osismes que tu appelles, toi, les Finistériens ; au sud : les Namnètes ; autour de Vannes et jusqu'à Bénodet : les prestigieux Vénètes, les plus entreprenants des Armoricains.

Émérites à la bataille, les Vénètes ont aussi le génie de l'État, ce qui commande le respect d'un César. Ils sont agriculteurs, pêcheurs, artisans, banquiers, marchands, juges, avocats. Ils ont une monnaie d'or, les meilleurs bateaux, des lois consignées sur un papier qu'ils fabriquent eux-mêmes. Ils exploitent un rail commercial maritime vers les îles britanniques, la Galice et le Portugal, où leurs frères celtes ont fait souche. Et comme eux ils ne craignent rien, excepté les divinités élémentaires, le jour et la nuit. Quand ils célèbrent Lug, Hu, Tutatu, Epona, il s'agit des sources, des arbres ou du tonnerre. Pas d'Olympe organisé chez eux, aucun dieu personnifié. La nature est leur seul temple, un temple vivant, le séjour originel des fées. Allez battre ces gens-là, flétrir une religion n'adorant aucune idole, refusant maison de culte ou textes sacrés. Allez déclarer sacrilèges le vent, la pluie, les phases lunaires… Allez déloger les fées et les nains sous les menhirs, avatars stylisés des peurs ou des espérances de chacun, vieux tabous que les mystagogues druidiques, et plus tard chrétiens, se gardent bien de tirer au clair.

Tu les sais hardis navigateurs, ces Vénètes, les plus intrépides en Europe, conscients d'avoir la maîtrise des mers. Les galères de Rome, pontons pénitentiaires impossibles à manœuvrer, longent à grand-peine l'Italie que les navires bretons, depuis longtemps, ont franchi les deux mers. Les Armoricains négocient avec Carthage, avec les futurs Anglais, ils n'attendent pas les Phéniciens pour doubler les Colonnes d'Hercule, ils ont leurs noms gravés sur des baraquements prêts à devenir les palais des doges du Rialto, ils ont des échelles au Levant, au Couchant. Et toi l'*Imperator* méridional à sandalettes, le vieux Latin court vêtu soi-disant fils de Vénus, tu viens guerroyer en ce *pagus* d'Armor où la mer obéit à des lois inconnues, de celles que César ne peut amender.

Les *Commentaires* retracent avec force détails la lutte acharnée contre ces guerriers insaisissables, à la fois loups de mer et sangliers. Un casse-tête romain. Par la grève, on ne pouvait les atteindre. Assiégés dans leurs citadelles à marée basse, ils abandonnaient des murailles vides et se repliaient sur d'autres îlots fortifiés, d'autres récifs ceinturés par la marée, livrés aux tourbillons des courants. Et comment les pourchasser dans leurs marais bourbeux, leurs fondrières paludéennes, ou dans leurs forêts si denses qu'il y faisait nuit en plein jour ?

César se fit tour à tour soldat, marin, pionnier, architecte, ami. Il créa des navires spéciaux, enrôla des équipages de pêcheurs coutumiers des marées et chenaux, soudoya les Nantais renseignés sur les méthodes Vénètes, rasséréna ses troupes démoralisées par des escarmouches humiliantes, détourna ou refoula les fleuves qui l'incommodaient, construisit des digues, des ponts, des tours d'assaut. Il voulait se mesurer en personne à des gens assez fous pour oser braver César, ce dieu vivant dont le nom faisait trembler tous ceux du *mare nostrum*. Le Sud allait vaincre le Nord, foi de César, la mondialisation à la romaine propager son virus. Et les Vénètes étant des marins, on les battrait sur mer, on leur infligerait la honte d'un fiasco naval.

Trafalgar, débâcle maritime au bout du monde, on se fait presque une raison. Kerpenhir ou les Grands-Cardinaux, raclées reçues à la maison, l'une flanquée par César, l'autre par Creps, amiral anglais, on hésite à regarder la carte marine, on est penaud. Aussi bien, vous n'êtes pas obligé de porter votre attention sur le schéma des opérations militaires, bien simplifié d'ailleurs, mais qui peut choquer la sensibilité bretonne. Il se borne à situer l'emplacement géographique d'une confrontation sur l'eau dont l'issue, *a priori*, ne faisait pas un pli. Comme à Waterloo.

Les galères de Junius Brutus, et les barques nantaises arrivèrent au jusant par la Loire, la flotte vénète par le goulet de Port-Navalo, entrée-sortie du golfe du Morbihan. César, à cheval, entouré de ses lieutenants sur la dune de Saint-Gildas-de-Rhuys, retient son souffle. Le temps est lumineux, la vue dégagée, les légions romaines alignées sur les hauteurs, innombrables les badauds attroupés sur les grèves.

Stupéfaction des Romains en voyant se ranger les navires vénètes en ordre de bataille. Ils sont au moins deux cents, mus par des voiles en peau. On dirait des forteresses de bois, mais bigrement véloces, elles commencent leurs manœuvres d'encerclement. En comparaison, les galères de Brutus font piètre figure, même avec leurs éperons. Sauf ironie des dieux, elles sont perdues.

Miracle ou damnation – le vent tomba. Voiles pendantes, les bateaux vénètes s'immobilisèrent dans la calmasse, et la bataille ne s'engagea pas. Par Bacchus, se dit César sur la dune, et la bonne idée qu'il eut alors retourna la situation. Plutôt que d'éperonner les voiliers vénètes, on les faucherait à la manière druidique.

Des canots, partis du rivage, apportèrent aux esquifs romains perches et faux utilisées rituellement pour la coupe du gui, baie porte-bonheur. Faisant force de rames, et cette fois la légèreté les favorisant, les équipages latins allèrent trancher les haubans des mâtures ennemies, transformant en radeaux les puissants navires de combat. Supérieurs en nombre, et sous les yeux de César aux anges, les Romains harcelaient ces géants mutilés. Chose d'autant plus facile que les galères s'en prenaient aux unités vénètes l'une après l'autre, chacune à son tour, et que l'absence de vent interdisait toute velléité de fuite ou de contre-offensive. La victoire du beau temps. Trahis par le dieu Noroît, que pouvaient les plus hardis marins du monde, les zélateurs de Hu ? Ils moururent jusqu'au dernier sur leurs navires en feu.

De retour à Darioritum – Vannes, capitale des Vénètes –, César, vainqueur méticuleux, fit décapiter tous les sénateurs de la place. On massacra les druides, les édiles et leur famille, et le reste de la population fut dispersé dans l'esclavage. Ainsi furent anéantis en un seul et même jour les malicieux Vénètes d'Armor, le peuple maritime le plus puissant de la Gaule.

La Gaule s'avouait-elle vaincue, cette fois ? Pas tout à fait. Sous l'impulsion de Vercingétorix, toujours lui, trente villes gallo-romaines furent incendiées. Les Romains enfermés chez eux périrent dans les flammes.

Finalement vaincu par plus fort que lui, le chef gaulois enfourcha son cheval de guerre et comparut sous sa plus riche armure au tribunal de César. La scène est connue, revoyons-la. Brisant son épée aux pieds du vainqueur, Vercingétorix offrit son sang royal pour sauver les siens, mais César déclina l'offre.

Dix années plus tard, il était toujours enchaîné dans une geôle romaine, voué aux gémonies. Le jour de son triomphe, César l'envoya chercher et le traîna par les pieds derrière son char au Capitole. Là, il lui fit trancher la tête devant la foule. Il fit mieux pour impressionner les Gaulois. Ses licteurs coupèrent la main droite à tous les prisonniers.

Après quoi, toute honte bue, la Gaule dite chevelue se couvrit de voies romaines et fut divisée en provinces et pays. Ses anciens maîtres arborèrent le laticlave, ses capitales demandèrent le droit de cité, ses enfants se firent légionnaires et ses langues furent latines, à l'exception du breton. Tandis que le latin supplantait partout la langue gauloise, dit La Villemarqué, phénomène que seul peut expliquer l'esclavage, la langue des vainqueurs fut dédaignée par l'Armorique, et le peuple garda sa libre parole celtique.

Trois siècles de romanisation – romanisation relative, pas un auteur de langue latine en Armor – ayant fait long feu, les Bretons insulaires revinrent au pagus. Ils arrivent des Cornouailles ou du pays de Galles, ils fuient les envahisseurs germaniques, Angles et Scots, plus cruels que les Romains. En Armor ils sont chez eux, Bretons parmi les Bretons, chrétiens parmi les chrétiens. Même langue, même religion, même origine. La chasse aux derniers magistrats de César peut s'ouvrir, l'Armor se réveiller breton. On l'appelle *Britannia* chez les Romains, *Letavia* chez les insulaires, toponyme dont j'ignore le sens, et comme au bon vieux temps des Vénètes on…

## Chantier naval

*Foei, foei, foei, ma zammig aotro*
*War e stoup hag e billou*

… et comme au bon vieux temps des Vénètes on reprend la mer et l'on construit des bateaux.

Il paraît irréel, aujourd'hui, le temps du chantier naval en bois, si familier des villages de la côte avant l'arrivée du plastique. On le trouvait dissimulé au fond des rivières, bien des fois, dans une campagne à vaches, à grenouilles, la mer ne le mouillait qu'aux grandes marées. Il sentait bon la sciure, le copeau, la résine, l'hortensia. Il embaumait comme une boulangerie. Canots, voiliers, avirons, sabots, cercueils, on pouvait tout commander au chantier naval. Tout sauf du pain.

Autour de Saint-Malo, jadis, chemins et sentiers menaient à la grève, et sur ces grèves on construisait les grands bateaux français, on les réparait, on les calfatait, on les ponçait, on les baptisait. On était chantier naval comme on est chapelle ou fontaine miraculeuse, et bien sûr boulangerie.

Sous la tour Solidor apparaissaient les frégates. Six cents familles vivaient du chantier. Douze cents ouvriers spécialisés s'affairaient : scieurs de long, charpentiers, cordiers, poulieurs, mâturiers, forgerons, voiliers. On mitonnait les goudrons, on estropait, on bridait, on ridait, on épissait, fourrait, transfilait, autant de mots pour la plupart inusités aujourd'hui. Le bateau s'élevait jour après jour dans les échafaudages, il finissait par dominer la ville. Terminé, bardé de suif de mouton, la savate sciée sous l'étrave, il dévalait à la mer au milieu des vivats.

J'ai assisté au lancement du…

## *Clemenceau*

*N'eus netra ebed dit da houzoud*
*Qouz c'hoario tenval ar bed*
*E leh m'emoh a-drenv al leurenn*

… assisté au lancement du porte-avions *Clemenceau* que j'ai retrouvé sur la fin, embossé à l'arsenal, à Brest, attendant sa déconstruction.

Le nom d'un bateau n'a rien d'anodin. Débaptisez-le, il se prend à douter. Ce bateau-là s'appelle *Clemenceau*. Il n'a jamais eu l'ombre d'un doute, en quarante ans de service au long cours, frère navire du frère humain qui lui lègue un nom béni des dieux.

Le *Clemenceau* est le premier porte-avions mis en chantier par les Français, la guerre finie, au bassin Laninon d'un arsenal de Brest convalescent, bombardé à zéro par la Sainte Alliance. Il est conçu pour la lutte anti-sous-marine et la défense aérienne, mais l'on ose affirmer qu'un tel bâtiment n'a pas seulement vocation à guerroyer. Il emporte au gré des horizons qu'il franchit le trésor d'une idée civilisatrice qu'il fait rayonner sans violence aucune, et sans rien exiger.

Longueur : deux cent soixante-six mètres ; largeur : cinquante et un mètres ; hauteur au-dessus de l'eau : soixante-deux mètres à la pomme de mât, vingt-huit mètres à la passerelle où l'ergonomique fauteuil de navigation est le privilège du pacha. En croisière, il file ses vingt-cinq nœuds bien comptés, à trente-trois il commence à vibrer et mordre l'écume jusqu'au pont d'envol, mais il reste manœuvrant.

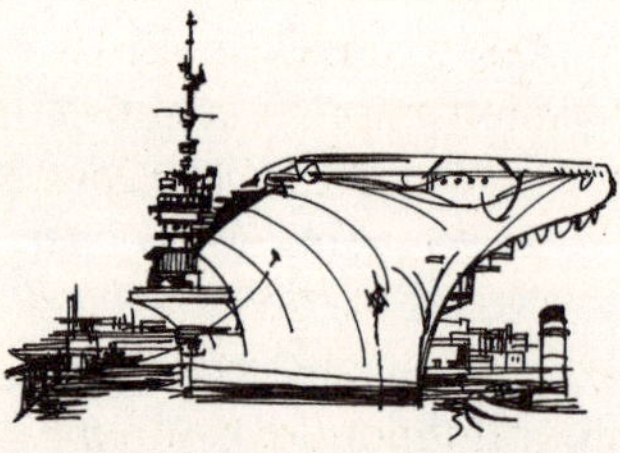

Deux mille hommes, entre marins, techniciens et pilotes, ont leur sac à bord, soit une quarantaine de métiers. Et tour à tour quarante avions logent à la belle étoile ou dans une caverne d'acier hurlante – le hangar –, leurs grêles entrailles bichonnées par les mécanos. Les catapultes à vapeur les projettent au ciel à cent vingt-cinq nœuds. Que la pression vienne à chuter inopinément, c'est le plongeon. Adrénaline garantie à chaque mission pour ces deux fratries jumelles : catapultants et catapultés.

Pour le commun des mortels, le porte-avions porte l'avion comme le porte-clés la clé, etc. Bête comme chou ?... Il y a le porte-aéronefs et le porte-avions. Le premier embarque les hélicoptères et les machines à décollage autonome. Le second les appareils de chasse, les pur-sang de la dissuasion aérienne, Étendard et Super Étendard, Mirage et autres Rafale.

En déclinant l'affaire autrement, on dira du porte-avions qu'il succède au cuirassé, lequel se défendait en solo contre les aléas du ciel et des eaux. Le porte-avions, lui, se trouve en mesure d'attaquer l'attaquant, il inverse les rôles. À préciser enfin que le porte-avions n'est fort que d'un *sister-ship* aussi porte-avions que lui, l'*alter ego* qui prend le relais des missions de vigilance océanique aux heures de radoub. Une campagne au sec peut durer six mois. La vigilance, elle, n'est censée s'interrompre à aucun moment.

Au nom de *Clemenceau*, l'écho répond sans tergiverser : *Foch*, le sosie du premier, lancé en 1963. Au nom de *Charles de Gaulle*, pas d'écho, pas de *sister-ship* en vue partageant les tâches ordinaires de la défense nationale autour du monde. Le *Charles de Gaulle* est un colosse aux pieds d'argile, un intermittent. Il faut deux porte-avions pour déployer une seule patrouille efficace à longueur d'année. Bien brave, l'ennemi qui n'attend pas l'immobilisation bisannuelle du bateau pour agir. Comme si les Allemands s'en étaient pris à la ligne Maginot, au lieu de la contourner par le nord.

C'est en 1997, réformé, promis au démantèlement, que le *Clemenceau* va connaître ses premiers états d'âme. Voilà quarante ans qu'il bourlingue, il a pris part aux événements de Chypre, du Liban, d'Irak, bien d'autres. Il n'est pas moins aimé du public que le paquebot *France*, il ne sera pas moins trahi. Les douze années suivantes le verront divaguer d'une mer à l'autre, d'un tribunal au suivant, porte-avions errant, maudit, conspué, en quête d'un chantier naval qualifié pour son déchirement, sa dépollution.

Rumeurs, calomnies, scandales financiers vont être son lot. On ne sait plus quoi faire du *Clemenceau*, où le cacher, l'expédier, le réduire au silence après que l'Inde l'eut renvoyé dans ses foyers. Remorquage aux frais du citoyen, dix-huit mille kilomètres d'océan pour jeter l'ancre à Brest, le port natal. On balance au sujet du *Clem*, on pinaille entre avocats. Déchet domestique, il est impossible à transférer. Matériel militaire, il a droit comme tout navire de bataille à une fin décente, aux derniers honneurs.

En 2008, un ultime appel d'offres voit les Anglais remporter la partie, bon débarras. Que les tombeurs de Trafalgar soient ceux-là qui déconstruisent aujourd'hui, sans même les couler bas, les prestigieux vétérans de la flotte française, on se pince. Le Tigre doit se retourner dans sa tombe. À Dieu vat, *Clemenceau*.

Il y a beaucoup à dire sur la trahison – qui n'est pas félonie. On trahit par négligence, par intérêt, par sottise, par folie des grandeurs, par cupidité, par cruauté, par malice, par mesquinerie, par tentation, par amour. On trahit parce qu'on trahit, parce qu'on est doué pour la trahison, pauvre salaud ! On trahira des humains, des convictions, des bateaux comme on l'a vu, et même des animaux. Le plus trahi d'entre eux, le plus humain d'ailleurs après l'homme, c'est le cochon. On le mange, mais son nom est une injure. On l'aime, bon marché qu'il est, mais le productivisme redoublant d'efficacité, il nous vaut un certain nombre d'inconvénients hygiéniques, et beaucoup en viennent à le désaimer, le détester, ce bon vieux porc émissaire, ce *moh*.

Pitié, ne me…

## Cochon

*Brummen hleb*
*Ne bad ket*

… Pitié, ne me demandez pas ça à moi… Détester le cochon ? Je refuse, tout mon être dit non.

Le cochon a tout bon : il est bon.

Le cochon a tout faux, je sais.

Je peux vous dresser un état des lieux succinct, accablant, si vous voulez.

Il y a en Bretagne aujourd'hui quatre cochons pour un Breton, soit environ six cents tonnes de cochon excédentaires au regard de la consommation, on en fait quoi ?

Les céréaliers répandent le lisier sur les champs, les éleveurs se frottent les mains.

Les éleveurs porcins savent très bien qu'il se déverse en lisier la valeur de tout un *Amoco Cadiz*, soit deux cent trente mille tonnes d'immondices, chaque année. Les éleveurs porcins ont le soutien des syndicats et celui des pouvoirs publics hantés par le spectre des élections et celui du chômage.

J'aime le cochon, je t'aime, cochon !

J'ai été élevé au pâté Hénaff dont je suis resté friand, même si le pâté Larzul eut mes pratiques en 68, mon père essayant de varier l'ordinaire. D'un cochon l'autre...

Combien de fois, en route pour les îles sur l'*Intrépide*, j'ai vu la femme de François Réguer, un ancien du Cap-Horn à l'oreille d'or, sortir de la poche de sa vareuse la petite boîte bleue nommée Hénaff, et le cochon s'étalait sur les tartines, et le cochon nous rassasiait en pleine mer.

Cochon, *moh* en breton, avait sa fête, en Armor, le *fest-ar-moh*. On l'égorgeait, le saignait, le débitait, il prodiguait boudins, saucisses, cuisseau, couenne, hure, pieds, groins, palette enrobée de chapelure et de sel, un bon cochon vous nourrissait une famille toute l'année.

J'ai eu une maison dans la baie de Douarnenez à Saint-Nic-Pentrez. Dès que l'on mettait le nez dehors se respirait un air iodé que les cochons avaient agrémenté d'un odorisant bien à eux. Ceux qui désodorisaient chez eux à l'atomiseur citronné passaient pour des *kodakerien*, des touristes si vous préférez.

Une infection.

Je ne peux pas les détester, mes cochons.

Il ne fallait pas boire l'eau du robinet. Mais payer la facture à temps il le fallait, que l'eau soit ou non du poison. La faute aux cochons.

Azote et phosphore intoxiquaient les terres cultivées, partaient à la rivière et descendaient s'égailler sur la plage de Pentrez où la marée verte empestait par-dessus l'odeur du lisier.

La faute aux cochons.

Leur en vouloir ? Jamais de la vie. Chez nous, à l'Aber-Ildut, dans les années 60, le dimanche soir, on mangeait du pâté de gueux, chez vous on dit hachis Parmentier. Tous les restes de viande de la semaine : volaille, cochon, veau, bœuf étaient mélangés, hachés, bouillis avec un bouquet garni, puis disposés sur une première couche de purée que la seconde recouvrait, beurrée à souhait, agrémentée d'un sucre. Vingt minutes au four de la cuisinière à charbon, une bonne dose de gruyère râpé pour le gratin et l'on était des rois. Les rois du pâté de gueux.

Dans le cochon c'est vrai, c'est vrai que tout est bon.

Les oreilles, le groin, les joues, la langue, les pieds, la couenne, etc.

Les tripes, la hure, le fromage de tête, la sous-gorge, la graisse, etc.

Le mou, c'est particulier. Les miséreux se font réserver le mou. Ils disent : pour mon chat. Leur chat, ils l'ont déjà mangé, le mou est pour eux.

Je ne peux pas détester le cochon. Ni les chats d'ailleurs.

Vous vous rappelez, à Paris, cette enseigne au coin de l'avenue du Général-Leclerc et de la rue d'Alésia, jouxtant l'immense G du cinéma Gaumont ? On voyait une jolie fermière penchée sur un cochon en pleurs qu'elle consolait : PLEURE PAS GROSSE BÊTE, TU VAS CHEZ NOBLET, 84, AVENUE DU G. N. RAL LECLERC. (Il manquait deux E dont l'un tombé sur le front d'un zélateur de Krishna, la faute à pas d'chance.)

Cinq étages en dessous, c'était la charcuterie Noblet, grande maison, le *nec plus ultra* de la cochonnaille bourgeoise, elle avait de la Vire et de la Guémené, deux andouilles à pleurer d'extase, surtout la Guémené.

J'admire le général Leclerc.

Je ne déteste pas les cochons.

Je suis leur ami.

Les cochons sont des gens très bien.

J'ai assisté à la « tuaison » du cochon à Plomodiern dans le Finistère Sud. J'ai vu pleurer le cochon condamné à mort la veille de son exécution. Il avait honte, il s'était mis au coin. Un porcelet dodu comme Naf-Naf. Son instinct lui disait qu'il était perdu. Il ne voulait pas mourir. Il était jeune, il avait la vie devant lui. Je n'ai pas su lui parler.

Ses faux frères de cochons le laissaient chialer dans son coin. Ils avaient compris que l'Ankou l'avait à l'œil, ils redoutaient l'œil noir de l'Ankou, ils étaient bretons comme vous et moi.

Le lendemain soir, j'ai mangé l'infortuné cochon avec la famille du paysan. Et moi, gros mangeur, fourchette à mille dents, je faisais bande à part, l'appétit coupé. Je chipotais, j'avais plus soif que faim. Mon verre grandissait, grandissait…

On est ingrats avec les cochons.

Ce ne sont pas eux les plus cochons du troupeau.

Voilà où j'en suis.

Prendre en grippe le cochon ? Pourquoi pas la sardine ! Rappelez-vous *La Négresse blonde* :

*Sans voix, sans mains, sans genoux,*
*Sardines, priez pour nous.*

À mon tour d'implorer :

*Cochons, priez pour nous.*

Est-ce à dire que je prierai pour eux ? Pour les sardines ? Les chevaux ?…

À l'Aber, enfants, on priait tous les soirs à genoux dans la chambre de tante Jeanne. On priait pour les malheureux, pour les marins, pour les malades, on priait pour les gens seuls, on priait pour les petits Lebreton du Café du Port dont le père était un soûlard violent, on priait pour nos parents et pour nos amours, on tombait de sommeil en priant. Ensuite, il était recommandé de passer au jardin avant d'aller dormir. Comme il faisait très noir et qu'il pleuvait à l'occasion, que le vent hurlait sur le port, que les filles avaient priorité, les grands aussi, les aînés, je prenais en dernier les fameuses « précautions » d'usage avant la traversée du sommeil.

Bientôt nous aurons l'eau courante, promettait grand-mère, et des toilettes automatiques à la…

## Commodités

*Trouz mor e Pont-Krac'h*
*Glav hag avel ken a gac'h*

… et des toilettes automatiques à la maison, ce sera mieux pour tout le monde. L'eau courut à l'Aber en l'an de grâce 61. Le mécano du village, Michel dit Micho, l'homme au pouce droit sectionné, vint installer tuyau et robinet dans la cuisine. Un tuyau, un robinet. En 63, il installerait deux blocs sanitaires dans le jardin, deux chasses d'eau à pression la Trombe, un lave-main.

Micho changeait les bonbonnes de gaz, réparait nos bicyclettes ou venait planter les goujons du portique au début des vacances. Ce fut lui qui fit entrer chez nous la Fée Water. Un bricoleur à tout faire, à trop faire, un génie d'après moi. « Il va encore tout saloper, disait mon grand-père, il ne croit qu'au chatterton. » Ses réparations ne duraient pas, semble-t-il, malgré les bandages autocollants dont il emmaillotait généreusement câbles et tuyaux souffrants.

Ma tante Jeanne lui préférait Le Duff, une espèce d'intellectuel taiseux couleur de muraille, en sarrau gris d'instituteur, uniquement sollicité pour les soins délicats, quand la pompe Guinard n'aspirait plus, quand le toit fuyait, quand le disjoncteur postillonnait des étincelles. Qu'il soit bien entendu que Micho n'entendait rien à l'électricité, même aux plombs, et qu'il ne devait pas toucher ne fût-ce qu'une ampoule grillée sans autorisation. À la rigueur il pouvait changer les carreaux. Mais Le Duff habitait un hameau isolé sur la route de Brélès, au diable bouilli, alors que Micho tenait boutique avec tous les siens à l'entrée du village, la maison bleu ciel Kero's, une extension du terrain de boules sous les mélèzes, et sans doute l'ancien point de stationnement du car si l'on en croyait le trottoir surélevé.

On trouvait tout, chez Kero's. Un atelier mécanique avec une minuscule épicerie contiguë. Une épicerie-bar, comme elles abondent en Bretagne. Une épicerie-pharmacie. Une épicerie-confessionnal.

Une épicerie-librairie. Une épicerie-cordonnerie. Une épicerie-bricolage. Un grand magasin, chez Kero's, le Bonheur des Dames.

À la caisse Madame Mère, une petite centaine, la *koef* de mousseline, la robe noire, le châle mauve au crochet des aïeules, une face burinée d'Iroquois.

Sur le rayon d'une étagère, au milieu, les journaux, les bocaux de bonbons, les cartes postales ; en bas, les cageots de fruits, beaucoup de prunes vertes ou violettes (Mme Kero's devait apprécier les prunes) ; en haut, la mécanique : les boules de pétanque à muselière, les différents bidons d'huile ou d'essence mélangée pour les Solex, avec des becs verseurs noirs, les piles Wonder, les dynamos, les burettes, les sacoches, les kits de réparation pour deux-roues, les tubes de vulcanisation à froid (Vulcain ? Un dieu aux oreilles décollées, le plus grand réparateur de bicyclettes que la planète ait jamais conçu). Et finalement, c'était toujours Micho, l'homme au pouce manquant, qui réenclenchait le bouton bleu du disjoncteur et provoquait un début d'incendie.

J'aimais beaucoup Micho, son parler nasillard, sa vieille salopette graisseuse, ses pognes tigrées de cambouis, cette manche qu'il avançait d'un coup d'épaule, en guise de poignée de main, sa gentillesse envers les enfants.

Micho était un personnage héroïque du roman de la vie quotidienne, pas Le Duff. C'était lui, le grand poète bricolo, pas Le Duff. Lui, l'homme au pouce cassé.

Micho resplendissait dans son atelier ou sur le théâtre de la grève où il bricolait sa 2CV break juchée sur un podium de ciment. Il semblait toujours s'extraire des entrailles d'une immense salle des machines, et d'un agenda surchargé, pour accéder à nos urgences de rien du tout, nos ampoules grillées. C'est merveilleux, pour un enfant, un homme avec un pouce en moins, victime d'un coup de scie à l'arsenal de Brest. Le pouce manquant brille par son absence. On se demande si c'est vraiment sérieux, s'il n'est pas rangé dans un tiroir de l'atelier entre deux clés à molette. S'il ne suffirait pas d'une bonne vulcanisation à froid pour le recoller. On demanderait bien à voir le pouce absent.

La Fée Water s'éclaircit la gorge et l'eau jaillit du robinet dans la cuisine. Micho actionna plusieurs fois le robinet dans les deux sens, que nous comprenions bien qu'il ne s'agissait pas d'un miracle, et comme si nous pouvions ignorer le fonctionnement d'un robinet. Aurait-il branché l'Internet, je n'aurais pas été plus épaté. L'eau courait dans l'évier, froide, municipale, phréatique, interminable. Elle ne courait pas dans les étages, elle mit bien cinq ans pour daigner monter l'escalier. Broc, seau, vase de nuit, pot à eau conservèrent un statut régalien sur les coiffeuses et dessous, derrière les paravents aux arabesques japonisantes. Et pas davantage, avant 63, l'eau ne courut dans les ouatères du jardin, un édicule à deux compartiments distincts bâti entre la citerne et la fenêtre de la cuisine.

GRANDES PERSONNES
ENFANTS

Va-et-vient des molécules en liberté…

Chacun des cabinets, celui des petits et celui des grands, consistait en un long banc de bois coffré, percé d'un trou – un trou pour les enfants, un trou pour les parents – avec un couvercle entre deux opérations.

Couvercle de bois pour les enfants, couvercle de soupière bleu ciel à ramages pour les parents (dernier vestige d'un cadeau de mariage ayant vu divorcer les époux sous Napoléon III, discrétion de rigueur).

Pas d'eau courante, et partant aucune chasse d'eau. Le trou s'ouvrait sur le néant. On entendait bourbouiller la marée montante, on entendait le chuchotis des crabes aux yeux phosphorescents suspendus aux parois. À quoi rêvent les crabes dans les fosses hygiéniques ? On entendait d'autant mieux que le coefficient croissait et que le baromètre chutait.

Par mortes-eaux, et par temps sec prolongé, l'odeur des cabinets – couvercle de bois, couvercle de soupière – induisait en mélancolie petits et grands. Mais nul n'aurait osé insinuer à table que le roi était nu et qu'il avait le derrière impur comme celui d'un cher mignon. Aucune âme sensible, et sincère, n'aurait damné ses chances de salut en déclarant : C'est une infection, ces ouatères ! L'odeur de sainteté était la seule inhalation digne des enfants du bon Dieu, la seule qu'ils pussent évoquer en public. Sexe : tabou. Merde : sacrilège.

L'eau du robinet en Armor, le pays des marées à double effet, parut incongrue les premiers temps. Une lubie capricieuse de Parisiens en villégiature. Parisiens, Parigots. Ce sont eux qui veulent s'emparer des plus beaux rivages bretons pour y planter leurs complexes électronucléaires, leurs villas, leurs éoliennes, leurs marinas. Eux les amateurs de *Bécassine* et les instigateurs du mot PLOUC.

Il y avait une oasis municipale, à l'Aber-Ildut, la pompe à bras du Café du Port. C'était la queue pour remplir les brocs, des mastards de dix litres en fer zingué. On s'emparait du bras d'acier de la colonne à bec et l'on remontait l'eau vivante au bruit vagissant du piston, non moins mémorable que l'angélus dans le granit ajouré du clocher. Gare au Petit Poucet nonchalant qui semait de l'eau sur le chemin du retour, sous prétexte que le broc était lourd, l'anse râpeuse, la route glissante. Il pleuvait régulièrement, et la pompe n'avait jamais le gosier sec. Pas une raison pour gaspiller l'eau. Un sou est un sou, une goutte est une soif. Une miette le commencement du banquet.

Que dit la source bretonne à l'océan, du côté de la chapelle Saint-Samson ?

*Je te porte sans bruit ni gloire,*
*Ce qui te manque ô vaste mer,*
*Une goutte d'eau qu'on peut boire.*

Les commodités bretonnes, avant la chasse d'eau, associaient Mère Nature aux besoins naturels des vivants. Dans les maisons bourgeoises, on disait haut et fort : *s'essuyer*, on le disait tout bas. Dans les campagnes bretonnes on disait haut et fort : *se torcher*. On utilisait la feuille en rouleau gris dans les maisons : le papier journal rugueux dans les campagnes et dans les débits de boisson, dans les épiceries-bistrots – chez Kero's, chez Fine, chez Lamé –, dans les buvettes des grèves, dans les courettes des restaurants du bord de mer où les cadavres des bouteilles, des crustacés, des huîtres et divers cageots s'amoncelaient dans un chassé-croisé de mouches à l'ombre d'un réduit de fortune pompeusement intitulé W.-C.

WATER-CLOSET.

WATER ? *Niet*.
CLOSET ? Selon.

La fortune du pot de chambre, mes amis, le rendez-vous des mouches. Tous les quotidiens régionaux s'immisçaient dans la place, embrochés sur un fil de fer : *Le Télégramme*, *Ouest-France*, *Le Marin*, *Le Monde*, *L'Express*, *Le Figaro*… Détestables maisons celles qui vous embrochaient du *Marie-Claire* ou du *Paris Match*, le papier glacé des magazines occasionnant des tourments au-delà des mots.

Seules quelques délicates belles-sœurs trouvaient à redire à ces cabanes de plein vent où l'on s'exécutait derrière un battant d'armoire, une toile cirée, un vieux gouvernail, avec la peur panique d'être vu par un semblable : vu, dénoncé, montré du doigt, réduit au sort commun.

Il faudra patienter jusqu'aux années 70 pour tirer la chasse dans les cabinets du jardin. On n'arrête pas le progrès, même hygiénique, et même s'il tarde à sonner chez vous. Tout le monde apprécia dans la maison. Grand-mère dut intervenir pour que les petits cessent de jouer avec la chasse d'eau. Elle jouait, elle aussi, tante Jeanne jouait, on circulait beaucoup autour des cabinets nouvellement équipés d'une machinerie dernier cri. La Trombe n'hésitait pas à retentir plusieurs fois au cours de la nuit, et chacun se retournait dans son lit en songeant : qui ça peut bien être ?

J'ai dit que l'on tirait la chasse, mais c'est inexact. On abaissait une manette latérale avec l'impression de rabattre une oreille contre son gré, et une belle bouffée de fraîcheur montait aussitôt de la cuvette vivement rincée.

Marie était la seule à ne pas s'intéresser à cette modernisation des cabinets. D'après moi, d'ailleurs, elle cessa de les utiliser, n'ayant que la rue à traverser pour être chez elle. Son amour-propre s'offensait d'un changement superflu réalisé à grands frais, vanité typique des Bretons citadins. La mer ne leur suffit pas, ils se paient une chasse d'eau. Depuis le Moyen Âge, chaque matin, on allait vider son seau à la cale du port, côté nord (le côté sud était réservé à la baignade), mais ce n'était pas assez bien pour nous. Avec ses deux chasses d'eau tonitruantes, grand-mère injuriait la mer, elle injuriait l'Aber, elle injuriait sa dévouée servante. Marie avait passé sa vie au service de ma grand-mère et de grand-mère de l'Aber, mais elle ne fut sûrement pas loin de rendre son tablier, cette fois-là. Elle avait le caractère Pluie et Vent, elle aussi, comme l'avait grand-mère, ce…

## Coutume

*To ti pa ri*
*Ne lez disto ti*

… ce qui ne manquait pas de faire souvent des étincelles, ma susceptible aïeule accusant Marie de se vexer pour rien.

Je prenais mon café avec les bonnes, l'après-midi, elles étaient trois ou quatre l'été, je réconfortais Marie qui se jugeait mal aimée.

Par un lumineux soir d'août, grommelant après sa patronne, elle m'emmena au Roc'h Melen noyer un cageot rempli de petits chats qu'elle ne voyait pas à qui donner. Tout en regardant le cageot sombrer dans les plis onctueux du courant, elle me raconta comment l'on recherchait les disparus en mer, de son temps. On plantait dans un bloc de pain sec un cierge allumé, on ficelait le pain sec sur un bout de planche, on récitait le Je vous salue Marie, et le tout prenait la mer. Le vent pouvait souffler, le cierge ne s'éteignait pas. Et si loin qu'il était le disparu revenait à la rive, et longtemps après le cierge était toujours allumé à côté du disparu. On l'enterrait avec lui. Sous la terre le cierge brûlait sans fin, et la nuit des reflets tremblotants s'élevaient au-dessus du tombeau, il fallait prier pour les marins. Nous rentrâmes à la maison, et…

## Cuisinière

*Reun n'eo ket bleo*
*Re galed eo*

… nous rentrâmes à la maison, et Marie m'envoya au cabanon chercher un seau de boulets pour la cuisinière. En récompense, elle me laissa verser le charbon dans le feu, et ce fut comme donner sa pitance au dragon.

La cuisinière trônait au fond de la cuisine entre l'évier et le buffet aux épices, un ustensile antique à bois et charbon. J'aurais pu jurer qu'elle ne s'éteignait jamais, elle non plus, reliée par son tuyau coudé à la source du feu où s'abreuvent les volcans au fond de la Terre.

Le matin, quand je descendais au petit déjeuner, elle ronflait déjà, et le soir, quand j'actionnais en douce la manette octogonale du mouchard – rouelle de fer à claire-voie sous le robinet de cuivre où se tirait l'eau des tisanes –, je voyais ondoyer des reflets rose bonbon au-dessus d'un brasier rouge sang. Elle était noire, avec une haleine de métal surchauffé ou de cuissons variées.

Marie la frottait une fois par saison, faisant briller le bastingage de laiton où pendaient tisonniers, torchons, fer crochu servant à déplacer les ronds des brûleurs. L'un d'eux était fendu. Le jour passait à travers et l'on distinguait la respiration du feu dans les entrailles du foyer. Ces ronds consistaient en cercles de fonte qui s'emboîtaient mutuellement, du plus grand au plus petit – celui-là percé d'un trou – jusqu'à former une large plaque de cuisson aux anneaux concentriques. Ils étaient trois sur la cuisinière, grand, moyen, petit. On posait la marmite à crustacés sur le grand, on faisait fondre le chocolat noir à la casserole sur le petit, chaque dimanche soir, et la haute cafetière d'inox trouvait sa place entre les deux.

Il se chauffait toujours quelque chose, sur ce ventre à feu, comme la paraffine des marmelades ou le fer à friser des vieilles personnes aux longs cheveux clairsemés. Le four, verrouillé tel un coffre fort, accueillait fars, volailles, timbales, viandes, riz au lait. C'est sur la cuisinière de l'Aber que je surpris un jour une araignée molénaise en train de s'immoler, perdue pour perdue, par calcination. Elle était parvenue à s'extraire du chaudron, et c'est en cherchant la mer sur l'acier chauffé à blanc qu'elle s'était coincé une patte arrière dans la fente du brûleur endommagé. Paix à ton âme, vieil océan.

Il y avait deux écoles de cuisson des crustacés, à l'Aber, autour de cette cuisinière antédiluvienne. La décoction, l'infusion. Mort lente, mort instantanée. Ma douce mère était partisan de les plonger dans l'eau froide, mon père dans l'eau frémissante. Le crustacé souffre moins dans l'eau frémissante, tué sur le coup, mais les pinces se détachent parfois sous le choc thermique et l'eau envahit la carapace, dissolvant les chairs.

À l'Aber, pas un crustacé n'allait au trépas sans au préalable subir la bruissante agitation des chrétiens disputant si l'on doit se montrer magnanime envers eux ou gourmet, accroître la souffrance animale de l'univers ou s'armer de bonnes intentions gastronomiques, comme la Bible d'ailleurs le permet quand elle sacrifie l'agneau pascal. Et les débats n'étaient pas clos que la bestiole était depuis longtemps morte et digérée. Comme on dit en breton : *N'eu ganin eun disterra gaou 'med…*

# O

## Dictons

*Ne deus pilhenn na guef truilhenn*

… *'med marteze eur ger pe zaou*, ce qui signifie : Il n'y a chez eux rien de faux, sauf peut-être un ou deux mots. Ce qui signifie : Taisez-vous donc, bande d'hypocrites !

À présent ce choix de petits proverbes littoraux à l'intention du marin superstitieux naviguant pour la première fois dans les eaux d'Armor.

*Seigneur, secourez-moi*
*Au passage du raz,*
*Mon bateau est petit*
*Et la mer est si grande.*

Et :

*Qui voit Molène*
*Voit sa peine.*

Et :

*Qui voit Sein*
*Voit sa fin.*

Et :

*Qui voit Ouessant*
*Voit son sang.*

Et :

*Qui voit Groix*
*Voit sa joie.*

Autre version de l'adage groisillon, celle-ci d'acquisition récente. On la doit à mon ami Michel Marker, un officier de marine marchande avec qui je naviguais sur l'*Aeleutheria* dans les années 70 :

*Qui voit Groix*
*Perd son foie.*

Michel ne perdit pas son foie, mais faillit bien perdre la vie, une nuit, en passant par-dessus le balcon avant lors d'un changement de foc au milieu du golfe de Gascogne. C'est donc vrai qu'il existe un bon Dieu pour les marins qui voient Groix plus souvent qu'à leur tour.

On trouve à l'île de Groix, en vis-à-vis de la crêperie de la Montée, non loin du restaurant des Pêcheurs autrefois tenu par le merveilleux Claude Pouzoulic – grand guitariste à tête de Brassens et vareuse rouge –, un bar à matelots dont Ti Beudeff, le patron, n'a cessé de narguer la loi continentale, ignorant les heures de fermeture, servant des boissons peu recommandables à des consommateurs qui ne l'étaient guère plus, aux yeux du garde champêtre, attirant l'été les celtismes d'Irlande ou du pays de Galles épris de retrouvailles, et faisant fête à ses frères éloignés au cours de beuveries sans fin.

Ti Beudeff fut l'ami cher des voileux en escale jusqu'en 2003, des voileux et des bons copains inconnus venus chercher ici la fraternité du zinc, « métal conducteur d'amitié », comme disait l'autre. Puis son merveilleux patron est tombé malade, et ce n'est plus un édit municipal qui peut lui faire du tort. À plus tard, Michel.

À présent ce choix de proverbes toujours littoraux, non plus tournés vers la mer mais vers la côte, à l'intention du marin superstitieux qui prétend se marier pour oublier les rigueurs de l'océan.

*Que fille soit sotte et mégère,*
*Pourvu qu'elle brille à sa crêpière*
*Moins fera bonne marinière*
*Meilleure la sous-ventrière.*

Et :

*Femme qu'on dit bonne crêpière*
*Mène marin à sa manière.*

Et :

*Bonhomme sent l'odeur du vent*
*Sa femme fleure crêpe au bon beurre.*

Tous ces bouts rimés ou pas ont des résonances familières, à mon oreille, comme si j'avais pu les entendre un jour, il y a des centaines d'années, quand mon âme avait déjà sur les os la peau d'un Breton d'Armor, j'ignore lequel, paysan ou pêcheur. Dans mon sang la Bretagne chérit d'autres hiers que les miens après 49, et j'ai parfois la sensation qu'elle aimerait s'en souvenir par ma voix. N'y suis-je pas déjà…

## Duchesse Anne

*Nen euz droug ébed né zervich da eur ved bennak*

… N'y suis-je pas déjà né bien des fois ? Chrétien d'Armor féru des magies topiques enseignées par les druides, n'ai-je pas transmigré ni vu ni connu pour venir vous chuchoter ces mots à l'oreille, qui que vous soyez ? Et vous-même, entre nous ?… Ma mémoire est une poupée russe aux incalculables sœurettes utérines, chacune enfermant le moi intégral dont il est question dans ces pages, votre serviteur. Alignons-les, ces poupées, ouvrons-en une au hasard. C'est moi, ça ? Le roi Dagobert ? La culotte à l'envers ? Je ne me mouchais pas du pied, dis donc ! J'ignorais qu'il eût du sang breton sous la couenne.

Pas le mauvais cheval, en tout cas, le premier des monarques francs à rêver d'un Armor unifié au royaume, en l'an de grâce 630, je comprends mieux. « S'il te plaît, dit-il au bel Éloi, son conseiller favori, prends langue avec Judicaël, le roitelet nébuleux qui vit au Mont-Saint-Michel, dans le Nord. Dis-lui pour sa gouverne que l'Aquitaine est tombée, et que sa Bretagne doit en faire autant, sinon gare à lui. Vas-y, mon blond. »

Éloi fait seller sa jument isabelle (ou gris pommelé), il pique des deux et sa chevauchée le conduit vers le nord. La brume est épaisse autour du Mont-Saint-Michel, la nuit très noire, et la mer sujette aux métamorphoses. Éloi s'arrête à Creil, envoie des sous-conseillers en ambassade auprès du roi breton qui les reçoit à bras ouverts, quel bon vent ? Ripailles, en l'honneur des conseillers, danses, *fest-noz*, messes chantées, comédies, tournois, mystères…

Ambassadeurs francs et suite royale bretonne, quelque peu fatigués, chevauchent de conserve à travers la baie, les landes, les seigneuries, les forêts, les grands chemins, et bientôt les voilà rendus à Creil où le bel Éloi tient table ouverte au château flambant neuf, héritage du roi Gontran.

« Certes je suis chef, mon beau seigneur, lui dit Judicaël, chef ou duc d'Armor, mais non pas roi de Bretagne. La Cornouaille et le Sud ont chacun leur chef. Avertissez Dagobert que le plus royal des rois ne peut donner que ce qu'il a, et que moi je n'ai pas, n'étant pas roi.

— Qu'à cela ne tienne, répond Éloi conquis par la douceur du chef de l'Armor. Dagobert sera heureux de vous l'entendre dire en personne, allons à la Cour.

— En route ! dit Judicaël, puis il se ravise : Nous sommes trois chefs, et si je veux faire un mandataire digne de foi, il me faut l'aval de mes pairs. N'ayez crainte, je ne serai pas long. »

Un an plus tard le revoilà nanti d'un traité d'alliance en bonne et due forme engageant toutes les Bretagne d'Armorique, du Mont-Saint-Michel au pays de Retz. Les trois chefs ont signé.

« Alliés nous sommes désormais.

— À la vie à la mort, répond Owen, autre conseiller bien en cour du roi Dagobert, successeur d'Éloi aux affaires étrangères. Allons fêter ça avec Sa Majesté.

— En route ! dit Judicaël, puis il se ravise : Qu'irions-nous importuner Sa Majesté pour ces broutilles de bon voisinage ? Nous aurons d'autres occasions de lui rendre visite. »

Vidé le dernier hanap, Judicaël retourne à ses brumes du Nord.

Il est satisfait. La Bretagne reste bretonne : bretonne et libre, bretonne et souveraine, bretonne et surtout galloise. Il ne vous aura pas échappé, j'imagine, que ce sont des créatures auréolées, trois futurs grands saints : Éloi, Judicaël, Owen – de la canonisation celtique pur lichen ! – qui rallient Dagobert à cette amitié sans nuage avec l'Ouest armoricain.

Ce qu'on appelle dans les chancelleries modernes : « une paix fourrée ».

Du Moyen Âge, on nous assure qu'il était merveilleux. Et merveilleux il pouvait l'être en l'absence d'observateurs, de procès-verbaux, de registres officiels, caméras cachées et autres dossiers médicaux risquant de nuire à l'émerveillement.

Merveilleux il l'était par la voix des moines ou des chansonniers errants. Avec eux les p'tits cordonniers épousaient les princesses, les grands saints tiraient les ficelles de l'avenir, le roi sortait nu les jours d'Épiphanie, et c'étaient les enfants qui le montraient du doigt, voulant mettre l'Histoire en branle, la vraie, et savoir si Dreyfus avait bien mérité son bagne et Marie-Antoinette le clin d'œil polisson du bourreau.

Ce fabliau, rassurez-vous, ne se veut pas une histoire emblématique de la Bretagne en France. Il n'est qu'une miette savoureuse tombée du pain perdu – partiellement retrouvé – d'une mémoire affleurant quelque sept cent mille années et tellement de poussières avant nous. Ainsi va la mémoire du monde, en zigzaguant telle une mouche avinée.

Qu'est-ce que la Bretagne d'Armor, avant les historiens ? Qu'y a-t-il de vrai dans la relation de Conan Meriadec par Geoffroy de Monmouth, érudit d'Oxford au XII$^{e}$ siècle ?

En l'an 360, écrit-il, le Celte espagnol Maxime, à la tête des armées bretonnes (grande Bretagne, grande Albion), emmène outre-Manche Conan Meriadec, le neveu du roi. Ils commencent par tuer Himbaldus, roi des Francs, puis s'emparent de la péninsule armoricaine.

« Fais-nous-en une seconde Bretagne, ordonne Maxime à Conan, tue-moi tous ces métèques et peuple ces terres avec notre race. Et n'oublie pas de couper la langue aux Gauloises qui auraient épousé certains des nôtres. »

Leur solution finale accomplie, Maxime et Conan s'attaquent à la suite du projet, le repeuplement des pays d'Armor.

« Pas de métissage avec du sang franc, dit le Celte espagnol.

— Surtout pas, dit Conan.

— On manque cruellement d'utérus bretons.

— Voire ! dit Conan. »

Le neveu du roi retourne en Bretagne insulaire, soutire une somme rondelette à l'auteur de ses jours, et fait rafler soixante et onze mille vierges destinées aux loisirs des soldats bretons restés en Armor entre hommes.

Onze mille utérus à particule.

Soixante mille utérus de rien.

Une flotte de cent cinquante navires transporte en Armor les futures génitrices. Bon vent, les filles !

Or le Dieu des menhirs christianisés n'agrée pas ce planning matrimonial sous la contrainte. Il envoie la tempête au-devant des bateaux. Non, les soixante et onze mille nymphettes anglaises ne périssent pas entre les mandibules des langoustines, ce serait trop affreux ! La version de Geoffroy les repousse en mer du Nord sur les rives germaines où elles s'échouent saines et sauves. Geoffroy prétend qu'elles furent massacrées sitôt débarquées. Oh ! le menteur… Mais bien sûr ! L'histoire humaine aurait massacré sans violer d'abord ? Des milliers de pucelles naufragées ? On n'y croit pas une seconde. Si la chronique cherche à brûler une étape aussi mémorable, c'est évidemment que Geoffroy, clergyman de haut rang, craint pour son avancement au tableau d'honneur. Les tueries, ça passe. Les viols, ça rend nerveux. À moins qu'il n'ait tout inventé pour se donner des frissons.

Sous des airs abracadabrants, ce fantasme de vieux clerc au sang chaud pourrait bien dire aussi vrai qu'il délire, comme la geste homérique affabulant à son gré les riches heures d'Ulysse, mais dans une peinture des îles grecques authentifiée par les chroniqueurs du moment.

À travers les mésaventures un peu olé ! olé ! du charmant personnel féminin recruté chez Albion se déchiffre le message suivant : au IVe siècle, période marquée par le repli des populations gallo-romaines, une armée bretonne commandée par Maxime et Conan Meriadec vint rétablir la paix en Armor. Après quoi, des familles de courageux Bretons descendirent se mêler aux populations indigènes, préservant l'harmonie raciale entre petite et grande Bretagne. Ainsi l'Armor se trouva-t-il écartelé entre le royaume des Francs et la Bretagne mère, cette grande et tutélaire Albion que les Angles nouvellement arrivés mettaient à feu et à sang.

En avant toute pour mille ans de souveraineté bretonne.

En 843, Charles le Chauve devient roi des Francs. Si l'Armor rechigne à s'unifier du nord au sud, ses chefs sont des indépendantistes-nés, et la vassalité qui les rattache aux Francs ne tient plus qu'au fil de l'épée. Dans aucun texte il n'est d'ailleurs spécifié que la Bretagne doit allégeance au voisin, si puissant soit-il.

Nominoë, comte de Rennes – *missus dominici,* pourquoi pas ? – passe aux yeux des Francs pour un agent du pouvoir carolingien, mais un agent à toutes mains : fidèle à Louis le Débonnaire, à Charles le Chauve, à la péninsule, à tout ce qui l'arrange. En Armor, assuré du triple appui du peuple, des chefs et du clergé, il est le roi.

C'est d'ailleurs en roi qu'il réagit, fin 843, lorsque le Carolingien Renaud, préfet de la marche de Bretagne, comte d'Herbauge – grand tombeur d'hommes du Nord –, las des arrangements policés de l'oncle Pépin, vient déployer ses armées à l'ouest.

L'armée franque en découd à Messac avec l'armée bretonne. Elle en découd moins qu'elle n'est décousue par Érispoë, le fils de Nominoë. Renaud tombe à la bataille. Finis, les bons offices, la belle entente cordiale voulue par l'oncle Pépin. Nominoë ravage le Poitou et fait ériger sur le monastère de Saint-Florent une statue colossale à son effigie, visage menaçant tourné vers la France. Charles fait remplacer l'effigie du Breton par la sienne tournée vers la Bretagne. Nominoë revient aussi sec à Saint-Florent bousculer monastère et statue qu'il achève par le feu.

Du tac au tac le Carolingien conduit ses meilleures troupes en Armor à la rencontre des armées bretonnes. Il est défait, on le croit mort. Nominoë, *missus dominici* désinhibé, renvoie les évêques francs et nomme des évêques à lui – des Bretons dont il reçoit l'onction sainte, dûment sacré roi de Bretagne. Vive l'indépendance bretonne ! Vive le roi Nominoë ! Toute l'Europe applaudit.

Mais Charles revient à la vie. En 851, fort d'une armée augmentée d'éléments saxons, il retourne à l'ouest venger son honneur et, tant pis pour lui, tombe sur les hommes d'Érispoë, celui-ci fils du roi.

Trois jours de bataille au nord de Redon, nouvelle raclée dans les plaines marécageuses où les lourds mercenaires saxons pataugent, trois jours de mise à mort et d'humiliation. Les cavaliers bretons, familiers des bois et marais, montés sur d'infatigables chevaux aux jambes fines, harcèlent de toutes parts les Francs démoralisés. La bataille va reprendre le troisième jour quand Charles s'enfuit toute honte bue, abandonnant son armée, son confesseur, l'appareil royal, un butin colossal.

Hallali dans les troupes franques, cinq mille tués pour cette seule journée. Érispoë, grand vainqueur, n'aura plus qu'à venir à Angers serrer la main du roi franc battu à plate couture en pays breton.

En 852, le puissant royaume armoricain s'étend du Mont-Saint-Michel aux Sables-d'Olonne. Vive le roi Érispoë !

Il s'agrandit encore avec le roi Salaün. On n'aura pas moins de sept comtés bretons sous son règne : Retz, Vannes, Cornouaille, Alet, Rennes, Nantes, Avranches, Cotentin. En 856, et pour quatre-vingts ans, on est armoricain du cap de la Hague à l'île d'Yeu.

Mais d'où viennent ces navigateurs aux yeux bleus qui brûlent tout sur leur passage et soufflent du cor avant d'attaquer les maisons ? Ils arrivent du nord, on les appelle Nordmen ou Vikings, et c'est en pillant la Neustrie qu'ils feront la Normandie.

Ces marins herculéens panachent équitablement Norvégiens, Suédois et Danois, la fine fleur de la jeunesse scandinave. Chez eux, terre de stérilité, la loi bannit tous les cinq ans une partie de la jeunesse mâle en âge de prendre femme. On prend d'abord la mer après s'être choisi un rognar, un « roi de mer », et « l'on se partage le monde entier comme une proie ».

Tels sont les premiers Normands, une bande d'aventuriers « féroces comme les oiseaux des tempêtes », avec sur leur étendard de soie blanche un corbeau noir ouvrant le bec, les ailes grandes, cousu par sœurs et petites amies restées à la maison. Leurs voiliers ont en figure de proue des têtes de cheval, de taureau, de dauphin, et celui du roi de mer une gueule de dragon. Chaque soir ils festoient et boivent du sang de cheval, symbole divin.

En chasse, ils entrent par l'embouchure des fleuves, remontent jusqu'au centre des États, pillent, violent, incendient. Et pour le fil étroit des rivières, ils ont des esquifs de cuir aisés à manœuvrer. Qu'un pont les arrête, ils tirent au sec le bateau, le démontent et vont le remonter plus loin. Ils apprécient la cuisine gauloise, et se font cuisiner de bons petits plats chez l'habitant. S'il leur reste un creux, ils mangent l'habitant. Si la nature le décide, ils ensemencent les petites filles de la maison, mais ne manquent jamais de confectionner une poupée à l'intention du bébé qui pourrait naître. Étonnez-vous que les Normands aient les yeux si bleus.

C'est ainsi qu'ils débarquent à Nantes le 24 juin 843, jour de la Saint-Jean, jour fétiche des Scandinaves. Guidés par la musique, ils arrivent à la cathédrale Saint-Pierre où se concélèbre la *Missa solemnis* à grand renfort d'enfants de chœur, chanteurs, évêques, diacres, chapelains, dans la nef envahie de milliers de pèlerins venus avec femmes et enfants.

Ce qu'en dit un témoin caché dans la sacristie : « Ayant comme loups forcé la bergerie de Jésus-Christ, ils se ruèrent sur cette populace désarmée, frappant à tort et à travers, écrasant la tête des petits enfants contre les parois, ouvrant les entrailles des femmes grosses pour en tirer leurs petites créatures mi-vivantes, traînant les vierges par les cheveux et usant de toutes les cruautés et insolences dont ils purent s'aviser... » Arrêtons le massacre et signalons pour finir qu'un coup d'épée fit voler au loin la tête de l'officiant.

Nantes ne valait guère mieux que Brest en 44, après la mise à sac des Vikings. Alain Barbetorte, un riche Armoricain d'Angleterre, fit reconstruire la ville à l'identique, et, nommé duc par les Bretons, il abolit le servage dans la cité ducale. Pour la première fois sous la féodalité, le paysan ne paie plus ses amendes en verges d'or de la longueur du roi franc, il ne fournit plus son maître et seigneur en taureaux vivants à oreilles rouges, il prend la parole. Le progrès social est né.

Après l'an mil, on attend la fin du monde, on se prépare au dernier Pardon sous la pression des évêques. Chaque année les milliers de pèlerins du *Tro Breiz*, cinq cents kilomètres à pied, se portent à la rencontre des sept saints fondateurs des évêchés bretons, pareils aux sept dieux-frères du vieux culte armoricain. Dieu a besoin des hommes, mais non moins de leurs divinités celtiques pour figurer sa Trinité non païenne, le trois-en-un de la Révélation.

Croix et calvaire succèdent aux menhirs. Après les forts du granit, les forts du Christ. On se met à parler d'identité souveraine en Armor, d'appartenance et de moi collectif ressortissant au trésor national. Comme dit Rousseau :

*Les États sont le résultat d'un contrat libre entre des individus raisonnables, qui s'accordent pour établir une société politique.*

Et comme dit Renan :

*Une nation, c'est avoir des gloires communes dans le passé, une volonté commune dans le présent.*

La Bretagne en était là quand la duchesse Anne, malheureuse en amour, désespérant d'enrayer la misère qui dévastait l'Armor, épousa Sa Majesté Charles VIII, affreux bonhomme illettré, le 6 décembre 1491. Son oui au roi français disait non à Judicaël, Nominoë, Érispoë. Son oui bradait les mots de la tribu, l'exception celtique, l'inaliénable origine. Timide ou pas, son oui changeait la face de la nation bretonne en devenir, rêverie d'un autre âge, idéal impossible à rafistoler sous la couleur du lys. Adieu druides, adieu Koridwen, Alvion, Dahut, blanche hermine, et vous beaux ducs, intraitables chevaliers d'orgueil.

Ah, la duchesse Anne, la « petite Bret' » !... On l'aime, on la pleure, on la plaint, on lui pardonne, on la hait. On va chaque année porter un brin d'ajonc sur sa... sur sa quoi ? Elle est où, la sépulture de notre fieffée duchesse ? Nulle part. Les révolutionnaires ont éparpillé ses restes à Saint-Denis comme à Nantes. Jetons ni vu ni connu le brin d'ajonc dans la Loire, il finira bien par trouver la mer d'Iroise, et là-bas la duchesse Anne entourée des siens. Joli brin d'ajonc, mesdames...

L'écrivain Gilles Martin-Chauffier, un pur de la cause bretonne, voit rouge au nom de la duchesse Anne : « Je veux cracher mon venin sur elle, fée Carabosse de notre nation... » Comme il y va, l'ami armoricain ! Son *Roman de la Bretagne*, ouvrage prenant, mordant, puissant, revient à une longue scène de ménage entre la souveraine et lui. En est-il amoureux ? La haine est souvent une passion d'amour. Gageons qu'il n'aurait pas hésité à l'épouser pour dévier le cours de l'Histoire, et qu'aujourd'hui la bannière herminée des *Brezhoneg* d'antan flotterait encore à plis lourds sur le château de Nantes.

La « petite Bret' » est la fille de François II, le dernier duc de l'Ouest. Ce fêtard élevé en Normandie arrive à Rennes à vingt-trois ans, alcoolique bon teint, marié à Marguerite, la fille de François Ier de Bretagne, mais aussi flanqué d'Antoinette de Maignelay, vieille maîtresse sur le retour.

Le séduisant François n'a rien d'un politique. Il se voit mal dire aux Bretons, tel Louis XVIII haranguant les parlementaires à son retour d'exil : « Le Roué, c'est moué ! »... Couronne royale ou ducale, peu lui chaut du moment que Louis XI, l'ogre au « sourire particulier », lui fiche la paix.

François partage son temps entre la chasse, les amourettes, les tournois présidés par Antoinette (au désespoir de Marguerite), les soirées fastueuses au château. Pour les affaires courantes, il s'en tient aux conseils des barons, certains excellents. Il fortifie les ports bretons, fonde l'université de Nantes, attire les imprimeurs en Armor – visionnaire à son insu –, renouvelle les monnaies bretonnes, établit à Rennes et Vitré une manufacture de soieries et tapisseries. Il est moins heureux à la bataille. S'il vient en aide aux Valois pour obliger la Normandie confisquée par le roi français, il met sa Bretagne en péril, et n'est pas Érispoë ni Salaün qui veut. Mieux vaut pactiser avec l'ogre particulier. La vengeance a le temps.

Le cercle familial s'agrandit avec la naissance d'Anne, en janvier 1477, fille de Marguerite, mais de la seconde Marguerite de François. La première n'est plus, Antoinette n'est plus, il vient d'épouser Marguerite de Foix dite « Sein de lys », une jeune fille renommée pour sa bienveillance.

« Sein de lys » et le duc sont très amoureux. Époux comblé, François se révélera le plus attentionné des pères. Le tombeau qu'Anne fera édifier pour ses parents aux Carmes de Nantes en dit long sur l'affection qui les unissait tous, nonobstant les coups d'éperon du chef de famille, grand cavalier, grand cavaleur.

30 août 1483, château du Plessis-lès-Tours. Le roi se meurt, Louis XI est mort. Il a soixante ans. Dieu sait qu'il n'a pas lésiné sur les fortifiants ! Depuis l'âge de quarante ans, il hume le sang des jeunes enfants, boit

à la source les « *gonado stimuli* » des adolescentes, reçoit de jeunes paysannes stipendiées pour lui danser, à lui seul, la gigue des sens déclinants, se fait un bouclier de bigotes et d'ermites, brûle des encens vertueux, se couvre d'amulettes. Ô morale ingrate, *requiem* !

Louis XI ne s'est pas éteint que la va-t-en-guerre Anne de Beaujeu, sa fille préférée – la régente du royaume –, envoie ses armées à l'ouest renverser François II, un « fossile politique » à son avis (elle ne dit pas nain, car les nains sont des dieux miniatures en Armor). Nullement impressionné, le duc breton lève une armée en pieds de chaussettes et s'en va défendre les marches tant qu'il est temps. La Trémoille ou non, l'armée de la régente le fait doucement rigoler. Si les Plantagenêts lui taillent des croupières, ses Bretons vont lui flanquer la pâtée.

Épargnons au lecteur breton, ou sympathisant, la peinture objective de cette parodie d'affrontement militaire opposant la Bretagne à la France, à Saint-Aubin-du-Cormier, le 19 juillet 1488. Observons simplement que le contact fut aussi bref que violent – moins de quatre heures, selon divers témoins –, après quoi six mille hommes de l'armée ducale, sur les onze mille venus s'aligner, jonchaient les marais. Tout est perdu, même l'honneur de François. Que faire à ce niveau d'effondrement militaire et national ? François II signa la déchéance de son pays, laissa des gages exorbitants à La Trémoille, son redoutable vainqueur, puis s'en alla mourir de chagrin à Couëron dans son château natal, près de Nantes, il avait cinquante-trois ans.

« L'Histoire a de grands reproches à lui faire, dira Dom Alexis Lobineau, historien de bonne foi, comme s'il cherchait à consoler la duchesse Anne dans l'au-delà. Mais les princes auxquels on n'a rien à reprocher sont aussi rares que les corbeaux blancs dont François II faisait ses délices. »

Oh, Martin-Chauffier ! ce n'est pas Anne qu'il faut incriminer d'avoir marchandé la Bretagne aux Français, c'est son père, c'est le veule et sympathique François II.

Elle a dix ans quand la couronne ducale descend sur son front. Elle est veuve – un veuvage de fiancée – du dernier des Lancastre qu'elle n'a jamais vu, Henri, mort assassiné. C'est une adolescente romantique, surdouée, qui parle grec, latin, breton, français. Sur son lit de mort, François II lui a fait jurer de ne jamais consentir à l'assujettissement du royaume à la France. Facile à dire, quand on a mangé tous les corbeaux blancs du pays, et qu'on laisse un État ruiné.

En manière de journal intime, Anne vient de pondre une histoire de la Bretagne à sa manière. Elle y retrace les hauts faits du père bien-aimé, son héros abandonné par ses partisans, seul contre des alliés corrompus, la bataille incessante avec Louis XI qui lui fait porter des sucres d'orge à l'arsenic, le déclin du patriotisme breton chez les barons chaque jour plus français, le siège de Nantes par La Trémoille et ses dix mille fantassins.

Anne y était, elle se souvient : son père, malade, s'était réfugié chez un nommé Guiolle. Elle et sa petite sœur à l'hôtel de La Bouvardière, après qu'un boulet eut fracassé leur chambre au château.

*La plupart des seigneurs ont abandonné mon père, mais le danger a réveillé le patriotisme des bas Bretons, toujours prêts à marcher contre des artilleurs français. Du fond des bruyères, des ravins, des grèves, ils entendent les cris de détresse de leur duc. Ils font bénir leurs arbalètes, leurs faux, leurs pen-bas, et, chantant l'antique liberté bretonne, ils pénètrent dans Nantes aux cris de joie des assiégés, par le quai de la Fosse. Ils sont si nombreux qu'ils mettent la rivière à sec en s'y désaltérant…*

Anne, hélas, n'a jamais dit les choses ainsi, mot pour mot, car son journal fut égaré par Maximilien d'Autriche qui l'avait reçu en cadeau, gage d'amour d'une fillette trop confiante. On sait juste qu'elle y décrit les derniers soubresauts de la résistance bretonne à Nantes, et le soulèvement patriotique des paysans venus en foule à la rescousse de François II.

*Leur seul aspect découragea l'armée royale, et dès leur première sortie le siège de Nantes fut levé. Outre les bas Bretons, cinq cents Guérandais combattaient sous la croix noire et le hoqueton de l'ancienne Armorique.*

Voilà ce que voudrait contenir le journal intime de la duchesse, et contient peut-être : une déclaration d'amour à la Bretagne chancelante, et sans doute une autre au séduisant Maximilien.

François II mort, on ne lui laisse pas le temps de pleurer le père bien-aimé qui la surnommait la « petite Bret' », car l'État réclame son timonier.

« Nous allons te marier, lui dit le maréchal de Rieux, son tuteur.

— Je ne veux pas me marier.

— Aucune importance, nous te marierons sans ton accord. »

La duchesse est la plus puissante héritière du continent. Tout prince qui baguera sa main gauche aura l'Europe en son pouvoir. Anne, trop jeune ? Taratata ! Pindare avait pour maîtresse une gamine de huit ans qu'il appelait sa fleurette provençale et Diogène hébergeait les enfants mâles dans son tonneau sans que les parents se demandent s'ils y voyaient clair. Il y a belle lurette, au Moyen Âge, que l'Église a fait siennes les stipulations romaines autorisant une fillette, pubère ou non, à convoler avec tout mâle bien portant sous un climat tempéré.

Les têtes couronnées affluent à Redon, là où la duchesse reçoit les hommages.

Jean de Rohan, treize ans, aiguillonné par son père, grand fauteur de guerres civiles, se dit : La chance de ma vie.

Charles VIII, quarante ans, se dit : C'est mon heure.

Le sire Alain d'Albret, cinquante ans, prétendu descendant de Jean IV, père de huit enfants légitimes et d'un maximum de bâtards, se dit : Par ici, la duchesse !

Jusqu'au vieux maréchal de Rieux lui-même, soixante ans – acerbe tuteur attaché à sa pupille autant qu'aux clés du Trésor ducal –, qui ne cache pas ses vues sur l'adolescente. Et pourquoi pas moi ? se dit de Rieux.

Les prétendants étrangers se font connaître à leur tour. Voici le duc de Buckingham, l'infant de Castille, Maximilien d'Autriche, futur empereur du Saint Empire romain germanique et déjà roi des Romains, le plus bel homme de l'Europe, le chouchou d'Anne.

Tous ces fiancés qui joutent pour l'avoir sans l'aimer terrifient la duchesse encore en deuil. Elle prend la fuite, quitte Redon pour se réfugier à Nantes avec sa petite sœur. La ville est fermée quand elles arrivent à la nuit noire. « J'entrerai dans ma bonne ville par la grande porte, comme princesse et duchesse de Bretagne », fait-elle savoir à d'Albret qui tient la place et ne veut la laisser passer que pour qu'elle se marie avec lui sur-le-champ.

Jamais ! La petite Bret' lui a pourtant bien dit son fait, à d'Albret, un épouvantail ! Plutôt s'ensevelir dans un cloître que d'accéder à ses vœux.

Elle a dit la même chose à ce vieux grigou de maréchal de Rieux.

Désespérée, Nantes ne s'ouvrant que pour lâcher des ravisseurs à ses trousses, et la marier contre son gré, elle déguerpit sans demander son reste et part en pays gallo se donner à son cher archiduc Maximilien.

Mariage en catimini à Rennes avec l'Autrichien, qui d'ailleurs s'est fait excuser. L'épouseur délégué, ce 19 décembre 1490, est son meilleur ami, le comte Wolfgang de Nassau, maréchal de l'empire, dûment nanti d'une procuration l'exhortant à dire oui au nom du futur mari, et bien sûr à consommer l'union selon la loi chrétienne.

Wolfgang dit oui, Anne dit oui.

Pour la consommation du mariage de Maximilien, l'épouseur attendit galamment la fin du banquet. La chambre nuptiale est au premier étage du château. Quatre témoins anonymes, uniquement des hommes, invisibles derrière les flambeaux disposés autour du lit, attendent impatiemment l'arrivée des époux. Ils en trépignent d'excitation. Eh non ! désolé pour les amateurs d'aperçus coquins, mais Wolfgang ne va pas déflorer la duchesse après de somptueux préliminaires faisant honneur à la patrie des viennoiseries.

À son entrée dans la chambre, il a d'abord frappé deux fois, Anne est déjà couchée, de lin blanc revêtue de la tête aux pieds, ses longs cheveux blonds déroulés.

Wolfgang est en grand uniforme d'uhlan, enhardi par quelques marcs de tokay sifflés sur le seuil en claquant les talons. Il n'est là que par devoir impérial et par amitié.

Il s'approche du lit, s'assied sur un tabouret, retire sa botte droite et sourit à la juvénile épouse de l'archiduc. Apparaît son pied nu. C'est lui, son pied, qui fait foi, symbolisant le membre viril de l'impérial conjoint en mesure d'honorer son épouse, sinon d'engendrer. Après quoi, Wolfgang soulève la couverture au bout du lit et met ses orteils au chaud contre les orteils de la mariée. Il laisse une minute s'écouler, le temps prévu par la loi, se rechausse et prend congé en faisant claquer ses talons.

Ainsi racontèrent les témoins, unanimes à jurer que le pied nu du magnifique uhlan se limita à celui d'Anne, et que ce rapport sexuel pédestre ne dépassa pas le délai imposé.

Le roi français prend la mouche à la nouvelle du mariage avec l'Autrichien.

« Voilà mon plan, annonce-t-il aux exilés politiques, les traîtres barons désireux de récupérer leurs biens confisqués. Et mon plan, c'est d'épouser Anne.

— Elle est mariée avec Maximilien, soupirent les exilés.

— Mariée ? Du pied gauche ! Et ce n'était même pas le pied du mari. Faire du pied n'est pas unir sa destinée, pour le droit canonique romain, encore moins consommer. Ce mariage est un faux.

— Si vous parvenez à l'épouser, comptez sur nous pour aller à la noce, jurent les exilés.

— C'est pour demain, leur dit Charles, écoutez voir. Ne me suis-je pas engagé à épouser Marguerite d'Autriche, la fille de Maximilien, son enfant du premier lit ? Ma sœur, Anne de Beaujeu, ne l'a-t-elle pas élevée à la cour de France ? Eh bien, je ne l'épouse plus ! J'épouse sa belle-mère, j'épouse la duchesse bretonne. »

Et Charles VIII de se transporter à Nantes où vit la duchesse au château, seule. Elle attend vainement son Maximilien d'époux, et c'est un Charles VIII en gants beurre frais qui se fait annoncer. Anne est révoltée. Épouser un casseur de mariage ? Le vainqueur de son père ? L'ennemi héréditaire de l'hermine ? Elle tarde à répondre au roi, se drape, n'en peut mais.

Comment dirait-elle non ? Guerres, famines, épidémies ont épuisé l'or et le sang des Bretons. Si grande est la misère du pays que l'on y frappe les devises en monnaie de cuir. Qu'elle refuse, et la péninsule est exterminée. Charles insiste, offre son épée. C'est par pitié, soi-disant, qu'il vient proposer cet arrangement nuptial aux Bretons en difficulté, pour les sauver du chaos. Anne a beau fanfaronner, « ne pas vouloir donner un maître à son pays », « préférer le titre de duchesse de Bretagne à celui de reine de France », elle a beau dire non, elle dit oui à Charles VIII, à la France, à la trahison, elle avait pourtant juré. Allez, il est temps.

Le mariage est expédié au château de Langeais le 6 décembre 1491. La messe finie, la duchesse Anne, et désormais reine de France, se voit présenter un contrat rédigé de longue main par les chanceliers du royaume, aux termes duquel sont abandonnés à Charles VIII « tous les droits qu'elle peut avoir sur le duché de Bretagne et sur le comté de Nantes, et toutes ses autres terres et seigneuries de quelque nature qu'elles fussent ».

Va-t-elle signer un torchon pareil ?

Anne, la petite Bret', lit, approuve et signe. Les mânes d'Hoël le Grand, de Gurwan, Judicaël, Warock, Nominoë, Érispoë, Jean de Montfort, Barbetorte, François II et autres chevaliers d'orgueil de l'Armor éternel hurlèrent de douleur en leurs tombeaux des Carmes de Nantes, et les mânes de Philippe Auguste, Charles V ou Louis XI tressaillirent de jubilation sous les dalles de Saint-Denis. En ce 6 décembre 1491, l'outrecuidant royaume de Nominoë n'était plus qu'une province de France, pas même un vassal.

Vive la reine Anne !

Au physique, les deux époux sont assez bien accordés si l'on veut. Anne est boiteuse, Charles contrefait.

« Il est malsain de complexion, petit de taille, laid de visage, sauf les yeux. Ridiculement disproportionné (grosse tête, nez en pied de marmite, petits yeux brillants, tronc large et jambes de flûte), ignare au point de ne savoir qu'à peine lire, avide et incapable de commander, ennemi de tout travail et toute application, dénué de prudence et de jugement. » Il a pour lui d'être roi. Il n'a que ça.

Brantôme, mémorialiste à l'œil baladeur, est intarissable sur la beauté d'Anne : « Prunelles d'un noir profond, cils dorés, longs cheveux clairs, menton délicat, petite bouche fine et rose. Certes, elle est désirée pour ses biens, mais ne l'est pas moins pour ses mérites et vertus, car elle est charmante. Elle a un pied plus court que l'autre ? Mal aisément s'en aperçoit-on, sa beauté n'en est point gâtée. » Il va jusqu'à prêter à ce défaut « une compensation délicieuse », on aimerait bien savoir laquelle ! Dans ses portraits de femmes, il est maintes fois question des « armes » de la duchesse, et le moins belliqueux d'entre nous devine à quelle douce arme blanche il est fait allusion. Le *sein*, précise Brantôme sans marquer le pluriel. En style courtois, on est chic et fripon avec un sein. Vulgaire et pornographique avec les deux. Souvenez-vous que la duchesse Anne est la fille de Marguerite appelée « Sein de lys ». Telle mère, etc.

Quand Charles VIII meurt en 1498, la reine lui a donné quatre enfants. Dieu les a tous repris. Quatre angelots défunts. Est-ce que la petite Bret' recouvre sa liberté celtique et son pouvoir ducal ? Est-ce que la Bretagne est sauvée ? Grands dieux, non, car le contrat de mariage avec le roi est assez léonin pour obliger Anne, en cas de malheur, à épouser son successeur. Sauf à rester veuve.

Va pour le successeur… Louis XII est un bel homme vigoureux, filleul de Louis XI. Il jouit d'une semi-liberté civile, marié qu'il est depuis vingt-deux ans avec Jeanne, la fille cadette de son parrain, une future sainte.

Un mot de cette union barbare. Elle a été combinée par le souriant Louis XI, jamais à court d'initiatives abjectes. Son filleul n'était que mini-duc d'Orléans qu'il était déjà promis à Jeanne. Pourquoi Louis XI tient-il tant à les marier ? Parce qu'il est une « aragne », et qu'un tel sobriquet lui va comme la corde au pendu. Parce qu'il veut voir s'éteindre au plus vite l'encombrante lignée d'Orléans, sans coup férir, sans bourse délier. En s'amusant.

Un mariage, pour éteindre une lignée ?… Jeanne est un cas physiquement. Elle est contrefaite, impropre aux échanges naturels de l'amour, l'expression déformée par des tics faciaux, qui plus est demeurée. Elle n'a pas onze ans le jour des noces avec Louis. L'ogre se frotte les mains : « Les enfants qu'ils auront ne devraient pas coûter bien cher à la Couronne… », confie-t-il à Anne de Beaujeu, la sœur de Jeanne, après la cérémonie. De fait ils ne coûteront pas un liard.

En août 1498, une commission d'évêques étudie les motifs de répudiation invoqués par Louis XII. S'il se vérifie qu'il n'y a jamais eu consommation du mariage, le pape invalidera l'union, Majesté.

Voilà Jeanne livrée aux experts médicaux désignés, sous l'œil attentif des évêques réunis autour de sa pittoresque anatomie. Quatre mois d'examens, débats, investigations physiologiques, devant un public de voyeurs commis d'office par la juridiction. Quatre mois pour s'entendre dire que l'on peut se rhabiller, monstre que l'on est ! Et renoncer au roi comme à tout respect humain. Mortification, madame, cilice et vinaigre au couvent.

Elle ne l'a pas volée, Jeanne, sa canonisation !

Le pape Alexandre Borgia – *bene pendentes* – put ainsi procéder à l'annulation du mariage, devant Dieu, et, devant Dieu, Louis XII épouser la féconde et gracieuse duchesse de Bretagne.

Et la Bretagne épouser la France en secondes noces.

Reste à procréer, donner des héritiers au roi français, pour que leur langue maternelle soit à jamais bannie du larynx des enfants d'Armor.

Quand François III, petit-fils de la duchesse Anne, dauphin-duc, trépasse en 1536, le duché royal de Bretagne s'éteint avec lui.

Ni duché ni royaume à espérer, avec le futur Henri II, fils de Claude de France – fille d'Anne –, la blanche hermine n'est plus qu'un oripeau. Une larme pour les défunts ducs.

À l'actif de la duchesse Anne, un haut fait méconnu. En 1512, le sanguinaire Henri VIII d'Angleterre lança contre la Bretagne une flotte de quarante bateaux. La duchesse royale fit armer à ses frais la *Cordelière*, un formidable navire de guerre embarquant mille deux cents hommes d'équipage et son capitaine Hervé de Portzmoguer, Breton du Finistère Nord.

Au combat devant la presqu'île de Rhuys, le Breton ne coula pas moins de neuf navires anglais, puis la *Cordelière* assaillie par douze vaisseaux, il s'en fut jeter ses grappins sur la *Régente*, le navire amiral anglais qu'il fit sauter avec son bateau. La double explosion dispersa deux mille cadavres à la mer. Appelés à la rescousse, les navires du Croisic achevèrent la déroute des Anglais que les Bretons pourchassèrent à travers la Manche.

Mortifiée, la déjà perfide Albion revint un an plus tard incendier Pen-Marc'h.

Ai-je des regrets à la pensée du royaume armoricain perdu ? Je mentirais en disant non. C'est beau, un pays indépendant, et je déplore que cette épithète ingénue ait pu s'entacher d'absurdité comme elle l'a fait chez nous. C'est beau, l'indépendance et l'appartenance revendiquée dans une assemblée railleuse, et beau d'aimer ses racines et de vouloir protéger sa mémoire et son nom.

Il me semble évident que Paris a tué la mer, en Armor, et non moins évident que les élus bretons n'ont rien fait pour l'en empêcher, et non moins évident que les mots bretons ont perdu la voix par une résignation que j'ai du mal à pardonner, et non moins évident que ce reproche après coup ne mérite pas la salive gaspillée. Et n'en déplaise à Gilles Martin-Chauffier, ma tendresse envers la duchesse Anne est bien réelle, et je ne lui en veux de rien, surtout pas d'avoir dit oui et parjuré pour sauver nos enfants. Son père fut un ectoplasme, un duc à la mie de pain, mais les feux de joie flambaient dans tout l'Armor quand la duchesse eut accordé sa main au roi. Et je reste persuadé que son histoire, la nôtre, ne pouvait pas ne pas être ce qu'elle fut.

Depuis cinq cents ans la Bretagne est française, et partant le Breton français. Est-il moins breton pour autant ? En breton comme en français il affirme sa vérité celtique, chante la Bretagne ou la *Breizh*, et s'il devient écrivain il change d'époque à son gré sur la page, il se souvient d'un…

## Druides

… il se souvient d'un âge qu'il n'a pas vécu, il contemple à travers les mots, qui sont des miroirs sans tain, l'infini déroulement de la vie dans son fracas quotidien, et voilà qu'il y est, de l'autre côté du mot, devisant avec les druides nullement surpris de le voir au milieu d'eux, prêts à l'initier aux cercles des heures, si tel est son vœu, et déjà comment t'appelles-tu ?

Le druide est un chrétien qui s'ignore, il faut dire que le Christ n'est pas encore né.

Contrairement aux Vikings, aux Grecs, aux Romains, il enseigne l'amour d'un seul Dieu, tour à tour l'eau, la lune, le soleil, la forêt.

Il officie dans les cercles de pierres inspirées, les *cromlec'h*, prosterné sous le regard des astres, confondu devant la majesté du vent. 3 est son chiffre sacré, comme Dieu.

Un menhir défend l'accès du *cromlec'h*. Les dolmens au milieu servent d'autel. Dehors s'étendent les *carnellou*, les cimetières balisés par d'autres menhirs.

Le druide a femme, enfant, vache.

Sa vache le suit partout. Elle est habilitée à recevoir les offrandes, à entendre les supplications, à exaucer les vœux. Manquer de respect à la vache du druide est un outrage aux éléments d'une extrême gravité.

Hu, président céleste des druides, le plus divin d'entre eux, n'est pas seulement une légende, il a bel et bien existé sur la Terre, comme tous les dieux dignes de foi. Les croyants d'Armor se content à l'infini l'histoire de Hu et de sa druidesse d'épouse, l'inimaginable Koridwen.

On aime Hu, on redoute Koridwen. Le culte de Hu est un culte réparateur, celui de Koridwen une admission à des rites semés d'embûches.

De Hu, Koridwen eut trois fils : Mor-Vran (le corbeau de mer, le chef des navigateurs), Creiz-Viou, (le centre de l'œuf, symbole de la vie), Avank-Du (le castor noir, l'ignorant), le plus hideux des rejetons.

Koridwen voulut embellir Avank-Du, son préféré. Elle se rendit à la Cité des Justes, avisa Gwyon et Morda, respectivement le nain et l'aveugle du Temple, et les chargea de surveiller la cuisson d'une mixture ésotérique qui devait bouillir un an et un jour.

L'année expirait quand une vive ébullition projeta trois gouttes de l'eau miraculeuse sur un doigt du nain. La brûlure lui fit porter son doigt à la bouche. À peine eut-elle effleuré ses lèvres qu'il vit l'avenir, à commencer par la fureur de Koridwen. D'épouvante, il prit la fuite.

Devinant Koridwen à ses trousses, le nain se changea en lièvre et détala. Koridwen se changea en levrette et le rattrapa au bord d'une rivière. Gwyon sauta dans le courant et se fit poisson. Koridwen se fit loutre, et le serra de si près qu'il dut se faire oiseau.

Koridwen se faisant épervier, Gwyon se laissa choir grain de blé dans un ballot de paille aperçu dans un champ, sauvé !

Oh là ! mais quelle est cette grosse poule noire à la crête écarlate ? C'est bien sûr Koridwen farfouillant des ergots et du bec, tant et si bien qu'elle repère Gwyon et n'en fait qu'une bouchée.

Aussitôt vengée que punie. Ayant becqueté cet incapable de nain, elle tombe enceinte, et neuf mois plus tard…

D'avance, Hu voue à la mort ce fils de la rosée. Mais tel est l'instinct maternel que Koridwen s'y attache aussitôt, ne pouvant se résoudre à l'éliminer.

Couché dans un berceau tendu de cuir, l'enfant sans nom est livré aux vagues de la mer.

À quelques jours de là, en un pays lointain, le fils du roi, Elfin, garçonnet malchanceux, découvrit un berceau flottant dans le réservoir à poissons.

« Taliesin sera ton nom », dit-il en découvrant l'enfant, et, chanceux pour la première fois, il l'emporta sur son cheval.

Comme ils arrivaient au château, l'enfant se mit à chanter dans son berceau. Ahuri, Elfin mit pied à terre et lui demanda s'il était un être réel ou un esprit. L'enfant répondit en chantant qu'il descendait du Soleil.

Il était déjà né trois fois.

Il savait tout ce qui est, doit être.

Que les hommes viennent à lui sans peur, il leur montrerait le chemin du savoir.

Cette légende amorce la croyance aux fées et nains du pays d'Armor, et, par le récit des transmigrations successives de Koridwen et Gwyon, constitue la meilleure allégorie de la pensée druidique.

La renaissance trinitaire de Taliesin, tour à tour lièvre, poisson, grain de blé, symbolise la hiérarchie sacerdotale des prêtres de Hu : les bardes, les ovates, les druides.

Les bardes (*barz*, poètes) sont les improvisateurs sacrés d'Armor, ceux que Pierre Jakez Hélias appellera bientôt : les conteurs de merveilles. Ils chantent dans les fêtes en s'accompagnant de la *rote*, la balalaïka du gueux, un instrument à cordes immortalisé depuis par Assurancetourix. Ils encouragent les victimes sur la pierre du sacrifice, ils suivent les guerriers à la bataille, ils servent dans les *cromlec'h*.

Les ovates, gardiens du culte et des sacrifices, étudient l'astronomie, la médecine, la divination par le vol des oiseaux et par les entrailles des victimes. Aucun acte public ou privé, civil ou religieux, ne s'accomplit sans leur accord.

Les druides – hommes des chênes – forment l'ordre supérieur des prêtres. Ils ont tout pouvoir moral sur la théologie, le droit, l'éducation des enfants, tout pouvoir politique sur la société, ils arbitrent les guerres entre les pays.

Leur enseignement se prône en vers à des fins mnémoniques, la scansion des rythmes autour du feu ayant des vertus d'hypnose. Ils prêchent l'amour de la patrie, de la vie, de la nuit, ne gravent rien, n'écrivent rien. Les seuls vestiges du panthéisme druidique, aujourd'hui, sont des traditions obscures et ces *cromlec'h* aux secrets jamais dévoilés.

Les druides ont leur assemblée extraordinaire une fois par an, au centre religieux de la Gaule, la trop célèbre plaine de Carnac au pays des Vénètes. Ils y vont quand la lune leur dit d'y aller, la voix lunaire ne leur ment jamais. Aux assemblées, le Grand Druide a toujours sa faucille d'or au côté, symbole du gui, symbole du croissant de lune.

Leur année se divise en lunaisons, ce qui fit dire aux Romains que le temps se décomptait en nuits, pas en jours, pour les Celtes d'Armor. Ils sont familiers des étoiles, en effet, le seul livre qu'ils aient jamais lu, ils en tournent les pages depuis des siècles.

Il y eut de beaux âges druidiques, des âges d'or, de clair de lune, il y eut des âges féroces, de lune noire. Par quelle aberration ? La nature humaine, l'aberrante nature humaine capable de tout. Il était grand temps que Jésus vienne au monde, et qu'il dise ce qu'il a dit. Le druide se prenait pour le dieu d'Armor, avant l'arrivée des Romains, et ces dieux démoniaques épouvantaient leurs ouailles.

Il est druide, mais plus pour longtemps, bien seul dans son *cromlec'h*, parmi ses menhirs, bien fou. Que se passe-t-il, devins ? Il se passe quelque chose quelque part, devinez quoi ?... Vous ne devinez rien, jamais, vous n'aviez même pas deviné qu'il allait se passer quelque chose… Devinez si la lune va tomber, grands dieux, devinez quand ?

Le druide est mal vu par la population, mal vu par les nobles qui vont lui opposer un pouvoir militaire, bientôt, et renverser pour toujours sa petite suprématie cooptée.

Que se disent-ils, aux assemblées, tous ces druides, la faucille entre les dents ? Que l'univers a besoin d'eux. Que rien ne va plus. Que la lune va tomber s'ils n'y mettent le *holà*.

Les voilà juges et bourreaux, ils font ou défont la loi : ils sont la loi.

Ils surveillent la société. Ils ont des espions cachés dans les forêts, des espions partout. Malheur à celui que le druide prend en grippe, quiconque peut alors le détrousser ou lui faire la peau. Et l'espion peut surgir à chaque instant.

Les rois les mieux assis tremblent devant ces voyous à barbe blanche, ivres de leur puissance : « Sur leurs trônes dorés, écrit Dion, les rois n'étaient plus que les ministres et les serviteurs de ces rois des rois. »

Il était temps que soufflent l'âne et le bœuf, vraiment temps.

Jésus naquit, parla, mourut. Un druide au-dessus du lot, pour les Bretons d'Armor. Et depuis toujours férus de médiation divine et d'immortalité, ils adorèrent la Croix. Mais les véritables temples du Dieu nouveau restèrent les *cromlec'h*, et jusqu'au Moyen Âge on vint se recueillir au pied des menhirs christianisés. Il fallut toute la douce persuasion des moines gallois, chez qui la bonhomie vaut la foi, pour détourner l'Armor des pierres levées.

Koridwen ne valait guère mieux que Hu, lorsque les Romains défirent les Vénètes à Kerpenhir, et les druidesses méritaient bien tous…

## Druidesse

… et les druidesses méritaient bien tous ces noms savants donnés aux femmes saines d'esprit qu'un vent de folie passagère semble soulever d'une puissance infernale : monstres, mégères, bacchantes, furies, harpies, etc.

Rien ne laissait présager un tel débordement.

En vertu des traditions sacerdotales, la druidesse est un être bienveillant, une amie qui nous veut du bien. On la revêtirait volontiers, mentalement parlant, d'un grand tee-shirt *Peace and Love* aux manches distendues. N'est-elle pas initiée aux secrets des plantes vertueuses, employée à la fabrication des talismans et emblèmes portés par les hommes, aux jours de guerre : amulettes, colliers d'ambre, œufs de serpent (simples fossiles d'oursin), bracelets d'algues séchées, et tous pendentifs saturés d'effluves énergisants, ancêtres du cœur d'or à fermoir garni d'une mèche de poils pubiens ?

Comme sous tous les climats, la diseuse de bonne aventure n'est qu'un charlatan – enregistré, si l'on veut, druidesse à l'état civil –, mais en aucun cas une sorcière.

Chez ses pairs d'Armor, la druidesse est classée tel le chérubin dans la hiérarchie des mystagogues, juste au-dessous du druide. Le protocole varie d'une grève à l'autre. Ici, les hommes sont exclus des cérémonies, là, elle ne peut dévoiler l'avenir qu'au bel amant venu la profaner contre son gré, gloire au violeur ! Ailleurs, elle jure une virginité perpétuelle sur le dolmen, ailleurs encore, bien que mariée, elle s'inflige les affres de la chasteté.

Ces druidesses-là, pétries et cuirassées d'essentielle virginité, les plus recherchées en Armor, forment le cercle supérieur de la caste. Les gardiennes des *cromlec'h*, le cercle intermédiaire. Les femmes des druides, le cercle inférieur. Toutes se dévouent corps et âme au culte de Koridwen, l'épouse de Hu, célébrant des messes comparables, fût-il écrit par Pline – un vieil auteur pas plus vieux que les autres –, « aux orgies de Samothrace ». Quand des vierges sacrées s'adonnent aux orgies, c'est que vraiment la coutume a du souci.

Pour les Romains fraîchement débarqués, aucun doute, il manque à ces hystériques de la foi quelque chose de bien naturel, et bien régulier, chef-d'œuvre de la nature, étrangement banni d'un quotidien que l'adoration naturelle occupe à plein temps.

Nombreux sont les anciens légionnaires de César à prétendre avoir vu des druidesses rappliquer ivres mortes sur les champs de bataille, apportant escabeau, coutelas et chaudière de cuivre, égorgeant les captifs, se partageant à grands cris les entrailles des morts ou s'exerçant à l'arc sur les crucifiés, tout en invoquant leur dieu soleil. Ces enragées étaient-elles vraiment des druidesses ? Peut-on se fier à la soldatesque du grand Jules ?

Les druidesses ont leur collège dans les îles autour de l'Armor : l'île de Batz, l'île d'Ouessant, l'île de Sein, l'île de Groix, l'île Dumet.

La nuit venue, elles vont sur le continent voir leurs maris, quand les vœux le permettent. Des cabanes sont dressées sur la plage pour ces retrouvailles, des feux brûlent. Elles regagnent leur île au point du jour à la rame.

À l'île de Sein sont les vierges impubères. En meurt-il une, on la remplace. On s'empare d'une fillette, on la dénude, on va cueillir sur la lande une herbe miraculeuse appelée *belisa*. Le brin d'herbe attaché au petit doigt de son pied droit, on l'emmène à la rivière et on l'immerge en lui répétant qu'elle est l'heureuse élue, et toutes les pucelles du pays prennent joyeusement part à ces ablutions.

N'en doutons pas, la Bretagne actuelle est bien la fille de l'ancien Armor, le pays des enchantements latents. On n'est pas loin d'y croire, aux courils, aux druides, aux druidesses et aux fées, aux cercles vivants des heures et des magies du crépuscule. C'est une impression d'étrangeté, qui nous saisit l'âme, en arrivant à l'ouest par chemin de fer, elle vient à notre rencontre après Rennes et nous revêt de bien-être jusqu'à l'océan. Elle n'existe nulle part ailleurs qu'en Armor, cette impression, elle tient à la couleur du ciel, aux gris comme aux bleus des contre-jours, à la manière qu'ont les coquelicots de frissonner sur le remblais des voies ferrées, comme s'ils rêvaient à voix haute, à l'indéfinissable tranquillité des maisons au bord des champs vallonnés, avec ces vaches, ces chevaux conscients d'appartenir à la Bretagne depuis toujours. Elle tient à la sympathie que nous mêlons, sans réfléchir, à tous les regards que nous portons sur la douceur des choses. Et ce bien-être s'épanouit pleinement quand apparaît la…

## Enfance

*Dindan ar soul, en eul lochenn*
*Ar paour a hell c'hoarzin laouen*

… quand apparaît la rade de Brest, et que nous en sommes bouche bée.

Brest n'était qu'une espèce de *settlement* pour sinistrés mal-aimés quand je l'ai connu dans les années 50, une ville de bois. On habitait dans les planches, on s'éclairait au pétrole, on était des trappeurs constamment bredouilles, on allait aux nouvelles sans trop savoir à qui s'adresser, on se hâtait sans but, le cadavre du vieux Brest encore chaud sous les pieds, on n'était plus une ville, on n'était plus qu'un espoir de ville après la fureur, le chaos. Passaient des chevaux et d'antiques camions, des autocars aux formes d'oiseaux, des bicyclettes à n'en plus finir. Tout cela filait, s'agitait, meublait de ses allées et venues une attente exaspérée, jamais vraiment dissipée depuis 44, toujours en alerte et chargée du sentiment qu'il urgeait de changer les décors, l'ancien calendrier, pour ne plus avoir mal au bruit des avions.

Ce jour-là, papa m'emmena voir les bateaux à l'arsenal, je lui donnais la main. Il marchait vite, il était comme la ville de Brest, pressé d'arriver quelque part. Ne jamais oublier l'Histoire, disait papa, l'Histoire continue sur sa lancée, tout est lié…

Papa, oui, je l'appelais papa. J'ignorais s'il était mon père, je m'en fichais, il était mon papa.

Nous prîmes un autocar en forme d'oiseau, et en descendant je crus voir des tours Eiffel, tellement les grues étaient hautes sur le quai. Elles surplombaient un trou comme on n'imagine pas qu'il puisse en exister un d'aussi grand, profond, avec dedans un bateau rouge vif comme on n'imagine pas non plus qu'il puisse en exister un d'aussi long, aussi haut. Et rouge avec ça !

« Ne t'approche pas, dit papa, et je suppose qu'il ajouta : Je te présente le *Clemenceau*, le nouveau porte-avions de la Marine française, nous venons assister au lancement, retire les mains de tes poches. »

J'ignore pourquoi, mais j'eus la conviction que ce navire appartenait à mon père et je fus immensément fier de lui. Ils se ressemblaient, d'ailleurs, même nez, même expression sévère, même stature imposante. Il avait dû le dessiner en cachette avec son plume or Waterman et le construire de ses blanches mains. Il écrivait des romans, il fabriquait des porte-avions, je serrais fort sa main. C'était lui, c'était nous que la foule applaudissait, et si l'on avait compris quelque chose au raffut des haut-parleurs, accrochés sur les murs d'une blancheur de craie, on aurait entendu résonner son merveilleux prénom d'Henri que maman prononçait avec un rire de joie.

Des gens vinrent à nous, en effet, des officiers moins grands que papa, des officiers à galons dorés comme tante Jeanne en raffolait, ils avaient de hautes casquettes et leurs épées sur le côté. Ils souhaitaient que papa les rejoignît sur le podium, mais jetant ses deux mains en avant, papa repoussa leur proposition, il voulait rester libre de ses mouvements.

Je suppose qu'il me dit après leur départ :

« C'était Michel Clemenceau, p'tit vieux, le fils du Tigre, il vient d'offrir les deux pistolets de duel de son père au porte-avions, pour lui porter bonheur. »

Cet épisode naval me revint dans une circonstance inattendue, au lycée Buffon, en classe de troisième. J'étais vertement sermonné par un prof d'anglais à qui j'aurais dit : sans blague ! Et las de mes insolences, il songeait à me faire expulser de l'*établissement* (dans les instants critiques, on ne parle plus de *lycée* mais d'*établissement*, un premier pas vers la sortie). Il me retenait après le cours, mon carnet dans la main, et j'avais l'impression qu'il déroulait une phrase sans fin, susceptible de se prolonger jusqu'aux vacances d'été.

Au contact d'un raseur on a les yeux vitreux, pareils à des huîtres crues oubliées sur le rebord d'une fenêtre au soleil. L'ennui peut aller jusqu'à provoquer une éclipse générale du globe oculaire, et s'accompagner d'un perceptible ronflement. Chez moi c'est l'inverse, et mes yeux font des étincelles de pierre à feu. Le raseur est persuadé qu'il a toute mon attention, qu'il me rase au mieux des questions posées, ce qui l'encourage à me raser plus encore à travers un océan d'aigreurs bien à lui, dont il s'interdit généralement d'être conscient. Ainsi faisait mon prof d'anglais sous l'empire de sa phrase à rallonge, enivré de sa propre monotonie. Comme il pérorait *ad nauseam*, ne me laissant pas en placer une, un souvenir totalement perdu de vue me sauva la vie.

Deux images entrelacées m'occupaient l'esprit, me catapultant à des années-lumière du lycée Buffon, en fait j'ignorais où. Je distinguais le pont d'un navire en proie aux convulsions de la mort, filmé par mon oncle Jean à l'occasion d'un naufrage inopiné en mer Caspienne. Chavirage en cours, regards terrifiés, marins se cramponnant ou glissant à la mer, silencieux comme des grains de riz, la séquence en noir et blanc ne durait pas dix secondes et son mutisme faisait l'effet d'un tintamarre insupportable pour l'oreille humaine. Il faut du toupet pour filmer un naufrage avant de songer à sauver sa peau.

Sur ce je fus à Brest au lancement du porte-avions *Clemenceau* le jour où les haut-parleurs s'égosillaient dans l'arsenal, et je me faufilais dans mon souvenir avec la jubilation d'Alice pénétrant dans le terrier du lapin.

« L'objet mobile le plus gros, le plus coûteux jamais fabriqué par la main de l'homme », dit papa.

Il dirait la même chose pour le paquebot *France*, cette phrase traînait d'ailleurs dans tous les journaux.

Nous trottinons au bord de la cale sèche, on dirait un stade antique avec des gradins, j'ai peur de tomber. Il y a des projecteurs allumés autour du site, il est vrai qu'on est en décembre, à quelques jours de Noël, et qu'il fait gris comme il ferait nuit.

Le *Clemenceau* repose au fond du radoub, paré pour la délivrance au milieu d'une foule d'ouvriers en toile bleue. Je crains aujourd'hui que le mot de « parturition » ne soit indiqué pour cette mise à l'eau, et celui de « nouveau-né » pour ce porte-avions.

« Le plus gros bébé, le plus coûteux, le plus menaçant jamais conçu par l'homme », aurait dit papa.

Il dit, me pressant la main :

« Une prouesse technique, p'tit vieux. »

Papa ne sait pas ce que « technique » veut dire (moi non plus), il est incapable de planter un clou, de frotter une allumette, de changer une ampoule, mais il chérit la terminologie grecque du progrès qui réjouit le Zeus d'Homère, capable d'étirer ou d'abréger la journée des compagnons d'Ulysse, selon qu'ils gagnaient ou perdaient leurs combats.

« Madame Michel Clemenceau », dit papa.

Les haut-parleurs s'étaient tus. Sur le podium enrubanné de bleu-blanc-rouge, une jolie femme à chapeau noir parlait dans un micro. Les orateurs se succédèrent, officiers et autres, et papa les connaissaient tous par leur nom.

Par chance la musique s'en mêla. Des musiciens bretons, rubans noirs au vent, sonnèrent du biniou. Leurs silhouettes noires contrastaient avec une équipe d'ouvriers de l'arsenal qui répondaient par leurs chants à virer, à hisser, à ramer, scandant à pleins poumons le chœur des baleinières, « Valparaiso », « Merde au roi d'Angleterre », le Cap Horn oh mes bouées oula oué, Margot biribi – et la « Marseillaise » pour clore le tout.

Je regardais le *Clemenceau*. Il y avait des fusiliers marins sur le pont qui présentaient les armes. Et sur le quai d'autres marins leur présentaient un drapeau à franges dorées.

« Le pavillon de l'École navale », dit papa.

Le lancement n'en finissait pas d'annoncer la couleur autour du bateau. Des échos assourdis montaient du radoub, les voix impérieuses des chefs d'équipe en train de passer leurs ordres. Armés de gourdin, des dizaines d'ouvriers se mirent à frapper les pieux qui maintenaient la coque d'aplomb entre les parois du radoub, les pieux se dégageaient en ayant l'air d'exploser.

Premier silence exigé par haut-parleurs, nouveaux discours à la tribune. Enfin, Mme Michel Clemenceau vint dire au micro ces mots que toute la ville de Brest entendit par-dessus les bâtiments d'une blancheur de craie : « Je te baptise *Clemenceau.* » Puis je vis une grande bouteille foncée quitter sa main comme à regret pour aller se briser sans aucun bruit sur le nez du porte-avions.

« Le champagne baptismal, dit papa, un mathusalem de Ruinart, le meilleur pour les navires de combat. Ah ! il a bougé… »

Silence intégral donnant l'impression d'une respiration suspendue, d'un danger imminent.

A-t-il bougé ? L'immobilité ne bouge pas, en principe, et pourtant si. Elle n'était plus tout à fait comme l'instant précédent. Ce n'était pas qu'elle bougeait : pas qu'il fît un seul geste, ce porte-avions rouge, mais un illusionniste caché faisait glisser un invisible foulard sous les milliers de tonnes du navire, subtilisant par degrés le décor de l'arsenal autour de lui.

Ce qui bouge, en revanche, se contorsionne et se livre à une sorte d'éruption livide dans la fosse du radoub, ce sont les volutes de suif qui graissent la rampe de lancement, suif dont papa dirait qu'il provient du mouton, viande pour riches, et moi je pense que des centaines de porcs égorgés, à l'instant même, prennent part à la mise à l'eau du grand frère porte-avions, le plus beau canot de la flotte française.

« Tu te rends compte », murmura mon père, ou plutôt hurla-t-il pour couvrir le rugissement des ouvriers qui refluaient sur les gradins, leur bleu dégoulinant de suif.

Le porte-avions n'avait pas touché l'eau qu'il fut salué par les sirènes des remorqueurs et par celles de tous les navires se répondant à travers la rade et colportant la bonne nouvelle à travers les milles marins, jusqu'aux îles Kerguelen où la Marine française est aux écoutes.

Le *Clemenceau* aurait probablement traversé la rade, emporté par son élan, si des aussières, dont la plupart explosaient en coups de fouet, n'avaient fait office de frein.

« Quelquefois, la vague de mise à l'eau est si haute, p'tit vieux, qu'elle noie les pêcheurs à la ligne installés sur la jetée. Non mais sans *blague*, et… »

… Je revins à moi en sursaut. Mon prof d'anglais écumait de rage. Il me demandait pourquoi j'avais encore dit : « Sans blague ! » Pris au dépourvu, mal réveillé de ma rêverie brestoise, je faillis bredouiller « sans blague » mécaniquement[1].

---

1. Il est évident que deux souvenirs n'en font plus qu'un seul, dans cette évocation, et deux navires un seul, car le bassin de construction du *Clemenceau* ne se prêtait pas au lancement sur une rampe suifée.

« Tu as dit sans blague et tu vas me dire pourquoi. Je te demandais si tes parents vivaient sous le même toit et tu ne m'as pas répondu : réponds !

— Sans blague ! »

On dit sans blague pour une seule raison, se glisser entre les barreaux des heures creuses, prendre la clé des champs, la clé des mers, oser vivre pleinement les belles tentations du départ improvisé, avant que les puissances supérieures ne commandent de rentrer, on dit sans blague à une situation donnée dont on n'espère plus rien, et pendant ce temps-là des porte-avions que l'on a vus lancés à la mer pour l'éternité se morfondent à Brest à deux pas du bassin n° 9 de Laninon, leur bercail, en quête d'une démolition préservée du mauvais génie des politiques, sans blague ! Et pour tout vous dire, mon…

# F

## Far

*Brud ar fall a ya betek ar mor*
*Brud va a chom e toull an nor*

… et pour tout vous dire, mon « sans blague » intempestif, toujours bien intentionné, ne m'a rapporté que des ennuis et des privations. Combien de fois ma part de far aux raisins m'est passée sous le nez parce que j'avais dit le « sans blague » de trop à la mauvaise personne, au mauvais moment, généralement ma grand-mère qui s'était senti l'âme poignardée par ces quelques syllabes d'autoconservation.

Avant d'être mon plus mauvais souvenir, l'épisode suivant fut un fait bien réel. Un jour qu'un hôte imprévu au dîner, le photographe Jacques Boulas, un gaillard d'au moins cent kilos – grand amateur de cornichons –, promettait de jeter son dévolu sur un rôti de bœuf prévu pour tous, sauf pour lui, grand-mère me proposa le marché suivant : Tu refuseras ta part de viande le moment venu et tu auras double part de far. (Un sacrifice pour un viandard tel que moi.)

Au dîner, lorsque le plat de viande arrive à moi : je dis non. Grand-mère insiste : je dis non. Grand-père maugrée qu'à l'hôtel Lutetia, en 45, les petits juifs faisaient moins de manières, ce qui fait stupidement ricaner grand-mère et vexe maman. Puis le far se présente à ma hauteur, et grand-mère et moi échangeons une œillade complice. Elle va me servir quand grand-père abat son poing sur la table : Il n'a pas voulu manger de viande ? Eh bien puisque c'est comme ça, il est privé de dessert !

J'en développai sur-le-champ ce complexe d'alimentation enfantin qui, bien longtemps, me fit commander deux côtes de bœuf pour moi seul, au restaurant, et m'assurer quand se débouchait la bouteille de cornas qu'il y en avait bien une seconde au frais, pour le cas où la première me tomberait des mains. Fut même une époque où je doublais systématiquement les repas, matin et soir, de peur que le poing de grand-père ne s'abattît sur la table, faisant disparaître toute nourriture de devant mes yeux.

Ni bœuf ni far, le cruel, et il avait osé s'écrier : Lutetia !

Souriez, les Parisiens, le far de Marie Cloarec vous aurait mis les larmes aux yeux. Et nous serions devenus les meilleurs amis du monde si vous étiez venus déjeuner à la maison un jour de *kig a farz*, le far dans le sac à la vapeur.

À l'Aber, une fois par mois, les crêpes du vendredi midi se voyaient remplacées par le *kig a farz,* et la tablée battait des mains. Les crêpes en comparaison, rigolade, gastronomie de pimbêches à basses calories.

On commençait par le far noir, un bloc gris brun extrait d'un sac de toile bise, servi avec des tranches de lard, des pruneaux beurrés, le tout nappé de saindoux fondu. On poursuivait par le far blanc aux raisins, celui-là couleur de maïs, et le flûtiau sucré du raisin sec donnait l'impression d'avaler une salade.

Quand arrivaient les pommes expiatoires du dessert, on n'était pas loin d'y tomber, dans les pommes, et c'était la vue des pommes qui nous fermait l'appétit, brusquement, si brusquement que l'estomac s'en retournait.

On allait danser, mes grands-parents couchés, on faisait le mur et d'autres faims nous sollicitaient. Pour aller au dancing, Chenal ou Sassa, on passait par la grève, et si la mer était haute on avait un canot judicieusement amarré au pied de l'escalier. Les premières gavottes en avaient gros sur le cœur, j'avoue, mais dès le premier slow…

## *Fest*

… mais dès le premier slow le désir de fête nous mordait au sang.

La fête est le péché mignon du Breton d'Arvor, la fête lui brûle la plante des pieds, lui court dans les veines. Au premier rythme un peu dansant il vous fait entrer dans la ronde, et tant qu'il n'en sort pas c'est une ronde à la vie à la mort, à la musique, à la fête, un voyage au bout de la nuit. Ça peut commencer dans une grange, un bar, dans la rue, ça peut commencer à deux et se finir à mille, et se continuer sur la dune aux accents des cornes de brume des gabares encalminées à l'entrée du chenal, signalant dans leur brouillard qu'elles sont de tout cœur avec ces danseurs de la nuit.

Ma vénérable tante Yvonne, que je soupçonne elle aussi d'avoir bien dansé la ronde et le slow qui s'appelait valse, à son époque, affirmait que les marins bretons…

## French Line

*la la la neno, lalala neno*
*la la la la, lala neno*

… affirmait que les marins bretons, sur les paquebots transatlantiques, avaient harmonicas et binious dans leur poste d'équipage, et que « les soirs de charivari » – décrétés par le commandant – ils faisaient danser à la compagnie tous les laridés d'un *Barsaz Breizh* que personne à bord, sauf elle, ne connaissait. Ce qui n'empêchait pas les Américaines de l'Arizona ou du Wyoming de suer sang et eau les passe-pieds, « *kan a diskan* » et autres angélus profanes dont les harmoniums d'Arvor, hélas, à l'ère des synthétiseurs, ne résonnent même plus au souffle du « cor anglais ».

Ma tante Yvonne, enfant des années 20, ne jurait que par la French Line, comme d'autres par Air France, une superstition, un impératif sécuritaire. Vous vous rappelez, la French Line ? Pas sûr. Des mots disparus en 1975 avec les paquebots. Rouges sur blanc, peints à l'extrémité ouest du Pier 88 à New York, ils annonçaient aux passagers des navires français les grandes orgues de Manhattan, l'orée du Nouveau Monde et taïaut ! la ruée vers l'or du bon vieux Sam.

Ils ont disparu comme ont disparu la gare maritime et sa darse oblique où les villes flottantes arrivaient du Havre et se faisaient désirer quand elles sombraient ; où *Normandie* flamba en 42 ; où *France* avait l'air de voler à tire-d'ailes ; où depuis cent dix ans la maison Transat avait ses bureaux lambrissés, parfumés d'encaustique et d'une paisible austérité ; où la belle

Américaine était Marilyn ou Gilda, mais se nommait aussi Buick, Roadmaster, taxi jaune et liberté ; où le mataf breton connaissait toujours un petit bouclard d'Armor à *Gwenn-ha-Du* planqué, à l'époque, qui servait leur fricot pigouiller – ni chair ni poisson – aux *Brezhoneg* en…

## *Friko*

*Na eus mar na question*
*E oa dogan ar C'hampion*
*Ha piou a zo kaoz*
*Nemed ar C'hampiionnez goz*

… aux *Brezhoneg* en escale, et s'informait de la *Breizh* jamais revue depuis quarante ans, l'an prochain.

Il n'est pas impossible que fricot vienne du breton *friko*. Le premier désigne un repas frugal, sur le pouce, le second un festin, un repas de fête. Pour le *friko* on met les petits plats dans les grands, fruits de mer et rasades à volonté. Rien n'est trop abondant quand le bon vent ramène un ami, un parent, l'enfant prodigue, et qu'il suffit d'un clin d'œil pour que tout le…

## Furic

*Babig e baiou boul*
*O tomma ouz an toull*

… pour que tout le village apporte son petit quelque chose à la fête, qui son beurre, son pain frais, ses bigorneaux, son andouille, ses rillettes de maquereau, sa tourte à la vieille, sa dame-jeanne de cidre, le demi-cochon qu'il gardait pour le 15 Août… Marie Cloarec savait très bien chez quelles commères de la cale aller frapper, le jour où le bon vent d'un *friko* viendrait à souffler sur la maison, et que grand-mère ne saurait plus à quel saint se vouer. Quoi qu'il en soit, Marie était capable de sortir un bon plat en jetant dans la marmite tout ce qui lui tombait sous la main : les légumes du potager et les restes plus copieux qu'on imaginait entre les carcasses de poulet et cette longe de veau de lait dont on ne voyait pas le bout, et ces palourdes qui ne demandaient qu'à rehausser la saveur du tout.

Marie ne payait pas de mine, maigre et voûtée qu'elle était, son chignon gris fer serré sur la nuque, l'air constamment butée sur un grief non dit, le sourire inexistant – quand il existait, la porcelaine brillait de mille feux –, mais pas un monceau de vaisselle, pas un cageot de lieux jaunes à vider, pas une tournée supplémentaire de crêpes pour trente personnes, pas une souris ne l'impressionnait.

Les jours de pluie, je l'aidais à mettre le couvert, écosser les petits pois, équeuter les haricots, frotter les lames des couteaux au bouchon carbonisé, plumer ou plutôt déplumer les gélinettes de Perhirin sur l'escalier du jardin, les plumes volaient à la mer. Elle avait toujours une belle histoire à marmonner, dans ces moments-là, comme ces gens qui parlent tout seuls dans la rue, n'ayant plus personne à qui dévoiler leur enfance.

Marie, tout en plumant les poules, se souvenait des souvenirs de son père à voix haute, un gabarier de Lampaul mort broyé entre son navire et le quai. De son père elle ne parlait jamais aux poules à moitié plumées, elle disait ce que son père avait dit un jour chez eux, et il ne manquait pas un mot à cette évocation d'un bon vieux temps où l'on ne mangeait pas toujours à sa faim, et pas ce qu'on voulait, mais elle était fillette et son père lui caressait la joue, les Anglais serraient un bateau français, le *Vétéran* qu'il s'appelait, et le vent portait sur les cailloux des Glénan… Si tu connais : tu connais, si tu connais pas t'es bon pour aller à dame… Vaut encore mieux virer et montrer aux Anglais qu'on n'est pas des poules mouillées…

Un matelot se hasarde à la passerelle, Jean-Marie Furic de Concarneau, un blanc-bec de mousse avec du lait caillé dans les trous de nez. Passez-moi la barre, qu'il dit au capitaine, passez-la-moi et j'amène le navire à Concarneau par les Glénan. Par les Glénan ? qu'il dit le capitaine. Par les Glénan, qu'il répond Jean-Marie. Toutes les passes, tous les cailloux des Glénan c'est mon jardin depuis que je suis né. Voilà mon Jean-Marie à la barre du *Vétéran* qui met le cap sur Castel-Bihan, entre le Run et Pen Ven, en plein sur les cailloux. Et derrière lui, t'as les Anglais qui vont tous à dame comme des couillons, un Anglais, deux Anglais, trois Anglais…

Tu parles que les îliens ont eu à manger durant des années après ça. Leurs villages qu'ils construisaient avec des morceaux d'Anglais ! Leurs canons qu'ils payaient en monnaie d'Anglais ! J'espère bien qu'ils lui ont payé un canon, au mousse… Jean-Marie Furic qu'il s'appelait – *hou gast nom de dié !*

Dans la version historique, août 1806, les Anglais virent de bord de justesse, ce qui n'est déjà pas mal. Le *Vétéran* se réfugie en baie de la Forêt, puis à Concarneau, où il restera bloqué trois ans.

Un Jean-Marie Furic pareil mériterait qu'une station de métro portât son nom. VAVIN n'évoque rien pour moi, sur la ligne 4, avant MONTPARNASSE – enclave bretonne – et remplacerait-on VAVIN par JEAN-MARIE FURIC, j'aurais l'impression que justice est faite, et qui plus est d'arriver chez moi. Remarquez, si la R.A.T.P. me confiait la toponymie du métro parisien, vous auriez une station MARIE CLOAREC avant JEAN-MARIE FURIC, et une station TANTE JEANNE après MONTPARNASSE à la place de SAINT-PLACIDE qui, je dois l'avouer, me laisse froid. Par la suite, je vous proposerais DIEU PROTÈGE, à la place de SAINT-SULPICE, un nom chrétien moins imprononçable que *Sulpice*, un nom de gabare lampaulaise en hommage au père de Marie Cloarec, gabarier dont j'ignore jusqu'au prénom. En revanche, j'ai une bonne connaissance de…

# G

## Gabares

*Merc'hed Meloun*
*Feskennoù merglet*
*Merc'hed lambaol*
*Feskennou dù*

… une bonne connaissance de ces vieilles demoiselles babouchkas du chenal du Four qui s'appelaient « gabares », des ventres à voiles et plus tard à moteur, chargés à ras le pont d'un butin minéral de sable ou de maërl, et d'algues, parfois, dont vivait la communauté villageoise de Lampaul-Plouarzel au siècle dernier.

Les gabares n'ont aucune illusion. Elles ne reviendront plus à l'Aber, à Lampaul, à Porz Scaff, nulle part. Elles ont fait leur temps. Un jour je les ai vues pour la dernière fois, j'imagine. Un beau jour d'été pareil à tous les hiers nostalgiques détachés du calendrier.

L'Aber est le plus labyrinthique et blotti des ports naturels du Finistère ; un lac de mer à la fois mouillé par sa rivière et par l'océan que le goulet du Crapaud laisse aller-venir depuis que le monde est monde, au seul gré des lunes. L'Aber-Ildut, Porz Scaff, Lampaul sont les trois villages riverains. À l'ouest, la gamme infinie des récifs pur granit, dont Men Garo, Lieu, Pierre de l'Aber ou Liniou, et plus loin l'archipel Molène, Ouessant, les palmiers d'Amérique et les colts à barillets du Far West.

Autrefois le port se vidait à basse mer. On foulait aux pieds le plancher des crabes, on pouvait aller à Toul ar Bara, l'autre village de l'atoll, le fief des gabariers. Des poissons non, mais des poules, des vaches, des chiens, des chevaux en liberté, des personnages un peu grommelants, on était sûrs d'en croiser, chemin faisant, et les sempiternels gabariers qui pelletaient le sable pour garnir les flancs du bateau échoué. Les femmes pelletaient aussi, les enfants, les vieux, toute la famille se retroussait les manches avant la marée. À lire absolument *Paroles de gabariers*, de Yann Riou, petit-fils de gabarier, un ouvrage clé sur l'épopée des sabliers lampaulais que l'on aurait grand tort de réduire à la sympathique ascension d'un petit négoce villageois. C'est la famille lampaulaise, au tournant du XIX^e^ siècle, qui creusa l'Aber à coups de pelle, c'est elle qui fit du port une eau profonde, la plus naturelle et protégée du Finistère Nord. Il n'y a plus de gabares, aujourd'hui, elles ont fait leur temps. Elles ont coulé, rejoint les épaves des aînées sur la rivière de Porz Scaff, elles sont parties décorer les musées flottants comme celui du Port-Rhu à Douarnenez. Mais on peut toujours voir la *Fleur de Lampaul* en Afrique, la première des sablières du Léon, cent deux ans. Marchande de sable elle était, marchande elle est toujours, la doyenne. Elle vend du sable gratuit, celui des rêves et les mots d'une bibliothèque humanitaire.

Voici les gabares au mouillage, à l'époque où les eaux labéroises leur tenaient lieu d'auberge. On a l'air d'annoncer de vieilles demoiselles en disant : gabares, et regardez ces puissants loups de mer. Des voiliers ni lougres ni dundees, gréés en sloops, destinés à l'effort, à la fois sveltes et trapus. Au treuil, à la pelle, les gabariers puisent du sable ou du maërl autour des îlets qui parsèment le chenal du Four. Immergés jusqu'aux écubiers, le pont rincé par les flots, ils livrent leur butin minéral à Brest, le grand port voisin… Voisin mais d'une approche ô combien délicate après le Tournant de Lochrist et les courants à l'emporte-pièce du Vieux Moine, dernier remue-ménage à l'ouvert de la rade, cet avant-poste du paradis.

Quand j'ai connu les gabares, dans les années 50, elles naviguaient au moteur et les voilures jouaient un rôle d'appoint. C'est à l'Aber qu'elles passaient la nuit – car les bateaux ont parfois sommeil aux mêmes heures que nous. J'avais cinq ans. Je godillais sur les plates des pêcheurs ou des goémoniers, esquifs noirs habillés d'un black bitumineux porté à l'irisation. Je parlais tout seul en rêvassant. Je rôdais sans cesse autour des gabares amarrées, les plus grands bateaux que j'aie jamais vus. Il pleuvait : je me réfugiais sous la voûte arrière où leur nom s'inscrivait en majesté. Le soir je grimpais à bord. Comme elles sentaient bon, comme il était doux et frais, le bois mouillé du pont sous mes pieds nus.

Aux gabares j'étais attaché comme on peut l'être à de grands animaux silencieux, qui font un peu peur. Elles se ressemblaient si l'on veut, mais pas un gosse de l'Aber-Ildut ou Lampaul ne s'y trompait. Le *Dieu Protège* était vert à lignes rouges ; la *Fleur de Lampaul* noire et bleu ciel à lignes rouges ; l'*Aviateur Mermoz* aux yeux de Cheyenne, noir et bleu-violet à lignes rouges ; la *Molénaise* noire et vert foncé à lignes rouges ; la *Gérard Nicole* noire et vert à lignes rouges ; l'*André-Yvette* noir et bleu à lignes rouges ; la *Notre-Dame de Trézien* d'un vert mat à lignes rouges ; la *Mad-Atao* verte à lignes blanches ; la *Roslohan*, la doyenne, me semble-t-il, verte aussi, je crois. Pardon pour cette litanie chromatique, à compléter d'ailleurs avec la *Notre-Dame de Rumengol*, la *Fée de l'Aulne* et la *Fleur de Mai*, les gabares méritent bien cet éloge. On les reconnaissait au bruit des moteurs, aux remous sur l'étrave, aux coloris des voilures – bleu, blanc, cachou –, au cliquetis sonnaillant des treuils, à la forme des écubiers maquillés comme des paupières, à ces riens qui font tout pour une âme enfantine. Le *Dieu Protège* avait deux mâts et deux pommes de mât peintes en blanc, perchoirs à mouettes. La *Fleur de Lampaul* ne les avait plus, ses pommes de mât.

Les gabares avec roof – la cabine sur le pont – étaient nos préférées. Les gabares dépourvues d'habitacle – *André-Yvette*, *Roslohan* ou *Gérard Nicole* – me semblaient bien démunies face aux colères de l'océan.

La nuit, quand les rouleaux donnaient de la voix sur les récifs des Liniou, j'y pensais, le cœur serré.

Une fois par an, le *Dieu Protège* vient caréner sur la grève devant chez nous. Un événement. Le jusant met à nu ses œuvres vives, d'une puissance inimaginable quand il est sur l'eau. Ce *Dieu Protège* est un dieu vieillissant, maintes fois naufragé, renfloué, reparti fendre les courants entre la tourelle rouge de l'Aber et la rouge du Conquet, au Tournant de Lochrist. Il a vu bien des fois valdinguer butane, fourneau, roof, cuistot, et sa cale envahie par l'eau. Mais vieux travailleur ou non, le *Dieu Protège* est la gabare totémique de l'Aber et Lampaul, la plus grande, un bateau qui n'a jamais failli à son idée fixe depuis son lancement : accompagner la marée montante au port de L'Hôpital-Camfrout, sur la rivière de l'Aulne, en rade de Brest, et là-bas décharger les sables parfumés d'Iroise au pied d'une sainte chapelle de granit, comme échouée sur le quai par les veuves des péris en mer.

Dans mes souvenirs, un album de famille où l'exactitude optique ne doit rien à l'appareil photo, je contemple régulièrement mes chères gabares de l'Aber à la fin du jour. Le *Dieu Protège* a sa bouée devant le Roc'h Melen, à quelques encablures du café-dancing nommé Roc'h Melen, lui aussi, tenu d'abord par la famille Lebreton, puis par la famille Tréhoret, avec Sassa pour chef. La *Fleur de Lampaul* a son corps-mort entre l'anse Styvel et la cale de l'Aber ; devant la cale Combarelle sont la *Fleur de Mai*, l'*Aviateur Mermoz*, *Notre-Dame de Trézien*, et vers Lampaul la *Mad-Atao*, la *Gérard Nicole*, la *Roslohan*… Il n'y a pas que les gabares à profiter du soleil couchant. L'*Albatros*, la *Girelle* ou la *Jeannette*, des bateaux de pêche en bois, des voiliers à bout-dehors font partie du décor, mais aussi les barques pansues des goémoniers et bien sûr la *Pieuvre*, un monstrueux rafiot carré surmonté d'une grue, une ferraille mangeuse de ferraille, sans cesse à gruter les épaves autour de l'Aber, tôles de torpilleur.

L'été, dans la douceur du crépuscule, on entend résonner comme un tintement d'angélus cristallin quand le *Dieu Protège* évite au fil du courant, semblant se pavaner sous tous les angles, et que le fer d'étrave y va de petits coups réguliers sur le métal de la bouée, comme avec un museau.

Un cérémonial fantastique attroupait petits et grands sur le muret du port, aux beaux jours. Une gabare venait s'échouer à la grève pour un carénage de saison. À pleine mer, elle s'approchait le plus près possible du village, à toucher l'enseigne du Café du Port ou la pompe à bras dans son bâti branlant. Dénudés par le jusant se montraient le gouvernail et l'hélice, la quille, les évasements du galbord et, sous les yeux incrédules des badauds, la gabare se faisait géante au pied des maisons qu'elle surplombait comme un gratte-ciel. On la contemplait, mais elle aussi paraissait contempler ses admirateurs : Micho, Mme Talarmin, Tété Malabousse, Francis Couélan – l'ex-bagnard de l'île Quéménès qui vivait dans un conteneur de tôle avec Marie l'aveugle, après avoir fait des avances à la doyenne du village –, Cathy Lebreton, Alice Gourvest, Joëlle Moël, les habitués du bistrot, et nous autres les petits batteurs de grève aux pieds nus, dont le regretté Patrick Guivarc'h. Deux marées plus tard, elle retrouvait la flottaison des eaux libres, et la voir appareiller donnait l'impression d'un adieu.

Tante Jeanne, née dans les années 80 de la Troisième République, avait connu l'Aber avant qu'il ne soit un port à flot. Dans son enfance, les gabariers pelletaient le sable à basse mer et chargeaient les gabares échouées de-ci de-là sur la grève. Les femmes pelletaient, robe et sabots dans les flaques vaseuses, les gosses et les vieux pelletaient. Tante Jeanne a vu les gabariers manier d'immenses avirons, les soirs de calme plat, godillant à plusieurs pour amener la gabare au port. Bien plus tard, les jours de Pardon, j'ai participé avec les Lampaulais à ces tournois de godille qui mettaient aux prises les fiers-à-bras des gabares et les présomptueux branleurs du monde entier. J'avais dix ans. Mon canot s'appelait *Sainte-Anne* et je suis toujours arrivé bon dernier, loin derrière ces titans qui semblaient danser en godillant, debout sur une banquette du canot. À l'arrivée je levais le coude avec le vainqueur et toute la famille de la batellerie gabarière empressée autour du champion.

Les gabares ont fait leur temps, mais c'est égal du moment que l'on s'en souvient. La mer en a vu bien d'autres et l'histoire ne fait que commencer...

En Armor, ses débuts vérifiables se comptent en milliers d'années, l'inusable répétition du temps sur la peau. On pénètre...

## Gavrinis

*Etre an Gavrinis hag an Tarv*
*Eman gwele ar marv*

… On pénètre dans le corridor de Gavrinis, un îlet de huit mètres de haut, et l'on perd aussitôt la notion des heures. Ces milliers, ces millions d'années, nous les avons aussi, nous en sommes les descendants, les rejetons, nous fûmes néant, poussière, poissons, boues, avant d'accéder aux formes trop humanisées des braves gens que nous devenons à force de croire au latin des prêtres, à la promesse exaltée du couchant. Colonnes vertébrales, arêtes de poisson, pétales, arrondis féminins sont sculptés à la pointe d'airain dans les granits funéraires du tumulus où reposa quelque pharaon celtique vidé de ses entrailles, de ses méninges, remplis d'herbes de résurrection.

Un serpent sans commencement ni fin, s'il s'agit bien d'un serpent, symbolise la création intermédiaire entre la vie et la mort. Pont-levis sur deux abîmes, disait l'autre, sûrement un Breton.

Vous l'ai-je dit ? Autour de Gavrinis – la « chèvre », en langue du pays – est le golfe du Morbihan. Imaginez un disque de saindoux figé dans la bassine à frites au moment où la chaleur le désunit. Cet aperçu vous déplaît ? Imaginez un disque de gel pris dans une vasque au moment où le foyer lumineux du soleil le désunit. Dans les deux cas viendra l'instant de courte durée où le cercle morcelé de toutes parts affectera la physionomie actuelle du golfe du Morbihan, cercle dénaturé par les assauts d'un réchauffement climatique intervenu il y a neuf mille ans. Ces deux exemples rustiques vous ont suggéré, j'espère, l'étrangeté du lagon gigogne à la fois harmonieux, ébréché, guilloché, cabossé, biscornu, relié, sectionné, béant, pluriel et rond, sec, mouillé, marécageux, où je vous invite à marcher sur mes pas.

Fixons quelques repères cardinaux pour mieux sertir Gavrinis dans la marelle enchevêtrée du golfe, appelons-la notre pointe de compas. Au sud, Port-Navalo, la passe unique vers l'océan, avec Belle-Île-en-Mer au sud-ouest et les sœurs de Belle-Île ; au nord, l'île Berder avec au nord-ouest le village de Larmor-Baden avec au nord-nord-ouest la rivière d'Auray : rivière en Y ou patte d'oie, scindée à mi-chemin pour obliquer à l'est vers le village du Bono, sans négliger de remonter mouiller Saint-Goustan, le port d'Auray, au nord ; à l'ouest de Gavrinis, l'île longue ; à l'est un *mare nostrum* vertigineux, labyrinthique à la folie, comprenant des dizaines d'îles et d'îlets dont l'île aux Moines et l'île d'Arz, séjour initiatique où je n'ai pas dû m'échouer et ressusciter en voilier moins de dix fois, avec toujours le sentiment d'échapper aux sortilèges d'un conte bête et méchant qui vous l'avait bien dit, d'ailleurs il commençait par là.

Dira-t-on que c'est beau, vers Saint-Armel, Noyalo, les confins orientaux du golfe du Morbihan ou vers le Passage ? Beau, beau, beau, beau, toujours ce mot qui revient aux lèvres quand la Bretagne vous entoure avec ses lignes fuyantes, sécrétant la mer dans la mer et l'horizon dans l'horizon, et dans la nuit l'encre d'un relief de perdition, et dans la marée la rivière, et dans la rivière une mer plus morte que vive, apprivoisée aux herbages d'un arrière-pays désertique, ne montant pas au fil du flot mais s'élevant insensiblement du sol à l'unisson des coefficients lunaires, à se demander si les vaches échouées dans ce pré salé vont prendre peur ou se laisser engloutir.

Je les ai vues, ces vaches de mer stoïques, affalées au nord de Noyalo. Plancher des vaches, on leur dit, l'air dédaigneux, les planchers du fond du golfe épongent la marée sous leurs pies, leurs sabots.

C'est en passant par Gavrinis en voilier que j'ai suivi le fil du courant vers ces terrains ou merrains vagues, ces utopies assortissant l'herbe folle et l'*aqua alta* d'un flux qui venait épuiser son dernier élan à la campagne, en catimini. Pattes enfoncées dans la flotte, pies au ras de l'eau, les vaches bretonnes becquetaient dans les flaques à la manière des canards, mâchonnaient d'un air indifférent, patientaient sans bouger, semblables aux vaisseaux fantômes de la mer d'Aral pris dans une soupe de sel. Et quitte à passer pour un béotien, je ne crains pas d'affirmer que ces vaches du marais salé ne m'ont pas semblé moins sibyllines, typiques d'un mystère celtique que la chevelure de pierre de la déesse de la Féminité gravée dans la chambre dolménique de Gavrinis depuis cinq mille ans, ou que les menhirs amphibies d'Er Lannic, au sud du tumulus, soumis toute l'année au bon vouloir des vives-eaux.

Imaginez-moi dans un crépuscule avancé, là-bas, échoué parmi les allaitantes du marais gagné par la nuit, par une première lune déjà grosse de prodiges, n'osant pas descendre du voilier de peur de m'enliser. Des vaches s'approchaient, nous échangions des regards, elles soufflaient fort. À quoi rêvent les jeunes vaches ? À quoi les skippers de pacotille ? Aucun bon marin, aucun loup de mer ne l'est devenu chez nous sans beaucoup s'échouer, au début, ruser avec la balise, l'annuaire des marées, le livre des feux, le rouge et le vert, le cri des bouées, la Mère Sûreté, cette chieuse qui lui dit quelque fois, rarement : Trop c'est trop, désolé… Tabarly lui-même a beaucoup rusé, talonné, beaucoup dit : Ça passe, à des voiliers qui répondaient : Ça casse, et Mère Sûreté dut beaucoup prendre sur elle cette nuit venteuse de juin 98 où il tomba de *Pen Duick Ier* sur ces derniers mots… Quels derniers mots ? Qu'est-ce qu'il a dit ? On ne l'a jamais su, mais il l'a dit, crié dans la nuit noire en disparaissant à la mer. Qu'est-ce que l'on peut bien dire à Mère Sûreté dans ces cas-là ? Je pense qu'on lui dit : Merde ! Et Pardon vient juste après, quand on a le temps.

Sur Gavrinis, la dernière fois que le courant m'attira dans ses parages, il me sembla voir flamboyer un…

## Genêt

*Ruz pa guz*
*Gwenn pa zao*
*Amzer vrao atao*

… un bosquet d'ajoncs, ma fleur préférée en Bretagne avec le coquelicot. Je n'en mettrais pas ma main au feu, car la risée adonnant nous filions huit bons nœuds, mais peut-on confondre l'ajonc, le jaune le plus strident que l'on ait jamais entendu s'égosiller sur un ciel bleu ? Il y a bien le genêt, mais il est moins beau. C'est un ajonc manqué, le jaune est manqué, le vert est manqué, même le rameau espagnol pendouille en ramasse-poussière ou frange de rideau. Quant au maintien, il est celui des invertébrés, contrairement à l'ajonc qui vous a de l'os et du nerf, et qui ne baisse jamais les yeux. Chaque fois que je croise un genêt, je lui parle mal : Dommage que tu ne sois pas un ajonc, toi ! Ou bien : Tu te prends pour un ajonc ou quoi ? Pire : Imbécile de genêt !

Cette façon grossière d'opposer des arbrisseaux du même sang, trait d'esprit qui me met au supplice, répugne aux grands écrivains subtils comme Julien Gracq, auteur d'un texte parfait sur les deux cousins que je cherche à brouiller. Il nous parle d'une vallée étroite et encaissée.

*On y voit sur les pentes ombrées, et surtout à l'époque de la floraison, les deux nuances du jaune – subtilement différentes mais toutes deux appariées à la tristesse – du genêt safrané et de l'ajonc couleur de guêpe : le premier de teinte plus soufrée, plus neuve, mieux accordée à la gamme acide du printemps, le second plus mûr, à la fois concentré et amorti comme un vin vieux, qui brasille sur les buissons d'un vert noir comme un feu de broussailles sur les épines sèches. J'aime, j'ai toujours aimé de prédilection vraie (mais pourtant sans joie) ces pentes éclaboussées d'un jaune mort qui crèvent les bosses du granit mangé de lichens.*

Robert Desnos a le genêt à la bonne, lui aussi. Preuve en est qu'il en a fait un poème.

*Je n'ai rien dans mes poches,*
*Pas d'anguille sous roches,*
*Je n'ai, je n'ai que des fleurs de genêt,*
*De genêt de Bretagne,*
*D'Espagne ou de cocagne,*
*Je n'ai, je n'ai que des fleurs de genêt,*
*Jeunet.*

Pas mal. Pas génial. Quand un poète fait l'enfant, l'enfantin sonne faux. Il dit « cocagne » à dessein, pour échapper au genêt, nous situer dans le registre du clown et du merveilleux. De la poésie claire comme de l'eau d'Alwion. L'eau des fées. J'aimais beaucoup parler de poésie avec Bernard Giraudeau. Nous étions d'accord sur le fait que les quatre cinquièmes des alexandrins français des anthologies sont bons à jeter par-dessus bord, par une nuit sans lune. Et que l'alexandrin lui-même est un contresens, insupportable rail de l'inspiration qui, par nature, cherche à dérailler.

Quand Bernard Giraudeau s'en alla, j'étais installé Chez Casimir, un café-restaurant breton du dixième arrondissement. Pour tout vous dire, je me trouvais en terrasse à la table d'hôte, laquelle est une barrique où pourrait hiberner un ours. On est assis sur de hauts tabourets en rondins comme en fabriquaient les Vénètes, et la cochonnaille ne demande qu'à circuler.

Je sortis de mes poches mouchoir, crayon, papier, recommandai un verre de smith haut lafitte, et j'écrivis : « Salut, Bernard, tu es loin, tu es là, je t'écris d'…

## Giraudeau (Bernard)

*Bezhin diwriziet,*
*Gant al lanv a vez kaset*

… je t'écris d'un bistrot parisien, l'âme à l'ouest comme tu peux l'imaginer. Eh non, même pas au bord de la mer, désolé. Hier, j'étais au milieu des cigales et des vignes, avant-hier face à l'Atlantique, bleu comme je ne l'avais jamais vu, sinon peut-être dans les prunelles de mon père ou dans les tiennes. C'est par Marie Dabadie que j'ai appris ton départ, ton grand départ. Puis, le flash "URGENT" s'est affiché sur mon téléphone et la nouvelle est tombée. Une info. J'ai pensé à toi. Je m'en voulais ou je m'en veux, tous les temps sont imparfaits comme tu sais. On s'en veut toujours. Je ne t'ai pas assez parlé ces derniers jours ; tu ne m'as pas assez raconté ce qui te charmait en ce bas monde ou te le rendait odieux. Peut-être ne l'aurais-tu jamais dit. Tu n'étais pas homme à t'épancher comme ça. Tu préférais le jeu silencieux des mots à la confidence bavardée ; le décibel de l'écriture à celui des cordes vocales. Paradoxe du comédien, et du marin, si doué pour le paraître direct et l'incantation.

Nous avions l'océan pour meilleur point commun. Un point, oui, infiniment grand ou petit, selon qu'il nous encercle ou que nous en faisons notre plus cher secret. C'est Jean-François Deniau qui nous avait rapprochés, le fraternel amiral Deniau, le fondateur des Écrivains de Marine. Une appellation bien majestueuse, et difficile à contrôler, qualifiant une vingtaine d'insoumis dévoués corps et âme à la mer autant qu'à la page blanche, encore un océan. Il ne paie pas de mine, celui-là. Essayez donc de le franchir sain et sauf et d'y arriver à bon port. Tu en es l'albatros, Bernard, par les temps qui courent. On aime ton style, ta voix, tes rythmes élus, cet art jamais abstrait pour enchanter la peine des autres avec des histoires, et dire coûte que coûte le miracle d'être en vie.

Si le public venait à toi massivement, c'était pour ton livre, bien sûr, mais non moins pour ton vivre, pour l'homme que tu devenais, qui donnait envie de croire en l'homme, malgré tout, en dépit d'une époque enfriquée jusqu'à plus soif. Dans les ventes-signatures, la foule de tes admiratrices – après tout, ce sont les femmes qui lisent les romanciers, les inspirent et leur font bouillir la marmite – submergeait les stands voisins. Pas facile d'être écrivain à côté de toi, mon cher Bernard, et j'en ai croisé plus d'un qui en souriait jaune. Se relativiser est un don rarissime au pays des lettres.

La dernière fois que je t'ai vu, c'est au large de l'île d'Ouessant, il y avait Tohra. Nous déjeunions sur la frégate *Latouche-Tréville*, cet incroyable bâtiment dont *Océans*, le film de Jacques Perrin, fait un héros par gros temps. Nous parlions de poésie. Nous déplorions que ce cri vital, essentiel, connaisse un pareil déclin sous nos climats. Il s'agissait pour nous d'un malentendu, probablement lié à l'enseignement. À un moment, nous avons évoqué Tabarly, et tu m'as cité le splendide poète José Gers, un Belge, lui-même capitaine au long cours : "Un marin point ne meurt, un marin s'évade…"

Aujourd'hui, je comprends quel sens aérien tu pouvais donner à ces mots, toi qui souffrais et disais du cancer qu'il était un bateau, un salopard de rafiot qu'il te fallait piloter contre vents et marées. De ce point de vue tu es un péri en mer, bien cher Bernard. Tu t'es évadé. Tu t'es fait la belle, et ton corps n'est plus cette prison dont le geôlier s'appelle Solitude. Tu es entré presque souriant dans cette continuité dont tu parlais si légèrement à Mireille Dumas, l'autre jour – la Mort. Notre sœur la Mort. C'est une leçon d'espoir que tu nous donnes avec cette échappée. À la revoyure, ami. »

Il pleuvait toujours quand je reposai mon crayon. Un signe, pensai-je. Il pleure dans mon cœur, il pleut sur la ville. Notre vieille maîtresse la poésie me radotait aux oreilles : *Il pleut sur les taches grises des cartes d'état-major, il pleut des trousseaux de clés, il pleut des ainsi-soit-il dans les ténèbres du Christ.* Ferme-la ! *Qui pis est, il pleuvait d'une telle manière.* Camembert, j'ai dit ! *Que les reins par dépit me servaient de gouttière…* S'il te plaît, Bernard, fais quelque chose. *Et du haut des maisons tombait un tel dégoût…* TA GUEULE ! *Que les chiens altérés pouvaient boire debout.*

Il pleut, il pleure, il vase à tout-va, est-ce qu'il pleut tant que ça en Bretagne ? Est-ce qu'il est jamais tombé une seule goutte d'eau sur mon pays dans la mer ? Les pittoresques présentateurs, et présentatrices de la météo ont adopté…

*Glao*

*Glav a ra ken a ziver*
*Da strakin ar maltouter*
*N'ez eus netra ar maltouter*
*N'ez netra viloc'h*
*Evit revr ur maltouter straket*

… ont adopté l'expression « entrée maritime » pour désigner, forte ou légère, cette eau qui nous vient du ciel sous forme de pluie. Un dicton à retenir : « Soleil rouge du matin, brume des bois, lune rousse ou arc-en-ciel du soir promettent tous de belles saucées. » Autre dicton : « Plus forte est la pluie, plus tôt elle se tait. » Autre dicton : « Petite pluie abat grand vent. » La pluie bretonne aime les dictons. Chez nous, une belle journée peut s'accommoder d'une belle pluie. *Glao.* Tout est affaire de sensibilité. D'ailleurs on est très injuste envers nos ciels et nos soleils. Le temps est juste un peu *gadal*, changeant. Nul ne s'en plaint, sinon les vacanciers. Dernier dicton : « Qui trop écoute la météo passe sa vie au bistrot. »

Dès qu'il pleuvait, ne me demandez pas pourquoi, Marraine allait acheter des reines-claudes et les partageait avec ses filleuls. Puis elle voulait absolument faire un feu sur la grève, malgré la pluie, et le sac de reines-claudes lui servait pour le premier allumage. Le feu ne prenait jamais, on rentrait en chantant, Marraine en tête.

Il y a du sec et du moins sec en Armor.

Il y a surtout du *glas*. Il ne sonne pas, il ne prévient pas messire l'Ankou, rien de…

## *Glas*

*Etre Pempoull ha lokemo*
*Eman gwele an Ankou*

… rien de funeste dans un tel mot. Le *glas*, c'est tout à la fois le bleu, le vert et le gris sur la mer, au ciel et dans les campagnes. C'est l'indéfinissable nacré d'une lumière dont Matisse a commencé par se plaindre, tant elle était fine, variable et vibrante. Chez nous, quand la mer est turquoise, elle peut ne l'être qu'un vingt-quatrième de seconde, le temps de n'être plus que noire ou d'une pâleur d'absinthe. Pour la rétine, elle est *glas*. On trouve l'équivalent chez les Grecs, signalant par le terme *glaukos* les reflets changeants de leurs eaux sans marée. Étrange que ce *glaukos* ait fini en « glauque » dans le sens d'abject, pour qualifier les eaux troubles et les ambiances de mauvais aloi.

J'en connais un qui nous en aurait fait toute une fable – et l'a peut-être faite – pour moins que ça. Lors d'un voyage à Quimper, où je veux bien supposer qu'il tomba quelques gouttes symboliques de la réputation quimpéroise, Jean de La Fontaine écrivit ce…

## Glouton

*N'eo ket an neb a fring a zebr an harinked*

… écrivit ce conte, tiré du Grec Athénée :

*À son souper un glouton*
*Commande que l'on apprête*
*Pour lui seul un esturgeon.*
*Sans en laisser que la tête,*
*Il soupe ; il crève. On y court ;*
*On lui donne maints clystères.*
*On lui dit, pour faire court,*
*Qu'il mette ordre à ses affaires.*
*« Mes amis, dit le goulu, m'y voilà tout résolu ;*
*Et puisqu'il faut que je meure,*

*Sans faire tant de façon,*
*Qu'on m'apporte tout à l'heure*
*Le reste de mon poisson.*

Fut-il obéi ? Je l'ignore. Mais aucun poisson ne se perd à Quimper, où ne manquait pas…

## Goéland

*Ar skrafig o skrignal*
*Ar gouelan o ouela*
*Ar stèr o kriza he zal,*
*An avel oh illiga d'an oabl digas…*

… où ne manquait pas l'escouade atlantique des goélands. Il s'en trouve également à Paris. Mon père m'assurait qu'il y en avait jusqu'en Suisse, à L'Etivaz et Château-d'Œx où nous allions skier l'hiver (pas lui, *ma Doué !*), chassés de la mer du Nord par le raffut des canonnades, en 14-18.

Goéland se dit *gouelan* en breton. À ne pas confondre avec la mouette. Il suffit qu'il prenne la parole, on est fixé. *Gouelan* est une grande gueule doublée d'un goinfre. Il ne quitte les ports de pêche que pour accueillir les chalutiers. On l'appelle aussi *labous Sant Paol*, l'oiseau de saint Paul, allusion au miracle accompli par le saint lors d'un raid hitchcockien de la part de ces gougnafiers descendus en piqué sur son monastère.

Le goéland est dit pleurnichard, la mouette rieuse, pas étonnant qu'ils s'entendent si bien. Mais il arrive au goéland de partir en vrille, en vrille de rigolade, et aux mouettes d'avoir du chagrin, une chatte n'y reconnaît plus ses louveteaux.

Mouette et goéland sont des pillards d'estran, les concurrents ailés de la gent goémonière, un cercle fermé où l'on fait métier de…

## Goémoniers

*Yann pa vo mezo*
*Frapit warnan drez e vleo*
*Stagit anezan ouz pao ar bank*
*Da deurel warnan gand en drojenn lann.*

… où l'on fait métier de tenir pour un trésor la marée basse, un trésor qui n'a parfois rien à donner que des larmes et du sang.

Le goémonier, rien de moins que le chiffonnier des grèves – *ar pilahouer* –, vit du déchet des marées, et pour lui la tempête est un don du ciel. S'il y a naufrage à la clé, il se prend pour Dieu. Je parle évidemment du goémonier d'autrefois, mais qu'est-ce qu'une autre fois, et pourquoi toujours la cantonner dans l'imparfait ? Je ne sache pas que le « bris de mer » ne soit plus un droit régalien chez les *arvoriz*, les gens de la côte et des îles.

À Lampaul, se baladant à marée basse, on croit piétiner les mues d'une forêt vierge à la fois faune et flore, toute gluante de sève, et si l'on cherchait bien sous les amas on finirait par y dénicher des perroquets. Déjà ces laminaires aux formes d'alligator aplati, ces queues de bœuf enchevêtrées par des nœuds qu'un marin ne saurait dénouer, ces poulpes grognons somnolant dans les rubans d'une algue tuyautée, comme des chatons à la mamelle, ces bernard-l'ermite processionnaires, ces puces, ces mouettes à l'affût, et puis nous autres chassant la toison d'or.

Gare aux enchantements périlleux d'un tel jardin, paré des coloris mêmes du soleil couchant. On peut mordre ce platycarpus aux lourdes grappes gonflées d'un jus salé, un régal, sinon mieux vaut toucher des yeux ou carrément s'en aller. L'anémone de mer se verrouille au moindre contact. La naccaria a des vibrations de cils, caressez-la, vous prendrez feu. Les physalies, ces grosses bulles de chewing-gum rosâtres abandonnées sur des flaques, donnez-leur un seul baiser, vos lèvres se meurent. Ce chatoiement perpétuel sous les pieds, c'est l'ulve damnée qui verdit et blondit comme de la salade, et dans quelques minutes, avec ce chaud soleil elle puera la mort, un arôme à tuer les sangliers.

À qui appartient le goémon d'Arvor ?... En principe, au premier paysan qui le voit de chez lui. Et quand on est plusieurs à voir le même rocher découvrant ? Et quand on voit des îles ? On se chamaille, on légifère, on revend ses droits, on se venge, on jette un sort, on veut tous aller faucarder aux îles :

Desléos, Quéménès, Lityri, Les Héaux, Talbert, des estrans vastes comme la pampa. L'administration alla jusqu'à nommer une commission de classement des rochers par souci d'équité. Sur la pierre des bannis, chaque 1er janvier au sortir de la messe, le recteur inscrivait solennellement les jours de coupe autorisés pour le varech. On boursicotait dans les bistrots du port, hommes et femmes misaient sur le goémon, sur le fucus aux quatorze noms, certains même se croyaient riches.

Quant aux autres paysans, ceux qui n'ont pas vue sur la mer, ils peuvent glaner à discrétion le tout-venant du goémon noir, un engrais d'appoint supérieur à l'urine de vache, en tout cas pour les céréales. De braves peigne-culs, pour les *arvoriz*, guère mieux considérés que les bonnes femmes qui vont au pré chercher l'herbe à lapins, la faucille accrochée sur les reins.

Les fermiers du rivage, eux, les seigneurs du goémon, moissonnent à marée basse ou dans les grands fonds. Ils fauchent les algues laminaires qui fournissent l'iode aux laboratoires pharmaceutiques, et servaient jadis aux gentilshommes verriers pour la teinture des vitraux, ils font du profit. Ils ont droit aux fours à soude, et n'est pas loin l'époque où toute la côte finistérienne, de Cornouaille en Trégor, voyait s'enrouler au vent les panaches de fumée suffocante émanant des brûleries côtières. C'était encore vrai quand j'étais enfant – ça ne l'est plus.

La ceinture dorée goémonière de l'Arvor n'est pas l'œuvre du Gulf Stream, mais des vagues, matriciel élément des végétations qui vivent cramponnées sur les minéraux immergés. L'Aber-Ildut, mon village, est le premier port goémonier d'Europe, et j'en tire une fierté certaine – et je crains les ravages du scoubidou, redoutable engin qui tranche moins qu'il n'arrache algues et racines –, ayant déjà « fait » les goémons comme on « fait » les vendanges, avec la sensation que Dionysos et ses faunelettes, faunelets, s'ébattaient dans la mer autour de moi.

Je ramassais des touffes ou des chignons d'agar-agar, ce lichen dont les Japonais font des salades aigres-douces pour les amateurs de *bento*. Séché, blanchi au soleil, l'agar-agar se vend aux sushi-bars, aux fabricants de gélatine, aux grands sachems des cuisines moléculaires, aux papetiers, aux confituriers, aux ménagères illuminées par la grâce du bio. À l'Aber, chez nous, on en faisait du pain dominical, ce pain de goémon que Marraine essayait de fourguer à ses filleuls chaque dimanche soir, en les assurant qu'ils vivraient cent ans.

J'y pense, Marraine est toujours vivante, elle vient d'avoir cent ans.

Nulle part ailleurs qu'en Arvor – l'Arvor le plus occidental, les trois abers – on ne se jette avec une telle avidité sur les plantes marines appelées officiellement goémon de rive. Jetons un œil au décret promulgué en 1860, toujours en vigueur, toujours aussi faux. Les goémons de rive sont ceux que l'on peut atteindre à pied sec aux grandes marées d'équinoxe. Ils se récoltent à la limite des basses mers, entre flux et reflux.

À pied sec ? À pied tout court, équinoxe ou non ! protesta l'opinion goémonière à l'époque. Depuis le temps que l'on détroussait les marées basses, en Arvor, les riverains n'avaient jamais eu l'occasion de goémoner à pied sec, eux ni leurs chevaux, et ces battues au varech n'étaient pas sans risque. On y allait de l'eau jusqu'aux aisselles, jusqu'aux yeux, on s'empoignait avec les courants pour accéder aux rochers, on pataugeait comme des grenouilles de mer, hommes, femmes, enfants, vieillards, la lune n'attend pas.

Dès février, les goémoniers partaient à l'assaut des basses mers, charrettes, tombereaux, civières, chiens, chevaux, un tonnerre de sabots sur la route. Imaginons leur équipée chiffonnière à la pointe de l'aube, les attelages, les faux, les foënes dentelées comme des fougères, les fourches démoniaques, les cris. Une ivresse de pillage flotte sur le cortège, la piétaille des mendigots suit de près, goulus, flairant la barbarie. Ils vont goémoner au sillon du Talbert, vers l'île de Bréhat, un isthme désert de sable et galets, qui s'avance au large sur plusieurs milles nautiques, avec la mer déferlant méchamment des deux côtés, prête à réclamer son dû. C'est blême, là-bas, désert, sans limites, un théâtre d'oripeaux fantomatiques bousculé par le vent autour du grand phare des Héaux debout sur une roche à part, à l'extrémité du sillon.

Le gué s'amorce entre l'estuaire du Trieux et celui du Jaudy. Le goémonier n'attend pas qu'il soit découvert. Jurons et coups de fouet claquent, on entre pieds nus dans la marée descendante, on en a jusqu'à la ceinture, on gagne du temps. Les chevaux tremblent, hennissent, leur crinière ondule à la surface du courant, les charrettes ploient, les goémoniers pataugent en riant dans ces flopées d'eau qui refluent en tout sens.

Arrivé au sillon, pas l'ombre d'un relief où s'abriter, le crachin de nordet vous transperce les os, c'est maintenant. Chacun joue de la faucille, de la faux, chacun brandit, tranche, tond, arrache, participe au carnage comme il peut. Les mendigots jouent du litron, les porteurs de civières s'évertuent, pressés d'emplir toutes les charrettes avant la nuit, les tas de goémon s'alignent sur la grève avec des relents d'abattoir. D'une civière à l'autre, c'est un grouillement de crabes fous se démenant dans les émanations génitales de la marée violentée, telles des souris affolées, les palourdes pissent leur jet vertical, anguilles et vers s'enfuient parmi les vases pointillées de chiures livides.

… Ça y est, la marée commence à virer, la mer revient en trottinant de côté, les algues flétries ressuscitent et gesticulent comme des pieuvres, les équarrisseurs n'en peuvent mais. Dangereux, dit le goémonier harassé, rengainant sa pierre à aiguiser, retour au continent, *hue dia !*

Ils sont plusieurs chevaux, souvent, à devoir tirer ces monceaux d'entrailles de mer à reflets d'airain qui balaient le goudron, exhalant le froid glacial des profondeurs et du vent, parsemées de mini-crabes et bigorneaux plus morts que vifs. Là-haut, des gosses accroupis sur les tas de goémon pantelants, rétamés d'iode et de bonne volonté, regardent la mer monter, et d'autres sont encore à scrapper dans les filons baveux à la recherche de…

## Gravette

*Traou an aod*
*A c'hle bezan war flod*

… à la recherche de gravettes, un beau ver blanc qui vit ordinairement dans la vase, raflé avec le goémon lors des grandes chasses de printemps. La vase aussi est filon. Le trésor du pauvre. On en extrait le repas du soir, palourdes ou coques, on y traque à la cuiller à soupe, au couteau, la gravette qui se vend lavée, bien blanche au Café du Port, dans des pots de confiture. Et tant que la gravette aveugle se tortille à travers la vase de l'Aber, du côté de l'anse Styvel, on est sûr de ne pas se coucher l'estomac vide.

Le pêcheur aime attraper sa gravette que le poisson aime tant saisir dans sa gueule. Chacune est la promesse de plusieurs poissons. On ne partage pas ses gravettes. On est attentionné avec elles, la veille des sorties au large. On les garde à l'ombre dans une casserole d'eau de mer. On les regarde évoluer, se tortiller. On se méfie des voleurs de gravettes. L'occasion fait le larron, et la gravette excite les convoitises. Un pêcheur qui vous donne une gravette vous adresse un vrai signe d'amitié. Il faudra lui rendre la pareille un jour. C'est un peu comme s'il vous offrait le poisson qui va manger cette gravette, et que vous mangerez. Ce peut être un maquereau, mais aussi un lieu jaune, un bar…

Qui m'a jamais offert une gravette ? Mme Raguéness. Encore ne m'a-t-elle pas laissé plonger la main dans le pot de confiture où grouillaient les vers enchevêtrés.

Le lendemain, la gravette de Mme Raguéness a tenté un bar de cinq kilos vers les roches des Liniou. Je recommence : le lendemain, la gravette de Mme Raguéness gisait sans vie au fond du bol à grandes oreilles de ma tante Jeanne, un authentique bol de Pont-Aven cuit en 1889. Je suis allé pêcher pour la gloire, sans rien attraper. La pêche est un loisir mortellement ennuyeux, n'en doutez pas. La pêche au gros, peut-être, à la façon d'Hemingway, quand on espère sortir de l'eau la bête du Gévaudan. Avec l'invention des leurres et autres paravanes, la gravette a retrouvé dans les vases de l'Aber un asile sûr et des longévités immémoriales. C'est l'espérance de vie du poisson qui laisse à désirer. Gravette ou paravane, il finit toujours en cotriade, en papillote, en soupe, en sashimi. On en trouve aussi qu'un mal mystérieux…

## Grève

*War al lanv*
*Traoù tanv*
*War an tre*
*Traou krenv*

… qu'un mal mystérieux laisse morte sur la grève, victime de quelque nage en zone polluée.

S'il est un mot que le *mare nostrum* n'a pas – cela dit sans désir d'émulation aucun avec un flot bien loti sur le plan balnéaire –, c'est « Grève » dont l'étymologie, providentielle ou fatale, se retrouve aussi bien dans les bordeaux d'appellation Graves que dans les reins par ailleurs actifs de notre bien-aimée duchesse Anne, ou ceux de Michel de Montaigne, lorsqu'ils souffrent le martyre de la gravelle et qu'ils en trépassent. Grève, graves, gravelle : la pierre…

Parmi tous ses visages de pierre, alignements mégalithiques, manoirs, gentilhommières et autres pentis, forteresses, châteaux et chemins de croix reprenant le rythme des lunaisons celtiques, en deux fois six laps, l'Armor a celui des marées basses à la grève, différent de celui des marées basses à la plage, où le sable se méfie du caillou. Certes, il est des littoraux mêlant grève et plage – Ruscumunoc ou Tréompan, Landunvez, Porspoder –, mais l'habitant ne s'y trompe pas. La grève est caillouteuse, la plage est sablonneuse ; la grève est goémon, tignasse, la plage est imberbe ; la grève est intimement liée aux estuaires miniature de l'Armor, au délinéament tourmenté, ou fureteur, d'un rivage extensible à l'intérieur du pays, sur des dizaines de milles nautiques, la plage est une oasis irréelle après la dune, un décor de Sahara quand la chaleur s'y met. À l'habitant la grève, à l'estivant la plage.

Il y a une raison technique à l'occupation du site. La plage affronte le plein vent. La grève, épousant le pli des côtes, offre en général un abri naturel où l'on a son bateau. Innombrables sont les *porz* hébergeant à longueur d'année ces barques et canots dont les plus grands s'échouent sur béquilles, et les autres à la va-comme-je-te-pousse, ne chipotant pas sur la rudesse éventuelle du terrain.

Chez nous, à l'Aber, un escalier de granit raccordait le jardin à la grève, et petits et grands appelaient cette aubaine : la grève-de-devant. Les visiteurs distingués comprenaient : la grève du vent. Mais c'était : la grève-de-devant. Il était défendu d'ouvrir la barrière blanche et d'aller sur la grève, théâtre de tous les dangers, de tous les prestiges. La mort ne se contentait pas d'y rôder, elle jetait régulièrement son dévolu sur un gosse ou sur un pochard. Les bonnes y allaient sans se gêner. Elles allaitaient mes cousins, assises au bas de l'escalier, profitant d'un rayon de soleil. Un autre été, c'était moi qu'elles allaitaient. J'ai vu là-bas mes premiers seins de femme, ces tourterelles d'ivoire, et j'en suis encore un peu groggy.

À quoi peut-on comparer la grève-de-devant ? Aux Champs-Élysées. Le Roc'h Melen fait office d'Arc de triomphe, doté d'un semblant d'arche qu'il est. La tourelle rose gencive du Lieu, dernier amer nord avant les eaux du chenal du Four, fait office d'obélisque, et Sassa, le café-tabac-dancing, de Fouquet's.

Ce n'est pas qu'on se bouscule, à marée basse, sur la grève, mais on peut parler d'un va-et-vient continu, tant que la mer cherche la lune ailleurs. Il y a les heures creuses, les heures de pointe. Assis sur le muret du jardin, je regarde passer les batteurs de grève. Que cherchent les gosses ? Tout et n'importe quoi. Ils se penchent, ils ramassent des lames de rasoir, des fourchettes, des hélices, des torpilles oubliées par les Allemands, des crosses de fusil, des grappins édentés, veufs de leurs embarcations. Ils terrifient les crabes mous en transhumance au revers des galets, ils regardent le vent, se demandent s'il a bougé, s'il reviendra. Ils cherchent l'anguille, la fille, ils posent toutes sortes de questions.

Pas plus eux que moi ne sommes conscients de nous enivrer d'un air marin qui nourrit aussi les herbes vertueuses de la dune, les menthes, les cirrubes gavées d'iode à longueur d'année. Pas plus eux que moi ne sommes conscients d'être au paradis, de fouler à l'unisson les arpents du bon Dieu. C'est d'ici que l'on part aux îles, c'est ici que l'on revient après les îles, ici que le temps ne se compte pas plus en minutes qu'en nuits, prélevé directement sur l'éternité qui nous est due, à nous les mortels chrétiens d'Armor. Un acompte. Des arrhes d'éternité.

Chaque été, je suis au désespoir lorsqu'il faut quitter l'Aber-Ildut, abandonner la grève, aller à Brest, prendre le vieil express bleu nuit à vapeur jusqu'au Mans, à volts et autres ampères du Mans à Paris, au matin, celui-là toujours gris, retrouver la ville à la gare du Maine, une ville grise, bourdonnant d'autobus, qui remplit aussitôt les poumons d'une atmosphère de gaz brûlé. Où sont les crabes ? Où sont les îles ? Où l'horizon ? Les dunes ? Le goémon blanc ? Où les pieds nus, les jolies Bretonnes à l'accent chantonnant, les Cathy, les Marie, les Liliane, les Fanchon ? Que sont les bateaux devenus ? Dans son royaume amphibie, la grève-de-devant retient ma vie secrète jusqu'à Pâques prochain. D'ici là, je vais faire semblant d'exister, je vais dessiner la mer sur mes cahiers rouges, verts, frappés du *fluctuat nec mergitur* de Lutèce, cette arche insignifiante en comparaison des goémoniers et gabares coloriés comme des Sioux, croulant sous la masse de leur butin subaquatique, algues, maërl, sable, par tous les temps que le vent fait courir entre ciel et mer.

C'est vrai qu'on fait des histoires, chez nous, à l'Aber, dans la maison grise à volets blancs. À tour de rôle on en veut aux autres, on est sûrs d'avoir raison. On boude, on rumine, on disparaît sans mot dire, et tout le monde sait bien où. Les boudeurs vont à la grève, ils s'assoient dans des barques échouées, tournent le dos à la maison, regardant vers l'occident, mûrissant des projets extrêmes. Ils hachent menu ces petites rancœurs de personne à personne, ils y passeraient plusieurs vies si la vie ne se contentait pas de s'arrêter net, un jour, et l'être humain de n'être plus rien, et les rancœurs poussière au milieu du néant.

La plus boudeuse, c'est ma grand-mère, bien trop distinguée pour descendre à la grève, au risque de croiser des gens qu'elle refuse de saluer, ou d'exposer ses vénérables orteils au pinçon des crustacés. Elle se trouve un boudoir de consternation dans la voiture de son mari, la Citroën stationnée au manoir de Kervaly, astiquée par M. Perchoc à la couenne de chamois.

Mon grand-père ne boude jamais. Il craint les bouderies des autres, toutes ces femmes autour de lui – épouse, filles, belles-filles, cousines, sœurs – dont les nerfs grincent ou crient dès que le baromètre descend. Je le sens malheureux, vexé, torturé dans ce guet-apens d'animosité sans éclat, ce pur silence de haine qui souhaite pis que pendre à celui dont nous partageons les jours et les nuits. Il pianote sur la nappe rouge, il demande à la cantonade la permission de fumer ; il porte à ses lèvres un long fume-cigarette brun, l'un de ceux qu'il fait spécialement fabriquer à Saint Louis, semblables à des orvets de cristal. Il rêve, il adjure le baromètre de remonter. A-t-il jamais aimé ma grand-mère ? Il a des lèvres pleines, mobiles, elle une bouche fine, crispée. Et comme il est impossible pour un mari de rester longtemps silencieux devant une épouse qui ne parle plus, comme l'air se charge d'une tension à désespérer le gosier d'un orage de chaleur, grand-père attrape sa canne dans le porte-cannes japonais et prévient qu'il va ranger sa voiture à Kervaly.

Veux-tu m'accompagner, petit homme ?

C'est un moment qui m'enchante, cette minuscule sortie en voiture d'un kilomètre et demi avec grand-père. J'ai toujours l'espoir qu'il va me proposer d'aller boire une grenadine-limonade ou un lait-fraise au café de l'église, chez Prat, où ça sent une bonne odeur de vin. Nous remontons en DS la grande allée des hortensias du parc de Kervaly, nous sortons devant chez Perchoc, le gardien, qui se charge du stationnement de la DS sous le hangar, et nous allons à pied faire un tour à la…

## Grève (La lieue de)

*Avel su*
*Da Jenig An Ti Du*

… faire un tour à la « lieue de grève » au bas du parc, après la serre et le potager, après le grand champ et le petit champ en contrebas, vers la vieille cale que j'ai moi-même remblayée et rempierrée avec Jacky Bégoc.

On ne s'arrête pas à la serre à raisin, pas au roof du trois-mâts qui sert de coffre à pommes, on passe indifférents devant la maison des poules, une ferme entière uniquement occupée par des poules, ça fait bizarre. Dans la grande salle, dans les chambres, la salle de bains, l'escalier, au grenier : des poules et des poussins aux fenêtres et sur des meubles qu'on n'a jamais sortis. Et partout le même sol recouvert de morceaux de crabe emplumés, de coquillages troués à coups de bec, de fientes piétinées. Rien n'intéresse grand-père, il a besoin de voir la mer, de mentir à sa femme, et s'il n'avait pas mal aux jambes il se mettrait à courir. Tant qu'il la trompait en regardant l'océan, il estimait que le coup de canif au contrat ne méritait pas un procès.

Puis nous arrivons à la mer, nous marchons le long du bord, puis nous sommes à pied d'œuvre et j'entends grand-père souffler.

La lieue de grève, une fantaisie du relief typiquement finistérienne, n'est pas la grève. La lieue de grève désigne le rivage sans préciser où il s'arrête, commence, où la « lieue » n'est plus chez elle. C'est une utopie. Un théâtre qui n'appartient qu'à la mer, au vent. Les galets y sont rangés en un sillon qu'il serait sacrilège de ranger autrement, considérant qu'il gêne la vue. On profanerait l'écologie des pierres et des faunes réfugiées entre les pierres. C'est la mer en friche avec son rivage et sa liberté, la lieue de grève. L'espace est dégagé, le vent peut souffler, la marée se livrer à ses raz.

Un mot la définit bien dans son indéfinissable extension vers la mer et l'étendue continentale : « environs ». La lieue de grève environne un milieu cultivé dans tous ses pouces carrés par l'être humain. La lieue de grève, vache sacrée, renoncerait d'elle-même à son nom si l'on se déshonorait à la cultiver. On y respire un air particulier, puissant, chargé d'un goût de sel à la fois sec et nubile. L'esprit du sel habite sous les galets, il attaque le vent sur son passage, il vous soûle de sa force qui vous laisse hébété en quittant la lieue.

Voilà où nous allions, grand-père et moi, nous laver des tensions familiales, nous ressourcer. Il avait sa canne et son grand chapeau noir. Il ne disait rien. Il regardait la mer.

Chaque fois que j'en ai l'occasion, me rappelant ces échappées belles avec grand-père, je retourne marcher sur la lieue, nulle part. Ici le sel est vivant, il est roi, la pierre est reine, la grève un royaume. Ici, les premières tribus d'Armor, chassées par les invasions et les brouilles, sont venues se jeter à la côte à moitié naufragées. Ici naît la « grève », couleur de galets – ces galets gris et bariolés comme les idoles incas. Ici, on pense à la plage, à la blancheur ou la blondeur du sable qui vire à l'émeraude, avec la marée, quand on a sous les pieds l'estran polynésien dont se félicitent les chats de…

## Groix

*Pa vez an avel en he c'hornaouogh*
*Pesked a-leizh er Vezhinog*

… les chats de la pointe des Chats, à l'île de Groix. Pardonnez-moi si j'ignore quels chats sont venus à bout de quelles souris sur cette île de joie qu'un animal aussi tutélaire que bienveillant, le germon, tient sous sa protection du haut du clocher du village. Il n'est pas le seul poisson de fer à servir de girouette au sommet d'un clocher breton, mais le seul germon oui, et le germon évoque bien plus une divinité marine qu'un poisson.

Groix n'est plus que l'ombre d'elle-même. Elle a perdu ses flottes de pêche et son renom planétaire d'empire thonier. À cinq milles de Lorient, l'île n'a rien d'un haut lieu, paisible en son climat quasi méridional, sans relief tourmenté, connue pour sa plage unique en Europe, une flèche de sable convexe, attirant des marées aux pâleurs bleu néon.

Contrairement à ses consœurs du Ponant – Ouessant, Sein, les Glénan –, elle bénéficie d'un havre naturel insensible aux humeurs du noroît, Port-Tudy, *parva sed apta*. Au siècle dernier, Groix est le port thonier le plus connu d'Europe. La saison finie, trois cents dundees hivernent dans son giron. Les beaux jours venus, ils partent en carénage à Belle-Île, vingt milles au sud. Quand ils appareillent, fin prêts pour la campagne au large, on ne trouve plus un homme à terre, plus un mâle ayant bon pied bon œil. Ils sont au moins deux mille à s'embarquer.

À Groix, la famille entière travaille au germon, l'autre nom du thon. L'épouse est comptable, la mère est « senteuse » pour le compte des marchands (gare aux pêcheurs dont le poisson n'a pas bonne haleine sur la criée), la fille est poissonnière, le fiston mousse à douze ans. Ranger, graisser les hameçons, servir le petit déjeuner à quatre heures du matin, donner le coup de grâce aux thons, aller prendre les ris sous les paquets de mer, c'est son lot. Le grouillot du bord. Sur le thonier il apprend la vie, parfois l'amour, parfois bien pis. C'est souvent lui le premier à passer par-dessus bord, comme dit la chanson. Une autre dit qu'il est mangé.

De la grande époque thonière groisillonne reste la girouette en haut du clocher du village. Un germon de fer.

Les bateaux sur lesquels on allait à Groix, dans les années 60, n'étaient guère plus grands que des germons de fer (un germon de bois s'appelait Pen Men). Il y avait le *Pen Er Vro* et l'*Île de Groix*. Puis il y eut le *Jean-Pierre Calloc'h* et le *Tudy*.

Le doyen des vapeurs de cette Compagnie morbihannaise de navigation, renaissante après la guerre, ne desservait pas Groix. Il assurait les traversées entre Belle-Île et Quiberon, et l'on peut dire qu'il avait tout son temps. On se demandait comment c'était possible d'arriver au port de Belle-Île sans prendre la peine de sortir du port de Quiberon. Ça, c'était les jours sans vent. On se trouvait bien naïfs, ou complètement idiots, par mauvais temps, d'oser confier son avenir immédiat à cette chose flottante et bancale à quoi la Morbihannaise avait donné le joli nom de *Guedel*, le nom même de Belle-Île-en-Mer en vieux breton. Qui disait Belle-Île-en-Mer disait…

## *Guedel*

*Stagit anezan ouz pao au daol*
*Da zrailla warnan enndro jenn gaol*

… Qui disait Belle-Île-en-Mer disait Quiberon, disait *Guedel*.

On ne pouvait pas lui échapper, au *Guedel*, personne. Pas un cochon, pas un piano n'arrivait à Belle-Île-en-Mer qu'il n'ait traversé arrimé sur le pont du *Guedel*.

Christine Kraft disant : Belle-Île-en-Mer, sous-entendait : *Guedel*.

Sans *Guedel* on n'atteignait jamais les délicieux jardins clos d'Arno-en-loc-Maria, on ne virevoltait pas en *ponant* à foc rouge devant Bordardoué, on ne filait pas en Solex au Palais manger des crêpes au grand-marnier, aucune jeune Allemande époustouflée, sans *Guedel*, ne pouvait garder de Belle-Île-en-Mer le souvenir impérissable que son grand-père en gardait, et pas un Bellilois vivre de la location de ses maisonnettes de paradis à des Parisiens qu'il maudissait haut et fort quand ils s'en allaient : par le *Guedel*.

Le *Guedel*, deux cent trente tonneaux de jauge brute, trente-six mètres de long, sept de large, est un courrier blanc, il a l'air noir. C'est un rafiot en gros fer gondolé, boulonné, riveté. La cheminée rouge et noire tient au pont supérieur par du fil de fer. Ses croûtes de peinture lui tombent des flancs sitôt qu'il a le malheur de vouloir accélérer.

Le *Guedel* peut embarquer des voitures. Pas beaucoup. À la troisième, il est rassasié. Elles sont hissées au treuil, dans un filet. Comme les pianos. Comme les cochons. Même les vaches y ont droit.

Ils sont horrifiés, les cochons, balancés dans le filet du *Guedel,* et déjà le treuil fait un drôle de bruit rouillé. Ensuite, ils ont peur d'en sortir, il faut leur allumer du papier journal au derrière.

Le *Guedel* y va tout doucement, à Belle-Île, on pourrait dire à reculons. L'hélice n'a peut-être pas tous ses morceaux bien vissés, après tout.

Est-ce qu'il y va seulement, à Belle-Île ? Chaque fois, c'est la même chose, on n'y croit pas. On se voit mal arriver à destination, comme avec les avions.

Dès que le vent souffle un peu fort, on lui dit : Ferme-la, vent ! de peur que le *Guedel* ne se mette à rouler dans tous les sens.

Il n'a pas toujours l'air de savoir où c'est, Belle-Île-en-Mer, il perd la mémoire. Imaginez que le brouillard tombe, on n'aurait plus qu'à jeter l'ancre n'importe où, à souffler dans la corne de brume.

C'est vraiment quand il est sûr de lui qu'il met en route, avant lente, avant tout doux, traînant son sillage mousseux comme l'escargot sa bave argentée.

Il est avare de ses *teuf-teuf*, à un *teuf-teuf* près. Sa machine est une pièce de musée. On a beau la réviser, elle a des explosions et le *Guedel* tombe en panne au large.

On voit le mécano chancelant surgir sur le pont, l'avant-bras arraché, le moignon fumant, le ventre ouvert, et l'on dirait le roi Renaud portant ses tripes à pleines mains.

Il plonge, il se noie. Une grosse bulle rose crève à la surface, et laisse échapper un hurlement.

La dernière fois qu'il est remonté de la salle des chaudières, après une explosion qui ne provenait pas du bateau, c'était pour crier : la guerre, voici…

## Guerre

*Bannit an ezan en e wele*
*Ha troit e reor ouz ar pennwele*

…voici la guerre, la Grande, la Der des Ders !

La guerre, bonté divine, on ne l'attendait plus, celle-la ! On l'avait effacée des calendriers. On s'amusait si bien. D'un jour à l'autre elle est là, presque démodée, boue tonnante et rougie, les dragons, le rata, les drapeaux. Au large, elle interrompt les pokers dans les fumoirs, les soirées costumées, les fiançailles entre chien et loup, elle jette un froid sur les riches dîners qui font s'attabler nouveau monde et gotha. Elle réveille l'ennemi.

Les paquebots, mini-patries itinérantes, sont faits prisonniers. La guerre a besoin d'autobus.

Réquisition, transformation. Ils sont déshabillés, dépulpés, réduits à l'os. Ils n'ont plus leurs atours de paon. Ils hébergent la troupe ou sont armés en croiseurs auxiliaires. Piètres guerriers, trop voyants, trop faciles à pointer. Des cibles, non des attaquants. Thomas Wilson a beau publier un manuel du trompe-l'œil et les peintres cubistes se démener en zigzags jupitériens sur leurs murailles, ils se font canarder. Mouillés par dizaines aux Dardanelles, recyclés en navire-hôpital à croix rouge, ils ne sont pas mieux lotis. Ambulances ou pas, l'ennemi fait feu. *Pax et vita* ne sont pas à l'ordre du jour.

Sous livrée grise entre New York et Brest, le *France* emmène et ramène les troufions valides à l'aller, amochés au retour. On s'éclaire à l'huile. On n'ouvre pas les hublots peints en noir – trois mille hublots. On a des visions. On confond les torpilles et les marsouins enjoués au soleil couchant. On n'a plus un poil de sec sur ce bateau qui ne veut ni couler ni se rendre.

La réquisition, privilège de pirates, loi du plus fort. La consigne est de l'éviter à tout prix.

Le *Kronprinzessin Cecilie* – joyau de la Hapag – vogue de New York à Brême. Il y a six millions de dollars à bord en lingots, et un aréopage de milliardaires sous pression. La guerre éclate, un vrai casse-tête. Regagner New York ? C'est risquer la saisie. Continuer ? C'est risquer les viseurs des navires alliés…

« *Was machen sie ?* »

Les milliardaires se portent acquéreurs du paquebot, cash ! Hissons le pavillon blanc et le tour est joué. Faisons du yachting.

« *Nein !* » dit le capitaine…

Il se déroute et conduit son navire au nord du Canada. Un soir de brume, il passe à l'est et croise au large de Bar Harbor dans le Maine, port de pêche campagnard où l'on n'a jamais vu plus gros qu'un morutier. Au beau milieu de la nuit, il fait réveiller dans sa cabine un célèbre yachtman familier des rase-cailloux nord-américains, et lui confie son navire. Au matin, les habitants de Bar Harbor ont pour visiteur ce bateau géant qui pourrait contenir leur village. Milliardaires et lingots prennent le car.

Sous une housse, tel un délicat prototype secret à l'hivernage, le *Kronprinzessin Cecilie* se fond au décor plusieurs mois durant, caméléon d'un bled arctique où l'on ignore l'Europe et ses batailles.

Un jour, l'Amérique entre en guerre et confisque les paquebots étrangers sous son influence : le *Kronprinzessin Cecilie*, mais aussi le *Vaterland*, et l'*America*. Elle en fait des autobus. C'en est trop pour Albert Ballin, armateur bafoué. Son œuvre anéantie, ridiculisée, il se brûle la cervelle au reçu d'une photo représentant deux énormes chalands couleur treillis, cinglant noir de boys entassés vers la bataille, hardi pioupious !

La guerre est à Brest, elle en fait sa base arrière. Pas de bataille, pas de front, de la troupe américaine au repos, prête à monter en ligne, à troquer l'ouest pour l'est, et le doux lit-clos des Bretonnes pour la tranchée qui hurle : En avant !

J'ai rencontré plusieurs anciens guerriers au cours de ma vie, des guerriers des cinq dernières guerres françaises, toutes perdues. 70, 14-18, 39-45, Indochine, Algérie. Ils ne s'en vantaient pas. C'était comme ça. Ils y étaient. Ils avaient eu peur. La question n'était pas là. Ils n'apprécieraient pas que je les nomme ainsi : des guerriers. J'appelle un chat un chat, voilà tout. Grand-père, Claude Courbier, Christian Garraud, Pierre Schoendoerffer. Ces témoins actifs d'affrontements fantasmatiques pour le non-initié m'ont fait comprendre que la nature humaine a le don du pire, et du meilleur, hors la guerre et dedans.

Celui qui m'a le plus impressionné, je m'en rends compte en l'écrivant, me faisait l'effet d'un livre d'histoire vivant. Il avait débarqué en Normandie avec les cent soixante-dix-sept commandos Kieffer, bretons pour les deux tiers. La première vague. Un héros. Ce mot lui donnait la nausée. Tout le monde le savait, tout un pays se flattait que des hommes tels que lui, un Cornouaillais, se soit porté garant du drapeau français à l'heure allemande. J'ai rencontré…

## Gwen-Aël

*Ar brezoneg hag ar feiz*
*a zo breur ha c'hoar e Breiz*

… J'ai rencontré Gwen-Aël Bolloré à la fin des années 80, à l'occasion du premier Salon du livre de Concarneau. Il faisait partie d'un jury prestigieux qui réunissait de bons vivants tels Pierre Jakez Hélias, Pierre Schoendoerffer, Michel Déon, Charles Le Quintrec, Jean Markale ou mon Henri Queffélec de père. Gwen, directeur des éditions de La Table Ronde – éditeur de Boris Vian et d'Antoine Blondin –, écrivain doublé d'un poète, était aussi un résistant légendaire, un baroudeur qui n'affichait pas son tableau d'honneur – simple quidam au prime abord, nonobstant une renommée qu'il ne cultivait pas.

Veuf, retiré en Cornouaille, il vivait sur ses terres au manoir d'Ergué-Gabéric, vers Fouesnant, entre Bénodet et Concarneau. De lui j'avais lu des ouvrages aux titres biscornus : *Suivez le crabe* ou *La Saga de l'anguille* ou la *Célébration de la bernique*, trois essais publiés chez Gallimard. Yachtman de compétition, Gwen-Aël se passionnait aussi pour la vie sous les mers. Il allait sur son yacht plonger dans les mers du bout du monde, remontant des bestioles aux morphologies déconcertantes, dignes du Dr Moreau. Il me faisait penser à Hemingway, à la fois gentleman, bourlingueur océanique et minutieux ermite de la page blanche.

Sur le domaine familial d'Ergué-Gabéric, il avait créé le Muséum des crustacés. Une galerie pour les siens et pour les amis, pour les conchyliologistes, océanographes et autres experts en ténèbres abyssales, pour son bon plaisir, pour ses monstres des eaux profondes ou jugés comme tels. Une ferme de Marie-Antoinette, si l'on veut, mais une ferme sous-marine pétrifiée. Cette crabothèque à l'air conditionné réunissait tous les cartilagineux des eaux salées, tous les bannis du père Noé réfugiés dans les oubliettes noires des géosynclinaux. Pour nous, créatures humaines, qui nous jugeons séduisants en tant qu'œuvres d'un Dieu terrien à notre image, ils étaient plus repoussants les uns que les autres, sinistrés d'une évolution déboussolée qui les avait planqués loin des yeux d'autrui. Une collection d'individus lucifériens appréhendés au creux des Enfers aquatiques glacés, certains par Gwen en personne, voyageur des croûtes terrestres ignorées du soleil.

À l'entrée du temple, deux anges gardiens, deux albatros. J'allais écrire : deux albatros géants. Géants, ils ne l'étaient pas, ou seulement au regard de l'idée que l'on se fait d'un oiseau sous nos climats tempérés. Le naturaliste les avait immobilisés en plein essor, déployés sur un souffle d'air ascendant. Je n'ai jamais vu d'aussi beaux volatiles, un couple aussi majestueux, bienveillant, allégorie du paradis perdu. Les Princes de l'azur, dit Baudelaire des albatros de l'océan Indien. Gwen ne les avait pas tirés au fusil, ses princes du vent, attrapés au filet ni violentés d'aucune manière. Il les avait recueillis agonisants sur le pont du voilier qu'il convoyait aux Mascareignes, ignorant de quel mal ils étouffaient, épuisement, intoxication, vague à l'âme… Empaillés, les ailes grandes, ces deux archanges au plumage vieil argent voguaient dans l'azur du grand large à travers ce muséum breton niché au cœur des bois.

Mon père aimait beaucoup Gwen-Aël Bolloré, l'homme, le marin, le poète d'anatomie descriptive : « Rien qui pèse ou qui pose » chez cet apôtre du clair-obscur, doué pour l'estompe et l'inachevé délicieux à la Verlaine, n'oubliant jamais que Big Ben est une cloche fendue, que la Callas chante faux, et que le génial Monet, vers la fin, ne voit plus l'extrémité du pinceau.

Au manoir d'Ergué-Gabéric, Gwen recevait ses amis et les amis de ses amis. Ils passaient chez lui le temps qu'ils voulaient. Il aimait les tablées nombreuses, les fêtes et les amateurs de fêtes, les ripailleurs insomniaques, les couche-tard, les lève-tôt, les bons coups de fourchette, les toasts au lambig, les voileux, les écrivains ou prétendus tels, les zingaros de la plume et du biniou, les jolies femmes rieuses, les hôtes un peu farfelus qu'un bon vent rameutait dans l'Ouest, à la belle saison, même les pique-assiettes étaient les bienvenus chez Gwen.

Je ne suis pas sûr que les invités aient toujours compris qu'il était le maître des lieux, et que l'on pouvait lui dire merci en tournant les talons. Les amis de ses amis en usaient avec désinvolture, au manoir, mais on ne leur faisait jamais sentir. La légèreté primait, l'amitié souriait, un lambig chassait l'autre, et Gwen l'hospitalier ne jugeait pas ses convives. Il avait eu sa part d'adversité, le destin lui tenait la main, il ne perdait plus une minute à débiner les invités nonchalants, qu'ils se soient imposés ou non. Jamais d'altercations superflues, de malentendus. On était de ses amis sans même le savoir, quelquefois. On trouvait normal d'arriver sous son toit par surprise et d'être chez lui chez soi, dans un conte de fées où les lits sont frais et parfumés d'avance, la table dressée, les feux de belle humeur dans les cheminées.

Au manoir, le petit déjeuner se prenait dans la salle à manger, servi par Mme Pérez. Ils pouvaient être vingt, trente amis attablés en même temps, tirés du lit par l'odeur du café, meilleure en Bretagne que nulle part ailleurs, allusion paradisiaque à l'*amann sall*, à la miche du matin, au blé noir, à l'enfance protégée.

Au bout d'un moment, Gwen et moi passions dans la cuisine où nous attendait, toujours servi par Mme Pérez, un second petit déjeuner. Viril, celui-là, sur un coin de table. Il consistait en un repas d'anchois frais accompagnés de tartines beurrées et d'une bouteille de rouge, le plus souvent un bourgueil de la cave à la panse embuée.

Julien Gracq aimait à vivre *en lisant en écrivant* : Gwen aimait à vivre en lisant en écrivant en buvant du bourgueil en mangeant des anchois dans sa cuisine, avec ses amis, fini le petit déjeuner classique. Il m'avait pris en sympathie parce que j'étais le fils de mon père, un Breton fier de ses origines galloises, il reportait sur moi l'amitié qu'il avait eue pour Henri.

Il ne lui déplaisait pas non plus que j'aie le cœur à manger des anchois au rouge frappé dès huit heures du matin, après avoir fait honneur aux cochonnailles de Mme Pérez et à sa cafetière de café au lait. Tout en cassant la croûte, nous bavardions comme deux copains de toujours, Gwen et moi. On ne refuse pas l'amitié d'un héros. Ni son amitié ni ses deux petits déjeuners salé-sucré, et ses anchois j'y penserai jusqu'à la fin.

Si Gwen n'était pas homme à se vanter, il ne l'était pas davantage à laisser perdre une belle histoire édifiante, et tant pis ou tant mieux si c'était la sienne.

Il avait quatorze ans quand les Allemands étaient entrés à Bénodet. Leur arrivée l'avait révolté. Les mois passèrent, les années. C'était à pleurer, ces Allemands bien élevés ou non qu'il fallait loger, nourrir grassement et respecter. Comment devient-on résistant quand on a dix-sept ans ? Comment fait-on pour se battre dans un pays désarmé ?

En 43, la Bretagne avait opté pour les Alliés. Des bateaux pièges croisaient le long du littoral, des chalutiers quittaient Douarnenez pour rallier l'Angleterre, maquis et réseaux s'organisaient en terrain français.

Gwen ronge son frein, prêt à s'emparer d'un avion de guerre. D'autres amis bretons, comme Yves de Kerveguen, veulent se mutiner avec lui. Durant quelque temps, maquisards en herbe, ils approvisionnent les maquisards chevronnés en vieux pistolets récupérés à Paris, armes qui servirent lors des combats menés devant la poche de Lorient.

Mais pour Gwen il faut passer en Angleterre, rejoindre les Français libres. L'entreprise familiale possède un dundee, le domino, réquisitionné pour échanger du minerai de fer espagnol contre des patates bretonnes et des fruits. Le domino fait la navette entre Bayonne et Santander. On peut très bien se cacher sur le voilier, débarquer au Portugal, pays neutre, et de là monter en Angleterre. Gwen est prêt à partir quand le domino fait naufrage dans le golfe de Gascogne à sa deuxième traversée. Navire perdu, équipage sauvé.

Par son cousin Marc Thubé, il entre alors en contact avec Alfred Jassaud, un membre actif du réseau Alliance dont la filière passe à Carantec au nord de Bénodet. Alliance a des passeurs vers l'Angleterre, il peut compter sur eux. Sur ce, Jassaud, *alias* Bison, se fait arrêter par les Allemands, torturer, fusiller. Un héros presque inconnu, battu à mort sans avoir parlé.

Plus que jamais décidé à franchir la Manche, Gwen se sépare de Crevette, son cheval, une jument anglo-arabe. Il fait l'emplette d'un cotre au rebut qui a pour nom la devise de la ville de Morlaix : *S'ils te mordent*, la devise entière étant : « S'ils te mordent, mords-les », c'est-à-dire : « mords les Anglais », l'ennemi coutumier du Breton, et dorénavant : « mords les Boches ». Le voilier, six mètres soixante-dix de long, un mètre soixante de tirant d'eau, rend sa belle âme anglophobe à Carantec depuis 1918. Voiles, cordages, moteur (un Ballot de quatre cylindres), rien ne va comme il faut sur la fière épave aucunement disposée à reprendre la mer.

*S'ils te mordent* est mis au sec dans un chantier naval de Carantec, réparé, remis à l'eau. Neuf apprentis résistants, neuf risque-tout s'entassent à bord le 6 mars 1943, sans oublier un double magnum de lambig. Ils déradent à la nuit noire au milieu des grains, tous feux éteints, guidés au milieu des cailloux par l'un des frères Leven, un pilote à rame au fait de toutes les batteries côtières. Ils traversent les eaux minées, la ronde serrée des patrouilleurs à croix gammée, ils arrivent en pleine mer au large de l'île Callot. Le vent forcit encore, une vraie tempête se lève au milieu du chenal, et c'est en fuite que le *S'ils te mordent* fait route, voilure arrachée, moteur noyé, les fonds envahis. Miracle, il ne sombre pas. Une baille à moitié remplie d'eau, sous pavillon français, se présente à Plymouth le 7 mars 1943, à la remorque d'un destroyer de Sa Gracieuse Majesté.

En mai 44, entraîné par les Anglais comme les cent soixante-deux autres Français de l'unité d'élite du commandant Philippe Kieffer, sous les ordres du général lord Lovat, Gwen attend le grand jour, le plus grand, le plus long. La veille du débarquement, il se met dans la peau d'Hamlet : « Qui suis-je ? Un soldat ? Un patriote ? Un collégien en rupture de ban ? Un homme libre, à dix-sept ans, assez libre pour oser s'attaquer à mains nues aux panzers nazis qui ont écrasé l'Europe et font trembler la Russie ? »

Juin 1944, il est à bord d'un *landing-craft* en train de foncer vers les plages normandes avec les cinq mille navires de l'Alliance, dont une quarantaine de bâtiments français, sous une armada aérienne de trois mille avions dont cent appareils français. Ce qu'il éprouve sur le moment, il renonce à le dépeindre et presque à s'en souvenir, le premier « *Go* » du débarquement n'est plus qu'une question de secondes.

En buvant du rouge en mangeant des anchois en oubliant l'heure, j'écoute Gwen-Aël Bolloré me conter d'une voix unie l'incroyable histoire de Fortitude, son histoire à lui quand il avait dix-sept ans : « On arrive à la côte, la rampe s'abat dans les rouleaux, on sort dans plus d'un mètre d'eau avec un paquetage de quarante kilos sur les épaules et on y va. Il n'y a rien d'autre à faire, avancer, gagner la plage en contournant les noyés. Ne jamais s'arrêter, surtout, n'aider personne, on ralentirait la progression des autres. Ah oui, je me souviens, on a entendu la voix du commandant : Voyez ce blockhaus sur la butte, là-haut ? On va le reprendre aux Allemands. Une bonne nouvelle, les gars : le commandement britannique a permis que la barge française soit la première à toucher le sol de Normandie, c'est pas beau, ça ? On est les premiers à rentrer à la maison, les gars ! »

Un matin, Gwen-Aël sort une clé de sa poche, la clé des Glénan, dit-il. Les Bolloré ont une île déserte au cœur de l'archipel, avec une maison cernée par la mer, debout dans la salicorne et la brise. « Écoute, me dit-il, prends cette clé. Quelle que soit la raison que tu aies de vouloir passer du temps là-bas, la maison t'attend. »

Eh, Gwen ! Dommage qu'il soit un peu tard. J'irais bien faire un tour dans la salicorne, aujourd'hui, à l'île du Loch. Mais sans toi, sans le bourgueil et les anchois, je risquerais de trouver le temps long.

Quand je l'ai rencontré à Fouesnant, Gwen-Aël Bolloré était un homme juvénile, secret, mûri par la force des choses. Il vivait au manoir d'Ergué-Gabéric avec une mémoire dont il faisait largesse aux visiteurs. Il partageait sa mémoire et son temps comme il partageait ses anchois. Il s'attendait à tomber amoureux, je crois, comme à se prendre d'amitié, cherchant à sauver le sens de la vie par l'humain.

L'humain gâche tout, sauve tout. Sa tragique et belle histoire, son hospitalité jour et nuit pour les autres, tout cela je trouvais naturel d'en abuser quand j'étais dans la place.

Ai-je été un bon ami pour Gwen ? J'aimerais en être sûr. L'amitié séparée par les kilomètres ne se contente pas d'un signe téléphonique de temps en temps. L'amitié demande à se partager d'homme à homme, en laissant de côté les kilomètres et les agendas qui font que la vie passe à tombeau ouvert et qu'elle engloutit les milliers d'instants dont l'un d'eux, par étourderie, finira par rabattre le couvercle du cercueil. Il ne faut jamais attendre pour voir ses amis, comme il faut anticiper les remous des rapides au hasard du torrent. Ai-je été un bon ami pour Jacques Laurent ? Charles Le Quintrec ? Nicolas Raiewsky ? Pierre Grandry ? Mme Raguéness ?

Mme Raguéness, veuve de marin-pêcheur, possédait à l'Aber une barque noire à fond plat. Une plate à bout pointu. Elle m'apprenait les nœuds marins, les épissures, me prêtait sa plate, m'appelait « fils » ou « mignon ». M'offrait des verres de limonade, du pain beurré. Un enfant sur la grève est toujours le fils des veuves de mer, surtout quand elles n'ont pas d'enfants. J'ai eu un bateau à voiles et ma soif de limonade est passée, l'on ne m'a plus vu sur la barque à fond plat.

Charles Le Quintrec, romancier, journaliste, poète de génie, tenait le feuilleton littéraire dans *Ouest-France*. Il avait aussi la haute main sur *La Bretagne à Paris*, un hebdomadaire auquel je donnais des notes de lecture grassement rétribuées. Mais qu'est-ce que je raconte, moi, j'étais payé une misère ! Charles me payait des bières à la Belle Ferronière, un bistrot des Champs-Élysées, quand j'apportais ma copie.

J'ai eu le Goncourt et Charles m'a fait une proposition rien de moins qu'avantageuse : lui succéder à *Ouest-France*. Un cadeau, une chance, un honneur. Crétinisé par ma gloriole du jour, je me suis drapé dans un non qui nous a laissés pantois, lui et moi. Pourquoi non ? Je ne sais pas, Charles, il me faut du temps. Mon « non » s'est noyé dans la bière et nous n'en avons plus jamais parlé. À quoi j'avais bien pu dire non ? Je ne le saurai probablement jamais.

Jacques Laurent, le grand écrivain surdoué, l'auteur du *Petit Canard* et des *Caroline Chérie*, le Goncourt des *Corps tranquilles*, le fondateur du magazine *La Parisienne*, me donnait des gages d'amitié à une époque de ma vie où je ne faisais pas grand-chose de mes dix doigts. Il m'invitait à déjeuner chez Lipp une fois par semaine. Il buvait du whisky, moi du beaujolais. Il fumait une cigarette sans fin, je mangeais un steak sans fin, bleu froid. Nous nous donnions rendez-vous sur le coup de midi. Le délai d'attente du premier arrivé, tantôt lui tantôt moi, n'excédait jamais deux heures pleines. Quand nous nous levions de table, le repas fini depuis longtemps, c'était à l'invitation de M. Cases, le directeur de la maison, désolé d'avoir à nous informer que Lipp, conformément aux arrêtés préfectoraux, allait devoir baisser son rideau de fer, sauf à perdre sa licence IV. Nous partions boire un premier dernier verre au Dernier Verre, un bar de nuit près du Bon Marché.

De tous les verres que l'on peut être amené à boire en déjeunant, le dernier est le plus insaisissable. Dernier, il l'est tant que l'on n'a pas commandé le suivant, le dernier. Essayez, vous verrez. Les derniers verres sont toujours les premiers.

Un soir, par hasard, j'ai croisé Jacques dans le hall du Lutetia, le palace parisien cher à mon grand-père, et j'étais vraiment content car nous n'étions plus en contact depuis une bonne dizaine d'années. Il m'a dit tristement : Je croyais que tu étais mort ! Quelques jours plus tard, il se tuait.

Nicolas Raiewsky, philosophe russe ami de Berdiaev et de Nicolas Tolstoï, ancien légionnaire, diplomate établi à Paris, faisait tourner les mots comme un tour de magie. À la marge de mes premiers poèmes et nouvelles, il notait : « Meuh ! » ou bien : « Ici, l'auteur enfante le bavard… »

Pour écrire bien, me disait-il, vous devez être dedans : dedans le cercle des mots, vous êtes dehors.

J'ai fini par en avoir assez des Meuh ! et des mots pareils aux anneaux inhospitaliers du boa constrictor. Un soir, en quittant Raiewsky, écœuré d'« extase de l'ineffable » et du « strict et du nu » : seul objectif de l'écrivain pur-sang, je suis allé voir *L'Empire des sens* au cinéma Pathé Convention. Je dois dire que me suis senti beaucoup mieux dans ma peau et dans ma page, après ce visionnage au plus près des choses de la vie.

Aujourd'hui, repensant aux conseils que Raiewsky me donnait dans les bistrots ou dans son petit appartement surchauffé de la rue Pierre-Demours, je m'aperçois qu'il ne m'a rien appris que ma mère ne m'ait enseigné avant lui, ce qui revient à déclarer qu'il m'a tout appris. Ce Russe était génial, et pour la peine je vous cite un poème de lui :

*Je suis la honteuse muette,*
*Sans défense menée au Juge.*
*Si ma chevelure est défaite,*
*Je n'ai plus qu'elle pour refuge.*

*Mais si je vais dans ma misère,*
*Livrée à qui me paye mieux,*

*Mes yeux sont la première pierre,*
*Qui porte reflet de vos yeux.*

Mon père, c'est une autre histoire, il a longtemps brisé les cercles des mots que je voulais déposer à ses pieds. Plus il en brisait, plus il en tournait, et plus j'avais besoin d'aller vers lui. Nous étions en bons termes quand il est parti, mais l'amitié d'un père est une mince consolation. Il n'existe d'ailleurs aucun mot pour définir le lien du fils et du père, et *vice versa*.

Chaque fois que je repense à Mme Raguéness, Charles Le Quintrec ou Nicolas Raiewsky, Jacques Laurent, à Gwen-Aël Bolloré j'ai un pincement au cœur.

Gwen aurait pu signer ce texte de Romain Gary, lui-même un grand résistant, esprit solitaire environné des fantômes qu'il emmenait partout comme une mère à chats :

*Le ciel, l'océan, la plage de Big Sur déserte jusqu'aux horizons, je choisis toujours pour errer sur la Terre les lieux où il y a assez de place pour tous ceux qui ne sont plus là. Je cherche sans fin à peupler cette absence de bêtes, d'oiseaux, et chaque fois qu'un phoque se lance du haut de son rocher et nage vers la rive ou que les cormorans ou les hirondelles de mer resserrent un peu leur cercle autour de moi, mon besoin d'amitié et de compagnie se creuse d'un espoir ridicule et impossible et je ne peux pas m'empêcher de sourire et…*

## *Gwenn-ha-Du*

*Uzan a ra e holl adres*
*O prometin mor ha menez*

*... de sourire et de tendre la main.*

Puisqu'il est enfin question d'amitié dans ces pages, je vais me risquer à dresser ici, pour une fois dans ma vie, la liste exhaustive de mes amis bretons. Le dictionnaire amoureux devient dictionnaire amical. Je pars du plus loin que je puisse aller dans ma mémoire, en m'interdisant les amis du cercle familial à l'exception de...

... à l'exception de feu mon cousin Vincent, mort à dix-neuf ans, Tanguy, mon bien cher frère benjamin, Hervé, mon frère aîné, Yves Pénau, mon cher cousin du Cap d'Agde, ça ira pour la famille.

Voici les autres amis morts ou vifs, pêle-mêle : Claudius Courbier, Jacky Bégoc, Hervé Le Borzec, Patrick Mahé, Pierre Defendini, Xavier Bertrand, Jean-Roger Cadet, Roland Bijaoui, Yves Aumon, François Réguer, Patrick Morvan, Marc Linski, Dominique Colonna, Richard Bohringer, Anthony Palou, Patrick Guivarc'h, Georges Pernoud, Loïc Salmon, Yann Élégouët, François Tépot, Antoine Jacob, « oncle Adolphe », Éric Neuhoff, Antoine Dullery, Frédéric Berthet, Pierre Houillon, Ludovic Méthivier, Yves Scotey, Joël Guéna, Jean-François Herman, Jean-Yves Le Drian, Gonzague Saint Bris, Denis Hecker, Francis Esménard, Gérard Petitpas, Jean-François Couédou, Loïc Finaz, Didier Decoin, Henri Perhirin, Pierre Moscao, Jean-François

Lemoine, Jean-Pierre Pichard, François de Lastelle, Jean-Maurice Bélaïch, Claude Durand, Joël Santoni, François Cuillandre, Philippe Lavil, Bernard Lecoq, Antony Clémot, Claude Rougevin-Bainville dit Grand Claude, Joseph Tonnerre, Claude Butin, Gérard Pascal, Marc Gélin, Didier Gustin, Yves-Dominique Ménard, Claude Pouzoulic, Michel Ti Beudef, Gilles Martin-Chauffier, Dan Franck, Stéphane Freiss, Antoine Westerman, Thierry Breton, Tanguy Kermarec, Jean-François Josselin, Jean-Noël Samson, Patrick Poivre d'Arvor, Laurent Cabrol, Bernard Géniès, Michel Marker, Jerôme Le Mest, Michel Salaün, Jean Lallouët, Jacques Darrigrand, Smaïn, Philippe Héraclès, Bernard Fixot, Gérard Economos, Philippe Wattercamps, Charles Le Quintrec, Jean Daniel, Yves Calvi, Christophe Guyomac'h, Laurent Boyer, Anthony Lhéritier, Jean-Claude Simoën, Claude Perdriel, David Khayat, Yann Mambrini, Luc Le Vaillant, Jean Bothorel, Jean David, Christian Garraud, Gérard Fromanger, Paul Le Bihan, Charles Le Bihan, Émile Van Eyck, Bastien de Groix, Éric Hussenot, Loïc Finaz, Édouard Gouzien, François Cuillandre, Christian Veillon, Luc Berthillier, Alain Gibeault, Philip Plisson, Jean-Luc Le Pogam…

À présent la liste des faux amis, des traîtres, à commencer par :

… Personne ! Leur nom est Personne. Les faux amis, franchement !

Enfin la liste non moins exhaustive de mes amies labéroises à commencer par :

… Personne ! Discrétion oblige. Et si je commence à nommer Annie, Liliane, Alice ou Cathy, toute la litanie voudra s'enclencher. Amoureux, ce dictionnaire l'est bel et bien, mais du pays d'Armor uniquement, le pays dans la mer, etc.

Pays qui sourit et qui tend la main, la Bretagne l'a toujours été pour moi. Il s'est donné une marque patriotique, récemment, le *Gwenn-ha-Du*. Plus qu'un drapeau historique, c'est une bannière d'appartenance herminée, un foulard de ralliement inspiré du blason rennais. Les neuf bandes alternées noires et blanches symbolisent les neuf évêchés bretons. Les bandes noires indiquent les pays de langue britto-romanes : les pays gallo, et les bandes blanches les pays de langue bretonne : les pays *brezhoneg*.

Quant aux pays bretons, ce sont des parcelles immenses, artificiellement créées par l'Assemblée constituante. La monarchie absolue, dont le pouvoir centralisateur lui valut quelques misères, n'eût jamais permis un découpage aussi grossier. La monarchie prétendait rassembler son monde, mais sans toucher au quant-à-soi du terrain, du climat et des mœurs. Ses errements administratifs tenaient à la complexité des réalités locales, au respect des écologies nées de la géographie et de l'histoire. Les hommes de 1789, ignorants du terrain, ont arbitrairement taillé dans la matière vive, et pas sans arrière-pensée. Le souci d'efficacité se doublait chez eux d'une volonté politique parfumée au despotisme sous-jacent des Lumières. La partition cherchait d'avance à briser les rébellions que ces pays divisés, tôt ou tard, ne manqueraient pas d'opposer aux décisions émanant des bureaux parisiens. À cet égard, la Constituante fut plus royaliste que les rois. Elle devançait l'Empire. Et paradoxalement Vichy.

Le *Gwenn-ha-Du* fut, à sa création en 1937, l'emblème du Parti nationaliste breton. Aujourd'hui, revirginisé par l'engouement populaire des années 60, brandi par une jeunesse bretonne à l'unisson des rythmes interceltiques, le *Gwenn-ha-Du* symbolise un patriotisme culturel épanoui sous les couleurs de la Mère Patrie. Il flotte au fronton des mairies et bâtiments officiels de Bretagne. Il tapisse allègrement les gradins du Stade de France lors d'un championnat de France, en 2010, qui vit Guingamp battre Rennes par trois buts à un. Il fait rager les Anglais, peuple fidèle à ses antagonismes originels, et l'on est prié de rouler bien serré son *Gwenn-ha-Du* quand on vient chez Albion soutenir les athlètes bretons sélectionnés pour les jeux Olympiques de 2012. Voilà ce qu'en pense la Bretagne par la voix de Ronan Gorgiard, journaliste à *Ouest-France*. Son billet m'a semblé de si bonne venue que je vous le récite volontiers :

*Quel beau fair-play, messieurs les Anglais ! On savait depuis longtemps que vous aviez inventé le mot pour mieux pouvoir vous en dispenser, mais ce coup de Trafalgar de l'interdiction du symbole breton dans l'enceinte olympique : champions ! Peut-être avez-vous ressenti de la détestation pour ce pauvre étendard blanc et noir, à force de le voir de loin à la poupe des voiliers de course ? Peut-être vous êtes-vous lassés de ces deux couleurs primaires, aux fêtes des villages armoricains que vous avez commencé à si largement coloniser pour y avoir été bien accueillis ? Allez, nous n'exigerons pas la disparition de l'Union Jack de notre territoire. Bêtement, chez nous, on avait appris à penser que seul l'Empire français d'autrefois savait convenablement mépriser ses petits peuples. Mais les Anglais, dont on se souvient pourtant qu'ils n'étaient pas les derniers à s'offusquer, il y a quatre ans, de l'attitude de la Chine vis-à-vis du drapeau tibétain, peuvent gagner leur place sur le podium. On me dira qu'il faut comparer ce qui est comparable. Reste le simple respect de l'autre surtout quand, sur le fond, il n'est aucunement question de revendication nationaliste mais de fêter un bel événement sportif. Par contre, n'interdisez pas les athlètes blancs et noirs. Vous gâcheriez la fête !*

Plus que toute autre chose, le *Gwenn-ha-Du* adresse au monde entier un geste festif d'amitié de la part des Bretons. Et là où il y a *Gwenn-ha-Du*, généralement, il y a *gwyn ru* pour rimer et…

## *Gwyn*

*Han hini paour, pa varvo*
*Plas a-wahl a gavo*

… pour rimer et donner du cœur aux fêtes familiales, aux fêtes de la nuit, aux Pardon. *Gwyn ru*, la vigne du Seigneur, le vin rouge : *in gwyn ru veritas*.

Le *gwyn ru* serait à l'ouest le grand fleuve indomptable du pays d'Armor, toutes Bretagne confondues. Si l'on en croit, bien sûr, les instituts des statistiques, organismes à la solde de l'État. Et l'on ne sait que trop, pour nous rendre aux urnes à chaque consultation populaire, ce qu'il faut en penser.

Sur la question du *gwyn ru* en Armor, Pierre Jakez Hélias avait un principe sacré : on oublie. *Gwyn ru* : connais pas. « Ils » ne seraient jamais d'accord, de toute façon.

« Ils » : les Bretons, nous autres les Bretons. Quoi qu'on dise, « ils » diraient qu'on exagère et je leur donne raison. Remettez-nous ça, s'il vous plaît, même punition.

On n'en parle pas, on risquerait d'exagérer. De mentir sur les chiffres. Importants, les chiffres, pour avancer une opinion sur le *gwyn ru*.

Ils se demanderaient où on va les chercher, nos chiffres, et s'il y a du mal à se faire du bien.

Et s'il y a du bien à se faire du mal.

Je leur donne raison.

« Quand on aime, on ne compte pas », c'est ce qu'ils diraient. Passé trois verres, « ils » ne comptent plus. Pourquoi ? Ils s'arrêtent. À trois verres, ils s'arrêtent, et souvent ils s'arrêtent à deux. Ils boivent le premier verre, et celui qui vient juste après : le dernier verre. Ça fait deux.

« Et le verre de l'amitié ?

— Après. »

Encore faut-il être amis. Ils vont jusqu'à trois dans les grandes occasions, ils n'ont rien à cacher. Ils rentrent chez eux et disent : Mon cœur, j'ai bu trois verres. Trois verres, c'est raisonnable pour une grande occasion. Comment peut-on savoir, la seconde d'avant, qu'on va croiser quelqu'un par hasard dans un café ? Aujourd'hui précisément. Quelqu'un qu'on n'avait jamais vu la seconde d'avant. Un ami. Les grandes occasions font les grands larrons. La condition *sine qua non*. On passe à trois verres pour marquer le coup. Lui aussi il les a bus, les trois verres, il n'y en a pas un qui a bu plus que l'autre. Il fallait bien trinquer à l'amitié.

Aucun Breton n'est jamais rentré chez lui en disant : Mon cœur, j'ai bu quatre verres. Et encore moins : J'en ai bu quarante. Qui croirait ça ? Pas sa femme en tout cas. Trop occupée à le mettre au lit et à tout nettoyer.

C'est le mot bouteille qui fait peur, depuis toujours. Un mot pour les marchands de vin. « Viens, on va boire une bouteille de vin rouge au café. » On n'entend jamais ça.

On entend : On va s'en jeter un. Les mouettes ont pied. C'est marée basse. Les sanglots longs des vio… Pardon, ça on ne l'entend jamais au bistrot. On entend : Mon verre est propre jusqu'en haut. On dirait Radio Londres, au bistrot, ce langage codé qu'« ils » ont pour charmer les bouteilles sans dire le nom. Des charmeurs de bouteilles qu'« ils » sont. Elles tombent toutes.

On entend : La même !

On entend : La petite sœur ! et la jumelle apparaît comme par magie sur la table.

On entend : Rhabillez-nous la gamine, et la gamine accourt à toutes jambes remplacer l'autre gamine qui a donné tout ce qu'elle avait à donner.

Jakez baissait la voix : « Il y a aussi l'inconvénient majeur dont souffre nos bouteilles, à l'ouest, "on" a tous un peu honte. C'est un peu comme ce mal de la hanche : la coxalgie due à la carence en fer du lait des Bretonnes. On est une terre de pauvreté, un vrai pays paysan. Mais la fierté on l'a.

— Et les bouteilles ?

— Elles sont percées, ça fausse tout.

— La nôtre, Jakez, justement.

— Ah, tu vois… »

C'est comme le chouchen, on oublie. On a tous un peu honte. Le chouchen est au *gwyn ru* ce que le piment « cul-madame » est à la cuisine créole : une curiosité pour touristes soi-disant connaisseurs. Le chouchen est une chaise à bascule au premier verre, il n'attend pas trois. D'ailleurs est-ce que tu connais la chanson de l'éléphant qui se…

# H

## Homard

*Deomp, deomp, deomp, deomp,*
*deomp, deomp, d'argad !*
*Deomp kar, deomp breur, deomp map,*
*deomp tad ! Deomp, deomp,*
*deomp holl, tatud vad !*

… qui se balançait derrière un casier à bouteilles ? À la réflexion, je ne suis pas sûr qu'il se balançait… Avait-il bu ses trois verres de chouchen ? Récupérait-il dans une chaise à bascule ? Un hamac pachydermique ? Mystère !… Quoi qu'il en soit, et quoi qu'il pût faire en cachette à l'abri des bouteilles, il se croyait *irréfutable.* Ce n'est pas moi qui le dis, mais un écrivain auvergnat célèbre, omettant qu'*irréfutable,* un autre animal a l'honneur de l'être ici-bas, dans la mer, chez vous à l'Aber-Ildut, et pas que chez vous.

C'est ma foi vrai. L'écrivain s'appelle : Vialatte, et l'animal : homard, et pas plus *irréfutable* que lui sous la mer.

Un aperçu culturel du homard breton, irréductible à aucune autre espèce, fût-elle normande ou picarde. Il fut des siècles durant – comme le saumon – le bol alimentaire du plouc ou du nécessiteux. Veuves de guerre, pupilles de la nation, fonctionnaires de police, taulards, esclaves en mangeaient *gratis pro Deo*. Il était interdit, dans les prisons, de l'inscrire au menu plus de deux fois par semaine, un traitement réputé inhumain, une atteinte aux droits de l'homme. Et quand trop de homards perturbés venaient s'échouer à la côte, après la tempête, on l'utilisait pour fumer les labours, et les pinces concassées allaient aux poules.

Dans le *codex* gallo-romain, son nom revient souvent. Il sert à préparer des médicaments traitant les affections des voies urinaires. Torréfié, réduit en farine, dissous dans du vin rouge, il est souverain pour éliminer les calculs rénaux. Et les anciens savaient déjà que l'estomac du jeune homard, au cours de la mue, contient le gastrolithe, un remède à l'épilepsie comme aux inflammations oculaires. Encore plus étonnant : on sait aujourd'hui que le homard breton sécrète la télomérase, une enzyme, et qu'elle induit la duplication permanente des tissus moléculaires du sujet porteur, à l'infini. Il est ainsi démontré que l'organisme du homard bleu d'Iroise n'est sous le joug d'aucun vieillissement naturel, aucune usure l'exposant à une quelconque mortalité.

Ne soyez aucunement sceptique, lorsque vous pêcherez un homard vers chez nous – ce qui vous arrivera tôt ou tard, foi d'animal ! –, en apprenant qu'il a pincé un gros orteil à Jules César en personne, oui Mossieur ! Le jour du combat naval contre les Vénètes à Saint-Gildas-de-Rhuys. Le homard se nourrit exclusivement d'étoiles de mer, d'hippocampes et d'oursins, c'est peut-être là son secret. Et l'on ose dire que les diamants sont éternels ! Tous les morts le sont, éternels. Mais éternel et bon vivant, qui peut jurer l'être aujourd'hui sur la Terre ? Le homard d'Iroise et lui seul, *pourvou que ça doure* !

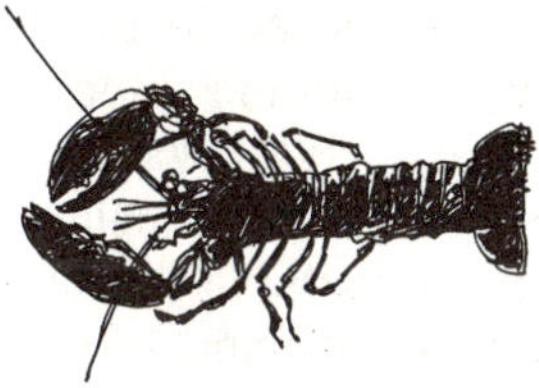

C'est fini, le Roi Homard se meurt. Il emporte son immortalité dans la tombe, ses télomérases. Il raccroche les gants sans gémir. Ce qui tue le homard, ce n'est pas l'ordre fatal des choses ni la papille humaine, mais l'air du temps, la pollution, les fines particules nées du frottement. Il faut croire que la mer devient invivable pour le homard contemporain installé précisément là où les ulves toxiques du goémon vert accrochent leurs pendeloques gavées au nitrate. C'est le porc, en Bretagne, l'assassin malgré lui du homard bleu. Dire qu'autrefois on épandait un lisier de homard sur les terres cultivées, purin de haute mer dont les eaux pluviales se trouvaient bien ! Aujourd'hui, trois départements bretons se méfient de l'eau du robinet – facturée au tarif national, notez bien – et c'est un air malodorant qui gonfle les poumons des administrés, même au bord de la mer. Pointés du doigt : la céréale intensive, l'élevage intensif, la méga-porcherie et sa marée noire de lisier, une vraie « vague scélérate », celle-là manigancée par l'humain contre l'humain ; chaque année l'équivalent de tout un *Amoco Cadiz* atterrit sur les champs bretons. Quel tribunal s'en émeut ? Quelles Affaires maritimes arraisonnent M. Poubelle ou M. Porc ? Quelle Europe crie : Haro ? Étonnez-vous que le homard aspire à sa libre mortalité primitive dans un monde où le mot civilisation fait sourire le vivant ; et où, non contents de s'entretuer, les humains s'ingénient par tous les moyens au naufrage systématique de leur histoire incarnée par les éléments, la Terre, l'eau, qui chipotent sur le moindre petit gaz à effet de serre, après. Étonnez-vous que le homard, respectable et fier, tire sa révérence à des gens doués d'un tel mépris pour eux et pour tous les mortels de tous les règnes, animaux ou non. Étonnez-vous qu'il ne daigne plus consentir à la pêche de tradition, casier, filet, qu'un stock annuel de trois cents tonnes, chiffre appelé d'ailleurs à baisser.

Chef-d'œuvre en péril, notre immortel baigneur bleu. Ce n'est sans doute pas à l'oreille des homards qu'il faut murmurer, pour inverser une courbe aussi alarmante, mais à celle des mandarins auxquels le crime a bien assez profité comme ça, les seuls à pouvoir décochonnailler la situation, pour la réhomardiser. Tympan bouché, PARLEZ PLUS FORT !

Mon père disait : Homard, et j'avais l'impression qu'il invoquait un dieu celtique. Pêcheur au haveneau, ou si l'on préfère à l'épuisette, il n'avait guère eu l'occasion d'en croiser dans les îles d'Armor, ses chasses gardées. Il ne se flattait pas moins d'avoir attrapé cinq homards à lui seul, dont le plus corpulent pesait huit cents grammes. Quand d'aventure on attrape un homard, c'est bien connu, on attrape aussi la Roberval, la bascule aux plateaux de cuivre tapissés d'écailles coagulées, et l'on pèse le homard comme un nouveau-né. Un homard de huit cents grammes, pinces ballantes, prunelles semblables à deux grains de café, antennes grinçantes, tout dégoulinant des fécondes eaux matricielles, fait déjà un beau bébé Cadum, ça madame ! (Si Henri nous a pesés à la Roberval, nous ses quatre enfants, comme je l'ai vu peser les homards dans la cuisine de l'Aber, nul doute qu'il fut le meilleur des pères de famille.)

D'un vieux pêcheur de l'île Tristan, qui le tenait d'un plus vieux pêcheur qui le tenait d'un plus vieux de la vieille encore qui le tenait d'un homard breton, il avait hérité le secret d'un gîte à homards au large du cap de la Chèvre, vers la Basse Poulmalcote, je ne vous dirai pas où précisément. À l'étale de basse mer, par un coefficient phénoménal de 116, on l'atteignait derrière les goémons noirs de la tourelle du Bouc, un mètre cinquante environ sous la mer. Un moellon descellé dans le nord-ouest de la balise laissait un vide assez profond pour donner asile aux bernard-l'ermite, les plus belliqueux occupaient la place. Bernard-l'ermite oui, mais de la gent homard.

D'après les marins, cet ermitage inexpugnable *a priori* logeait des pensionnaires jour et nuit. Un bernard s'en allait, un bernard lui succédait, vive bernard ! On se rendait au Bouc en bateau. Il fallait s'approcher discrètement pour ne pas faire de jaloux. On a beau ne pas les voir, les jaloux, ils ne sont jamais loin, mieux planqués même que des crustacés. Prêts à pincer.

Mon père me mit dans la confidence en juillet 1965, avouant qu'il n'était jamais allé vérifier les allégations du pêcheur, depuis huit ans que ce dernier vivait au ciel.

Or on attendait une marée de 116, le 5 septembre suivant, l'occasion rêvée d'aller taquiner les œuvres vives de la tourelle du Bouc, à deux pas de la Basse Poulmalcote.

Il n'avait pas de bateau, moi oui ! Cette expédition nous marquerait tous les deux.

Ses yeux bleus brillaient d'excitation à la pensée du homard tapi dans sa grotte. Il y croyait comme l'enfant au trésor de l'île, ni pour de vrai ni pour de faux, pour le seul émerveillement.

La veille du grand jour, Henri démonta sa winchester, la graissa, la remonta, puis il garnit la cartouchière de balles dum-dum : entendez par là qu'il alla au grenier raccommoder son épuisette fétiche au fil de lin bleu, son haveneau, et sortit du placard sa tenue de pêcheur : spartiates suédoises, pantalon de toile rouge et vareuse bleu passé qu'il déposa sur une chaise longue, l'unique chaise longue de la maison. Je montai lui dire bonsoir. Il avait la gravité du tueur de pachydermes avant un safari qui peut tourner à la confusion du chasseur.

Pour tous, épouse, beaux-parents, beaux-frères et belles-sœurs, neveux, enfants (mon frère Hervé et moi exceptés) nous partions pêcher la crevette aux îles. On aurait porté malheur à notre affaire en la criant sur les toits. Les homards ont des antennes pour capter les ondes, silence radio. Déjà que l'on n'était pas sûrs d'en voir la queue d'un, grande marée ou non. Disons que l'on était sûrs de rentrer bredouilles. Bredouilles, mais enchantés.

Prendre un homard vivant ne donne pas faim, ne creuse l'estomac d'aucun appétit urgent. C'est un enfant trouvé, le homard, on lui veut du bien. On le pèse, on lui dit qu'il est beau, qu'il est bleu, qu'il est fort, qu'il pourrait nous trancher la main entre ses pinces, qu'il est un roi, on l'appelle Majesté, on le vouvoie. On lui est reconnaissant d'exister enfin sous nos yeux. Dommage qu'il ne parle pas ou que l'on ne parle pas homard, et qu'une telle amitié peine à trouver ses mots. Il va mourir, c'est la loi. La loi du matador et de toutes les jungles du règne animal, que ce règne évolue sous les mers ou dans les bois. Manger, être mangé. *Ave*, homard !... Il va mourir à la nage, oui, plongé tout vif dans une eau frémissante à quatre-vingt-dix degrés, il va troquer son mimétique émail indigo royal pointillé d'or pour une livrée rouge cuisson, rouge feu, il va tenter de s'arracher à la destinée en escaladant cette forteresse de fer-blanc, un œil ébouillanté, l'autre noir de rage. Le prédateur a trouvé son maître, l'omnivore humain, le seul à manger son dieu par amour.

Nous avons attrapé un homard, bien sûr, le 5 septembre 1965, en farfouillant sous les jupons de la tourelle du Bouc, à l'ouest de la Basse Poulmalcote. Le soir, régalade en grand comité familial. Ma grand-mère a eu la grosse pince, qui sert à concasser les écailles des huîtres, et ma tante Jeanne la petite pince, la pincette, qui sert de cisaille à laminaires après que la pince originelle fut tombée en combat singulier contre un frère. On a mangé la cervelle, on a sucé toutes les pattes et tous les alvéoles, il n'est plus resté du grand seigneur dévoré en famille qu'un amas de poils et de gravats mâchouillés, bons pour la bectance des gélinettes de la boulangerie Perhirin.

« Je ne saurai jamais ce qui est meilleur, a soupiré ma tante Jeanne, le homard ou la langouste.

— Le bourgogne ou le bordeaux ? a dit tante Fern.

— La mère ou la fille, a marmonné quelqu'un.

— La poire ou le fromage. »

C'est moi, bien sûr, qui profère cette énormité.

« Et où l'avez-vous eu, a demandé ma grand-mère, ce beau gosse de trois kilos cinq cent soixante grammes ?

— Eh bien, voilà, grand-mère, nous l'avons tout simplement pê…

— Cadeau d'un pêcheur ! » m'a coupé mon père, l'homme qui ne mentait jamais.

L'homme qui disait les choses et ne disait jamais rien. L'homme qui gardait tout sur son cœur, la vérité comme le reste.

« Un mensonge formel, p'tit vieux ! » m'a-t-il assuré plus tard, entre quat'zyeux, les siens d'un bleu ahurissant, un bleu homard qui submergeait les miens plus jaunes que verts, quoi qu'il m'arrive de prétendre ou d'imaginer. « Un mensonge formel porte secours à la vérité, p'tit vieux, je suis formel ! » Un homme formel, la vérité tout d'une pièce, la tricherie dehors, un homme au carré.

Il fixait mon regard et, bien obligé de le fixer comme il me fixait, je voyais du bleu à en avoir le tournis, je voyais danser des homards, tourner des hélices de chalutier. « Le pêcheur de Tristan nous a fait cadeau d'un secret qu'il n'entendait révéler à personne d'autre… Cette vérité-là, p'tit vieux, il était de mon devoir de chrétien de la mettre à l'abri. Je te remercie de m'avoir soutenu. » Autrement dit : « Nous sommes deux menteurs, toi et moi, mais chut ! N'en parlons qu'à Dieu. »

À l'Aber, on mangeait du homard dans les grandes occasions – 15 Août, Pardon, fiançailles ou noces d'or. Mon grand-père allait en DS 19 chercher les crustacés à la poissonnerie Mirbel, à Portsall, et parfois il m'emmenait avec lui. Comme il était vieux, il advint que nous arrivâmes à Portsall en ayant accroché l'aile arrière d'une voiture apparemment blanche, restée accrochée au pare-chocs de la DS. (Yvon, peux-tu confirmer ? Tu étais avec nous ce soir-là.)

Initiation réciproque, le choix du homard vivant par un grand-père et son petit-fils de cinq ans. Du bout ferré de sa canne, penché sur le vivier translucide, une piscine de ciment longue d'au moins dix mètres, il me désignait de beaux gaillards suspendus aux parois. Serions-nous venus choisir un chat, un chien, un perroquet, tout animal à vocation domestique, je n'aurais pas été plus émerveillé. Aucune arrière-pensée alimentaire ne guidait ma préférence, mais une sorte d'affinité spontanée avec ces individus bizarroïdes auxquels m'appariait la solitude, autrement dit mon besoin d'être aimé sur la Terre. S'il te plaît, dessine-moi un homard.

« Celui-là, grand-père !

— Pourquoi ?

— On s'est regardés.

— Alors là ! »

Est-ce que je souffrais, le soir, à la mort du homard sacrifié par ma faute ? La douleur fait peine à voir quand elle appelle au secours, uniquement. Le homard ne gémit pas, c'est un fakir, son trépas n'inspire aucune pitié. On le mange, voilà tout, avec une avidité ambiguë. On mange un mort, une épave de crustacé, sa dépouille, ce qui le différencie, fruit de mer ou non, de la poire Belle-Hélène ou de l'omelette aux truffes. Et comme on a la plus petite part du festin, une antenne, un moignon, une patte velue bien garnie, prétendument, à condition d'être un peu débrouillard, on se console avec de la mayonnaise et du pain, on tartine gras, épais, en cachette, jusqu'à l'écœurement.

Pour ceux d'entre vous qui n'ont jamais pris part à une bâfrée de homard, sachez qu'il convient de s'équiper pour la cérémonie. Mettez-vous à table et fermez les yeux. Laissez-vous faire. Quelque maître ou maîtresse d'hôtel vous passe au cou le bourgeron d'apparat, sorte de blouse lie-de-vin à l'effigie du crustacé royal, ce dernier représenté en blanc martyr dans toute l'envergure de ses pinces et de son appendice caudal. Allez vous examiner dans la glace, et vous aurez l'impression d'avoir pour squelette une ossature de homard à vos dimensions, d'être vous-même un homard illuminé aux rayons X. Vous voilà Goliath ou quasi, prêt à l'assaut merveilleux.

Maintenant représentez-vous la tablée familiale, à l'Aber, un jour de homard. Il y a deux « personnes » – on ne sait plus quel nom donner aux « aides de maison » : bonnes, servantes, femmes de ménage, employées, domestiques, esclaves, suivantes, et dans tous les cas on est mal vu des bobos – il y a deux créatures à tablier affairées à nous harnacher du fameux bourgeron. Voici Marie Cloarec, la vieille soubrette, à la fois gouvernante et cuisinière à vie chez mes grands-parents – qui bat son ivrogne de mari avec le ceinturon qu'il a volé sur un officier japonais mort, aux temps lointains où il guerroyait dans les rizières du Siam –, et voilà Marie-Pierre, soubrette jeune et rougissante sur laquelle mon cousin Gilbert eut des vues. Je ne crois pas malheureusement qu'il existe une seule photo représentant ces trois générations de Queffélec-Pénau déguisés en homards autour de leur table bretonne, silencieux, mains à plat sur la nappe, l'air morne des conspirateurs avant un mauvais coup. Le champ de bataille est prêt, les bestioles offertes à nos mises en pièces. On n'attend plus qu'un signe de ma grand-mère pour attaquer les morts et les détrousser au mieux.

Ah ! l'être humain, tellement plus ancien qu'il ne le sait lui-même, tellement imprégné des trois cents millions d'années, au bas mot, qu'il s'est octroyés pour devenir ce qu'il est. C'est déguisé en homard qu'il s'en prend au homard défunt, corps à corps. Il joue à la bataille, fracasse des pinces et des piquants inoffensifs au marteau pour en extraire le fruit, le jus, tel un chasseur luttant pour sa pitance et sa vie. Il se barbouille du sang de sa proie changé en sauce à l'armoricaine, il se délecte à cette curée barbare. Armez-vous de mouillettes pour nettoyer la saucière, les enfants, n'en perdez pas une goutte, et, de grâce, on ne se lèche pas les doigts, on ne s'essuie pas dans la nappe.

Les vestiges des vaincus débarrassés par Marie-Pierre et Marie, jetés aux mouettes et crabes verts par-dessus le muret du jardin (ou réservés pour les gélinettes du boulanger), nos bourgerons d'équarisseurs au panier, la messe continue. Purification des gloutons. Les coupelles d'argent circulent autour de la table. On se rince moins les doigts que l'on n'entreprend des ablutions pilatiennes dans une vague citronnade incolore. Les mains lavées d'une douce culpabilité parfumée au citron, l'âme en paix, on redevient les enfants d'un grand Dieu mort pour nous sur la Croix. Il nous a promis des monceaux de fruits, là-haut ou là-bas, au paradis. Les homards bleus d'Iroise ne sont-ils pas des fruits ?

Mon père mourut le 13 janvier 92, soit vingt-sept ans après notre seule et unique virée à la tourelle du Bouc. La nuit de sa mort, il écrivit un poème.

En 2000, quand je suis retourné au Bouc, la balise s'était effondrée au cours d'une tempête d'hiver ; le soubassement maçonné affleurait à marée basse, des bouts d'acier pointaient. Pas de homard dans la cachette. Mon père avait emporté les vertus miraculeuses du secret dans sa tombe, au cimetière de Montrouge.

J'ignore ce que le homard symbolisait pour lui. Une époque disparue, probablement, son enfance à feu et à sang. Brest, sa ville natale, écrasé sous le feu des bombardiers américains en 44. Un père qu'il avait vu s'éloigner à cheval du côté de Verdun, en 14, et qui n'en était jamais revenu. Il n'en mangeait pas souvent, du homard, et pas avec n'importe qui. Mon frère Hervé, son fils aîné, était le compagnon de table qu'il préférait. Il recherchait en lui le père qu'il n'avait jamais vu, ou si peu. Il me l'a dit plusieurs fois comme si moi, simple fils cadet, je dérangeais une complicité magique entre eux deux, père et fils, fils et père. Ils partaient en vacances ensemble, à Hoëdic, île du

Morbihan inconnue des estivants dans les années 60, la plus ensoleillée du littoral armoricain. C'était là-bas qu'ils mangeaient du homard, les homards de Lili Bouiche, le pêcheur du coin. Pour Henri, le homard se mangeait en Bretagne, idéalement sur une île, idéalement en compagnie du fils qui réincarnait son père.

Il m'est arrivé, à Belle-Île-en-Mer, de manger du homard avec eux chez les sœurs Maillard, à l'hôtel de l'Apothicairerie, non loin du fauteuil de Sarah Bernhardt (celui-ci creusé à la gélignite dans la pierre de la côte sauvage). J'ai compris qu'il s'agissait pour lui d'un rite auquel on ne pouvait pas m'initier, ni moi ni personne. Il aurait fallu que nous ayons les mêmes souvenirs ou des affinités convergeant sur l'image d'un père mort de fatigue au champ d'honneur, en croyant mitrailler les Boches qu'il venait de mitrailler trois années durant.

Je mangeais : il communiait, racontait les homards partagés avec mon frère Hervé, avec Julien Gracq son labadens de Normale Sup, avec Pompidou, Surzur, Auguste Dupouy, Senghor, le baron Van Derest, avec Benoît Queffélec et Vincent, avec Antoine, ses neveux dont il avait l'air d'ignorer qu'ils étaient mes cousins – chasse gardée, ses neveux, les fils de feu son frère Jean –, avec Marie-Louise, sa nièce appelée Bébelle, avec tante Germaine, avec l'impossible tante Thérèse, sa petite sœur, la harpie du gynécée, avec son frère Jean, le Brestois du Trez-Hir, le plus beau des Queffélec, et tous ces homards en file indienne allaient trottinant jusqu'à l'enfance d'Henri, 33, place du Château, quand il allait pleuvoir sur Brest, Barbara, rappelle-toi comme il faisait beau vers la rade, comme elles étaient lentes et dorées les heures du soir de la Saint-Jean, rien ne laissait présager qu'il pleuvrait bientôt du feu, il en avait tellement plu déjà.

Pareilles agapes, à la fois gourmandes et mystiques, tissaient un lien charnel entre mon père et son père le héros. Il aimait le homard pour l'entourer d'une liturgie intime, il célébrait l'eucharistie en triturant à pleines mains ce Christ aux pinces déployées. Messe funèbre en hommage à Joseph Queffélec, père divinisé, comme à l'ancien Brest que je n'ai jamais vu, bien sûr que non.

Je mentirais en disant que messire le homard, en tant que fine chère, me laisse indifférent. Chez Jacques Thorel (Auberge Bretonne, La Roche-Bernart), chez Christian Constant (Violon d'Ingres, Paris), chez Babette de Rozières (La Case de Babette, Maule), chez Antoine Westermann (Drouant), chez Thierry Breton (Chez Michel), à l'Ecailler du Bistrot (Paris), à la Duchesse Anne (Saint-Malo), à l'Auberge des Sénans (île de Sein), au mouillage dans le *sound* de Chausey avec Philip Plisson (île Chausey), avec Alain Gibaud sur *Brise Marine* (île d'Aurigny), ou tout simplement chez moi j'ai mangé les plus succulents des homards bleus : bleu Iroise, bleu *brezhoneg*.

Un mot de ces différents mousquetaires, j'en citerai trois, c'est-à-dire quatre ou cinq.

### *Auberge Bretonne*

Le homard est un illusionniste en queue-de-pie, chez Thorel, il a sa baguette magique, ouvrez l'œil…

Couché resplendissant sur un trolley, arrive à table non pas un homard mais un chapon engraissé à souhait, la peau dorée, des losanges de truffe insérés sous la peau. Un pur joyau fermier d'au moins cinq kilos qui sent bon, mais bon !... Ça, un hors-d'œuvre ?...

Assistez maintenant à la délivrance du homard, soyez témoin du miracle, c'est peu dire que l'on n'en croit pas ses yeux. On peut parler d'un cérémonial obstétricien consistant pour les deux sages-femmes, je veux dire les deux serveurs aux bouches cousues, à extirper d'entre les cuisses monumentales du coq châtré le divin homard qui vient de cuire à l'étouffée dans ses entrailles, chacun faisant part à l'autre de ses plus sibyllines exhalaisons.

C'est lui que l'on mange en premier, ce mort-né introduit tout vif à l'intérieur du chapon, en marche arrière, avec ses pinces et ses prunelles d'or noir. C'est lui, le hors-d'œuvre. Le chapon vient plus tard, débité, servi en plat, accompagné de patates rissolées, de girolles et de champignons dits tabourets de Satan. Le repas se poursuit avec le plateau de fromages, le *kouign-amann* façon Thorel, les mignardises, etc. Tiens, on passe l'aspirateur entre vos pieds, la fête s'achèverait-elle ? Même les chapons fourrés au homard ont une fin. Mais que pourrait-on bien fourrer dans un homard pour éterniser cet instant gigogne où l'âme humaine a tellement faim qu'elle mangerait les serviettes et la nappe ?

*Violon d'Ingres*

Service à l'assiette, chez Christian Constant. Le homard est d'Iroise, présenté décaparaçonné, tranché, disposé en épigrammes à recouvrement sur un lit de pommes rattes à la crème fleurette, le tout constellé de grains de caviar et d'œufs de saumon. Sur le côté droit, une pince à moitié dégainée de son blindage naturel, une pince témoin nous dit quel fortin est la bestiole au naturel. De très fines herbes aromatisent ce mets des dieux humains qui donne envie d'une deuxième, voire troisième assiette en tout point semblable à la première, ce qui revient à manger trois pinces. Allez, chef, une quatrième assiette.

*Drouant*

On fait souvent des reproches à la vie, et souvent à juste raison, toujours les mêmes. On ne l'espérait plus, et voilà que luit un éclair de joie. On est à table chez Drouant, et ce n'est pas Zorro mais le homard prêt à déguster qui fait son entrée en fanfare (la fanfare s'est ajoutée d'elle-même). Les narines dilatées, on contemple le chef-d'œuvre. Si le décor coutumier du homard est plutôt l'auberge sénane, le homard est à l'aise aussi dans les belles maisons parisiennes où la nappe est blanche, la vaisselle plate, le service aux petits soins. Le homard gentleman sur son trente et un n'oublie jamais de quelles eaux bienfaisantes il est l'enfant chéri. Douillettement lové dans l'assiette, il a l'air d'un Homard au bois dormant. Ce homard est un homard à la Westermann, et sa carapace il ne l'a plus sur lui. Antoine Westermann l'a concassée pour en sortir un trésor de saveurs insoupçonnées. Carcasse tu étais : jus tu seras, la plus raffinée des essences de crustacé. L'imagination bat la campagne.

Antoine Westermann en train de concasser à coups de marteau la carcasse du homard doit moins évoquer un grand chef à trois étoiles inspiré qu'un maréchal-ferrant. Parallèlement à cette opération de martèlement, la cuisson du homard proprement dit plongé dans un court-bouillon, pinces et queue, se poursuivait. Je vous l'avais bien dit : un éclair de joie.

*La Case de Babette*

Homard d'Iroise, toujours. Au barbecue, nature, coupé dans sa longueur, grillé côté chair et côté carapace, la bonne odeur que voilà ! Chaque morceau est servi nappé de sauce chien plus ou moins relevée. La sauce peut être servie à part, dosée à volonté.

La sauce chien, une spécialité créole arrangée par le chef de La Case. Nul besoin d'aucun chien pour lui donner son mordant. Vous avez beau tendre l'oreille, elle n'aboie pas.

Je ne vous promets pas qu'en mélangeant ciboulette, cive, ail, échalote, persil plat, piment, citron vert, arachide, achards, sel, poivre, vous obtiendrez une sauce chien dont s'amouracherait Alexandre Dumas et tout homard bien né. Il y faut la main heureuse de la fée Babette, l'étincelle de magie. Allez, soyez heureux d'un bonheur sans nuage, à *la Casa*. Et sachez bien que ce homard au sang bleu vous fera saliver chaque fois qu'il se réveillera souvenir entre vos dents.

*Chez Michel*

Un cinquième mousquetaire arrive en scène. Il s'appellerait d'Artagnan s'il n'était breton et né en Bretagne, origine confirmée directement par son nom : Breton, Thierry Breton. Son restaurant parisien, Chez Michel, porte un nom passe-partout, mais y pénétrer c'est franchir un invisible poste-frontière au-delà duquel, *yamat !* la motte de beurre a l'accent *brezhoneg* et le cul-noir de Lanvaux un *Gwenn-ha-Du* sur l'échine. Les portes-fenêtres s'ouvrent en grand, l'été, la gavotte s'élance autour de la rue de Belzunce et le *fest-noz*, en bon *fest-noz* qu'il est, s'achève aux pâles heures. De tous ces vieux frères homards qui sont mes amis, le homard de chez Thierry Breton est le plus bretonnant, mystérieux, fermier. Marmite, lardons, jus de beurre aux échalotes, patates de Noirmoutier, poireaux, il est dans son élément, chez Thierry Breton, il est immortel comme chacun sait. Mangez-le ce soir, il renaîtra dans mille ans. Et qui mangera qui, la prochaine fois ?

S'ils sont bons, tous ces vieux frères ? Pour la bonté d'un mets la bouche importe si peu. La bonté d'un mets quel qu'il soit fait tourner des anneaux bleus autour de l'âme. Elle remet en place un décor d'enfance oubliée d'où le homard, s'il se croit dans les parages, est absent. Vous étiez au restaurant : vous êtes à l'Aber-Ildut attablé devant un café au lait avec Marie Cloarec et vous n'en savez rien. On mange bien, on mange bon quand le temps revient sur ses pas. Il suffit d'un parfum, d'une sensation dans la bouche, et tous les miroirs crèvent comme des bulles de savon, l'enfance est là.

*À la maison*

Chez moi, le homard se mange en toute simplicité. On s'en empare, on le plaque au sol, on lui perce la nuque avec un tournevis bien emmanché, ou une branche de ciseau de mercière, on recueille le jus vert qui s'écoule en abondance, excellent fond de sauce éventuelle, on fait griller sa dépouille au feu de bois *recto verso*, on l'ouvre en longueur, on la sert arrosée de beurre salé fondu, après s'être échauffé les papilles avec une poignée de crevettes sautées vivantes à la poêle, dans une belle giclée de xérès fulminant, non mais des fois !

Je manquerais à tous mes devoirs de Finistérien en clôturant cette évocation totémique sans parler du récif où le homard a sa meilleure enseigne autour du monde : l'île de Sein, l'Auberge des Sénans à l'île de Sein. Celui qui connaît l'île de Sein, pour avoir traversé le raz fatidique sur l'*Enez Sun* ou la *Velléda*, ou sur son bateau, connaît forcément l'Auberge des Sénans. Tant pis pour lui s'il s'est contenté d'un vague café gourmand à la crêperie du port, où, soit dit en rêvant, les crêpières sont créatures d'un dieu que Roger Vadim aurait bien aimé rencontrer. Saint-Tropez n'est pas tout, mon ami.

La Roche-Bernart, Maule, Paris, c'est gourmand, gourmet, joyeux, mais imaginez-vous mangeant un homard à l'île de Sein – l'île radeau, l'île qui fait un peu naufrage, chaque hiver, entre la pointe du Raz et la bouée d'Armen, avec toutes ses maisonnettes ceinturées par la tourmente. Le homard, là-bas, à la table des pêcheurs, c'est gastronomique et bien au-delà… C'est une communion profane avec la mer et les gens de la mer et du ciel, un rite chanté qui donne la foi dans quelque chose qui pourrait bien être l'homme et son double parfait – ce dernier un peu dur d'oreille à mon goût. Les homards ont une âme, à l'île de Sein, je n'ai aucun doute là-dessus.

À l'Auberge des Sénans, on les servait en cotriade, le fricot paradisiaque du marin en mer : le cambusier dispose au fond du bateau trois galets bien plats, il fait du feu sur les galets, et pendant que le mousse arrose les fond sous les galets il met à chauffer la gamelle garnie. Il y a de tout, dans la gamelle, selon la pêche du moment. Si le bateau a pêché des éperlans, va pour une cotriade aux éperlans ; s'il a pêché du homard, une cotriade aux homards. Éperlan, homard, congre ou germon, cette bouillabaisse d'Armor fait toujours honneur au cidre et à la patate de l'île de Sein, la plus moche de ses filles, peut-être, mais la meilleure en bouche. Mal foutue, mal fringuée, pitoyable en sa robe de poussière à côté du homard frais émoulu du royaume abyssal… Quel mariage, pourtant ! Quel grand amour entre ces deux natifs de l'« Île aux Sept Sommeils ». Il aura fallu, dans un grand restaurant parisien des Champs-Élysées, tout le snobisme d'un gérant illettré pour qu'une bourde typographique américanise à jamais la sauce ordinaire de nos aïeux atlantiques. Pas : à l'américaine, bonté divine ! À L'ARMORICAINE ! Le homard se mange À L'ARMORICAINE, au pays d'Armor !

À propos du homard, je confesse un regret. De ma vie, je n'ai vu la bête évoluer dans son milieu marin. Chaque fois qu'il m'est apparu, que nos regards se sont croisés, il était plus ou moins en état d'arrestation, des bracelets de force autour des pinces, et dans tous les cas sous l'étroite surveillance d'un pêcheur ou d'un poissonnier aux anges de l'exhiber.

J'ai plongé devant Belle-Île, au pied des aiguilles de Port Coton, je n'ai pas vu de homard.

J'ai plongé sur des récifs appétissants comme la Méloine ou les Pierres Noires, et pas l'ombre d'un homard.

Et non plus sur l'épave de l'*Amoco Cadiz*, un vivier de cocagne aux dires des marins pêcheurs, une auberge à crustacés errants comme tous les vaisseaux naufragés.

Encore ceci à propos du homard. À la fin des années 70, ayant besoin d'argent pour me construire un *Galapagos 50*, le voilier de mes rêves, j'ai servi d'équipier rémunéré sur des voiliers prototypes, testés par des marins professionnels avant leur fabrication en série. J'ai embarqué tout un mois sur celui qui deviendrait le *Romanée*, l'un des croiseurs mythiques de Philippe Harlé. Mon skipper, un commandant de pétrolier désireux lui aussi de beurrer ses épinards, a mis le cap sur l'Irlande, l'Irlande Ouest, secteur de navigation idéalement orienté pour confronter un esquif en apprentissage à toutes les sautes d'humeur de cette chose imprévisible appelée mer.

Mon skipper s'appelait Yves, Yves Mirbel, originaire de Portsall, une famille de mareyeurs. Il avait quarante ans, une calvitie presque gênante. Pas de sourcils, de cils, aucun poil de nez, d'oreille. J'ai pensé d'abord qu'il était né ainsi, la boule à zéro, glabre comme l'œuf. Un mutisme en rapport avec la verve capillaire, sauf à la manœuvre.

Quel rapport avec le homard ?

Retour d'Irlande, il voulut faire escale à Portsall, chez lui. Le rhum avait déjà bien coulé à l'arrière du *Romanée* lorsqu'il se mit à parler. La mer, il la haïssait. Un jour de son enfance, alors qu'il essayait sa première vraie bicyclette, il était tombé dans le vivier à homards de la poissonnerie familiale. Il ne savait pas nager, mais son père était arrivé à temps pour le sauver. Le lendemain matin, ses cheveux parsemaient ses draps, des cheveux blancs comme neige. La peur avait détruit son système pileux au cours de la nuit. Trente-cinq ans plus tard, il ne savait pas nager, il refusait d'apprendre. S'il était marin, c'était pour vaincre sa peur de la mer, uniquement. Tôt ou tard il la vaincrait et ses cheveux repousseraient, noirs comme ils étaient, et plus jamais il ne monterait sur un bateau. Ou il se noierait. On n'imagine pas la peur d'un enfant qui tombe à l'eau dans une fosse à crustacés, et qui se sent couler à pic. « Est-ce que j'ai vu des homards, dans le vivier ? Même pas… Mais depuis, je les imagine, je les rêve, ils encerclent mon lit… Si tu as des enfants, un jour, ce que je ne souhaite pas à mon pire ennemi, apprends-leur à nager dès qu'ils sont nés. Ils marcheront et parleront bien assez tôt… »

Je n'ai jamais revu Yves Mirbel, commandant du pétrolier *Octane*, essayeur de voiliers, grand marin qui détestait la mer et les femmes. Savoir si ses cheveux noirs ont repoussé.

Le homard n'a cessé d'inspirer les écrivains et les peintres. Le surgissement du homard sollicité pour un usage métaphorique a quelque chose d'irréel. On a l'impression que l'auteur a faim. Ou qu'il sort de table.

Ou qu'il se cherche un ami. Ou qu'il est attendu à Ruscumunoc par des pêcheurs au casier. C'est bien le homard que Nabokov va chercher pour illustrer sa théorie sur la balourdise de Tchitchikov, le héros des *Âmes mortes* :

*Le défaut de l'armure de Tchitchikov, cette fente rouillée d'où se dégage une légère mais abominable odeur (boîte de homard au couvercle perforé, oubliée dans l'office par quelque imbécile patenté) est l'ouverture organique de l'armure du diable.*

Ma mère avait appris au cours Valton, petite fille, ce panégyrique à la louange du homard, et, sur demande, pouvait le réciter à ses enfants avides de l'écouter. N'hésitez pas à l'apprendre par cœur, il donne faim, soif, il donne envie d'aimer les homards, ces grands poètes crustacés.

*Homard le pacha de la mer*
*Homard le bleu, homard le rouge*
*Homard le nageur à l'envers*
*Homard, si tu remues, tu bouges.*

*Homard, ermite des rochers*
*Homard, mauvais garçon, bon prince*
*Homard, la gloire des marchés*
*Homard, monseigneur de la Pince*

Ma tante Jeanne, à table, se taillait un succès avec ces quatre bouts rimés écrits de sa blanche main dans les années 1890, à l'Institut de la Légion d'honneur où l'on inculquait les bonnes manières aux jeunes filles bien nées, c'est-à-dire nées sous les ailes du crucifix :

*Une Américaine était incertaine*
*Quant à la façon de cuire un homard*
*Si nous mettions la chose à plus tard*
*Disait le homard à l'Américaine*

### *Homard à la bretonne*

Mon grand-père Henry, l'ami de Paul Valéry et des artistes en général, ne détestait pas briller en famille, après quelques verres de pomerol – son vin rouge favori. Au premier ange qui passait, il se mettait à déclamer une recette en vers d'un certain Charles Monselet, que ma grand-mère jugeait indicible devant ses petits-enfants, toujours à poser des questions oiseuses à leurs aînés.

*Prenez un beau homard. Puis, sur sa carapace,*
*Posez une main ferme et, quelque saut qu'il fasse,*
*Sans plus vous attendrir à ses regrets amers,*
*Découpez tout vivant ce cardinal des mers.*
*Projetez tour à tour dans l'huile*
*Chaque morceau tout frémissant,*
*Sel, poivre, enfin chose facile,*
*Un soupçon d'ail en l'écrasant.*
*Du muscadet, de la tomate,*
*Des aromates à foison*
*Se mêleront à l'écarlate*
*De la tunique du garçon.*
*Pour la cuisson, c'est en moyenne*
*Trente minutes à peu près.*
*Un peu de glace et de Cayenne*
*Pour l'achever et puis c'est prêt.*
*Que de cette sauce alléchante*
*Des voluptés naisse l'essaim*

*Et que si bonne, appétissante,*
*Elle fasse damner plus d'un saint.*
*Car plus d'une beauté frigide*
*Apparemment collet monté*
*Succombe après ce plat perfide*
*En un lit clos particulier.*

« C'est quoi, grand-père, une beauté frigide ?

— C'est une dame… Une dame qui a toujours froid quelque part.

— Et c'est quoi, un lit clos particulier ?

— Demande à ta grand-mère, mon pt'it homme, elle connaît bien le mobilier breton. »

Grand-mère éludait, noyait le homard comme elle pouvait dans une réponse attirant l'animal hors des sentiers scabreux, du côté des…

# I

# Îles

*Doue a zistro ar vag d'ar gêr*
*A-enep mor ha gwallamzer*

… du côté des îles du Ponant, ses eaux natales. Adolescente, et peut-être fillette, elle y mangea son tout premier homard à l'hôtel Sainte-Barbe, et, plus tard, sa première langouste. Et plus tard elle rapporta les deux expériences enfantines aux vertueux critères de la moralité chrétienne, et donna sa préférence à Dame Langouste, une personne élégante, raffinée, *comme il faut*, pas ce m'as-tu-vu à grosses pinces que toute la table se disputait. Voilà pourquoi le déjeuner familial du 15 Août, à l'Aber, et contre l'avis général, ne vit plus que des langoustes fuchsia en pâmoison sur les longs plats fendillés de la Compagnie des Indes, allégories d'un fruit pur que les deux voleurs de pommes originels n'avaient pas souillé de leur bave pécheresse. « Irréfutable » trahison.

À l'Aber, on ne pensait qu'aux îles. On parlait toujours d'aller aux îles. On bâtissait des îles de sable avec des châteaux forts dessus, la marée les noyait. On dessinait des îles coiffées d'un palmier en étoile, en astérisque, et l'on s'imaginait filant des amours sans fin auprès d'îliennes au teint de petit-lait, on dessinait les îliennes, on raturait les îliennes et les îles. Et plus tard, confiait-on à ses petits personnages intérieurs toujours à l'écoute, plus tard on accosterait une île sous le vent qui n'apparaîtrait sur aucune carte, une île déserte et rien qu'à nous, trésor, et comme Robinson Crusoé, comme Noé, on fabriquerait une arche pour s'en échapper, trouver une île ailleurs.

On ne s'endormait pas, sur nos rudes oreillers de balle, sans imaginer l'arrivée aux îles, bout à terre ! et sans écouter le bruit rêche du fer de l'étrave entamant le sable à travers le cristal ingénu des eaux descendantes, avec le silence épars, le cri lancinant des mouettes et l'odeur des bruyères embaumant l'azur marin – cobalt naturel ni bleu ni blanc. Avec la sensation d'être là où l'on avait déjà été, quand nos aïeux n'étaient même pas nés.

Entre les îles et nous les côtiers labérois s'ouvrait un intervalle à la fois géographique et spirituel, celui des *jamais plus* du monde enfantin séparé des *vous verrez* d'un monde à venir encore plus enfantin, *Wonderland*, là-bas. Mais descendus sur l'île, immanquablement, nos pas impatients nous portaient vers l'ouest où le vent jamais au repos fouettait d'autres attentes. Et soudain la folle envie d'aller voir ailleurs brûlait la terre sous mes pieds.

Les îles, on y allait quand on y allait… Sur un coup de tête, on filait à Brest en autocar et le courrier d'Ouessant nous embarquait.

*ENEZ-EUSSA I*
Nombre de passagers :
Été : 350
Hiver : 250
Puissance du moteur : 250 CV

L'*Enez-Eussa*, courrier des îles du Ponant, avait succédé au courrier *Île d'Ouessant* naufragé le 6 juin 1924 sous le commandement du capitaine Nizou. Il passait deux fois par semaine, le mardi et le vendredi, à onze nœuds maximum – la passe de la Santé, la passe Sud, la rade, le Minou, le Vieux Moine, la Grande Vinotière, la Helle, les Trois Pierres, Molène, puis le chas tumultueux du Fromveur, Ouessant. Été comme hiver. Cinq tonnes de charbon brûlées par aller-retour. J'avais sept ans la première fois qu'il m'apparut en août 56, tout droit sorti d'une carte postale en noir et blanc aux bords chicotés par les souris.

L'*Enez-Eussa* s'embossait au quai des Vapeurs-Brestois, sous le grand escalier du cours d'Ajot. Il était gris, d'un gris fendillé pareil à celui des assiettes à dessert de la Compagnie des Indes. J'y montai à la suite d'une queue leu leu familiale de tantes et cousins, et l'Iroise nous en fit voir durant toute la traversée.

Parvenu à bon port, le capitaine Le Bot me tapota la joue. Il avait eu chaud !

On avait beaucoup d'imagination sur l'*Enez-Eussa*, une espèce de *Guedel* lui aussi, encore plus fendillé. Le gris du bateau déteignait sur la mer, sur le ciel, sur le moral des passagers. Tant que l'on n'avait pas entendu le bruit des ancres s'écoulant à pic hors des écubiers fumants de rouille, devant chez Fine Cornen, à la cale neuve de Molène, on roulait des pensées bizarres et comme fendillées, elles aussi, par le pressentiment du malheur. Un si vieux jeton.

Ce revenant natif de Glasgow en 1905 était l'ancien Yacht Royal de Ferdinand, prince de Saxe-Cobourg-Gotha, encore tsar et roi de Bulgarie en 1918. Ferdinand se l'était acheté pour ses prestigieux ronds dans l'eau sur le lac Léman. L'*Enez* avait eu nom *Yoksil*, *Coccinelle*, *Celuta*, tour à tour yacht, transbordeur, patrouilleur, ravitailleur des sous-marins de Dönitz, courrier. Les Anglais l'avaient mitraillé à mort, en 43, les Allemands envoyé croupir sur les fonds vasards de l'Elorn, par huit mètres de fond, les Bretons renfloué en 46, à la bretonne : ça flotte, c'est bas sur l'eau, la machine à vapeur tient bon, un coup de peinture là-dessus et cap à l'ouest. Bestiaux variés, matériel, passagers, bicyclettes, sacs de courrier cadenassés, tous les vivants et les choses à tu et à toi sur la plage avant où Sa Majesté Ferdinand, jadis, sous un vélum ciré, blablatait les tsarinettes en sirotant son arak frappé.

À mon deuxième passage avec l'*Enez-Eussa* – ce nom barbare me donnait des frissons –, j'étais assis sur un cercueil dont j'ignorais s'il était garni ou non. Il faisait grand beau, grand bleu. La jolie maman suédoise à côté de moi donnait le sein. Force m'est d'avouer que je n'ai jamais regardé un nouveau-né se nourrir avec une attention plus émue. L'odeur de la mer et du lait m'enflammait les sangs, le cœur me battait à hauteur de nombril, et j'aurais donné tout l'océan, ce jour-là, pour être ce bébé rien qu'un instant. Arrivé tourneboulé à Molène, j'en repartirais décidé à revoir ma Suédoise aux mamelles d'albâtre, et bien sûr à l'épouser. Qui s'est jamais retrouvé assis sur un cercueil à côté d'une maman de quinze ans en train d'allaiter parmi des gorets et des poules, et de regarder le roulis des mers en même temps ? Moi. La mer, le lait natal du babour suédois, l'iode à n'en pouvoir mais, quel grand amour a jamais éclos sous des signes plus dionysiaques ?… Je n'ai jamais revu ma fée du Grand Nord, cette chance ratée m'est un deuil. Je me souviens qu'elle s'appelait Margarita Olovson. Et Magnus le nourrisson. Et Jean-Yves l'occupant du cercueil.

On débarquait à Molène selon les moyens du bord – va-comme-je-te-pousse ! Il n'y avait jamais assez d'eau pour accoster, même à la cale neuve, aussi neuve que le Pont-Neuf du roi Henri, en plus ruineuse (tous les ports naturels de la côte ont leur cale « neuve », aussi neuve que le nez de Cléopâtre).

À marée basse, on jetait les deux ancres oringuées devant chez Fine Cornen, on les jetait à marée haute une paire d'encablures au sud du vieux môle, face au village, et les baleinières de l'*Enez* faisaient des va-et-vient. Les vaches, poussées à la mer, se débrouillaient à la nage. La vedette *Dr Tricard,* une ancienne chaloupe des Phares et Balises, se chargeait du fret. Le Dr Tricard ? Un illustre inconnu désormais… Il avait signé le certificat de décès du matelot Ellis, en 1896, quand le paquebot britannique *Drummond Castle* sombra sur la chaussée des Pierres vertes au cours de la nuit. Sa Majesté la reine Victoria fit présent aux îliens d'une horloge monumentale de précision, témoignage de gratitude du peuple anglais. L'horloge est toujours aussi précise, en 2012, aussi monumentale, et l'heure insulaire toujours à la traîne en dépit du méridien universel, un écart d'au moins cent vingt minutes avec ses sœurs du continent.

Les canots touchaient terre et celles qui ne voulaient pas se mouiller les pieds débarquaient à dos de mari, de cousin, de frangin, de matelot, en poussant des jappements d'hilarité. Ensuite, on enfilait qui les Flexo à boucles d'acier rouillées, qui les spartiates, qui les bottes, qui les tongs, sandales, on se beurrait un chouïa l'arête nasale attaquée par un invisible soleil de coton, et l'invasion commençait. Ruée sans merci, chasse au trésor chacun pour soi, c'était tout ça, pour Henri, nos battues à la crevette dans les buées dansantes de midi. On s'égaillait comme des malfaiteurs à travers les étangs lagunaires de la marée basse, on ne se connaissait plus, et celui qui se noyait ou tombait dans un trou c'était tant pis pour lui.

Le plus veinard d'entre nous, le flot revenu – toujours Henri ! – sortait au mieux seize « bouquets » de sa poche à goémons, seize crevettes aussi flamboyantes qu'un sillage de pièce d'or. Un jour, je voulus en croquer une de son vivant, au sortir du haveneau : elle me mordit la lèvre au sang.

« C'est une crevette qui t'a mordu ?

— Oui, papa.

— Menteur !

— Oui, papa. »

Quand mon père en attrapait dix, il avait gagné son paradis. Au-dessus de onze, il s'accordait un vin d'honneur après la chasse, retour à l'Aber. Il rayonnait de soleil et de vin, au dîner, singeant ses petites chéries de crevettes empourprées d'eau bouillante, ses ouailles sous-marines qui font voir aux humains la bonté du bon Dieu. On tue des crevettes et l'on donne au Créateur sa chance d'exister, de sauver le chaos des choses où siège la divinité. On tue des crevettes et Satan n'a plus que ses yeux pour pleurer, bien fait ! Tels sont les affamés du Très-Haut. Ils mangent, ils croient.

Je n'ai pas le souvenir d'avoir mangé un seul des « bouquets » chassés par mon père. Aux aînés comme aux forts en thème les crevettes roses ventrues des îles de plein vent, aux malappris les grisettes étriquées des embouchures de rivières. Ces rogatons frétillants des eaux saumâtres m'allaient très bien. Les plus sapides selon moi. On les mange avec la peau, à la mode, à la mode…

Il advenait que l'*Enez-Eussa* tombât en panne ou fût mis au sec à Brest dans la fosse de radoub, pour sa révision annuelle. En mai 49, leurs 250 chevaux-vapeur à bout de souffle, les chaudières âgées de quarante-quatre ans furent remplacées par les 600 CV d'un diesel Baudouin couplant deux moteurs de force égale à régime au tiers, six cylindres chacun, et le vaillant petit navire, plus véloce d'un nœud et demi, s'en retourna jeter l'ancre devant chez Fine Cornen.

L'*Enez* immobilisé par des soins urgents, le passage se faisait avec le *Roi Gradlon*, le baliseur et mouilleur de câbles du quartier maritime de Lorient – toujours en service –, un rafiot noir étroit, court de franc-bord, haut du gaillard d'avant, les superstructures caca d'oie, une énorme poulie davier sur le nez d'étrave, nullement équipé pour accueillir des passagers ni des passagères aux envies pressantes, encore moins des enfants touche-à-tout.

Je me faisais l'effet du moussaillon sur ce *Roi Gradlon* si petit et si grand, *parvus navis sed aptus.* Je voulais aider, soulever des aussières, déborder le quai à mains nues, grimper à la timonerie. On larguait les amarres et je devenais une pièce mécanique du bateau, un rouage indispensable au battement de l'hélice, un roitelet *Gradlon* à moi seul. De la plage avant, une plage à treuil, à câbles et à mât de charge auquel s'enchaînaient les bouées fugueuses qui s'appelaient *Fourmi*, *Valbelle*, *Astrolabe* ou *Libenter*, on voyait clairement le capitaine et l'homme de vigie sur les ailerons, on lisait la perplexité sur leurs faciès burinés quand les amers tardaient à confirmer l'estime, on leur aurait donné des conseils pour un peu, étant aussi du coin.

Un jour, la seule fois dans ma vie sur un navire à passagers, je vis un matelot de pont mouiller le plomb de sonde à l'avant du baliseur stoppé dans la calmasse aveugle et, comme dit la marine : « chanter le fond », c'est-à-dire annoncer au capitaine les mètres d'eau qui lui restaient sous la quille, en général de quoi lui donner des suées. Si la lune passait au même instant que la mer montait, le *Roi Gradlon* pouvait mettre en avant. Si la lune était passée, la marée poursuivait son reflux et le *Roi Gradlon* avait intérêt à battre en arrière *illico*, sauf à vouloir tâter du granit. La lune était avec nous, ce jour-là, et nous arrivâmes aux îles dans les temps, ces temps immémoriaux des îles qui n'ont jamais su lire un chronomètre.

Après trente-six ans d'Iroise, vieux de cinquante-six ans, le yacht royal de Ferdinand *alias Enez-Eussa I* partit fêter son jubilé sur la rivière de l'Aulne, attendant la flamme oxhydrique du ferrailleur, la découpe au Trisschler. Un temps, il fut visible de la grand-route au milieu des croiseurs désarmés, vestiges de la flotte de combat Darlan. Puis on ne vit plus qu'un souvenir, lequel résiste au bec de feu des chalumeaux. Il ne résiste pas à l'oubli.

L'*Enez II*, construit aux Ateliers la Perrière tout exprès pour évoluer dans les courants enchevêtrés d'Ouessant, faisait l'unanimité quant à son unique défaut, l'un des pires qui soient au large. Il sentait le gasoil à plein nez. Il avait le mal de mer ou plutôt le mal de moteur. Les deux maux s'additionnaient. Les passagers s'agglutinaient à l'extérieur, sur l'avant, fuyant les exhalaisons morbides. Ils préféraient la dérouillée des paquets de mer à la nausée des gaz brûlés qui font vomir les plus amatelotés ou prétendus. Ils en venaient à regretter ce bon vieil *Enez* de Ferdinand qui les avait pourtant vus grognasser par sa faute, outrés d'un tel inconfort, roulis, d'une telle vétusté. Puis ils s'habituèrent et quelques tempêtes essuyées sans dommages firent de l'*Enez II* leur courrier chouchou.

En 62, grand-père offrit aux siens le passage inaugural aux îles sur l'*Enez II*, frais émoulu des Ateliers. Départ le matin, retour le soir. Embarquement à Brest, escale au Conquet, destination Ouessant. Une chance que maman et Tita, louvettes de mer prévoyantes, aient eu leurs flacons d'alcool de menthe à humer et faire humer aux mal en point de la troupe, tous y compris grand-père, grand-mère et tante Jeanne.

On était ivres morts de gaz mentholés en débarquant au Stiff, le faux port d'Ouessant. Et si peu dessoûlés des nausées du passage, le soir, qu'il fut décidé de rester sur l'île coûte que coûte. La nuitée se fit au bourg dans une salle paroissiale administrée par les bonnes sœurs de l'abbaye de la Joie dont la tourière, une accorte Ouessantine aux intonations surnaturelles, s'appelait Soizig Le Guen. Aussi jolie que Margarita Olovson.

Grand-père dormit sur un lit d'enfant bleu layette à tortues fuchsia, son chapeau noir sur le ventre comme un chat douillet, et tous les autres s'accommodèrent des matelas de fortune réservés aux naufragés sans distinction, de quelque tempête qu'ils prétendent réchapper. Le lendemain, l'*Enez II* nous ramena chez nous et la croisière fut vite oubliée.

L'*Enez* mourut de sa belle mort, navire de peine exténué à la mer, tellement de fois repeint, réparé, rapetassé pour une dernière saison, la der des ders, de plus en plus lent, malodorant, et quand même, un jour, faveur du service départemental, rayé des cadres.

Un temps on le vit languir sur la rivière de l'Aulne, lui aussi, chez les vieux croiseurs de Landévennec que la marine française, la plus romantique de nos institutions militaires, ne se résigne pas à piquer, je veux dire : à « déconstruire » ; elle bannit les verbes « démolir » ou « déchirer », celui-là recommandé jusqu'au « démantèlement » du porte-avions *Clemenceau* ; et c'est toiletté comme un animal de concours que le débaptisé numéroté se présente au déconstructeur.

Regardez-le flotter à Landévennec, plan d'eau miroitant sans voix aucune, sans un écho. INTERDICTION DE MONTER À BORD, prévient l'écriteau qui tient par une chaînette d'autobus à la coupée. Les mouettes ne savent pas lire et les enfants se méfient des gros mots. Cet ancien des îles est une île au trésor, pour l'esprit humain. Qui peut vivre un seul jour sans convoiter une île ?

C'est en grand seigneur, en 92, que l'*Enez II* se voit non pas inhumé, enseveli, mais quand même livré à Dame Nature, à la mer, à l'océan. Il est coulé bas au large du Guilvinec, au vif regret des ferrailleurs. Et cette île au trésor engloutie fait aujourd'hui le bonheur des hommes-grenouilles et des crustacés. Comme la *Louise*, son aïeul, le premier courrier insulaire des Vapeurs-Brestois.

Pour aller aux îles, on tirait à la courte-paille et le mousse était sacrifié. Je restais seul à l'Aber avec mon sentiment d'injustice qu'Henri raillait en public. J'allais pêcher sans conviction dans les méchants goémons labérois, guettant le retour des veinards. Mon père et ses amis chassaient le « bouquet », la rose, moi la grise, une bestiole couleur de vieux café. Le soir, ravier rose contre ravier gris, les comparaisons mettaient l'ironie sur les lèvres. Il n'y avait que tante Jeanne et moi à manger mes grises, à dire qu'ils n'y connaissaient rien, et qu'une limande vaut mieux qu'un esturgeon.

Puis Marie Cloarec, me trouvant bien seul avec mon épuisette de bazar au milieu des rochers du fond du port, m'apprit au cours du goûter que l'ombre des noyés remonte à la surface de l'eau tôt ou tard, et qu'il ne fait pas bon se trouver dans les parages, mignon, le jour où ça leur prend. Passe ton chemin, mignon, si tu vois ça, bouche-toi les yeux et n'en parle à personne. Vas-y pas, mignon, du côté des trous de gabares, où la *plonge* en a *néyé* plus d'un. T'as qu'à pêcher des patates avec Édouard, si tu t'ennuies, les *néyés* vont pas aux champs.

La pêche au haveneau, sympathique moyen de meubler l'attente, ou de manger à sa faim, m'a toujours semblé du dernier ennui. Quand je fus en âge de sacrifier le mousse à mon tour et d'exiger ma place à bord des bateaux affrétés par Henri pour ses virées aux îles, qu'ils aient pour nom *Sardine*, *Aiglon des mers*, *Duc-in-altum*, *Intrépide* ou *Cambronne*, j'embarquais sans matériel aucun, mains dans les poches. Là-bas, j'accompagnais le patron du bord et souvent la patronne, et souvent ma mère aux ormeaux, à la bigorne, aux dormeurs, à l'araignée, au bol d'air marin. On retournait les galets à l'envers, à l'endroit, puis on casse-croûtait de bernicles arrosées de muscadet, assaillis par des mouettes ulcérées qui craignaient pour leurs œufs en couvaison sur la lieue de grève. Parfois, fortune du bris, je ramassais une épave, un lambeau de ferraille percé d'un hublot riveté, une patte d'ancre rompue, un christ sans bras ni jambes aussi blanc qu'un os de seiche, un précieux cordage garni de plombs. Passait mon père écumant d'excitation, sa poche à crevettes bringuebalant sur ses cuisses nues, fou de joie d'arpenter le plancher patouilleux des dormeurs, fier comme si la marée descendante était son œuvre à lui.

Il saluait ma mère au passage, sans la regarder, appelé par les crevettes.

« Alors, belle mignonne ?

— Au sud il fait meilleur », hasardait ma mère en souriant.

Par sud, elle n'entendait pas les climats tropicaux parfumés à l'orchis vanille ou au musc. Par sud, elle ne confessait pas un désir d'Italie baignée d'un azur et d'une mer où le corps s'étend sans frissonner au moindre souffle d'air. Par sud, elle aspirait à la Bretagne du Morbihan moins âpre et moins éventée, la Bretagne où le mot soleil n'est pas une injure à l'honneur des ancêtres. Mais chut... Elle en parle du bout des lèvres en regardant mon père s'éloigner. La mer a des oreilles et les dieux labérois sont très sourcilleux quand il s'agit d'aller voir ailleurs de quelle eau se mouille la pluie, et si même il pleut comme chez nous. Les dieux, mais aussi les déesses qui ne gisent pas toutes au Gour Bihan sous les pissenlits et les feux follets.

La première année au sud, en 1964, on loua la maison des Pissard, à Belle-Île-en-Mer, vers Kerloreal. Une maison, un jardin, une grange avec ping-pong et dortoir sous les combles pour les enfants mâles. Le bonheur, oui. Repas en plein air, bicyclette à gogo, achat d'un canot pneumatique tout gonflé chez Yatou. Le modèle bon marché Sevylor à boudins bleus, généralement crevé dès la première utilisation. Canicule, baignades, grillades, pâte à feu, belle étoile, interminables après-midi, interminables minuit sur leurs deux versants de lumière et d'ombre, si longs que l'on ne sait plus si le jour se lève ou tire à sa fin ; vin rouge en vrac tiré à l'outre de François Krafft, un ami d'Henri, doué d'une hospitalité comme elle régnait dans les temps féconds où la vie n'était que miel au soleil, vignes, raisins éclatés sous le sabot de la chèvre, plaisirs indistincts de l'âme et des sens. Sitôt nos parents endormis, mes frères et moi sortons dans les boîtes et découchons jusqu'aux heures matutinales. Le temps nous appartient encore. Vivre est une chance invincible. Ça s'arrose.

Une fois par semaine, le *Cambronne*, un ancien chalutier du secteur, nous amène à l'île de Houat passer la journée. Le *Cambronne* est en bois, vert tilleul. Houat est plus chaude encore que Belle-Île, tunisienne, pelée, parfum d'asphodèle et d'aloès. Ma mère n'a jamais trop chaud. Devine-t-elle que le temps presse et nous la ravit en secret ? À quoi penses-tu, maman ? Les plus beaux étés se dissolvent en souvenirs, en poussière de bulle irisée, elle seule en est consciente. Elle est la première à se baigner. On aperçoit l'île aux Chevaux, et par-dessus : l'île d'Hoëdic, plume à l'horizon, fumée céruléenne. Celui qui soufflerait assez fort la disperserait. Pique-nique au frais d'un rocher. Avec son gibus de papier journal, mon père a la touche d'un vieux Chinois pensif dans la rizière. Elle est pas belle, la vie ? Le déjeuner fini, la canne de ma mère à l'épaule – on dirait qu'il porte un fusil –, il s'éloigne vers les rochers et disparaît. Qui oserait l'espionner ?... Il va vers la mer, il mange une pomme en griffonnant du bout des orteils sur le sable. Il rature, il hésite, recommence. Qu'est-ce qu'il peut bien grattouiller, quelle dédicace à l'univers ? Quand il a fini, il regarde la mer monter, enlacer lentement ses phrases à la manière d'un serpent finaud, puis il se baigne à l'endroit où les mots sont noyés. Parfois maman l'appelle entre-temps et il revient l'embrasser en vitesse, sur le front, tel un gamin pris en faute, abandonnant ses manuscrits de sable aux éléments.

Retour en fin d'après-midi par le passage des Sœurs ou du Beniguet. Devant nous, c'est l'ouest, le terrier du couchant aux reflets de cymbale.

Plus tard, sur le terrain bien dégagé de l'ancien sémaphore, à la pointe des Poulains, nous assistons en famille au coucher du soleil. Les amateurs de rayons verts n'ouvrent jamais l'œil au bon moment. Où donc est la nuit ?... On y voit comme en plein jour. L'obscurité se décide à changer les décors, le ciel noir ouvre sa corne d'abondance aux Voies lactées comme frottées à blanc. Ça galope, là-haut, par troupeaux entiers, ça grouille de toutes parts au clair des étoiles. En mer les phares s'allument un à un, Poulains, Port-Maria, Birvideaux, Teignouse. On voit cligner un fanal rouge à fleur d'horizon, le secteur du Chat, les enfants, l'île de Groix. La vie ?... Elle est belle, oui, notre plus sûre alliée. Elle nous ramène chaque année à Belle-Île après 1964.

Nous louerons chez les Pissard, les Samzun, les Lanco, les Bienstock, les Gandrille, les Escalopier, les Bazin, les Galiou, ces derniers un couple de retraités pas piqués des vers, lui un ancien gardien du bagne de Nouméa devenu peintre à l'eau de rose – avec une dilection pour les sous-bois automnaux et les biches rondelettes se désaltérant à la rivière au crépuscule –, elle une épouse modèle ne laissant jamais son mari boire en solo, édentée pour des raisons sans doute étrangères à l'alcool, mais quand même affligée d'un nez pittoresque et si bourgeonnant qu'il semblait factice, amovible, et remis à tremper chaque soir dans une marinade à gibier. Lorsqu'elle pleurait, car elle pleurait souvent en fin de journée, on s'étonnait de voir ruisseler sur ses joues ravinées des larmes aussi limpides que celles des nouveau-nés. Tante Jeanne avait les mêmes et elle ne buvait que de l'eau, et le matin son café crème au pain cassé.

Pourquoi passer les vacances à Belle-Île-en-Mer, au sud du Morbihan, alors que mes grands-parents nous attendent à l'Aber-Ildut avec toute la famille, au nord du Finistère ? Pourquoi ce mois d'août morbihannais, à partir de 1964, alors que depuis 1949 je passe les Noël, Pâques, étés, tous les jours de mes vacances à l'Aber-Ildut, nulle part ailleurs et j'en suis fort aise ?

Pourquoi, maman ?

Pour changer ?

Pour ne plus claquer des dents sur les grèves de Landunvez, Corsen ou Tréompan, sitôt qu'on passe un maillot de bain ?

Parce que Belle-Île-en-Mer est une île chaude où, petite fille, tu as eu l'impression de nager dans une eau pour vahinés ?

Pour échapper aux petites phrases acides concernant l'éducation des enfants – tes fils, notamment, qui ne respectent pas les heures des repas et peuvent se moucher dans les crêpes ?

Ou qui sont malpolis avec les grandes personnes ?

Ou que l'on surprend sur la dune embrassant les filles de l'Économie Bretonne, ces deux effrontées aux lèvres rebondies par la luxure ?

Maman ne répond pas. Elle s'allume une demi-Gauloise et tire une bouffée, le regard perdu.

Pourquoi cette entorse éhontée à nos habitudes préférées ?… Parce que ma mère, à cinquante-six ans, pressent déjà que les jours sont comptés, les siens, par un sablier en bout de course. Elle aimerait voyager avec ses enfants et, chose inavouable en famille, les emmener se dorer au soleil, rien qu'une fois. Est-elle allée en Grèce ? Uniquement sur les brisées des compagnons d'Ulysse, uniquement dans les livres. La Grèce antique et les mythes, elle connaît par cœur. Et par cœur le Yucatán des Mayas, la Polynésie des vahinés, l'Égypte d'Akhénaton, l'Italie de Virgile et Gaffiot, la Dacie de Trajan, Rome, la Sicile, par cœur, en lisant les grands auteurs classiques, mais elle n'a mis les pieds qu'une seule fois à Venise, avec ma sœur, une Venise engourdie sous la pluie, comme si ma grand-mère avait dirigé contre ces deux renégates le Pluie ou Vent du baromètre ensorcelé. Ce n'est pas si loin qu'elle veut aller chercher du beau temps, l'été, pas si loin qu'elle veut tromper sa chère et terrible maman. Elle trahirait en changeant de mer, en convoitant la Méditerranée. Maman ne veut fâcher personne, elle veut juste suivre sa petite idée sous le soleil, elle y tient.

Témérité peu glorieuse des âmes sentimentales, elle coupera la poire en deux. Un mois à l'Aber, et un mois... On saura bientôt où, surprise...

Son amie Denyse Krafft lui a parlé du Morbihan, (si j'ose dire : « chaudement »), et de Belle-Île-en-Mer, qui répond de son nom : c'est beau, c'est isolé sur la mer, c'est bleu... C'est au sud de l'Aber, de Brest, de Morgat, de la pointe du Raz, au sud de Pen-Marc'h et de Concarneau, de Lorient, de l'île de Groix, c'est vraiment très au sud et c'est toujours en Bretagne. Il n'y a guère que Houat et Hoëdic, îlots satellites, à parachever plus au sud la péninsule armoricaine. On peut camper à Belle-Île, on peut caboter sur la côte est, on peut louer des maisons pour pas cher aux îliens qui sont des gens un peu particuliers, sans doute, lunatiques, parfois violents, mais délicieux avec les visiteurs. Quant au bagne des enfants, il est question de le raser, car les touristes n'apprécient guère d'avoir à croiser ces petits voyeurs à la plage ou en chinant sur le port. Seul inconvénient d'une région bénie des dieux où les Allemands, l'été, vivent à peu près nus sur la côte sauvage.

Ce n'est pas le nudisme allemand qui va décider maman, bien sûr que non, mais un souvenir que Denyse a réveillé. Non seulement elle est déjà venue passer quelques jours à Belle-Île-en-Mer, mais c'est en famille qu'elle est venue autrefois, dans sa jeunesse, avec ma grand-mère en personne, parfaitement ! Fut une époque où l'incorruptible Labéroise venait se réchauffer au sud, elle aussi, peut-être au risque de scandaliser sa propre mère, la grand-mère de l'Aber, ma chère arrière-grand-mère, un dragon de vertu. Voilà qui va simplifier la tâche de maman pour annoncer à ses parents le grand voyage qu'elle met sur pied.

Il n'y a pas si loin, direz-vous, de l'Aber à Belle-Île-en-Mer, mais la proximité kilométrique est trompeuse. L'Aber est au nord, Belle-Île au sud. Il y a loin du nord au sud, vous ne croyez pas ? Il y a l'éventail de l'ouest déployé entre ces deux rivages nés du même océan. Pour la première fois de sa vie, en allant à Belle-Île-en-Mer, *via* Quiberon, ma chère maman peut dire à ses amies qu'elle part en vacances au sud. Au sud de la Bretagne, à son extrême sud, là où le soleil atlantique rejoint le sud méridional après quelques soubresauts pyrénéens, délivré du climat septentrional de l'Iroise, ses brouillards, crachins et bourrasques, et se veut originaire d'Israël ou de Judée, territoire des oranges et des oliviers sacrés.

Il y a des oliviers, à Belle-Île-en-Mer, il y a des oranges et du jasmin, des vignes, il y a des pédalos à louer sur les plages, il fait chaud du matin au soir. Là-bas est un premier jardin des Hespérides au large des heures de la destinée qu'un vieux bateau blanc nommé *Guedel*, un vestige à flot comme l'*Enez-Eussa I*, finit par estomper derrière lui quand il s'éloigne du continent.

Maman est heureuse, à Belle-Île-en-Mer, elle est inquiète. Un bonheur si doux, si menacé... Où vont les profonds crépuscules chargés de tous les astres du firmament que la mer embaume, à la tombée du soir, tel un crustacé fraîchement capturé ? Où vont ces journées que nous avons eu la négligence de laisser partir en fumée, comme si de nous, de moi, dépendait leur longévité ? Tout ça dispersé dans le sillage du *Guedel*, au retour.

C'était pourtant le sens premier de cette villégiature au sud : échapper au battement régulier du compte à rebours. En sortant du *Guedel* au Palais, capitale de Belle-Île-en-Mer, on avait l'impression d'aborder une époque où les aléas n'oseraient plus s'aventurer sur nos pas. La maladie, qu'est-ce qu'elle viendrait fiche ici ?... À Belle-Île-en-Mer, à Belle-Île-au-Sud on était puissants, protégés comme on l'est encore à la veille de venir au monde, au centre parfait des points cardinaux.

J'ai connu bien des îles, à la longue, et je ne crois pas qu'il en soit une seule, en Bretagne, où je n'ai mis les pieds ne serait-ce qu'une seule fois. Par île, j'entends un relief émergé que l'on peut aborder sans risquer le dernier tête-à-tête avec l'Ankou. De ce point de vue, Tévennec, au nord du raz de Sein, où j'ai débarqué avec Bruno de La Barre en 1966, est moins un îlot qu'un récif de perdition, et ce ne sont pas quelques touffes d'herbe râpeuse, à l'archipel des Glénan, qui font de Castel-Braz un nid hospitalier pour les gens de mer en difficulté.

Que les mois d'août bellilois soient les plus harmonieux de tous mes souvenirs ne signifie pas que je préfère Belle-Île-en-Mer aux autres îles où j'ai pu faire escale. Magiques, providentielles, ravissantes, trop inespérées pour être vraies, presque toutes le sont et pas uniquement en Bretagne, à condition de mettre à part les îles pénitentiaires de sinistre augure.

Ce nuage de nacre à fleur d'eau, là-bas, visible sans jumelle à cinquante milles marins parmi d'autres nuages à peine moins nacrés, ne flotte pas au ciel, il ne condense pas l'évaporation des eaux atlantiques au terme d'une journée torride, sitôt rafraîchie par les orages que brûlée par de nouveaux soleils. Ce n'est pas un nuage, d'ailleurs, c'est le premier signe repérable à l'œil nu du volcan de l'île Porto Santo, au nord-est de l'archipel de Madère, à mille cinq cents nautiques de Noirmoutier.

Le soir où je vois apparaître les pentes volcaniques de Porto Santo, je suis en course au large avec Yves Aumon, l'homme qui m'a appris à naviguer à l'estime au début des années 60, à l'école de mer de Port Lay (île de Groix). Porto Santo n'est pas moins admirable que Belle-Île-en-Mer, et Groix non plus, d'ailleurs, ou Fuerteventura où viennent au monde les brises magellanes dites alizés. Ce sont des îles sœurs enlacées du même océan qui baigne les Caraïbes au fin bout des alizés. Houat, Hoëdic, l'île aux Chevaux, des îles sœurs de Belle-Île et Houat, de l'île de Sein, de Molène et Saint-Nicolas. Chacune d'elles, à sa manière, m'aura sauvé la vie. Comme l'île de Scorven, sur le lac Värmeln, en Suède, ou l'île norvégienne de Magerøya au point le plus septentrional de l'Europe continentale, en mer de Barents, une île sœur des soleils de minuit qui sont les plus charmeurs des fous furieux.

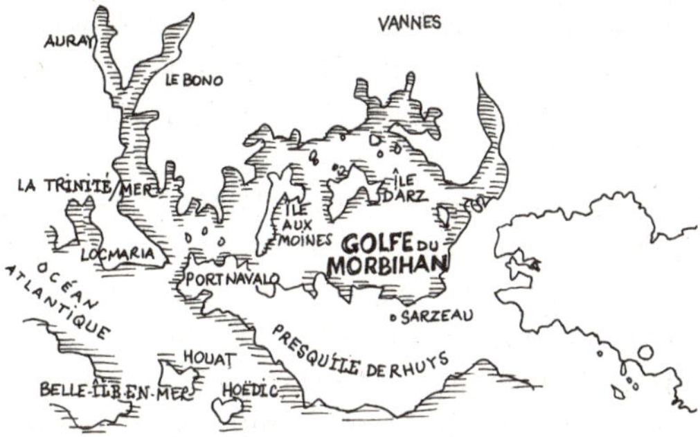


Ma tendresse envers Belle-Île-en-Mer tient au fait que j'y ai vu ma mère heureuse et détendue comme jamais, avant son grand départ le 15 mai 1970. Elle avait découvert là-bas les plaisirs archaïques de la vie en plein air. Comme nous tous, d'ailleurs, à l'exemple des amis Krafft, et comme tous les estivants des années 60. Chaise longue, parasol, pâte à feu parfumée à l'essence, *vlouff* ! Les braises, le romarin… Barbecue midi et soir. On s'asseyait sur des chaises bancales autour du feu, et c'était à qui n'écouterait personne. Le barbecue ne voit jamais le temps passer, et tant qu'il est un peu rougeoyant, un peu vivant, on s'imagine qu'il faut continuer à parler. Ma mère avait un beau rire cristallin sous les étoiles, un rire communicatif dont la nuit profitait. Pour le provoquer, j'imitais M. Clocheau, mon professeur de mathématiques au lycée Buffon, un vieux mal-aimé trop aimant. L'hiver, elle riait jaune quand j'avais le malheur d'imiter mes profs… On ne défie pas les autorités par des rigolades stériles, en cours d'année, on fait ses devoirs et l'on rigole après. L'été, en vacances à Belle-Île-en-Mer, la maladie feignant d'être restée chez nous à Paris, dans le tiroir du secrétaire où se rangeaient les bilans médicaux confidentiels, elle ne demandait qu'à s'amuser librement. Et trop content de la voir insouciante et comme guérie par mes facéties, mon père aussi daignait le trouver marrant, pour une fois, son bon à rien de fils cadet, et il riait aux larmes avec nous.

Suis-je allé mouiller dans toutes les îles d'Armor accessibles à la voile ? Après Quéménès, je voulus connaître les suivantes, et, d'archipel en archipel, d'île boisée en île pelée, d'embruns glacials en déferlantes et calmasses, fouler aux pieds chaque relief émergé dont l'horizon fait largesse au marin qui l'aperçoit dans sa lorgnette et se dit : Terre, avec un frisson de joie. Grande alors, la tentation de cingler vers cette île pleine de pitié et de s'y mettre au chaud dans un monde où l'on mange gras, où l'on boit frais, où l'on dort douillet devant cet océan de malheur qui ne peut plus rien contre vous, ni vous tuer, ni vous effrayer, ni vous ravager la conscience du scrupule d'être parti lâchement, seul, balayant d'un rire ou d'un revers de main le désarroi des êtres chers qui vous suivra partout sur l'océan, comptez sur lui, ne se laissant distancer par rien, aucune manœuvre, aucune fuite filée sous l'assaut d'un flux d'ouest, aucune somnolence de fou à la barre du voilier que vous pilotez la nuit comme un salopard de rêve où le rêve est mort, aucun pardon.

Car sans l'« autre » : un amour, un frère, un ami, un fils, sans tes enfants aucune île ne vaut la peine d'y aller, garçon, et tu peux regarder ailleurs, par là où c'est la mer encore et toujours, la monotonie cadencée des vagues où tu t'imagines cacher ton jeu, tu peux t'infliger cette course en rond qui n'aboutit qu'à toi mort ou vif.

À d'autres, cette île de pitié, de pardon, ce là-bas virginal à posséder sans retour, ce vain espoir qui te soulève en y allant. Seul ?... Rien à voir, absolument rien. La mort dans l'âme. Le dégoût.

Pas une île où j'ai trouvé refuge, la nuit, sur mon voilier, qui n'ait vu rire un équipage autour de moi, que nous soyons dix, que nous soyons deux. Autant d'îles, autant d'amitiés ou d'amours ou d'enfances partagées. Une île ensemble, toujours sous le vent, je suis rassasié.

Rassasié, je le fus dans ma vie plus souvent qu'à mon tour. Rassasié je l'étais, en 85, quand le prix Goncourt parut me jeter ma chance au visage, et pourquoi dire non ? Mon éditeur me nourrissait d'abondance, à l'époque, éperlans, chachliks, bélougas, pigeonneaux aux morilles, rouge et viande rouge à volonté, craquelins, harengs marinés façon rollmops, pousse-café, cannelés bordelais, mont-d'or, forêt-noire, couscous, dimsun, tête de veau, camembert le dimanche soir, rue de Naples, avec Josyane Savyigneau chez Dame Papesse, et si je désirais un voilier de course aux couleurs de la maison je n'avais qu'à battre des cils.

Je ne manquais de rien à toute heure, sans mentir, Antoine Gallimard et Françoise Verny le traitaient « royal au bar », leur milord *brezhoneg*, et j'ose le dire : jalousement. Plus je mangeais, plus j'avais faim. Plus je buvais, plus j'aimais la nuit blanche, moins je dormais, plus j'écrivais dans un état second, moins je savais où rentrer chez moi, plus je partais à la voile, à la dérive, à l'avion, plus j'errais à pied dans des bleds inconnus, plus j'atterrissais à Anchorage et plus je croisais du monde à Moscou, plus je dînais à la Closerie plus je pique-niquais à Peredelkino, dans la datcha où Pasternak attrapa l'onglée en terminant *Jivago*, plus j'allais à Riyad à l'invitation du roi Fahad, plus j'allais à New York et plus Tokyo m'attendait pour une ventrée de fugu au Century Hall.

Quelquefois il me suffisait d'un sympathique déjeuner les yeux dans les yeux, vers la Saint-Jean, pour entrevoir les soleils de minuit qui s'apprêtaient à jeter la cohue des Finlandais repus d'aquavit et de sauna dans les fjords, les lacs, tous les bras de mer du cap Nord ou de la mer de Barents, et nous voilà décollant dans le pimpant Fokker de la Scandinavian Ivalo-Roissy où, par parenthèse, j'eus le plaisir d'embrasser Antoinette Fouque, fondatrice des éditions des Femmes, elle aussi démangée par une fringale de soleils de nuits blanches.

Là-bas sur le vieux bac vibrant d'Honningsvåg, à l'embouchure du fjord, cap sur l'île de Magerøya, ma Bretagne à l'accent du Léon me manqua brutalement comme jamais sous les traits d'une araignée mayonnaise à l'Aber, en solo. Il me la fallait, cette araignée d'Iroise, séance tenante, chez Sassa, planqué au fond du dancing-restaurant au-dessus de la grève-de-devant, en respirant goulûment cet innommable fumet que les Labérois du port ne connaissent que trop, avec le juke-box à portée de main, tous mes chers tubes d'autrefois : Rika Zaraï, Enrico Macias, « Sag warum », les sœurs Troadec ou Kessler, Popcorn, Jean-Luc Salmon, le kif de mes nostalgies adolescentes. Et pas plus tôt rentré à Paris, je… Mais non, gardons plutôt la suite pour l'entrée suivante, je…

# I

## Jaguar

*Bizaj ur wreg a zo dous flour*
*Met he c'halon a zo ker rust ha skant-gerreg*

… je vous dirai comment je m'en fus vadrouiller dans les rues en quête d'un chinois ouvert à trois heures de l'après-midi, pour me rabattre finalement sur le concessionnaire Jaguar du boulevard Garibaldi, sous le métro aérien.

Au vendeur en blazer qui me faisait des courbettes, je désignai le séduisant cabriolet bleu ciel XJ12 virant sur le présentoir en vitrine.

« À vendre ? »

Le vendeur catalogua d'un coup d'œil mon air jovial de Breton élevé au *gwyn ru*, et conclut – je suppose – que les chiffres n'étaient pas mon fort. Je signai un chèque bancaire équivalant à vingt-huit mille euros, et il crut bon d'appeler La Poste pour s'assurer qu'il pouvait échanger son cabriolet prestigieux contre ma signature illisible.

« Félicitations, monsieur. Voici les clés.

— Sortez-la du garage, s'il vous plaît, elle marche, au moins ? »

Une boîte de vitesses automatiques, ma veine ! *Neutral, Backward, Forward.*

J'arrivai à l'Aber dans la soirée, trop tard pour l'araignée chez Sassa. J'avais roulé pied au plancher, si ma mémoire est bonne, sur l'autoroute, au mépris des panneaux. Deux cents à l'heure n'est pas un chiffre exagéré. Le soleil se couchait sous un ciel d'encre, illuminant le mikado bariolé des balises en travers du chenal du Four. Le ventre creux, hormis les Tic-Tac de la boîte à gants, je dormis dans la Jaguar à la maison-phare du Crapaud et le lendemain nous fûmes à Landunvez, une plage où le sable fin luit dans une eau vert tilleul ou menthe, selon l'heure et la marée. Mon objectif était de regagner l'Aber avant la nuit pour aller voir de près mon ancienne maison. Sans oublier, bien sûr, l'araignée mayonnaise de consolation chez Sassa.

Je contournai les fortins allemands ensablés, la digue antichar, et, *forward*, je roulai vers la mer à travers la plage ensoleillée, me croyant au volant d'un buggy. Le sable tenait bon sous les roues, un sable calamistré comme au fer chaud, pareil au désert de Gobi vu du ciel. Une pelle mécanique repoussait des paquets d'algues pourries et les chargeait dans une benne, et j'imaginai grand-père injuriant cette époque de sagouins.

Je fis exploser une première flaque à cent dix à l'heure et j'arrêtai l'XJ12 avant la suivante. La mer brillait à quelques pas devant la gueule du jaguar enjolivant la calandre, une légère fumée verte s'élevait du moteur. Brave bête, pensai-je. *Neutral*. Je descendis me dégourdir les guibolles, et, par bouffées, l'air marin refit de moi celui que j'avais cessé d'être depuis longtemps et qui, m'apercevant sur la plage avec ma Jaguar bleu layette, aurait reculé d'horreur.

Tout en marchant vers l'eau, j'entendais Marie Cloarec frotter ses crêpières de fonte au papier journal sur l'escalier de la grève-de-devant, j'étais à la messe avec tante Jeanne et maman, je me remplissais les poumons d'un vertige de temps perdu. Seul le musc d'une fille enamourée peut faire oublier celui d'un océan quand la bonté du monde paraît s'emparer des éléments rayonnants d'unanimité sous la brise de mer, qu'ils soient ajonc, soleil, vagues imprégnées d'azur jusqu'aux dents, volutes de sable emportées.

Bel après-midi, belle voiture admirablement dessinée par l'homme, et puissant décor océanique imaginé par Celui-qui-suis. Vous l'avez compris, nature et voiture sont mes péchés mignons du moment. D'un bateau, avec ou sans voiles, dira-t-on qu'il est un péché ? Jamais ! Vient toujours le moment où le bateau n'est plus qu'une soif d'expiation, et la vie entière ne suffit pas à l'étancher. On cherche la difficulté, la glace et les contre-courants, les grands vents torcheurs de toile qui terrifiaient les « Islandais » dans les nids-de-pie, on se crée des partances d'effroi pour savoir qui l'on est.

Quand je vis mes premiers soleils de minuit, je ne savais même pas qu'ils existaient. Je me contentais de border modestement les écoutes sur le Tornado bondissant d'un copain suédois qui me faisait découvrir la route de l'express côtier norvégien par les fjords, au sud d'Hammerfest.

Imaginez ma surprise, levé pour mon tour de quart à deux heures de la nuit, en voyant le soleil disparaître au nord et l'instant suivant reparaître au sud, et l'instant suivant monter à l'ouest pour s'y coucher l'instant suivant dans un clair-obscur. Il n'était pas un, ils étaient mille soleils à chevaucher tous les horizons du cercle polaire, on aurait dit un tourbillon ralenti dans les facettes du palais des mirages. Ils sautillaient de miroir en miroir, je sautillais derrière eux, cherchant à les voir tous à la fois, à les compter. Il en manquait toujours un, celui qui vous rend fou plusieurs jours de rang, fou et grelottant le verre à la main sur un catamaran de plage en pleine mer, en pleine nuit blanche.

*Off*, *On*.

Les choses se gâtent au moment de regagner la route. La mer commence à monter, le sable se fait mouvant sous les roues du cabriolet. Il consent à démarrer, cale, ne démarre plus. Un profond soupir de fumée verte s'échappe du capot. Mes lubies de *golden boy* tournent au cauchemar et le cauchemar ne sait pas nager.

Toujours installé au volant, je pense aux miens. Cette plage de Landunvez m'a vu petit garçon des dizaines de fois. Elle connaît toute ma famille, grand-mère, grand-père et maman. Tante Jeanne n'allait pas à la plage. Elle connaît Yves, elle connaît mes jolies cousines et se souvient que grand-mère les sermonnait quand elles se baignaient en deux-pièces. Elle sermonnait ma tante Fern quand elle descendait dîner en pantalon. Et maman quand elle refusait de porter la main sur moi pour une énième insolence. Elle ne connaît pas Marie Cloarec à mon avis. J'ai l'impression que Marie, née à Lampaul-Plouarzel, n'a jamais fait d'autre voyage que celui de Lampaul à l'Aber, avec la passeuse, Fine Péton, pour épouser Édouard alors ouvrier boulanger chez Perhirin. Marie n'est pas allée à Paris, et pas davantage à Brest. Elle est restée au pays. J'ignore ce qu'elle pouvait bien faire, l'hiver, tous ces longs mois désœuvrés dans cet Aber tellement exposé aux vents d'ouest et aux pluies.

Elle avait la clé de la maison dans la poche droite de sa blouse. Je suppose qu'elle ne changeait rien à ses habitudes et qu'elle venait aérer, ouvrir les persiennes en bas, ouvrir les portes de chaque chambre et de chaque armoire, ouvrir les bahuts, faire un tour au grenier, ranger ici et là ce qu'elle avait déjà rangé la veille, s'asseoir un moment dans la cuisine en chantonnant ses proverbes bretons, tapoter le baromètre du vestibule, tourner la clé de la porte du jardin, jeter un œil dans la cabane à charbon. Et comme ça tous les jours. Pour qu'en entendant résonner les bruits familiers des loquets et des choses, en voyant Marie traîner la savate entre les murs et monter l'escalier, la maison eût l'impression d'être moins seule, perdue, bonne à plus rien.

À sa manière elle était très attachée à la famille Bodet-Pénau, car grand-mère partie, vendue la maison, dispersés les meubles aux bruits familiers, Marie Cloarec se retrouva sans raison d'être, été comme hiver. Du coup, elle mourut.

La chanson du clapot sous mes pieds interrompt ma rêverie. Gueule de jaguar et calandre ont disparu sous la mer. De l'aile droite ne dépasse plus que l'extrémité de l'antenne radio. Aucun motif pour m'attarder ici. Je m'extrais de la voiture à grand-peine et je me réfugie sur le toit. Pas âme qui vive autour de nous. Je plonge et je vais signaler l'affaire à la gendarmerie la plus proche. Une chance que l'on n'arrête pas cet hurluberlu détrempé.

À quelques jours de là, toujours en manque d'araignée mayonnaise à l'Aber, je retournai chez mon concessionnaire du boulevard Garibaldi. Une Type E se pavanait sur le gyrostat du présentoir. Elle me plaisait bien, mais pas autant que l'XJ12 modèle cabriolet. C'était lui que je voulais racheter, le même que la première fois : bleu ciel ou bleu marin, volant à droite, cette fois, comme les Rosbifs.

« Nous l'avons en feuille morte au troisième niveau supérieur.

— Feuille morte.

— Feuille morte, havane… Un brun mat, onctueux et chaud, la nuance Jaguar.

— Allons voir. »

En effet, c'était bien l'XJ12 cabriolet dans toute sa grâce, et comme je l'aimais, mais un XJ12 marron, feuille morte : havane si l'on veut, inacceptable en l'état. Néanmoins j'émis le chèque équivalant à vingt-neuf mille cinq cents euros correspondant au prix affiché sur le pare-brise.

« Il y a une différence de prix avec mon premier cabriolet.

— Version longue, monsieur, voilà l'explication, et volant à droite.

— Ça change quoi ?

— Valeur ajoutée au pedigree du véhicule.

— Elle me convient, mais la couleur est affreuse.

— Aucun problème, je commande une peinture neuve.

— Je la veux en bleu marin cette fois, je suis breton. »

Le vendeur leva deux sourcils effarés :

« Vous venez d'acquérir un véhicule de collection, une série mythique. Il serait criminel de toucher à l'émail d'origine.

— Je prends le risque. »

Second chèque à quatre zéros pour l'ensemble des travaux comprenant sablage, lavage, enduit, polissage, peinture haut standard au four.

« Je passerai dans une semaine.

— Comptez-en trois, je vous appellerai après la Pentecôte. »

Cinq mois plus tard, j'avais allègrement oublié mon emplette améliorée, quand j'eus mon courtier presque en larmes au bout du fil.

« Monsieur, par pitié, votre XJ12… Je vous ai laissé des dizaines de messages. Je dois vous compter les frais de stationnement qui s'élèvent à ce jour à quatre mille trois cent cinquante-cinq euros.

— J'arrive. Descendez ma voiture au rez-de-chaussée si elle n'y est pas déjà. »

Le cabriolet m'attendait sous une housse de satin gris perle au cinquième et dernier étage du bâtiment, environné de guimbardes empoussiérées dont une Voisin que j'aurais sans doute achetée, moins à la bourre.

Le courtier tira vivement sur la housse de satin, en un geste de magicien à queue-de-pie, et j'en eus le souffle coupé d'émerveillement. J'allais partir à l'Aber toutes écritures cessantes.

La portière s'ouvrit, je m'installai au volant du cabriolet, une jambe à l'extérieur. Pénombre de boudoir anglais, volant noir à droite, senteurs fruitées, ronce de noyer aux vernis profonds, douceur enveloppante du siège en cuir macramé, poli sensuel du levier de vitesses. *Neutral, Backward, Forward.* Bête comme chou. En Angleterre, l'année du BEPC, dans une ferme du Sussex, je conduisais poitrail au vent un tracteur Massey Ferguson à pignons, douze vitesses avec les surmultipliées. Un soir, remorquant la *trailor* lourdement chargée de la moisson du jour, je dus mal évaluer mon rayon de braquage en virant sur la gauche, car la *trailor* versa pour trois tonnes de blé dans un étang, ce qui me fit rapidement découvrir les limites du flegme anglais.

« Bonne route, monsieur.

— Merci, monsieur. »

La portière se ferma.

*Forward.*

Roulant au pas, j'engageai mon cabriolet sur la rampe à revêtement cranté, une spirale aussi pentue que les colimaçons du phare de la Jument, et guère moins étroits. *Neutral.* Regard machinal au rétroviseur de bord. Une dizaine de sympathiques mécanos contemplaient l'XJ12 au point fixe, le courtier au blazer attendait la manœuvre d'un œil surexcité, et dans cet œil palpitaient ces mots rouge sang : C'est un malade mental.

*Forward*…

Un bond léger envoie la Jaguar frictionner rudement son flanc droit bleu marin sur la paroi. Barre à gauche… Le flanc gauche morfle à son tour et j'entends la tôle éraflée chouiner sous la caresse grenue du ciment. *Neutral*. Mes mains en sueur pétrissent le volant. Large la voiture, étriqué à mort cette espèce de raidillon plongeant. On n'est qu'à mi-pente, l'XJ12 et moi. Dans le rétroviseur se pressent les bouilles cramoisies de bonheur des mécanos qui suivent à pied derrière moi. *Forward*, barre à droite : ça frictionne et chouine à droite, à gauche, et ainsi de suite jusqu'au rez-de-chaussée, frictionnant chouinant, bondissant appuyé aux parois.

Une XJ12 de gymkhana rejoint la civilisation automobile boulevard Garibaldi. L'air libre, enfin, la sueur ruisselle dans mon dos… Je démarre, j'accélère et passe un feu à l'orange. Tiens, des flics là-bas, des saintes-nitouches de flics… Un garage se présente, havre des conducteurs novices. J'entre et m'arrête à la pompe Esso qui promet un tarif imbattable. Je demande le plein… Plein, le double réservoir l'est à déborder : il déborde et le pompiste émet un juron malodorant. Je sors, je fais le tour du cabriolet. La vision des saintes-nitouches sur le boulevard me rend songeur. Et plus songeur encore l'état des tôles de ma limousine de collection. Pas besoin d'essence, non, mais d'une peinture neuve oui, le bleu marin est déchiré jusqu'à la moelle des deux côtés.

« Si vous pouviez m'éclaircir franchement ce bleu macabre… »

Trois mois plus tard, à l'instar de son collègue de chez Jaguar, le garagiste me suppliait à genoux de venir chercher mon cabriolet repeint selon mes instructions. J'étais impatient d'y aller, de prendre la route. Mon retour à l'Aber-Ildut allait pouvoir s'accomplir enfin. Ce soir je mangerais une araignée mayonnaise en contemplant mes îles préférées. Ce soir, je reverrais ma maison sur le port, sacrifiée tous ces derniers temps aux frimes de mes pérégrinations intercontinentales.

Mais il était dit que ce cabriolet XJ12 en version longue, la conduite à droite, n'atteindrait pas la mer. À la demande expresse d'un dépanneur et de quelques estivants de bon conseil, il fut abandonné tel quel sur l'aire de repos de Corps-Nuds, en pays gallo. Ce n'était pas une légère fumée verte, cette fois, qui s'échappait du capot ouvert en grand, mais les flots d'un bouillonnement noirâtre comme on peut en voir aux fenêtres des maisons en flammes. L'XJ12 ne brûlait pas, pourtant, et quand je tournais la clé de contact le moteur tournait rond sous l'incendie sans feu. Des familles d'estivants attroupées, enfants devant, attendaient patiemment une explosion qui n'eut pas lieu. Le jet d'eau sous pression d'une lance municipale mit subitement fin au suspens.

Comme j'hésitais sur la suite à donner à mon voyage, je fis la connaissance de quelqu'un dont un vœu douloureux l'attendait à l'ouest, et je poursuivis ma route à l'arrière d'une 360 Yamaha noir gondole, équipée d'un heaume intégral de motard long-courrier.

C'était plutôt rare, à l'époque, une fille seule à moto sur les nationales de l'Ouest, même arrivant de Russie. Il faut croire que notre équipée finistérienne eut ses bons côtés, car nous partageâmes les mêmes nuits un certain nombre de mois, la dernière à Sausalito. Là-bas, l'océan Pacifique découvrit nos pas enamourés sur le sable brûlant, et telle une XJ12 à marée montante…

Cela se passait à la fin des années 80, rappelez-vous, je venais d'avoir le Goncourt, mon père ne l'avait jamais eu. Je m'en voulais et j'en voulais à la fée coupable d'un pareil affront. À qui l'offrir, ce Goncourt ? J'avais perdu ma mère, et mon père se drapait. J'avais l'impression d'avoir tout gagné, tout perdu. Cette fortune me ruinait : je la ruinais. Les droits d'auteur que je percevais à en être écœuré, depuis quelques mois, me paraissaient le produit d'un hold-up aux dépens d'Henri. Il n'était fenêtre que je n'ouvre en grand, panier percé que je ne convoite pour y jeter l'argent. Aurais-je vu un sous-marin à vendre sur un présentoir tournant du boulevard Garibaldi, je l'aurais acheté. J'aurais acheté un cachalot, un hydravion, un esclave. N'importe qui, dans les années 80, pouvait m'apporter ses avis à tiers détenteur, ses dettes de jeu, ses factures, je payais.

Est-ce que je passais pour généreux ? Un malade, un flambeur. J'étais haï, je crois, des flagorneurs qui se régalaient à ma table, toute honte bue. Ils se frottaient les mains, car tout en ripaillant sur mon compte, ils se faisaient un devoir d'œuvrer à ma perte et d'annoncer ma chute imminente. Le sucre qu'ils cassaient sur mon dos les excusait de fréquenter pareil zozo.

Allez distinguer les faux amis des vrais quand la note est pour vous à chaque repas, quand vous êtes une banque, un hôtel, un yacht.

Les vaches maigres arrivèrent, ces rabat-joie malodorants ! Et les amis d'occasion changèrent de trottoir, indignés par mon comportement irrespectueux envers l'argent (il vient de solder mes arriérés sur deux ans, cette ordure ! avec les pénalités… Il se fout vraiment du monde !), les vrais tinrent bon : Christian Garraud, Dan Franck, Éric Neuhoff, J.-F. Josselin, Chantal Lapicque, Yves Aumon, Régine Deforges, Anthony Palou, Françoise Sagan, Marie Dabadie, Gilles Anquetil : mes amis de la première heure l'étaient encore à la trente-sixième et je me refis une santé. Et j'eus envie de renouer avec l'homme que j'admirais entre tous – mon père, Henri le magnifique.

Un soir où le hasard faisait les choses au mieux, la Bretagne nous vit dîner ensemble à Concarneau sur le chasseur de mines *Aconit* en escale à l'occasion du Salon du livre. Le lendemain nous débarquions dans l'archipel des Glénan. Papa ne me souffla mot des *Noces* ni du Goncourt, vieille lune. Il se montra gentil, il parlait beaucoup. Il sortait de ses poches des coupures de presse le concernant. Nous avons mangé des merguez en admirant la beauté du soir, en buvant du rouge, et nous sommes rentrés amis à Concarneau. Papa rajustait constamment son béret, il se voûtait avec les années. Je l'aurais bien emmené faire un tour en Jaguar, mais il méprisait les *automobiles* et n'avait pas son permis de conduire. D'ailleurs, moi non plus.

Le croirez-vous, je ne supporte pas l'idée que l'on puisse conduire sans permis, sauf alibi de force majeure. Aujourd'hui, père de famille, je hais sans une ombre de cordialité le moi que je fus au volant d'une voiture à peine révisée, tout juste assurée par Marie-Rose, ma belle-mère, ce cabriolet *top vintage* où l'aiguille des vitesses gisait au fond du cadran sous une mouche morte, où l'automatisme défectueux suscitait des accélérations dont l'une, un soir de flânerie sur la route côtière de Penfoul, me fit voir la mer de si haut que j'eus une envie folle de parachute.

C'était Christian Garraud, la plupart du temps, qui conduisait mes Jaguar. Un grand ami, un as du volant à l'époque où la limitation des vitesses faisait une belle jambe aux as du volant.

Les as du volant ne sont concernés ni par les panneaux routiers, ni par le taux d'alcoolémie (quelle horreur pour les as !), ni par la fatigue, ni par les conseils d'amis, ne parlons pas des épouses : ils mettent pleins gaz à toute heure, et ce serait bien le diable si le destin s'en mêlait. De fait, à part un accident qui parut les avoir tués pour de bon, Chantal Lapicque et lui, Christian brillait par la meilleure note homologuée du tableau d'honneur bonus-malus, note dont je vous garantis qu'elle tenait d'un miracle éhonté, le mot *ivresse* lui donnant des ailes en sortant de table. Ce fut d'ailleurs après une double fondue chinoise chez You, éprouvant dans la nuit un désir de partance extrême, que nous appareillâmes en Jaguar pour le Finistère Nord avec l'impression de chercher l'Ultima Thulé. Au point du jour nous relâchions à l'Arcouest chez son amie Chantal Lapicque, petite-fille du peintre Charles Lapicque, puis, Chantal nous accompagnant, nous piquâmes sur la baie de Saint-Brieuc, la contrée fantastique des…

## *Johnnies*

*Evit kaout ur vrennigenn*

… la contrée fantastique des *Johnnies*.

La première fois que j'entendis parler des *Johnnies*, j'étais de corvée chez Marie Cloarec, la maison d'en face, une ancienne boulangerie. On épluchait des oignons dans la salle, et Marie pleurait autant que moi. Ils étaient un monceau d'oignons sur la toile cirée, grand-mère ayant prévu une gratinée pour le dîner. À côté de moi, sur le banc, Édouard buvait sa *dour chic*, une espèce de lavasse à la chicorée. Il pleurait aussi, mais lui n'épluchait pas d'oignons. Il regardait Omer le ventriloque à la télévision. Marie l'avait gagnée à la kermesse, la télévision, comme elle avait gagné le demi-course *Hirondelle,* une autre année, et le vélomoteur Peugeot. On était tous les trois à renifler et s'essuyer les yeux sans rien dire, aux accents nasillards d'Omer en train de chanter ses niaiseries. Nos larmes à l'oignon nous allaient droit au cœur, à la longue, et du vrai chagrin ruisselait dans les pelures.

Marie, cramoisie sous la suspension, le visage dégoulinant, s'est mis à soliloquer, déclarant que le papa d'Édouard était *Yannik* avant d'être *Johnny*, et qu'il avait perdu les sous dans le naufrage du vapeur

*Hilda,* par une nuit d'hiver, en 1905 : « les livres sterling qu'on disait… ».

Vous, je ne sais pas, mais moi le sens de cette phrase ne m'a pas d'emblée sauté aux yeux. D'autant moins qu'Édouard a pleurniché sous sa casquette d'ancien marin d'État : « Un grand *Johnny* qu'il était, mon père !… Il est mort noyé avec les sous. » Et Marie d'enchaîner alors avec une histoire qu'elle avait l'air de bien connaître, apparemment, et de vouloir absolument raconter, autant pour Édouard que pour moi.

Les *Johnnies,* ça n'existait plus… Têtes d'oignons ! qu'on les appelait au pays. Et avant, quand ils travaillaient au sel des marais salants : têtes de sel ! qu'on les appelait. Le sel, ils l'avaient arrêté à cause des impôts. Le sel, c'était la misère pour tous.

Ils se donnaient des surnoms en français dans les champs : Zouave, Caraco, Charabia, qu'ils disaient… Clairon, qu'on l'appelait, le papa d'Édouard. Et les femmes aussi, des surnoms : Biquette ou Petite Journée. Ça va, Petite Journée ?… Ça va comme le vent ! qu'elle répondait, Petite Journée.

Bien ! Laissons Marie Cloarec en pleurs me dévoiler par le menu la grande aventure des *Johnnies*, et je vous raconte, moi, ce que j'en retiens près de soixante ans plus tard.

Cette page maritime épique de la paysannerie bretonne s'ouvrait au milieu du siècle dernier, pour se tourner avant la Seconde Guerre mondiale. Tout avait commencé par la fermeture des marais salants, en 1831, quand les Roscovites étranglés par le fisc s'étaient mutinés contre les fermiers généraux.

Leurs immenses champs littoraux étant féconds autour de Roscoff, faciles à travailler, sans cesse amendés par mouettes et corbeaux, ils y plantèrent oignons, patates, rutabagas, choux, carottes et navets. Et ils attendirent le printemps.

Deux sortes d'oignons donnèrent bientôt : le jaune, dit *paille des vertus*, et le rouge dit *toupie* dit *lard* dit *tripe*, encore des surnoms. Le jaune se mangeait cuit, le rouge cru, avec du beurre et du sel. Où se déployait jadis le damier vertigineux des marais salants séchaient aujourd'hui les chapelets d'oignons à perte de vue.

Seigneurs du sel, les anciens paludiers se voient seigneurs du légume, dorénavant, avec ces oignons couleur d'or. Ils ne sont pas encore les ineffables *Johnnies*, ils n'ont pas encore envahi les Cornouailles anglaises, envoyé leurs gabares pontées d'oignons à la conquête de Brittania. Ils sont déjà les Roscovites, pour l'Armor, et pour tout l'Ouest armoricain qui ne va plus jurer, bientôt, que par les arrivages de ces primeurs d'une finesse jamais égalée dans les pot-au-feu. Et les croisant simultanément à Lourdes, à Rome, à Sainte-Anne-la-Palud, au Mont-Saint-Michel, dans la basilique de Saint-Jean-Pied-de-Port en train de marchander leurs oignons au sortir du confessionnal, à Rennes, à Saint-Jacques avec la foule des pèlerins, on peut à leur sujet commencer à parler d'ubiquité. Le dédoublement ne fait que commencer.

Roulier roscovite de 1836 vu par Émile Souvestre :

*Quelque route que vous parcouriez, vous les rencontrez assis sur le brancard de leurs charrettes légères, rapidement emportés par un petit cheval du pays et chantant une ballade bretonne. Aucun temps, aucun chemin, aucune fatigue ne les arrête. Plusieurs vont vendre leurs produits à cinquante lieues, et je me rappelle en avoir fréquemment rencontré dans les rues de Rennes, offrant leurs asperges et leurs choux-fleurs avec la même aisance qu'aux marchés de Brest et Morlaix. Un jour, l'un d'eux s'imagina d'aller à Paris avec sa petite charrette, son unique cheval et ses plus beaux légumes. Il partit, effectua heureusement son voyage de cent quatre-vingts lieues, et, au bout de trois semaines, il était de retour, et racontait à ses voisins émerveillés qu'il avait vu la maison du roi et le roi lui-même, et que la reine lui avait parlé.*

Enhardi par les premiers succès continentaux, le Roscovite commence à lorgner vers Albion, sa plus chère ennemie. C'est là-bas qu'est l'argent. L'ère industrielle a commencé, là-bas, on circule en train, mais on ne sait pas manger. Les Anglais ont besoin du continent pour leurs chutneys, sauces et autres comestibles confits qu'ils mettent partout, dans la viande ou le poisson. Ils ne résisteront pas aux oignons du pays…

Les Roscovites arment leurs gabares. Ils y vont par groupes de cinq à six vendeurs : les servants. Ils ont un chef d'équipe : le master. À Londres, à Nottingham, à Portsmouth, à Cardiff, à Bristol, ils louent d'immenses locaux à tout faire, dormir et stocker l'oignon. Ils couchent sur des paillasses en pelures d'oignon, se lèvent aux aurores et sillonnent la campagne anglaise à bicyclette, mi-matelots, mi-paysans, coiffés du bonnet bleu des marins pêcheurs. Ce sont de beaux parleurs, des camelots, des clowns, aussi têtus à la vente que les marchands de tapis. Au porte-à-porte on n'a jamais vu ça, *my god*. Ils carillonnent chez l'oncle Jack jusqu'à des minuit, leurs chapelets d'oignons autour du cou. Des *bell-breaker*, des casseurs de sonnettes, ces Bretons, et comme ils s'appellent tous « Petit Jean » on les appelle des *Johnnies*.

Le *Johnny* parle un anglais de cuisine, un anglais de fortune, il en sait bien assez pour charmer la ménagère et maintenir son prix, *all right* et *good bye*. Au pays de Galles, il baragouine un idiome cousin du sien, ce breton confisqué chez lui. Il épouse la belle, à l'occasion, le *Johnny* n'est pas de bois.

Jusqu'à la Seconde Guerre mondiale, une moyenne de mille colporteurs bretons va chaque année quitter Roscoff ou Saint-Pol-de-Léon pour s'expatrier de juillet à décembre. Plutôt contents d'eux, flambards, ils reviennent les poches rebondies, à Noël, la mince pipe anglaise au coin des lèvres, un foulard de soie multicolore au cou.

Le *Johnny* est partageur, de retour au pays. Vous ne savez pas ? dit-il aux gens de Plougastel, grands amateurs d'oignons. Vous ne savez pas ? La fraise anglaise est maigrichonne, elle fait pitié.

La fraise n'est pas maigrichonne, à Plougastel, elle est bien en chair, et bien en chair le trèfle rouge.

La fraise est innocente, à Plougastel, elle ne sent pas l'engrais à la pisse de vache, elle rougit les pentes vallonnées jusqu'à Kerdaniel, au-dessus de l'anse où la Marine vient réguler ses compas. Qu'est-ce qu'il mange, le matelot à pompon, sur les trottoirs de Brest, avec sa belle ? Des fraises, des barquettes de fraises. Qu'est-ce qu'il boit ? Du vin de fraise.

Plougastel-Daoulas au cœur de la rade, bien abrité des vents forts sur sa presqu'île, est le garde-manger des Brestois.

Le *Johnny* n'a pas tourné les talons que les premières gabares pontées de fraises font voile sur les Cornouailles. Mauvais accueil à Plymouth. Albion n'apprécie pas du tout que la « bien en chair » du Breton d'Armor fasse honte à la « maigrichonne » anglaise. En Écosse on est moins tatillon, pour des raisons historiques, et ce sont d'interminables trains de fraises et trèfle rouge que les Écossais vont commanditer pour satisfaire les gourmands des Highlands.

On avait les *Johnnies*, en Angleterre, on a maintenant *Johnnies* et *Yannik :* on se soûle à la fraise en Écosse, on mange huîtres, pétoncles et coquilles Saint-Jacques du pays d'Armor.

Puis le vapeur *Hilda* que Marie Cloarec connaissait bien donna sur un récif devant Saint-Malo, une nuit d'hiver, et le *Johnny* Clairon, son beau-père, se noya plus riche qu'il pensait l'être un jour. Et pas que lui, disait Marie, pas que lui, mignon. Des dizaines de *Johnnies* qu'ils étaient, cette nuit-là, dans les vagues, la ceinture gonflée de livres sterling. Et des dizaines qu'ils seront toujours, le 20 décembre, les marchands d'oignons, à marcher sur l'eau vers la côte avec les sous perdus. Voilà pourquoi on ne dit jamais…

# K

## *Kenavo*

*Zenorik oa tala r feunten*
*Ha gant – hi eur vroz sei melen*
*War lez ar feunten, heu nan*
*O pakat eno bleun balan*

… on ne dit jamais bonjour, en breton, on dit au revoir, on dit *kenavo*, *kenavo ma zad*, *mamm*, *kenavo migoned* : au revoir, mon père, ma mère, au revoir, mes amis. Ce n'est pas un adieu. Le Breton veut retrouver celui dont il prend congé. Il aime avant tout. Il haïra plus tard, s'il trouve le temps. Haïr n'est pas son fort. Il est assez folklorique, aujourd'hui, ce *kenavo*. Ce *yamat*. Cet *ave chal*. Ce *breizh*. Ce *an tull al ar mor*. Ils sont bons pour le *kodakerien* de Pierre Jakez Hélias, pour le M. Kitsch à l'appareil photo, le touriste béat devant les indigènes en sabots. Jadis, à l'Aber, on disait *ja* pour dire oui. Je disais *ja* pour imiter Marie, pour imiter Édouard et Mme Talarmin, et les vieux du port qui avaient toujours ce *ja* sur la langue, tout empoissé de jus de chique.

On était mal vu dans les tranchées, en 14-18, avec ce *ja*. « Alors toi, tu dis *ja*, comme les Boches !... Et en plus, ça te fait marrer, espèce de plouc arriéré, pas fichu de parler français comme toute le monde. » Le complexe breton du mal-disant culturel naquit dans l'Est pendant la Grande Guerre. C'était la première fois qu'un contact aussi massif, étroit, quotidien, tragique, mettait au garde-à-vous toutes les jeunesses de France réunies par Mère Patrie dans la gadoue des boyaux de survie. Le Breton ne parlait ni français ni breton quand il croisait un Breton du Trégor et qu'il était lui-même un Vannetais. Les différents dialectes d'Armor se repoussaient mutuellement au fond des tranchées, suscitant la mélancolie des uns, l'ironie des autres : Ils ne se comprennent même pas entre eux, ils ne savent que picoler. Leur langue maternelle, c'est boire.

On a souvent dépeint les poilus bretons comme des bêtes curieuses, des êtres méfiants, solitaires. On ne répétera jamais assez que priver un peuple de son droit naturel aux mots coutumiers est le pire des châtiments immérités qui se puisse infliger à la tribu, à son histoire, à son futur. C'est un déni d'avenir qu'elle subit de la part du plus fort. La langue, avec sa puissance germinatrice, s'apparente à la nuit matricielle des temps. On est breton en breton, mais on ne l'est plus en français, on devient français d'origine bretonne, et peu importe qu'il soit doux de trouver dans son berceau Racine et Molière, car perdre sa langue revient à perdre l'identité tribale dans la parole du vainqueur, à se réveiller en deuil, amoindri et colonisé. On devient

Bécassine, à ce régime sec, on devient plouc. Peu causant, humilié, le Breton n'en fait pas moins un guerrier d'exception. Un héros témoigne, le général de Castelnau, l'adjoint de Joffre, un chef qui ne cédait jamais un pouce de terrain à l'ennemi que ses hommes n'en soient morts. « À la bataille, on ne peut admirer plus de stoïcisme dans la souffrance, plus de résolution devant la mort que celle du Breton. » À l'abattoir, le bétail humain d'Armor ! Paroles du général Nivelle, héros de Verdun, après l'excursion suicidaire à la conquête du chemin des Dames : « Ce que j'ai pu en consommer, de Bretons… » *Ja ! Ja !* mon général. Les chiffres sont là, confirmés par l'historien Georges Minois. Sur le million cinq cent mille Français tombé pour la patrie en 14-18, cent vingt mille sont des Bretons. Pas une région ne peut aligner pareille hécatombe, tant mieux. Mille six cent quatre-vingt-dix Bretons tués au chemin des Dames sur les mille huit cents du 64$^{e}$ RI.

On ne réagit pas si mal au pays d'Armor. Tant que l'on n'est pas directement concerné, la guerre est une chose floue pour la péninsule où la mer est la première des mangeuses d'enfants et de chefs de famille. La censure veille au grain des nouvelles alarmantes. Il y a le Contrôle postal aux Armées, les agents secrets d'un tri qui bonifie l'horreur des assauts, l'ordinaire des tranchées. Le courrier du troufion mal luné incline à s'égarer dans l'incinérateur. On a même un bureau spécial chargé de la poste bretonnante, de sorte que la guerre a plutôt bonne mine quand elle arrive au courrier, toilettée qu'elle est par les postiers des cabinets noirs.

On n'y vit pas si mal que ça, à l'ouest, pendant ce temps-là. Entre les allocations militaires aux mobilisés, le prix élevé des denrées agricoles et marines, une sorte de prospérité réjouit marins pêcheurs et paysans. Peu de cercueils reviennent, l'inhumation se faisant au naturel, sur le tas, dans l'excavation creusée par la dégelée des obus gaspillés pour ensevelir la ruée des attaquants. Arriveront les trains chargés à bloc de gueules cassées. Trois cent quarante mille blessés, gazés, mutilés, infirmes à vie, rien que des Bretons. Quatre cent soixante mille destins, avec les tués, sacrifiés à la gloire d'être un homme, un brave *plouc*, et brave avec ça !

Mon grand-père Joseph Queffélec, en avril 1916, mourut au saillant de Verdun lors de l'attaque de Falkenhayn jouant son va-tout pour enfoncer les lignes françaises, lesquelles tinrent bon. Il ne mourut pas à Verdun même, comme disent les Brestois. Il fut évacué mourant sur un brancard après deux jours d'offensive, et conduit à l'antenne chirurgicale de Bar-le-Duc. Son agonie dura deux jours, elle aussi. Deux jours de morphine, deux jours de delirium.

Sa mère et sa femme arrivent de Brest, il respire encore. L'époux raffiné, cultivé, polytechnicien, catholique pratiquant, les injurie en termes orduriers, ordonnant à ses troupes de faire feu sur elles : Batterie n° 5, tirez ! (*sic*). Puis il se redresse dans son lit, étrangement calme, il regarde ma grand-mère et lui dit les yeux dans les yeux : « Je veux que mes deux fils fassent du grec et du latin ! » Sur ce, il n'est plus.

*Kenavo*, les enfants de la patrie d'Armor, bonjour, grand-père Joseph, adieu, *kenavo*. Je…

## *Kouign-amann*

> *… lavaret eo bet em eus gwerzet frankiz va bro. Daoust hag an dra-se eo a felle din ? N'on bet e gopr nikun. Arabat da zen pa vin marv klask dizenorin ac'hanaon. Arabat da zen klask duan va brud o lavarout em eus stourmet evit tra estreget frankiz hag emrenerezh va bro. Spi am eus avat e teuy un amzer ma kavo va c'homzou un heklev kalonou tud all, hag evit an dud-se e komzan…*

… Je n'oublie pas la suite, elle me hante. Une lettre arriva des années plus tard chez Marie-Louise Féral, Bébelle, ma chère cousine, fille du commandant Louis Féral et petite-fille de Joseph. La lettre circula dans la famille, j'en eus des frissons. Elle est adressée à mon père :

*Versailles, 16 rue Mansart 10/11/1958*

*Monsieur,*

*En lisant le bulletin de novembre de « La Rouge et la Jaune » que j'ai reçu il y a quelques jours, j'ai remarqué une quinzaine de lignes vous concernant, qui m'ont confirmé le bien-fondé d'une supposition vieille déjà de quelques années, à savoir que vous étiez fils du chef d'escadron Joseph Queffélec.*

*J'ai été très heureux de cette constatation car j'ai bien connu votre père, qui a été mon commandant de batterie à Brest en 1905 (12^e^ B^ie^ du 2^e^ Régiment d'artillerie coloniale stationnée au fort du Portzic), que j'ai revu ensuite au cap Saint-Jacques en 1906-1907 et enfin qui a été mon commandant de groupe depuis le début de 1915 jusqu'à sa mort.*

*Sous ses ordres, j'ai commandé successivement près d'Ypres une batterie du 4^e^ Régiment d'artillerie lourde, puis en Artois, à Reims et à Verdun, la 8^e^ batterie du 85^e^ Régiment d'artillerie lourde. C'est ce dernier commandement que j'exerçais pendant la bataille de Verdun où le commandant Queffélec a succombé le 21 avril 1916.*

*Notre groupe avait été très durement éprouvé sur la position qu'il occupait depuis la fin février 1916 en arrière du fort de la Belle-Épine, perdant une partie importante de son effectif, inhumé tout d'abord près de la Ferme de la Madeleine, qui fut initialement le PC du commandant.*

*Le 1^er^ avril 1916, une rafale d'obus ennemis avait massacré Bonelly, commandant la 7^e^ Batterie et une quinzaine de sous-officiers et canonniers. Vous retrouverez le nom de ce capitaine sur la citation de l'ordre de l'Armée qui a été décernée au groupe peu après le décès du chef d'escadron Queffélec et où figurent son nom et le sien.*

*Dès 1905, à Brest, comme lieutenant, j'avais éprouvé pour mon chef un affectueux respect que je n'ai cessé de lui conserver en Cochinchine, puis dès qu'il prit le commandement du groupe où je servais en 1915. J'ai pu davantage encore à ce moment apprécier sa conscience d'homme de devoir, son austérité, la rigidité de ses principes que n'excluait pas la bienveillance et son calme courage. Je me souviens encore très bien l'avoir vu, de ma position de batterie à Verdun, monter seul à pied la route qui menait jusqu'à nos pièces, sans la moindre hésitation en dépit des salves ennemies tombant le long de cette route et paraissant scander son avance. N'y fallait-il pas un certain cran, pour n'avoir pas la tentation de s'abriter, au moins momentanément dans quelque fossé ou trou d'obus, et pour montrer ainsi au personnel des batteries que son commandant savait aussi bien que lui affronter le danger ?*

*Je me permets de vous adresser ces quelques lignes parce que je reste probablement celui de ses subordonnés de l'époque qui est le plus qualifié pour parler de son comportement pendant les semaines très pénibles et tragiques pour tous qui ont précédé la mort de notre chef. Son seul défaut était peut-être son excès de modestie et une telle conviction que faire son devoir était la plus naturelle chose du monde que rares étaient les propositions pour des citations que ses commandants de batteries voyaient aboutir. Ce qui ne nous empêchait pas de l'aimer et de le respecter car nous savions quelle haute conception il avait de son rôle et de la mission qui nous était confiée. Il prêchait tout naturellement d'exemple.*

*Monsieur, je n'ai pas lu tous vos écrits, mais seulement quelques-uns qui m'ont beaucoup plu. J'y ai retrouvé la noblesse de sentiments que je connaissais à votre père et, maintenant que je sais que vous êtes son fils, je me réjouis encore davantage de la récompense qui vous a été récemment décernée par l'Académie française et que j'avais apprise depuis quelque temps déjà en lisant les journaux et notamment* Le Figaro littéraire. *Je pense que vous voudrez bien recevoir les sincères félicitations d'un profane.*

*Excusez-moi si je vous ai importuné et veuillez agréer, Monsieur, l'expression de mes sentiments les plus distingués.*

*Général Viant*

Je n'en ai pas fini avec mon grand-père Joseph Queffélec que j'aurais tant aimé voir de près. Un beau soir d'été, chez les Pissard du hameau de Kerloreal, commune du Palais à Belle-Île-en-Mer, un échange contradictoire opposa ma mère, ma sœur, l'amie Catherine Collard à mon père armé de ses trois fils faisant bloc derrière l'aîné du grand-père Joseph.

« Comment ! disait Catherine Collard (grande pianiste, aujourd'hui en paix avec Joseph). Comment a-t-il osé demander du grec et du latin pour ses fils ! Il avait quatre filles ! Il avait Germaine, Renée, Thérèse et Marie !… Ni grec ni latin pour les filles ? Elles pouvaient torcher les vaisselles et les gosses, c'est ça ? Encore un misogyne ! »

Le gamay suivait un cours généreux, dans les années 60, on n'escaladait pas les à-pics de son idéal sans avoir la gorge sèche.

« Misogyne ? Mon père ? Ah ! Ah !… »

Ce *Ah !* signifie congestion passagère des cordes vocales, il signifie chambardement des valeurs auxquelles Henri est farouchement dévoué, il signifie qu'il n'est pas configuré pour tenir tête à une femme de mauvaise foi dans une affaire qui le touche de si près.

« Ah ça ! belle mignonne… Vous n'y êtes pas du tout », rétorquait-il en bégayant, et la rage foisonnait bleu acier dans sa prunelle.

Les choses allaient mal tourner au saillant de Kerloreal, quand ma mère apporta le *kouign-amann*… Arrêt immédiat des hostilités, match nul. Rien, pas une querelle amicale en breton, grec ou latin, ne résiste à l'odeur du *kouign-amann* tiédi au four à bois. Il est d'ailleurs grand temps de parler du *kouign-amann* et de s'intéresser aux vraies questions : qu'est-ce qu'un *kouign-amann* ? Autant dire que le mystère est aussi mystérieux que celui des colosses de l'île de Pâques.

Interrogeons Mme Scordia, pâtissière à Douarnenez, la patrie chérie du *kouign-amann*. Elle dira de notre ami : c'est un gâteau… Regardez son nez bouger, il dit non. Un gâteau, le *kouign-amann* !…

Tenez, je vous donne la recette, et bon courage. Allez-y, mélangez pâte à pain, beurre, sucre, arrangez à votre guise les plis d'un harmonieux *recto verso*, enfournez à trois cents degrés, patientez deux heures et défournez. Le *kouign-amann* est là, tout piaffant, tout luisant, avec des irisations de caramel mou. Non, il n'est pas là. Ce pavé n'a rien du *kouign-amann*. Un goéland affamé ne s'y tromperait pas.

Avis aux amateurs. Ne sait faire œuvre de *kouign-amann* que l'initié. Celui qui vous reçoit au *kouign-amann* maison n'est qu'un baratineur aidé par une petite fée dans le secret des dieux. Et ce n'est pas parce qu'il se vend dans les bazars de Morgat ou Tréboul des torchons *made in China* qui semblent divulguer la vraie recette du véritable *kouign-amann*, déposée le 15 décembre 1999, qu'il faut les prendre au mot. Les torchons sont vantards, sont menteurs, ce sont des torchons. Non, le *kouign-amann* n'est pas un gâteau, ou pas seulement un gâteau. C'est une eucharistie profane. Un pain d'alliance, une invocation tribale, à la manière d'Évohé ! C'est, retrouvé miraculeusement par le Douarneniste Jean Scordia, un tour de main hérité des fées qui veillaient au bon appétit du roi Gradlon dans la ville d'Ys avant que

Dahut ne renverse les feux. Sur le rond mordoré du *kouign-amann* plane un doux parfum d'exil et d'épiphanie reliant la race à la grande mémoire d'un âge primordial, s'il eût jamais lieu au pays d'Armor, à Brocéliande. Ainsi va la foi.

Origine avérée du *kouign-amann*. Le dimanche 8 mars 1860, après la messe, c'est le coup de feu chez M. et Mme Scordia place Gabriel-Péri. Il n'y a plus rien à vendre, pas un biscuit. Affolée, Mme Scordia file au bar de la place chercher son mari. « Jean, lui dit-elle, tout est parti, tous les gâteaux, ils ont faim. »

Si Jésus multiplie les pains en pétrissant les scorpions du désert, s'il fait pleuvoir un vin de soif rien qu'en levant les yeux au ciel, le chrétien Jean Scordia, avec un coup de pouce divin, peut bien faire un miracle au nom du Père et du Fils.

Il finit son *cardinal*, salue le recteur – son compagnon d'apéritif après la messe de midi – et court se surpasser au fournil.

Du temps passe et les Douarnenistes émerveillés quittent la boulangerie Scordia l'eau à la bouche. Ils rapportent à la maison les premiers *kouign-amann* inventés au débotté par Jean, le plus arrière-petit-fils des arrière-petits-fils de Jésus et de Hu, le dieu celtique des boulangers.

« Hé, Jean, dis-nous ton secret ! »

Ils en pleurent d'émotion, tous, à genoux.

« T'as mis quoi dans ton *kouign-amann*, Jean ? Des hosties consacrées, que tu as mis ? Du vin de messe, que tu as mis ? Avec du miel ?

— Rien du tout, que j'ai mis. Du pain avec du sucre, c'est ça que j'ai mis. Et puis du beurre, que j'ai mis, et puis du beurre par-dessus, et puis du sucre. Et puis mon cœur, que j'ai mis au four. Et puis j'ai prié pour que ce soit bon. Sainte Anne et saint Maudet, que j'ai priés, et tous ceux qui viennent de…

L

## Large

*Eun Testamant koz hag a zo hirio*
*Ken talvouduz ha biskoaz…*

… tous ceux qui viennent de là-bas. »

Là-bas, l'horizon du nord, le premier exil, le large au-delà du vent.

Quand nous allions au large, avec maman, sur le *Saint-Gildas*, elle commençait par s'écrier : Tous les enfants au fond du bateau ! Pour maman, le large commençait au premier embrun passant par-dessus bord. Les jours de pétole, calmasse ou calme plat, les jours de mer d'huile, on pouvait ramer jusqu'au Lieu, compter les échelons rouillés sur la tourelle, et Marraine invoquait Neptune ou déclamait du Victor Hugo. À cause d'elle, je ne peux plus croiser une balise en mer sans entendre le premier vers d'« Oceano nox » dont je vous épargnerai la citation car elle a fini par me donner mal au cœur. Trop de marins noyés, trop de capitaines en perdition.

Trois tailles à prévoir pour le large au sens marin : X, XL, XXL. Petit, moyen, grand. Trois équations inconnues : la mer, la MER, la HAUTE MER.

D'abord on est au mouillage, en sécurité dans les bras colossaux du port. C'est l'été, France Inter émet ses bulletins séraphiques à l'heure des croissants : dix nœuds méridionaux avec atténuation dans la soirée. Nuit câline. Étoiles à discrétion, poissons volants, strings fluos.

Ça vaut le coup de faire un saut à Groix et d'aller vérifier que, au restaurant des Pêcheurs, la mayonnaise est toujours la mieux tournée du Morbihan. On part, on regarde les gens s'amenuiser sur le quai, la côte se faire petite chose grise, effilochure, poussière dans l'œil. On se frotte les paupières, il n'y a plus qu'à porter un toast à cette évidence à la fois ronde et troublante : on est au large… On y est, c'est vrai, mais en version petit bateau, arrivée probable dans la soirée. Au premier pépin : VHF, et cinq minutes après l'hélicoptère est sur zone.

XL comprend la nuit au large… Large est aussi la nuit. Deux océans superposés. Deux angoisses au lieu d'une, deux plénitudes. Allons-y. On laisse au sud les côtes françaises, on met cap au nord, et le lendemain l'archipel des Scilly vous enlace au lever du soleil. Ce n'est pas une surprise, on le contemplait depuis un bon moment, comme une chose en lévitation sous les nuages, et moins en contact avec l'horizon qu'avec le ciel. Le bouquet garni dont il flatte les narines provient d'un orage imminent, il vous titillait à vingt milles au moins du rivage, se substituant au navigateur par satellite. Quelques heures d'XL et l'on est au mouillage à l'île Sainte-Agnès, sous une ondée parfumée au soufre. Belle navigation, belle destination, bière à profusion dans les pubs.

Quant au large océanique, XXL, gare à lui. Exaltation, plénitude hallucinante endurée jour et nuit, réparation de quelque fêlure dont le fin mot nous manquera toujours. Il est banal d'affirmer que l'on n'a d'autre rendez-vous, là-bas, qu'avec soi-même, ultime ego. On y va pour se changer les idées qui changent à peine monté sur le bateau, changement proportionnel à celui du temps. Le mauvais temps, le sale temps, le temps pourri (ce joli noroît de quarante-cinq nœuds dont se nourrissent les blanches éoliennes du cap Sizun), le temps qu'on supplie d'arrêter les frais, de revenir à la normale (l'espace d'un plateau pique-nique en famille devant le film du dimanche soir avec un Bruce Willis aux naseaux écumants dans un aéroport carbonisé), ce temps-là, oui, changerait les idées au yeti lui-même.

Le large en mer c'est bien, c'est doux, quand ça n'est pas trop large et d'une largeur extrême à faire trembler Kersauson ou Gabare. C'est excitant quand on l'a bien en main et qu'il ne veut pas s'échapper en un splash digne du big bang, au risque de nuire gravement à la santé. C'est merveilleux quand c'est petit, quand c'est clos, à l'étroit d'un voilier qui ne craint pas d'escalader les plaies et les bosses de ce bleu si bleu qu'on y planterait des pinceaux. C'est enchanteur à la maison les soirs de grand vent, quand on tourne les pages d'un roman aux péripéties déchaînées, tel *Moby Dick*, que l'on peut…

*Merhed Plonenvel gisti toud*
*Merhed Plonenvel, gisti toudf*
*E-giz emaint emaint*
*E-giz emaint emaint*

… que l'on peut emporter dans son lit sans risquer de passer par-dessus bord cueilli par une lame de fond…

Bibliothèque, lit, deux mots dont on n'a jamais fait le tour, deux objets familiers auxquels on doit nos plus grands voyages. Combien de fois, petit garçon, le soir, suis-je parti en excursion au fond de mon lit, sous la couverture. Je n'imaginais pas la caverne aussi grande et ramifiée dans un antre souterrain. Il y avait sûrement des fantômes, des esprits, des bêtes, j'étouffais. Au prix de mille contorsions je remontais affolé vers la lumière présumée.

La bibliothèque murale au fond du salon désert semblait aussi cacher des personnages, une présence. La grande armoire, où tintait le rire ininterrompu des verres de cristal trop beaux pour être utilisés, avait quelque chose de vivant, pour ne pas dire effrayant. Le bigorneau géant d'Océanie parlait tout seul. Les énormes fauteuils voltaire aux tons vert-de-gris semblaient deviser comme des revenants réincarnés en fauteuils. Pour rien au monde je ne m'y serais assis, la nuit, j'aurais eu bien trop peur de m'asseoir sur un amiral défunt ou sur l'horrible bohémien du roman *La Maison roulante*, le ravisseur du petit Adalbert de Valneige…

J'écris ces mots et j'ai soudain l'impression d'avoir une lampe à la main, d'éclairer les murs de ces pièces où j'ai passé mon enfance et peu ou prou découvert, osons le mot, la littérature.

J'arrive à littérature, et me voilà dans la peau d'une souris reluquant un camembert démesuré. Elle a peur, elle salive, c'est son camembert, le sien. Et s'il était creux ? Rempli de chats griffus ?

La littérature française doit une fière chandelle aux écrivains bretons. Ils n'ont jamais été particulièrement bretonnants, ils n'en sont pas moins bretons jusqu'aux os, jusqu'à la mer, et leur génie paraît se complaire à cet exil hors les mots.

Si je vous dis qu'Henri Queffélec et Victor Segalen sont non seulement bretons mais brestois, et qu'ils ont dû se croiser rue de Siam au lendemain du premier conflit mondial, cela ne surprend personne. *Idem* pour Pierre Jakez Hélias, Xavier Grall, Charles Le Quintrec ou Michel Le Bris dont les noms taillés dans un bloc de vent d'ouest ressortissent au domaine astral et mystique de l'Armor.

Tout le monde, j'ose espérer, sait qu'à deux ans Chateaubriand perçait déjà sous François-René, chez les corsaires de Saint-Malo, et qu'il repose aujourd'hui dans l'îlot du Grand Bey, pour ainsi dire en pleine mer. Anatole Le Braz, l'auteur de *La Légende de la mort*, le grand apôtre des intersignes, je me doute que l'on n'en fera pas un disciple des félibrées du Languedoc. Et pour Tristan Corbière, l'énergumène aux amours jaunes, le valétudinaire amoureux, on le verrait bien du pays, celui-là, natif du manoir de Coat-Congar près de Morlaix. Julien Gracq, en son

Maine-et-Loire autrefois *Brizouneg*, est-ce qu'il ne tend pas vers l'Armor en nous donnant son *Château d'Argol*, en ne cessant d'arpenter les sentiers et les grèves au pas d'Henri Queffélec, son maître à contempler l'horizon marin ? Ils ne disent rien, ils admirent, ils sont les deux meilleurs élèves de l'horizon. Mais savez-vous qu'Alfred Jarry, Max Jacob, Auguste-Mathias Villiers de L'Isle-Adam (alexandrin parfait), Georges Perros, Lamenais, Brizeux, Renan, Robbe-Grillet sont des Bretons ? Que Jules Verne est de Nantes ? Louis Guilloux de Saint-Brieuc ? Louis Hémon – tout le monde se l'imagine au Canada sous la couette de Maria Chapdelaine – du vieux Brest ? Il n'y a pas jusqu'au sulfureux Louis-Ferdinand Destouches qui n'ait le sang breton par sa mère, et Victor Hugo par la sienne, la Nantaise Sophie Trébuchet, chouanne et royaliste autoproclamée. Liste non close. S'il est beaucoup d'îles de par chez nous, il n'y a pas moins de rhapsodes, n'en déplaise à Roparz Hemon que ses pairs ont grugé.

Chez nous, c'était Victor Hugo le plus grand, sans aucun *Hélas !* à la clé. Il était breton, chrétien, bonapartiste, ami des indigents, ennemi de l'ordre établi, des accapareurs. Un socialo-chrétien, cet homme (laissez-lui quelques minutes et il inventera le mot juste), il faisait jeu égal avec Henri sur le terrain d'une pensée qui se méfie de l'État et ne capitule jamais.

Mon père admirait chez Hugo sa modernité spontanée, cette aisance « à mettre le bonnet rouge au vieux dictionnaire » comme aux vieux rythmes dont se berçait la poésie échafaudée par les prétendus pionniers d'un art poétique jamais vu.

Il récitait Victor Hugo en mangeant son merlan du soir, le bock de gamay rouge bien plein devant son assiette.

*Sachez qu'hier, de ma lucarne,*
*J'ai vu, j'ai couvert de clins d'yeux*
*Une fille qui dans la Marne*
*Lavait des torchons radieux.*

Il n'y avait que Baudelaire et Hugo pour oser en alexandrins les vocables désinhibés, sortis du rang, à la rescousse des vieux Pégase férus des lexiques châtiés.

Pas Gide, l'ennemi des « choux-fleurs », ni Montherlant, celui des « serpillières », qui s'abaisseraient à de tels copinages entre les idiomes. Encore moins Valéry.

Hugo arrachait le style à l'homme pour le jeter chaud-bouillant dans le pêle-mêle humain, là où est sa place. Les oreilles lui tintaient du grondant trésor lexical de l'univers. Craros, Méphitis, Otase, Demorgon, Goulatromba, litanie qui fait tressaillir la mémoire d'une langue d'avant les langues, et la mémoire d'après.

Comment, admirateur d'Henri comme je l'étais, ne l'aurais-je pas accompagné sur les traces d'Hugo place des Vosges, à Jersey, à Guernesey, à Antibes où trempait le *Waldeck-Rousseau*, cuirassé à voile et à vapeur de Napoléon le Petit ? Comment, vers l'âge de huit ans, n'aurais-je pas fait vœu de lire tout, absolument tout ce qu'avait pu engendrer la plume de ces deux complices dont l'un ne savait même pas que l'autre existait, même en exil ?…

Ces deux H inspirés, ces deux géants m'ont transmis le virus de la compassion, pente archiglissante, savonnée au pathos. Mais le talent se mesure au nombre des tentations vaincues, et je suis resté compatissant. Chez tous les auteurs bretons – dont l'impossible Céline –, j'ai ressenti cette attention nécessaire à la douleur d'autrui, cette fraternité d'exilé.

Henri a bien connu Louis Guilloux, le Briochin, l'ami de Mona Ozouf et de Jean Daniel, le pseudo-socialiste chrétien, pas plus inféodé à Marx qu'à l'homme de la Croix. Dans la bibliothèque familiale de Paris, à ne pas confondre avec la bibliothèque personnelle d'Henri – végétation qui recouvrait les murs de son bureau et rampait au sol jusqu'entre ses pieds –, se trouvait *La Maison du peuple,* un exemplaire non pas dédicacé, mais chargé d'une carte-lettre à mon père, postée en 42 avec le nom de l'expéditeur et un timbre à l'effigie du Maréchal : « Mon bien cher ami, votre installation à Paris se passe sous de fâcheux auspices... » La suite est illisible, excepté la signature de « votre Louis ». Il ne s'agit pas d'un vouvoiement, mais d'un pluriel englobant mes deux parents.

*La Maison du peuple* est de ces romans que l'on termine la gorge serrée. Un critique littéraire débutant ne dirait pas autre chose. Est-ce un critère, l'émotion, en littérature ? Bien sûr que non ?... Bien sûr que oui !... L'écrivain capable de modifier l'équilibre affectif de son lecteur invite à la réflexion comme à l'espérance. Il faut changer les choses de la vie quand on les écrit, il faut embellir ce bazar universel du deuil, de la maladie, de la saloperie, du doute. Le crime intellectuel de Céline, c'est qu'il entend ne rien sauver chez l'homme, ne rien embellir, et que s'il aperçoit au monde une étincelle de beauté c'est sa propre voix. Tout le reste mérite l'éteignoir.

Que dit *La Maison du peuple* ? Je revois une échoppe de cordonnier mal éclairée, un homme en train de marteler du cuir sur le pied de fer qui lui sert d'enclume, une étagère encombrée de souliers.

En proie à une pauvreté « aussi nue que la mort », ce cordonnier veut donner un espoir aux gens du peuple aussi désabusés, misérables que lui. Il veut ouvrir une section socialiste pour ces malheureux, au moins créer de ses propres mains une Maison du Peuple, une Maison d'Espoir.

Enlevons l'espoir du cœur humain, le futur tombe en poussière. Enlevons l'espoir, et c'en est fait de l'art, de la foi, de la rédemption que l'on appelle Dieu par commodité langagière.

J'ai toujours aimé les romans dont les cordonniers sont les héros. Dans les nouvelles de Tchekhov les cordonniers sont toujours de bons cordonniers, des hommes bons préoccupés par la bonté des choses. Et ce sont toujours des cordonniers qui sont porteurs d'espoir et d'amitié chez Buzzati. Dans *Le Maître de Milan*, de Jacques Audiberti, le cordonnier Francesco périt d'amour par excès de bonté :

*Francesco Papaleo était originaire de la grande île du Sud, la Sicile. Pour qui réfléchit tant soit peu, les cordonniers, les cyclopes, les philosophes sont pareils, tout ramassés dans le tendon, gluants et liés de poix.*

*Chaque année, à peu près, il retournait en Sicile. Il possédait là-bas une campagnette, oliviers, noisetiers, chênes, vignes. Il la louait à un homme sale, qui ne s'était peut-être jamais lavé.*

*L'homme sale avait une fille, Tita.*

À l'Aber, je lisais indifféremment chefs-d'œuvre et navets (attention : j'adore les navets. Il est des navets qui sont des chefs-d'œuvre, et des chefs-d'œuvre impossibles à digérer). Un jour, je trouvai sur un fauteuil *Phénoménologie de la perception*, ouvrage de Merleau-Ponty lu et annoté par Henri. Un pavé. Un piège à filles ? Sûrement. Je l'apportai à la plage. Un adolescent court vêtu lisant allongé au soleil *Phénoménologie de la perception*, quoi de plus craquant pour une lycéenne en bikini !

J'avais treize ans. J'ignorais tout de la phénoménologie (je ne suis guère plus avancé). Pour ce qui est des perceptions, c'est peu dire qu'elles me tarabustaient. Fallait-il qu'elles me chauffent les sangs pour que j'en sois réduit à lire du Merleau-Ponty à la plage !

Un jour qu'il me surprit roupillant sur son bouquin, Henri le remplaça entre mes mains par les *Contes des mers du Sud*. À mon réveil, je me remis à lire, et j'allai d'une traite jusqu'au mot fin. Une traite répartie sur deux nuits. Jack London venait d'entrer dans ma vie.

London me fait l'effet d'un cousin labérois. Non seulement je dis *tu*, mais je dis *cousin* à ceux que j'aime. Dieu me fait l'effet d'un cousin labérois. C'est à l'Aber, dans l'église où saint Michel terrasse le dragon au-dessus de l'harmonium de tante Jeanne, que je l'ai mangé pour la première fois.

Autre baroudeur écrivain sur la touche, Victor Segalen. Un Breton celui-là, un *ti zef* de Brest-même. Tout le monde a lu Proust : tout le monde a lu Segalen. Traduisez : personne ou très peu. Longue patience, la lecture, temps fou. Si la littérature offre du temps fou, elle prend du temps réel sur l'agenda. Temps perdu pour les uns, riche temps pour les autres, épanouissement, communion.

Ils se ressemblent beaucoup, Segalen et London. Segalen, officier de marine, né en 1878 à Brest, meurt à quarante ans, comme London. Baroudeur océanique il l'était bel et bien, mais paradoxalement il détestait la mer. S'il prenait la mer et tous les océans, Segalen, comme dit Renaud, les prenait « comme on prend un taxi ». Un taxi pour la Chine, son lieu de prédilection. « La mer m'ennuie, elle est nauséeuse et bête. » Avant la Chine, il va faire un grand tour en Polynésie sur l'aviso *Durance*. Je doute fort, là-bas, qu'il n'ait pas vidé quelques chopines avec Jack London en fumant des herbes vertueuses, ces deux-là ne chipotant jamais devant les friandises du cru.

Il écrit à son ami Henry Manceron, autre officier de marine :

> *Je t'ai dit avoir été heureux sous les tropiques. C'est violemment vrai. Pendant deux ans en Polynésie, j'ai mal dormi de joie. J'ai eu des réveils à pleurer d'ivresse du jour qui montait. Les dieux-du-jouir savent seuls combien ce réveil est annonciateur du jour et révélateur du bonheur continu que ne dose pas le jour. J'ai senti l'allégresse couler dans mes muscles. J'ai pensé avec jouissance ; j'ai découvert Nietzsche ; je tenais mon œuvre, j'étais libre, convalescent, frais et sensuellement assez bien entraîné. J'avais de petits départs, de petits déchirements, de grandes retrouvées fondantes. Toute l'île venait à moi comme une femme. Et j'avais précisément de la femme, là-bas, des dons que les pays complets ne donnent plus.*

On aurait envie de partir pour moins que ça…

Victor Segalen est mon frère spirituel, un frère adoptif. J'ai toujours eu l'impression qu'il résidait à l'étranger dans des confins aux noms imprononçables, et qu'il pouvait débarquer d'une seconde à l'autre chez nous, à Paris ou à l'Aber-Ildut. Mon père disait « Segalen » comme si le prénom de Victor Segalen était « Segalen ». J'ai peut-être failli m'appeler Segalen, après tout.

Quand j'eus lu *Les Immémoriaux*, son premier livre je crois, en tout cas le premier qu'il ait édité à compte d'auteur, sous un pseudonyme qui m'échappe, je connaissais déjà très bien mon frère Segalen. Il était vivant et mort, il était le Segalen maison établi par Henri dans une rêverie familiale où l'on hébergeait Mozart, Villon, Schubert, Van Gogh, Baudelaire, etc. Et bien sûr Canrobert, général de Napoléon dont le nom, j'ignore pourquoi, servait à mon père à la fois de juron et de poudre à éternuer.

Comme Henri, Segalen était né à Brest, et comme Henri, son unique chérie s'appelait Yvonne. Comme Henri, dans son enfance, il avait appris à jouer du violon et du piano. Comme Henri, Segalen était sur le départ, la partance, et quand retour de Chine il faisait route-maison, route-Yvonne après des mois de campagne outre-mer, c'était dans un esprit d'escale. Il faisait halte chez lui, marin de ces doubles vies autour des océans qui vous écartèlent entre l'ailleurs et l'ici.

Pourquoi devient-il étrange, insaisissable après 1906 ? Telle est son idiosyncrasie. La mer lui manque. L'outre-mer, l'autre côté du miroir.

En 1906, il travaille au *Maître du Jouir*, une œuvre dédiée à Gauguin, l'apôtre des valeurs sensuelles et spirituelles de la Polynésie. Le titre gravé sur le linteau s'inspire directement du nom de sa maison :

MAISON DU JOUIR

Autour du chambranle, des silhouettes lascives ornent des panneaux sculptés et des maximes exhortant le visiteur, et plus encore la visiteuse, à la désinhibition, les minutes de la vie étant comptées :

SOYEZ AMOUREUSE ET VOUS SEREZ HEUREUSE

Autrement dit : Entrez sans frapper.

Victor Segalen n'achèvera jamais *Le Maître du Jouir*. Qu'achèvera-t-il, d'ailleurs ? On a l'impression qu'il a beaucoup écrit *Les Immémoriaux* et beaucoup écrit *Stèles*, ce poème en vers hexamétriques de quatre-vingt-une strophes. Et aussi *A Dreuz an Arvor*, ce texte initial publié à compte d'auteur, que mon père aurait pu écrire à quelques années d'intervalle.

On a l'impression qu'il est constamment sur le point d'entreprendre une œuvre immense. On finit par le créditer de cette immensité, abusé par la grandeur de l'océan autour de ce personnage écrivain qui n'écrit pas tant que ça. Il fume énormément l'opium. Il fume en Chine, il fume au large à bord des cuirassés, il fume à Paris dans les fumeries qui ont pignon sur rue au début du XXe siècle. Quoi qu'il en dise, l'opium est son inspiration. Il ne lui viendrait pas à l'esprit qu'il est un toxicomane. Il se voit comme un sinophile, un amateur éclairé.

On ne peut nier que les grands écrivains bretons aient pris leur élan dans la langue française. Ainsi Chateaubriand, le premier des grands romantiques bretons. Chateaubriand dont on nous rebat les oreilles après qu'il nous les eut charmées, la prose la plus vive jamais tournée en français.

Grand René, tu m'as d'abord assommé, j'ai honte. Ta poésie rimée m'induisit en erreur, faute avouée. C'est ton compatriote Henri Queffélec, outré par mes avis béotiens concernant son maître, qui me remit sur la voie du bon goût, récitant pour moi cette phrase que je sus par cœur à l'instant même où je l'entendis :

*Tout pleure, tout gémit ici-bas. Les reines ont été vues pleurant comme de simples femmes, et l'on s'est étonné de la quantité de larmes que contiennent les yeux des rois.*

Après quoi je courus ventre à terre à la bibliothèque du couloir ?… Que non. La bibliothèque, je l'avais sous les yeux, reliée pleine peau humaine, mon père. Il attendait que je fasse mienne son admiration pour Chateaubriand. Il se mit à parler et, dans sa voix, je pus lire *aperto libro* ce qu'aucune biographie ne me révélerait jamais avec ce talent naturel pour embrasser l'Histoire et mettre en scène les grands hommes du passé – des hommes aussi petits que leurs semblables, et d'autant plus méritants d'être grands.

Des années plus tard, j'eus accès aux Chateaubriand d'Henri achetés à Paris pour se consoler des

Chateaubriand réduits en cendres avec le vieux Brest. Vingt-neuf beaux ouvrages aux couvertures cartonnées imitation cuir, édités au XIXe siècle par Garnier Frères, 6, rue des Saints-Pères, Paris. J'ouvre un exemplaire au hasard et je vois des crochets à l'encre bleue qui n'hésitaient pas à distinguer les morceaux préférés. À quand remontaient ces crochets ? Aux années d'hypokhâgne et khâgne au lycée Louis-le-Grand ? À l'Ecole normale supérieure ?

Dans ce même exemplaire, lequel s'ouvre par une étude littéraire de Sainte-Beuve sur Chateaubriand, j'encadrai au crayon gris (j'avais mon Koh-I-Noor sur moi) le passage suivant qui charmerait Alain Rey, panégyrique sans illusion du langage évolué des civilisations en fin de cycle :

*Les langues ne suivent le mouvement de la civilisation qu'avant l'époque où leur perfectionnement s'achève ; une fois arrivées là, elles s'arrêtent quelque temps, puis elles descendent et se détériorent. Il est à craindre que les talents supérieurs n'aient à l'avenir pour faire entendre leurs harmonies qu'un instrument discord ou fêlé. Une langue peut, il est vrai, acquérir des expressions nouvelles à mesure que les lumières s'accroissent. Mais elle ne saurait changer sa syntaxe qu'en changeant son génie. Un barbarisme heureux reste dans une langue sans la défigurer. Des solécismes ne s'y établissent jamais sans la détruire. Dans une langue jeune, les auteurs ont des expressions et des images qui charment comme le premier rayon du matin ; dans une langue formée, ils brillent par des beautés de toutes les sortes ; dans une langue vieillie, les naïvetés du style ne sont plus que des réminiscences ; les sublimités de la pensée que le produit d'un arrangement de mots péniblement cherchés, contrastés avec effort.*

Et ceci qui ne prendra pas une ride, du moins tant qu'il restera une goutte de botox au fond du flacon :

*On ne sait plus que croire : on hésite en tout, on doute de tout ; les convictions les plus vives sont éteintes au bout de la journée. Nous ne pouvons souffrir de réputations ; il semble qu'on nous vole ce qu'on admire : nos vanités prennent ombrage du moindre succès, et s'il dure un peu, elles sont au supplice. On n'est pas trop fâché, à part soi, qu'un homme de mérite vienne à mourir, c'est un rival de moins.*

Un mot des rivaux qui n'en sont plus. André Savignon, un Finistérien dont vous n'avez peut-être jamais entendu parler, obtint le prix Goncourt en 1912 avec un chef-d'œuvre bizarre à la gloire de l'île d'Ouessant : *Les Filles de la pluie.* Le nom d'André Savignon fut sur toutes les lèvres jusqu'au Goncourt 1913 obtenu par Marc Elder, encore un Breton, pour *Le Peuple de la mer* à la gloire de Noirmoutier, encore une île bretonne. Deux écrivains bretons primés deux années de suite, deux îles. Un début d'archipel. Une troisième aurait pu l'avoir en 49 quand mon père écrivit le *Recteur de l'île de Sein*.

Ma tendresse envers le roman d'André Savignon tient au fait que je connais tous les lieux où son héros doit se rendre à pied, de la pointe de Pern au Stiff, du Créac'h à l'île Keller en passant par Nividic, *Toul al lan* et même *Ar Guzun*, la Jument, récif meurtrier où peinait à s'ériger le phare du chenal du Fromveur au début du XX^e^ siècle.

De l'Aber, apercevant Ouessant dans la torpeur de l'horizon, je pensais : là-bas sont les filles de la pluie, et mon cœur battait. Qui sont les filles de la pluie ? Les âmes sœurs de la tempête attirant de leurs vœux les navires à la côte. Des mirages en chair et en os. Un peu vierges, un peu traînées, un peu sorcières, ce sont les îliennes au grand cœur toujours prêtes à l'amour fou, complètement fou.

Ouessant ne pardonna jamais au Finistérien cette publicité mensongère autour de son archipel. Et Savignon ne put jamais remettre les pieds à Ouessant.

Non, je ne résiste pas au plaisir de vous dresser la liste des ouvrages bretons auréolés du prix Goncourt depuis sa création en 1903.

1903 : *Force ennemie*, par John-Antoine Nau.

1911 : *Monsieur des Lourdines*, par Alphonse de Châteaubriant.

1912 : *Les Filles de la pluie*, par André Savignon.

1913 : *Le Peuple de la mer*, par Marc Elder.

1934 : *Capitaine Conan*, par Roger Vercel.

1951 : Non, *Le Rivage des Syrtes*, par Julien Gracq, n'obtint pas le prix Goncourt qui s'intéressait à lui, l'auteur n'en voulant pas.

1985 : *Les Noces barbares*, par l'auteur de ce dictionnaire amoureux.

1988 : *L'Exposition coloniale*, par Erik Orsenna.

1990 : *Les Champs d'honneur*, par Jean Rouaud.

2008 : Non, *La Beauté du monde,* par Michel Le Bris, considéré de l'avis général comme le meilleur roman de l'écrivain, n'obtint pas le prix Goncourt cette année-là, mais il fut longtemps donné pour le favori.

Gardant le meilleur pour la fin, quitte à sembler passer du coq à l'âne, j'en viens à l'irrévérencieux Ernest Renan, le plus allègre et mélancolique des trublions chrétiens.

Renan avait son œuvre bien classée dans la bibliothèque, mais on n'en parlait jamais. Certains auteurs n'avaient que trop divisé la famille française. Il fallait se débrouiller pour les découvrir soi-même, et se forger une première opinion avant d'attirer l'attention sur eux.

Évidemment j'interrogeai mon père, évidemment il savait quoi répondre : Pas facile, Renan, p'tit vieux. Astucieux mais pas facile.

Céline s'en tirait bien avec son *Voyage,* avec sa petite voix d'enchanteur pourrissant. « La flûte du preneur de rats, disait de lui Julien Gracq, il nous mène à la rivière. » Il ne sait pas nuancer les tons naturels des choses. Il est attiré par le corbeau noir, incapable de montrer Chanteclair, le coq au plumage d'arc-en-ciel. Désespoir-du-peintre, désespoir-de-l'écrivain… Céline va droit où son talent resplendit : au merdier, au pire.

Avec les auteurs contemporains antisémites, Henri ne fait pas de quartier. Romancier ou non, talent ou non, repentir ou non, c'est : dehors. Céline était raciste, antisémite, etc. Il agissait contre les juifs, en 40, il écrivait aux autorités allemandes le mal qu'il pensait d'eux, il fréquentait Brasillach, il donnait des éditoriaux écœurants à *Je suis partout.*

Brasillach, Henri l'avait connu en hypokhâgne à Louis-le-Grand. Il claironnait sa haine des juifs, vendait *L'Action française*, Henri ne lui serrait pas la main. Brasillach était prévenu. S'il s'approchait à moins de quatre pas, il lui briserait ses lorgnons sur le nez. Robert Merle, étudiant à Louis-le-Grand dans la même hypokhâgne, m'a raconté cette histoire. Henri me l'a confirmée.

Germanophile, nietzschéen, raciste, partisan d'une sélection scientifique de l'élite humaine, démocrate sans plus, Ernest Renan avait de quoi scandaliser un chrétien. Mais Henri ne parvenait pas à le flanquer dehors. Renan était mort en 1892, bien trop tôt pour *être partout*, pour nazifier ses propos. Eût-il vécu l'âge noir de la collaboration, qu'aurait-il fait ? Qu'aurait-il dit ? Maurras, le nationaliste intégral, le tenait pour son maître à penser dans les années 30, ce qui donne froid dans le dos.

Henri refusait tout procès d'intention posthume à Renan, ce « tissu de contradictions ». Un chrétien. Un homme bon. Jamais il n'aurait trempé dans l'antisémitisme actif des Camelots du Roi. Il admirait l'histoire judéo-chrétienne, il l'avait passionnément écrit dans son *Histoire du peuple d'Israël*.

Tellement d'écritures sacrées les apparentaient, Renan et lui, il avait tellement de points communs avec ce Trégorrois, « fils, petit-fils, arrière-petit-fils de marins bretons, formé à la culture des longues séparations et des attentes infinies ». Comme Henri. Orphelin de père, comme Henri. À l'âge de cinq ans, comme Henri. Sa mère s'appelle Henriette, comme Henri. Non, Henriette n'est pas sa mère, elle est sa sœur aînée, elle est comme sa mère, déléguée par la mère à l'éducation du puîné. Sans oublier la première vocation : « J'étais né prêtre, *a priori*, comme tant d'autres naissent militaires, magistrats. À quoi bon si bien apprendre le latin, sinon pour l'Église ? » Henri aussi, au cours des années brestoises, se croyait voué à la prêtrise.

Enfin, Renan avait dit ces mots incomparables : « Jésus, cet homme incomparable… » La formule avait scandalisé l'Europe, en 1862, causant la révocation de Renan fraîchement nommé à la chaire d'hébreu du Collège de France. La phrase, moins un brûlot qu'une source de réflexion neuve et d'espérance, enchantait Henri par son pouvoir de malédiction terre à terre. Elle redoublait sa foi dans la divinité du Christ et dans l'humanité du Dieu vivant cloué sur la Croix par les siens. Lui non plus n'était jamais devenu prêtre, mais bon époux, père de famille « incomparable », écrivain. Il n'avait pas sacrifié à la transcendance les instants « incomparables » d'une vie peut-être condamnée à ne jamais ressusciter. Coupons la poire en deux, Seigneur. Je t'aime, je procrée…

Tissu de contradictions ou non, l'« incomparable » Renan tient dans la phrase lancée au Collège de France après cinq ans de voyage au Moyen-Orient, cinq ans à réfléchir aux philosophies orientales. Et cette phrase est encore là, telle une épigraphe de dérision, quand il écrit dans sa *Prière sur l'Acropole*, prière dont Henri cherche à minimiser la puissance nietzschéenne :

*Tout n'est ici-bas que symbole et que songe. Les dieux passent comme les hommes, et il ne serait pas bon qu'ils fussent éternels. La foi qu'on a eue ne doit jamais être une chaîne. On est quitte envers elle quand on l'a soigneusement roulée dans le linceul de pourpre où dorment les dieux morts.*

Dieu n'est pas plus tôt mort que Renan s'ingénie à le ressusciter, ce qui met Nietzsche hors de lui.

J'ai connu mon père amoureux de la foi, je l'ai connu catholique et paroissien modèle, je l'ai connu druide extasié par la divine nature des choses, je l'ai connu prenant ses distances, et ne l'admettant pas, avec le message évangélique de l'éternité bienheureuse, enfin je l'ai connu rejoint par Renan, ou le rejoignant, sur le terrain des miracles superflus pour alimenter la foi des vivants. Les miracles offensaient l'esprit, l'Esprit saint, et les religions s'expliquaient par l'histoire humaine comme le reste, n'en déplaise aux théologiens.

Pour Henri, le Breton Renan était comme un ego sous-jacent qu'il ne laissait jamais faire surface en public, un moi tellement avide d'aimer qu'il aime la Croix, la toute-puissante Croix, mais avec l'attention du passager guignant la chaloupe de sauvetage à bord d'un navire à son avis perdu.

Quel écrivain mieux que Renan a montré la délicatesse unique de l'âme bretonne ?

*La réserve apparente du peuple celtique, qu'on prend souvent pour de la froideur, tient à cette timidité intérieure qui leur fait qu'un sentiment perd la moitié de sa valeur quand il est exprimé, et que le cœur ne doit avoir d'autre spectateur que lui-même… S'il était permis d'assigner un sexe aux nations comme aux individus, il faudrait dire sans hésiter que la race celtique est une race essentiellement féminine. Aucune famille humaine, je crois, n'a porté dans l'amour autant de mystère. Nulle autre n'a conçu avec plus de délicatesse l'idéal de la femme et n'en a été plus dominé. C'est une sorte d'enivrement, une folie, un vertige. Lisez l'étrange* Mabinogi de Peredur *ou son imitation française de Parceval le Gallois : ces pages sont humides pour ainsi dire du sentiment féminin. La femme y apparaît comme une sorte de vision vécue, intermédiaire entre l'homme et le monde surnaturel. Je ne vois aucune littérature qui offre rien d'analogue à ceci. Comparez Geneviève et Iseult à ces furies scandinaves de Gudruna et de Chrimhilde, et vous avouerez que la femme telle que l'a conçue la chevalerie – cet idéal de douceur et de beauté posé comme but suprême de la vie – n'est une création ni classique ni chrétienne ni germanique, mais bien réellement celtique.*

Sentant la mort venir, Renan n'est pas gai, certes non – il n'a pas soixante-dix ans –, mais fort d'un « incomparable » destin il se laisse gagner à la foi radouci du chrétien qui consent à Dieu sans comprendre, et sans plus chercher, ayant mesuré l'impossibilité de parvenir au vrai en quelque domaine que ce soit, et notre ignorance étant sans limites :

*Pour moi, je suis content. J'ai cru à mon heure danser avec Krichna ; j'ai bâti des ponts aux dieux en détresse ; j'ai tenu des parasols sur la tête de Bouddha. Vive l'Éternel ! la lumière est bonne. À l'an prochain, mon ami, s'il plaît à Dieu.*

Renan fait partie des écrivains dont on n'aura jamais l'impression qu'ils sont morts. Le relisant ces jours-ci, m'envahit le désir d'entendre parler breton dans un grand roman fondateur qui serait notre *Odyssée* d'Armor. Je n'y comprendrais rien, et de toute manière il n'existe pas. Le Breton, grand jacteur, ne s'est pas confié à l'écrit. La tradition orale et ses merveilles colportées par le feu de bois sur les murs ont bien fait naviguer son âme à travers les âges.

De cette parole étrange au gré du vent et du feu, de cette mémoire d'écume emportée la République s'est émue, et ne pouvant confisquer vent, mémoire ni feu, elle a violenté les mots qui s'en faisaient leur testament, les a frappés d'interdit. Un beau matin, j'écrivis à Paul Le Bihan dont…

## Lettres bretonnes (1)

*Deiz gouel ar Chandelour*
*E sko ar Wezrc'hez ar vilienn er mor*

… j'écrivis à Paul Le Bihan dont le père, Charles Le Bihan, avait grandi en Bretagne aux époques où l'on humiliait et châtiait celui qui parlait sa langue maternelle.

*Cher Paul,*

*Écrivant ces jours-ci un* Dictionnaire amoureux de la Bretagne, *j'aimerais vivement recueillir le témoignage d'un Breton bretonnant qui voudrait bien me parler de cette période où l'école de la République se donnait pour mission d'interdire aux Bretons l'usage de leur langue.*

*Est-ce que ton père, esprit lucide et brillant, accepterait de m'en parler ?*

*Crois à ma fidèle amitié,*

*Yann*

*Bonjour Yann,*

*J'ai fait part à mon papa de ton souhait d'entrer en contact avec lui au sujet de son enfance en Bretagne. Il est d'accord et je t'envoie ses coordonnées en pièces attachées. Il a suivi sa scolarité à l'École de la République à Tréflaounénan, dans le Léon. Il est né en 1924, il a bon pied bon œil, il utilise messagerie et Internet au quotidien.*

*Amitiés,*

*Paul*

*Bonjour Paul,*

*Je suis heureux que ton père ait accepté. Je lui ferai un mail demain matin. Je suis épaté qu'il soit un usager de l'ordinateur à quatre-vingt-huit ans ! À soixante-trois, je fais un piètre internaute.*

*Yann*

*Cher Yann,*

*Papa aime la vie. C'est un grand lecteur de vrais livres devant l'Éternel. Il est passionné d'histoire et de généalogie, toujours précis sur sa participation à la Résistance et la fin de la période coloniale (2 séjours en Indochine et 1 séjour en Algérie pour la partie guerrière, 2 séjours à Madagascar pour la partie administration coloniale).*

*Amitiés,*

*Paul*

*Cher Charles Le Bihan,*

*C'est donc Paul, votre fils, qui permet ce contact « électronique », et néanmoins chaleureux, entre vous et moi. Je lui en sais grand gré. Pardonnez-moi de recourir au « câble » pour m'adresser à vous. J'aurais préféré, croyez-le bien, le timbre-poste et la sacoche du facteur, mais le temps nous presse, ou bien c'est nous. J'aurais également préféré vous…*

## Lettres bretonnes (2)

*Da c'houel ar Chandelour*
*E teu diaoul er-maez eus ar mor*

*... J'aurais également préféré vous écrire en breton, mais je suis de ces Bretons nés hors les murs, pour qui leurs aînés bretonnants, à l'école publique, ont souvent dû porter leurs galoches autour du cou, comme un contrepoids d'infamie, sous les huées des « bons en français ». Aurais-je préféré vous rendre visite chez vous ? Sûrement. Pour le plaisir de la compagnie. Une autre fois. Mais l'écriture est une oralité si délicate et secrète, un parler si fluide que pas une corde vocale ne vibre à son diapason.*

*Appeler un chat un chat n'a jamais été le fort de l'Histoire, et quand le chat a du sang sur les pattes, on le débarbouille avant d'en parler. Pour la guerre d'Algérie, il semblerait que le mot guerre ait ripé sur la conscience nationale, tout comme le mot torture, et que l'on en revienne au* statu quo *des « événements » et des « exactions ». La barbarie ne fut certes pas l'apanage de l'armée française, et la guerre se fit aussi terriblement des deux bords.*

*Dans un même esprit d'oubli tactique, ne passe-t-on pas à la trappe cette page de l'Histoire contant la mort lente et concertée de la langue bretonne, éliminée jour après jour par les services de l'État français ? En vérité, c'est un sujet dont il est fort peu question. On dirait qu'il fait partie du folklore et ne mérite aucun chagrin particulier. Le breton est mort ? Vive le français. Voilà tout.*

*Bonne journée, monsieur Le Bihan, je vous envoie mon amitié bretonne en français, assortie du rituel* kenavo,

*Yann Queffélec*

*Bonjour Yann,*

*Je réponds à votre e-mail concernant l'école publique de Tréflaouénan où j'allais en classe.*

*Les tracasseries commençaient en général (du moins à Tréflaouénan) avec le CE2, difficile d'intervenir avant, car nous étions à 95 % totalement et uniquement bretonnants.*

*Cela commençait généralement par la morale du matin au tableau noir : Cracher par terre, c'est attenter à la vie d'autrui.*

*De temps en temps : Il est interdit de parler breton.*

*Plus rarement : Il est interdit de cracher par terre et de parler breton.*

*Le maître surveillait de très près les récréations où le naturel reprenait le dessus, le fautif écopait le plus souvent de 100 lignes : « Je ne dois pas parler breton pendant la récréation. » Dans les cas de récidive, cela pouvait se traduire par une retenue le soir après la classe. Par contre, je n'ai pas connu l'usage du fameux « symbole ».*

*L'école le matin finissait à onze heures et deux fois par semaine nous avions catéchisme dans l'église paroissiale, et bien sûr exclusivement en breton. Ce que n'appréciait pas du tout mon instituteur du cours moyen (par ailleurs un excellent enseignant, mais militant laïc plutôt de gauche, hussard noir de la République formaté par l'École normale).*

*Quand j'ai passé le CEP en 1936, il s'est ouvert au chef-lieu de canton un cours complémentaire pour les titulaires du CEP, dont l'instituteur était un communiste zélé. On trouvera par la suite comme président de l'amicale laïque du canton un de ses élèves natif de Tréflaouénan. Signe particulier : il était célibataire !*

*Mon père n'a pas voulu que je suive ce cours (dans la famille, on restait très marqués par les événements de 1905, le grand-père avait été matraqué devant l'église de Tréflaouénan par les gardes mobiles au moment de l'inventaire des biens de l'Église).*

*Ils n'ont pas dû trouver grand-chose d'ailleurs, le trésor était réparti dans plusieurs familles, dont une partie chez nous à Bégadou.*

*La lutte prendra d'ailleurs une curieuse tournure à Tréflaouénan : grand blessé de la guerre 14-18, le curé mettra sa fortune personnelle dans la construction d'une école privée dans la commune en 1936, et quelques années après la guerre il n'y aura plus d'école publique à Tréflaouénan.*

*Marquée par la crise de 1929, ma scolarité ne s'est pas déroulée dans la période la plus violente contre la langue bretonne.*

*Une conclusion personnelle : notre langue a tenu tant que l'Église bretonne l'a tenue. Le jour où elle s'est mise au français, elle a contribué à accélérer le déclin du breton.*

*Bonne journée, Yann, portez-vous bien et n'hésitez pas à m'écrire si je puis vous être utile,*

*Charles Le Bihan*

*Cher monsieur Le Bihan,*

*Merci de m'avoir confié aussi naturellement des souvenirs aussi douloureux. Vous comprendrez qu'ils puissent me choquer. Élevé dans la tradition – assistée – du français, je suis un Breton qui chérit la langue française et lui prête des vertus humanistes et langagières que n'ont pas toujours les autres langues, notamment cette musicalité mesurée par l'intelligence des choses, par l'idée sous-jacente au chant des mots. Même à l'oral, la langue française me semble imprégnée d'écriture. Elle sonne quand la résonance est nécessaire, pas à tout bout de phrase.*

*En dépit de mon attachement au français, ma langue maternelle, je me sens muet de l'idiome de mes aînés, muet parce que forcé au mutisme, et de ce manque-à-parler – permettez-moi une expression maritime – je porte le deuil. Très loin dans mon gosier, je le ressens physiquement, la langue bretonne cherche ma voix, mon accent. Je comprends mieux en vous lisant que le déclin du breton est celui d'une histoire asservie, renvoyée silencieuse au vent qui la faisait parler. Je ne comprendrai jamais qu'elle se soit tue. Le comprenez-vous ? Je ne…*

## Lettres bretonnes (3)

*Hogen paotr ar Morbihan*
*a oa deut abred da veza kizidig ebed*
*ouz ar hanaouennou-pobl*

*… Je ne comprendrai jamais qu'un pays féru du droit des autres, soi-disant né pour faire entendre au monde une parole de fraternité, partagée selon les us et coutumes de chacun, ait pu dire à la Bretagne : motus et bouche cousue.*

*Voilà deux cents ans que l'Administration française est salariée pour qu'il ne soit plus parlé breton sur le sol national. Une république, une terre, une seule langue. Même aujourd'hui, en 2013, la question reste sensible. On croit rêver quand l'Académie française, en 2007, refuse au breton le statut de langue régionale. Iconoclaste, un État, c'est déjà révoltant. Mais l'Académie française. Des artistes, pour la plupart, et qui plus est des écrivains.*

*Tout cela ne vous apprend rien, monsieur Le Bihan, vous l'avez directement vécu, souffert, mais j'ai besoin d'un rappel des faits pour mon dictionnaire amoureux : amoureux d'une culture en danger de mort, amoureux d'un langage méthodiquement persécuté, mortifié par l'Administration française, et ce dès le début du siècle des Lumières. Je ne vous dérange pas plus longtemps. Votre témoignage est infiniment précieux pour moi, et je reviendrai vers vous si j'ai un doute.*

*Excellente journée. Je vous dis mes amitiés et mes sentiments respectueux,*

*Yann*

L'Ancien Régime exigeait du pays d'Armor discipline et soumission administrative et fiscale, le nouveau entreprend l'assimilation de tout ce qui fait l'identité bretonne au modèle parisien. Consignes sont données par les préfectures aux fonctionnaires des mairies comme aux enseignants : « Il faut, par tous les moyens possibles, favoriser l'appauvrissement, la corruption du breton jusqu'au point où, d'une commune à l'autre, on ne puisse pas s'entendre. Il faut absolument détruire le langage breton. » Sous-préfet de Quimperlé aux enseignants en 1831 : « Créons, pour l'amélioration de la race bretonne, quelques-unes de ces primes que nous réservons aux chevaux. Faisons que le clergé nous seconde en n'accordant la première communion qu'aux seuls enfants parlant le français. » Sous-préfet du Finistère haranguant les instituteurs en 1845 : « Surtout rappelez-vous, messieurs, que vous n'êtes établis en Bretagne que pour tuer la langue bretonne. » Ministre de l'Instruction publique en 1905 : « Le breton est une barbare relique d'un autre âge. » Peut-on parler de cerise sur le gâteau quand l'inspecteur général Carré s'écrie : « Il y a un intérêt de premier ordre à ce que les Bretons parlent la langue nationale. Ils ne seront français qu'à cette condition » ?

Pas étonnant, dans un pareil climat, que le « bretonnisme » ait pu voir le jour, mouvement catholique visant à protéger les derniers vestiges culturels du pays d'Armor et à s'interroger sur l'ampleur de l'histoire bretonne avant que le rouleau compresseur de l'État ne l'ait aplatie. Pas étonnant que l'Administration française, s'imaginant contrebattue par des mutins, ait redoublé d'intransigeance envers les Bretons, interdisant tout mouvement à coloration régionale. Et pas étonnant, le bras de fer s'engageant entre les enfants d'Armor et les fonctionnaires français, que des vœux séparatistes aient germé dans le terreau d'un bretonnisme *a priori* respectueux du pacte de 1532. Que faut-il en penser aujourd'hui ? Que le séparatisme, au XIX^e^ siècle, n'a rien d'une visée déshonorante. Instinct de survie plus que choix raisonné. Il est bien tard, de toute façon, pour vouloir sauver les dés jetés par la duchesse Anne en désespoir de cause.

On peut se demander, avec les mesures antibretonnes adoptées par l'État français au tournant du XVIII^e^ siècle, si la Bretagne n'a pas failli céder à l'apathie. Le fatalisme n'est pas suicidaire en Armor, il n'est pas morose ou désespéré. C'est un fatalisme dynamique, le fatalisme du vent d'ouest, l'en-avant mélancolique d'un peuple accoutumé à l'errance, jamais pris au dépourvu par les aléas, du moment qu'il peut se regrouper dans son langage immémorial et chanter d'une seule voix.

Les mots bretons étant confisqués, bafoués, comparés à des crachats, rien ne va plus. À l'école publique, la Bretagne est harcelée. On veut bien l'alphabétiser, mais qu'elle se taise en breton. On lui apprend « nos ancêtres les Gaulois », pourquoi pas. Mais Arthur ? Judicaël ? Nominoë ? Érispoë ? Néant. Le fatalisme aurait pu désagréger l'identité bretonne outragée par le vainqueur français, mais la Bretagne est un peuple guerrier. Elle ne capitule pas. Elle a la foi. La foi résiste au vague à l'âme, à la misère morale, à la férocité des règlements. La foi s'intéresse à la destinée en termes de salut pour tous. Les druides ont laissé la place aux recteurs de villages, le menhir de grâce au crucifix d'un roi torturé par les siens, les processions élémentaires aux Pardon, et c'est le Christ, en la personne engagée des prêtres, qui sauvera la parole vive de la tribu jusqu'à la défaite allemande de 45. Dieu veut bien qu'on lui parle en breton. Qu'on l'aime en breton. Que le repentir soit breton. Les Bretons ne s'y trompent pas. Leur envoie-t-on un prêtre au bilinguisme douteux, un truqueur du parler natal, ce prêtre peut plier bagage. Je revois mon bon recteur Scotey de l'Aber-Ildut en short et chaussettes noires dans son potager, son fusil cassé sous le bras. C'est en breton qu'il parlait aux paysans qui lui rendaient visite. Il ne mâchait pas ses mots. Le paysan faisait confiance à cet homme de Dieu qui parlait la langue de ses parents. Au fait, où est passée la messe en breton ? L'angélus breton ? Cette musique religieuse et profane, héritage du vent ?

En 1977, à Lampaul-Ploudalmézeau, fut créée la première école *Diwan* – Germe – à l'initiative du musicien René L'Hostis. Elle va résider pour commencer dans une école publique fermée depuis cinq ans. On y reçoit un enseignement dispensé en langue bretonne, *o tempora o mores*.

Depuis leur création, je suis un chaud partisan des écoles *Diwan*. Je suis aussi un chaud partisan du grec et du latin. J'en suis un de l'occitan, du catalan, du savoyard, du cévenol, peuchère !... Je crois que le français a tout à perdre en brimant l'identité fondamentale des nations qu'il unit sous les trois couleurs de sa Révolution. En ne tremblant pas. En ne pavoisant pas, maître à bord de la nef après Marianne. Il n'y a plus qu'un seul échiquier, mais sur cet échiquier une partie aux variantes infinies se joue, sans que le fou dévore le cavalier d'orgueil, et *vice versa*. Je vois mal le breton redevenir un langage courant, choisi pour appréhender les enjeux du monde actuel, mais je suis sûr que l'assimiler fortifie la modernité du Breton dans une époque aux mutations effrénées, je suis sûr qu'elle constitue le dernier fil vivace d'une appartenance à la patrie qui fut un royaume. C'est là sa foi, sa vérité, là sa poésie qui est la part du merveilleux de toute condition humaine aux prises avec la machine emballée du futur.

J'ai ouï dire que *Diwan* avait ses détracteurs. Ils ne sont jamais loin, les détracteurs, quoi que l'on entreprenne ici-bas. La petite bête qu'ils cherchent à *Diwan* s'appellerait nationalisme. Oui, disent-ils, si *Diwan* tient tant à parler *brezhoneg*, c'est pour aliéner les enfants, pour lever insidieusement une phalange bretonne à l'ancienne, en prévision du grand soir où Nominoë, surgissant d'entre les rois morts, s'écriera : Du vent, les Français, remballez vos *Petit Larousse*, et *kenavo* !

Ils vont plus loin. Sous l'Occupation, une poignée de bretonnants exaltés comptaient sur l'occupant pour sortir leur *Breizh a tao* du guêpier français. Or *Diwan* est un organisme bretonnant… On voit où mène un syllogisme aussi retors : chez Zorro-lave-plus-blanc. Renoncez au train, la SNCF a démérité à l'heure nazie. Boycottez la langue française, c'est en français que Pétain donnait ses instructions à Papon. Interdisez l'apprentissage du latin, César était le chouchou du

Führer. Retirez vos enfants des écoles publiques, on y voit des blondinets d'origine allemande.

Ces mêmes détracteurs voient rouge quand la *Breizh Touch*, en septembre 2008, à l'initiative de Jean-Yves Le Drian, fait danser les jolies filles d'Armor sur les Champs-Élysées. Voilà qui sent Wagner, disent-ils en ricanant, le mythe parsifalien de la race pure, l'extrême droite nostalgique du Zyklon B...

J'y étais à la *Breizh Touch,* on y était tous. Même le soleil d'Armor y était. Paris ne demandait qu'à fêter ces Bretons costumés venus lui donner la fête à la maison. Binious, flûtes et chapeaux ronds à rubans, coiffes, tabliers dorés, tulles brodés, tout cela manifestait par une liesse foraine l'hommage gracieux rendu par une région à la République, mère des arts, des armes et des lois. Rien de folklorique, dans ce bonheur populaire, rien de nationaliste ou ploucard dans cet incroyable défilé virevoltant sur l'avenue qui voit chaque été parader nos fiers corps d'armée. Parisiens, Bretons, Normands, Auvergnats, Belges, étrangers divers, musulmans, enfants de partout : la terre entière applaudissait et chaloupait dans les allées, et Nolwenn signait des autographes à tout-va. Ce Pardon sans bannières désinhibait l'air du temps, l'amitié bretonne irradiait à Paris comme au jardin d'Éden. Perchés sur les branches basses des marronniers coiffés au carré, les détracteurs amers lâchaient des tomates flétries.

Pierre Jakez Hélias – *Mahr al lahn* – m'en raconta bien d'autres. À Pouldreuzic, son village natal, quand il parlait breton à l'école, le maître lui passait au cou le « collier du cochon », une ficelle où pendait un gros sabot percé d'un trou. Il devait le garder jusqu'à la cloche du soir. On appelait aussi le collier du cochon : le « symbole ». Un mot bien noble pour une vexation équivalant à du sadisme d'État exercé contre des mineurs par les représentants de la moralité publique.

Autre « symbole », autre avanie, la « vache ». Au misérable surpris à parler breton en classe, ou dans l'enceinte de l'école, le maître donnait la vache à garder. Et le misérable « vacher » gardait la « vache » tant qu'un autre misérable ne la méritait pas à son tour. Le puni devait espionner ses camarades, les dénoncer, tant pis si quelques « ancêtres gaulois » lui passaient sous le nez pendant qu'il recherchait des bretonnants à la ronde, impatient de se débarrasser du « symbole ».

Le pire, disait Pierre Jakez, c'était peut-être la dimension ludique de cette mise au ban qui provoquait les rires jaunes des punis, et les rires méchants des autres élèves.

Le zèle antibreton du maître n'était pas oublié par l'Administration. Il avait sa prime au résultat. Moins on bretonnait sous sa houlette, plus il gagnait. L'État le soudoyait pour étouffer dans l'œuf la culture bretonne. Avant la transmission du savoir, la suppression du savoir. Avant l'alphabétisation, la destruction des mots transmis par les parents. Au sens figuré : la destruction des parents. Ceux-là ne le comprenaient que trop. Mais un maître se respectait comme un druide ou comme un prêtre. Et s'il fallait que l'enfant parlât français, uniquement français pour vivre en société, avoir un métier…

« Et dis-moi, Pierre Jakez, les choses auraient-elles pu se passer autrement ?

— L'Histoire est toujours ce qui aurait pu se passer autrement, et qui ne l'a pas fait. C'est Paris dans une bouteille.

— Donc, c'est non.

— Donc il se créa des comités révolutionnaires départementaux, en 1793, après l'élimination des Girondins à l'Assemblée. Les régions craignaient une dictature parisienne. L'insurrection fédéraliste aurait pu changer la donne, mais elle se fit réprimer tu sais comment. Le Paris des Jacobins, pas celui des feuillants, prit le dessus : Terreur, Comité de salut public, exécutions sommaires, Être Suprême, tout le bataclan…

— Et dans ce bataclan la Bretagne perdit la voix…

— … La Bretagne dut parler d'une seule voix, nuance, en français. Ce que d'ailleurs elle ne fit jamais vraiment. Au pouvoir des maîtres, autorité séculière, s'opposait le pouvoir des maîtres de la foi, autorité régulière, et ces maîtres-là défendaient en majorité une Bretagne d'expression bretonne. »

Les détracteurs de *Diwan* ont une bien curieuse façon de tenir leur lorgnette. La Bretagne, en 14-18, perd cent cinquante mille de ses fils, mais en 40 elle est la première à répondre présent, à l'appel du 18 Juin. Elle aurait pu regimber, faire la sourde oreille à cette sollicitation suicidaire, écœurée par la boucherie du premier conflit mondial.

La nation est en danger, elle accourt, montrant une ardeur patriotique unanime que la nation, d'ailleurs, n'a jamais cru devoir porter à son crédit. *Diwan* est dans cette mouvance patriotique-là. Être breton bretonnant, ce n'est pas être antifrançais. Revendiquer une identité culturelle complexe, c'est respecter l'esprit français. Prôner le bilinguisme, c'est être attaché aux valeurs œcuméniques de l'éducation, bannir le repli, encourager l'apprentissage des langues étrangères dans un pays qui ne sait même pas enseigner l'anglais correctement à ses lycéens. Défendre la langue bretonne, c'est encore une fois répondre présent à l'appel du 18 Juin.

M'enchante la chronique finistérienne de Jean Lallouët parue dans *Ouest-France* en 2001, après une « semaine de la langue bretonne » au cours de laquelle plusieurs articles du journal avaient également paru en breton :

*D'autres pays, grands et petits, s'accommodent parfaitement du multilinguisme et en ont fait, au contraire, une richesse. On a d'ailleurs vu, il y a un peu plus de deux ans, le président de la République française aller pêcher dans le Grand Nord canadien pour le respect de la langue et de la culture des Inuits.*

*Une langue, quelles que soient son importance et sa richesse, touche à l'âme de ceux qui la parlent. La dévaloriser, c'est les dévaloriser. Et chaque fois qu'il en est ainsi pour le breton, je ne peux m'empêcher de penser à mon grand-père de Pleyben – mon Tad-Koz – qui n'en parlait pas d'autre. C'était un homme intelligent, fin, éminemment respectable.*

*Un homme qui a dû beaucoup souffrir de voir ses enfants revenir de l'école punis quand ils y avaient pratiqué la langue familiale. Un homme qui a dû beaucoup souffrir de ne jamais pouvoir raconter de belles histoires à ses petits-enfants auxquels on n'avait pas voulu apprendre cette langue de la honte et du passé.*

*Ça sert à quoi, d'apprendre le breton ? C'est une terrible question que l'on se pose dans beaucoup de pays étrangers à propos… du français. Car à l'échelle de la planète, et à l'aune de l'efficacité, la langue de Molière et de Voltaire est aussi une langue minoritaire et menacée. Qu'il faut défendre.*

*Comme nous, les langues sont mortelles. C'est une bonne raison pour les entourer de tous nos soins. Le français comme le breton.*

Partisan de l'enseignement du breton à l'école, en vue d'un bilinguisme partagé, comment ne pas l'être ? J'aurais tant aimé parler breton, que mes enfants le parlent et le chantent. On se mobilise au nom des poissons mal en point ou des abeilles désorientées, des castors mélancoliques, des otaries du Saint-Laurent, on signe des pétitions en faveur des taureaux ou des écureuils en manque de lichen, on envoie des équipes soignantes au chevet des baleineaux échoués, on compatit aux malheurs du bébé phoque, à ceux du homard bleu déprimé, que sais-je !… On pleure les espèces disparues par la faute de l'homme, on le taxe de barbarie envers notre Mère Nature, et chacun bat sa coulpe avant de porter à la rue ses bouteilles vides. On dit qu'il urge de réparer la mer et les neiges d'antan, mais la conscience tranquille, on peut tuer impunément la langue maternelle d'un pays bien-aimé. Un État peut faire ça. Il en a les moyens, il le fait. Le droit constitutionnel est bafoué, il s'en remettra.

Une Académie française, en 2008, peut décréter officiellement la langue bretonne indésirable au sein du patrimoine national, rejet qui n'a rien d'anodin. Il ne s'agit aucunement de favoriser la communication entre les uns et les autres, en privilégiant un idiome exclusif, mais d'extirper, d'éradiquer la mémoire bretonne là où elle croît et se multiplie, dans les mots de la tribu.

Quand la voix, les rythmes et les chants des aînés auront déserté le gosier des Bretons, il ne restera plus que des guillemets vouvoyés pour soutenir « l'identité bretonne », et du *kouign-amann* pour adoucir le goût des larmes versées en cachette. Chantez, Bretons, chantez, n'ayez pas peur des mots qu'on vous a déchirés dans la bouche, rappelez-vous l'Afrique aux lèvres cousues. Déchantez et l'on pourra bientôt se rendre en Armor comme à Disneyland, et caresser la barbe en vinyle d'un druide incarné par un sans-papiers menacé d'expulsion. Oh que j'aime ces mots de l'écrivain breton Michel Treguer :

*Je crois que la Bretagne a besoin de tous ses enfants pour sauver sa culture, pour pérenniser sa différence, c'est-à-dire sa richesse offerte à l'humanité entière : des bretonnants et des autres ; des libéraux et des étatistes ; des athées comme des croyants. Elle doit réunir tous ses héritages : la leçon de ceux qui résistèrent contre l'Allemagne nazie, et les travaux de ceux qui résistèrent, à leur façon, contre la destruction programmée de leur identité.*

Parmi ces « résistants culturels », en 1940, un certain Louis Némo dit Roparz Hemon, écrivain breton, bretonnant, défenseur des cultures opprimées, frappé d'indignité nationale à la Libération, puis acquitté de toute peine de prison. Un idéaliste non violent piégé par l'Histoire et la mauvaise foi, mort en Irlande en 58 sans avoir jamais revu l'Armor. Pas de Roparz Hemon dans la bibliothèque de l'Aber. On ne badinait pas avec l'antisémitisme, chez nous. Mais comme le martelait Pierre Jakez Hélias, un vrai résistant : il y aurait tellement à dire sur cette période et sur lui…

Roparz Hemon fut-il antisémite ?… Je n'ai trouvé trace d'aucun écrit où il fasse état d'une quelconque xénophobie. Puis-je lui suggérer, la prochaine fois que sa muse bretonne lui donnera des ailes, de commencer par écrire le *Voyage au bout de la nuit.* Rien à craindre quand on est l'auteur du *Voyage*, la postérité pardonne tout, l'antisémitisme le plus criminel passe à la trappe. En revanche, elle vilipende et refuse un Roparz Hemon qui s'est contenté d'aimer comme sa chair la langue bretonne – car elle était sa chair – et d'admirer le Groisillon Jean-Pierre Calloc'h, poète bretonnant mort à Verdun.

Que vaut aujourd'hui, lue en français, la poésie de Jean-Pierre Calloc'h ? Il disait sa langue natale plus belle et plus vraie pour exprimer l'amour de la mer. Il s'identifiait à un barde celte et son nom de plume était Bleimor, le loup de mer. Traduits en français, ses poèmes ont un air désuet, mais les plus beaux textes sont dénaturés par un idiome étranger, si fidèle et fervent qu'il puisse être. Jean-Pierre Calloc'h est tombé au champ d'honneur en 1917 après avoir écrit ces quelques mots prémonitoires, que je vous cite en français : « Ô mon île, quand reverrai-je les feux de tes phares ?... » C'était Groix, son île, l'*île de joie*. De sa chambre, la nuit, à travers les Couraux, il voyait clignoter les bouées du...

## Lorient (1)

*Neb a wele Jeff ar ann ot*
*Drant he lagad ru he diou chot*

... il voyait clignoter les bouées du port de Lorient, et il se félicitait d'être né groisillon.

Comment pouvait-on naître à Lorient ? Par quelle aberration des puissances supérieures ? Il n'avait pas de famille, à Lorient, tant mieux pour elle. De Lorient venaient les pique-niqueurs, les bourgeois du dimanche, les officiers, les Lorientais de plus en plus nombreux. De Lorient venaient les aigrefins qui mesuraient les terres avec des chaînes pareilles à des fémurs, et promettaient d'en tirer un bon prix. L'île de Groix, le paradis sur mer, avait un défaut : Lorient, Lorient à cinq milles de Port-Tudy, visible par les plus mauvais temps. Seule la brume, hiver comme été, abolissait parfois Lorient dans la grisaille. La ville disparaissait, les bateaux chargés de visiteurs aux dents longues arrivaient toujours, prêts à racheter les maisons, les parcelles, à financer des routes.

Colbert, intendant royal désireux d'exploiter le commerce avec l'Inde et les échelles du Levant, institua la Compagnie des Indes orientales en 1664, et lui donna Lorient pour port d'attache. Lorient : le nom même de l'*Orient*, le maître navire de la Compagnie des Indes commandé à la même époque aux Chantiers navals de l'Ouest. Avec la Compagnie des Indes, Colbert déclarait la guerre au monde entier – la guerre de l'argent. On importe beaucoup à prix sacrifiés. On exporte comme on peut à prix fort. Le colbertisme était né, reprenant le vieux principe mercantiliste énoncé par Laffemas, premier valet d'Henri IV.

Comme Brest en 1944, Lorient fut écrasé sous les bombes à fragmentation des Alliés. Elles visaient la base sous-marine allemande où les *loups gris* de l'amiral Dönitz sommeillaient entre deux campagnes. Elles pesaient dix tonnes pièce, elles tombaient au petit malheur sur la ville et dans les eaux du port. La base résista : pas une égratignure, la ville en flammes s'écroula. Brest, Saint-Malo, Saint-Nazaire connurent le même sort d'effacement par le feu. Le ministère de la Reconstruction leur fabriqua un nouveau faciès imité du premier, sauvegardant quelques traits d'origine. À Lorient, la vie reprit son cours au bord de la rade et du Scorff. Quai de l'Estacade, au pied du grand phare directionnel, des chalutiers convertis à la hâte en navires à passagers vous emmenaient à l'île de Groix dès juillet 45. Il y avait l'*Île de Groix*, le *Pen Men*, le *Pen Er Vro*, vieux tacots vert menthe affrétés par une compagnie morbihannaise de navigation à bout de souffle au lendemain des hostilités.

Les villes incendiées par les guerres ont le charme des merveilles profanées. Comme le visage d'une jolie femme balafrée. On imagine ce qu'elle était avant l'agression. On voyage dans le temps. On se représente la scène où quelqu'un s'est donné une bonne raison de massacrer tant de beauté.

Lorient, sur l'estuaire en delta formé par le Scorff et le Blavet, est un port militaire où réside l'école des fusiliers marins. Il y a aussi un port de pêche – le deuxième de France –, un grand port de commerce, un port de plaisance et un bassin de yachts, en pleine ville, qui voit se réunir toute l'année des « maxi » trimarans aux finesses de taons, engagés pour des courses lointaines. Je n'aime guère les taons, mais leur forme se prête à la comparaison. Il y a un élan imminent dans l'aspect du trimaran qui fait penser au compte à rebours avant la ruée.

Moi, c'est avec *Diz-Kuiz*, un cotre camarétois aux voiles cachou, que j'ai sillonné les eaux lorientaises jusqu'à Hennebont, sur le Blavet. Le cotre appartenait à JEM – Jeunesse et Marine –, une école de mer fondée par l'aumônier de marine Yves Meynard à la Libération. À JEM j'ai rencontré Bruno de La Barre – un génie ténébreux qui se prenait pour un poisson dans l'eau –, Claude Rougevin-Bainville dit Grand Claude – un merveilleux géant pour qui le marin « peut toujours plus que ce qu'il croit pouvoir » – et Yves Aumon, un grand voileux devenu un ami de toujours, une force de la nature, lui aussi.

Une nuit que je ramène *Diz-Kuiz* à Port Lay – ex-minuscule port thonier où JEM avait ses quartiers dans l'ancienne conserverie de sardines –, le cotre talonne un haut-fond seulement balisé par un vivier à fleur d'eau. Que croyez-vous qu'il arriva ?... Le *Diz-Kuiz* coula voiles hautes, avec son bout-dehors pointé vers la lune.

Non, ce n'est pas tout. *Diz-Kuiz* passa la nuit sous la mer devant les digues de Port Lay. Il gisait penché sur un fond sablonneux doux à son flanc. Il ne voyait rien, car il n'y a rien à voir sous la mer, passé dix mètres, encore moins la nuit. Une méduse errante était descendue coiffer la boule phosphorescente du compas, semblant couver un gros œuf. La rose graduée luisait à travers la méduse assoupie, cap au sud. Des crabes vinrent examiner s'ils pouvaient trouver asile à l'intérieur de l'habitacle, ils s'agrippaient à la lampe tempête retournée sur la table à cartes, ils se disputaient un reste de Vache qui rit dans l'évier, ils bullaient à l'envi contre les hublots maculés d'essence. De temps à autre, un choc sourd prévenait *Diz-Kuiz* qu'un poisson lune étourdi venait de rouler-bouler dans la voilure.

Il y eut une clarté diffuse autour du voilier quand le jour se leva. *Diz-Kuiz* vit briller la torche frontale d'un premier plongeur, puis celle d'un second, il supposa judicieusement que l'on venait à son aide. Un sixième sens de naufragé. Deux jours plus tard, je pus lui raconter comment Grand Claude et Jeff s'y étaient pris pour l'amarrer à des flotteurs de polystyrène et le remorquer à pleine mer décollé du fond jusqu'à Port-Tudy. À la basse mer suivante, il semblait sortir de l'œuf.

Dans la nuit, Jeff me tira du lit. Le temps de sauter dans mon fute et je traversais la grande halle de la conserverie où les bateaux hivernaient.

Franchi la porte à glissière, Jeff me dit : Écoute… Il avait les larmes aux yeux, il essuyait des mains tremblantes dans un chiffon noir de cambouis. On entendait *Diz-Kuiz* mouliner la vieille ritournelle de son Bolinder à essence, 5,7 CV, modèle 42. Jeff avait ressuscité la bécane après qu'elle eut séjourné neuf heures et demie en milieu salin. Jeff avait le don des moteurs comme on a celui des femmes. Il n'était moteur au monde qu'il ne sût identifier à l'oreille, que ce moteur équipât un navire, un avion ou un batteur à œuf. Jeff aimait de passion les mécaniques hors d'usage, réduites au silence, et quand elles se prenaient à tousser le premier *vroum* enfantin du retour à la vie, il revivait. Le verbe « aléser » recélait pour lui les trésors cachés d'une Écriture sainte, trésors à découvrir tous les jours.

En sauvant le voilier du fond de l'eau où il avait déjà commencé à reposer, avec les airs penchés des épaves résignées, en sauvant le 5,7, Jeff me sauvait moi de la honte d'avoir coulé mon navire, ce qui n'est jamais du meilleur effet sur le curriculum vitae d'un marin. Grâce à lui je fus rétabli dans mes fonctions de skipper après Dieu sur *Diz-Kuiz*, et je poursuivis ma carrière de voileux sur des bateaux de plus en plus grands. Dans les années 70, une mouche...

## Lorient (2)

*Ar pezh a deu gant ar mare-lanv*
*Gant ar mare-tre er maez a yelo*

... Dans les années 70, une mouche nous piqua, mon frère Tanguy et moi, d'avoir un cinquante pieds mouillé à l'Aber devant la maison vendue, là même où le *Dieu Protège* prenait sa bouée. Il s'appellerait *Aeleutheria*, terme grec : liberté en français. La mouche nous orienta *illico* vers un domino en version ketch à aileron, élégant et pas cher.

La coque nue fut commandée chez Nautical, rue du Bout-du-Monde à Lorient, un chantier du port de pêche où les soudeurs à l'arc avaient tous leur qualification « sous-marin ». C'est rassurant, pour le client, un soudeur habilité à souder les sous-marins. On le voit mal tirer des soudures poreuses. On s'attend à du travail perlé. On se dit que le hasard fait bien les choses et qu'il y a un bon Dieu pour les fous.

Sur place, un jour que nous passions voir l'avancement des travaux, nous fut présenté un enchevêtrement d'IPN calaminés prenant la pluie devant un hangar : On a fini le berceau du bébé, messieurs, on va pouvoir s'attaquer au bébé proprement dit.

J'inspectai les soudures violacées des poutrelles du ber : Beau boulot, dites-moi. On voit qu'ils ont la qualif' sous-marin, chez vous.

Mon imagination posait les cinquante pieds d'*Aeleutheria* sur le ber, accélérait les travaux, sortait le voilier du hangar, lui faisait longer la rue du Bout-du-Monde et, parvenu au quai des cargos, le descendait à la mer du Bout-du-Monde. En croisière déjà dans le port de Lorient.

Je téléphonais tous les jours chez Nautical, et Tanguy retéléphonait après moi. On payait, on exigeait.

Du nouveau, enfin : deux morceaux de fer coudés venaient d'être assemblés et un troisième ne demandait qu'à l'être. Nous accourûmes de Paris nous ébaubir devant les morceaux de fer coudés et devant le troisième en attente, une longue tige plate rouillée gisant dans un coin de l'atelier. Il crachinait sur le Bout-du-Monde, ce matin-là, un cargo puait la mélasse au bout de la rue. « Ces tôles, là, c'est pour vous, elles viennent d'arriver. » Si les tôles étaient pour nous, elles méritaient nos pensées émues. Cinq cents kilomètres en train Corail pour admirer des feuilles de tôle en pâmoison sur des copeaux d'acier, ça valait la peine !

Chaque semaine nous voyait à bord du Paris-Quimper *via* Lorient, Tanguy et moi. Nous voyagions en seconde classe, étant fauchés. Au retour, exténués par nos errances lorientaises, par la longueur des quais du port de pêche et le pouvoir de pénétration du crachin dans l'âme, nous filions nous empiffrer d'entrecôtes au wagon-snack. Il y avait des soudures à fêter, la ferraille avançait comme on voulait, le pinard méritait nos soifs. Or, je ne sache pas que nous ayons eu un métier ni l'un ni l'autre, en 70, mon frère et moi. Tanguy recensait les citoyens du quatorzième arrondissement, moi je plaçais des santons andorrans dans les paroisses ou des encyclopédies chez les particuliers. Nous avions perdu maman et tous ces gens qui donnaient sa force au mot « famille » : tante Jeanne et mes grands-parents, l'invisible oncle André, la tante Yvonne, la maison sur la grève était vendue et Marie n'existait plus. Avec *Aeleutheria,* j'imagine, nous reconstruisions le ventre de nos illusions dispersées, la baleine où Jonas s'éclairait à la bougie. Et si nous étions perdus, ce bateau nous ramènerait à bon port. À Groix, pour commencer. À Groix nous irions manger des croissants, boire d'immenses cafés au lait, nous serions au Bout-du-Monde.

Contre toute attente, un *Aeleutheria* fini, peint en vert céladon, fut élingué au bassin des yachts le vendredi 3 mai 75. En route, en route…

… *Aeleutheria* double à deux nœuds le mouilleur de balise *Roi Gradlon*, amarré au quai de l'estacade, il double *Aquilon*, la vedette des affaires maritimes, il croise l'antique *Pen Er Vro* vert amande, il se déhale au moteur vers la citadelle espagnole de la passe, sous un ciel noir. À droite le port de pêche, à gauche l'île Saint-Vincent, derrière nous le contre-torpilleur *Malin*, si vieux qu'il paraît blanc. Voici l'inexpugnable base sous-marine de Keroman, souvenir de l'Occupation, toujours défendue par une carcasse de navire français. Elle accueillera trente-cinq ans plus tard la Cité de la Mer et la flottille des *Pen Duick*, ceux du nom. Manquera *Manureva*, le V, trimaran sur lequel disparut Alain Colas. Manquera *Paul Ricard*, trimaran qui ne s'appela jamais *Pen Duick*.

Nous arrivons au large. À l'ouest la tourelle rouge du grand Cochon, l'île de Groix, le bout du monde. Nous en venons, nous y allons. Il se met à pleuvoir et le bout du monde fiche le camp.

Nous sommes quatre à bord. Tanguy et moi, Victor Tonnerre, le maître voilier préféré d'Éric Tabarly, armé d'un tournevis et d'une clé à molette, enfin M. Jacob, l'expert naval armé lui d'un minuscule tournevis.

Première sortie d'*Aeleutheria* pour le réglage du gréement dormant et du compas de route. Et surtout l'homologation en première catégorie, le champ d'évolutions illimitées à travers les méridiens. Le méridien *deuil*, par exemple, avec la première catégorie, se franchit comme un miroir de poche. Même pas besoin de sortir du port.

Les voiles sont envoyées. Le réglage des haubans, la quête du mât s'effectue en cinq sec. Passons au compas. Nous retournons à Lorient sous la pluie battante, et, voiles baissées, cirés capelés, visons tant bien que mal les amers de Port-Louis, château d'eau, citadelle et clocher. Voilà, une bonne chose de faite. La déviation du compas me paraît négligeable et je renoncerai à l'afficher. Je la perdrai. Quelques méchants degrés, voyons. Trois degrés par-ci, trois degrés par-là. Les méridiens s'en fichent.

M. Jacob s'informe de nos intentions, à Tanguy et moi : « Votre programme de navigation, les gars ? »

Je rougis d'excitation. Notre programme est ambitieux. Tour du monde, charter, besoin d'homologation tous azimuts.

« Vous avez les plans du domino ? Comment ça, pas tous ? Combien de membrures ? De lisses ? De goussets ? Épaisseur des tôles de fond ? De pont ? Section du carré de la mèche de gouvernail ? Vous avez une cloison d'abordage ?... »

M. Jacob descend voir l'intérieur. Il prend des notes, revient, descend dans le coqueron du gouvernail. Il y passe un long moment à quatre pattes, il souffle, il gratte, il nous invite à le rejoindre, et nous voilà tous les trois assis dans le ventre arrière du bateau. On est bien au chaud, là, il ne pleut pas, on est à l'abri du vent. On pourrait boire du café, manger des croissants.

« *Orion*, l'autre domino du bassin à flot, détient une homologation en sixième catégorie. Il peut obtenir la troisième, une fois effectuées certaines améliorations. Il convient d'envisager les mêmes sur *Aeleutheria*. Et de me fournir les plans complets. Ah ! votre moteur, parlez-moi du moteur. »

Notre moteur, un Couach d'occasion, une machine bleu myosotis de 80 CV, a fait les campagnes d'au moins trois chalutiers senneurs lorientais avant d'arriver révisé à neuf sur les Silentbloc d'*Aeleutheria*.

« Bazardez-le, dit M. Jacob. Tôt ou tard il prendra feu, le compartiment est irrespirable. »

Nous rentrons au port de plaisance avec un beau soleil du soir, enthousiasmés de cette première sortie en mer. Tout cela est très positif, on se serre la main Tanguy et moi. Haubans et compas sont réglés, l'homologation décrochée. Pas la première, la cinquième. Une autorisation d'éloignement jusqu'à cinq milles du premier abri. Un début prometteur, pour un cinquante pieds qui sort de chantier. En trichant d'un mille ou deux, on peut caboter autour des archipels du coin, Belle-Île, Houat, le golfe du Morbihan, les Glénan. On peut lécher les divers cailloux des trois Bretagne que je connais par cœur. On peut d'ores et déjà quitter Lorient sans risquer les foudres des Affaires maritimes, et se mettre au mouillage à Groix. Merci beaucoup, monsieur Jacob. Mille francs ? C'est donné.

Revenu à couple d'*Orion*, le domino d'un Belge enrichi au Zaïre, *Aeleutheria* reprend son air de grand oiseau nostalgique des horizons perdus. *Orion* est orange – ridicule. *Aeleutheria* vert guimauve – un roi des mers. *Orion* fait cinquante pieds, *Aeleutheria* cinquante : il paraît deux fois plus long.

J'invite le Belge à boire un pot, il décline l'invitation : Nous autres avons du boulot…

Il parle avec un monstrueux accent belgo-zaïrois, et pour dire *moi je*, il dit *nous autres* une fois sur deux. Quand ça l'arrange. Il vit seul sur son domino depuis deux ans. Il le peaufine avant d'appareiller pour Kinshasa. Un grand marin d'eaux troubles.

« Il faut discuter, Émile. Nous avons vu l'expert Jacob, on a parlé des plans.

— Venez vous désaltérer à bord d'*Orion*, nous serons tranquilles. L'expert Jacob est une tête de mule, celui-là. J'ai fait moi-même les plans du domino, nous autres sommes un peu ingénieur… Attention, je déclenche l'alarme à minuit et nous autres avons le sommeil léger. »

Il s'adresse à moi par le capot de descente entrebâillé. Je distingue un visage de fripouille, sympathique et mou, des cheveux filasse, de larges dents verdâtres, un regard éteint où du jaune brille par instants.

Émile est négociant en avions périmés. Il vend, il rachète. Il récupère des pièces détachées. Tous les appareils électriques d'*Orion* proviennent d'un *Hercules* de la Seconde Guerre mondiale, tombé dans les cannes à sucre de la vallée du Niari.

Nous enjambons les filières, Tanguy et moi. Nous pénétrons dans la maison d'Émile, un bloc opératoire où des entrailles d'avion gisent sur les bannettes et partout. Émile sort de la bière et du saucisson de cheval apportés du Zaïre, le tout probablement fauché sous le siège d'un pilote carbonisé.

« Combien de membrures, sur *Aeleutheria* ? »

Si je le savais !

« Quarante-sept.

— J'en ai quatre-vingt-dix-zouit, avec goussets antifêlures et cerclage du cockpit, et j'ai doublé tous les barrots, je vous montrerai mes plans.

— Si vous pouviez nous les prêter, vos plans, pour l'expert.

— Ça, je ne saurais vous prêter *mes plans.* Nous autres avons nos petits secrets… Mais j'ai pour vous les tout premiers plans du chantier *Naotikol*, une photocopie. »

Forts de cette promesse, et Tanguy commençant à bâiller, nous laissons le Belge à ses bricolages. Le capot se referme sur nous. Aucune lumière ne filtre à travers l'altuglas marron. L'ombre d'*Orion* s'amenuise et s'évanouit tout à fait dans l'ombre du quai.

« Son mât est plus court que le nôtre, et je n'aime pas l'anodisation des tubes.

— Une merde, son domino… Il fait pitié, le pauvre, avec sa sixième catégorie. »

L'argent faisant défaut dans nos poches, il fallait s'organiser. Amortissement, rentabilisation. Nous allions proposer nos services à des croisiéristes réputés vers l'Opéra, tout velours et moquette. J'annonçais des voyages au Sud, au Nord, Tanguy confirmait, sortait les photos d'*Aeleutheria*.

Un domino ? demandait l'interlocuteur. Un domino, oui, cinquante pieds. Certes, mais la série a fait parler d'elle, en 69, il y a eu des naufrages inexpliqués, les plans ont disparu. Sauf que le nôtre est renforcé, nous avons un expert naval agréé, M. Jacob, voici sa carte… Avec nos souliers vert pomme et rose, des *be bop*, les pieds tendance des années 70, avec nos haleines richement parfumées au café au lait, je me doute que nous inspirions ce que l'on appelle une confiance relative.

Chez Odyssée Voyages, un beau gosse de baroudeur aux yeux d'un bleu méchant s'intéressait à Rhodes, la destination montante. Ah ! si vous me proposiez Rhodes ! La mer Égée : convoyage à vos frais, examen d'*Aeleutheria* par les agents d'Odyssée local, formalités administratives classiques et chèque à la signature du contrat, la moitié, ça va ?… En nous raccompagnant, le méchant beau gosse laissa tomber quelques mots dont les derniers flamboyèrent dans ses prunelles : *Aeleutheria* n'ira jamais nulle part, les amis, c'est un domino, un cercueil flottant.

Émile attendait un skipper ou plutôt une bonne à tout faire, un steward de l'Aéroflot interdit de vol. Le steward ne se montrant pas, il fit appel à moi pour convoyer l'*Orion* à Kinshasa, moyennant dollars et saucisson de cheval à volonté.

La veille du départ : surprise ! La famille d'Émile au complet prenait possession du ketch, arrivant qui de Pointe-Noire, qui de Bruxelles, qui de Namur, qui de Kinshasa. L'épouse d'Émile, leur grand fils avec son perroquet, leurs deux filles de seize et dix-sept ans, et bon-papa. Sept personnes à bord avec le volatile. Kinshasa attendrait septembre.

Ce répit estival permettait à « nous autres » d'étudier les portulans de Lorient au Zaïre. Entre les mangroves de l'estuaire et les rapides de Livingstone, il ne voyait que des inconvénients à remonter par le fleuve à Kinshasa. Arrivé à Pointe-Noire, on continuerait par le désert. *Orion* serait scindé en deux valves jumelles sanglées sur des civières à roulettes, et deux éléphants les remorqueraient. Il n'y aurait plus qu'à ressouder proprement les valves en arrivant.

Le Belge passa l'été à rendre son domino divisible en longueur. Pont, barrots, planchers, bordés, quille, vaigrage, il prévoyait tout, numérotait chaque pièce de la nomenclature et la notait sur le plan *Orion* 6, que devaient logiquement précéder cinq autres plans. Rien que la modification du câblage électrique allait demander plusieurs mois.

Fin août, répondant à un souhait général, Émile voulut faire une balade en mer avec la famille, et j'étais réclamé par tous pour le pilotage du bateau.

*Orion* ayant besoin d'un carénage, on irait d'abord le toiletter à Belle-Île-en-Mer sous la citadelle Vauban.

« Nous autres » en profiterait pour changer la couleur de la coque défraîchie par l'air salin. Par chance, l'Arsenal de Lorient cédait à un prix *bête* un surplus de peinture au minium, et si j'en prenais aussi pour *Aeleutheria* on obtiendrait à deux des conditions imbattables.

Tanguy et moi nous aidâmes le Belge à ligoter trois fûts de minium à l'artimon d'*Orion*. De quoi peindre un cuirassé.

Sur ce, Tanguy partit faire un saut à Paris. De mon côté, je fis une rencontre intéressante, un soir, et le lendemain matin me réveillai couché… j'ignorais où. Larmor-Baden au sud de Lorient. Je paressai un moment là-bas, plutôt bien traité, le petit déjeuner m'étant servi au lit.

À mon retour, *Orion* n'était plus au nid. Le maître de port, un remplaçant pour l'été, n'avait aucun souvenir d'un sieur Émile ni d'un groupe de Belges parlant fort et mangeant du saucisson dans le cockpit d'un ketch orange, ni du ketch orange. Quant à moi, j'étais prié de passer au bureau payer ma note annuelle de stationnement à quai.

Je revis *Orion* trois ans plus tard à Groix, au bassin à flot, solidement amarré au quai, non par des aussières classiques, mais par quatre anneaux rouge minium soudés à la coque, coulissant le long de quatre piliers de métal tout aussi rouges. Le domino n'étant plus sensible aux oscillations du ressac, il avait l'air d'une statue debout sur le fond. Une astuce de Zaïrois. « Nous autres » sommes un peu ingénieur.

Il n'y avait personne à bord, et le bateau respirait l'abandon, la mousse verdissait les caillebotis.

Le port avait bien changé depuis ma dernière escale. Bastien, le nouveau capitaine du port, s'activait pour encaisser l'argent des voiliers visiteurs. Le soir, il haranguait les équipages dans un mégaphone où il faisait bêler Panurge, un mouton qu'il avait recueilli après le naufrage du cargo *Sanaga*. Ça, pour connaître le Belge, il l'avait bien connu. Son mégaphone équipait les brigades fluviales du fleuve Zaïre, une attention du Belge en échange des travaux qu'il effectuait sur son rafiot.

Le Belge avait passé une année complète à Groix, c'est-à-dire qu'il avait passé l'année dans son bateau amarré à Groix, sans mettre le pied à terre. Au début il avait sa famille avec lui, mais très vite il était resté seul et il ne s'adressait plus qu'à Bastien. Ah ! si Bastien voulait bien l'accompagner sur *Orion* à Kinshasa, il saurait toujours le dédommager...

Le Belge n'arrêtait pas de vouloir partir et d'amarrer son bateau de plus en plus solidement. Il se plaignait du vent, du ressac, des mouettes, de l'agitation sur le quai, il disait que Groix était le port le plus mal exposé de la côte atlantique. Si les Groisillons lui donnaient les moyens, il pouvait leur dire comment disposer les digues autrement pour que les bateaux arrêtent de gigoter à quai, chiffrer le coût des travaux.

Il devait avoir des ennuis d'argent, tout Belge qu'il était, car il s'était lancé dans les amarrages en dur, un brevet qui réglerait une bonne fois pour toutes le problème du ressac dans les marinas. Le port lui ayant refusé d'installer d'autres pylônes que les siens, il avait parlé de porter plainte contre l'île de Groix, ce qu'il ferait sitôt rentré au Zaïre.

À l'automne, il avait reçu de Bruxelles une lettre annonçant qu'il avait perdu sa mère. Pour la première fois le Belge était monté sur le quai du port. On ne savait pas qu'il était si gros, si grand. Il portait à l'épaule un petit sac de toile genre musette de soldat, et il avait son mégaphone à la main.

« Pour toi, Bastien, qu'il m'a dit, je dois m'en aller. Là où je vais je n'en aurai pas besoin. Nous autres savons nous en aller quand il le faut. »

Il est monté sur le bac de Lorient et on ne l'a plus jamais revu.

Cette histoire nous a…

# M

## *Mamm*

*Hag ann eostig en deuz paket*
*Ha d'he aotrou hen kasert*

… Cette histoire nous a passablement remués, Tanguy et moi. Nous ignorions qu'un Belge pareil pût avoir une maman, mais s'il la perdait nous la perdions avec lui. Nous avions perdu la nôtre, à cette époque, elle nous manquait chaque jour un peu plus. Je ne suis pas sûr que nous soyons vraiment remis aujourd'hui, ni moins perdants. Je ne pense pas que Tita ait abandonné tout espoir de la croiser dans la rue et de la ramener à la maison. Je sens bien qu'Hervé reste le premier enfant de notre mère à tous les quatre et qu'il attend un signe de sa part, chaque jour, signe qu'il reçoit forcément. Si le temps paraît se refuser à marquer Tanguy, mon petit frère, mon cher petit frère, aussi jeune et nouvellement né à cinquante-neuf ans qu'à treize, n'est-ce pas un cadeau que maman lui fait à travers les saisons, le signe de leur complicité inachevée ?

J'en veux à la vie d'avoir privé maman du bonheur de connaître mes enfants, et privé mes enfants du bonheur d'embrasser leur grand-mère, un être si dévoué à l'amour des siens qu'une grande fatigue est passée par là. Je voudrais pouvoir revivre ma vie, un jour ou l'autre, et renouer le fil de l'histoire interrompue, et voir où les choses semblaient vouloir aller, quand il n'était pas question de perdre maman ni personne.

Au cours des années 70 le deuil nous entamait profondément, Tanguy et moi, il nous déconnectait du bon sens, nous brouillait la vue. Les gens nous paraissaient bizarres, malveillants et sots, et sous nos yeux la Terre entière filait un mauvais coton. Nous étions persuadés que c'en était fini du cours habituel des choses, et qu'il fallait se faire la belle au plus vite. Or ni les oiseaux ni les bateaux n'étaient assez ivres pour nous consoler, là-bas, et le grand rêve océanique des deux frangins associés dans leur combat contre la douleur de vivre sans leur maman, leur *mamm*, se…

## Marais salants

*Hag ann aotrou pa hen d'alc'haz*
*Awalc'h he galoun a c'hoarzaz*

… se dispersa.

La destinée humaine, si violente à l'occasion, fait penser à l'océan capable de submerger des îles, mais aussi bien de se prélasser au plus menu des marais salants. Le principe du fil en aiguille, avec l'océan dans le rôle en or du gros fil.

Il arrive à marée montante par des canaux, les étiers. Le système vasculaire déborde dans les vasières à l'extérieur par un tuyau de bois, le tuy. En contrebas est ménagée une fosse, la cuve, qui maintient la vasière à niveau constant. L'eau se répartit alors dans les bassins d'évaporation, se propage dans une série de chambres communicantes, les phares.

Un cheminement progressif sur des niveaux décalés fait s'activer l'évaporation de phare en phare, et l'on arrive aux quadrilatères des salins. Le sel fin flotte en surface, le gros sel se dépose au fond.

L'hiver, les marais sont abandonnés à eux-mêmes comme les jardins après la saison. Aux premiers jours de mars, on nettoie les vasières, on les récure. On appelle ça « chausser le marais ». Et la mer, après cette étrange pérégrination nourricière en vase clos, se permet de…

## Marée

*Dalit, dalit va greg ianounak*
*Setu amanb hoc'h eostih koant*

… se permet de retourner à ses eaux poissonneuses, à ses horizons, ses marées.

Barques échouées, blocs de ciment, ancres et chaînes, grappins, bouées, étoiles pantelantes, flaques mordorées, pêcheurs de gravette, tel est le spectacle d'un port breton à marée basse.

Au fait, la marée, c'est quoi ? Il y a trois siècles à peine on tâtonnait, on supputait. L'humanité chrétienne tremblait devant ses maîtres. Elle subissait le jeu des marées comme les Gaulois l'orage – avec une frousse aveugle. Pas touche aux croyances dictées par l'instance vaticane à l'affût des schismes, prêtant aux astres une puissance de lévitation, contraire au pouvoir du Christ marchant sur les eaux. La mer montait à la grâce de Dieu, expression d'une vie surnaturelle ici-bas, point final. Et si le balancement pendulaire océanique était du ressort de l'astronome, on entendait l'ignorer.

Pour les anciens, plus évolués, plus modernes, un mystère naturel se résout par la raison, sinon par l'image. Ils constatent un mouvement périodique des eaux, une mesure de quelques pouces. Les choses sont ce qu'elles sont : la Terre un disque plat, le ciel une coquille semblable au fond de la mer, les astres des flotteurs, le Soleil et la Lune des luminaires entre les doigts invisibles de Zeus, les comètes incarnent les monstres du mal quels qu'ils soient. Qui les voit devient fou.

Mais tout férus qu'ils sont des mythes, les Grecs n'en cherchent pas moins la clé des rythmes universels et le pourquoi d'une boule de feu s'éteignant chaque jour entre soir et matin, disparaissant d'un côté, revenant de l'autre.

Six cents ans avant l'ère chrétienne, le philosophe Pythagore observe la mer. Voile à l'horizon. C'est toujours la nature qui se détache en premier contre l'azur. Au bout d'un moment se distingue un bateau. Pourquoi pas en même temps ? Assis sur le muret blanc du port de Crotone, le moraliste est parcouru d'un frisson. *Eurêka !* s'écrie-t-il en plagiant Archimède, puis il hurle de joie. Il part dans les rues du port annoncer la nouvelle. J'ai trouvé. Contrairement aux idées reçues depuis quatre mille ans, la mer n'a rien d'un disque plat. Elle s'incurve en s'éloignant au large, elle se mord la queue. De la pointe de sa sandale, Pythagore trace un rond dans la poussière : voici la mer. Elle est ronde. La Terre est ronde. Le jour et la nuit sont ronds, réguliers comme les saisons, ordonnés par le cycle naturel d'une harmonie qui fait du monde un cercle au beau milieu du cercle céleste. Jeu d'enfant, le nombre d'or qui formulera bientôt cette évidence.

Et la marée ?

Grande inconnue, la marée, autrefois. Si génial qu'il soit, le savant grec ignore qu'au-delà des eaux coutumières de Zeus il en est d'autres, rien de moins que les océans indécis entre deux gravitations, sujets à des palinodies qui vident les ports et les grèves, déployant l'énergie des courants sous l'impulsion des astres. Son approche est pourtant la bonne et ses pairs s'y rallient. On n'en est pas encore à parler de réponse ondulatoire à des sollicitations astronomiques, mais pas loin. C'est bien par la cosmogonie que sera percé le secret des flots descendants, ascendants et, ne seraient les interdits pontificaux, le chapitre aurait été clos avec dix bons siècles d'avance. En Grèce, après Pythagore, on ne cesse plus d'améliorer l'art d'observer l'univers, à partir de l'eau. Le marin Pythéas (IV^e^ siècle avant J.-C.) va révéler que la mer suit partout le mouvement des étoiles ; Hipparque, le matheux, inventeur du cercle gradué, récidive avec l'astrolabe, l'appareil à mesurer la hauteur d'un corps céleste sur l'horizon ; Aristarque de Samos conçoit la rotation du globe sur lui-même autour du Soleil. C'en est trop. On lapiderait à moins. L'homme est curieux, mais il a besoin d'une Terre au centre des nuits. Il veut être la pointe du compas qui décrit le tour des mondes.

Sur ce, Ptolémée met à nu la complexité dynamique de l'univers avec un dessein voulu comme une réponse à tous les pourquoi des heures étoilées. La cosmogonie d'un humanisme si chrétien qu'elle aura force de loi comme un Évangile. Giordano Bruno, moine rêveur, lunaire, partira en fumée pour avoir admis devant témoins, et refusé d'en démordre au tribunal, cet axiome impardonnable aux yeux des papes : « Il y a ce qu'il y a et rien d'autre… »

Et la marée ?…

On démythifie les constellations, on dénombre les feux du zodiaque, mais on cafouille au bord de la mer qui va et vient. À la veille des âges chrétiens, le ciel s'obscurcit. Les mégaphilosophes dont l'Occident fera son patrimoine – Aristote, Platon – ne sont qu'une paire de charlatans quand il s'agit d'expliquer les marées : convulsions volcaniques, écrasement des eaux du fond par les eaux de surface, dragons expectorant la foudre qui meut les flots, par des narines en forme de cratères, battements du cœur de Zeus… De la Lune, et de l'ascendant qu'elle pourrait exercer sur les éléments, il n'est plus question. Les compagnons spirituels d'Ulysse, monstres de logique et d'intuition, n'en sont pas moins les enfants d'une civilisation fantastique où la raison dévoyée du Cyclope, au bout du compte, prime l'*Eurêka* des sages et le fil à couper le beurre…

Ah, si l'eau des mers ne descendait pas, ne jouait pas à cache-cache avec l'homme égaré dans la nuit des temps !

Concernant la mer et sa fébrilité, le premier millénaire sera celui du *statu quo* ptolémaïque décrété par les clercs. La foi qui soulève les montagnes est la même qui soulève les eaux, ainsi soit-il, Dieu est grand. *Credo quia absurdum*, *dixit* saint Augustin. En douce, une rumeur venue des littoraux fait les beaux soirs de l'astronome… Elle monte, oui, et jamais si haut qu'au clair de la lune, mon ami Pierrot. Elle se meut à la force du ciel étoilé. Elle retourne à son lit naturel – la nuit. Et la sympathie régnante entre Lune et mer change d'une rive à l'autre. En Grèce, la marée se compte en pouces, à Venise en pieds, dans le golfe de Gabès, en Tunisie, elle est d'une ampleur à provoquer des sauve-qui-peut. Sur la côte atlantique, en Armor, ce sont des lieues qu'il faut parcourir, parfois en plein désert, telle la famille Fenouillard au pied du Mont-Saint-Michel, du temps que le Couesnon était moins fou, pour atteindre l'élément des basses mers. Et qu'en est-il par-delà l'océan de la *terra incognita* que des marins déboussolés, rentrés la tête à l'envers chez eux, jurent leurs grands dieux avoir vue ?

À Séville, un jour que je cherchais la trace d'un ancêtre à nous, j'ai pu voir, calligraphiés par des hommes de foi dans les registres paroissiaux, les noms de tous ces gens brûlés publiquement au seul motif qu'ils avaient regardé s'animer la nuit dans un verre grossissant.

Au XVIIIe siècle, la science ne s'en laisse plus conter par les gabelous de l'Inquisition. Bon gré mal gré, le théologien doit cohabiter sous les comètes avec le physicien. Premier océanographe ainsi désigné, Laplace invente la dynamique ondulatoire, une théorie permettant de prévoir en tout point du globe la caractéristique et l'heure de la marée. C'en est fait du secret des mers et des superstitions. Le Vatican rend les armes. On regarde l'histoire avec un sentiment d'incrédulité, on se frotte les yeux. Qu'a-t-on fait, à deux mille ans d'intervalle, sinon rendre à César, *alias* Pythéas et sa bande, Galilée, Giordano Bruno, Copernic, ce qu'ils avaient remarqué, les bougres, rien qu'à l'œil nu : la Lune, autre œil nu... ?

Depuis, il ne s'est plus rien découvert d'important. On s'est contenté d'améliorer la précision des instruments, de peaufiner le marégraphe, de calibrer la nanoseconde ou de mettre au point le télescope spatial qui balade un œil voyeur à travers les années-lumière, zyeutant les amas de gaz expulsés par les astres mourants.

Pour nous autres Labérois, la marée, c'est la mer, et nous aurions tort de la réduire aux flots. La marée, c'est la Lune omniprésente et vive, dans nos esprits, dans nos humeurs et sous nos pieds où le magma s'étire comme de l'eau. Elle agit jusqu'en Suisse, et pas sur les bords du lac, sur les rivières, elle influe sur l'accélérateur de particules européen, un cylindre qui déforme au clair de lune.

Pas un écosystème ici-bas qui ne soit une horloge vivante, réglée, minutée par le champ électromagnétique terrestre et celui des astres environnants – dont la Lune, notre premier voisin.

Voyez les bêtes marines. Les huîtres s'ouvrent à marée montante et ce n'est pas simplement qu'elles ont soif. L'oursin, lui, n'est amoureux qu'à la pleine lune, son appareil génital est ainsi conçu. Le crabe appelant du Pacifique est foncé le matin, clair le soir. Quel rapport avec la Lune ? Extrait du milieu naturel, placé en laboratoire, il change de couleur au rythme lunaire, appliquant même une correction de vingt minutes, le retard quotidien des marées. La tortue brésilienne part tous les quatre ans frayer à l'île d'Ascension, deux mille milles à l'ouest. Comment la trouve-t-elle ? Grâce au rayon lunaire. Imaginons ces tortues, par temps couvert, barbotant sur place au large et guettant l'apparition de l'amer céleste, mourant jusqu'à la dernière s'il tarde à flécher la voie.

Le barracuda, bestiole aux yeux pareils à des lunettes noires, se pêche à mille mètres de profondeur par temps gris, à deux mille au clair de lune. L'obscurité s'établissant pour la rétine à soixante mètres, on peut se demander comment, deux mille mètres plus bas, un poisson nyctalope ou non fait la différence entre les radiations d'astres qu'il ne voit même pas.

Non moins lunatique est le grunion, le poisson-canif (un centimètre), assez débrouillard pour apprivoiser la Lune à des fins érotiques. Ils sont des milliers à croiser l'été devant les plages de Californie. À marée montante, la nuit, par mesure de sécurité, ils se laissent porter le plus haut possible et restent échoués au reflux. Ils en profitent pour copuler. Le mâle étreint la femelle enfouie verticalement jusqu'à mi-corps, libère sa laitance, et nos deux amants décampent à la marée suivante. Cependant les œufs fécondés restent ensablés... La Lune décroît, c'est la morte-eau. Le Soleil chauffe le sable et, dix jours plus tard, à l'abri du bec des prédateurs, les embryons couvés sont prêts à éclore. Oui, mais pour naître poisson dans l'eau, encore faut-il attendre le retour de la Lune, les vives-eaux. Ils attendent, ils sont patients. Grunions ils sont, grunions ils savent d'instinct le bon moment pour venir au monde et rejoindre leurs géniteurs qui guettent au large en bande pullulante. Et ce sont des milliers d'espèces, de l'anguille à la fauvette, du ver de terre au serpent de mer, de l'homme au sapajou, que la Lune inspire, envoûte et régénère, et qui s'éteindraient si l'astre s'éteignait. Et qui mourraient bien avant si…

## Marée noire

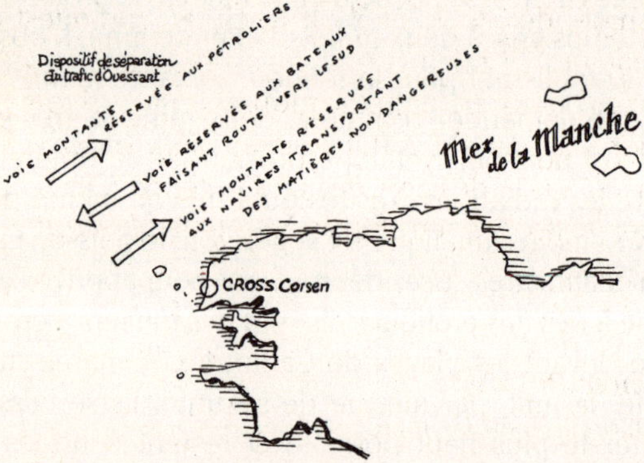


*Deuz etre diou vrec'h da vamm goz euz da zouget ma bugel*
*Deuz war galon euz da vaget ma mablik paour kent mervel*

… Et qui mourraient bien avant si les déchets plastiques, particules fines, et autres épanchements hydrocarbures à fort coefficient continuaient de vouloir se mélanger à la mer.

## Marée noire, liste noire

*Torrey Canyon*
(Pavillon libérien, Barracuda Tanker,
British Petroleum)

18 mars 1967, neuf heures du matin. Ce pétrolier jumboïsé par la Barracuda Tanker Corporation vient percuter à dix-sept nœuds Pollard Rock entre l'archipel des Scilly et Wolf Rock, au sud-ouest de l'Angleterre. Cent mille tonnes de brut à la mer. Nappes lisses et nappes mousseuses arrivent en Armor à la côte de granit rose, aussitôt touchée que passée au noir des Sept-Îles au Contentin. Les plages seront nettoyées, en apparence, le sable perdra sa luminosité.

*Olympic Bravery*
(Pavillon libérien, Olympic Maritime,
Monte-Carlo)

24 janvier 1976. Ce pétrolier vient s'encastrer dans les récifs de la baie de Yuzin, au nord d'Ouessant. Huit cents tonnes de mazout à la mer et sur le rivage ouessantin. L'armateur fut accusé d'avoir

délibérément perdu son navire en raison d'une crise du transport pétrolier.

*Böhlen*
(Pavillon RDA, Deutsche Seereederei)

15 octobre 1976. Ce pétrolier faisant route du Venezuela à Rostock sombre au large de l'île de Sein. Les canots de sauvetage se brisent sur la coque en descendant à la mer. Vingt-cinq morts sur les trente-trois membres de l'équipage. Le pétrole des cuves arrive à la côte.

*Amoco Cadiz*
(Pavillon libérien, Amoco Transport)

16 mars 1978. À court de gouvernail, le pétrolier s'échoue sur les roches de Portsall (Finistère) après plusieurs remorquages infructueux. Deux cent vingt-sept mille tonnes de brut à la mer. Trois cent soixante kilomètres de littoral passé au noir de Brest à Saint-Brieuc.

*Gino*
(Pavillon libérien)

28 avril 1979. Le pétrolier fait route de Port-Arthur au Havre. Il sombre au large d'Ouessant après collision avec le pétrolier norvégien *Team Castor*. Le *Team Castor* déverse à la mer mille tonnes de fuel, le *Gino* quarante mille tonnes de *carbon black*. Ce gros fuel des familles, les langoustes s'en souviennent encore.

*Peter Sif*

15 novembre 1979. Le cargo sombre en baie de Lampaul devant Ouessant avec deux cent mille litres de fuel en cuves. Vingt ans plus tard, les remontées d'hydrocarbures continuent régulièrement d'empoisonner la mer.

*Tanio*
(Pavillon malgache)

7 mars 1980. À l'aube, le pétrolier se casse en deux au nord de l'île de Batz. Vingt-sept mille tonnes de fuel à la mer.

*Erika*
(Pavillon maltais, Total)

12 décembre 1999. Le pétrolier se casse en deux à cinquante-cinq nautiques au sud de la pointe de Pen-Marc'h, quatre-vingt-dix nautiques à l'ouest de Belle-Île-en-Mer. Le remorqueur *Abeille Flandre* tire au large les débris du pétrolier. Dix mille tonnes de fuel à la mer. Cinq départements français souillés, Groix, Belle-Île, Vendée, Noirmoutier, Charente-Maritime.

*Prestige*
(Pavillon Bahamas, Mare Shipping,
Laurel Sea Transport)

13 novembre 2002. Ce pétrolier subit une avarie au large des côtes espagnoles, dérive et se casse en deux

au large de l'île d'Yeu, suite à une collision avec un conteneur. Des nappes de pétrole dispersé arrivent sur les côtes françaises.

*TK Bremen*
(Pavillon maltais)

16 décembre 2011. Le vraquier allemand, en escale à Lorient, appareille au début de la tempête Joachim dans la soirée, à destination du Royaume-Uni. Il va s'abriter du gros temps entre Pen Men et Port-Tudy à Groix. Ses ancres lâchent plusieurs fois, le *TK Bremen* est repoussé dans les couraux à l'est hors de la zone abritée. Drossé à la côte, il s'échoue devant la plage de Kerminihy. Soixante mille litres de fuel à la mer. Espace dunaire pollué dans tout le secteur d'Erdeven.

J'étais à l'Aber-Ildut avec *Aeleutheria* quand l'*Amoco Cadiz* se déchira sur les roches de Portsall, entre le phare de Corn-Carhaix et la côte. Je pris le car, j'allai voir, j'allai sentir, j'allai pleurer avec les côtiers.

Une désolation, cette bouse hydrocarbure étalée sur les flots, sur le sable et sur les rochers. Une odeur pestilentielle, une lumière défigurée, des milliers d'oiseaux morts, de poissons ventre en l'air, et devant vous cet imbécile de navire suicidé avec son goitre de jumbo tendu vers le ciel.

N'allez pas vous imaginer que la mer ne vit plus, que ce caramel gluant du fuel entrave la marée, la course lunaire, la puissance du vent. La houle ondoie sous la sanie qui crève en bulles nauséabondes, avec des renvois de dragon ballonné par une proie avariée.

Chaque fois, c'est à mains nues qu'il faut nettoyer. Chaque fois le mal revient, des navires poubelles se brisent comme des orvets en longeant la côte. Chaque fois, on nous ment, on nous promet des gouvernails sécurisés, des doubles coques inviolables, des rails de navigation videosurveillés, des bateaux moins grands, des châtiments comme jamais. Chaque fois, les délinquants se lavent les mains – ils sont bien les seuls ! – d'une calamité dont la faute incombe à tous : la civilisation, l'automobile, les usagers, les États. Quand les délinquants paient, c'est par charité, cyniques jusqu'au dernier sou, la conscience tranquille.

N'oublions pas les dégazeurs sauvages, les pires, responsables à quatre-vingt-quinze pour cent de la pollution des océans.

N'oublions pas les héros anonymes hélitreuillés sur les navires en perdition, comme les marins du remorqueur *Abeille Flandre* sur la poupe de l'*Erika* en train de sombrer, pour frapper le câble de remorquage.

Et n'oublions pas non plus de garder l'espoir d'un monde meilleur, puisque tel est notre rôle ici-bas – tant que la mer durera. Et tant que…

## *Men*

*Me wel ann dragonned erre*
*Sternou lugernuz dillad ru*

… Et tant que le granit d'Armor lui opposera une résistance de chaque instant, tout perdu d'avance qu'il se sait.

*Men* veut dire pierre, en breton. Grève aussi veut dire pierre, veut dire *men*. Grève est en Armor le mot préféré des enfants. On nous appelait « mignons », à l'Aber, nous les morveux, les va-nu-pieds des grèves. Les vieilles Bretonnes au faciès décharné gloussaient en nous voyant passer : alors, mignon ? Et c'était comme une bénédiction pour tous les temps.

L'après-midi, les mignons des campagnes paumées venaient jouer à la mer, fratries vagabondes, la peau sur les os. On les voyait plonger sur les roches rouges de Garc'hin, maigriots à faire peur, vêtus d'un slip à côtes bleues porté par le père au temps du pacot sur la *Jeanne* ou le *Chevalier Paul*. Ils ne savaient pas nager, ils savaient plonger sous les yeux des filles. Ils pêchaient des gemmes striées d'écarlate, toutes grasses de la salive du *bezhin*.

Les jolies *kodakérien* emportaient sans un mot ces améthystes enflammées d'étincelles de mer, et les rougissants mignons s'égaillaient. Ils allaient aider au brûlage du goémon, siffler la piquette bourrue avec la passeuse, godiller sur les plates de la cale. C'étaient des plates volées, leurs chevaux d'orgueil, elles n'en finissaient pas d'arpenter la mer à la poursuite du roi Marc'h.

La Bretagne est grève, elle est pierre en mer comme à terre. La pierre bretonne a bâti les remparts de Brest, elle a pavé les grands boulevards haussmanniens, servi de piédestal à l'obélisque de Louqsor, place de la Concorde, mais non moins aux grands feux d'atterrissage, tel Armen au large de l'île de Sein. La pierre en Armor a partie liée, sous le ciel et dans la mer, avec…

## Mer

*Eun den-sonerez a oa outan evel ma lavarer wezennavalou*

… avec cette chose molle et parfois dure, on ne sait pas, elle ne sait jamais, elle hésite, elle change d'avis… Manque de sel, manque d'oxygène, manque un degré, pas davantage, elle est comme ça, notre vieille petite sœur aînée l'eau.

$H_2O$. Deux atomes d'hydrogène, un atome d'oxygène, la molécule de vie. Ajoutons à la vie NaCl, formule atomique du chlorure de sodium, et l'on obtient l'eau salée, sérum de l'univers, paradis mouillé du homard. La mer. Elle est bleue, à jamais bleue pour les grosses légumes du pas-vu-pas-pris. On assèche, on dégaze, on « marée-noircit », on enfume au $CO_2$ l'ozone amniotique, on signe des protocoles, on a de grandes résolutions, on prétend bénéfiques les aérosols, on se demande à quoi bon dépolluer alors que la Chine, l'Inde ou l'Amérique polluent vingt fois plus que nous autres, les pollueurs d'Europe. Dommage, l'effet de serre. Pas touche à l'industrie nécessaire à l'humain, favorable au vivant comme la mer où s'établit un équilibre statistique entre les dévorants, où les sargasses délitées au cours des âges ont fini par se réduire en ces marais lagunaires : les hydrocarbures, le bien-aimé pétrole, notre plus chère dépendance, que serions-nous sans toi, pétrole ? Mer égale vie, mais également vie des microsystèmes que nous appelons Palm-Pilot, Caméscope, Livebox, cellulaire ou grille-pain, GPS, Game Boy, iPod, wifi, GameCube, DS, tous prodiges reliés au macrosystème électronucléaire, lui-même abreuvé par quelque oléoduc d'Oural ou du Sahara, fauteur de bévues climatiques, rafraîchi par les fleuves et les océans.

Antidote, énergie, la mer n'a jamais failli à son rôle initial d'enzyme opérant la désactivation chimique des souillures vomies par les fenêtres des ports mégapoles et sous les ciels du monde entier. Souillures livrées telles quelles à la puissance régénératrice du flot, entraînées par les courants, en route pour le Groenland, la Norvège, le Labrador, cela dissolvant et portant les gaz de l'hémisphère Nord vers l'hémisphère Sud, pour les exhaler dans l'air glacial de l'Antarctique, nature inviolée comme au premier jour s'il eut jamais lieu.

Aujourd'hui, la mer n'en peut mais. Entre les gadoues et toxines industrielles qu'elle doit ingérer à longueur d'année, et les poissons que nous lui réclamons par millions de tonnes, elle accuse le coup, périclite à son tour.

L'homme a la réponse au mal qu'il inflige aux éléments, il a réponse à tout. Il est le maître de la terre et des eaux. La pollution est une vieille connaissance, un désastre rémanent, que son génie sait pallier. L'eau dégradée ? On l'assainit. Les huîtres s'y trompent et se remettent à proliférer. Aucune différence pour l'amateur. À Taiwan, l'eau des égouts est diluée, blanchie, purifiée, pompée vers des bassins témoins où de comestibles mulets tirent leur flemme en attendant les joies dernières du court-bouillon. Telle est la vie sur sa lancée. On n'arrête pas une avalanche, on n'entrave pas le cours des astres et pas davantage celui des courants, celui du progrès, où qu'il nous entraîne. Laver l'eau des égouts, c'est bien, la lessive sans phosphate, c'est bien, les bornes de récupération pour piles et batteries, c'est bien, très bien. La calculette solaire, la gourde en fer-blanc, la garde-robe en ortie de Chine, les produits bio, le tri subjectif, le papier recyclé, l'ampoule fluo, l'éolienne aux quatre vents, tout ça fait plaisir à Jean-Jacques, mais Voltaire se tient les côtes. Amusettes, les pseudo-panacées, comme saupoudrer de fer les océans pour stimuler l'action photosynthétique du plancton ; amusette, le blanchiment des stratocumulus par vaporisation d'eau salée, rien de moins que pour limiter les coups du soleil et contraindre l'océan à refroidir les terres émergées ; amusette, la domestication des forces jupitériennes que nous titillons. Contre le mal grandissant des mers, la solution tient en un mot, s'il est encore d'actualité : l'homme, le roseau pensant. Capable de tout, sauf de sonder les mers ou de…

## Météo

*Me na gredann ked em c'halon*
*E krogfe enn on, eunn dragon*

… ou de savoir un jour à l'avance s'il va pleuvoir ou non sur la pointe de Bretagne, et si l'Aber va devoir se serrer les coudes autour d'un vin chaud.

Le matin, le facteur dépose *Le Télégramme de Brest* sur le bahut de l'entrée. Ma grand-mère s'en empare. En dernière page, c'est la météo. On voit la France en vert et, région par région, les soleils du temps prévu : soleils riants, moins riants, soleils noirs. Le Sud est hilare, l'Ouest grognon. La navrance imprègne le visage de grand-mère qui s'efforce d'amadouer la célèbre tendance ultérieure du temps, un vrai titre de roman d'angoisse. Voyons voir un peu ce qu'en dit *Ouest-France*. Quelqu'un a vu *Ouest-France* ?... Lundi : couvert. Mardi : belles éclaircies dans la soirée, nombreux hectopascals en perspective, anticyclone espéré aux Açores avec influence éventuelle sur la pointe de Bretagne. Mercredi : brume en début d'après-midi, se dégageant par l'ouest dans la soirée. Jeudi : pluie et vent. Vendredi : vent et pluie. Samedi : beau temps, retour aux conditions anticycloniques, écran total à volonté.

Le samedi venu, le front chaud promis, trop chaud, faisait se succéder une pluie lourde et tiède et une pluie froide et fine, une dépression minuscule se creusait sur l'Iroise à l'entrée du goulet de Brest et le soleil se voilait à l'heure du bain. Les bikinis disparaissaient sous les gros pulls tricotés maison par des belles-sœurs démoralisées, les boissons chaudes fumaient dans les bols chinois ébréchés des officiers de marine morts au combat. C'était à nouveau le bruit doux de la pluie par terre et sur les toits, sur la mer comme au ciel, et jusque dans les yeux de ma grand-mère accrochée coûte que coûte à la dernière page d'un *Télégramme* à tordre. Elle s'en voulait de consulter un journal de si mauvais augure. Elle enfermait les numéros pluvieux dans le placard sous l'escalier, avec les boules de pétanque et les produits d'entretien, là où, par dizaines, d'autres *Télégramme* en pénitence attendaient d'envelopper les épluchures et les têtes de poisson. Par le biais du journal, ma grand-mère menait une lutte aveugle contre ses filles attirées par le Sud et contre ses belles-filles amoureuses du Midi, pâmées à l'idée de rôtir sur le sable en mini-maillot, en feuilletant des magazines. Le pouvoir de la pluie et du beau temps, dont certains se flattent au sens figuré, était le seul que ma chère grand-mère voulût exercer au plein sens du mot. Et sûrement rêvait-elle en son for intérieur de supplanter le rédacteur en chef du *Télégramme*, non par conviction politique, uniquement pour intervertir des prévisions iniques : inonder la Côte d'Azur, jeter un brouillard givrant sur Bandol et Saint-Tropez, et restituer à l'Ouest les soleils de cocagne usurpés par la Méditerranée, ce *Mare Nostrum*, cette flaque sans vie, sans reflux, sans poissons ni parfums iodés, ce brouet turquoise dont osaient se languir ses brus en jouant à la manille ou au nain jaune, cependant que les gouttes s'obstinaient à frapper les persiennes.

Le Sud, la grande affaire. Aspirer au Sud, c'était faire acte de rébellion. C'était désavouer la mer, infidélité suprême ; c'était consommer l'adultère aux dépens de toute une généalogie dont l'arbre s'enracinait ici même et ne souffrait pas d'arbrisseaux à l'écart du foyer. C'était briser l'omerta du temps pourri que chacun s'ingéniait à préserver et cacher. C'était reconnaître en présence de ma grand-mère et de l'oncle Jo, de toute une famille accoutumée sur ce chapitre à motus ou bouche cousue, que non seulement il pleuvait des cordes à l'Aber au mois d'août, mais qu'en plus on pouvait désirer passer les vacances ailleurs.

Au Sud.

Chaque jour, à l'heure des repas, les mêmes mots s'échangeaient sur les valeurs comparées du temps labérois et, par exemple, au hasard, du temps provençal. Canicule à Nice ? Veinards que nous sommes, nous autres les privilégiés des nuits fraîches et du noroît dégoulinant. Inondation à Nîmes ? Compassion à l'Aber. Ventait-il huit jours d'affilée chez nous, à ne pas mettre un pied dehors, à ne pas risquer un voilier sur l'eau, ma grand-mère soupirait d'aise. Allons, mes enfants, remerciez le bon Dieu, louez saint Antoine. Vous entendez ? Quelle beauté, cette tempête, quelle puissance et quel entêtement, cette pluie ! Les bateaux sont emportés à la dérive et les pêcheurs ne sortent plus, c'est épatant. Écoutez les cornes de brume. Imaginez les marins en perdition, dans cette furie. Et le pire est à venir, croyez-moi. La radio prévoit une aggravation dès la nuit prochaine, on peut s'attendre à un naufrage. Oh, combien de marins ? Vous n'aurez que plus de plaisir à retrouver le soleil, un jour, le beau soleil du Finistère, bien frais, le meilleur et le plus roboratif quand les nuages s'en vont. Pendant ce temps-là, vous savez quoi ? Dans le Sud, ils ont des orages tous les soirs, des incendies criminels : les bombardiers d'eau terrifient les estivants, les personnes âgées suffoquent dans les embouteillages, les gens deviennent fous, les nouveau-nés sont dévorés par les moustiques jusque dans les maternités, la nappe phréatique charrie des maladies incurables. On ne peut pas dire qu'il fait beau quand il fait trop chaud, quand la chaleur vous anéantit. Vous avez trop chaud, les enfants ? Non, grand-mère. C'est sûr ? Oui, grand-mère. À la bonne heure... Donc il fait beau à l'Aber. Que ceux qui veulent un grog lèvent la main.

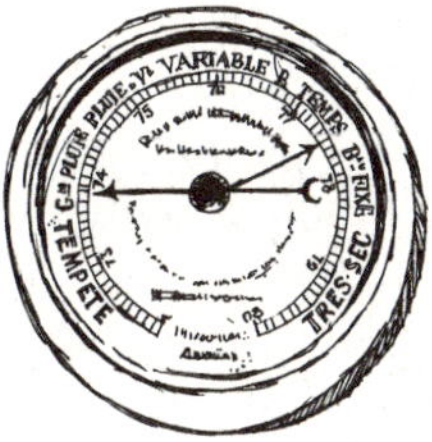


À l'ouest, le climat ne se laisse jamais prendre au dépourvu. Le temps réputé mauvais ailleurs n'est pas un châtiment ni le fardeau d'une pénitence millénaire. Les plus longues pluies sont des providences, et les bourrasques un zéphyr. Merci, mon Dieu. Vous réchauffez la planète ailleurs, pas chez nous. Vous desséchez ces malheureux Provençaux, pas nous. Quatre degrés supplémentaires à prévoir d'ici à 2060. Il faut s'attendre à un déferlement de Méridionaux sur la côte bretonne. Et dire que l'on redoutait les petits Chinois. *Oremus*.

Le ciel s'ouvre un matin, douceur et lumière. Debout, les enfants. Pique-nique à Corsen, en route. On traverse l'Aber à la rame, on laisse le *Saint-Gildas* à Lampaul, et on poursuit à pied par dunes et villages en chantant, youkaïdi, on ne lambine pas, youkaïdi kaïda. Mer basse à Corsen, d'un bleu laiteux. Que de tourelles et d'îlots dévoilés. Quelle savane à perte de vue, ça tremble, une lumière de mirage. Un vrai temps d'aoûtienne, annonce l'oncle Jo, goguenard. Il faut dire qu'il est un peu misogyne et qu'il a des idées bien à lui concernant le Front populaire et le camping hystérique des cong'paye... Il s'assied à l'écart pour lire un texte savant qui l'assoupit. De temps à autre, il vient fouiller dans les sacs à la recherche d'un œuf dur ou d'une reine-claude. Un peu plus loin, cousines et cousins élèvent un rempart de galets en attendant le retour des eaux. Il faut rentrer, dit l'oncle Jo. Mais, mon oncle, la mer n'est pas encore haute, elle est encore très loin du barrage. Il faut rentrer, les enfants. Si nous tardons, le *Saint-Gildas* va s'échouer et nous ne serons pas à l'heure pour dîner, vous serez tous privés de dessert. Et nous voilà repartis, allongeons la jambe lonla, et berçons l'espoir d'une grenadine-limonade au comptoir en lino d'Adolphine, la vieille poivrote du Café du Port.

Les intempéries s'enchaînant, ma grand-mère se désintéressait du Sud et des séismes imminents prédits par Haroun Tazieff au pays des olives et des pizzas au pistou. La mésentente s'installait. Les enfants jouaient au morpion sur la buée des vitres, ils jouaient à la pièce sur la table de bridge réservée aux adultes ; les parents se morfondaient au petit salon, médisaient, fumaient, jouaient du piano, tricotaient, sirotaient des tisanes pectorales. Mon oncle Charles avait à faire à Paris. Mes tantes Nicole et Rose avaient la migraine : mes deux plus jolies tantes, celles dont les grands cousins disaient, le feu aux joues : on se les ferait bien... Beaux yeux, colonnes vertébrales étirées comme des cobras, fesses rebondies. Elles ne descendaient plus aux repas. Elles passaient les après-midi couchées. Leurs excellents maris se mettaient en quatre pour les distraire, ils ne manquaient pas d'idées : tournée des antiquaires à Landerneau, visite au nouveau recteur de Lanildut, achat d'un beau poisson à la criée de Portsall, lieu jaune ou turbot, tour de côte sauvage en voiture, hein, ma chouchounette ?... On n'entendait jamais les réponses. Les maris marris redescendaient l'escalier la queue entre les jambes. La pluie recouvrait de cendres les secrets des belles migraineuses assoupies là-haut, les yeux ouverts. On n'imagine pas, en se mariant, ce gris. On n'imagine pas ces...

## Musique

*Deùmad roue ha rouanezz*
*Deut onn d'ho kaout enn ho palez*

... On n'imagine pas ces battements de cœur, ces horloges, ces craquements sournois dans une maison qui vit l'oreille collée aux murs, ce piano que l'on dit musique et qui n'est jamais joyeux, ce piano qui vous cultive un musicien désireux de briller en société.

« Culture » est un mot cadavérique, noyé de formol, liquidé jadis à la mitraillette par un ministre réputé non violent. Il est des morts qu'il faut qu'on re-tue, n'est-ce pas ? Celui-ci est coriace. Culture et Bretagne ? Un label douloureux depuis que le vent refusa de gonfler les voiles vénètes et donna la victoire aux envahisseurs, à Rome. Trois mille ans d'héritage gréco-latin s'abattaient ce jour-là sur la nuque des perdants, soudain réduits à la celtitude, à l'irrationnel honteux d'une mémoire proverbiale, en manque de grimoires et d'avenir. Bref : réduits au bâillon.

Et pourtant la Bretagne est univers, comme dit le Marseillais camarétois Saint-Pol-Roux. *Via* les Celtes, elle est d'Armorique, de Chine, d'Irlande, du pays de Galles, des Asturies, d'Italie, d'Australie ; elle est du Sénégal où le néolithique a ses cromlechs et souffleurs de cor ; elle est du Wisconsin, et si nombreux sont aujourd'hui les cousins qu'elle ne sait plus où donner de la voix. Après la celtitude : la celte-attitude, la renaissance effrénée d'un clan lié par son génie fraternel et l'instinct de survie, non toujours par le sang.

Leur différence, les Bretons l'ont payée cher, au prix courant du racisme *united colors*. Humiliation, tuerie, peau de chagrin, guerres où les autres régions négligeaient d'aller, même en traînant les pieds, n'est-ce pas, Badinguet ? Mais quand le Général réclame des Français libres à ses côtés, la Bretagne y va, patriote avant tout. Elle repasse la mer sur d'invraisemblables barcasses appelées *Corbeau des mers* ou *Miserere*. Et quand l'exorciste Le Pen ose agiter la douce croix celtique, il est désigné comme un serviteur de la svastika, qui plus est truqueur d'emblèmes sacrés.

Le mot clé d'une Bretagne où la culture ne fleure pas l'onguent funéraire : la fête ; une mêlée sociale voluptueuse, unanime, sans bourgeois ni pauvres, et sans arts mineurs. Une rave celtique en l'honneur des dieux, les dieux divins et les divinités topiques :

la mer, la nuit, la forêt, l'eau musquée des vallons nantais. C'est à l'Aber-Ildut, premier port d'Europe pour la culture de l'algue vivrière ; c'est à Brest, où la sortie quadriennale des voiliers du monde entier – navire-école ou coque de noix, radeau sur barriques ou galère ukrainienne partie de mer Noire à la rame, six mois avant le jour J – change une ville en théâtre total, cosmopolite, dont la scène est dedans, dehors, jusqu'à l'horizon. Douarnenez, en août 98, est la ville hôtesse d'un tel show. C'est à Concarneau, le Salon du livre, animé par Daniel Hillion, moins un salon qu'une joyeuse équipée d'écrivains et d'amis sous le charme d'un océan porté sur la cornemuse et les intronisations dûment arrosées. C'est à Rennes, les Tombées de la Nuit, le plus inclassable des festivals, dix-neuf ans cette année. Théâtre, danse, musique, poésie, gastronomie, mode, arts plastiques, bateleurs : cette foire aux miracles appartient à la nuit comme à la rue ; c'est à Saint-Malo, le rendez-vous des Étonnants Voyageurs, l'œuvre du non moins étonnant Michel Le Bris – *La Cause du peuple*, c'est lui – où se retrouvent les écrivains de Bretagne et d'ailleurs. Et la nuit pour eux n'est jamais trop blanche.

Fête aussi, le Pardon celte, liturgie messianique à la fois chrétienne et païenne. Il reviendra. Nul ne sait très bien qui.

Tout va bien pour les Bretons ? Voire. Quand le sol se dérobe sous les pieds, la culture entre au muséum ou dégénère en nostalgie. À l'ouest, la loi lotit l'océan suivant les droits des pays riverains, le métier des mers décline. On casse les bateaux surnombreux ; on les installe, nains de jardin, sur des ronds-points fleuris, à l'entrée des ports démarinisés. Le tourisme prend possession des villages et des ports, et donc le béton, l'argent, l'auto, bravo Trébeurden ! Danse, musique, amitié tous azimuts et fête à gogo ne sont-elles pas chez les Bretons les alibis d'une évasion bon gré mal gré ? La vraie Bretagne est-elle ailleurs ? Les Celtes redeviennent-ils des nomades à leur insu ?

Question posée par Jean-Pierre Pichard, chef spirituel de l'Interceltique de Lorient, festival de musique unique au monde, trois cent mille visiteurs chaque année. Ils sont à la parade des nations celtes, à la grande nuit de l'imaginaire irlandais, aux concerts de Yann-Fanch Kemener, Dan Ar Braz, Alan Stivell, Ar Yaouank ou Nolwenn. Férus de dance, techno, rock ou rap, ils ont aussi le génie singulier d'aimer demain dans la veille et de danser un futur qui remonte au Déluge. L'an 2000 ? Une aiguille dans la botte de foin des millénaires.

« Le Royal Concert Hall qui n'accueille que de la musique classique a maintenant un festival de musique celtique. Vous voyez l'Opéra-Bastille programmer chaque année une semaine celte ? » Un rien provocateur, ce Jean-Pierre Pichard. Son but : combattre le folklore où se noie la tradition, amener les jeunes et quiconque à l'amour d'un pays émietté de par le monde, convaincre les artisans de sauver leurs gestes et secrets nécessaires à la culture autant que la musique et les mots de la tribu. Du celtisme encore et toujours plus, mais pour quelle Bretagne ?… En attendant, c'est une identité collective que Jean-Pierre Pichard va glaner autour du globe, organisant des semaines bretonnes à Shanghai, des *fest-noz* arrosés de chouchen et d'alcool de riz, avec des Chinois dansant la gavotte et se finissant au lambic. On pourrait plus mal finir. On pourrait finir à la manière de…

# N

## *Normandie*

*Nao mab em boa ganet*
*Setu gad ann Ankou in eet*

… à la manière de ce grand bateau où M. Sheradam faisait les beaux soirs de tante Yvonne, entre les deux guerres, si vaste et si beau que je ne lui en voulais même pas de s'appeler : *Normandie* et non *Bretagne* ou tout simplement *Aber-Ildut*, nom qui lui serait allé comme un gant ; le village entier aurait pu tenir dans les cales du bateau. De *Normandie*, tante Yvonne semblait la capitaine au grand cœur, lorsqu'elle en parlait, lorsqu'elle se rappelait les bals et les confettis, les geysers des bateaux-pompes en doublant la statue de la Liberté, les baleines tamponnées à pleine vitesse au sud du phare de Nantucket. M. Sheradam, son compagnon de croisière, elle évitait d'en parler. Un mauvais souvenir, sans doute. Il est vrai qu'on ne passe pas de longues soirées sur un paquebot de luxe avec une jeune femme aux intentions pures, sans clarifier la situation par une bague appropriée. En tout cas, on ne peut pas dire que les amours de tante Yvonne et de M. Sheradam aient porté chance au bateau.

Nombreuses, pourtant, les fées vikings penchées sur le couffin du *Normandie*, à sa naissance. Fées gardiennes et fées Carabosse, j'imagine, un panaché nordique. Elles sont unanimes à prédire : il est trop beau, trop cher, vous verrez…

En 1935, le jour du baptême, on voit seulement un gratte-ciel à trois cheminées rouge et noir voguer immobile au-dessus des toits. Ils sont bien deux cent mille à regarder Mme Lebrun, première dame de la République, lâcher sur l'étrave un champagne fatal, éventuellement saturé d'arsenic.

À la Transat, on compte sur lui, *Normandie*, pour mettre du baume au cœur des financiers. Il a coûté les yeux de la tête, le bougre. Une ardoise en a caché bien d'autres. Il est urgent d'amortir. C'est la première fois qu'un paquebot français se risque à dépasser la tour Eiffel, podium du vainqueur mondial. Si *Queen Mary* fait encore mieux six mois plus tard, mieux chapitre toise et tonnage, il n'aura jamais la grâce du *Normandie*, ce génie mondain qu'il semble emprunter à Saint-Germain-des-Prés, le rendez-vous des stars.

À bord, c'est Hollywood-sur-Mer, un film sans caméra visible en Normandicolor : Gloria Swanson ou Marlène Dietrich, Olivia de Havilland ou Fred Astaire, Joséphine Baker ou Charlot, les dieux vivants sont là.

Voici Colette attablée dans une salle à manger plus longue que la galerie des Glaces. « C'est si grand, dit l'écrivain. J'ai l'impression de boire le plus petit café au lait du monde. »

Arrive un gamin qui pleurniche ; il erre de salle en salle, il veut voir le paquebot. « J'ai cherché partout... »

À bord, le navire est introuvable.

*Normandie* est une ville, on s'y perd. Elle a ses rues, bars, jardins, cinémas, carrefours, garages ou librairies. Elle a son théâtre, une église, une synagogue, une boutique Bon Marché, une galerie marchande, un centre de soins cosmétiques, des halls en enfilade, une cheminée postiche où résonnent des aboiements – serait-ce le chenil ? –, elle a des restaurants et salons où triomphe un modernisme épuré : panneaux laqués d'or de Dunand, lustres de Lalique – l'homme par qui le verre se cambre et se courbe, et semble nu comme une chair.

Le café-grill affiche un luxe monacal, sévère et douillet : fauteuils de cuir noir aux montants d'acier niellé, bar en pâte de verre, pendule sans chiffres, fenêtres carrées... C'est épatant, on voit la mer. Juste ce qu'il faut.

L'hygiène laisse à désirer. En 1935, malgré le succès mondial du pavé marseillais, le savon n'est pas une pratique naturelle aux Français. Sur *Normandie*, en première classe, il y a une salle de bains pour deux cabines ; une pour dix en deuxième ; aucune en troisième et nul ne s'en plaint. Quant aux plombiers invités au voyage inaugural, ils sont là pour finir les installations. C'était ça ou rester au port.

On double le phare d'Ambrose et le commandant Pugnet d'applaudir ses ouailles : *Normandie* vient de traverser l'Atlantique à trente nœuds. Merci pour ce Ruban bleu repris aux Italiens du *Rex*. Champagne !

Un humaniste panoramique, ce commandant Pugnet. Grand marin, il est également peintre, pilote d'avion, photographe, joueur de piano, de violon, facteur d'instruments, polyglotte, brillant danseur, bridgeur, et son humour fait merveille à bord. Il a pour *alter ego* le commissaire Villar, un ancien de l'*Île-de-France*, l'homme le plus séduisant des océans d'après Joséphine Baker, à lui seul une bonne raison d'embarquer.

Gare à la suite.

Le 28 août 1939, il y a quatre ans que *Normandie* charme l'océan lorsqu'il prend son amarrage à New York. Le Ruban bleu perdu en 36, regagné en 37, flotte au mât de *Queen Mary*. Le cordon bleu – jarretière de Marianne – flotte au bonnet des marmitons français. En cette veille d'apocalypse, les passagers, des Américains, à quai, ne sont pas peu fiers d'arriver sains et saufs, *welcome* ! Ils ont franchi la mer sur un navire aux lumières voilées, mal à l'aise, reniflé par les sous-marins.

Le 1er septembre, les Allemands envahissent la Pologne. Le 2, le paquebot *Bremen* débarque ses passagers à New York et repart à vide au grand dam des douaniers. Les tralalas belliqueux du *Deutschland über alles* pleuvent sur le navire français.

Une heure après, la Transat annule le départ du *Normandie* pour Le Havre. Il reste en pénitence à New York ; il y finira ses jours ; il va payer d'un cauchemar sa brève suprématie.

Le 3 septembre, la guerre est déclarée, drôle paraît-il. Le 6, *Normandie* le Magnifique est désarmé, son équipage rapatrié, sauf un groupe de surveillance et le capitaine, Payen de La Garanderie, celui-ci relayé bientôt par le commandant Le Huédé.

Que faire du navire ? Que veulent les Français ? Pour qui flotte le pavillon tricolore incarné par le maréchal Pétain ?

En 1941, les Zero japonais piquent sur la flotte américaine à Pearl Harbor ; Roosevelt déclare la guerre au Japon, puis à l'Allemagne avec laquelle Vichy fait équipe. Les *coast guards* saisissent *Normandie.* Les marins français, pourquoi pas des collaborateurs ou des saboteurs, vont croupir à Ellis Island. Larmes à nouveau.

Saboté, le *Normandie* va l'être par les Américains trop sûrs d'eux pour tendre l'oreille aux instructions des Français. Prise de guerre, ce navire est rebaptisé *Lafayette*. Sous ses peintures de bataille, il doit appareiller le 14 février 1942. Reste à faire sa toilette.

Trois mille *boys*, ouvriers, *coast guards* sont à bord le jour de l'incendie. Et c'est la proverbiale étincelle – en l'occurrence étincelle de chalumeau giclant sur une brassière de sauvetage en kapok – qui va faire du *flagship* de la Transat une cathédrale de fumée, puis une cathédrale engloutie. Rempli d'eau par les pompiers, le paquebot chavire et va rester gisant des mois durant. Ce naufrage au port, symbole du naufrage national, il ne s'en relèvera que pour être vendu ferraille au plus offrant, pas même un Français. Une vente à la chandelle dispersera les trésors débarqués du bateau : lampadaires, mobilier, cristallerie, cuivres et vaisselle armoriée prétendument mis à l'abri.

Adieu, l'ami.

En traînant du côté de Brooklyn, on trouve aujourd'hui des restaurants entièrement lambrissés par la Transat, équipés en couverts Christofle à son effigie. Ces beaux verres épais, pourquoi sous un certain angle y voit-on jouer l'étrave recourbée d'un navire ? Et cette église, quelques rues plus loin, pourquoi ces emblèmes normands sur ses portes ? Au cimetière de Long Island, apparaît au bout d'une allée la statue de la Paix, jadis sur le paquebot, au salon des premières. Il est mort, elle veille sur lui.

*Arrachez les forêts,*
*Videz l'océan : il est mort.*

Hélas, je ne suis pas l'auteur de ces mots qui, pour moi, mettent à mal trois cents ans de poésie française maraboutée par ce bel escroc d'alexandrin. C'est W. H. Auden, l'auteur. Un Anglais, on n'y peut rien. Il dit de vider l'océan, alors obéissons, vidons-le. Que d'épaves de bateaux, d'avions, de soucoupes volantes, de camions et de lave-linge. Que de trésors couvés par des poulpes mollassons, trésors que nos dynamiques marchés financiers feraient fructifier pour le bonheur de tous. Par-ci par-là on reconnaît mes…

# O

## Ouessant

*Evel eur vag gollet*
*Va c'horf deuz va c'haset*
*Ama dre ann avem*
*Ar glao har riel*

… on reconnaît mes anciens bateaux, on dirait un grenier. Ça brûle ou ça coule, un bateau, au bout d'un moment. Ça va sur l'eau, puis dessous. Ça ne se prend jamais pour une pyramide élevée pour jouter avec les vents de sable du temps jaillissant d'un sablier grand comme la nuit.

Longue est la litanie funèbre des canots, plates, voiliers qui font cortège à l'histoire des miens. Je me demande à quel saint pervers, sans nom, nous vouions inexorablement cette passion d'errer et de nous traîner ailleurs par la peau du cou, sur d'autres mers en d'autres temps.

À huit ans, je m'emparai d'une plate et godillai jusqu'à Ouessant, forcené prêt à mourir pour un bol d'air un peu libre. Je passai la journée à vadrouiller. Je vis la lutte à mort entre l'Atlantique et la Manche, et comment des vagues peuvent tailler la mer en pièces, s'étriper sous l'œil d'un arbitre indifférent qui prend volontiers sa part des coups, le phare de Nividic, court sur pattes, gueule de molosse. Dans ce désert d'écume et de raffut, câble ballant, les pylônes immergés de la force électrique s'enlevaient sur l'horizon comme des gibets. Et moi, transi, gibier de potence, j'imaginais, terrifié, ce que mon regard d'enfant saisirait d'ultime et d'irrémédiable si j'y étais, là-bas, au-dessus des lames, pendu, châtié. Après la violence de Nividic, la douceur de la baie de Lampaul au crépuscule émerveilla le gamin fugueur qui tremblait de remonter dans sa plate et de braver à nouveau les sept mers du chenal pour regagner l'Aber. J'allai aux gendarmes. Une bonne sœur me servit un vin chaud à l'infirmerie. Retour d'Ouessant, j'eus affaire à mon père. « Ça commence », dit-il à ma mère. Il ne croyait pas si bien dire.

Cette première fugue au large, sur laquelle je refusai de m'expliquer, incapable d'isoler un mobile et plus encore d'en parler – malgré la fessée, la chambre noire, le jeûne et la confession –, aviva chez moi le désir de larguer les amarres, et cinq ans plus tard je fis scandale en volant un bateau sacré.

De mon oncle Jo, j'étais le neveu préféré. Il était mon plus cher parent. Mon idole. C'était moi qui faisais briller les cuivres du *Ninioblo*, un sloop australien de quarante pieds. C'était moi qui lovais les aussières, pliais les voiles après les sorties en mer, vérifiais la tension des haubans, graissais les winchs, moi qui calfatais, bricolais, surliais. J'étais le rampant du bord, et tout bas j'enrageais. Mon oncle, yachtman accompli – espadrilles blanches et pantalon blanc, couteau dans la poche, lunettes assurées par de la ligne à thon, Breitling au poignet –, manœuvrait le sloop sans aide aucune et n'invitait personne à l'accompagner.

Un été, il me dit :

« Plus tard, le *Ninioblo* t'appartiendra. Je suis trop vieux pour naviguer. Je te donnerai aussi mes espadrilles, mes lunettes d'ivoire et mon couteau. Ne t'avise pas de sortir le bateau d'ici là.

— Non, mon oncle.

— Si tu désobéis, nous serons ennemis.

— Bien, mon oncle.

— Et je te tuerai. (Il ajouta :) Je te tuerai vraiment. »

Le sloop est aujourd'hui par le fond ; je l'ai flanqué sur les cailloux après une balade aux Sept-Îles, *via* divers patelins dont Ploumanac'h où Sienkiewicz écrivit *Quo vadis ?* Bonne question générique. J'avais compris à temps que l'oncle Jo ne renoncerait jamais au *Ninioblo*. Il m'avait, ça oui, mené en bateau. Mort, il voudrait encore y loger sa dépouille en espadrilles et pantalon blancs. Mon rôle, le jour des obsèques, se bornerait à renseigner les soldats du feu sur les vannes à ouvrir sous les caillebotis, pour saborder le sloop changé en urne funéraire arrosée – merci bien !

Je sortis du port au moteur, la nuit. Des étoiles partout. Au Lieu, j'envoyai grand-voile et foc. Le vent m'emporta dans son antre. Un souffle côtier portait vers moi les violons d'un *fest-noz*. Le sloop filait avec des frous-frous qui me donnaient la chair de poule, le compas brillait. J'avais l'impression d'explorer une huître géante, l'Ouest, elle se refermait sur moi pour me sauver des griffes de l'oncle et du péril de grandir. J'ai treize ans. Désormais je vis seul à bord de ce coursier limpide, environné d'astres couleur de lait, et rien ne peut m'arriver.

Cette nuit-là fut une exquise divagation. Je doublai d'un même élan le phare du Four, le phare de la Vierge, le phare de Pontusval, l'île de Batz que je pris pour le Grand Jardin. Je confondis la baie de Morlaix et celle du Mont-Saint-Michel, je confondis le ciel et l'océan, le rêve et la vie, moi-même et l'oncle Jo. Le jour se leva sur des îles, et je me crus dans la Caraïbe. Je m'attendais à des crocodiles et des coloquintes, à des lézards géants, et tueurs : ce furent des pingouins qui m'accueillirent, la main sur le cœur, si j'ose dire. Ils bavardaient entre eux, désiraient m'adopter.

Sont-ce vraiment des îles ? Sont-ce des mirages ? Il y en a sept, il y a sept épées de mélancolie dans les contes, il y a sept nains et sept péchés capitaux. Sept îles… les Moines, Rouzic, Maliban, les Plates, les Cerfs, les Costans… la septième, j'ignore son nom. Il n'existe pas, c'est une île de malédiction. Jadis les pirates y déposaient leur butin, les moines y tournaient le chanvre des apparaux et la femme adultère y vivait ses amours cachées. Îles aujourd'hui vides, rendues au va-et-vient des courants marins. Je mouille dans une anse de sable ; je quitte le bord à la nage ; à terre, les pingouins me font fête. Sur les rochers frémissent des milliers d'oiseaux. À mon insu, je suis à l'île Rouzic, un sanctuaire de la faune interdit aux migrateurs de race humaine. Une brise tiède me souhaite la bienvenue. J'aime le vent, langage d'un monde auquel on a coupé la langue. Repartir d'ici ? Jamais. Il y a des vivres sur le sloop, des lignes et des bidons d'eau douce à profusion ; il y a des poissons dans la mer et de la vigueur en moi, toute ma vie. Je m'endors au soleil en me rêvant Crusoé. Passent les heures et passent les semaines.

C'est à Bréhat où je me rends un jour, attiré par cette ombre bleue portée sur l'horizon, que l'odyssée tourne à la confusion. Cabrée par la vitesse, une vedette des affaires maritimes. Debout à l'avant, pantalon blanc et lunettes noires, effroyablement grand, l'oncle Jo me fait des signes, et des reflets étincelants jouent sur sa montre. Je lance le moteur du sloop, je m'enfuis. Tel Jean-Marie Furic entraînant la flotte anglaise sur les écueils des Glénan, j'essaie de semer les autorités en me faufilant par les entrelacs rocailleux de la Moïsie, sous le grand phare des Héaux dont la passe est un secret pour moi. Je ne vais pas loin. Une tête de roche à fleur d'eau perce l'acajou du voilier, la mer envahit les fonds pour un sauve-qui-peut ! Je nage en direction d'un rocher couleur de fraise. Je suis au pays du granit rouge. Un goût de sang me ferme les yeux.

Zéro pitié pour le rescapé. On n'estima pas que j'avais eu l'audace, à treize ans, d'emmener galoper au large un pur-sang dont mon oncle seul avait la maîtrise. Ma tante Amata brandit son pouce à la romaine et le dirigea vers le sol. À bas les naufrageurs.

À bas les adolescents qui donnent du fil à retordre aux aînés acariâtres. À bas les voleurs, les pirates. Il y eut une messe d'expiation au petit matin. Je dus prier pour mon âme entre mes procureurs. Ma tante avait son chapeau noir à voilette orné de cerises en stuc. Elle ne décolérait pas, les yeux démesurément pâles, des clignements de colombe effarée. Elle m'en voulait à mort d'avoir vu l'île aux pingouins, elle qui se flattait de connaître par cœur, et sur le bout d'un pied marin, les archipels bretons. Il fallait l'entendre pérorer au repas du 15 Août, baratinant le recteur de l'Aber, son amour inavoué. En fuguant sur le *Ninioblo*, je faisais belle une vieille fille outragée. Treize ans, et pratiquer l'art du sacrilège ! De quoi parles-tu, ma tante ? La misogynie. Elle ordonna que je retourne à mes canaux, à mes rames, à mes grèves. À l'avenir, je limiterai mes évolutions navales aux contours du port. Quant à l'oncle Jo, il me convoqua au manoir après son petit déjeuner, dans un décor pantagruélique de festin matinal, coupes de fruits, saucissons chauds, viennoiseries, céréales, fromages de la région. Il m'offrit en riant une bolée d'eau fraîche : fraîche et salée comme la marée haute où elle venait d'être puisée sous l'église, au cimetière des voiliers.

« Chose promise, chose due, me dit-il. C'est la dernière fois que je t'appelle p'tit frère. »

C'est ainsi qu'il me tue. Au bruit de cet anathème jeté par mon héros, je me mets à rêver d'un tour du monde en solitaire. Et je garde mes pleurs pour moi.

On dit qu'il faut relativiser les pleurs de l'enfant. On parle toujours de relativiser, d'aller chercher plus malheureux pour convertir son propre malheur en bonheur, rapporté au malheur du voisin. J'ai perdu mon père : il a perdu ses deux parents dans un crash sans aucun rescapé. Je gagne une maman, dans l'histoire, ce qui n'est pas rien. Il y a des cas, par exemple à bord de l'avion qui pique du nez pour se crasher dans la mer, où la relativisation-panacée n'est pas chose aisée. Je vais périr noyé dans un avion fracassé : il s'est… Il s'est je ne vois pas quoi !… Et le temps que je me pose la question saint Pierre me tapote déjà la main. En temps de guerre aussi, dans la boue des tranchées sous le caquet des obus en rase-mottes, avec les hostilités qui se prolongent encore et toujours, relativiser fait rigoler jaune. Et puis quand même, voici…

# P

## Paix

*Evit poanio, dister*
*Evid ankennio berr*
*Ni Vezo paet mad*
*Gant Doue hor gwir dad*

… Et puis quand même, voici la paix. On ne l'attendait plus. D'elle-même, elle s'était effacée du calendrier, du souvenir.

À ce moment donné, le clairon sonna sur les champs de bataille, il sonna dans tous les bateaux gris qui se cherchaient querelle, il sonna dans le cracracra des postes à galène, et même les sous-mariniers purent l'écouter. Une poignée de notes acides, c'était fini. Autorisation d'embrasser l'ennemi, de ne plus tuer son prochain. Retour à la case Bon Dieu pour Tous.

Il restait bien de par le monde quelques paquebots à flot, mais traversés d'obus, l'étrave emboutie, les cheminées rasées, les intérieurs dévastés.

Les vainqueurs se partagèrent la flotte allemande, un butin réparti suivant les mérites. L'Amérique eut le *Vaterland*, rebaptisé *Leviathan* ; la Cunard eut l'*Imperator*, rebaptisé *Berengaria*, surnommé le roi boiteux en raison d'un roulis maladif ; la White Star Line eut le *Columbus* et le *Bismarck*, le plus gros navire du monde en son temps. Le gouvernement français reçut des bateaux moins imposants, comme le *Blücher*, mais aussi des miettes navales comme l'excellent yacht à charbon d'un prince suicidé, futur courrier sans histoire entre l'archipel Molène et Brest.

Partage inique ?… La France a gagné grâce à nous, disent les Anglais. En 1917, leurs navires et ceux de l'empire appelés à la rescousse embouteillaient les parages d'Ostende et de Zeebruges, bloquant les U-boots au terrier. Ayant précipité la défaite allemande en mer, ils revendiquent les meilleurs paquebots.

La Transat a perdu trente navires ; elle a perdu Jules Charles-Roux, son charismatique président marseillais ; elle n'a plus d'argent, plus d'objectif. Quel avenir, les paquebots ? Quel marché ? Où donc est passée la clientèle fortunée d'avant-guerre ? Où les émigrants ? Le zeppelin franchit la mer au gré du vent.

Un jour l'avion…

Pour John Dal Piaz, le chef de la compagnie, une seule attitude honorable : aller de l'avant. Il faut redonner sa chance à la mer, restaurer les programmes au sud, rouvrir la ligne transatlantique et garder Le Havre pour base tutélaire, là même où François Ier rêva tout haut d'une marine autour du monde.

Il faut des paquebots neufs.

Le *Paris*.

L'*Île-de-France*.

Le *Paris* – lancé tardivement en raison des hostilités – a piste de danse lumineuse et cinéma, l'*Île-de-France* un hydravion.

Après l'âge noir, l'âge d'or brille à nouveau. Le monde a basculé dans une autre saison, l'espoir n'est plus un idéal éhonté. À défaut d'émigrants ou d'esclaves à conduire en mer, il y a leurs enfants. Il y a les anciens combattants *yankees*, nostalgiques des bistrots où ils ont fait swinguer *grandpa* et *grandma*, déniaisant des pianos qui s'éveillaient au jazz avec eux. Le dollar en bandoulière et le cœur gros comme ça, ils reviennent sur leurs pas. La conquête de l'Est. Le retour des *pilgrims* et des *boys*. Les premiers grands exodes touristiques d'un continent vers l'autre.

Si la prohibition fait des malheureux sur les paquebots américains, elle n'assombrit pas les armateurs de la French Line. Chez eux la loi répond du plaisir. Elle est américaine, arrosée d'eau fraîche au départ de New York, elle est française au large et nullement incommodée par les libations.

À l'aube, un marin fait la tournée des bars, sonnant la cloche à qui veut l'entendre et présenter figure humaine au petit déjeuner.

Vins et spiritueux n'expliquent pas seuls une préférence marquée pour la Transat. À bord du *Paris* et de l'*Île-de-France*, l'art fait fi des préjugés. Il se veut contemporain. Qu'elle paraît vieillotte, l'époque où la décoration navale accrochait le portrait des rois au-dessus de cheminées dignes d'un château fort ! Qu'il semble ringard le style d'avant-guerre – Art nouveau, Tiffany style, Modernismo – qui noyait de suaves entrelacs les puissants angles droits d'une géométrie devancière, honteuse de sa force !

Avec le verre et les métaux forgés, les maniérismes s'estompent, la forme épouse le mouvement, la machine ose exhiber l'organe et l'art se manifester contre toute attente, y compris dans sa forme usinée, brevetée, reproduite à des centaines d'exemplaires. Sur l'*Île-de-France*, un hydravion presque joujou décolle avant chaque arrivée par catapultage. C'est surprenant, donc c'est beau. Il a pour alibi les messageries, le gros sac de toile cadenassé qu'un matelot jette à l'intérieur avec ostentation. Il fait arriver les bons baisers des cartes postales avec quelques heures d'avance. D'est en ouest, il décolle à huit cents milles des côtes, attendu sur l'Hudson par une vedette. D'ouest en est, il tombe à la mer à son vingt-neuvième lancement après deux heures de vol. Un chalutier britannique repêche équipage et courrier. L'Aéropostale est presque au point.

Bateau héros, l'*Île-de-France* le restera jusqu'en 1959. Destin chanceux pour ce navire aux dieux lares souriants. Le jour des essais, il rompt ses amarres et gagne aveuglément la sortie d'un bassin fermé. La porte s'ouvre au dernier moment. Le commandant Blancart, seul à bord, le manœuvre dans un chas d'aiguille, sans une éraflure.

En juin 1940, en route pour Singapour, *Île-de-France* fait demi-tour à l'appel du Général et, sous le commandement du Breton Arnold, rejoint les Forces françaises libres. Une mine anglaise menace ? Arnold arme un canot, va chercher la mine et la remorque au loin.

La guerre finie, *Île-de-France* sauve l'équipage du cargo *Greenville* en perdition, et, quelques années plus tard, sous le commandement de Raoul de

Beaudéan, les sept cents naufragés de l'*Andrea Doria* carambolé par le *Stockholm* un soir de brouillard. Le *Saint-Bernard* est en bon état quand, rebaptisé *Furansu Maru* – navire français –, il est démoli par un chantier d'Osaka. Ainsi meurent les grands serviteurs de l'État.

Fin sereine pour ce navire arrivé toujours à bon port, fût-il le dernier. Fin rare, inespérée, les paquebots attirant naturellement sur eux la violence et le sauve-qui-peut.

Le *Normandie*, son magnifique successeur, n'aura pas cette longévité du patriarche puissant jusqu'au feu des chalumeaux. Et probablement, effondré contre son Pier 9 d'agonie, se remplissant d'eau à quai tout en brûlant à qui mieux mieux par le haut, sans pouvoir empêcher brandons et flammèches en tout genre de pleuvoir sur les bâtiments de la Compagnie générale transatlantique, sans doute se posa-t-il la question que nous avons tous sur les lèvres au paroxysme de l'instant critique : ai-je mérité cela ? Ont-ils eu raison, dans leur frénésie d'invention, de concevoir le…

## Paquebot

*N'eo ket an neb a fring a zebr an harinked*

… de concevoir le principe de la ville flottante, hélas je parle de moi, de moi seul : Paquebopolis – *Normandie*.

Nous sommes en 1860, chez les Anglais. L'un d'eux voit dériver sur la Clyde une théière de fer : *Eurêka !* Ça flotte !

Ils bâtissent des navires de fer, des géants. Solidité, vitesse, équilibre, budget, qui dit mieux ? Pas les Français, pourtant vainqueurs de la flotte russe en Crimée ; pas les Russes, dont les obus explosifs, une botte secrète, ont mis en miettes les navires ottomans engagés contre eux. Désormais, combat naval rime avec métal ; et métal avec idéal, le plus exaltant des vocables bourgeois.

Idéal se veut le *Great Eastern*, un paquebot monstre. On n'a jamais vu plus grand. Deux cent dix mètres, cinq cheminées, deux coques, il prétend associer avantageusement tous les modes de propulsion : voile, aube, hélice, et filer ses treize nœuds au mépris du baromètre. Un Gargantua. Bol alimentaire quotidien : trois cents tonnes de charbon. Capacité hôtelière : trois mille veinards. Ils sont veinards au port, martyrs au large à cause du roulis.

Le jour du lancement, l'énormité du nouveau-né terrifie son ingénieur, Isambard Brunel. Il craint un raz-de-marée, demande à revoir ses calculs. À l'eau trois mois plus tard, le *Great Eastern* ne déçoit pas ses ennemis. Il éperonne les navires, il perd ses aubes, explose en mer, prend feu, dérive à sec de charbon ; son parc à bestiaux s'ouvre et les vaches barbouillées d'envahir les salons. Et plus il se singularise, plus il attendrit ses défenseurs, des peintres, des écrivains dont Jules Verne et Victor Hugo, pour qui le pittoresque est une aubaine à glorifier. En 1912, le *Titanic* semble bien le petit-fils spirituel de ce fat, certes un peu zozo mais le ridicule ne tue pas…

En France, le pied marin se fait mondain. Le navire de croisière, fruit d'un modernisme à ses débuts, se joue des contraires et les mêle à son gré : science et merveilleux, métaphysique et matériel, ici et là-bas. Entre les continents, la durée s'abolit, montres molles, chiffres dissous, hypothèse. Que le capitaine se débrouille avec le top vital des culminations, qu'il nous mène à bon port.

Fondateur du Crédit mobilier, capitaliste bon teint, Émile Pereire est aussi l'homme des omnibus hippomobiles et des trains à vapeur. Inconvénient du rail : il s'arrête à la mer. Si les paquebots prennent le relais, ils ne battent jamais pavillon national. Obligation d'utiliser les compagnies étrangères. Manque à gagner. Amour-propre endolori.

Les Anglais.

Les Américains.

Mais aussi les Allemands, les Italiens, les Suédois et les Espagnols en Méditerranée.

Toujours dépendre d'eux pour acheminer la soie, les vins, la poste, apporter le nitrate ou l'or de Sacramento, livrer les cargaisons d'arachide à Marseille où la savonnerie fait florès. Pis : vexation de voir ces milliers d'émigrants amenés par des trains français, dans des ports français, selon des moyens techniques français, puis de les voir embarquer sur des navires non français, destination l'Amérique, le mirage.

… Tout bénéfice, les émigrants, aucun frais. Ni grues ni dockers. Les compagnies se les arrachent. Ils remplacent avantageusement les Noirs interdits à la vente. Ils arrivent des pays de l'Est, Russie, Pologne ou Lituanie. Ils paient leur passage. Cent cinquante francs or. Ils sont parqués sous la flottaison, consignés sur leurs châlits sans drap ni couverture. Ils ne débarquent pas à New York, mais dans une île de quarantaine à l'embouchure de l'Hudson : Ellis Island. L'île des larmes, disent les Italiens. Les mal-portants, les fous, les trop vieux sont rembarqués *illico*, rembarqués les enfants chétifs. La bienvenue n'est souvent qu'adieux, séparation, désespoir. Les élus, transbordés à Manhattan, sont amenés au chantier d'embauche après un détour chez le coiffeur.

En 1930, l'Amérique estime avoir fait son plein d'émigrants, Ellis Island est désaffectée.

En 1940, guerre oblige, on la rouvre pour héberger les équipages des paquebots français réquisitionnés.

En 1954, le chaland transbordeur coule à son poste d'amarrage, en service depuis près d'un siècle. L'île des larmes ne fera plus pleurer personne.

Le roi du rail caresse une bonne idée. Une formule train-bateau satisferait tous les intéressés : les émigrants cherchés à domicile et débarqués à New York ; la nation désireuse d'étendre son influence aux horizons lointains ; les armateurs lésés par la concurrence étrangère ; les négociants en quête de nouveaux profits et comptoirs.

L'État consent un prêt, dix-huit millions or, et voici fondée la Compagnie générale transatlantique – fille de la Compagnie générale maritime et de la Terre-Neuvienne, laquelle a pour vocation la pêche au nord et la goélette en bois. En France, un paquebot coûte quatre millions, et trois en Angleterre où, la théière ayant vogué sur la Clyde, on maîtrise au mieux la technique du fer et des assemblages.

*Washington*, *Lafayette*, *Europe* et *Napoléon III*, les premiers paquebots français, sont *made in England.*

Les suivants sortiront du chantier naval de Penhoët, à Saint-Nazaire, un gabarit créé pour les bateaux géants tels l'*Impératrice Eugénie*, le *Nouveau Monde*, le *Panama* et le *Saint-Laurent*, mais aussi le premier des *France*.

Le *Washington*, un trois-mâts brick de cent mètres, une longueur moyenne, a roues à aubes et voilure. Par beau temps, le loch affiche onze nœuds ; il en affiche quinze à bord d'un navire anglais. D'après la réclame, le *Washington* met treize jours pour aller à New York. Par mauvais temps, il a des soucis techniques, les aubes se coincent et la croisière se finit à la voile, en zigzaguant. Pas de radio, pas de morse. En cas d'impondérable, on envoie le pigeon domestique signaler à terre le contretemps. Mais les pigeons, mécaniques éoliennes, âmes sensibles, noient souvent la consigne ou vont chercher fortune ailleurs. Quand le *Washington* arrive au port, on ne l'attend plus. On l'a déjà pleuré. Les badauds sont rentrés chez eux.

Cette ambition transatlantique française amuse les Anglais. En mer, ils sont les champions. Ils ne consentent à régater qu'avec les Américains, pour leur disputer la jarretière de Britannia. Le Ruban bleu. Il favorise le bateau le plus rapide entre Bishop Rock et le phare d'Ambrose. Voilà cinq ans que l'Angleterre détient le ruban fétiche aux dépens des Américains : le *Baltic* (Collins) traversait en 9 jours 16 heures 52 minutes et le *Persia* (Cunard) en 9 jours 16 heures 16 minutes. La France peut toujours s'aligner. Son *Washington* à treize jours et des poussières fait figure d'escargot. Un mets bien français, pas un *racer*.

Sous les couleurs françaises, un imprévu décisif entre en jeu : le chic…

Le public tombe amoureux du *Washington*, ce palais quasi royal, classique et moderne en diable : lambris d'or, mobilier Louis XV, sanitaires à cuvette basculante, éclairage au gaz, chère aux petits oignons, mitonnée par les fils spirituels de Brillat-Savarin, l'auteur de méditations associant la preuve ontologique à la gastronomie, branche joviale de la transcendance. Un siècle et dix ans vont s'écouler sans démoder la tradition du coup de fourchette à la compagnie française, la seule à pouvoir se flatter d'avoir détenu simultanément, par deux fois, le Ruban bleu et le cordon assorti.

… Ce détail rebelle à tout progrès : la cave. La bonne bouteille empoussiérée derrière les fagots. Introuvable. Ni cave ni fagots sur le *Washington*. Quelques rats, mais pas d'araignées filant la laine entre les goulots de cire. Et la vibration des machines attaquant les arômes, pas de grands crus au meilleur de leur âge. À la mer comme à la mer, on boit jeune et sans réfléchir, mais, à voir les photos des dîners, les convives ne semblent pas s'en formaliser.

Forts de leur succès, fiers de leur bateau, les armateurs lancent le *Pereire*, un navire à hélice d'une puissance de 1 000 CV, brillant sur tous les plans : cuisine, vitesse, régularité. La primauté britannique est déchue. Et c'est avec les Français, devenus les plus fins routiers au long cours, que les Américains passent une convention pour leur ligne postale européenne.

Les Anglais répliquent aux Français comme aux Anglais – à la Transat comme à la Cunard. Ils créent la Inman Line et la White Star Line, deux compagnies à la pointe d'un progrès chaque année plus pointu. Chauffage central, eau courante, téléphone intercabines, les innovations font pâmer les plus sceptiques.

La gastronomie ? *Sui generis*. À l'anglaise. On atteint l'Amérique à la vitesse de quinze nœuds. Le septième jour, Dieu fait relâche et le navire entre à New York où Bartholdi n'éclaire pas encore l'univers. Toujours plus vite et plus *british* est la devise anglaise. Toujours meilleur et plus français, la devise française.

Le vieux tac au tac transmanche :

Vous avez le *Servia* qui file à seize nœuds, nous avons la *Bretagne* et l'éclairage électrique.

Vous avez le *City of New York*, vingt nœuds, mais la *Touraine* déboule à vingt et un, plus véloce même que le *Teutonic*, l'enfant chéri de la White Star.

Vous avez la télégraphie sans fil sur le *Campania* ; nous l'avons sur la *Provence* et nous en profitons pour imprimer à bord un quotidien, *Journal de l'Atlantique*.

Aimés des écrivains, des jolies femmes à grands chapeaux, des enfants, adoubés triomphalement dans les ports sous les geysers des bateaux-pompes, ces paradis flottants ont aussi leurs limbes et leur enfer. Les émigrants à l'entrepont ; les charbonniers à la chauffe ; les gueules noires de la bécane au plus profond du navire. Hommes, ils ne le sont qu'à moitié. Leur vie ? Un cauchemar de feu, ils se tuent à la gagner. Sanglés devant leurs foyers, ils enfournent le charbon huit heures de rang. Toutes les quatre heures, corvée de mâchefer. Ils sont les premiers noyés quand l'eau monte, isolés automatiquement derrière les panneaux étanches. Et ce n'est pas *Germinal* qui changera leur condition, mais, un progrès chassant l'autre, l'avènement du mazout en 1920.

À se demander quel serait aujourd'hui le format des paquebots, et leur nombre au fil de l'eau, si Mermoz et Lindbergh n'avaient pris leur envol. De vingt qu'ils étaient en 1800, ils passent à cent cinquante après 1870. Ils ont charge d'or et d'âmes. Ils embarquent deux mille passagers. Trois compagnies s'affrontaient – Américains, Anglais, Français : l'Allemagne s'y met en grand. Elle a gagné la guerre, elle entend gagner la mer. Sous le pavillon de la Norddeutscher Lloyd, elle met en ligne le *Kaiser Wilhelm der Grosse*, reconnaissable à sa masse autant qu'à ses cheminées jaunes. Elles sont noir et rouge cerclées de noir à la Cunard, elles sont rouge et noir à la Transat. Il en a quatre et non plus deux ou trois, comme si la cheminée, juste allégorie des thèses freudiennes appliquées au mâle, extériorisait la puissance réelle d'un bateau. Aïe ! Tout balourd qu'il paraisse, il filoche à vingt-deux nœuds. Un Ruban bleu bien mérité…

Le *Kaiser Wilhelm der Grosse* a pour frère cadet le *Kaiser Friedrich*, trois élégantes cheminées. Merveille : il est à vendre et la France l'achète. Horreur : il se traîne et coûte une fortune en charbon. Abomination : il porte la poisse et coule en mer Égée sur une mine allemande. Ça revient cher, les grosses cheminées, et ça ne vous dispense pas du destin.

Ça y est, le futur est arrivé. On l'a rejoint, dépassé. Le siècle s'achève, et durant quelques heures il fait humer un âge d'or à des jeunes gens qui périront à Verdun gazés, victimes du *Doktor* Haber, prix Nobel de chimie. On n'y est pas. Les trains de luxe filent sur Monaco. Les cuirassés bleuâtres baignent ancrés dans les golfes, inoffensifs. Le canal de Suez est percé ; les paquebots n'ont jamais été si loin, si vite, au Liban comme aux Indes, en Asie. On les espère au Havre, à Marseille, à Bordeaux. Ils emmènent les émigrants, ils rapportent les mille parfums d'Arabie. On les construit chaque fois plus grands, cent, deux cents mètres, et bientôt trois cents mètres. Ils sont à peine mis en chantier que les journaux les représentent adossés à des minarets, couchés sur la pyramide de Khéops, érigés contre la tour Eiffel, jeune et jolie géante qu'ils finiront par dépasser ! La technique envahit l'ordinaire du passager. La modernité se fait exponentielle, et le pigeon, moins rapide que la TSF, ne prête plus ses pattes aux bagues chiffrées des capitaines. Pour l'odorat, pas de changement. Tous les bateaux du monde, et de tous les progrès, assument les relents croisés d'un milieu clos, à la fois cuisine et machine, moteur et tanière humaine.

Est-ce à dire que l'homme a vaincu l'océan ? Loin de là. Avec les paquebots géants, il est en train d'inventer une malchance qu'il ne dominera jamais tout à fait : la catastrophe maritime.

Un bateau sombrait naguère à la bonne franquette. Appeler au secours ? Mais qui ? ! Nous sommes sans nouvelles, finissait par convenir le bureau du port d'origine après des mois et des mois, formule déguisée pour exprimer des condoléances.

Or sans nouvelles, on ne fait pas son deuil. On s'attend au miracle, à l'inespéré. On s'en remet à la flamme des cierges, aux amulettes. Tant qu'un fait n'est pas avéré, un simple vœu peut ramener les bateaux égarés.

Le naufrage, naguère, l'opinion l'ignorait. Elle ignorait quand les paquebots fracassaient dans la brume, à pleine vitesse, les bateaux de pêche en campagne au sud de Terre-Neuve. Les pêcheurs lèvent le coude, les transatlantiques ont un horaire à tenir, quelques Bretons avinés au tapis, c'est inconsistant. Voyez le *Bugaled Breizh*.

Après 1890, la radio transmet les nouvelles du bord *via* la station du cap Race à Terre-Neuve. Le soir où le *Normandie* perd son hélice, les journaux titrent : « LE *NORMANDIE* PERD SON HÉLICE ». Le public attend la suite, l'actualité devient feuilleton, l'écriture ampoulée. « Le formidable ahan des machines ne couvre plus les rires et l'orchestre de sa voix d'airain. Bravant la mer inhospitalière, un canot du navire paralysé part chercher une hélice de rechange. Songeons à la peur des courageux marins sur ce minuscule esquif menacé par la haute étrave de paquebots surgissant dans la demi-obscurité sinistre de la brume… » Le canot revient au bout d'une semaine, remorquant la pièce neuve arrimée sur des rondins. Ovations, libations, télégraphie, numéro spécial : « LE *NORMANDIE* RETROUVE SON HÉLICE ».

La radio montre l'absurdité des pannes et l'horreur d'une perdition vécue en temps réel. Succédant à l'homme qui a vu l'ours, elle peut dire avec mam'zelle Victoire, sa contemporaine : « J'ai vu le monstre comme je vous vois… » On la croit. La désinformation pointe, le virtuel couve, et la mer avale les plus grands bateaux comme l'opinion les bobards médiatiques. Les vrais drames ne manquent pas. Chaque fois, il y a cinq cents, mille, deux mille victimes. Les journaux s'emparent des noyés pour les jeter en pâture aux lecteurs, futurs passagers. Les noyés ne sont plus les diables écailleux du littoral breton, mais, par familles entières, les bourgeois lotionnés qui font la riche Europe.

Naufrage du *Drummond Castle*, le 7 mai 1896, devant Ouessant : deux cent cinquante morts.

Naufrage du *Northfleet*, la même année. Les quatre cents passagers deviennent fous. Les femmes sont massacrées.

Naufrage du *General Stains* : mille morts.

Naufrage du *Reina Regente* : quatre cents morts.

Naufrage du *General Slocum* : onze cents morts. Bagarre générale autour des canots. Les hommes piétinent femmes et enfants.

Naufrage du paquebot la *Bourgogne* un soir de brouillard. C'est la jungle au cours du drame. Six cents victimes. Mort héroïque du capitaine Deloncle et des officiers incapables d'enrayer la débandade.

Naufrage du *Hilda* devant Saint-Malo. Les seuls rescapés sont des matelots retrouvés les mains congelées dans les haubans. Cette nuit-là, les fantômes d'une cinquantaine de *Johnnies* roscovites aux poches remplies d'or se retrouvèrent bloqués par la hauteur des vagues, et cent dix ans plus tard ils essaient toujours de gagner la côte par leurs propres moyens, terrifiant les plaisanciers, empestant l'oignon pourri.

L'onde hertzienne, muse pragmatique, remémore aux armateurs les mots d'une sagesse négligée : si grand soit le paquebot, il est moins armé qu'une théière au fil du courant. Le seul maître à bord est toujours le dieu barbu des chérubins amphibies qui volettent aux quatre coins des mers et des nuits.

À lui la puissance et la gloire. À lui la mer, ses périls. À nous d'améliorer les bateaux.

Désolé pour ceux d'entre vous qui n'ont pas le pied marin. La croisière est un loisir à la mode et dans ce dictionnaire amoureux mon amour embrasse également les bateaux que j'ai tant de fois entendus tosser contre la bouée des corps morts ou me supplier de faire quelque chose quand j'avais mal calculé la longueur de la chaîne d'ancre, la nuit, et qu'ils partaient à la dérive. Bien volontiers je leur demande pardon, tels ces jeunes ou vieux matelots que j'ai pu croiser à la messe du Pardon, à l'Aber, apportant à sainte Anne et Marie les ex-voto des prières exaucées dans la tourmente à bord de navires qui se voyaient...

## Pardon

*Da Sul an Dreinded*
*An hini a ya minti, abred d'an iliz – Kozh*
*Tri heol o seevel a c'hell gwelet*
*M'eman, e stad ar c'hras*

... qui se voyaient déjà périr corps et âmes. On le dit, mais on ne le croit pas ou pas assez : la foi sauve, témoins ces ex-voto pendus au plafond étoilé des églises de Bretagne, témoins ces matelots, témoins ces Pardon qu'il est temps d'inviter sur la page avec la smala des sages et des fous.

Dans ma chambrette sous les toits, à l'Aber, j'ai tenu des années durant, oh pas même un journal (grand mot pour adolescente), un simple calepin griffonné dont j'aurais détesté qu'il tombe sous les yeux des miens. Sous les yeux d'Henri ? Je vomis à cette idée, je prends la fuite. Je me cherche l'anonymat d'un couvent ou d'une Légion étrangère. Heureusement, j'étais préservé des curieux par les barbelés d'une écriture où j'ai dû bien souvent m'aventurer à la pince coupante, désespérant d'arracher ma parole intacte aux piquants. À douze ans, j'écrivais un livre sans fin, sans suite, sans ponctuation, un livre comme une forêt labyrinthique, les limiers s'y perdraient à vouloir m'attraper. C'était moi, le limier, à douze ans. Je talonnais mon paternel à son insu dans la forêt qu'il échafaudait jour après jour au fond d'un bureau comme en ont les curés ou les flics. C'était forêt sur la page : créature et création, c'était capharnaüm autour de la page, une pagaille de factures, bouquins, fringues, journaux annotés, lettres en liasses ou non empilés jusqu'au plafond.

Feuilletant l'autre nuit l'un de mes carnets (fabriqués en Chine, les carnets, sur les berges du fleuve Amour, uniquement par des femmes, une papeterie plusieurs fois millénaire), j'ai retrouvé, pris dans les barbelés mais en bon état, un long couplet sur le Pardon labérois du mois d'août 62. Le Pardon ?… Une fête religieuse à la gloire de sainte Anne, célébrée dans les vingt et un pays bretons. Les gosses du pays ne sont pas les derniers grippe-sous à l'attendre, ce grand *mea culpa* fêtard du mois d'août.

Ce jour-là, le dernier dimanche d'août, chacun y va de son trente et un. Enfant, je mettais *l'infroissable en tergal* de chez Roberty, une culotte grise, et je suivais les autres à la messe de neuf heures. Consigne de maman : Interdiction d'aller à la grève avec ta culotte de chez Roberty, mon biquet. Si tu tombes dans la vase ou dans les goémons, il faudra la jeter.

Sous-entendu : il te restera ta vieille culotte de toile rapiécée, la Country du Prisunic, tant pis pour toi. J'allais à la grève après la messe, je tombais dans les goémons, je me roulais dans la vase, je rentrais l'ourlet déchiré, les genoux en sang, des bigorneaux plein les poches. L'automne venu, en cachette de mon père, ma mère me rachetait *l'infroissable en tergal* de chez Roberty. Elle était comme ça. Jamais d'huile sur le feu. Elle veillait sur moi, je veillais sur elle.

À douze ans, j'eus un *blue-jean*, pour aller au Pardon. Un *blue-jean* bien-pensant, la Country du Prisunic. Un *blue-jean* pas vraiment cow-boy, recopié sur les pantalons classiques de chez Roberty : fourche basse, arrière-train bouffant. Le moins cher des jeans d'un marché naissant. L'essayer, c'est avoir honte. Le porter, c'est croire au Père Noël. Pour ma mère, toujours à jongler, il importait d'abord, me voyant ainsi vêtu, que mon père n'aille pas dire : C'est quoi, cette cochonnerie américaine, mais : Tu t'es encore servi dans ma penderie, sacripant !... C'était gagné, s'il avait des idées pareilles, et je pouvais garder mon jean, oser une première incursion dans « la mode ». Mon cousin Yves, lui, portait la toilette comme une seconde peau. Il arrivait du Sud avec des pantalons blancs et des jeans que j'aurais aimé voir sur mes lombaires à moi. Son père n'arbitrait pas les élégances de ses enfants, détail qui change la vie d'un jeune homme.

Je ne suivais plus personne à la messe, j'y allais de mon côté. Je montais chanter à la tribune avec les durs à cuire sous la coupe du terrible René Sévignan, l'expert en bizutages. Je descendais communier à toutes fins utiles, mangeant l'hostie tel un remède aux indésirables effets des tentations assouvies. L'hostie du lendemain, si l'on veut... Ça et l'absolution des « Je vous salue Marie » débités par trois ou quatre sur ordonnance ecclésiastique, de préférence à jeun, et j'étais libre d'aller m'amuser en paix là où soufflait l'esprit aviné du Pardon. Il soufflait au pré communal du Tromeur, la nuit venue, sur les Nacelles Brestoises de Cucu Forain : une féria de jarretelles papillonnant sous les jupes de gamines hystériques projetées au septième ciel d'une énorme toupie à essence, vieille comme la lune, prête à se déglinguer en lambeaux tournoyants sur un public de voyeurs fous furieux.

Je ne pensais qu'aux filles, à l'Aber, l'été. Celui qui me disait : Bon vent, le dimanche matin, pouvait être sûr que j'allais filer rôdailler à la messe et vers le muret du port, le gynécée du village. Elles n'y étaient pas ? J'allais au Roc'h Melen, chez Sassa, *alias* M. Tréhoret *alias* N'a-qu'un-œil, devinez pourquoi. Il y avait bowling, juke-box et piste de danse, chez Sassa, on pouvait danser à toute heure avec celle qui voulait bien. En général c'était la mariée du jour pendant que son mari dansait ailleurs ou se battait sur la grève, ou s'expliquait avec un dernier verre de l'amitié. La mariée dansait contre vous des slows à poigne, elle dansait pour danser. Elle avait les joues enfiévrées, elle transpirait, s'excusait, marchait sur sa robe, on finissait par épouser la mariée, la mère et la grand-mère de la mariée, on tentait sa chance avec la jeune sœur un peu grosse, mais tellement prête à gober les étoiles... On allait humer les filles au plus près, chez Sassa. On tombait amoureux à chaque baiser qui vous fermait les yeux, le nez plongé dans les mèches laquées d'une inconnue dont on espérait qu'elle serait jolie quand la lumière reviendrait. Et puis même, et puis même… Derrière la baie vitrée, le soleil se couchait vers Lampaul, rouge comme du vin. Et puis même, on irait se faire un dernier baiser, plus tard, sur le voilier à l'ancre au milieu du port, et on lui dirait qu'elle était jolie, à la fille, on lui dirait qu'elle était belle, qu'on l'aimait.

Retour au carnet chinois. Il y a la date, 30 août 1962. Un carnet prévoyant. Il paraît subodorer que ce dictionnaire enamouré deviendra le destinataire ultime de mes impressions d'enfance.

*L'Aber, chambre du haut, lundi 30 août 1962.*

*Mal à la tête, trop bu… Attrapé la GDB hier soir au Pardon. Comment s'est passée la journée du 29 ? Grosse, grosse déception. Je m'étais levé à six heures et demie. Toute la maison dormait sauf tante Jeanne. J'ai pris mon petit déjeuner avec elle. Je lui ai demandé comment elle avait dormi. J'espérais qu'elle allait me donner mon argent du Pardon. Que dalle ! Je souriais, je la regardais fixement dans les yeux, elle ne comprenait rien. À un moment, elle a ouvert son sac noir et j'ai cru qu'elle sortait des billets. C'était son mouchoir. Elle m'a demandé pourquoi je m'étais levé si tôt. J'ai pensé : Pour être le premier à qui tu donnerais son argent du Pardon. J'ai dit : Pour prendre mon café avec toi, tante Jeanne. Elle m'a dit : Tu es trop mignon… Est-ce que tu veux m'accompagner à la messe de sept heures ? Tu auras une brioche en revenant… J'ai répondu que je devais aller à la messe de dix heures avec mon cousin Yves, et qu'à dix heures la messe était chantée en breton et que j'aimais chanter les cantiques bretons. Elle est partie seule. Elle m'a laissé les poches vides. Marie est arrivée. Je ne me rappelais plus si l'année précédente elle m'avait donné quelque chose.*

*Ça dépend de grand-mère, en fait. Si grand-mère lui donne sa paie la veille du Pardon, Marie me donne une pièce de cinquante. Si grand-mère la paie avec un jour de retard, tintin la pièce de cinquante. J'ai aidé Marie à faire la vaisselle, j'ai nettoyé les couteaux au bouchon brûlé, j'ai écossé les petits pois du déjeuner, je lui ai demandé comment allait Édouard ? Il allait comme il va tous les jours. Le soir il est fatigué, le matin il demande pardon. Le mot « pardon » ne l'a pas fait tiquer, pourtant je l'ai répété et j'ai même dit : C'est le jour du Pardon, aujourd'hui... À un moment, elle a mis la main dans la poche de sa blouse et elle a sorti son mouchoir. J'ai pensé : Qu'est-ce qu'elles ont toutes à se moucher ? Finalement, Marie ne m'a rien donné. J'étais furieux, mais je ne m'en faisais pas encore. J'avais calculé qu'il y avait tous les oncles et tantes à la maison, cette année-là, presque tous. Le Pardon devait me rapporter un bon paquet. J'espérais dix francs, peut-être quinze. En général, ma mère me donne un franc cinquante (elle en donne deux à mon frère aîné et deux à ma sœur qui les met de côté avec les francs des années précédentes) ; ma grand-mère me donne un franc, mon grand-père secoue son porte-monnaie et il en tombe ce qu'il en tombe. Parfois un pactole, parfois une misère de pièces jaunes ou blanches, c'est comme ça. Il y a intérêt à le croiser en premier quand il descend « au jardin ». C'est le bon moment pour croiser mes oncles, quand ils vont au jardin. Mes tantes vont au jardin en robe de chambre, elles se faufilent, elles ont d'autres soucis que le Pardon du neveu dans ces moments-là. Je m'arrange pour les croiser au retour du marché, quand les billets de cent francs ont fait des petits. Elles ont toujours de la monnaie pour moi : tiens, mon petit chéri, pour ton Pardon... Mes oncles sont généreux, sauf l'oncle Jean-Marie qui n'a jamais d'argent sur lui. L'oncle André ne vient plus jamais à l'Aber, dommage, il donne tout ce qu'il a.*

*Il aime ça, donner, gâter ses neveux. Il donne des billets, des pièces d'or, des petits chevaux du bonheur, des colliers en argent, des perles, des bracelets. Ça vaut vraiment la peine, lui, de le croiser dans le jardin le jour du Pardon. Je suis allé avec Yves à la messe de dix heures et je n'avais toujours pas gagné mon premier centime. J'ai demandé à Yves : Tu as eu combien ? Il m'a dit : Rien. Je suis sûr qu'il mentait, il avait son beau sourire moqueur. Ma tante Fern est dingue de son fils unique, il a tout ce qu'il ne demande même pas, avec elle, et personne n'est au courant, surtout pas l'oncle Marc, son père. L'oncle Marc lui a promis une Cadillac en or avec des pare-chocs en diamants s'il a son bac avec mention très bien. Moi c'est un bateau à voiles que j'aimerais échanger contre une mention très bien. Un yacht comme ceux de l'oncle André,* alias *Jo pour les intimes, qui pourrissent au Gour Bihan devant Kervaly. Même un de ces yachts pourris, la* Marmotte *ou le* Ninioblo, *je l'échangerais bien contre la mention et je lui rendrais la santé. Il y a des trucs pour retaper les anciens voiliers qui paraissent fichus. Du moment que la quille est saine et qu'on y croit. Demain, j'enverrai une carte postale à l'oncle André pour lui proposer mon bac contre l'un de ses voiliers. Il a tout à gagner.*

*Ras le bol d'écrire. Je déteste écrire en vacances, c'est une perte de temps, et en plus je suis illisible. Ma sœur Tita passe des heures enfermée dans la chambre de l'oncle André pour « tenir » son journal sur un grand Clairefontaine vert à spirale. Qu'est-ce qu'elle peut bien raconter ?*

*Cette année, l'argent du Pardon n'a commencé à tomber que vers midi. « Année de vaches maigres », a dit ma grand-mère en me donnant une pièce d'un franc. Elle dit ça chaque année en vous la plaçant dans la main comme un pourboire. D'abord, on dit merci et on regarde après combien on a dans la main. C'est tout ?... Chaque été, les vaches sont maigres et les langoustes du déjeuner pas maigres du tout, et c'est à celui d'entre nous qui mangera le plus de* kouign-amann *au dessert, et boira le plus de champagne rosé en rapportant les verres à la cuisine.*

*Un bon Pardon quand même, cette année. J'ai réussi à embrasser la fille de l'Éco sur le casse-gueule. Je ne voulais plus la lâcher, j'ai cru qu'on allait tomber des nacelles. Et moi qui croyais qu'elle était amoureuse d'Yves. Toutes les filles de l'Aber ont le béguin pour Yves, mais c'est vrai qu'il ne peut pas les embrasser toutes en même temps. Il en laisse un peu pour les autres. Il m'a dit ce matin : T'as vu, je t'ai laissé Monique. Et moi j'ai été assez crétin pour lui dire : Un grand merci, Yves. Un jour, c'est lui qui me…*

Trop de barbelés après ces quelques syllabes à suspens… Puis du blanc, du blanc coquille d'œuf, du blanc chinois conçu par les petites Chinoises du fleuve Amour dans la plus vieille papeterie du monde où le blanc provient du mûrier et le bleu du santal, ce bleu si typiquement bleu des couvertures reliées à la ficelle de jonc, la même qui fait le tour de nos puissants livarot.

Écoute voir, ami non breton, compagnon de route. Le Pardon breton porte aussi bien son nom que la verte espérance dans la vallée de Josaphat. Il y a tellement à se faire pardonner… le matin du Pardon : *ite missa est.* Le soir : *in vino veritas.* La nuit, entre deux hoquets : *confiteor… Mea maxima culpa…* (le Celte est polyglotte, un soir de Pardon, de plus il a beaucoup roulé sa bosse de par les cafés à matelots).

Le Pardon remonte à l'aube des temps. Quelle que soit la forme qu'il revêt, la cérémonie traduit le recommencement des temps, le besoin d'être ensemble contre vents et marées, malgré la mécréance et la foi. Les Celtes l'appelaient : synode de fraternité. Le solstice venu, on se rassemblait trois jours durant autour des guides spirituels en des lieux consacrés, devant les sources magiques ou parmi les dolmens en liaison secrète avec l'errance des constellations.

Les bardes présidaient ces fêtes tribales qui voyaient sortir des campagnes les plus archaïques de tous les enfants de la tribu celtique, rappliquant pour célébrer Mère Nature et *mamm-goz* Annah, la grand-mère de l'univers. Le synode – il se christianisera sous le nom de Pardon – était l'occasion pour chacun de montrer son excellence et sa bonne volonté. On tournoyait fraternellement sur le pré. On concourait pour la harpe ou pour la poésie, pour le biniou, le tambourin, la bombarde, pour le chant, la vélocité, pour la lutte et mille autres jeux qui n'avaient rien d'olympique pour ces Bretons confiants dans la seule ère du temps. Les forts exposaient leurs forces, les faibles leurs faiblesses, les bien-portants leur santé, les malades et les impotents leurs misères, ils espéraient un miracle. Faut-il préciser qu'il se mangeait force grillades, à ces réunions, et se buvait une eau-de-feu que les Celtes de Galice boivent encore aujourd'hui : la maëvas qu'en bon Labérois j'ai bu moi-même à Cedeira, un aber ou plutôt un *rio* du *cabo prior*, au nord de La Corogne, avec des pêcheurs de cette Espagne celtique.

Les premiers Pardon ressemblaient au synode de fraternité, si ce n'est que le crucifix dominait le menhir, sculpté dans sa pointe, et que la veille du grand jour le branle ininterrompu des cloches des chapelles annonçait l'heure imminente du rendez-vous sacré. J'ai lu quelque part que les balayures des chapelles, le jour du Pardon, était de saintes balayures que l'on dispersait à la mer pour qu'elles veuillent bien épargner ceux des îles et du littoral. En l'absence de salle des fêtes, et le temps climatique pouvant se trouver nébuleux, on dansait dans la chapelle en l'honneur de la sainte et du saint patronal. On dansait toute la nuit en musique, et ces danses de joies profanes, loin d'offenser la piété des chrétiens, exaltaient les mérites du saint que toute la jeunesse célébrait en festoyant.

On dressait d'immenses feux d'ajoncs sur la lande, on faisait douze fois le tour du feu, en procession d'abord, puis en dansant la bourrée. Le feu déclinait et l'on mettait sur les braises une marmite qui servait dans le temps à cuisiner le repas des guerriers, une marmite aux propriétés magiques devant laquelle se prosternaient les mendiants. Le chaudron où le druide Assurancetourix touille sa potion magique s'inspire évidemment du récipient où se fabriquait pour les guerriers celtiques une pitance qui comportait des herbes vertueuses : le silage, la jusquiame, le salmolus, la verveine, la primevère et le trèfle. Dans la légende celtique, seuls les guerriers et les druides pouvaient en consommer. Un jour que le nain Taliesin remuait à la mouvette le bouillon des druides, trois gouttes giclèrent sur sa main. Que pensez-vous qu'il arriva ? Tous les secrets de la science se dévoilèrent à lui. Il fut Taliesin, prince des bardes d'Armor.

Mon arrière-grand-mère Annah me racontait la Bretagne des nains et des fées, des rois fous qui galopaient sur la mer. C'était à qui verrait les dieux, en ces âges anciens. On s'éclairait à la chandelle, on se réchauffait à la clarté fantastique du feu qui fait danser les ombres. S'éloignait-on de trois pas, la noirceur de l'univers s'emparait des sens et la rêverie des âmes. On vénérait la Lune, soleil de la nuit qui met en liberté les formes cachées du monde. Elle avait quatre-vingt-dix-huit ans quand elle s'éteignit en juillet 56. Que de nains envoûtés sont partis avec ma grand-mère, que de fées volatilisées. C'est elle, la première, qui de magie celtique a tapissé mon cœur d'enfant.

Ah ! on entend souvent dire « perfide Albion » à propos de la Grande-Bretagne. Une expression bien énigmatique. Les forts en thème s'en remettent à l'étymologie. Blanc se dit *albus* en latin, et blanches sont les falaises de la côte anglaise vers Douvres. « Perfide Albion » : nom que donna Jules César à cette île de fer où ni la *pax* ni la *bella* ne matèrent durablement les tribus établies. Ma grand-mère, toute mignonne dans son grand lit, très mère-grand avec son bonnet de tulle blanc brodé par ma tante Jeanne, avait une autre explication plus belle et plus juste. Elle disait les choses pour les dire, non pour expliquer. L'eau merveilleuse de Koridwen était nommée l'eau de Gwyon par les druides, et Gwyon était l'île première que l'on appelait aussi Alwion, l'île de toutes les origines, l'île promise. Alwion, Albion, les druides en venaient comme les fées, les nains, comme tous les disciples du vent.

Les synodes christianisés s'appelèrent Pardon. Le même esprit de fête populaire sacré souffla sur les cérémonies à la gloire de Dieu. Le matin, les pèlerins arrivent en bandes de tous les coins de Bretagne. Ils arrivent du Trégor, du Léon, de Cornouaille, de Vannes, et c'est en chantant qu'ils font la route du Pardon. La mer n'est pas en reste, elle se couvre de tous les bateaux des environs. Des chapelles avoisinantes arrivent enfants de chœur et recteurs sous les bannières paroissiales. Le bourg qui le reçoit vient à eux, les jeunes portant à l'épaule les statues des saintes et des saints sorties de l'église.

Les costumes locaux sont de rigueur pour venir au Pardon. Culottes bouffantes de Cornouaille aux bleus brodés, habit noir de Vannes, habit gris du Trégorrois, gilet nantais. Les femmes sont en coiffe, les hommes ont les cheveux flottants sous leurs chapeaux à rubans.

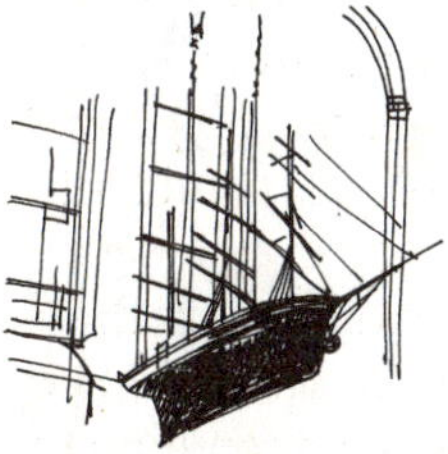

La plupart viennent au Pardon s'acquitter d'un vœu. Des matelots vont pieds nus et en chemise, portant sur leurs épaules des morceaux de navire fracassé, rendant grâce à Dieu qui les a sauvés du naufrage. J'en ai vu bien des fois, les jours de Pardon, de ces ex-voto navals que les enfants de chœur promenaient sur les chemins comme des reliques sacrées. Parfois c'étaient des navires entiers, modèles réduits que les marins avaient confectionnés pour offrir au Dieu tout-puissant la plus belle des choses que leurs mains humaines pouvaient concevoir, en signe d'amour de la vie.

Autrefois, le Pardon durait trois jours. Si le troisième jour était uniquement consacré à la prière et au jeûne, les deux premiers l'étaient aux festivités païennes. Celui qui estimait ne pas avoir assez péché durant l'année avait deux jours pour se rattraper. Avant de se présenter, l'âme noire, à la grand-messe du Pardon.

Les marins apportaient à Dieu leurs ex-voto, les mendiants et les impotents dépourvus du strict minimum vital, le souffle excepté, apportaient en offrande à Dieu ce que Dieu leur avait accordé sur la Terre, une parcelle de l'infinie souffrance divine qu'ils enduraient pour sauver les hommes à travers les âges. Et leur souffrance, ils n'en faisaient pas mystère, ils étaient là pour l'exhiber et donner aux autres une idée de ce à quoi pouvait ressembler la douleur de

Dieu. S'ils étaient fous, ils montraient leur folie au Dieu des fous et des riches.

Octave Mirbeau – l'auteur du *Journal d'une femme de chambre* – ne force aucunement la note en décrivant une veille de Pardon comme il le fait dans cet article sur un pays qu'il découvre :

*Sur la route de Pluneret à Sainte-Anne – la plus passagère de toutes – les misérables et les estropiés, les monstres étalent leurs loques vermineuses et des plaies qui n'ont pas de nom ; on marche dans l'horreur, le cœur chaviré, le cerveau soudainement affolé comme par une hallucination d'enfer. De quels abîmes inconnus, de quels terrifiants cauchemars, de quels germes atroces sortent donc ces êtres maudits qui sont là, vautrés sur les berges, entassés, dans les fossés ? Ils sont là de chaque côté de la route, criant, pleurant, implorant et grouillant sous le soleil qui les ronge, qui accélère leurs vivantes pourritures. Quoi, ce sont des hommes, ces larves effrayantes, ces paquets de chair décomposée, ces tronçons de corps déformés qui se soulèvent et se tordent ? Les uns rampent sur des moignons sanguinolents ; d'autres, le nez coupé, la bouche rongée et toute noire, les yeux invisibles, couverts d'infectes purulences, s'agitent sous des guenilles aux odeurs de charnier. Un autre, couché sur un mètre de pierre, le ventre nu gonflé comme une outre qui aurait roulé dans du sang, la poitrine nue, tailladée à vif, luisantes de suintements ignobles, semble un monceau de chair écorchée, de viande corrompue sur laquelle s'acharnent les mouches.*

*Un autre encore, énorme, incohérent, impossible, les bras et les mains coupés, bondit sur son ventre et lèche les ordures de sa langue. À côté, une femme en proie à une crise d'épilepsie se débat et hurle, l'écume aux dents. Elle est à moitié nue, ses bras démesurément longs. Là, c'est encore une femme, les seins dévorés par un cancer, qui allaite deux enfants nus à tête d'hydrocéphale. J'en ai vu un qui, avec une brindille d'arbuste, retirait des vers de ses plaies, les étalait sur ses loques et les montrait fièrement aux passants. Puis des fous grimaçants, crispant leurs doigts dans le vide. Des innocents au regard mort, habillés des vieilles défroques de femmes, et toujours des amas d'êtres à moitié morts, charognes vivantes, échappées aux cimetières, à l'amphithéâtre, à la Morgue.*

Ce texte fut écrit par Mirbeau à la fin du XIX^e siècle, et s'il existe encore aujourd'hui des êtres humains comme ceux qu'il décrit, on ne les voit plus au Pardon.

À l'Aber, quelques boiteux et *penn couch* profitaient du Pardon pour sortir du bois. Mère Nature s'était moquée d'eux, ils venaient réclamer leur part du salut comme les autres, aucune âme n'étant contrefaite aux yeux du Père et de sainte Anne, reine de l'Arvor, grand-mère du Dieu Jésus. L'âme, un soir de Pardon, n'a rien contre un dernier coup de pinard.

Je n'ai pas connu ces festivals de suppliciés, j'ai connu les joyeux Pardon. J'ai toujours eu l'impression qu'on avait beaucoup à se faire pardonner, un lendemain de Pardon. Le mot remonte à l'époque où les papes octroyaient des indulgences aux bons chrétiens soucieux du jour d'après. Vingt « Je vous salue Marie » : Tu es pardonné, sauvé. Deux litres de rouge et un vague « Je vous salue Marie » balbutiant : Tu es damné, tu boiras du feu. Encore aujourd'hui, le Pardon chrétien part en procession sur les pas des druides. On fait honneur au calvaire, une pierre sculptée pas comme les autres, chiffrée qu'elle est par le message évangélique. Le calvaire est le livre de celui qui ne sait pas lire, un livre d'images, en braille le cas échéant. L'enclos paroissial est le beau livre des riches heures de la foi, plusieurs ouvrages financés par les *jubaled*, il y a trois cents ans, les riches marchands bretons qui vendaient leur toile de lin à l'Europe entière, la *noyale*. Un enclos paroissial avec mur, ossuaire, statues des saints régionaux, arc de triomphe, Ankou grimaçant grandeur nature et les douze stations du Martyre : paradis et chouchen céleste à volonté pour toi et toute ta famille. Le calvaire de Pleyben, l'un des plus beaux, retrace la vie de Jésus de la Crucifixion à la Résurrection. Prudence, un calvaire est comme une balise de pleine mer, il y a un sens à respecter pour en faire le tour et parer les dangers qu'il signale, ni plus ni moins les pompes de Satan. Il faut tourner d'ouest en est, laisser le calvaire à bâbord, l'est représentant la résurrection. La résurrection du Christ, c'est aussi la tienne, à toi de voir.

J'ai dû participer aux petites *troménies*, à l'Aber, cinq kilomètres de procession autour du domaine paroissial. À Locronan, où je ne suis allé que pour manger des crêpes, il y a la Grande Troménie, douze kilomètres correspondant aux douze marques de l'année lunaire celtique. On suit à la queue leu leu le tracé du *Nemeton*, un quadrilatère sacré dessiné par les druides. En monnaie de Pardon, la Grande Troménie vaut trois petites, et là aussi garantit table ouverte et mignardises au paradis. Encore plus paradisiaque, le *Tro Breizh* ou Grand Pardon en l'honneur des sept saints fondateurs du christianisme en Bretagne, six cents kilomètres à la découverte des sept évêchés bretons. À pied, s'il vous plaît. Quand on investit dans l'au-delà, on ne compte pas. Le *Tro Breizh* attire les pèlerins par milliers, mais les piétons se font rares, aujourd'hui, les beaux kilomètres expiatoires du Pardon sont couverts par la voiture ou par le train. Ils iront tous au paradis.

Des synodes druidiques, les Pardon actuels semblent avoir conservé les prédilections païennes. On y trouve la part de l'homme et la part de Dieu – la part de l'âme et la part de l'instinct. On y danse, on y porte beau, on y sonne bombarde et biniou, on chante en breton, on lève le coude, on se rince l'œil. Folklore, disent les estivants, oubliant que *folklore* veut dire civilisation. Folklore est un mot folklorisé par le sens péjoratif qu'on veut bien lui donner : toc, poudre aux yeux, perlimpinpin, *tralalaleno*... Le *Horse Guard* en bonnet de poils d'ours symbolise la grandeur de Sa Majesté, mais le Breton qui laisse flotter les rubans au son du biniou se bricole un alibi, geint son désespoir. Le folklore breton, tant qu'il ne cède pas aux manigances de bazar, au Veau d'or et d'euro, exprime avec jovialité la science du peuple, la civilisation des aînés, avantage certain sur ceux qui n'ont plus de légende et ne savent s'habiller qu'en noir et blanc.

Je n'ai pas mis les pieds au Pardon de Sainte-Anne d'Auray, l'un des plus populaires de Bretagne, mais j'ai fait deux fois, avec mes grands-parents, le pèlerinage de Sainte-Anne-la-Palud. Une expérience dont quarante-cinq ans après je reste marqué. La beauté du site, déjà, cette église échouée sur la plage, ces grands sables d'une blancheur de pain contre l'océan d'un bleu mêlé d'azur. Quelqu'un s'avance et vous dit en passant qu'il existe un sanctuaire englouti visible à marée basse, on ne vous en dit pas plus, on est déjà loin. La mer descend, une mer d'huile, une braise bleue. On se frotte les yeux, on s'attend à voir surgir le canot royal de Gradlon et le roi débarquer à cheval, saint Guénolé en croupe, et s'éloigner dans une volute de sable en gémissant : Dahut !

Ce n'est pas seulement la légende de Gradlon, souverain du chaos, qui attire les foules à Sainte-Anne. C'est la foule qui met la foule en branle, chaque année, la conviction que la foule sera là et que le Pardon battra son plein pour la meute enthousiasmée des croyants. C'est le nom du Pardon lui-même, Sainte-Anne, le nom féminin préféré des Bretons avec Marie. Mais qu'est-ce que tu fabriques en Bretagne avec ce nom si joliment français, Anne, sœur Anne ?

Laissez répondre ma grand-mère Annah, s'il vous plaît, la filleule de sainte Anne, elle aussi.

Le cantique breton à sainte Anne, ou *Santez Anna*, commence par ces mots qui se chantent à voix pleine : « Sainte Anne, ô bonne mère… » Il y a aussi, plus majestueux : « Reine de l'Arvor, nous te saluons, Vierge immaculée. » Anne ? Marie ? Que les chrétiens en aient fait une Vierge immaculée ne regarde qu'eux. Anne est la jolie sainte apparue le 26 juillet 1624 au paysan Yves Nicolazic, un gars d'Auray. Elle est nimbée d'un halo blanc, Nicolazic l'appela : la Dame blanche. Elle ne fait pas un caprice d'apparition, un numéro de blancheur extraterrestre, bien au contraire, elle a une demande archiconcrète à formuler :

« Bonsoir, Yves, ne crains rien. Je suis Anne, mère de Marie, grand-mère du petit Jésus, votre *mamm-goz* à vous tous. Va trouver ton recteur, s'il te plaît, et dis-lui de remettre sur pied la chapelle de Bocenno qui portait mon nom il y a neuf cent vingt-quatre ans et six mois. Dieu désire qu'elle soit reconstruite et que tu en prennes soin. »

Conte de bonne femme, pensez-vous, n'importe quoi. Moi, j'y ai cru en écoutant ma grand-mère imiter la sainte, la Dame blanche. Yves Nicolazic n'en parle pas, puis en parle au père capucin d'Auray qui tord le nez, lui conseille de garder ça pour lui. L'affaire se répand, Nicolazic devient le fou du village, on lui jette des cailloux. Deux ans plus tard, réveillé par un bruit, le paysan voit dehors une vive lumière qu'il n'est d'ailleurs pas seul à voir. Suivant cette clarté vacillante, il arrive au champ de Bocenno. Derrière lui viennent son beau-frère Leroux, Julien Lézulit, Jean Tanguy, François Le Bloënnec et une ribambelle de voisins en pyjamas. À l'endroit où la lumière disparaît, Yves creuse le sol à mains nues, déterrant une statuette de bois ravagée par le temps et par les vers, un objet sacré que les Capucins vont identifier formellement comme étant bien la sainte, une statuette de l'an 701, époque où l'ancienne chapelle était debout. On se retrousse les manches, les gars, et on rebâtit.

Qu'il n'y a pas un mot de vrai dans cette histoire, on l'espère et on en est sûr. Ce miracle agricole serait odieux pour tous ceux que le Dieu bon a pu regarder sans broncher pénétrer avec leurs enfants dans la chambre à gaz ou se faire torturer par des frères à son image. Ce qui est beau, touchant de la part des Bretons, c'est le besoin viscéral d'une médiatrice humaine entre la glaise et l'immarcescible Marie penchée sur le divin enfant. Et rien ne les arrêtera, ces fervents Bretons. La médiatrice est bretonne, elle s'appelle Annah, c'est la mère de Marie mère de

Jésus, la grand-mère universelle des vivants et des morts, c'est *mamm-goz*.

La statuette d'Annah a brûlé pendant la Révolution. Un morceau rescapé, authentifié par les Capucins, est aujourd'hui serti dans la nouvelle statue. S'il est aussi vrai que la mèche de Napoléon récemment vendue aux enchères à Londres, aussi vrai que le bout de vraie croix qu'on donne à baiser aux premiers communiants, aucun doute qu'un bon père capucin a dû sacrifier un pied d'armoire à la gloire de sainte Anne.

Le regretté Jean Markale, grand conteur de merveilles, ne prête pas qu'à la naïveté bretonne cette fringale de médiation qui la pousse à déterrer les statues vermoulues en hurlant au miracle. Elle aurait son origine dans le plus lointain passé métaphysique des Celtes. Autrefois, « dans le temps », se vénéraient des entités divines dont le christianisme n'a pas voulu. La Mer, le Vent, la Lune. Les entités disparaissent, pas l'appétit des croyances. Les Bretons, frustrés dans leur ferveur élémentaire, remplacent les éléments par des saints bien à eux, des saints bretonnants qui se font les passeurs du message humain, qui ont l'oreille de Dieu et *vice versa*. Markale va plus loin. Il cite une généalogie tirée d'un manuscrit gallois du X^e^ siècle qui révéla au sieur Owenn ses ascendants : *Aballac ma Amalalech qui fuit Beli magni filius, et Anna mater eius, quam dicunt esse consobrinam Mariae virginis, matris domini Jessu Christi.* Cet Aballac apparaît dans bien d'autres généalogies. En clair il est dit que les Bretons, qu'ils soient armoricains ou gallois, descendent tous d'un certain Aballac, fils de Beli et d'Annah, la grand-mère putative de Jésus-Christ. Nicolazic n'était pas fou, il l'avait bien dit. Une Dame blanche, avec un cierge allumé à la main.

Qui dit Pardon dit pardonner, vous l'admettrez, car le pèlerin breton veut aussi battre sa coulpe à la toute fin des cérémonies.

Le premier pardon que demandera le pèlerin *miaou dal* au lendemain du Pardon est toujours la boisson, l'alcool.

Le pardon d'alcool, ce n'est pas le prêtre qui saurait l'accorder, mais la clémente épouse de celui que l'alcool aura surpris dans un moment où la foi la plus sincère le portait vers son prochain la chopine à la main.

« Fatigué j'étais ! plaidera le pèlerin.

— Bu ! que tu étais », répondra la clémente épouse.

Je connaissais l'expression *fatigué* quand elle applique aux abus d'alcool cette pitié qu'elle inspire après un dur labeur : Le pauvre, il n'en peut plus, il a bien sifflé ses trois litres à lui seul, quelle santé ! Soyons à ses petits soins.

En vérité je vous le dis, les petits soins ne sont jamais prodigués.

À l'Aber, on disait aussi : être chaud des oreilles.

Marie pouvait dire en arrivant à la maison : Chaud des oreilles qu'il était ! hier soir de retour…

Et l'on savait alors que le ceinturon s'était abattu sur l'échine de ce pauvre Édouard, rendant bien secondaire la chaleur de ses oreilles.

On disait aussi : Sale du nez ! qu'il était de retour.

Les expressions variaient d'un pays à l'autre. À Pouldreuzic, Pierre Jakez Hélias entendait celles-ci :

« Soûl-aveugle qu'il était ! » (Le pèlerin était rentré à la maison encadré par deux bonnes âmes moins avinées que la sienne).

« Soûl-chiffon qu'il était ! » (Le pèlerin était rentré inanimé jeté dans une brouette poussé par des amis veillant à leur équilibre mutuel).

En français classique, soûl-chiffon se traduirait par : ivre mort.

« Partir en bos » était plus inquiétant. *Bos*, en breton, signifie aussi *ziver da gwin*, le rhume du vin rouge.

Le deuxième pardon que demandera le pèlerin, ou la pèlerine, est le pardon de la pomme.

Également appelé : pardon des fraises.

Pas la sainte Pomme du lambig et pas la sainte Fraise de Plougastel, pas les fruits qui vont dans la cornue du bouilleur.

Les fruits défendus. La pomme dont on fait la chute, la fraise dont on fait les Bécassine, les filles-mères, les gamines du train de Paris qui se retrouvent en cloque au bordel pour avoir mal interprété, une fois devenue coutume, le sens du Pardon. La pomme du diable, quoi !

Il faisait chaud, le casse-gueule avait beaucoup tourné, les baisers se léchaient si bien autour du manège, les pour-toujours voltigeaient dans l'ombre avec les pipistrelles : « fatigués » qu'on était tous les deux, et voilà qu'on « est allés aux fraises » derrière la chapelle, pardon, pardon, sept fois pardon !

Je ne serai pas étonné qu'en cherchant bien dans la bibliothèque de l'Aber, en passant la main derrière la première rangée de livres, on en trouve un caché par tante Jeanne ou grand-mère uniquement consacré aux expressions imagées des…

## Peintres

*Merc 'hed tomm*
*Poazh a chevr ganto*

… aux expressions imagées des épouses, clémentes ou non, accueillant leur mari après un Pardon bien arrosé. On trouve de tout, dans une bibliothèque bourgeoise, en cherchant bien. Une bibliothèque est un être vivant, immortel si l'on veut, comme le homard bleu que le vieillissement n'atteint pas. Elle croît, devient, se nourrit d'âges et de formes qu'elle ne soupçonnait pas quand une première araignée du Léon fila son premier fil sur la tranche empoussiérée du *Paradis perdu* de Milton, traduit par Chateaubriand.

À l'Aber, mon Aber intérieur, le salon aux ancêtres peints n'est plus. La cheminée bouchée aux vieux journaux l'est sans doute aujourd'hui à la brique et au ciment, les araignées sont parties ailleurs se pendre à leur fil de Pénélope, et le rire des verres de Baccarat s'est tu sur le papier cadeau punaisé dans l'armoire bretonne. Il s'est écoulé des dizaines d'années depuis que je lisais couché sur le tapis du salon, mais les bons livres ont échappé aux salles des ventes, presque tous, et j'ai l'impression d'avoir hérité les meilleurs : les Molière, Chateaubriand, Renan, les ouvrages celtiques, le vieux *Barsaz* sans couverture, les quelques Voltaire rescapés de l'autodafé célébré dans le jardin par ma grand-mère de l'Aber après avoir lu cette phrase incidemment dans *Candide*, ouvrage au titre de bon aloi : « Au printemps suivant, les chèvres mirent bas leurs petits… »

Cet après-midi-là, on put voir ce cher Voltaire immolé par le feu voltiger en cendres argentées que la brise de mer, par la fenêtre de la cuisine, faisait rentrer à flots dans la maison qui s'imaginait avoir chassé l'immoraliste. Mon père se fâcha. Brest brûlé, sa maison brûlée, ses livres et ses manuscrits brûlés, et maintenant Voltaire brûlé vif sous ses yeux ? Il voulut intervenir. Ma grand-mère le menaça du maillet de croquet roussi qui lui servait de tisonnier. J'eus sur les lèvres le goût des cendres chaudes où des mots agonisants révélaient peut-être les secrets de la libido des chèvres en toute saison.

J'ai hérité les Thomas Mann et divers romans scandinaves que mon père lisait en Suède, à l'époque où il enseignait à l'université d'Uppsala, un tout-venant de romans français abandonnés par mes chères cousines, à la mode, à la page, *dernier cri,* et les Delly que mes tantes cachaient sous leurs oreillers avec des mouchoirs imprégnés de haine. Me sont échus *Histoire d'O* (Pauline Réage), et *L'Anglais décrit dans le château fermé* (André Pieyre de Mandiargues, un pur éloge du *schlong*). Qui les avait apportés à l'Aber ? Qui les avait soigneusement placés dans la bibliothèque entre saint Pacôme et saint Jérôme, et entre Zénidore et Françoise Sagan ? Les saints ont parfois de curieuses fréquentations, et je suppose que Françoise Sagan n'y voyait pas d'inconvénients. Deux bons milliers d'ouvrages ficelés en lots par des commissaires-priseurs, ou je ne sais qui, furent camionnés chez moi depuis l'Aber. Il me fallut plusieurs années pour déficeler ma bibliothèque labéroise, car des livres stockés provisoirement à la cave ont tendance à ne plus en sortir. Je connais un certain *Dom Juan*, par Édouard Poissenot, qui n'a jamais réussi à s'extraire des trois mètres carrés de souterrain maçonné où les rebuts de ma vie matérielle voisinent avec des bouteilles de vin trop âgées pour mériter le *plop* du tire-bouchon (avant dix ans d'âge, une gravitation inversée les pousse à s'élever dans les étages).

À l'arrière du camion se trouvait aussi, nullement ficelé, protégé d'un vague papier bulle – sorte de voile de pudeur jeté dessus par un déménageur consciencieux –, un tableau dont je n'ai pas pris le temps de vous parler jusqu'à maintenant. Il mesurait deux mètres vingt de haut, et un mètre cinquante de large, avec un cadre en bois doré. Il provenait du salon-bibliothèque de l'Aber, et il était irréel pour moi de le voir débarquer sens dessus dessous d'une fourgonnette des Déménageurs bretons. Est-ce que la mer allait suivre ? Les araignées ? Le rire de cristal ? Les *Ouest-France* et les *Télégramme* de la cheminée ? Tante Jeanne emmaillotée dans un linge parfumé à l'essence d'harmonium ? Le tableau fut déposé dans mon entrée. Avant même d'avoir ôté le papier bulle, je murmurai entre mes dents : « Merde ».

Le tableau, par Henri Moret, représentait en pied le général Cambronne au soir de la bataille de Waterloo. Il est échevelé, le pistolet à la main, des cadavres aux yeux béants sous les pieds, son cheval gît sur le côté, il regarde vers nous, l'air de nous en vouloir à mort. Rappelez-vous la phrase d'Hugo à propos de Cambronne à Waterloo : « Il dit : Grouchy ! – C'était Blücher… » Hugo n'y était pas, à Waterloo. Les hussards survivants n'ont jamais confirmé ce « Grouchy ! » désespéré de la part du chef aux abois. Les proches témoins sont unanimes à se rappeler qu'il a dit : « Merde ! »

Le tableau s'intitulait officiellement *Cambronne à Waterloo*, mais mon grand-père, qui n'aimait de l'ogre que la fine Napoléon, l'appelait : *Merde*, et je l'appelais : *Merde*, un excellent nom pour désigner cette croûte envahissante que je fus sur le point d'offrir aux Déménageurs bretons. Folle erreur. Avec *Merde*, on aurait pu racheter la maison de l'Aber et tout ce qu'elle contenait – *Merde* excepté – et probablement restaurer, à raison de six mille heures de travail par unité, les yachts de l'oncle André restés se décomposer au Gour Bihan sous les angélus à double voix.

Avec *Merde*, outre la maison, on aurait pu sauver la noble part navale d'un patrimoine que les ressentiments divers ont fait imploser. J'ignorais, honte à moi, que ce *merdique* Moret, un deuxième pinceau des hussards de Pont-Aven, les prétendus nabis, fut un grand petit maître en plein essor médiatique à travers le monde, et que les grands-oncles d'Amérique, au nom de Moret résonnant dans une salle des ventes, vendaient leurs meilleurs chevaux pour soutenir l'enchère. Je confiai à un ami versé dans les transactions inusitées les intérêts spéculatifs d'une œuvre qui n'avait pas sa place chez moi, et je dois avouer que je n'entendis plus jamais parler ni de cet ami courtier ni de *Merde*. Il m'arrive ainsi, examinant mes relevés de banque mensuels, de soupirer : Grouchy ! à la vue du solde débiteur et de me demander où *Merde* a bien pu disparaître. Et puis la vie, la vie, la vie se reprend à continuer.

Je n'aurais su dire, à l'Aber, quel était mon tableau préféré. Les ténébreux officiers de marine barbus m'angoissaient. Trop nombreux, trop semblables. Quand on les regardait un peu longtemps, les murs penchaient et l'on se mettait à faire naufrage avec eux. On ne voyait pas comment ils avaient réussi à grimper sur les murs de la maison sans rapporter une seule goutte d'eau sur leurs manchettes galonnées. J'aimais bien *Crevettes*, par Surzur, un lavis sang de bœuf accroché dans l'entrée non loin du baromètre. *Crevettes*, pas plus que les officiers de marine naufragés, n'avaient l'air mouillé par les eaux marines. Toujours dans l'entrée, j'aimais beaucoup *En course au large*, un tableau du Britannique Haffner : mer bleu marin, ciel bleu ciel, long voilier gîté châtain aux voiles blanches avec flèche et foc en l'air, remous chantilly sur l'étrave, une gouache très liée si vivante qu'elle donnait la chair de poule. Enfin, dans un renfoncement de la cage d'escalier, sous une fenêtre condamnée par où la vue s'étendait sur la grève-de-devant, j'aimais beaucoup *Perrette et le pot au lait*, par Jeanne Chauvel, un dessin colorié pour lequel ma tante Jeanne, en juin 1897, avait obtenu le premier prix de dessin à l'Institut de la Légion d'honneur. Comme les autres, je disais : Pas mal, devant les aquarelles de l'oncle Jean reléguées au fond du petit salon, un pas-mal qui sous-entendait : Pas bien, pas génial, si tu étais Van Gogh je serais Mozart, pourquoi signes-tu comme les vrais peintres à succès ? Tes tableaux sont des joujoux.

Les peintures accrochées aux murs ou rangées sous l'escalier reflétaient les pensées mélancoliques de mes tantes venues à l'Aber avec tongs et paréos méridionaux, tout en sachant qu'elles auraient froid tout l'été. Dès que le baromètre piquait du nez derrière son carreau fendu, et que les tubes de barbituriques apparaissaient sur les tables de nuit, ma grand-mère programmait des sorties à la rencontre des arts plastiques de la région.

Il y avait à Lanildut, rue Morvan, le quartier des patriciens, au-dessus d'une chapelle effondrée, l'atelier du sculpteur sur bois Derrien (lequel sculpta mon portrait dans un moyeu de charrette en orme, ayant besoin d'un modèle d'Enfant Jésus pour la crèche paroissiale du Noël 55) ; il y avait, toujours rue Morvan, l'atelier Mokaër où M. Mokaër, un faux baroudeur à pattes de lapin argentées, exposait ses « marées basses » que mon grand-père était toujours sur le point d'acheter ; il y avait le « petit potier » de Saint-Renan qui peignait le diable sur des assiettes vitrifiées dans un four à pain restauré en pleine nature, ce qui donnait au céramiste une allure de diablotin ; il y avait surtout la riche galerie Saluden, entre l'Aber-Wrac'h et Penfoul, sur la côte sauvage, la cimaise chic des trois abers.

Ma grand-mère allait chez Saluden comme elle allait chez Hédiard. Elle méprisait Mokaër comme elle méprisait Fauchon, le Hédiard des ignorants. Chez Saluden, elle daignait parfois trouver son bonheur et le payer en devises, sous le manteau. Mme Saluden en personne, jolie femme aux yeux bleus, un jersey pastel sur les épaules, faisait à voix feutrée les honneurs de la cimaise – la nouvelle école de Pont-Aven, les nouveaux nabis, des prix de Rome, de Porspoder, de Plouguerneau que la galerie s'efforçait d'encourager en ces temps de vaches maigres. Rappelle-toi, grand-mère, il pleuvait sur les vaches maigres, il pleurait dans les âmes, grand-père et toi vous étiez les seuls à vous réjouir de cette virée. Quel bonheur quand il pleut, d'acheter chez Saluden une marine où il pleut, va pleuvoir, ne pleut plus, fait soleil, un soleil vert ovale, *vice versa*, n'est-ce pas étourdissant ? Imaginez qu'on ait eu du soleil, mes enfants, on serait tous allés barboter à la plage comme des moutons. Imaginez du beau temps tous les jours, jamais l'art breton contemporain ne mangerait à sa faim. À croire que les estivants ne s'intéressent qu'à leur ambre solaire. Huiles, aquarelles, lavis, Cirolor de chez Saluden arrivaient à la maison dans le coffre des limousines familiales et, la saison finie, prenaient la route de Paris-sur-Seine.

Restaient disséminés dans les étages, même pas accrochés, posés retournés contre les murs, témoins d'un été pourri, des tableaux dépressifs choisis sans aucune envie, négociés en tremblant pour oublier la grisaille flotteuse et la corne de brume du phare du Four, avant d'aller sur le port se manger une crêpe au sucre. Quel port ? N'importe quel port. Sous la pluie tous les ports sont gris.

Mon grand-père Henry, excellent dessinateur – excellent violoncelliste –, regardait l'art avec des yeux ronds d'enfant. Menhirs, dolmens gravés, calvaires, enclos paroissiaux, vierges-fées des fontaines miraculeuses, manoirs fortifiés, châteaux, ruines couchées dans les herbes des mottes féodales, Christ en granit de Kersanton repêché dans le raz de Sein à la hauteur du phare de la Vieille, peut-être originaire de la ville d'Ys, oratoire de Saint-Kiriec où les filles à marier venaient jadis planter des épingles dans le nez du saint, gargouilles de Saint-Gwenaël, cariatide aux seins nus du martyre de Salomon, statues de pierre, de bois, se mourant d'abandon sur des chemins déserts, grand-père semblait connaître tous les trésors du génie plastique et pictural des Bretons à travers les âges et les mers. Il me parlait du temple celtique de Lanleff, un prieuré du XII^e siècle, dont on ignore pourquoi il a sa réplique à Newport, dans Rhode Island. Même les ex-voto des marins, il pouvait les réciter par cœur, la flottille des ex-voto suspendus entre ciel et mer sous les firmaments délabrés des églises de campagne, souvenirs de prières exaucées. Il faisait la guerre aux rabatteurs qui détroussaient calvaires et chapelles, ou shangaïaient les recteurs déprimés pour le marché noir des prétendues œuvres d'art, mères supérieures des objets sacrés délaissés au coin du bois et des ruines par des croyants impies.

Pont-Aven, le Pont-Aven des peintres, n'avait pas grand secret pour lui. Il était né en 1887, Gauguin avait tout juste quarante ans, Van Gogh vivait toujours. Pont-Aven : un rendez-vous aussi mystérieux, instinctif, que celui des anguilles attirées vers les Sargasses. La ruée vers le Midi breton. L'aimant d'un soleil qui se levait comme exprès pour aider l'art nouveau à s'ébrouer des vieux trucs de l'art philistin. *Exit*

le bric-à-brac des nobles antiquailleries. L'Albatros avait déjà fait savoir qu'il était un géant, le Dormeur du val lorgnait sur le bleu des cressons, le bateau n'allait pas tarder à s'enivrer pour ne jamais dessoûler. « Sache, disait grand-père, que si Pont-Aven avait porté un nom italien, quelque chose comme Vérone ou Venise, la ville serait aujourd'hui considérée comme la ville mère de l'art contemporain. On la connaît, on l'aime, mais elle est folklorisée. Ce n'est pas seulement la lumière que les peintres ont découvert en Cornouaille, mais la déraison, l'envers du miroir, la vision qui s'épanouit au-delà du bon sens. C'est au bord de l'Aven que Gauguin fait part à Sérusier du talisman, l'art d'être fou devant un paysage. » Il y a des arbres et une boîte de cigares pour peindre les arbres.

« Quelle couleur, les arbres ? demande Gauguin.

— Jaune, dit Sérusier.

— Mettez du jaune. Et l'ombre des arbres, quelle couleur ?

— Verte, un vert très foncé.

— Elle est bleue. Ce vert est très bleu. Mettez de l'outremer pur. Et les feuilles sont rouges, mettez du vermillon. »

La boîte à cigares allait porter le nom qu'elle méritait : Talisman.

Ces peintres de Pont-Aven s'appelaient entre eux les *nabis*, « prophètes » en hébreu. « Pontavenistes » faisait *brezhoneg*, ça sentait la crêperie. Après l'art pompier, l'art crêpier, impossible. C'était ridiculiser des fous géniaux qui se piquaient de représenter uniquement « l'équivalent passionné d'une sensation reçue ». Après ça, la Terre n'a plus qu'à être

« bleue comme une orange ». Et comment Guillaume Apollinaire aurait-il jamais écrit « Du rouge au vert tout le jaune se meurt, quand chantent les aras dans les forêts natales » ? Comment aurait-il donné ce joyau si Gauguin n'était pas d'abord allé saucissonner au Bois d'Amour avec les filles de Pont-Aven ?

Grand-père avait un faible pour Gauguin. Il n'était pas le premier à avoir planté son chevalet dans l'Armor méridional : Hollandais, Américains, Suédois avaient déjà leurs habitudes à l'ouest et se laissaient bichonner par les aubergistes du littoral, mais lui seul peignait au bord de la mer des Christ jaunes, des Christ verts, des Christ océaniques, des Christ à la manière de Renan, des Christ « incomparables » que l'on appelait Mon Dieu.

Grand-père, un mécréant mystique, persuadé que le Dieu des morts n'existait pas clé en main, se fiait au Christ incomparable pour qui Dieu peut être vivant si l'on se risque à l'humaniser, par croire en l'homme cloué au destin. Ce doute porteur de foi, porteur de croix rassérénait grand-père. Il fallait que le Christ fût un homme à part entière pour avoir une chance d'être un Sauveur à part entière, un Dieu pour tous les temps. Comme chacun d'entre nous dans son laps de vie terrestre. Le Christ, pour grand-père, était chacun d'entre nous. Il tirait une certaine fierté du fait que notre Cornouaille ait apporté à Paul Gauguin la vision de ce Dieu divinisé par la souffrance de l'être humain.

Grand-père connaissait bien la peinture en général, pas seulement les nabis. Il allait aux expositions, s'intéressait à l'histoire de l'art, achetait des beaux livres, écrivait aux artistes qu'il admirait. Mais l'École de Pont-Aven était son dada, un collège de trublions ;

des prophètes qui boivent énormément, le soir, à l'unisson des prophètes du coin.

Ils ne s'éternisent pas à Pont-Aven. Ils sont au Pouldu, à Concarneau, à Port-Merrien, à Brigneau, Lesconil, Riec-sur-Belon, ils remontent au nord jusqu'à Camaret. Pas plus haut. Camaret est leur septentrion, leur cap Nord sur la rive sud de la rade de Brest. Sur la rive nord est le royaume des « soleils mouillés », des « ciels brouillés », le pays des aquarelles où l'art se fait avec les larmes du mauvais temps constamment à rôder sur la mer. Si l'on peut dire « mauvais », bien sûr, le temps qui vente et qui pleut, et qui paraît jeter un sort de malédiction à la couleur des choses. (Seul un Breton, le marin Yves Tanguy, saura faire du gris son caméléon préféré pour nuancer la « palette des aurore », aller vers le jaune, vers le bleu, « étonner un ciel exsangue », en 1916, à l'heure où tonton Tzara n'a plus que ce mot à la bouche : Dada.)

C'est à Camaret, vers la pointe du Toulinguet, que Georges Lacombe peint *La Mer jaune* au coucher du soleil. À propos de *La Mer jaune*, on osa parler de « radiations aurorales » ! C'est mal connaître le sens de la giration du globe terrestre. Lorsque le ciel est aussi rouge à l'ouest, sur l'archipel Molène, aussi rouge qu'il l'est sur la mer jaune, l'aube ni l'aurore n'ont la moindre chance d'irradier dans les parages. Et si l'aurore a « les doigts roses », pour Fénelon, le couchant les a violets pour l'horizon ouessantin vu du Toulinguet, comme le voit Georges Lacombe.

Un peintre se rit des couleurs qu'il invente, il ne se moque jamais des points cardinaux. Pour grand-père, le *quid novi* surréaliste n'était que poudre aux yeux. Tout s'était joué à Pont-Aven en ces jours bénis où le premier nihilisme du langage artistique établi avait répondu par ses pieds de nez à l'absurdité d'une civilisation à feu et à sang. Car c'est toujours dans le sang des guerres que le peintre visionnaire trempe ses pinceaux, l'écrivain ses mots, le musicien son tempo. Avec Gauguin, pour la première fois, l'homme se perd de vue, il cesse de s'enivrer de sa propre image. Il n'est plus le centre de l'univers, et Dieu n'est plus si bon ni Dieu.

Grand-père faisait aussi grand cas du peintre Corentin Dufour, artiste méconnu, Pontaveniste tardif. C'est Dufour qui réveilla l'intérêt du public pour l'école de Pont-Aven après la Libération. Il peignait les gens de mer, jamais de face. Il peignait les dos musculeux des marins à terre, en vareuse bleu délavé. Il peignait les encolures, les nuques, les têtes penchées par la rêverie, il peignait la fatigue océanique imprimée dans les épaules fourbues, le roulis comme accroché aux jambes flottantes du pantalon lourd de sel, toujours un peu fléchies.

Il peignait moins des hommes que cette lassitude ineffable de la mer éprouvée par des marins pêcheurs unis autour d'une jactance éternelle. On ne voyait jamais la mer, dans ses tableaux, on ne voyait qu'elle. On ne voyait aucun regard, aucun visage, et tous ces marins on les avait déjà croisés dans les ports, on avait l'impression d'entendre leur voix.

Le jour où je parlerais de Corentin Dufour au peintre de la marine Philippe Plisson, son visage s'illuminerait d'un sourire enfantin : « Corentin Dufour était mon oncle, et j'ai commencé en tenant sa galerie d'art à Pont-Aven. »

À Paris, boulevard Raspail, grand-père avait dans son bureau un mur entier de livres sur la peinture. En les regardant je découvris un jour Paul Signac, prophète à part de l'École de Pont-Aven, le technicien de la touche divisée. Je ne connais que Signac, parmi les grands paysagistes du moment, à s'être aventuré avec palette et pinceau dans l'Armor septentrional. N'est-ce pas la pluie sur la mer qui fut pour lui la révélation de l'effet pétillant, cinétique ?

Ce peintre yachtman – il n'aura pas moins de trente-trois bateaux – a longé maintes fois les côtes bretonnes, et, mieux qu'un simple continental, il sait que chaque parcelle de pluie peut offrir en mer une pépite d'effets lumineux. *Brise, Concarneau*, où l'on voit régater à vau-vent des barques à misaine, à l'occasion de quelque fête des Filets Bleus, est une célébration de l'averse imprévue qui fragmente l'onde lumineuse en millions d'étincelles d'embruns se carambolant dans l'espace et venant ricocher sur les voilures et les coques des voiliers. Aucun artiste, et sûrement pas Gauguin, le grand maître de l'à-plat, n'a su peindre l'essaim radieux des gouttes de pluie déchiquetant pour les marins un paysage de mer qui se croyait ensoleillé.

C'est aussi la mosaïque dispersée du phénomène breton que symbolise l'art morse de Signac, une infinie variété que le cliché parisien réduit trop souvent à la couleur locale du marin pêcheur et du péquenot à chapeau rond. Quelle commune mesure, pourtant, au premier tournant du XXe siècle, entre le riche biscuitier nantais, le charpentier naval de Lilia, le petit paysan radical du Trégor, le goémonier de Plouarzel, le royaliste de Penthièvre, le lampiste ferroviaire de Rennes, l'ouvrier de l'arsenal de Brest, le sabotier de Fougères, l'Islandais de Paimpol, le fabricant d'iode ? Aucune, si ce n'est le choc de la civilisation industrielle, le libéralisme aux dents longues. Par son archaïsme de droit divin la Bretagne est loin de tout, la Bretagne est insularisée par son histoire et sa géographie. Et sans aucun *a priori* régional, on sacrifie l'Ouest aux profits rapides et voyants qu'il ne promet pas, aux dividendes. Il n'y a que les peintres, à l'heure où le mot *système* importé d'Angleterre entre en scène, à deviner que l'Armor est en Europe un réservoir de virginité sur la lisière de ces temps futurs que l'argent va rendre fous.

Ainsi parlaient grand-père et mon père au cours des années 60. Deux contradicteurs incarnés, ces deux-là, avec pour terrain d'entente la justice sociale. Soyez donc socialistes, messieurs ? Jamais de la vie. Grand-père était un disciple de Pierre Mendès France, un disciple au conditionnel, le socialisme étant pour lui le faux nez rouge des cocos. Mon père était un disciple d'Emmanuel Mounier, pourvu que l'invocation *personnaliste* absorbât dans l'innomé les élans jumeaux socialiste et chrétien, et qu'on ne l'accusât jamais de…

## Père

*Tro mare ar c'huz-heol oe klevet trouz neihour*
*Trouz eur vag a oe klevet o toner gand ann dour*

… jamais de sympathiser avec Marx, ni d'ailleurs avec les Fourier, Proudhon et autres Jaurès.

La nuit de sa mort, le 13 janvier 1992, mon père écrivit ces mots dans un cahier vierge que je lui avais offert quelques jours plus tôt.

*Chant du Cygne*

*J'ai vu en rêve cette nuit la chaleur neigeuse*
*D'une ville espagnole, éclaboussée de soleil contre sa pente.*
*Des reposoirs aigus croulaient sous le ciel bleu noir.*
*Je portais cette ville dans la carapace de mes yeux.*
*Comme le crabe qui va mourir*
*Les bulles irisées de son dernier souffle.*

Quelques mois plus tard, j'écrivis dans un cahier, pour moi-même :

*Un an s'est écoulé depuis son départ. Déjà. Dans cent ans ce sera pareil : déjà ! Dans mille ans, cent mille ans, jusqu'au prochain big bang qui, de ce pas, ne saurait tarder. Mon père croyait aux retrouvailles, il y croit, il y est. Moi, je doute, je renâcle devant la suite, une posture voisine de la foi, de la peur. Qui vivra verra, mourra, l'inverse est moins sûr…*

*Le temps, qu'on veuille le saisir, il fait des siennes, il assassine à la dure, à l'amiable, il remet les pendules à zéro, toujours. Je ne me fais pas à la dégradation de la vie, non plus qu'à son effacement. L'effacement d'un songe. Appartiennent au passé, soit ! mon père, ma mère, mon enfance, mes cousins Vincent et Malo, mais la maison survit, tout est là, mes frères et sœur, nos lits d'autrefois, nos graffitis, les bols où, petits, nous avons trempé nos tartines en nous chamaillant.*

Dans l'appartement désert, le bureau d'Henri, contigu au salon, fait penser à l'un de ces voiliers errants dont le marin solitaire est tombé à l'eau, et les voici qui dérivent au gré des mers, veufs, placides, intacts, éternels, patients, attendant que le maître remonte à bord. Mon père ne fermait jamais son bureau à clé. Précaution superflue. Les interdits suffisaient contre les rôdeurs. Qu'il croyait !... Ils agissaient, les interdits, dès le seuil du salon, zone à risques à ne franchir que sur autorisation expresse. Interdit de s'approcher du bureau. Interdit d'entrer sans frapper. Interdit de parler fort, de ne pas avoir aux pieds ses chaussons, amis du silence et du travail de l'écrivain. Interdit de rien toucher, *a fortiori* de rien retoucher. L'ordre ? Le désordre ? Libertés sacrées. Interdit de ranger en son absence ou d'envisager le moindre ménage, opération fatale aux atomes de matière grise en suspens. Interdit d'émettre un avis sur la question ; la réplique tombait, rituelle, définitive : Occupe-toi du chapeau de la gamine !... Quel chapeau, papa, quelle gamine ?... Une variante plus monastique : *Meditanini de hoc in cubiculo vestro*. Que d'interdits !... Mon père n'avait pas le choix s'il voulait protéger son travail et gagner la vie de tout l'équipage en menant son œuvre à bonne fin. Qui pourrait le lui reprocher ?

Un enfant, sans doute, mais les enfants ont tous les culots lorsqu'il s'agit de soutirer à leurs parents un peu plus d'amour qu'ils n'ont cru en recevoir.

Il interdisait : nous enfreignions. Surtout moi, son deuxième fils. Tant et plus. Volupté, depuis les dix commandements, de s'immerger dans la faute et puis dans le repentir, le pardon. Quel meilleur sauna pour un jeune esprit chrétien ! Ce bureau, théâtre d'une liturgie dont je me sentais exclu, je le convoitais comme un gangster le fourgon blindé.

J'y allais presque aussi souvent que lui. Nous l'occupions à contretemps. J'avais une dizaine d'années. Je me livrais d'autant plus volontiers au sacrilège que j'aimais mon père et l'admirais à en perdre la tête, lui l'écrivain, lui l'Écriture, un être biblique et miraculeux, beau comme un dieu, les yeux bleus. Ses secrets et sa force m'appartenaient bon gré mal gré. J'étais fier de lui voler son génie. Larcins initiatiques. Ils avaient une saveur de pomme au paradis terrestre. L'intimité qu'il me refusait au jour le jour, son regard bleu planant très haut par-dessus mon front de gamin trop sensible, je la quêtais à travers ses manuscrits, je m'en délectais à son insu. Et lui, je le possédais.

Il partait régulièrement en voyage, revissant pour un temps son stylo Waterman à voie fine (plume or, modèle 1943). Il se faisait loup de mer sur un remorqueur ou sur un chalutier terre-neuvas, revenant des mois plus tard les yeux plus bleus que jamais, des poissons plein les poches. De l'argent, pas toujours. Ses absences prolongées servaient mes plans. J'osais profaner dans son bureau l'armoire aux inédits, aux factures, aux chéquiers périmés, plein à craquer de manuscrits empilés qui fleuraient la mouche morte et l'abricot tapé. La partie supérieure comportait un ancien vaisselier. De cette vocation primitive subsistait une soupière, laquelle, à ma connaissance, n'a jamais vu chez nous l'ombre d'un potage. Soulevons le couvercle. Rien qu'on s'attende à trouver dans l'antre du romancier, sauf un vrac de trombones fixés sur un aimant. Un flacon de vernis à ongles, mal bouché, parfume agréablement un tortillon de papiers argentés, un ruban de machine à écrire, deux petits chevaux jaune et vert pour jeux de société, une balle de ping-pong défraîchie, un chewing-gum desséché vert (confisqué à l'un de ses fils : interdits, les chewing-gums !), une Vierge Marie phosphorescente, un chocolat suçoté jusqu'au pralin (confisqué, mais à qui ?...), un rond de métal jaune percé d'un trèfle. À croire que chacun de nous venait déposer là son offrande en catimini.

Au fond de la soupière, on trouve aussi les pièces de cinq francs destinées à récompenser les bons élèves de la famille, dont je ne suis pas, tant s'en faut. La soupière aux grigris, dans l'esprit de mon père, plus fétichiste qu'il n'y paraît, tient sûrement les démons à distance. Les démons peut-être, mais pas son deuxième fils, pas moi.

Assis devant les portes béantes, je lisais des après-midi entiers, j'apprenais par cœur des poèmes jamais publiés, des nouvelles. Le génie déferlait dans ces pages que j'étais conscient d'arracher au sommeil, en fraude, ravisseur béat. Je prenais quelquefois ma mère à témoin, complice forcée d'un fric-frac à la gloire de son époux dont l'humilité nous déconcertait. Je savais mon père au bout du monde, et pourtant je tremblais d'entendre son pas. J'aurais aimé l'entendre, être pris sur le fait et châtié pour excès d'amour filial.

Aujourd'hui l'armoire est grande ouverte et les manuscrits sont à ma merci. J'ai le droit, sinon le devoir, de les explorer jusqu'au dernier mot. D'où vient-il que je suis moins empressé qu'autrefois ? Le fils pillard se méfierait-il du fils héritier ? J'irais bien mener cette interrogation dans un lieu retiré comme un...

*Labourer ar porzh*
*P'en deus amann n'en deus keet a dorzh*

… comme un phare de haute mer, Armen ou Créac'h.

Il reste cent cinquante phares en France, héritiers du premier fanal édifié à la demande de Pharaon sur l'île de Pharos, au large du delta du Nil. Voici un choix de mes phares préférés.

*Phare du Four (Finistère Nord)*

Il fut allumé le 15 mars 1874 au large de Porspoder. Il signale l'entrée nord du chenal du Four, l'une des zones de navigation parmi les plus dangereuses à l'ouvert de la Manche.

*Phare des Héaux-de-Bréhat (Côtes-d'Armor)*

Il fut allumé le 1er février 1840. Haut de soixante-dix-sept mètres, il est l'un des premiers grands chantiers de maçonnerie érigés en mer.

*Phare d'Armen (Finistère)*

Il se dresse en pleine mer, avant-dernier amer occidental en Europe, le dernier étant une bouée sifflante. Il apparaît au large de l'île de Sein. *Armen* signifie « la pierre », un rocher de quinze mètres sur sept à marée basse, entièrement recouvert à marée haute.

*Phare de la Vierge (Finistère Nord)*

Mis en service en 1903. Haut de quatre-vingt-deux mètres, c'est la tour de lumière la plus élevée du monde.

*Phare de la Jument (Finistère Nord)*

Mis en service le 15 octobre 1911 au sud-ouest de l'île d'Ouessant. La tour tremblait si fort lors des tempêtes qu'il a fallu la consolider durant vingt ans.

Tous les soirs, même les soirs de Noël, les gardiens du feu doivent veiller la lanterne. Selon John-Antoine de Nau, premier lauréat du prix Goncourt, André Lemoyne, poète parnassien aujourd'hui oublié, comme John-Antoine de Nau l'est aussi, est l'inventeur de l'inspiration maritime en poésie.

*« Veilleurs de nuit »*

*De très loin j'aperçus planté sur un écueil,*
*Tas de rochers perdus, oubliés de la terre,*

*Dans le désert des flots, un phare solitaire,*
*Un vieux géant marin qui rallumait son œil.*

*Apportés par les vents, attirés par les flammes,*
*Des tourbillons d'oiseaux faisant cercle alentour,*
*Comme les flots montaient ou baissaient tour à tour,*
*Obéissant du vol au bercement des lames.*

*Et dans le haut du phare, impassibles aux bruits,*
*Les deux veilleurs, par une étroite meurtrière,*
*Envoyant sur les eaux de longs jets de lumière,*
*D'éclairs intermittents coupaient la sombre nuit.*

*Oubliant pour un soir que leur vie était rude,*
*Dans l'éternel chaos de la mer et du ciel,*
*Ils s'étaient souvenus... Tous deux, fêtant Noël,*
*Souriaient dans leur froide et haute solitude.*

*Phare de Kermorvan (Finistère Nord)*

Mis en service le 1er juillet 1849. Il apparaît à la pointe du Conquet, relié au continent par un pont de pierre.

*Phare d'Eckmühl (Finistère)*

Allumé le 17 octobre 1897 à la pointe de Pen-Marc'h.

## Pharos

*Brum war ar mor*
*A zo fall evit al labour*

… Pharos n'a rien à voir avec le Pharos d'Alexandrie, dont *Petit Robert* me dit qu'il mesurait cent quatre-vingts mètres de haut, tout de marbre blanc, et qu'il alluma ses premiers feux d'atterrissage en 285 avant J.-C., à la demande de Ptolémée II, roi de Macédoine et mari d'Arsinoé, sa sœur.

J'appelle Pharos un petit phare de céramique blanche posé sur mon bureau, presse-papier, souvenir. Il porte une inscription : « Estaca de Bares ». Le soir où je le vis paré de ses trois éclats tremblants, je longeais la côte espagnole en voilier, un Tobagos 50. Dans un demi-jour vespéral, l'océan se couvrit de crabes lilliputiens, jaune ambré. Jusqu'à l'aube, une interminable odeur de foin coupé rôda sous les constellations, émanant de cette transhumance au ras de l'eau. D'où venaient-ils, ces crabes ? De quelles prairies englouties ? Où allaient-ils en chuchotant leurs litanies ? Ils fleuraient la moisson. Toute la mer en profitait. Et c'est ainsi qu'Allah est grand et qu'il sent bon.

Vous trouverez des gens pour affirmer que la mer ne sent rien, vous en verrez penchés sur le plus chétif des lichens, humant l'arôme avec une avidité d'amants épanouis, rendant grâce aux Océanides. Certains périront noyés à vouloir suivre les étincelles de midi jusqu'au sud, là-bas, oui, tout là-bas. Au chapitre des nourritures sensuelles, ils adorent la mer à l'égal de Vénus, son plus jeune et son plus beau fruit. On les comprend. La première fois que j'embrassai une fille, la mer était entre nous, tutélaire, complice, et comme la fille embaumait la vanille, nos baisers embaumaient la vanille et l'iode. Aussi bien la mer est musc, héliotrope, rose, elle est opopanax ou jasmin, tout dépend du baiser, du souvenir, elle invite à s'embrasser et mieux que du bout des lèvres, décidément Allah est grand.

Revenons sur terre un instant, varions l'incipit. Large, hauturière, sœur de l'infini, la mer est balnéaire pour le commun des mortels, c'est une affaire de riverains ou d'estivants. Ils ont trimé pour se la payer au mois d'août, la voici dans tous ses éclats entre les pins parasols de la *Costa Azul*, ou sous les sablons de Ruscumunoc. Elle sent bon les vacances, l'infini, bon l'écran total et bon la merguez au romarin. L'air qui vient du large, lui, semble retenir son odeur comme le cerf aux abois. Peut-être n'en a-t-il pas.

Il est vrai qu'en Méditerranée le littoral s'exprime avec l'ardeur d'un pot-pourri devant un aquarium inodore. Autant de ports, autant d'horizons lointains à domicile. Menton sent la violette, Nice le kérosène, par bouffées, et par bouffées une fraîcheur de jardin suspendu, Cannes le Chanel N° 5, Port-Cros la cigale, Bagaud la fourmi, Toulon la gamelle des équipages de la flotte – Brest avait la même odeur, avec des relents de marijuana ; à Marseille, une fragrance intermédiaire entre banane et café s'enroule aux bouches à feu des raffineries, le nez se tord à Lavéra, foyer des tankers de partout ; *via* les îles on peut ainsi faire le tour du bassin méditerranéen jusqu'à San Remo, la narine à l'air, Tanger, Djerba,

Sorrente, Espalmador – et Corse, le plus grisant des paradis avec l'archipel Molène – aux quatre coins du *Mare Nostrum* les fruits des Hespérides enivrent des flots préférés des dieux, Allah compris.

Seules les mers océaniques, animées par la puissance lunaire, ont leur parfum. En Armorique, l'iode, célèbre l'été pour ses vapeurs aux effets presque hallucinogènes. L'horizon, moins bleu qu'il n'est mauve, ou noir, miroite alors comme une huile avant ébullition, à trop le humer on perd son latin. La mer descend, dévoilant une molle forêt de laminaires grenat, de goémons à pustules et d'algues convulsées, tous exhalant cette odeur génitale et sucrée, confite à ciel ouvert deux fois par jour. Peut-être n'a-t-elle pas la finesse lascive du vétiver ou des ylangs-ylangs, mais elle donne des ailes aux grands voiliers, elle excite au dépassement les skippers long-courrier, natifs du coin ou pas. En fait ils ne partent si loin que pour vaincre des milles, aller où la mer n'y est pour personne et, plus encore, étirer ce fil de nostalgie qui les raccorde aux marées basses, aux bruyères, aux ajoncs comme aux baisers vanillés d'autrefois, les soirs de Pardon.

Loin, disparue la côte, la mer fait sienne votre odeur et l'amplifie. Elle n'en a plus, si ce n'est une exhalaison monotone que vient inopinément surprendre la saveur métallique des brouillards ou celle, pierreuse, du ciel étoilé par temps froid. L'acier des firmaments sent comme le torrent de montagne au cœur de l'hiver, une odeur pierreuse. Au large, l'odorat s'aiguise, les rêves ont une haleine, un délice, comme le voilier qui vous sauve la vie d'une écume à l'autre. La pluie s'évapore sur le pont ? Le bois tiédi, rosi par l'ondée, se souvient qu'il est un teck royal de

Madagascar, il se revoit debout parmi des orchidées grimpantes, et cet effluve tropical ricoche sur une vision de lianes et de perroquets, abolissant le grand bleu, tout le spectre de l'arc-en-ciel. Pour peu que vous n'ayez pas dormi la nuit précédente, l'illusion psychédélique vous mène au cœur de la forêt, gare aux serpents. Un oignon mijote ? Il promet un festin. Un œuf se brise ? La ciboulette vous monte aux sinus à travers la bave mordorée d'une omelette. Les vêtements humides avec lesquels vous avez dormi sentent la bête humaine, la tribu des premiers chasseurs d'aurochs – ceux qui léchaient leurs mains blessées.

En mer, l'instinct loge au bout du nez, il vous raconte une histoire oubliée, vous redonne confiance, il vous ramène à bon port tôt ou tard. Que dire du retour sur la peau de l'odeur terrestre après la traversée : sensation d'être vivant comme jamais, homme de la terre ferme, et non pas seulement conquérant d'un désert par trop mouvant, par trop désert. Arrivant de nuit à l'îlot Porto Santo (archipel de Madère), après une étape de course assez mouvementée pour que j'aie dit ma prière – à savoir : Mon Dieu ! Mon Dieu ! –, je respirai subitement le fumet d'un graillon qui zigzaguait dans l'air mort de la baie, sous un volcan, évinçant l'Atlantique et ses déferlantes à sourire d'hyène. Comment renoncer à l'odeur de la terre, Allah, à l'odeur de…

## Pluie

*Brum war an aod*
*A ra klanv ar martolod*

… à l'odeur de la pluie, l'été, quand la chaleur du sol monte imprégner de ses parfums herbeux les gouttes en train de choir et de résonner avec un bruit mat de note bien frappée.

Une question pathétique divise l'opinion, s'agissant de l'Ouest armoricain, et c'est à Paris, capitale d'une intelligence hors du commun, vénérée dans le monde entier, que la division est la plus marquée. Est-ce qu'il pleut en Bretagne ? Il pleut, oui. Il ne fait que pleuvoir. Il pleut toute l'année, de jour comme de nuit, du Mont-Saint-Michel à Nantes. C'est dit. Il ne pleut pas, non, jamais. Pas une goutte d'eau. L'Afrique. L'azur ardent, des orangers au sud de Belle-Île-en-Mer et des palmiers à Landerneau, et les vieux Guérandais ont l'accent du Midi, peuchère ! Et les Brestois ont depuis longtemps oublié la ruisselante Barbara convoitée par Prévert.

Ça pleut, ça pleut pas.

Des imposteurs dans les deux cas. Les uns, les pluvieux, n'ont pas les yeux en face des trous ni les pores de la peau perforés comme il se doit, ni le débit de sécrétion biliaire adapté à la palette infiniment nuancée des ciels de l'Ouest, et les autres, les non-pluvieux forcenés, des compatissants, ne sont pas moins dans l'erreur. Pauvres Bretons ! Pauvre pays trempé comme une vieille soupe à la mouette ! C'est si beau la Bretagne, et les gens sont méchants : on dira qu'il ne pleut pas, ou, comme a pu le faire observer Olivier de Kersauson qui n'a pas les yeux dans sa poche, qu'il pleut uniquement sur les…

## Plogoff

*Beg meilh ruz beg sall*
*Re Gemperlé ne zebront tra all*

… sur les personnes dont on n'a aucune envie de les revoir dans la région. S'ils ne comprennent pas la pluie, s'ils ne l'aiment pas de toute leur âme d'enfant, exactement comme on aime le soleil, le vent, le sel de la mer, la mouette en train de becqueter au vol des croûtons imprégnés de lambig à quatre-vingts degrés par des garnements, la brume et la limonade arrangée, il n'y a rien d'étonnant qu'ils soient les mêmes à trouver judicieux d'aménager la pointe du Raz en complexe électro-nucléaire.

En 1980, une enquête d'utilité publique est ouverte, examinant le projet d'une première centrale à Plogoff, sur la pointe du Raz. Soulèvement général des populations. Refus violent. Affrontements avec les forces de l'ordre. L'État fait machine arrière, l'enquête est refermée. Dans *Plogoff-la-Révolte*, Jean Théfaine écrira : « Refus du nucléaire, certes, mais surtout refus par une communauté de langue, d'esprit, de mœurs, forgée au cours des siècles, de disparaître broyée par le progrès matérialiste qui, dans un combat culturel, ne touche pas les sensibilités. » Le progrès épargnera Plogoff, mais le cap Sizun, le somptueux voisin de la pointe du Raz, aura ses routes, ses hôtels, ses campings.

Je ne suis pas fier de m'en prendre aux campeurs, aux vacanciers. De quel droit ? Je suis moi-même vacancier, touriste à mes heures, et pas fâché d'accéder à la beauté des paysages, tant en France qu'à l'étranger. Mais que l'on veuille tuer l'innocence d'une région pour la livrer au pillage d'une majorité grise indifférente au génie du lieu, à sa mémoire, à son équilibre vital au sein des éléments, à sa beauté dont se nourrit l'infini, et je n'ai plus envie de voir personne, je…

## Pouce-pied

*La ka ar c'hi er-maez*
*Hag ar c'ahzh en diabarzh*

… je pars à Groix sur les falaises de la côte sauvage, j'attrape la grosse corde fixée à l'anneau, devant Pen Men, et je descends en rappel au raz de la marée basse, du côté des dernières familles pouce-pied, mot qui vous ouvre l'appétit, j'espère, autant qu'à moi. Je prends pied sur une dalle de granit rincé par le va-et-vient du ressac, et le vent se demande ce que je fiche là face à face avec lui, avec une houle aussi bornée qu'un hippopotame en phase d'assaut.

Le pouce-pied, dont le nom zoologique est anatife, fait peu saliver les mangeurs d'escargots et grenouilles, et beaucoup les mangeurs de paellas. On en trouve à Belle-Île-en-Mer, à Groix, aux Glénan, une pêche régie par des règles strictes assurant la conservation de l'espèce.

Il y a eu des coups de feu à Belle-Île, dans les années 70, à cause des anatifes. Il y avait un gang des pouces-pieds. Ils trafiquaient avec les Espagnols et peut-être avec les douaniers. Il ne fallait pas en parler dans les cafés du port. On ne savait pas trop de quels pistolets étaient partis les tirs et s'ils n'étaient pas susceptibles de partir encore une fois. C'était pouce-pied à gogo, sur *Aeleutheria,* quand j'étais amarré au bassin à flot devant chez Annick, le Café des Matelots. J'avais dû m'acoquiner à mon insu avec un filou des pouces-pieds. Il tenait une pizzeria pour sauver la face, dans une ruelle du Palais, mais le frigo regorgeait de pouces-pieds rangés par lots. Un jour que les gars de l'*Aquilon des Mers* chantaient peut-être un peu fort en mangeant leurs calzone, il s'est approché d'eux le colt au poing. Ce soir-là j'ai compris qu'il faisait vraiment partie du gang.

Les pouces-pieds font souche au bas des falaises, sous le niveau des basses mers. Mieux vaut les pêcher à deux, le pêcheur s'encordant à une roche, l'autre surveillant les vagues, prêt à sortir le pêcheur de l'eau.

Ce qui m'intrigue, c'est qu'avant d'embosser mon *Aeleutheria* vert guimauve sous les fenêtres du Café des Matelots, je n'avais jamais entendu parler du pouce-pied, jamais vu cette espèce de doigt vaguement pénien. Son aspect n'incite pas à la dégustation. Je n'imagine pas grand-mère attrapant son pouce-pied d'un air naturel au déjeuner du 15 Août, et mon arrière-grand-père Louis Bodet sur son tableau rougeâtre n'étant pas secoué d'un rire nerveux à la vue de ces dignes personnes occupées à téter consciencieusement leurs anatifes devant un miroir au mercure. Se pouvait-il qu'un voile de pudibonderie fût jeté, chez nous, sur le pouce-pied d'Armor, fruit de mer obscène ? Un jour, le plus tard possible, je poserais la question à…

# Q

## Queffélec (Henri)

*Evitan peb tra a droe da zonerez*

… mon père, à papa. Henri Queffélec. Écrivain brestois. Grand écrivain, écrivain grand : un mètre quatre-vingt-trois, les yeux bleus, la mine sévère, les plus belles mains d'homme que j'aie jamais vues. Toujours en voyage, en songe, regardant la rade à l'horizon des années perdues.

Mon père avait des semelles de vent. Il voyageait aux frais d'une princesse nordique appelée Sven Nielsen – un prince, son éditeur qui le bichonnait aux époques du succès. Il arrivait de Compiègne, il arrivait des Kouriles en bathyscaphe, à peine mouillé. Il semblait revenir de partout – du Chili, des Kerguelen, du cap Horn, de Nossy Be, Zanzibar, Veracruz, Sfax, Bahia, Costa Blanca, Bornéo, Guayaquil, Toronto, Manaus, Port-Saïd, Tristan da Cunha, Frisco, Pouloupry, Batoumi, Funchal, Saint-Malo, Brélès, Lobito, Landivisiau, Libreville, Saint-Paul de Loanda,

Ruscumunoc, Montserrat, Maracaïbo, Le Folgoët, El Atteuf, Pontique ou Ghardaïa, Saint-Pierre-d'Oléron, Landunvez, Trémazan, La Désirade ou Santos, mais aussi bien la Goutte-d'Or, Raspail ou le mont Valérien. La clé tourne dans la serrure, il est là, glorieux, les joues fraîches, il a ses chaussures de flic, sa valise en peau de porc à clous de cuivre, bariolée d'étiquettes ultra-marines, il est revenu. Il embrasse ma mère au front. Mon amour. Il embrasse au front ses enfants. Mes enfants. Il regarde en vitesse le courrier, les sourcils froncés. Il est pressé. Il ne reste pas. Le temps de poser sur les radiateurs divers trésors, lampe à huile égyptienne, utérus de morue déshydraté, le temps d'ajuster son béret basque et le voilà parti remorquer les pétroliers en mer du Nord, sur le *Jean Bart*, ou pêcher la sardine à bord du *Ville de Fécamp*. Il est au cap Horn, en mer de Chine, il nage au milieu des murènes, nos sœurs d'après saint François ou saint Maël, le Celte qui pensa bon d'évangéliser les pingouins. Il se rétame en motocyclette à Mont-de-Marsan avec un boxeur, s'échappe à l'est du Labrador avec le capitaine d'un cargo allemand qui finit par avouer entre deux derniers schnaps, de nuit, que l'existence des camps de la mort, *ja ja*, était bien connue des Allemands pendant la guerre et qu'il n'en exècre pas moins Hitler, *ja ja*, plus encore que sa femme et sa belle-mère.

Il monte au Groenland pêcher la morue, redescend au Monténégro porter la belle parole française, la sienne et celle de Julien Gracq, son labadens de la rue d'Ulm. Il est au mieux dans les rafiots, les églises de campagne, la 2CV des bonnes sœurs, à la table des prêtres, au comptoir des malheureux soûlographes pour qui le diable ne vit pas seul dans la bouteille, il y a sa bonne amie la mémoire – la corruptible vestale, l'alliée de peu de foi. Cette diablesse-là, elle seule, mon père aimait la courtiser dans ses romans, et tâchait de la regarder droit dans les yeux.

Lui-même buvait peu. Du vin rouge à midi, dans un bock de verre indiquant les vingt-cinq centilitres à ne pas dépasser. Il s'y tient. C'est un homme de volonté. Je ne l'ai jamais vu lever le coude, ô Magnus, grand Spi, Manitou…

Lever le coude ? Jamais, sauf au Diben chez Anthony Lhéritier et à la Mouche à Kerhuiten chez le génial Le Quintrec, à bord du *Penfret*, le sablier de fer où l'on fêtait ses quatre-vingts ans sur un air de Balavoine, à Versailles chez Marie-Louise, à l'Aber sur le *Ninioblo*, le sloop de l'oncle Jo, au Trez-Hir chez la tante Annie, sous le regard de ses quatre sœurs émues aux larmes par leur champion, qu'il soit sobre ou qu'il ait bu. Il n'était jamais ivre, il ne bégayait jamais ni ne devenait amer ou geignard. Il parlait d'or et tout le monde se taisait. Il discourait en grec, en latin – chantait en breton –, puis s'apercevant que nous n'y comprenions rien si ce n'est « *Thalassa Thalassa* », il revenait au français, bénissait la coquille Saint-Jacques, symbole de la charité au Moyen Âge, exaltait la pluie, cette araignée monotone, ce crucifix à mille bras, déluge au sens primordial, eau d'une arche où nous remonterions un jour, nous tous : garçons et filles, poissonnes et poissons, oiselles et oiseaux, bateaux, lions châtrés du cirque zéphyran, dompteur teint, bouée sifflante et brouillard, Job, oncle Jo, Amata la délirante. Il bénissait le ciel, en tombât-il des cordes ou des rayons. Il vitupérait le progrès mécanique, l'usage des avions, des taxis, des sous-marins, lui qui voulait percer le mystère des atomes. Et soudain, levant son verre à la cantonade, il interpellait rageusement Sartre, sa bête noire, auteur de *La Nausée*, livre indigne d'un bel esprit.

Mon père est un remueur immobile, un albatros exilé dans Paris qu'il a fini par aimer comme un bout d'Armorique, une île à terre. Il n'a pas d'auto, pas de permis, il traverse le monde à longues enjambées, il a des pantalons feu-de-plancher, un stylo qui fuit, un rasoir antédiluvien, don d'un étudiant d'Upsal, il méprise les puissants. Chez nous, il est des noms tabous, par exemple la banane : fruit d'une exploitation criminelle à l'échelle planétaire ; le Coca-Cola : breuvage des insensés qui ratiboisèrent Brest en 44, débordant largement leurs *area bombing* ; le chewing-gum : cette pâte obscène pour cow-boys désabusés ; l'Orangina : un pseudo-produit français, on le paie en francs et des accapareurs se remplissent les poches de dollars ; le coton, le tabac : allusions morbides au Ku Klux Klan, à des milliers de gens ensanglantés sous le fouet ; le Banania : ce chocolat du xénophobe, et mon père de citer son vieil ami Senghor, le Celte noir : « Je déchirerai les rires Banania sur tous les murs de France. » Il déchirait, buvait du café au lait, du thé fumé, du beaujolais, du muscadet, mais prononçait-on les mots « coquillage » ou « langoustine », il en avait les larmes aux yeux. Évoquait-on Pen-Marc'h, Tévennec, Saint-Guénolé, Kérity, Guilvinec, il décernait des palmes d'or, ou des algues, à ces hauts lieux du songe armoricain : algue d'or au phare de Nividic, quand il fait bleu violet sur la fine fureur des lames enchevêtrées ; algue d'or au raz de Sein, quand se tordent les filons du courant. Algue d'or à la Mélouane, aux Chaises de Primel, aux Étocs, à la Gamelle, aux Roches-Douvres, à Bar Loïc, aux Triagoz dont le phare octogonal est couleur abricot ; algue d'or à la Basse-Froide, aux Pierres Noires, antichambre du rail où les tankers en vitesse de sécurité mènent leur queue leu leu au petit bonheur, coulant régulièrement les chalutiers. Algue d'or à tous les hauts fonds dans leurs galipettes figées, à tous les soleils d'ouest qui font du crépuscule une retrouvaille entre ciel et mer, entre la vie et la mort.

Mon père arrivait chez nous, il disait « Bretagne » à peine sa valise posée. Il voulait déjà repartir, quitter Paris avec ses carnets, son stylo plus ou moins becqueté, ses rêves d'éternel enfant. Il mettait sur pied des battues à la crevette. Il repérait sur l'*Almanach du marin breton*, sa bible, un coefficient prometteur de trous giboyeux dans un paysage miraculeusement délivré des eaux. Ensuite, il prenait conseil de mon oncle Jo.

« Une marée de 118.

— Banco. »

Ils s'étaient connus en Afrique, à l'époque où mon oncle louait des hélicoptères pour des missions sur lesquelles je n'ai jamais eu le fin mot. Trois accidents en vingt ans. La première fois, il avait atterri sur une vache sourde, et probablement muette. La deuxième fois, la queue de l'hélicoptère s'étant prise dans la cage du goal au décollage, il atterrit sur un terrain de foot, et l'appareil se brisa en deux. La troisième, un bimoteur s'était posé en flammes au milieu du désert, il avait explosé, et mon oncle s'était réchauffé durant la nuit grâce aux débris incandescents. Mon oncle Jo était jaloux que je sois le fils de mon père. Et mon père non pas jaloux mais troublé que j'aime la Bretagne autant que lui. Je l'ai prouvé, je crois.

Je ne sais pas si j'aurai le temps d'écrire un poème, avant d'y aller, ni si j'en aurai envie. Il ne suffit pas d'écrire un poème et d'estimer venu le moment de partir en beauté. Encore faut-il avoir quelque chose à dire aux survivants, une lampe à faire briller pour toujours.

Adieu, Capitaine Papa.

Oubliez cette larme à l'œil, s'il vous plaît, je ne sais pas ce qui m'a pris. D'ailleurs, pour alléger l'atmosphère, voici un…

# R

## Radis

*Paseal Beg-Ar-Raz*
*E vez atav aon pe c'hloaz*

… voici un adage breton à prononcer avec l'accent léonard un lendemain de *fest-noz*, on a droit à plusieurs essais : « Mangé un radis. Bu cinq litres de rouge. Malade avec le radis… »

N'étant pas mangeur de radis, je ne suis jamais malade, un lendemain de *fest-noz*.

Un matin où je puis jurer que j'étais à jeun de toute espèce de radis, un souvenir me réveilla grelottant sur une plage de Saint-Cast. En classe de troisième au lycée Buffon, mon professeur d'histoire et géographie, M. Rollet, m'avait pris à témoin lors d'un cours sur la Révolution française, me désignant par à-coups d'un index vengeur. Comme si je ne l'avais pas volé, mon surnom de Chouan ! Comme si j'y étais pour quelque chose, moi, dans leur Révolution ! Oui, c'était bien dans les halliers du bocage breton que les…

## Révolution

*Gwalarn kalmet diouzh zn noz*
*Su pe c'hevred antronoz*

... que les menées insurrectionnelles avaient amorcé la débâcle de l'Ancien Régime. En 1789 ? Pas du tout, quarante ans plus tôt, sous Louis XV s'il vous plaît ! Le peuple de Bretagne est à cran, saigné à blanc par les fermiers généraux, méprisé par le régent, par les puissants à l'argent facile. Il s'en voudrait, pour un peu, d'avoir laissé la duchesse épouser le roi. Il s'en sortait mieux du temps des ducs tout compte fait, il mangeait à sa faim. Il était l'ami des curés, des seigneurs campagnards, il faisait la fête au château... Plus miséreux que lui, les seigneurs, bien des fois... Dès 53 il n'en peut plus du pouvoir royal, des mandataires dévoyés. Dehors, le duc d'Aiguillon ! Le gouverneur au cœur sec, M. Fisc, M. Serre-la-Vis, suppôt d'une administration râpe-tout. Après la conquête à main armée la conquête administrative ? Jamais de la vie, M. Chouan ! Les Bretons disent non. La fourche au poing, ils exigent le respect des clauses obtenues par leur bien-aimée duchesse, clauses jurées-crachées par tous les rois de France à leur avènement. Les Bretons se révolutionnent, M. Chouan, ils vont bientôt marcher sur Paris, bientôt secouer les grilles du château de Versailles en gueulant : « *Bara* » « *Gwin* », « *Bara* » « *Gwin* », les vieux cris du pain et du vin qui font toujours tomber les têtes des rois.

Mais ne voilà-t-il pas qu'un soir les Anglais débarquent à la plage de Saint-Cast... Duc d'Aiguillon et Bretons se ruent à la bataille, paysans, gentilshommes, femmes, enfants, tous à la plage contre l'Anglais ! On se bat dans les rochers, dans les flaques, sur la grève, on est pieds nus, on est à cheval, on est à poil, on taille en pièces Albion, on la repousse à la mer, on achève les blessés, et l'on peut dire cette nuit-là que les révolutionnaires bretons ont sauvé la France – à Saint-Cast-le-Guildo.

Mais ne voilà-t-il pas que les Bretons victorieux accusent d'Aiguillon de lâcheté au combat, et que le duc vexé comme un paon riposte avec des impôts nouveaux, des extorsions. Les états refusent de payer. Ils ont pour meneur Caradeuc de La Chalotais, procureur général du parlement de Rennes, ennemi juré du gouverneur. D'Aiguillon fait écrouer La Chalotais au château du Taureau, un îlot-prison en baie de Morlaix, et sachez bien monsieur Chouan que le château d'If est une bonbonnière de cocotte en comparaison…

L'histoire ne fait que commencer, dressez l'oreille vous tous… Le mot d'ordre *Révolution* n'a jamais été lancé expressément au peuple de Bretagne : il va l'être par La Chalotais lui-même avant que le coq n'ait chanté trois fois. Il se meurt dans un château-prison battu des flots ? Il ne se meurt pas tant que ça, et par la meurtrière de son cachot il aperçoit l'océan. Il est placé au secret ? Du cul-de-basse-fosse obscur où il croupit enchaîné sans contact avec le monde extérieur, sauf les rats, il va trouver moyen d'écrire au peuple de Bretagne et de l'exhorter à renverser le pouvoir du roi tyran : « Je vous écris, mes amis, avec une plume faite d'un cure-dent, avec une encre de suie, de vinaigre et de sucre, et sur des papiers d'enveloppe de chocolat. »

On est soulagé d'apprendre à cette occasion, monsieur Chouan ! que dans son oubliette de la baie de Morlaix, le père de la Révolution française mangeait du chocolat et se curait les dents.

Vous pensez tous que La Chalotais fut jeté aux crabes, après ce coup d'éclat, comme c'est l'usage quand un particulier défie le pouvoir central : eh bien pas du tout, les crabes firent ceinture. Le peuple breton enthousiasmé, et pas que breton, fit un tel barouf dans les rues à l'appel du Rennais que l'Administration prit peur et libéra La Chalotais remplacé par d'Aiguillon sur la paille du cachot.

... Souriez, mes petits, rengorgez-vous, raccrochez-vous une seconde au sentiment que les gentils cow-boys ont gagné contre les méchants Indiens, oubliez qu'avec l'histoire des états le mot FIN contient la fin de tout, et que celle-ci va devoir prendre son mal en patience encore une bonne trentaine d'années. Bouchez-vous les oreilles si vous voulez, et tant pis pour la vérité historique, à savoir qu'à peine le duc d'Aiguillon sous les verrous, les parlements provinciaux sont destitués, les parlementaires mis à pied.

« Province » veut dire en latin pays vaincu, monsieur Chouan, on vous rafraîchit juste la mémoire.

Le roi est mort : vive le roi Louis XVI. Il n'a rien contre les Bretons, il en a besoin pour sa guerre d'Amérique, il fait rappeler dare-dare les parlements. La Bretagne a le vent en poupe, là-bas, la *Surveillante* du Breton du Couëdic écrase l'Anglais en baie de Chesapeake. C'est bien pour la France, mauvais pour le roi. Les mots « liberté » et « égalité » retentissent dans les rues. Sous la pression, Louis XVI décrète les états généraux, faisant coucher par écrit les doléances de dix millions d'hommes. La première Assemblée nationale se réunit à cause de vous les Bretons, monsieur Chouan, la plus imposante des temps nouveaux. On est bel et bien à la veille de 89, cette fois, le glas d'un régime féodal vieux de mille huit cents ans va sonner.

La Bretagne n'attend pas. Elle fait parvenir au roi ce message signé du comte de Botherel, procureur général au parlement de Rennes : « Nous déclarons réclamer formellement l'exécution du contrat de mariage du roi Louis XII et de la duchesse Anne, qui porte expressément que nos droits, libertés, franchises, coutumes en fait d'Église, de justice, de chancellerie, seront maintenus ainsi qu'au temps des anciens ducs de Bretagne. »

Le feu aux poudres... Les grenadiers du comte de Thiard, gouverneur de la province, envahissent le parlement de Rennes et rouent de coups les magistrats bretons. Du tac au tac le peuple furieux lapide en pleine rue le gouverneur et son intendant, c'est la chienlit. La région s'embrase, le pays s'enflamme de proche en proche jusqu'à Paris, la Bastille flambe.

Quand Louis XVI en fuite est arrêté à Sainte-Menehould, dans l'Est, il en train de manger un pied de porc pané, le second. Il est en fuite, il a les insurgés aux trousses, mais il prend le temps de manger ce second pied de porc. À quoi tient l'histoire de Bretagne et de France, monsieur Chouan : à la gloutonnerie d'un monarque amateur d'abats !

La République est proclamée par la Convention, Louis XVI guillotiné, la Terreur bat son plein.

La Révolution suit son cours, mais la Bretagne a du mal à suivre. Le pouvoir central a payé, ça lui suffit. La féodalité n'est pas qu'un mauvais souvenir, pour les paysans. À l'inverse, ils ne voient aucun avantage à la Révolution, et la violence de ses crimes va les armer pour cette double guerre de la Vendée et de la Chouannerie – les « guerres des Géants », dira Napoléon.

Le croirez-vous, mes petits, les Bretons vont se révolter contre la Révolution.

Le premier signal est donné le 13 février 1791, dans la paroisse de Sarzeau. Le comte de Francheville, ancien officier de marine, marche sur Vannes avec ses paysans au cri de : « Mon âme à Dieu, mon corps au roi ! »

L'exemple de Francheville soulève les Bretons par milliers. La Convention fait fondre les cloches pour empêcher les recteurs d'appeler aux armes, tout l'Ouest est à feu et à sang, des seigneurs sans état d'âme commandent à plus de cent mille paysans. Dans le Marais, c'est Charette, homme dur, brillant, détesté. Dans le bocage, ce sont d'Elbée, Lescure, et surtout La Rochejaquelein, célèbre pour avoir dit à ses hommes : « Si j'avance, suivez-moi, si je recule, tuez-moi, si je meurs, vengez-moi. » Dans la plaine, c'est Bonchamps qui mourra en pardonnant à ses meurtriers.

La Vendée vaincue, la Terreur s'en donne à cœur joie, si l'on peut dire, chaque province eut sa guillotine et son bourreau. Carrier, le pire de tous, le « Diable de Nantes », fait massacrer les habitants de vingt-deux communes, fusillant, guillotinant sans procès, envoyant couler au large des bateaux chargés de femmes et d'enfants. C'est lui, Carrier, l'inventeur du mariage républicain, un supplice consistant à ficeler les victimes par couples avant de les balancer vivants dans la Loire, laquelle charrie tellement de cadavres qu'il est interdit d'en boire l'eau.

Sous Robespierre, en 94, c'est encore pire. Les têtes « tombent comme des ardoises bretonnes », mot de Fouquier-Tinville, le grand accusateur public. Les Bretonnes crient « Vive le roi ! » pour mourir avec leurs maris. Des familles entières patientent au pied de l'échafaud, attendant leur tour. Une mère et ses cinq filles passèrent une heure et demie à regarder les exécutions avant d'être exécutées en chantant le « Cantique des élus ». La foule pleurait, les sans-culottes baissaient les yeux. Ayant fait tomber les six têtes, le bourreau tourna de l'œil et mourut deux jours plus tard.

La guerre de brigandage rejoignit la guerre de conviction, avec des armées de bandits sous les ordres de Charette et Stofflet, deux rivaux acharnés, des as du camp volant, les seuls à tenir tête aux Colonnes infernales du général Turreau.

C'est Jean Cottereau, dit Jean Chouan, monsieur Chouan !, qui donna le nom de Chouannerie à l'insurrection, en Basse-Bretagne. Tout le caractère breton, borné, têtu, courageux, infatigable, se concentre dans ce terme générique de Chouannerie. Et de ses chefs Cadoudal, Bourmont, Francheville et tant d'autres, il fut dit qu'ils étaient « des têtes de granit servies par des bras d'acier ». D'ailleurs, ne leur aurait-on opposé que force et bravoure, on ne serait jamais parvenu à vous vaincre, monsieur Chouan, vous avez ma parole !

Totalement réveillé à présent, mon souvenir se dissipant, je m'aperçus que loin de me trouver à Saint-Cast-le-Guildo comme je l'avais cru, j'étais allongé sur mon bon vieux lit de granit labérois, le...

## Roc'h Melen

*... Skanteien en oabl*
*Avell vervent ha sin glizh*

... le Roc'h Melen. Il a une gueule d'ogre, ce roc, béante, abyssale. Il a un œil aussi, constitué d'un anneau scellé qui ne sert plus à rien. A-t-il jamais servi ? À quoi ? Ce heurtoir produit sur le granit une résonance caverneuse. C'est un diapason pour rien. Pour le néant. On l'écoute une ou deux fois, pas davantage. On les connaît, les vibrations. À la longue, elles risquent de fendiller l'horizon. Imaginez un peu les bateaux, la mer aspirée dans le gosier labyrinthique des volcans enfouis sous les fonds marins, descendant jusqu'aux lisières du feu central.

Petit, je venais au pied du Roc'h Melen avec ma mère. Avec maman plutôt. Voyage au bout du monde. Il fallait traverser la grève, franchir le chemin des carrioles à goémon. La mer encercle mes grêles mollets, noire, maléfique. Un pas de plus et je coulerais à pic, noyé dans un « trou de gabare ». Ma mère me tient la main, elle est inquiète. L'océan l'inquiète.

Un jour, dans les eaux basses de février, j'attrapai une crevette rose, égarée miraculeusement au fond du port, mal en point, échappée du bercail atlantique. Je mordis la crevette. Elle vivait sous mes dents. Je l'entendis craquer, croquée. Ses bras, ses cheveux, ses ongles me chatouillent et me griffent. Je me sens violé par ma propre férocité. J'écrase l'infâme du talon de mon Flexo plastique. Je retraverse la grève, genoux flageolants.

Trente ans plus tard, à force de volonté, j'arriverais à manger ma première crevette crue juste après l'avoir pêchée, et j'en prendrais à témoin Chateaubriand, me trouvant à lambiner sur la grève de…

# S

## Saint-Malo

*Evel ur pesketer o tonten-dro*
*Leun e vag a c'houllo*

*Cave Canem*

*L'Agonie*

*Août 1944.*

*L'armée américaine, débarquée en masse dans le nord du Calvados, rompt à Avranches la digue humaine que lui oppose l'ennemi et se répand à travers la Bretagne.*

*Le 7 août, la Task Force, ayant percé la première ligne de défense, sur le canal de Châteauneuf, arrive à portée d'artillerie de Saint-Malo et tire sur la cité les premiers obus incendiaires. Les Allemands, ravis de cet inespéré argument de propagande, se mettent de la fête, lancent de Cézembre et du Grand Bey un nombre au moins égal d'obus incendiaires. Ce duel destructeur va durer huit jours, et le brasier, favorisé par le vent du nord qui ne cessera de souffler, propagé par le zèle joyeux de la garnison, ne laissera plus que cendres et décombres de ce qui fut le glorieux berceau des corsaires malouins. Seuls les remparts, le château, solidement bâti, même contre les obus modernes, et quelques pâtés de maisons qu'il protégeait, demeuraient debout sur leur assiette de granit. Tout le reste, de la tour Bidouane au môle des Noires, à la Grande Porte et à la Porte de Dinan, avait disparu, y compris l'hôtel de ville et les célèbres hôtels des armateurs. (O. Stevens)*

… me trouvant à lambiner sur la grève de Saint-Malo, au pied de l'îlot du Grand Bé.

Saint-Malo, qui fut une île, est une île en tant que phénomène historique à l'ouest. Au nord du Clos-Poulet, large presqu'île encadrée par la Manche, la Rance et la dépression de Châteauneuf, apparaît la cité-corsaire, le point le plus septentrional de l'Ille-et-Vilaine. Les villages limitrophes sont à l'est Saint-Coulomb et Saint-Méloir-les-Ondes, au sud Saint-Jouan-des-Guérets, et sur la rive gauche de la Rance, à l'ouest, Dinard, La Richardais et Pleurtuit. Depuis 1967 Saint-Servan et Paramé, communes de faible superficie, font partie du grand Saint-Malo.

On n'étonnera personne en faisant remonter l'histoire de la ville à l'Antiquité celtique. Tout commence on ne sait trop par quoi. Par un rocher sans nom, miette du premier chaos nommé Genèse : et Dieu vit que cela était bon. En ces temps incalculés, le rocher était une île à part entière. Dieu lui-même ignorait ou voulait ignorer – *mabig Jésus* (le petit Jésus) n'étant pas encore le Fils de l'Homme (et de la Femme), et pour cause – que cette île incarnerait bientôt la plus victorieuse des marines françaises à travers l'Histoire et la moins honorée à sa juste valeur – la course, avec pour nom Saint-Malo, un moine gallois. Sur l'instant précis où le rocher se laisse baptiser, on est renseigné par une chanson de geste anonyme où, de la cité-forteresse, l'auteur dit expressément qu'elle vit le jour « aux temps anciens avant que Dieu naquît de la Vierge ». Celui-ci commandait au Roi-Soleil quand les corsaires de Saint-Malo, patentés par le génial et rébarbatif Colbert – surnommé le Nord ! – faisaient triompher la fleur de lys sur les mers de partout. Deux cent soixante-deux vaisseaux de guerre et trois mille huit cents navires marchands capturés en neuf ans, le tableau de chasse des seuls Malouins ! L'Anglais, pressé par le peuple qui vient manifester au pied du parlement, veut détruire la cité bretonne, pas seulement l'attaquer, chose qu'il fait de manière systématique depuis un bon millénaire. Le 26 novembre 1699, pas moins de quarante vaisseaux mouillés devant les remparts canonnent la cité caparaçonnée de granit par Vauban. Durant la nuit, le cheval de Troie anglais consiste en un gigantesque vaisseau gavé des meilleurs feux d'artifice du moment : pots à feu, à poudre, bombes, paille hachée enduite de brai, poix enflammée, dont l'explosion devait anéantir la ville et ses environs. Le vaisseau d'Albion, malchanceux, toucha un tombolo à seulement cinquante pas du chemin de ronde et se mit à pétarader pour rien, éructant ses déflagrations contre rien ni personne. La Borderie cite une chanson écrite à Saint-Malo sur ces entrefaites, imprimée à un exemplaire, un seul, une rareté bibliographique probablement disparue dans les flammes du bombardement allié d'août 44, celui-là ayant bien franchi les remparts. La chanson compte des dizaines de strophes de huit pieds. L'épigramme charmera Bretons malouins ou non, et tous régatiers ayant eu affaire en course au large au fair-play des marins anglais :

*L'Anglais semblable à la montagne*
*Qui n'enfanta qu'un simple rat*
*En sa Malouine campagne*
*N'a fait mourir qu'un pauvre chat.*

N'ayant pas connu la ville avant sa destruction par les Alliés, je promène à Saint-Malo des pas innocents. C'est très indirectement que les miens m'ont fait découvrir la cité-corsaire, cité que la « petite Bret' », notre vénérée duchesse, refusa toujours d'abandonner aux Français.

Adolescent, l'été, j'allais dans une école de mer groisillonne dont les voiliers naviguaient régulièrement jusqu'à Saint-Malo. Ma première escale s'y fit en *Golif*, un croiseur au nom prédestiné pour aborder ce nid d'aigles des mers qui donnaient des maux d'estomac aux captain's de Sa Majesté. Le *Golif,* sous son aspect nautique, est un excellent croiseur de seize pieds construit par Jouët, un sloop auquel le navigateur breton Jean Lacombe fit traverser l'Atlantique dans des conditions mémorables en 1965. Sous son aspect humain, il s'agit d'un flibustier de la haute époque, le XVIII<sup>e</sup> siècle, malouin par son père, surnommé par ses pairs « Borgnefesse », auteur de mémoires rédigés à l'âge de soixante-trois ans après avoir conquis les mers, les femmes et, de haute lutte, le droit, sur le tard, de remplacer le sabre d'abordage par la plume d'oie.

Le manuscrit de Le Golif fut retrouvé intact ou quasiment par le miracle du bombardement boche allié du mois d'août 44, qui se révéla un holocauste de désolation autour des trois épais cahiers aux feuilles décousues qu'il préservait sous les décombres nauséabonds d'une ville entière. L'historien Albert t'Serstevens décrit cette apparition rue de la Corne-aux-Cerfs, à l'emplacement d'une maison pulvérisée où la légende a logé le corsaire Duguay-Trouin :

*C'est ainsi qu'il découvrit dans le caveau défoncé par les éboulements une vieille malle écrasée par les pierres, en partie mordue par les flammes, gondolée surtout par la chaleur, et disjointe par les pluies. Il s'y trouvait sous une épaisse couche de papiers noircis, quelques actes notariés du XIX<sup>e</sup> siècle, des livres de commerce à peu près intacts sous leur reliure de gros carton, et trois épais cahiers fortement éprouvés par l'incendie, la pluie et la dent des rats.*

Si l'émiettement du papier après deux siècles et demi d'oubliette ne facilite pas la lecture du manuscrit, pas un mot de cette ample cursive décolorée n'échappe à l'œil exercé de Gustave Alaux, passionné d'histoire flibustière, le premier à la déchiffrer : le premier sans doute après Le Golif en personne et peut-être Duguay-Trouin à lire les mémoires d'un flibustier des Antilles, contemporain de Louis XIV, mort à Saint-Malo chez un ami corsaire. Il serait discourtois vis-à-vis du capitaine Le Golif de ne pas citer la première page de son récit où il nous dit quel incident fut cause de sa vocation maritime à l'enseigne du club abject des Frères de la Côte.

*On sera peut-être étonné qu'un Capitaine de la Flibuste, homme plutôt d'épée que de plume, ait consenti à enfanter un gros grimoire et à barbouiller d'encre plusieurs gros cahiers. On le sera moins quand j'aurai dit qu'en mon jeune âge, avant de courir l'aventure sur les mers, j'ai d'abord étudié pour être d'Église. Mes parents, qui nourrissaient pour moi cette ambition, me mirent au cours de ma douzième année au petit séminaire de N..., mais lorsque me vint la puberté, mon penchant pour le sexe me conduisit à sauter souventes fois le mur, ce qui ne manqua de faire quelque bruit. En bref, il advint que je fis un enfant à une lingère du voisinage, et monseigneur l'évêque voulut voir là le signe que ma vocation ecclésiastique n'était pas aussi certaine qu'on le pouvait désirer...*

Il dit s'appeler Le Golif, mais rien n'est moins sûr, et Borgnefesse n'est qu'un surnom de bataille. Quels démêlés avec l'ordre public l'ont mis à la marge de son état civil régulier, pas un mot là-dessus.

Telle une légion bienveillante, la flibuste accueillait en son sein les moins fréquentables des individus. Aucun d'entre eux, recherchés qu'ils étaient pour la plupart, en rupture de ban avec femme, enfants et société, ne sévissait à la mer sous son vrai nom. Dans la flibuste le flibustier se refaisait une virginité, celle du parfait délinquant :

*Il affectait de mettre tout en oubli jusqu'aux noms des siens, auxquels il en substituait d'autres très ridicules, tels Brisegalet, Vent-en-panne, Passe-partout, Chassemarée, et mille autres de cette nature qu'il affectait de porter jusqu'à la fin de ses jours, sans qu'il fût possible de lui faire décliner son véritable nom, à moins qu'il se mariât...*

Pour la gloire du roi, et pour la rapine, il écumait les mers au mépris de la mort, son panache de forban. Le roi, dès lors que l'on défaisait l'ennemi, ne regardait pas aux moyens. Il avait, comme toujours les États civilisés, des gendarmeries parallèles dont les hauts méfaits lui mettaient du baume au cœur.

Il n'est pas banal que le manuscrit d'un pirate, homme de feu et de sang, doive sa postérité à une dégelée d'obus incendiaires ayant détruit la ville, sa bibliothèque, ses registres paroissiaux, ses documents historiques les plus anciens, mais épargné les archives d'un flibustier mises à l'abri sous la maison d'un corsaire.

Or le Malouin de la grande époque est corsaire. Le corsaire, lui, n'est pas Frère de la Côte ni bandit de grand chemin des mers. Le corsaire est un combattant, mais un homme d'honneur. Il agit dans la légalité, au nom du roi qu'il enrichit. Mais corsaire ou flibustier, franchement, à l'instant du rentre-dedans !... On lâche les boulets, on envoie les grappins, on aborde la frégate anglaise en hurlant, et le jeu d'enfant consiste à être plus massacrant que massacré, plus vivant que mort, et maître du bain de sang répandu sur le pont.

Au fait, c'est aux Espagnols, lors de l'expédition sur Grenade, que Le Golif dut le sobriquet de Borgnefesse, capitaine Borgnefesse :

*Quand fut venu le moment d'aborder, je m'élançai premier. C'est pour lors qu'un de leurs boulets me passa entre les jambes et s'en alla rebondir sur une roche pour revenir m'emporter tout le gras de la fesse gauche. Et il fallut bien cette mauvaise chance pour que je fusse atteint au derrière, car on peut croire que je dis vrai si je donne ici pour certain que je n'ai jamais montré que mon visage à l'ennemi. Je fus plus d'un mois sans pouvoir marcher et quelques autres à boiter. Après quoi je revins tout aussi bien ingambe que si mon derrière fût resté entier…*

C'est de Saint-Malo qu'est natif Robert Surcouf, dont la postérité fait le plus grand des corsaires bretons. Ils étaient trois frères : Robert, Charles, Nicolas. On appelait Robert le « Tigre des mers », tant il mettait de hargne à combattre l'Anglais qui retenait Charles prisonnier sur les *pontoons*, les geôles flottantes de Portsmouth, la plupart d'anciens vaisseaux français. Chaque fois qu'il voyait les couleurs anglaises dans sa jumelle, Robert se jurait de capturer vivant un amiral de Sa Majesté pour l'échanger contre son frère.

À chacune de ses prises, le roi Louis XVI le recevait avec les honneurs à Versailles et lui demandait de chiffrer ses honoraires. Après la Révolution, fortune étant faite, Surcouf s'acheta une maison à Cancale et la fit décorer à sa fantaisie. Pour prix de ses confiscations à la course, il demanda à l'Empereur de lui livrer assez de napoléons-or pour paver la grande salle et l'entrée de sa maison. La livraison se révéla insuffisante, car Surcouf, en marin respectueux, faisait disposer les pièces de monnaie sur la tranche afin d'éviter les glissades et ne se voyant pas fouler aux pieds la face de l'Empereur. On ignore, en tout cas j'ignore, la suite que Napoléon voulut bien donner à la requête ni chair ni poisson du richissime corsaire malouin.

En 1800, dans le golfe du Bengale, Surcouf s'empara du *Kent*, la plus belle frégate de la Compagnie des Indes. À la tête de cent trente Malouins, il défit les cinq cents fusiliers de l'escorte anglaise. On lui prête cette repartie géniale qui n'est sans doute pas controuvée, Surcouf n'ayant pas sa langue dans sa poche. Le commandant du *Kent*, fou de rage, s'imagine souffleter Surcouf en lui déclarant en français, juste avant de quitter le navire confisqué : « Vous les Français, vous battez pour l'argent, nous les Anglais nous battons pour l'honneur. » Réponse de Surcouf : « En effet, monsieur, chacun de nous se bat pour ce qu'il n'a pas… »

On trouve à Saint-Malo, visible au bassin à flot, le *sister-ship* d'un voilier ayant appartenu à Surcouf, le cotre corsaire *Renard*.

Les faits d'armes corsaires ne sont pas la seule gloire maritime de Saint-Malo. Le nombre de grands hommes originaires de la cité-forteresse donne à penser qu'il existe un génie du lieu propice à l'éclosion de ces Étonnants Voyageurs honorés chaque année par Michel Le Bris. Au début du XVI^e^ siècle, l'explorateur Jacques Cartier quitte Saint-Malo vers l'ouest, suit la route des Vikings, et découvre un pays qu'il appelle Québec. À l'heure actuelle, on a toujours la ville de Québec sur les rives du fleuve Saint-Laurent, et l'on dirait une vieille cité bretonne issue de quelque Finistère de légende. Jacques Bauchesne, malouin, découvre avant Bougainville l'archipel des îles Malouines au nord-est du cap Horn – qui s'aiment encore aujourd'hui sous le nom de Malvinas et non de Falkland – et fut le premier, la même année, à doubler le cap Horn d'ouest en est. Le commandant Jean-Baptiste Charcot, malouin, personnage pour Jules Verne qui s'en est peut-être inspiré, se rendra célèbre avec ses expéditions polaires à bord de la goélette *Pourquoi pas*. Maupertuis, malouin, fils de corsaire anobli par Louis XIV, fut l'un des mathématiciens européens les plus en vue avec ses travaux pionniers sur la trigonométrie. Félicité Robert de Lamennais, prêtre, philosophe, mélomane, grand ami de Franz Liszt, auquel il fit découvrir la Bretagne, est considéré comme l'inventeur de la démocratie chrétienne, le père spirituel de l'abbé Pierre. Jeanne Jugan, béatifiée par Jean-Paul II en 82, canonisée par Benoît XVI le 11 octobre 2009, fonda les Petites Sœurs des Pauvres au milieu du XIX^e^ siècle, cette congrégation totalement dévouée à la cause des personnes âgées. François Mahé de La Bourdonnais, au XVIII^e^ siècle, alla planter le pavillon français aux îles Maurice et la Réunion, et s'illustra en qualité de gouverneur des îles Mascareignes. C'est grâce à lui que s'ouvrit la route des Indes à sa ville natale. Et peut-on évoquer Saint-Malo sans que le nom de Chateaubriand dit René accoure sous la plume ? Ce fils d'armateur malouin naît le

4 septembre 1768 et voulut être enterré à Saint-Malo. C'est peu dire que son vœu fut exaucé. Il repose à l'îlot du Grand Bé à quelques mètres des remparts, figure de proue du sol natal où il vécut jusqu'à l'âge de dix-huit ans. Et s'il a choisi le Grand Bé pour sépulture, c'est parce *bé* est un mot breton qui signifie « tombeau ». À se demander s'il est le seul hôte des lieux…

Parlons maintenant des armateurs malouins, vaste et périlleux sujet… Voyez les malouinières, demeures de châtelains des mers, établies sur les bords de la Rance. Songez aux fantômes de ces « hôtels » seigneuriaux qui s'alignaient *intra-muros* face au bassin à flot avant que le feu d'artifice allié, également nourri par les artilleurs casematés du lieutenant Helmut Küster, ne fasse s'effondrer les églises sur les reliques des saints d'Armor et les bibliothèques sur des documents et grimoires vieux comme le Christ. Est-ce à la morue qu'ils doivent leur richesse, les armateurs ? Certes, mais la morue a bon dos… En 1685, le Roi-Soleil est pauvre, il a besoin d'une main-d'œuvre bon marché, si possible *gratis pro Deo*. Il promulgue le Code noir, une copie rédigée par son cher Colbert, celui-là sans doute inspiré par Mme de Maintenon qui connaît bien les Noirs pour avoir passé six ans aux Antilles. Le capitulaire, dans sa formulation officielle, a le mérite d'être intelligible pour tous les armateurs. Le Noir est un esclave. Dépourvu d'existence juridique, il est la propriété du maître. Le Noir, au sens matériel, est un meuble à part entière, comme un clystère, un vase de nuit. Il se transmet par héritage et peut être vendu en cas de besoin.

Le Code n'est qu'un premier pas vers une législation contraire à tous les droits éventuels de l'être humain. Sous la Régence, par ses lettres patentes, le duc d'Orléans exhorte les ports de France en difficulté « à faire librement le commerce des Nègres ». Ce que l'on peut appeler « l'or noir ». La Rochelle, Le Havre, Bordeaux, Honfleur, Lorient, Marseille, Nantes, Saint-Malo participent à cet armement d'un type nouveau. L'aristocratie négrière se met à prospérer sur la façade atlantique. De l'argent vite et bien gagné. Sous la Restauration (1814-1830), les maires des grands ports négriers du pays sont négriers eux-mêmes et fiers de l'être. À Nantes, ils le seront tous, et pas une jeune fille romantique de bonne famille ne peut rêver mieux qu'un négrier charmant.

*Tempora, mores...* Mon but n'est pas ici de poser au Zorro-lave-plus-blanc. L'esclavagisme n'est pas une invention occidentale, encore moins française, et notre époque, si prompte à tancer l'Histoire, fume encore d'un certain nombre d'abominations qui l'enverront un jour dans le box des accusés. Il n'en reste pas moins vrai que ce sont les armateurs négriers, au siècle des Lumières, qui feront de Saint-Malo une ville fortunée. Au « négociant » Pierre-Jacques Meslé de Grandclos, qui naviguera avec Chateaubriand, la palme du commerce triangulaire avec l'île de Gorée dite la Maison des Esclaves, au sud du Sénégal, et le comptoir des Antilles. Citons aussi Robert Surcouf, l'immense Robert Surcouf, l'ennemi public des Anglais jusqu'à la défaite de Waterloo ; après quoi il se fait mi-terre-neuvier mi-négrier. Le respect des lois n'est guère son fort. De même qu'il abordait les navires anglais avant d'obtenir sa « lettre de course », de même il s'adonne au trafic d'esclaves après l'abolition décrétée le 4 février 1794, armant jusqu'en 1815 des vaisseaux négriers qui n'hésitent pas à s'appeler l'*Africain*. Mais Surcouf est si riche, si bien vu du grand public, qu'il ne vint à l'esprit d'aucun gendarme ou douanier d'arraisonner un navire battant la flamme de leur cher « Tigre des mers ».

Mon père le Brestois, qui se sentait pleinement malouin à l'occasion, apparenté à Saint-Malo par le feu qui l'avait brûlé comme il avait brûlé Brest après un siège de quarante-trois jours, ne parlait pas à la légère de Saint-Malo. Il s'y rendait régulièrement, invité par l'École de la marine marchande ou le lycée professionnel maritime. Il avait une passion pour la géographie dont l'objectif n'a jamais été de priver les mortels de leur sérénité ni même de leur rêverie. Saint-Malo représentait pour lui un balcon sur le grand large, un beaupré, une ville historiquement embarquée vers les Nouveaux Mondes qu'elle avait contribué à tirer au clair sans que l'Histoire en tienne compte. À Colomb, Magellan, Cook, Balboa, Cortés : aux Italiens, Espagnols, Anglais, Portugais l'anneau d'or des premiers initiés fondateurs que la géographie s'est donnés pour grands spis.

Les grands Malouins tendaient à s'effacer dans l'ombre prestigieuse d'une ville un tant soit peu gâtée par le folklore et l'ignorance du public. Il s'y vendait le sabre noir des abordeurs et tous les affiquets du parfait petit flibustier, mais qui savait qu'elle avait été la première à braver les glaces du Saint-Laurent ? Qu'elle avait fait vaciller la Chambre des lords, avant Trafalgar, malgré le sang-froid légendaire des amiraux anglais ? Que la populace était venue manifester devant le parlement de Londres en exigeant sa destruction ? Enfin que plus d'un assureur anglais ne voulait garantir un vaisseau de Sa Majesté tant que des corsaires malouins prendraient la mer – et plus un banquier transporter l'or par voie maritime ? Saint-Malo n'était pas un simple repaire d'ingénus sans peur et sans reproche. Il avait infléchi le cours de l'histoire de France et du monde. Il aurait fait bien davantage, les gouvernants français moins méfiants à l'égard de la mer et des marins. Les événements ont toujours pâti de cette courte vue devant l'horizon marin. C'est la mer mal-aimée, uniquement la mer qui fit perdre ses guerres à la France, y compris les guerres économiques, et c'est vrai aujourd'hui comme au temps des rois. La mer qu'elle ne veut pas mettre dans son camp.

Mon père, un bavard silencieux quand il estimait la parole en danger, accaparée par les philistins, n'aimait rien tant que soliloquer en marchant dans les rues ou dans les forêts. À la mer, c'était différent. Il était à la mer, il était au ciel, il était chez Dieu, il guettait les signes dont la lumière s'emplissait, druide à son insu. Celui d'entre nous qui l'accompagnait dans ses randonnées urbaines ou sylvestres avait tout à gagner en faisant à moitié semblant de ne rien entendre de ce qu'il dégoisait d'un air léger. Dans ces cas-là, il était le plus beau des parleurs. Grâce à lui, j'en savais long sur l'histoire de Saint-Malo bien avant que mon premier *Golif* ne soit venu s'échouer dans les sables vasards de l'avant-port en attendant la renverse. Et je n'ai jamais oublié ces conversations qui revenaient, pour ma part, à relancer le babil inconscient d'un somnambule, l'image est à peine exagérée.

« Je suis venu à Saint-Malo avec Gracq sous l'Occupation. Et une autre fois à bicyclette avec mon frère Jean. Heureusement, il n'y avait plus de chiens.

— Des chiens ?

— La devise de la ville était *Cave Canem* au Moyen Âge, “Prends garde au chien”… À la nuit tombée, on lâchait des mâtins sur la plage et dans les rues, des dogues anglais qui terrorisaient les brigands. »

Un mémorialiste dont le nom m'échappe a dit ceci :

*Le guet-et-ronde s'y fait chaque nuit avec de gros chiens d'Angleterre, dits dogues, lesquels on met avec soin hors la ville, avec un maître qui les mène, et ne fait lors bon s'y trouver alentour. Mais, venant le matin, on les ramène en certain lieu de la ville où ils déposent toute leur fureur qui, de nuit, est étrangement grande.*

Enfantin, chez nous, le savoir, la connaissance des choses. Il suffisait d'accompagner Henri dans sa déambulation quotidienne au gré des rues. Il disait même connaître la vie privée des petits chiens que nous croisions remorquant mémère ou pépère. Il improvisait l'histoire de ces braves toutous en remontant l'avenue du parc Montsouris où nos frères canins avaient fort à faire au pied des platanes depuis longtemps résignés. J'essayais bien de coller Henri, mais il avait réponse à tout, il n'aimait pas trop laisser une question en plan. Dévorant les bouquins, c'était tentant, pour moi, de lui poser des questions là-dessus. Je lus un poème de Saint-Pol-Roux sur les fossoyeurs, et quand je lui demandai ce qu'il en pensait il répondit entre ses dents d'une voix filée : « Allez bien doucement, messieurs les…

## Saint-Pol-Roux

*Pa wenna ar c'haeiou*
*E teu ar c'hevnid d'ar bordou*

… messieurs les fossoyeurs », phrase qui est le leitmotiv du poème. Ensuite il me dit qu'il n'avait pas une admiration folle pour Saint-Pol-Roux, mais il me semble qu'en dehors du leitmotiv resté marqué dans sa gigantesque mémoire, il ne savait pas grand-chose de Sain-Pol-Roux. D'ailleurs, il prit prétexte d'un chien qui lui demandait du feu pour parler d'autre chose, et Saint-Pol-Roux nous faussa compagnie.

André Breton, qui rendit bien des fois hommage à Saint-Pol-Roux, l'appelait : Saint-Pol-Roux le

Magnifique, lui-même s'appelant complaisamment le « Magnifique » et magnifiant les auteurs de talent.

Saint-Pol-Roux, marseillais d'origine, fit de la Bretagne sa patrie culturelle et morale. Breton dans l'âme et sous les pieds, il vécut à Roscanvel puis à Camaret dans le manoir de Coecilian construit face à la mer, demeure un peu folle où la folie rappliqua par malheur.

Le pays d'Armor ne porta pas chance au Marseillais-Breton. Il fut massacré par les Allemands aux premiers jours de l'Occupation, et sa fille Divine violée.

Saint-Pol-Roux, surréaliste tardif que tous admiraient – notamment Jules Renard, soi-disant son *alter ego* littéraire en comique –, est célèbre à l'ouest, et sans doute immortel, pour le poème suivant :

*La Bretagne est universelle et toutes les races en retour se retrouvent en elle comme en un cercle, le cercle du celtisme, lequel est assurément la bague circonférentielle du monde.*

Pas plus qu'Henri, je n'ai pour Saint-Pol-Roux la folle admiration qui m'attache aux *romanceros* maudits tels Baudelaire, Verlaine ou Villon. Mais en disant de la Bretagne qu'elle est univers, le « Magnifique » Marseillais léonard a formalisé l'essentiel. Faisons-lui grâce de l'auge de pierre ou du bénitier et donnons à…

## Saints

*... Ann Otrou Doue liv en deuz roet*
*D'am dibenna berr d'ar CV'hallaoued*

... à Saint-Pol-Roux le statut baroque du saint breton canonisé par le vent d'ouest.

Les soutanes qu'on a pu leur tailler, aux saints d'Hibernie, dans les foyers gaulois ! Liturgie dévoyée. Méli-mélo dionysiaque de la foi et du foie (peste des e muets !). Mystiques détraqués par la consécration du pinard, occupés à croire en Dieu sans modération aucune, célébrant une messe de la soif pour des illuminés en prière jour et nuit. Les morceaux d'âme qu'ils apportaient à saint Pierre empestaient la cirrhose, et c'est par la cellule de dégrisement qu'ils abordaient la vie éternelle, risée des autres saints bretons déjà sur place, déjà sauvés.

Nous n'irons pas à Épinal au bras des moqueurs, en tout cas pas moi. Cette vision du saint gallois couperosé d'acides œnoliques est une fumisterie.

À l'opposé des clichés malveillants, le moine gallois est un pieux chevalier du Saint-Béni-soit-il, un ascète.

Il a des mœurs châtiées, il pratique l'austérité. C'est un pédagogue, un linguiste, un grammairien penché sur le sens des textes sacrés qu'il traduit, recopie, enlumine en les recopiant. Il a passé de longues années dans la méditation claustrale d'un monastère, à Llanilltud, au sud du pays de Galles, face à la mer d'Irlande. Tous ces Gwénolé, Gildas, Tudi, Tugdwal, Modez, Guénaël, Turiau, Goulwen, Ildut, Colomba, Mathieu ont fait acte de silence, à Llanilltud, avant d'apporter ce mot d'ordre en Armor : Silence. Ils ne croient pas aux mères patries, à la glaise charnelle des nations. S'ils ont des racines, elles sont enfouies dans l'écho migrateur des chants qu'ils adressent à leur Dieu vivant, un Dieu sacrifié qui n'a rien promis que d'infiniment simple et festif : du Père être le Fils. De revenir un jour. Pourquoi pas dans la région des abers aux accents du *Bro gozh*, avec ma tante Jeanne à l'harmonium ?... À Pâques, à la Trinité, il reviendra.

Ils sont toujours dans la région, ces moines bretons venus jadis relayer les druides à l'ouvert de la rade de Brest. Ils sont là par l'esprit. Une seule et même communauté de fantômes habitant les ruines de l'église abbatiale de Saint-Mathieu, à l'aplomb du Tournant de Lochrist, ce tournant maritime en épingle à cheveux entre l'Ouest et l'Est, entre l'Atlantique et la Manche. Ce sont eux, les gardiens des soleils couchants et du grand radiophare isolé parmi les arcs-boutants sectionnés du couvent, eux les sentinelles de l'Iroise. Ils voient passer les gabares de Porz Scaff, les voiliers, les caboteurs, le courrier des îles de la compagnie Pen Ar Bed, les petits cargos qui cherchent des raccourcis à la côte, entre Portsall et Ouessant, les ferrailleurs et les mouilleurs de câbles, les hommes-grenouilles en quête de homards ou d'épaves, ou des pièces d'or de Cyrène ; ils voient glisser les ombres larvaires des sous-marins de l'île Longue, ils voient débouler contre la tempête, avec son faciès d'uppercut, le remorqueur *Abeille Flandre* en route-chasse vers le rail d'Ouessant, là où les tankers se brisent comme des orvets. La métaphore est mignonnette ?... L'est beaucoup moins cet énorme flandrin démantibulé lorsqu'il commence à pisser comme à chier dans l'océan les kilomètres d'une interminable diarrhée prête à se multiplier sur les côtes, à Portsall, Erdeven, Pénestin.

Ces merveilleux moines déposés par la marée, loups des mers et loups des bruyères, passaient leur vie à changer de paroisse, de langue, et baptisaient avec des mots à eux des lieux dont le nom s'est perdu dans la fumée des incendies. Ils effeuillaient la rose des vents pour marquer leur bréviaire, un jour ici, l'autre ailleurs, cabotant dans le marmonnement divin, perchés dans les arbres, bottés d'écume, hirsutes et lourds dans leur peau de chèvre, comme les goémoniers sous leur faix de varech. Ces anachorètes bourrus, saints autoproclamés, avaient toujours l'air de laisser passer l'heure, méprisaient la loi du groupe, enseignant aux marginaux à se tirer d'affaire avec leurs dix doigts. Ils aménageaient les grottes en cellules, ils confectionnaient des huttes de jonc que la brise emportait. Saint Gouesnou, pour s'être bâti une chapelle en dur, s'attira la jalousie d'un maçon qui lui laissa tomber son marteau sur la tête.

Saint Gildas façonna une meule dans la pierre du Blavet, les deux frères Envel, deux petits saints, montèrent le ménage de leur sœur enceinte de leur respiration virile. C'est en entendant grognonner ces moines sanctifiés que les Bretons apprirent à tresser l'osier du marais, à construire des barques ou à tourner l'argile. De ces colonisateurs, ensemenceurs, il ne reste ici et là qu'un nom sauvage et une chapelle en ruine parmi les mûriers. Édouard Gouzien, l'époux de Marie Cloarec, qui se nourrissait exclusivement de patates au beurre, allait mourir à cause d'une…

## Sel

*An avel en e biz*
*A ra ar pesked pizh*

… à cause d'une alimentation trop riche en sel, mal inimaginable pour le Finistérien qu'il était. Autant dire à la fourmi qu'elle est pingre. Au fou qu'il est mortel. À Dieu qu'il n'existe pas. Édouard Gouzien passait ses journées chez Job du Trou à se repentir en buvant les limonades arrangées par une serveuse hémiplégique au grand cœur, et c'était de sel que l'Ankou saupoudrait son lit de mort. C'est le sel arrangé, pas l'alcool, qui lui causa son arrêt du cœur. On découvrit par la même occasion qu'il avait une âme.

Le sel, l'or blanc, cocagne de profusion dont la Jérusalem en Armor est Guérande, au sud du Morbihan.

Guérande, jadis *Gwen rann,* le pays blanc, une cité fortifiée où les envahisseurs, tout vikings qu'ils étaient, n'eurent d'autre choix que celui de numéroter leurs abattis.

Des numéros perdants.

Autour de Guérande, entre les deux clochers de Bourg-de-Batz et du Croisic, se déploie de Mesquer au Pouliguen le jardin prestigieux du sel invisible, un damier d'eau quadrillé sur les mille sept cents hectares d'un mirage fécond et rentable.

On appelle paludier le paysan du sel.

On appelle saunier le marchand.

Pour le paludier le soleil est Dieu, son hostie. Avec le sel égaré des volcans abyssaux, il détient la pierre philosophale en mieux, le monde entier vient s'y frotter.

Au paludier le soin magique de capturer la marée dans son élan pour la dépouiller. C'est lui le ravisseur de l'océan, lui qui l'épuise à travers un guet-apens de miroirs successifs, reliés par des canaux. La mer emprisonnée, le soleil se fait vampire et suce la proie, n'abandonnant que les cendres du flot consumé jusqu'à sa dernière trace d'humidité. Et tant que le soleil ne l'a pas mis à nu, le sel n'existe pas.

À Guérande, au mois d'août, on récolte le sel dans les salines. Là se mûrit le fruit dans un croupissement de tisane assimilé par les rayons du soleil. Le soleil épargne le sel malgré lui. Né du feu, le sel s'épanouit au contact du feu. Il s'épanouit, resplendit, on peut le mettre en sac et l'apporter au saunier.

On peut l'appeler fleur, on peut l'appeler violette, le vouloir gros, l'exiger fin : on peut le baptiser des plus charmants prénoms, le chlorure de sodium ira déposer ses mortelles alluvions dans la carotide, à deux ou trois encablures de l'âme. Un jour, il fera partie des grands interdits nationaux, comme le tabac, l'alcool, l'opium, et l'on ne salera plus son bouilli dans un lieu public. Attention, les larmes sont des salines en miniature, on ira pleurer dehors.

Au siècle dernier, vingt-deux mille de ces miroirs salants aveuglaient l'horizon guérandais. Il s'en est perdu la moitié depuis. Les sels d'Algérie, de Bayonne, de Russie, les sels de la Kolyma se sont emparés du marché, et si la fleur de Guérande est la plus appréciée des amateurs, elle est un peu l'orchidée au rayon des sels pas toujours marins. L'épopée du sel n'en continue pas moins au sud de l'Armor, et l'on se demande bien pourquoi de grands écrivains comme…

## Suarès

*Pavez gouelini*
*E vez brizhilli*

… de grands écrivains comme André Suarès le méconnu ont pu la négliger. Est-ce parce que Suarès est d'origine marseillaise ? Parce qu'il souffre du diabète ? Parce que cet adorateur de la Bretagne mystérieuse a voulu se concentrer sur la mer et sur l'avalanche inanimée du granit écroulé dans la mer ? *Le Livre de l'émeraude*, en dépit d'une évocation pauvre en sel, fut un choc délicieux pour moi quand je le découvris au fort de Vincennes en 1970, le premier jour du conseil de révision :

*Depuis le commencement des âges il doit pleuvoir ainsi sur ce pays sinistre ; et il pleuvra de même sur ces roches mornes, jusqu'à la fin des siècles. Des blocs et des blocs ; des montagnes éboulées ; et partout où il y eut des vivants ce sont des débris et des ruines. Si Kérity, Pen-Marc'h et Saint-Guénolé ne formaient jadis qu'une seule ville, si elle était plus grande et plus somptueuse qu'une capitale, si les cathédrales de l'Ouest et les châteaux forts de l'Occident s'élevaient ici – on en discute –, et plus encore si des flottes entières, le vaste commerce et des entreprises des négociants ont eu ces fables et ces rocs pour métropoles. Mais il le faudrait. Et le grand port de l'Atlantide mériterait d'être placé entre les chevaux monstrueux de Pen-Marc'h si les Atlantes furent une race vouée au sépulcre et aux profondes catastrophes de l'océan. Pas un arbre. Seuls règnent le sable et le granit.*

*Sous la lumière douteuse et louche de l'automne, tous ces grands corps de pierre prennent d'étranges formes. Une armée, une cavalerie pétrifiée tandis que montent, au loin, les brouillards aux écharpes grises.*

Du gris dont on fait l'azur en Armor, dînant à l'École navale, un soir de fête de la Mer à Brest, je parlai du

*Livre de l'émeraude* à Éric Tabarly, imaginant qu'il l'ignorait. Pas du tout. Il l'avait lu, il en gardait un souvenir clair. Il estimait lui aussi que Suarès était un écrivain subtil de la Bretagne mystérieuse. Ce fut…

# T

## Tabarly (Éric)

*Bezhin diwriziet*
*Gant al lanv a vez kaset*

... Ce fut la dernière conversation que j'eus avec Éric, disparu en mer le 13 juin 1998 à 0 h 15, par 51°18'N, 5°53'W.

Erwan Quéméré, visage étroit, regard clair, a cette voix unie qu'on aime entendre sur un voilier, ferme et douce à la fois, rassurante. Je comprends qu'Éric Tabarly ait pu désirer l'avoir à ses côtés pour la croisière à Fairlie. « Il était prêt à partir seul, au besoin. Jacqueline, enfin, son épouse, avait un pressentiment. Pour la première fois en vingt-deux ans elle disait : "Non, n'y va pas." Allez donc fléchir le bon Dieu. C'est elle qui m'a téléphoné. Elle était très inquiète, elle me suppliait d'accompagner son mari. » Erwan me regarde, il regarde à travers moi. Il donne l'impression de se parler à lui-même et d'être ailleurs.

« … *Pen Duick* a relâché quelques jours à Newlyn, en Cornouailles, bloqué par le mauvais temps. Éric s'en fichait un peu du temps, bon ou mauvais. Mais c'était un courant fort de noroît et jamais on n'aurait passé Land's End. Un gréement à corne aussi puissant fatigue, face au vent, beaucoup plus qu'une voile Marconi. On attendait du sud, la même brise mais de sud. Le 12, elle s'est levée, on est partis. On était tous d'excellente humeur. La veille ou l'avant-veille, Éric dînait en chantant sur *Magda*, le yacht de ses amis suédois. Comme nous, ils montaient à Fairlie. On a quitté Newlyn ensemble. On les a perdus de vue au cours de la journée. La visibilité tombait, le baromètre aussi… » Impressionnant de voir quelqu'un s'efforcer d'encercler au mieux son plus mauvais souvenir. « … Pas le vent, il ne tombait pas, il fraîchissait avec la nuit. Il avait beau nous emporter, le bateau devenait difficile à manœuvrer.

Même avec une barre à roue, il aurait fallu envoyer la voile de cape. La corne était beaucoup trop lourde avec ces rafales, et les à-coups qu'elle donnait, on les ressentait physiquement, dans nos carcasses à nous. "Prends la barre, m'a dit Éric, on affale et on envoie la voile de cape…" Éric est monté sur le roof, les autres étaient au pied du mât pour libérer les drisses. J'ai pensé : Pas facile dans la nuit noire, on va morfler. La seule chose à faire était venir au vent pour stabiliser *Pen Duick* et que la corne descende bien droit. J'ai crié : "Je lofe ? – Non !", m'a dit Éric par-dessus son épaule. » Venir au vent, lofer… Perdre le temps d'une voilure faseyante, c'était mal connaître Éric. « La voile trempée pesait des tonnes, la bôme accrochait le haut des lames et la corne, eh bien, la corne envoyait des coups de corne à mi-mât, et soudain le bateau faisait des bonds d'une vague à l'autre, comme fou… "Je lofe ? – Non." On a bordé la voile. On a saisi la bôme sur l'X du support. Restait la corne, elle ne descendait pas… "Les drisses sont claires ?" a dit Éric. La corne, c'était pour Éric. C'est lui qui devait l'attraper seul, l'immobiliser, la coucher sur la bôme, et les autres viendraient l'aider à la rabanter, la ficeler. Trop long, j'ai pensé. Éric s'échinait sur la voile, et puis la corne est arrivée à sa hauteur, et puis…

Le 13 juin 1998, à 0 h 15, une vague fit un croc-en-jambe au *Pen Duick*, qui versa dans un roulis tribord, puis se redressa brutalement, passant le lit du vent. Rabattue par une rafale à contresens, la corne qu'Éric allait saisir le frappa en pleine poitrine, de plein fouet, le précipitant à la mer. C'est en vain qu'on le chercha jusqu'au matin. » Erwan me regarde toujours, et ce n'est évidemment pas moi qu'il voit dans mes yeux. « Il a dit quelque chose en tombant. Ce n'était pas un cri, c'était des mots… Un seul mot, ou plusieurs. » Dix ans plus tard, Erwan se rappelle avoir entendu son ami non pas lancer un cri, mais dire quelque chose en tombant à la mer. Un adieu. Quel adieu ? Il entend clairement la voix dans le vent noir qui balaie la mer invisible autour du bateau. Il entend la voix d'Éric, pas les mots.

Du marin chanceux, Homère écrit qu'il est l'hôte occasionnel d'un dieu aux distractions duquel il doit suppléer, méritant ainsi le génie qui l'emmène au large, au large des heures terrestres, éphémères enjeux des cadrans solaires. Le 13 juin 1998, en mer d'Irlande, Éric Tabarly se trouvait à bord de *Pen Duick*. Peu après minuit, quelque chose lui arriva. Voilà quatorze ans qu'il n'est plus. Oublié, l'enfant chéri des mers, en 2013 ? Disparu du cœur des vivants ? Refermé, ce livre de bord où la gloire a brillé ? La postérité, qui souffre bien souvent d'éclipses, a fait d'Éric Tabarly son péché mignon. Plus il est loin, plus il est là : plus il nous manque. Bon anniversaire, Éric, avec ou sans les bougies.

Conjuguons à l'imparfait, puisque vivre est un mode imparfait, ce destin jumeau du nôtre ou quasi, enfant des Trente Glorieuses qui l'ont vu grandir et qu'il a grandies. En d'autres temps, il aurait découvert l'Amérique, les Indes, l'Atlantide et conquis la Toison d'or. Il aurait tutoyé Jason, Sindbad ou Jonas, ses *alter ego*, requinqué les compagnons d'Ulysse au-delà de Charybde et Scylla, né pour attirer l'homme au cœur de lui-même, en équipage, en solitaire, là où l'horizon dépend du courage de chacun, tombe ou trésor. Les compagnons d'Éric, après tout, n'étaient pas, tant s'en faut, des blancs-becs : Petitpas, Fouquin, English, Fournier, Gilles, Guégan, Kersauson, Lavat, Leroy, Sevi, Tabarly – le père – et Tabarly – le frère –, Troadec, Vanek, mais aussi Erwan Quéméré, Marc Pajot, Yves Parlier, Lamazou, Le Cam, la liste ne demande qu'à s'allonger… Allez, citons Alain Colas, citons-le maintenant que feu l'équipier prodigue a mordu la poussière de l'orgueil, de nouveau l'ami d'Éric, forcément. Il fut avec assiduité l'élève le plus paresseux, fils, petit-fils, arrière-petit-fils de tisserands – appelons ainsi les marchands fortunés dans les textiles –, Éric naît à Nantes en 1931. Presque un hasard. La famille est de Blois, le sang breton. À l'école, au lycée, en pension, il fut avec assiduité l'élève le plus paresseux. C'est ainsi qu'il entreprit un long voyage désordonné vers sa bonne étoile, sûr de l'atteindre un jour, son étoile de mer. À Préfailles, en baie de Bourgneuf, les Tabarly ont un joli voilier, l'*Annie*, neuf mètres de long. Suffisant pour les ronds dans l'eau, insuffisant pour monter régater chez les Anglais.

La vue du *Pen Duick*, le plan Fife, étalon noir de cinquante et un pieds, vieux pur-sang à vendre une bouchée de pain sur une vasière de la Loire, tourne la tête au père comme au fils. Il a quarante ans d'âge ? On le rajeunira. Il est délabré ? On l'assainira. On le fera courir, gagner. Tope là ! Le voilier ne sera plus jamais vendu ni désaimé. Lorsqu'il s'agira, déclaré « foutu » par Gilles Costantini, l'ami constructeur naval, de l'envoyer reposer dans un mouroir à bateaux – quelque vire-court de rivière à groseilles –, Éric le ressuscitera *manu militari*, moulant sur la ruine une cuirasse de polyester, une peau neuve insensible aux intempéries. *Pen Duick* est mort, vive le roi… *Pen Duick*… (mésange à tête noire), porte-bonheur. *Pen Duick* ne rendra pas glorieux son nouveau maître. En course, il a fière allure, mais il est souvent à la traîne. Les Anglais sourient, *old fellow*. Décrocher la timbale en mer n'en est pas moins à vingt ans le vœu premier d'Éric, ex-bonnet d'âne, entré de justesse à l'École navale après avoir servi dans l'aviation, piloté bombardiers et chasseurs. À la voile, il applique une devise d'aventurier des airs : « Ça passe ou ça casse… » Ça ne passe pas ?… *Pen Duick II* vient au secours du *has been* vénéré, décidément trop lent. C'est un ketch en contreplaqué renforcé d'aluminium, un bateau léger dans une époque où l'opinion se partage entre chêne et roseau – la puissance à la mer ou l'esquive. Quarante pieds. Fabriqué chez Costantini spécialement pour gagner l'Ostar – ce jeu mortel à travers l'Atlantique de Plymouth à Newport. Éric est joueur, un joueur déjà surhumain. À l'École navale, il dort fenêtres ouvertes en plein hiver, au grand dam de la chambrée. « Je m'entraîne », dit-il à ses camarades.

Les filles ? C'est beau, les filles, c'est doux. Lui, c'est l'océan qu'il veut courir et charmer, quelle qu'en soit l'humeur. Une certaine Miss France a des bontés pour lui… La mer avant l'amour. Il salive au spectacle du baromètre en chute aggravée. Il sort au large à bord de *Margilic*, le vingt pieds des Costantini. Force 10, force 12 entre les Glénan et La Trinité. « Je m'entraîne. » Accessoirement, il est officier de marine. Il commande l'*Edic 9092*, un engin de débarquement. À quoi peut-il songer le jour où il met au plein son navire en quittant La Trinité ? Il s'entraîne ? L'ingéniosité qu'il montre alors pour le dégager lui vaut un galon supplémentaire au lieu d'un blâme ou d'une mission dégradante au fond d'un corridor administratif.

Le 23 mai 1964, départ de l'Ostar. C'est le spi lancé qu'il double ses concurrents. Ensuite ? La débrouille, les pannes à répétition : loch, réveille-matin, radio, gouvernail automatique, rien ne va plus. Il essuie dépression sur dépression sans quitter la barre ou si peu, grimpe en haut du mât par trois fois, recueille un oiseau tombé sur le pont, disparaît vingt-trois jours d'affilée. Black-out. Aucun signe de vie. On le croit perdu. On le pleure. On s'en veut. « *Where is Tabarly ?* », titre le *Daily Telegraph*. Lorsqu'il sort du néant, frais et dispos après la saison en enfer, c'est pour « qu'on signale à maman qu'il va bien ». Il a gagné la course, améliorant d'une semaine et trois jours le record de Francis Chichester. Marri, stupéfait, l'Anglais se déclare impressionné par ce tombeur breton si paisible devant la gloire. Là-bas, c'est un lauréat tête en l'air qui se prête aux mondanités d'usage.

Il arrive en Amérique sans visa, sans argent frais, sans chemise ni veston, sans autres chaussures que ses « tennis » de marin. À Washington, recevant la Légion d'honneur, il a rien de moins que les escarpins de l'ambassadeur aux pieds. Un fieffé vainqueur. Enchanté par sa modestie, l'humanité s'en fait un héros d'un jour à l'autre, aux quatre coins du vent.

Pour ne rien gâcher, l'homme est beau. « La gueule de l'emploi », diront les journaux. On dirait Ned, le matelot bravache du capitaine Nemo. Des biceps gonflés à crever la peau. Un visage hâlé de bonne épaisseur, marqué de pommettes saillantes ; une douce inflexion des joues vers la bouche ; pas de graisse, pas maigre non plus ; les cheveux ondulés d'un auburn clair ; le front large et bombé, des yeux gris-bleu, une forte arcade et de grands cils ; un nez fort, un petit revers de lèvres narquoises éclairant une barbe taillée à trois centimètres du menton. Voilà Tabarly, trente ans, à la une de tous les journaux.

Glorieux, oui, mais riche, il ne l'est pas, ne le sera jamais. Le vainqueur de l'Atlantique n'habite nulle part à l'époque. Son chez-lui, c'est la mer, c'est l'horizon. C'est une couchette quelconque où récupérer un moment. C'est une poêle en équilibre sur une flamme à balancier, sauvegardant contre roulis et tangage une platée de nouilles aux oignons. Son chez-lui, c'est toiler la mâture, la surtoiler, c'est le prochain mille à courir, la vitesse au cœur d'un sablier avare de ses grains. Son chez-lui, c'est vivre la mer.

Tabarly était un assoiffé de victoires, un compétiteur-né. Sa bonhomie devant les lauriers, il la manifestera jusqu'au bout. Ses équipiers sont unanimes à la saluer. Kersauson parle de bonté. Petitpas, d'une incapacité morale à baisser les bras, certes musclés. Loizeau, d'un courage inhumain face à l'ouragan quand *Pen Duick III*, voiles et peinture arrachées, prisonnier d'une mer blanche, comme solidifiée, faillit mourir sur les coraux. Pierre English, de l'acharnement à gagner, que ce soit une course autour du monde, une joute improvisée d'embraqueurs d'écoutes ou le rituel championnat de godille à La Trinité, le jour du Pardon.

La vie devant lui ? Il l'avait, bien sûr. Nous l'avons tous. Marc Linski, Caradec, Gouga, Colas, tant d'autres l'avaient que la mer s'est permis d'effacer. *Carpe diem*, l'ami. Innovant sans cesse, il aura toujours un génie d'avance sur les « Rosbifs ». Le deuil de l'océan vous rend un homme circonspect. Éric parle peu, se méfie des questions, tarde à répondre et, généralement, le fait d'un mot lapidaire, lorsqu'on n'y croit plus. Il sait être bavard et rieur à l'occasion. Kersauson, Petitpas ou son épouse l'ont assez dit. Il peut chanter avec ses pairs, les marins, ou flamber pour eux de mémorables omelettes au rhum. En ville, c'est un marin sensible et discret. Orgueilleux ? La belle affaire. Déjà qu'il faut l'être pour avoir les pieds sur terre, alors en mer, où la pitié n'a aucune part…

C'est d'abord l'orgueil du bateau qui lui tient à cœur, le prochain bateau, plus véloce et plus régatier, le bolide jamais vu. *Pen Duick II*, *III*, *IV*, etc. – une main à six doigts suffit pour les énumérer tous. Pas un qui n'ait fait grincer les dents aux Anglais, pas un qui soit revenu bredouille au port. La mésange à tête noire, encore elle… La perfide Albion lui en veut. On la désavantage grossièrement, on modifie les règles de course au besoin. On interdit le gréement goélette quand, goélette, elle domine, en 1967, coup sur coup vainqueur de la Morgan Cup, de la Sydney-Hobart, de la Channel Race ou du Fastnet. On interdit le lest en uranium après qu'elle a regagné l'Ostar en 1976, on chicane l'arrière, l'avant… On interdit, mais Éric innove dans la foulée, opposant aux coups bas des « Rosbifs » une longueur d'avance, un génie d'avance, à la fois veinard et plus doué. Les ballasts, hein ? La Transpacifique de 1969, *Pen Duick V*, six mille en trente-neuf jours.

Après 1978, Éric part moins souvent. Il fait remonter pierre à pierre une demeure ancienne à Gouesnac'h, au bord de l'Odet. Il paraît se résigner au bien-être du méridien local, entre deux amours à visage humain. Jacqueline, Marie, noms plus vastes et précieux que celui d'un bateau, fût-il *Pen Duick*. Désormais quand il prend la mer, une femme aimée, une fille aimée, une maison l'attendent, un havre de bonheur familial au pied duquel vivent les flots, sa mémoire d'enfant, son rêve inconsolé. Jusqu'au bout, il éprouvera le besoin d'étonner. Mais qui peut empêcher Tabarly d'embarquer pour un dernier verre, un dernier océan, le dernier ?... À soixante-sept ans, géant d'un mètre soixante-dix, il éprouve encore le besoin d'être étonné, d'explorer du nouveau...

Juin 1998. *Pen Duick I* est attendu en Écosse, à Fairlie, pour la parade exceptionnelle des derniers Fife ayant encore le pied dans l'eau. Ils rappliquent du bout du monde, Suède ou Venezuela. Le jeudi 4, *Pen Duick* appareille de La Trinité ; le 9, il est à Newlyn, en Cornouailles, bloqué par le mauvais temps ; le 12, il arrondit Lizard et Land's End et fait route au nord, vent portant, l'Écosse au bout du méridien. À bord, un équipage disparate : outre le capitaine après Dieu, un couple de Suisses, un ancien marin militaire et l'éternel ami d'Éric, le photographe Erwan Quéméré, grand marin. Dans la soirée, le vent forcit et la mer se creuse. Éric décide alors d'établir la voile de cape et monte sur le pont. Le 13, juste après minuit, quelque chose lui arriva.

On parla bien sûr de coup du sort, de fortune de mer. Vous ne pensez pas que le...

## Tempête

*Ar pesk er c'hov pe en aod*
*A rank bezan atav war flod*

... Vous ne pensez pas que le mot « destinée » s'impose ? Que la mer, après tout, n'y est pour rien si Éric avait aux pieds les bottes de sa femme ou de sa fille, cette nuit-là ? Si *Pen Duick I*, voilier d'un purisme éblouissant, refusait les filières de sécurité, lesquelles n'auraient servi sans doute à rien quand il perdit l'équilibre ? Elle fait peine, la destinée sans violence extérieure, le fortuit fatidique des choses, on préfère l'inexorable tempête pour pleurer les marins perdus.

La plus célèbre de l'île de Groix, une nuit de septembre 1930, mit fin à la prospérité thonière de la région.

Ils sont vingt dundees en panne au milieu du golfe de Gascogne. Ils attendent le vent. La mer est d'huile, le silence effrayant. Le baromètre est tombé si bas que mieux vaut en rire. Les rires font la navette entre les bateaux. On rassure le mousse, on lui dit qu'il reverra bientôt son île grâce au coup de chien qui s'annonce. Et, pendant ce temps-là, des voix arrivées de bateaux qu'on distingue à peine viennent mourir sur le pont. Ah, le vent se lève enfin… Dans la soirée, les dundees à sec de toile sont chassés vers nulle part sous un ciel de fin du monde. Ils seront six à couler cette nuit-là corps et âme.

Après la calamité du naufrage, on accusa les yachts bretons vifs comme l'oiseau. Les voiliers porte-chance avaient porté malheur. La jolie voûte arrière, trop fine, trop basse, ne les soutenait pas sur les eaux creuses d'une mer en furie. Elle s'enfonçait noyée par des lames qui disloquaient mâture et bateau. La riche épopée passait à la trappe, on la pleure encore, on la maudit. En 2008, le dernier thonier survivant porte le nom de *Biche*, d'après le surnom de son célèbre capitaine et propriétaire.

Interrogeons un peu les anciens gamins des dundees, les derniers mousses encore vivants au tournant du dernier millénaire. C'est à la malchance qu'ils font grief, pas à l'océan, pas aux dundees. Cinquante années durant, ce navire fit la gloire et la prospérité d'une petite île bretonne au ras de l'eau. Cinquante années, il a louvoyé entre les deux Finistère européens, tirant son épingle du jeu mortel des coups de vent. Péri en mer, il ne mérite que des lauriers et des larmes, et le requiem des honorables défunts. Le plus puissant navire est un jouet quand Dieu prend la mouche.

Ils furent nombreux les thoniers, langoustiers et autres voiliers qui disparurent après la guerre. 1945 fut l'an zéro du baby-boom et celui d'une frénésie mécaniste qui contamina les plus éoliens des travailleurs de la mer. Dans tous les ports on vit s'ouvrir des concessionnaires Johnson, Evinrude, Renault Couach, Seagull, Perkins… On en profita pour mettre au rebut les vieux canassons hauturiers à voile, dont les dundees, symboles de mort.

Dernier appareillage. Cap sur les rivières du Blavet, d'Étel, du Guilvinec, du Goëlo, leurs mausolées à flot. *Exit* la marine à voile, *de profundis*.

Soixante ans plus tard, décharnés, enchevêtrés, barbelés de ronces, ils ornent toujours l'estran des vasières, dardant l'œil noir de leurs écubiers sur une mémoire impossible à partager. On vient les contempler. On vient les injurier. On vient les prier, les vénérer. On cherche auprès d'eux une idée de l'homme embellie par ces êtres sans âme, apparemment, qui jadis sauvaient ou perdaient la vie. Ils ne se relèvent plus à marée montante, ils n'attendent rien.

Le 1er janvier 2000 – millénium oblige –, ces stupides carcasses donnèrent la migraine aux élus drapés des trois couleurs du pouvoir. Les bateaux enlaidissaient la grève, blessaient les enfants, empêchaient la réalisation d'une marina dernier cri, coulée dans le meilleur béton, arrosée des meilleurs pots-de-vin. De Lanester au Guilvinec, la population fut avisée par lettres individuelles que les pouvoirs publics ne l'oubliaient pas. Le domaine maritime allait connaître un toilettage sans précédent. On allait faire disparaître incessamment les traces du dépôt sauvage opéré jadis par les patrons des dundees. Là où la tractopelle ne suffirait pas, on flamberait à l'essence. En clair, on allait incendier les cimetières à bateaux... Les riverains s'émurent, ils grognèrent, ils se récrièrent. Ils exigeaient une charte paysagère, un statut officiel de cimetière marin. Ces bateaux, derniers témoins d'une époque où la machine avait fait bifurquer l'Histoire – nul ne savait dans quel sens –, méritaient les honneurs funèbres. Pourquoi ne pas jeter à bas les menhirs, les dolmens, ces purs chefs-d'œuvre d'inutilité ? Pourquoi ne pas brûler aussi livres et tableaux ? Les dieux, à quoi servent-ils ? À bas les dieux. Autodafé général... Ainsi furent épargnées et mythifiées les reliques de ces bateaux déclarées nuisibles au même titre que les aérosols ou les gaz de combat.

Plus nuisible en Armor que la dépouille des anciens thoniers est à mon avis le...

## Tourisme

*Deuet eo ar C'horaiz*
*Ar malfaout gant e vontr*

… est à mon avis le tourisme estival. Pour être nécessaire à la région, aux Bretons, pour témoigner de l'attachement vital des vacanciers à l'Ouest armoricain, du bon esprit des hôtes et de leurs hôtes, il n'en est pas moins ravageur. Il porte un coup fatal aux délicatesses naturelles des paysages. Il accélère la disparition d'un *modus vivendi* traditionnel. Il fait apparaître un nouveau mur de l'Atlantique auprès duquel celui des *blockhaus* paraît une aimable villégiature, quand il ne l'est pas pour de vrai, en parfait accord avec les environs.

À Belle-Île, au nom d'un tourisme exigeant, on a chassé les vieilles sœurs Maillard de l'Apothicairerie, leur hôtel, une auberge où descendaient les rejetons de la famille Adams, Harry Potter, Hansel et Gretel, nous-mêmes, et généralement les amateurs de maisons hantées. On a rasé cet hôtel de charme fantomatique, unique en son genre, pour bâtir une espèce de clapier vertical de luxe, comme il en prolifère autour des aéroports. Et bien sûr on est sur la côte sauvage, à quelques encablures de l'océan.

Théoriquement, depuis que le Conservatoire du littoral s'en est mêlé, il est interdit de rien bétonner à moins de trois cents mètres du bord de la mer, mais sur le terrain la réalité fait peur : immeubles de standing le long des plages, comme à La Baule ; résidences privées gâchant des panoramas prétendument sous la protection des lois, comme à Donnant ; cabanons édifiés à l'aplomb des falaises, comme au Toulinguet ; routes touristiques suivant au plus près le sentier des douaniers, comme à Penfoul ; boutiques champignons, centres de voile, de thalassothérapie, structures aqualudiques, palais des congrès, ronds-points : voilà cinquante ans que l'Armor fait les beaux jours des aigrefins, agents immobiliers ou notaires opérant la destruction du site, et s'en mettant plein les poches. Sans oublier le béton des marinas qui peu à peu comble les baies et les grèves : Pornic, La Baule, Bénodet, les Glénan, la Forêt-Fouesnant, Concarneau, le Moulin blanc, Perros-Guirec, Saint-Cast, Saint-Malo, Sauzon, Trébeurden (le maire fut arrêté, écroué, le béton resta), Saint-Quay-Portrieux, Morgat, Pornichet, Hoëdic, et plus c'est beau, plus c'est bétonné. L'Aber-Wrac'h est dans le collimateur des margoulins, pour le moment la force des courants rend le projet irréalisable, mais pour combien de temps ?

Le tourisme gagne à l'intérieur du pays riche en monuments anciens, chapelles, églises, manoirs, châteaux. Les paysans créent gîtes ruraux et chambres d'hôtes, les mairies encouragent la promotion d'une activité qui permet aux villageois du monde rural d'arrondir les fins de mois. Mais, autrefois estivale,

la grande marée touristique fait des siennes à longueur d'année, grâce au TGV, aux autoroutes, aux trente-cinq heures. C'est bon pour l'économie, mauvais pour la nature que l'on n'en finit pas d'aménager, de charcuter. Autre forme d'occupation permanente : le tourisme anglais touchant les deux tiers des communes. Si l'achat type est la ferme à rénover, d'ailleurs avec un grand goût, on a aussi des réalisations plus ambitieuses, hélas : complexes hôteliers, campings, golfs, parcs de loisirs.

Dernière agression, la pollution par mer. Au ciment, aux routes, à la rurbanisation, au mitage des falaises envahies de cabanons résidentiels, à la contamination de l'air par le lisier on doit ajouter les marées noires : *Torrey Canyon*, *Olympic Bravery*, *Amoco Cadiz*, *Gino*, *Erika*, *TK Bremen*. On nous dit que le pétrole disparaît des plages, que les nettoyeurs bénévoles sont guéris des maux qu'ils contractent en lavant les oiseaux et les roches. C'est faux. Il suffit de creuser le sable à vingt centimètres, plusieurs années après la catastrophe, pour atteindre l'hydrocarbure. Il suffit d'interroger la population pour apprendre que certains sont toujours en butte à des migraines ou qu'ils souffrent d'eczéma chronique.

Mais quel grincheux, quel écogrincheux j'ai l'air de faire au motif de…

## Transatlantique

*E-lec'h m'eman ar mor eman ar pesked*

… au motif de prendre le parti des mouettes et du plancton. Moi le Breton amoureux du Havre, ville normande où les flammèches des gaz en traitement flottent à longueur d'année sur les centrales aux abords de la ville, où l'on a l'impression d'arriver dans un royaume hostile, où l'hydrocarbure est le roi fanfaron, et si jamais son odeur ne vous plaît pas, allez donc voir ailleurs.

Le Havre où tout s'est joué, l'un des plus beaux ports de France avec Brest et Marseille.

Le bercail des transatlantiques.

Une ville de haute mer comme Brest ou Lorient, obsédée par l'horizon.

Une ville taillée pour les grands bateaux et pour l'avenir.

Une ville rude, esseulée derrière un site industriel qui paraît la grignoter.

Une ville bombardée, brûlée vive, ressuscitée.

La guerre a détruit ses monuments, l'histoire a brûlé ses plus beaux vaisseaux, laissant désert ou quasi le théâtre des docks.

Reste un grand port sans nostalgie, prêt à renaître ; restent les bassins dormants par où la mer, incognito, se mêle aux passants dans les rues ; restent les ponts, les écluses, les passerelles et môles pavés, témoins des âges d'or au large, et les perspectives interminables vers l'ouest où la lumière afflue, parfumée d'iode ou de moka grillé, bleutée par un océan qu'on ne voit pas.

La Transat a toujours ses longs magasins blancs sur les quais. Ballasts pâlis, voies ferrées, herbes folles, hélices de cuivre moussu, certaines marquées de proverbes en latin, câbles graisseux, coques de noix sur des bers branlants jonchent les abords et s'y pressent, renforçant l'impression d'une histoire qui rechigne au formol.

De paquebots, point. Ils sont à l'intérieur des magasins, modèles réduits, heureux élus d'un paradis gullivérien qui les éternise. Ils ne risquent plus rien. Ni départ, ni naufrage, ni revente à la cloche de bois. À longueur de journée, des artisans bénévoles nettoient, réparent, numérotent des objets leur ayant appartenu, traquant sans relâche la mémoire éparpillée. Ils en font une âme entre leurs mains. Ils renouent l'horizon fil à fil. Pour que les paquebots, aux jours du Jugement dernier (il en faudra bien sept), quand ils desserviront les rives du paradis, ne puissent pas reprocher aux humains d'avoir dilapidé leurs biens en leur absence.

Étrange, j'allais oublier l'un de mes plus grands souvenirs havrais, qui contredit mes propos à l'emporte-pièce sur l'absence des paquebots. Je n'ai jamais croisé un seul paquebot dans le port de Brest, aucun *Liberté*, *Normandie*, *Queen Elizabeth*, *America*, mais au Havre j'ai vu le triste *Norway* accoster à l'ancien quai du paquebot *France*, c'est-à-dire à son propre quai du temps que *France* était son nom.

Le nom de NORWAY, peint sur l'avant, semblait tenir à la peinture bleue par l'opération du Saint-Esprit. Celui de FRANCE, en relief, théoriquement effacé à coups de pinceau rageurs, attrapait tous les rayons du soleil levant pour clamer à travers le bâillon qu'il était l'âme vraie du navire, la seule, et que le reste n'était qu'usurpation, affaire de gros sous.

Tel fut le nom de Bretagne en Armor, en 1547, un cri bâillonné après que l'Union eut fait de…

# U

## Union

*Kokouz ha rigadell*
*A zo mat da stankan ar foerell*

… après que l'Union eut fait de la péninsule une province de France, et cette fois-là c'était FRANCE qui semblait sonner comme un terme d'usurpation, un mensonge hissant le drapeau à fleur de lys à la barbe du roi Nominoë.

L'Union. L'alliance irrévocable du droit ducal et du droit royal. Un seul roi pour tous. Les Bretons ne sont plus que des provinciaux, des vaincus, et pour la première fois des sujets dans le respect des clauses de l'Union.

Loin d'affadir le génie breton, ce lien douloureux va lui donner un lustre nouveau. Aux mystères bretons qu'ils jouent traditionnellement de château en château, de village en village, les bardes vont associer mystères bibliques et mystères issus des autres provinces du royaume. Les *kloër* itinérants les traduisent, les colportent, leur donnent une couleur de mélancolie typique du pays d'Armor. Ce sont les descendants des bardes, un soir de mon enfance, que je vis jouer les *Misérables* à l'Aber entre maman et Tita, sous un chapiteau dégoulinant de pluie. J'eus tellement peur en voyant Thénardier lever son énorme poing sur Cosette à un mètre de moi qu'il s'excusa, et Cosette en profita pour me tirer la langue.

C'est sous la duchesse Anne que l'art à tous les niveaux prend son essor, distançant la vieille civilisation, marquant la transition du style gothique au style renaissant. La péninsule se couvre d'églises, chapelles, calvaires, fontaines, chefs-d'œuvre anonymes, la plupart éclos sous le ciseau des compagnons lamballais, les plus célèbres des « tailleurs d'images ».

L'association des Lamballais n'est pas une petite affaire familiale où le mérite de chacun fait tourner la boutique. C'est un conglomérat qui réunit des centaines de compagnons dont tous, triés sur le volet du nord au sud, ont une spécialité. Il a ses lois, ses règlements, et même ses soldats et ses chefs. Ce n'est pas rien d'être lamballais. Les Bretons sont les meilleurs lorsqu'ils parviennent à s'unir.

Un nom me revient. Michel Colomb, sculpteur natif du Léon, grand maître des Lamballais. Ce Michel-Ange armoricain ne voulut d'aucune gloire ou postérité. On doit à son génie visionnaire le tombeau de François II et Marguerite de Foix, visible à la cathédrale Saint-Pierre, plus connu à Nantes sous le nom de « tombeau des Carmes ». Deux gisants unis par la nuit des temps. Deux petits oreillers de marbre noir pour soutenir la nuque des époux dans leur laps d'éternité partagée. Quarante-trois personnages en réduction penchés sur un lit sans retour où la mort paraît faire dodo paisiblement avec les yeux de Marguerite et François. De quoi rendre jaloux l'Ankou. Grâce et puissance, ingénuité, ces mots viennent à l'esprit pour évoquer un si doux chef-d'œuvre. Il s'apparente à la statuaire italienne ou grecque, mais c'est bien le ciseau joyeux d'un Breton qui donne ici, pour la première fois, sa plastique à la mélancolie du pays d'Armor.

C'est ainsi que je vois aujourd'hui mes parents dans leur monde à part, endormis comme le sont Marguerite et François dans un rêve de pierre où ils sont vivants depuis toujours, pris dans une immobilité qui ne fait même pas illusion, regardant toutes choses à travers leurs yeux fermés, à jamais guéris des…

# V

## Vacances

*An deiz kentan a viz Ebrel*
*E vez paket ar wrac'h er c'hevell*

… à jamais guéris des trahisons comme il y en a dans les familles où les sentiments sont trop forts, et les préférences marquées.

Une sainte, ma mère, non ? Elle élevait ses enfants comme bon lui semblait. Un seul principe, une fois tous les principes invoqués : l'amour, l'indulgence. Lasse des brouilles, des messes basses à travers les murs, elle ne se révolte pas. Elle ne va pas glisser une grenade antipersonnel sous l'oreiller de sa mère. Elle ne se pend pas au grenier, comme il est d'usage au pays des menhirs. Elle ne brusque rien d'apparent, ne laisse traîner aucune volaille égorgée sur le linge à repasser. Elle se souvient à point nommé qu'il pleut moins dans le Sud où, petite fille, elle a passé quelques jours heureux avec ses parents. Le Sud, oui, mais en Cornouaille, un Sud familial bénin qui n'offense pas la tribu. Là, quand elle avait dix ans, l'unique fois de sa vie, un jour de canicule, ma mère a fait du pédalo sur les transparences bleutées d'une baie quasi tropézienne. Ce mirage azurescent l'obsède. Au beau milieu de l'été, elle fait monter ses quatre enfants dans le car et, *via* Brest et la rade en bateau, les emmène au Fret puis à Morgat, une station balnéaire un peu courue, où on entend presque l'accent du Midi. Quarante kilomètres à vol d'oiseau, de la Manche on passait dans l'Atlantique.

Sur le vapeur qui dessert la rade, une vedette en bois malodorante, elle raconte ses émerveillements d'antan, un flacon d'alcool de menthe sous les narines, le teint cireux. Elle veut revoir son pédalo blanc, revoir le grand ciel ensoleillé qui tapisse la nostalgie. Là-bas la mer est une braise bleue. Là-bas on prend des bains de lumière et d'ombre. On dirait vraiment un grand voyage à travers les méridiens. J'ai l'impression de voguer vers les madras, les tamariniers. J'entends déjà résonner les tam-tams.

À Morgat, il pleut. Nous occupons tous les cinq une seule et même chambre à l'hôtel Sainte-Marine, sur le port. Il fera beau demain, dit ma mère. Nous nous couchons après la soupe, il pleut toute la nuit. Au matin, pluie.

Tous à la plage ! Ma mère est aux anges. Elle compte sur la vision du pédalo retrouvé pour dissiper les nuages et mettre le ciel de Morgat sous l'influence bénéfique d'un souvenir aussi puissant que la foi. Il n'y a personne à la plage. Il fait froid, venteux. Nous marchons longtemps avant d'arriver aux pédalos. Les engins enchaînés attendent l'embellie. Ma mère n'attend pas. Elle trouve le loueur au comptoir du bistrot. Nous voici en maillot de bain, pédalant à qui mieux mieux dans la grisaille de la baie, crispés, transis, confiants. Nos pédalages n'agiront pas sur le climat comme agit la cuiller sur la mayonnaise ou l'hostie sur la conscience. Arrivés trempés à Morgat, nous repartirons trempés. Impatients de regagner l'Aber.

Tournée vers le sud, ma mère le restera quand même. Elle essaiera Belle-Île un an plus tard, étirant à le rompre le fil d'ombilic qui la reliait à ma grand-mère à travers les pluies, les brouillards, les rades et les grèves où, pour la première fois, envers et contre la famille, elle osait conquérir sa liberté. Pluie sur Belle-Île. Bains de mer et bains d'averses, promenades au hasard des rues. Visite quotidienne au musée Vauban dont nous avons fait notre parapluie. Je touche des boulets anglais brisés, des morceaux de crâne et des molaires prises à l'ennemi, des pistolets à pierre, des nœuds coulants poussiéreux. Je visite des cachots, je m'étends sur le bat-flanc des condamnés à mort, je recopie des graffitis d'espions. Le soir, nous avalons des soupes mélancoliques à l'hôtel, à côté du bar. Les vociférations des ivrognes me terrifient. Patience, les enfants. Trois jours plus tard, nous quittons Belle-Île par tempête à bord du *Rêve d'été*, une ferraille blanche qui gîte à tribord et dont la cheminée inclinable, maintenue par du fil de fer, menace de tomber. Pas un nuage au ciel. Un désert d'air libre et d'eau salée, une lumière abrupte de Sahara. La mer est folle, folle de blancheur, de bleu, de chaos. En face de moi, régulièrement, un phare disparaît sous les vagues et, chaque fois, je crains qu'il ne reparaisse plus. Ma mère est livide, elle me regarde avec un bon sourire forcé, comme si c'était la fin et qu'elle me demandait pardon. C'était si beau, la vie. Flagellants, nous débarquons à Quiberon avec deux heures de retard sur la rotation, vivants grâce aux vœux dont nous autres les catholiques charbonniers avons le génie, lors des coups durs : faire une bise à l'ennemi juré, se rendre à Lourdes en s'arrachant la peau des genoux, renoncer à certains péchés délicieux, passer les vacances à l'Aber et rien qu'à l'Aber, nous n'hésitons pas. Malgré la tempête et la pluie, malgré les pédalos rouillés, les boulets anglais, les vœux abracadabrants, ma mère établira ses quartiers d'indépendance estivale à Belle-Île-en-Mer, aiguillonnée par son amie Denyse qui, de là-bas, revenait chaque année bronzée à mort comme un Sioux, les valises pleines de diapositives où ne se voyaient que barbecues en liesse, pêches miraculeuses, homards, araignées, turbots roidis sur fond d'azur, comme si Dieu nous avait refusé, à nous les traîtres, la fête solaire que les autres parvenaient à filmer.

Désormais nous couperons en deux le fruit doux-amer des vacances d'été : Belle-Île en juillet, l'Aber en août. Plus au sud on quittait l'Armor, on abordait les rives d'un sacrilège qui pouvait porter à ma grand-mère un coup mortel et rendre plus folle encore la tante Yvonne à qui revient chez nous la…

# Vache

*Ar plac'hed hag an istr*
*A rzfe d'ar vein ober chistr*

... à qui revient chez nous la palme de l'amour vache. En suis-je bien sûr ? Voilà qu'à peine la palme décernée à tante Yvonne, je la lui reprends et j'interromps la distribution des prix pour revoir le palmarès. Peut-on, s'il vous plaît, couper la palme en deux avant que ma tante Thérèse, vieille fille à la voix glapissante, grande amoureuse vache, ne fasse une crise de nerfs ici même, dans ces pages ? Voyons les choses. Tante Yvonne, après la mort de maman, avait toujours aux lèvres des paroles de bonté quand elle écrivait à papa, mais son épître s'émaillait de larges allusions à la rouerie de ses deux insupportables derniers fils qu'elle aimait tendrement, et dont on ne voyait pas ce qu'ils allaient devenir. Papa laissant traîner son courrier dans la maison, j'avais régulièrement des nouvelles de tante Yvonne, et j'étais heureux d'apprendre qu'elle m'aimait tendrement malgré la psychopathie dont elle me taxait à mots couverts de fiel. Tante Thérèse, de son côté, écrivait à son frère aîné des lettres enflammées d'adoration : enflammées d'exaspération pour traiter mon cas au dernier paragraphe.

Affaire de style, après tout. « Tu sais combien j'aime tes fils, mais je trouve, etc. », « … si sa chère maman le voyait », « … ce coureur de jupons », « … et surtout : pas d'argent ! ». C'est décidé, incapable de trancher entre ces deux cracks de l'amour vache en famille, je coupe la palme en deux, et que la cérémonie se poursuive sans nous !

Mais dis-moi, jolie vache, que leur as-tu donc fait, sinon du bien, qu'ils utilisent ton nom pour cristalliser leur méchanceté ? À ma distribution des prix, tu obtiendrais la palme Gargantua, qui récompense le plus appétissant des animaux cuits au feu de bois. Tu l'obtiendrais *ex aequo* avec le cochon. Et bien sûr la poule. Et aussi le canard, le poussin, le veau. Sans oublier la chèvre et l'oie. On couperait la palme en plusieurs morceaux.

Souviens-toi, quand j'étais petit, à l'Aber, sur la route de Porzmeur. Je ne passais jamais à côté de toi sans te dire à l'oreille, ou presque à l'oreille : « Merci bonne vache pour ton bon lait. » Mots que maman m'avait soufflé pour te faire plaisir.

Difficile, aujourd'hui, de dire merci aux vaches pour leur lait, leur viande, on n'en voit plus dans les campagnes d'Armor, broutant l'herbe jusqu'au bord de la mer et s'aventurant sur la grève. La vache bretonne est hélas menacée de disparition.

Elles sont trois sortes qui vont se raréfiant.

La Pie noire : une race rustique de petit format. Solide, dure au climat, indépendante et fidèle. Elles étaient quinze mille en 1975, il en reste au maximum cinq cents aujourd'hui. Un programme de conservation s'est mis en place. Si l'élevage des génisses nées dans les années 80 a permis de rajeunir la population femelle des Pie noire, la Société des éleveurs déplore un appauvrissement régulier des effectifs.

La Pie rouge, originaire de Durham, comté du nord de l'Angleterre, est arrivée au XIX^e siècle. La Pie rouge atlantique fait l'objet d'un croisement avec la Pie rouge des plaines, celle-ci néerlandaise, allemande, d'où une race mixte bien résistante. Les coopératives d'élevage disposent aujourd'hui de quarante mille doses de semence, provenant de quinze taureaux armoricains purs.

Couleur froment est la Froment du Léon. C'est une race laitière – beurrière – arrivée de Guernesey en 1962. Difficile de trouver aujourd'hui des Froment pur-sang, les inséminations en semence de taureaux de Guernesey ayant cessé. On envisage ainsi d'étendre le programme de conservation de la race bretonne Pie noire à cinquante vaches Froment du Léon.

On a aussi la vache de pleine mer qui n'obtiendrait pas la palme Gargantua. Rien à voir avec une vache à lait. Il s'agit de la bouée sifflante ou mugissante mouillée à proximité d'un danger. Elle obtiendrait la…

## Vague

*N'ez eus pesk er mor bras*
*Pa verv na vefe pazh*

… la palme de l'assistance au marin perdu. Et même la Légion d'honneur. Rien ne paraît l'impressionner, aucun brouillard, aucun mauvais temps, et, petite ou grosse vague, elle surnage et mugit son signal d'alarme au navigateur.

L'usager du flot breton sait bien quelle vague en particulier le menace au milieu des autres vagues, voire au milieu du calme plat. Une vague sourde émergeant de nulle part et se prenant à courir et déferler sans qu'Éole ait ouvert le bec.

Parmi les plus redoutées, il y a la doyenne des Étocs, la Ouessantine du Fromveur, la Molénaise du Four, la Groisillonne des Couraux, la Belliloise des Poulains. On peut répertorier les vagues comme les vaches, selon les caps et les pointes, les hauts fonds, à ce détail près qu'il n'existe pas de vagues laitières.

Du côté d'Armen, vingt milles à l'ouest du phare de la Vieille, dans le droit-fil de la pointe du Raz, il n'est pas exceptionnel de croiser, ou plutôt d'apercevoir, l'une de ces vagues hurluberlues qui ne se pavanent que pour mieux vous engloutir. Les gardiens du phare d'Armen, du temps qu'il était habité, ne sortaient jamais sur le chemin de ronde, à vingt mètres de haut, qu'ils n'aient d'abord observé les trains de houle aux environs. Plusieurs d'entre eux, depuis l'érection officielle du phare en 1895, s'étaient vu ravir par une lame de conte de fées, une illusion tueuse, aussitôt disparue qu'apparue.

En 2007, la vedette de l'île de Sein faillit chavirer sous l'impulsion d'un rouleau géant, solitaire, qui l'avait frappée par le côté. À Pen-Marc'h, entre la tourelle du Menhir et le plateau des Étocs, on voit se modeler inopinément le monceau d'une vague monumentale qui se dandine et s'écroule sur elle-même, et vous déglutirait des immeubles de dix étages avec l'ascenseur et la cave, si l'un d'entre eux se risquait à l'approcher. Dans les couraux de l'île de Groix, sur un voilier en fer de quinze mètres, j'ai fait demi-tour en catastrophe à la vue d'un mur d'eau turquoise à quelques mètres de mon étrave, une paroi qu'un alpiniste aurait peut-être envisagé d'escalader au piolet mais sûrement pas en bateau. À Trézien, après le tournant de Lochrist, montant vers les abers, on a intérêt à ne pas trop naviguer à la côte, la mer empilant ces monts et merveilles par tous les temps. Un jeu de massacre dont les gabares de l'Aber, pourtant des habituées, font souvent les frais. Le *Dieu Protège*, la plus grande, la plus ancienne, est aussi la plus renflouée, plusieurs fois coulée par les sirènes de Trézien qui bouleversent les ondes en remuant la queue. Le Finistère, avec ses innombrables hauts fonds, a le génie des phénomènes aquatiques dont même les grands navires ont du mal à se dépêtrer.

De Molène, un soir, je vis un cargo blanc peiner à contre-courant dans les remous du Fromveur entre Molène et Ouessant. Il louvoyait à la manière d'un voilier, lège, bouchonnant à chavirer, il voulait passer coûte que coûte, rejoindre le rail de navigation directement. Mais tout cargo d'acier qu'il était, mesurant bien cent mètres de long, il finit par se dérouter pour échapper à l'enfer. Une scène irréelle à…

## Verne (Jules)

*Lampreiz en dour*
*A zo sin avel c'hevret*

… une scène irréelle à la Jules Verne. On se posait mille questions. À qui, sur la passerelle, obéissait le capitaine, si capitaine il y avait ? Quel milliardaire au cœur sec le soudoyait pour tenter le passage du Fromveur à contre-courant ? Quel secret désespéré trimballait ce navire en perdition au risque de se perdre ? Où allait-il ?

Les années passèrent, et, quand je me souvins du cargo blanc, j'allais prendre la plume et rédiger nous allons voir quoi. Il vous suffit de vous approcher en douce et de lire par-dessus mon épaule.

*Mémoires imaginaires du romancier breton Jules Verne : un moi-je ressuscité par les frères Olivier Poivre d'Arvor et Patrick, une heure avant la fin du grand écrivain, le 24 mars 1905.*

*Il a soixante-dix-sept ans, il est au plus mal, se sait condamné. Il se confie à ses personnages, plus vivants que jamais : Ned le harponneur, Michel Strogoff, qui tua son premier ours à l'âge de quatorze ans, Robur l'Américain, ce fou de vanité dans sa villégiature entre ciel et terre, le* so british *Phileas Fogg, compatriote d'Ellen MacArthur. Il n'oublie rien. Il a vu grandir la tour Eiffel, connu les premières hélices à l'arrière des bateaux, à l'avant des aéronefs, pas encore des avions. Il s'adresse au lecteur, son semblable, son frère, le seul à l'avoir suivi dans des habitacles volants, flottants, nageants, mais aussi parfois à dos d'éléphant ou d'autruche, en direction d'un futur qui filait un mauvais coton. Ce misanthrope de Nemo, c'est bien lui.*

Comment n'en voudrait-il pas à la vie, tout fortuné qu'il est ? Diabète, paralysie faciale, mariage odieux, il déguste. Estelle, sa maîtresse bien-aimée, meurt subitement, son fils Michel, un panier percé, ratisse les fonds de tiroir pour vendre ses manuscrits après sa mort. La critique le laisse en rade. Il va trop au charbon pour les beaux esprits, à la ferraille, à la baudruche, à la bécane extraterrestre, il va trop vite en besogne lyrico-scientifique. Zola, Grand Accusateur public, n'a pas assez de noms d'oiseaux pour agonir ce génie du *vulgum pecus* : Thérèse Raquin ne se commettrait pas avec un Nemo, elle, ce gentleman sous-marinier déjanté par son ego, ce charmeur de calmars géants. Le romancier nantais se risque à rêver d'Académie ? Patatras. Un neveu très attaché à son tonton lui tire une balle de fusil dans le pied, quelque chose de bien médiatique pour attendrir la Vieille Dame en vert. Peine perdue. Boiteux sera Jules : académicien, jamais.

Si le *Nautilus* venait aujourd'hui s'amarrer quai de Conti, et si Jules Verne nous faisait l'honneur d'être à bord, lui ou son fantôme, il est prévisible qu'un…

## Vieux gréements

*E-Kichen Tanvaiag*
*Eman Tanvaiog*

… il est prévisible qu'un comité spécial présidé par Jean-Christophe Rufin descendrait lui remettre son épée, à titre posthume, avec le bicorne et l'habit vert de Bertrand Poirot-Delpech qui l'admirait. Les angles s'arrondissent, quand les immortels ennemis découvrent la mortalité, et quand les vieux bateaux de fer, de bois, reviennent au goût du jour.

Imaginez le *Nautilus* devant l'Académie française, la plus poétique de nos institutions, imaginez-le invité d'honneur aux Tonnerres de Brest, remontant la rade entre deux sous-marins nucléaires pavoisés. Écoutez les hourras poussés par les vieux gréements en train de commérer à touche-touche dans les bassins du port de commerce. Voyez comme l'humanité sait trinquer à l'amitié, écraser une larme d'amour pour tous, quand les bateaux sont heureux. Ou quand le marin Jean-Pierre Dick, l'as des as du Vendée Globe, arrive hilare aux Sables-d'Olonne à bord d'un voilier honteux d'avoir perdu sa quille.

Autrefois les ports de Bretagne avaient tous des flottilles de bateaux adaptés à leurs eaux : mer, bras de mer ou rivière. Ouvrons un instant ce grand livre d'histoires qui ne sera jamais lu, n'ayant jamais été écrit du vivant des canots.

*Il se voyait au pays d'Armor :*
*le flambart de Dahouët,*
*la gabare pilote d'Ouessant,*
*le cotre sardinier de Concarneau,*
*le kerrhorre de la rade, la barque des gavroches.*
*La chippe lançonnière de la Rance,*
*le* Plougastel, *yole construite à Plougastel-Daoulas.*
*Le dundee groisillon,*
*le forban du Bono, rival du sinagot dans le golfe du Morbihan.*
*Le sinagot de Séné, rival du Forban.*
*L'aviso garde-côtes de Brest,*
*le misainier de Doëan,*
*le misainier de Lesconil,*
*le flambart goémonier de Perros-Guirec,*
*le flambart sardinier de Trédrez-Locquémeau,*
*le sloop langoustier d'Audierne,*
*le sloop langoustier de Camaret,*
*le lougre de l'Odet,*
*le sloop de bornage de Landerneau,*
*le* Joli Vent *du Golfe du Morbihan,*
*le chasse-marée d'ici et là.*
*Le bocq de Loguivy-de-la-Mer,*
*le coquillier de Saint-Cast,*
*mais aussi : le bénitier d'Hibernie (l'esquif de granit des moines gallois débarqués en Armor au* VI*e siècle),*
*l'auge à cochons d'Hibernie (autres moines, autres accostages),*

*mais aussi le tosse-marée, le frotte-brennig, la plate, et quand on a dit plate, en Armor, on a dit toute la mer à tous les* bugale Breizh *en quête d'une godille. On a dit toute la mer et tous les horizons, en Armor, quand on n'a pas oublié le curragh, un esquif de cuir, celui-là, en peau de bœuf tanné à l'écorce de chêne. Sacré canot ! Il emmena saint Brendan et saint Colomban caboter le long des côtes américaines.*

À Carantec on avait les chats. En baie de Saint-Brieuc, les tosse-marée pour aller au maquereau. À Binic, les homardiers. À Cancale, c'était la bisquine, à classer parmi les lougres.

À Paimpol, la goélette – islandaise après avoir été terre-neuva.

À Douarnenez la chaloupe non pontée. Deux mâts inclinés sur l'arrière, deux voiles au tiers. Une étrave rentrante.

À Séné, le sinagot. On l'achète à plusieurs, on tontine quand on n'a pas les moyens. Les voiles imitent des bannières, elles sont rouges, la coque est noire, un vrai poisson. Il se construit au fond du golfe du Morbihan, au milieu des écailles des parcs à huîtres. Les équipiers en parlent au féminin : une belle fille de barque. Il n'y a pas que les Anglais à considérer que le bateau est ventre maternel, matriciel.

Au Guilvinec, le malamok, chaloupe sardinière née dans un atelier familial, empeste l'huile grillée, on se retrouve à bord, on mange à bord, on est à la maison sur le bateau.

À Camaret, sous la chapelle de Rocamadour, se construit le langoustier, coque noire à liston blanc, voiles blanches, navire assez marin pour filer sur

Agadir ou Mogador chercher la langouste royale, bestiole vert foncé. Il va aussi chasser la raie, le turbot ou le congre blanc qui pullulent au ravin de la mort, dans le sud-est du phare d'Armen.

À partir de 1940, on navigue au moteur. Finie, l'époque où mousse et matelot connaissaient les aires du vent sur le bout du doigt. Les chantiers sont fermés, les vieux langoustiers à voiles s'endorment accolés bord à bord, on n'ose plus les réveiller. Ils ne savent même pas qu'ils sont déjà morts.

Ces coques usagées, déclarées obsolètes, notion discutable chez les Anglais, me font penser qu'autrefois les vieilles barques servaient d'abri au marin quand les lois vous expulsaient des maisons. On les retournait sur les landes, on les passait au coaltar, on les équipait d'un tuyau de cheminée, on vivait en famille dans ces baleines de fortune aux nageoires décrépites. Et Jonas ne désespérait plus à ciel ouvert. Il procréait au chaud dans la baleine.

À l'Aber, un couple sans enfants occupait à l'entrée du village un minuscule wagon, une pièce de musée. *Wagon* : mot francisé, peut-être celtique à…

W

## Wagon

*Pa vez San laorans*
*Pep hini a chom en e doull*

… peut-être celtique à l'origine. Il hante mes premiers souvenirs. Wagon est un mot-valise (je joue malgré moi sur les mots). Fin juin, ma mère bouclait la valise rouge à ceinture et la valise de cuir fauve à clous, et l'on se hâtait vers le wagon de deuxième classe où cinq Queffélec en route pour le *pays* grimpaient en piaillant sous les marquises enfumées de la vieille gare Montparnasse – fruit des Hespérides les soirs de partance, pomme pourrie le matin du retour. Mon père voyageait en première classe quand il venait avec nous.

Dans wagon, il y a vague, il y a vague à l'âme, il y a divaguer, il y a même vagabond. Au Tromeur, le pré communal de l'Aber-Ildut dans l'ample tournant du fond du port, un wagon rouge à toit noir gisait sur le terre-plein où les gabariers empilaient du maërl destiné au routage. Ce wagon logeait son vagabond et sa vagabonde, couple irréel, couple breton. Un toit sur la tête, ils n'étaient plus vagabonds pour la loi. Lui, bagnard, elle, aveugle. Lui, ancien convict de Cayenne, puis de l'îlot pénitentiaire de Quéménès, elle fleur bleue, fleur non voyante, douce et légère. Lui, un Hercule tatoué façon gabier du cap Horn, elle une poupée dont je n'ai jamais entendu la voix. Ils vivaient à votre bon cœur – ils n'en donnaient même pas l'impression. Jamais une dispute, jamais une parole vive. Quand leur porte se refermait sur eux, le soir, silence et ténèbres s'emparaient du wagon. Dans la journée, quelquefois, des plants de géraniums s'alignaient autour du logis, balisant un lieu privé. Des fleurs qu'elle ne voyait pas. Au fait, elle s'appelait Marie, lui Francis.

Où Francis et Marie avaient-ils trouvé leur wagon ? Quel petit train-train d'une ligne désaffectée l'avait-il un jour abandonné sur un bout de voie ferrée ou dans une décharge ? On ne voyait plus de roues ni d'essieux. Il n'était pas bien épais, sûrement une fournaise l'été, un frigo l'hiver. Quand Marie et Francis traversaient l'Aber, bras dessus, bras dessous, elle se sentait une dame, lui un monsieur. La reine et son roi.

Le roi, d'après ma tante Jeanne, s'était mal comporté avec une femme de quatre-vingt-dix ans passés, autrefois, la doyenne de l'Aber. Il jurait qu'il s'était mépris sur son âge. Ma tante Jeanne ne prononçait pas le mot viol – le connaissait-elle seulement ? – mais je ne vois pas comment interpréter dans un autre sens ce « manque de respect » qui conduisit le fautif à la colonie pénitentiaire de Cayenne, en principe à perpétuité.

À l'Aber, Francis était une pâte molle, le bon M. Francis dévoué comme une mère à son orpheline aveugle. Un jour, un petit circus rafistolé vint dresser son chapiteau au Tromeur pour une semaine. Il y avait Popov, le clown-dompteur, il y avait Djella, la caissière-magicienne, il y avait Ursus, le lion de l'Atlas, il y avait trois enfants sales, probablement le reste de la ménagerie.

La cage d'Ursus s'installa devant chez Francis et Marie, à quelques pas des géraniums. Le lion rugit toute la nuit sans perdre une minute et Francis ne put fermer l'œil. Popov lui expliqua qu'Ursus avait mal aux dents et qu'il ne savait pas quoi faire. Les rugissements d'Ursus ne cessant pas durant la journée, Francis s'arma d'un manche à balai, pénétra dans la cage et se mit à taper sur le lion pour le faire taire. Tout le village faisait cercle autour de la cage, le même public venu s'asseoir la veille sur les gradins, j'y étais. Babines retroussées, le lion fou furieux bondit sur Francis, le manqua, et reçut une telle dégelée qu'il se pelotonna en gémissant au fond de la cage. Popov, à travers les barreaux, suppliait Francis d'arrêter, les enfants sales de Popov injuriaient Francis, Djella vociférait dans une langue étrangère, mais Francis s'en fichait qu'Ursus eût les dents fragiles, un abcès sous un croc, il rouait de coups le mangeur d'hommes de l'Atlas, il allait finir par le tuer. Arriva Marie, sans regard, sans parole. Francis s'agenouilla dans la cage, empoignant les barreaux comme il faisait à la colonie pénitentiaire quand il n'avait personne à qui penser. Il parla doucement à Marie qui peut-être lui répondait. Il ramassa le manche à balai, quitta la cage et, tous les deux, sans prêter aucune attention aux gens qui les applaudissaient, partirent s'enfermer dans leur wagon. Je ne sais pas si le lion rugit cette nuit-là.

Je ne sais pas non plus comment…

# X

## X

*Ar martolod diwar ar mor*
*A gas e wreg d'ar purgator*

… comment enchaîner sur ce fabliau villageois une suite amorcée par l'X, la plus inquiétante et fermée des consonnes. Voyez comme il est sérieux, l'auteur d'un dictionnaire amoureux. Il parvient à la lettre X, vingt-quatrième de l'alphabet, symbole algébrique de « l'inconnue », précise le *Petit Robert*, et sa conscience le met au défi d'apercevoir « l'inconnue » sous un tel croisillon, dans un contexte breton s'entend. Un casse-tête. Vous en avez souvent rencontré, vous, des X, au pays d'Armor ? Des inconnues, je ne dis pas, mais des X ? Moi non. Je pourrais m'en tirer avec une pseudo-licence littéraire à la j' t'en-fous, suggérer que la mouette en plein vol sous un ciel noir, transfigurée par le regard du poète maudit, affecte la physionomie caractéristique d'un X envoyé par l'Ankou. Je pourrais mentir, ou me supposer menteur en vous invitant à découvrir la ximénie dans le quadrant sud-est de l'îlot du Buisson de Méaban, à l'ouvert du golfe du Morbihan. La ximénie, tout à fait, un petit arbre des régions tropicales, introduit sous nos climats par le missionnaire espagnol Ximenes, dont les fruits sont nommés indifféremment pommes de mer ou citrons d'écume. Nous avons aussi, en argoat cette fois, le xéranthème, plante herbacée dont le nom courant est immortelle-annuelle. Or, si l'immortalité croît quelque part avec l'ardeur du chiendent, ce ne peut être qu'au plein cœur du Massif armoricain, à Comper, dans la forêt de Brocéliande où je vous emmène pour la première fois.

À Comper, dans un beau château, vivait le géniteur de Viviane au bord d'un étang. Viviane, elle, vivait sous l'étang dans un invisible château d'air. Là Merlin, son prisonnier, se nourrissait d'amour, d'eau profonde et, midi et soir, d'une solution alcoolique de xéranthème fortement dosée. Un film classé X pour Viviane et Merlin ?… Le xylophone celtique – si tant est qu'il existe – aurait cassé les oreilles à tout le monde et la xanthine, base organique donnant aux urines saines leur teinte mythique – le fameux jaune pipi désespoir des peintres –, risquait de m'attirer la sympathie d'un public peu fréquentable.

En fait je ne vous cache pas mon embarras quand l'X – croisée des chemins – installa son emblème en travers de ma page et dit d'une voix grinçante : Alors, tu fais quoi ?… Je fis quoi, d'après vous ?… Je trichai. Je biaisai, louvoyai. J'attrapai deux *Dictionnaire amoureux* dans ma bibliothèque, pour voir comment les autres amoureux s'y prenaient avec l'X. Alain Rey, l'amoureux de la langue française. Didier

Decoin, l'amoureux de la Bible. Eh bien, vous serez ravis d'apprendre, et je le fus vous n'imaginez pas combien, que ni l'un ni l'autre de ces deux beaux esprits n'avaient jugé opportun de faire honneur à l'X. Alain Rey, ma référence absolue pour tout scrupule touchant l'usage du français, arrêtait son abécédaire à W. Virginia Woolf, ennemie spontanée du dictionnaire, amie cultivée du dictionnaire, l'intellectuelle anglaise typique stigmatisant le machisme du lexicographe des années 30, Virginia Woolf fermait le ban. X, Y, Z : connais pas ! Didier Decoin, quant à lui, enjambait l'X comme la tarentule au ventre noir, et nous enchantait avec l'Y de Yahvé, l'Être de Dieu qui s'autoconjugue au présent « bien avant qu'Abraham fût je suis le Yahvé du mont Horeb », et voilà terminé son *Dictionnaire amoureux* avec la révélation que Dieu ne porta pas moins de neuf milliards de noms différents au cours des mille et une nuits des temps.

Comment Z aurait-il tenté de vivre, et de seulement s'appeler Z, sur les talons d'un Dieu aux neuf milliards de surnoms ?... Et pas d'X non plus dans le *Dictionnaire amoureux de l'Algérie* par Malek Chebel. Cette indifférence affichée à l'X dans un abécédaire amoureux mit en émoi mes fibres hugoliennes. J'applaudis quand j'entends : *j'aime l'ortie, j'aime l'araignée, parce qu'on les hait*. Mais où planter l'X en Bretagne ?... Il ne suffit pas d'avoir un cousin qui s'appelle Xavier, de croire à la xénophilie magnifique du peuple breton ni d'avoir suivi en 2009 l'affaire de la levée, par Benoît XVI, des quatre excommunications des évêques de la Fraternité Pie X, fondée par Mgr Lefebvre en 1970 après le concile Vatican II, Fraternité très dynamique à Brest, à Rennes, à Guipavas.

Que l'on célèbre la messe en latin, personnellement, je n'y vois que des avantages pour un croyant. Mais que de hauts dignitaires négationnistes se rallient à la Fraternité Pie X décourage en moi tout esprit fraternel, et cet X dévoyé me devient odieux. Aussi bien, m'alignant lâchement sur Alain Rey et Didier Decoin, je vais brûler la politesse à l'X et, avec votre permission, me retirer sur la pointe des pieds, attendu à la page suivante par le…

# V

## Yves

*E miz Even*
*E vezvenn ar mor*

… par le bonhomme saint Yves, le plus grand saint de Bretagne, né au manoir de Kermartin, vers Tréguier. De saint Yves, pardonnez-moi, je ne sais pas grand-chose, excepté qu'il était pauvre, d'une saleté repoussante, d'un détachement souverain à l'égard de la richesse et des soins corporels. Il ne cessait d'aider les pauvres face aux puissants, d'aimer son prochain quelle que soit la fréquence de ses ablutions. Je lui suis infiniment reconnaissant d'avoir laissé féminiser son merveilleux prénom bienfaisant, ce qui permit à ma mère de s'appeler Yvonne.

Maman jouait du piano comme un oiseau chante. Elle en jouait machinalement, parce que ses mains chantaient, parce que sa voix chantait, parce que son âme joyeuse aimait à s'élancer dans la musique, et qui l'aimait la suivait. Elle en jouait à l'Aber, à Kervaly, au Trez-Hir : à Paris, au quatrième étage du boulevard Raspail, chez ma grand-mère, au sixième étage de l'avenue du Parc-Montsouris, chez nous. Si j'en crois Tita, ma sœur Anne, c'était pour moi qu'elle jouait le plus volontiers. Tanguy n'était pas encore né, les deux grands – Tita et Bouéboué – allaient à l'école paroissiale, mon père écrivait loin, loin dans son bureau. Non scolarisé, je faisais à trois ou quatre ans le meilleur des publics. Je passais mes journées à la maison avec maman. Je la secondais comme je pouvais. Quand elle sortait l'aspirateur, un Birum qui me faisait l'effet du traîneau du père Noël, je tirais l'aspirateur d'une pièce à l'autre. Quand elle faisait la vaisselle, en me racontant une histoire de brigands, j'essuyais, je rangeais sur les rayons à ma hauteur. J'étais complaisant, disait maman.

Le ménage fini, elle se mettait au piano dans la chambre parentale, sa chambre, et j'avais ma tanière sous la table d'harmonie. Mes genoux dans mes bras, adossé contre un panneau encaustiqué d'où sortaient les pédales de cuivre, la joue contre le méandre cannelé d'un pilastre en bois qui dégageait une odeur de piano (une odeur unique au monde, la fraîche odeur de quelqu'un qui était le piano de maman dans sa chambre du parc Montsouris), je rêvassais en écoutant Czerny, Lalo, Mozart… Maman jouait la *Marche turque*, et les accords martiaux vibraient dans mon dos. Tita n'entendit jamais maman jouer la *Marche turque*, et je fus le seul de ses enfants à verser des larmes à cette révélation. Je la suppliais : La *Marche turque*, maman, la *Marche turque*.

Il y avait toujours un moment, dans l'après-midi, à l'heure sacrée du goûter, où maman me lisait un poème… (Mon père loin, loin dans son bureau, écrivant, sortant faire un tour dans l'appartement, sourcils froncés, retournant s'enfermer en pleine mer.) Maman buvait son café noir dans un bol fermier gris, fumait sa demi-Gauloise, jambes croisées, de trois quarts, le regard au loin vers Montparnasse, puis disait brusquement : Tu vas écouter ça, mon biquet. Elle ouvrait un livre et j'écoutais « La conscience » de Victor Hugo ou « Le cœur de Hialmar » de Leconte de Lisle, ou « Brise marine » de Mallarmé, ou le fameux « Sonnet d'Arvers » qui faisait pâmer toutes les jeunes filles de la bonne société française, à l'époque.

Un jour, ce fut « Le cimetière marin » de Paul Valéry. Ce jour-là, j'avais bien dix ans d'âge, et je me rappelle n'avoir rien compris. Un vers me charmait : *Les cris aigus des filles chatouillées*… Il charmait la Terre entière. Rolf Edgren, l'ami suédois d'Henri, n'arrivait jamais à Paris sans parler des *cris aigus des filles chatouillées*… Le mot zénith frappa mon attention. C'est quoi, ça, zénith, maman ?…

À la question : C'est quoi, ça ? Papa répondait aussi sec : C'est du cékouassa ! Longtemps, le cékouassa fut pour moi une chose universelle aux applications illimitées. Ma patiente mère alla chercher le *Petit Larousse*, et nous apprîmes tous les deux que zénith, mot d'origine arabe : *samt-ar râs*, signifiait le « chemin au-dessus de la tête ». Je ne fus guère plus avancé. Au-dessus de ma tête, dans la cuisine, se trouvait un plafond laqué bleu ciel que nous avions repeint nous-mêmes, maman et moi, profitant d'une absence prolongée d'Henri parti chasser la morue au Groenland sur le chalutier fécampois *Duc d'Aumale*.

Je n'oublierais pas zénith, mot dépourvu d'e muet, mot parfait dans l'oreille et dans la voix, mot talismanique. On aurait dit le nom de quelque prêtresse orientale au fin fond du désert.

Plus tard, m'intéressant à la complexe notion du point astronomique en mer, que tout navigateur long-courrier se devait d'assimiler jusqu'à l'invention du repérage global sur les écrans digitaux, je découvris l'ami zénith au-dessus de ma tête, là où *Larousse* me l'avait situé quelques années plus tôt. Non pas un corps céleste proprement dit, mais le point le plus haut franchi par le corps céleste, étoile, planète, Soleil, Lune, visé par le marin équipé d'un sextant. Zénith est donc un angle horaire indiquant le point de culmination d'un astre au sein du chaos tournoyant. Ce n'est même pas un point, c'est une fuite interceptée par le top du chronomètre humain pour éclairer fugitivement l'aiguille dans la botte de foin des horizons marins. Aujourd'hui, quand je pense au zénith, je me dis que, par miracle, ce mot…

# Z

## Zénith

*Eurusded heb he far !*
*O sonjal me ho kar*
*C'hui a ro d'in, dizoan*
*E poanio ar bed-man !*

… que, par miracle, ce mot zénith commence par Z, l'amer terminal d'un alphabet dessiné par les Phéniciens à Byblos – minuscule village portuaire du Liban.

Ne connaissant pas un mot breton qui s'ouvre par Z, je fais mien ce mot zénith que ma mère élucida pour moi sous le plafond ripoliné bleu ciel de la cuisine. Amical, harmonieux, ascendant, zénith peut fort bien symboliser l'espoir que la Bretagne n'a cessé d'enraciner dans un âge imminent, comme Israël.

Ô Bretagne, excuse-moi. Je te croyais ici, tu es déjà là. Il y aurait tout à dire encore, tout. Si j'ai donné carte blanche à mes plus vieux hiers au fil de ces pages, hanté mes anciennes rêveries dont je croyais perdue la clé, je suis loin d'avoir dévoilé tous les secrets du pays d'Armor, loin du zénith espéré par nous tous, preuve que l'on ne connaît jamais intégralement son amour.

Nantes, Rennes, Vannes, Quimper, Roscoff, Cancale, Erquy, Saint-Pol-de-Léon, je n'ai fait qu'effleurer vos riches heures. À Nantes vit mon meilleur ami, à Rennes la famille Veillon, à Vannes la bonhomie du tempérament tisse un lien au premier regard échangé, pour toujours, à Quimper je me revois penché avec mes fils Malo, Alan et Neven sur les truites de l'Odet, à Roscoff, dévalant sous tourmentin seul un goulet truffé de balises chahutées par le jusant, entre le continent et l'île de Batz, je n'ai fait qu'apercevoir la silhouette cathédralienne des ferries et la cathédrale où Marc'h *alias* Gradlon, shakespearien roi de Cornouaille, père de la fatale Ahès-Dahut, est taillé dans le granit du porche, au galop sur la pleine mer.

Et vous Port-Blanc, Mazout, Rochefort-en-Terre, La Gacilly, Quenieux, Josselin, Bénodet, Brélès, Sainte-Marine, Étel, presqu'île de Conleau, île aux Moines, Huelgoat, Kervascleden, Corps-Nuds, Lodéac, pêle-mêle de Grand-Lieu, Vitré, Planguénoual, toi Guerno dont l'église templière est ainsi bâtie que chevaux et chevaliers, autrefois, suivaient la messe avec l'assemblée des fidèles à pied, vous enclos paroissiaux et manoirs de l'Élorn, vous tous hameaux et lieux-dits, lieux non dits, lieux vagues des pays gallo, des monts Noirs et des monts d'Arré, vous rivières océaniques à travers champs, vous fontaines et vous sables de Tréompan, Corsen, Ruscumunoc, accordez-moi de vivre mille ans que pas un pouce carré d'Armor et d'Argoat, pas un oiseau, pas une étoile des mers, pas une fée n'aille échapper à la ferveur dont mon être s'emplit quand je pense à l'Ouest.

On nous dit mondialisation, gare à vous, les Bretons !

Mondialisés, les Bretons l'étaient déjà quand la tribu celtique, fuyant les confins extrême-orientaux, s'ébranla vers l'ouest au petit bonheur. En 2013, ils sont cinq millions disséminés sur la Terre à bon Dieu, et pas un qui n'ait sa *mamm-goz* en son cœur, pas un qui n'ait l'âme à l'Ouest et sa concession bénite au pays où sainte Anne l'attend.

Feu le Breton Pierre Schoendoerffer, pendant la guerre d'Indochine, se trouve un soir à bord d'un aviso français en mission tous feux éteints dans la baie d'Along. La nuit est limpide, le spectacle grandiose, d'énormes rochers luisent comme des mirages.

Deux matelots sont assis sur un panneau à claire-voie, deux ombres de matelot. Ils se fichent bien des mirages et des scintillantes étoiles de la baie d'Along, ils se disputent à voix basse :

« Moi, je te dis que la correspondance pour Questembert est à Redon, pas à Vannes. À 17 h 15 qu'elle est ! Après tu prends le car de Questembert. C'est Bodénan qui conduit.

— À Quimperlé qu'elle est, la correspondance ! À 17 h 43 je te dis… La Micheline que tu prends pour Questembert. Sur le quai 3 qu'elle est.

— Et moi je te dis », etc.

La baie d'Along pouvait toujours s'aligner, avec ses tours de magie intersidéraux, ses tirs croisés, nos deux Bretons allaient à Questembert comme un seul homme. Par quatre chemins, mais ils y allaient morts ou vifs à travers bataille et Tonkin.

Si le monde actuel est un « village planétaire », un village internautique, le villageois breton en exil n'oublie jamais le tuf armoricain. La terre, l'océan : racines. La musique et la danse : racines. La langue : racine sectionnée, mais racine. L'appartenance – abusivement qualifiée d'identité –, voilà bien la force innée qui l'attache à la tribu, breton qu'il est avant d'être français, européen. Ce n'est pas un repli, c'est un ancrage. Où qu'il aille jeter l'ancre : il est breton. Si l'ancre dérape au fond d'un verre, il va la jeter plus loin. S'il veut parler *brezhoneg* en ces jours globalisés où Molière paraît s'américaniser à plaisir, c'est par instinct prométhéen, une gloire de sauveteur de feu. S'il danse à l'occasion *jibidi* et *jabadao*, c'est avec une pensée respectueuse envers les aînés qui sont morts, les chers vieux Ankous du terroir malmené. S'il chante, ce n'est jamais pour s'apitoyer : il aime chanter, s'enthousiasmer en bande, il aime entraîner ses frères humains dans la bienvenue du rythme celtique, rythme qu'il reçoit chaque année au pays, rythme qu'il va glaner sur tous les horizons franchis par les aïeux du premier exode, rythme ouvert au rythme d'autrui. Entrez dans la danse avec les Bretons, chantez avec eux, et vous éprouverez pour le monde un paisible sentiment d'amitié.

Il n'y a pas d'identité bretonne au sens freudien, sanguin. Le « questionnement identitaire », enjeu dont on nous rebat les oreilles, accapare la planète entière en train de jouer son destin sur tous les fronts. Les rideaux de fer sont tombés, les frontières éclatent, les pays émergent ou resserrent les rangs, des migrations désemparées se cherchent cahin-caha des havres d'exil, la démographie galope, il faut à manger pour tous. Sont-ce vraiment les régions qui se demandent : Qui suis-je ? Ou les nations ? Après la Catalogne, le pays de Galles ou l'Écosse, et pour la première fois depuis cinq cents ans, la Bretagne pourrait bientôt secouer le joug du protectorat moral qui dénatura sa trop fameuse identité, et pis : la stéréotypa.

Je vous devine inquiet pour moi, tout à coup... Tiens donc, il a fini son dictionnaire amoureux. Il va devoir poser son crayon ou le jeter à la mer, mégot consumé. Si seulement les sages Phéniciens avaient pu cacher la perle d'un signe philosophal à déterrer après eux, dans l'amphithéâtre marin de Byblos où ils siégeaient en conseil, face à l'Ouest !

Ainsi nous allons nous séparer, chères lectrices, lecteurs, ma voix s'enroue à cette idée. On s'attache, en écrivant pour des inconnus jour et nuit, on finit par les connaître. On s'attache aux écrivains qui nous chuchotent à l'oreille, dans le secret des mots. Mais Z ou pas Z, serpent séducteur ou non, ce fil d'encre ne peut s'étirer indéfiniment comme s'il était l'horizon sans limites à lui seul.

Avant d'y aller je vous dis merci d'avoir gravi la pente à mes côtés, jusqu'au zénith de cet élan décousu. Ô Bretagne chérie, mon pays d'Armor, écoute-moi. Des confins mystérieux où réside le vent je t'aperçois déployée dans l'océan, je reconnais tes îles, tes houles suspendues, tes horizons parsemés d'angélus. Tu es belle aussi vue d'en haut, si belle de toutes parts, la mer, les bateaux, les gens, la maison blanche, le piano, tout le monde est là. Je vois mes parents, mes amis, Marie Cloarec, mes enfants, je me vois dans leurs yeux, dans leurs pas vagabonds sur la grève-de-devant, c'est bien moi me hâtant vers la cloche du déjeuner.

Vous aussi, d'ailleurs, je vous aperçois dans le grand miroir de la salle à manger, approchez-vous sans crainte. Qui est-il, ce miroir brumeux, quel ange gardien bat des ailes à fleur d'eau ? Pourquoi tient-il à ces retrouvailles entre nous, les amis inconnus, comme s'il y allait de la douceur des choses, et comme si l'espérance allumait ses feux follets à nos conciliabules ? Le voilà gagné par l'ombre, il vous regarde avec résignation tourner les dernières pages de ce dictionnaire amoureux, il n'en reste plus qu'une, plus aucune, et puis rien, quelques mots errants, tout veut commencer et c'est déjà la…

FIN

# Table

*Breizh* ........ 11

Abalone ........ 23
Aber ........ 26
Ankou ........ 45
Araignée ........ 59
Armorique ........ 66
*Avel* ........ 73
*Avel ann* ........ 97
*Avel'mann* ........ 102

*Barsaz Breizh* ........ 111
Basse mer ........ 130
Bateaux ........ 140
Bécassine ........ 153
*Belem* ........ 158
Belle-Île-en-Mer ........ 161
*Bezhin* ........ 167
*Brennig* ........ 172
Brest ........ 173
« Brest-même » ........ 198
Brière ........ 201

*Bugaled Breizh* .................................................... 207
*Buzug* .................................................... 209

Capitaine .................................................... 215
Carnac .................................................... 224
Celtes .................................................... 226
César .................................................... 229
Chantier naval .................................................... 236
*Clemenceau* .................................................... 237
Cochon .................................................... 241
Commodités .................................................... 245
Coutume .................................................... 253
Cuisinière .................................................... 254

Dictons .................................................... 259
Duchesse Anne .................................................... 262
Druides .................................................... 287
Druidesse .................................................... 293

Enfance .................................................... 299

Far .................................................... 309
*Fest* .................................................... 311
French Line .................................................... 312
*Friko* .................................................... 314
Furic .................................................... 315

Gabares .................................................... 321
Gavrinis .................................................... 328
Genêt .................................................... 332
Giraudeau (Bernard) .................................................... 334
*Glao* .................................................... 337
*Glas* .................................................... 338
Glouton .................................................... 339

Goéland ........ 340
Goémoniers ........ 341
Gravette ........ 347
Grève ........ 349
Grève (La lieue de) ........ 354
Groix ........ 356
*Guedel* ........ 359
Guerre ........ 361
Gwen-Aël ........ 364
*Gwenn-ha-Du* ........ 377
*Gwyn* ........ 381

Homard ........ 387

Îles ........ 415

Jaguar ........ 443
*Johnnies* ........ 456

*Kenavo* ........ 465
*Kouign-amann* ........ 469

Large ........ 479
Littérature ........ 482
Lettres bretonnes (1) ........ 501
Lettres bretonnes (2) ........ 503
Lettres bretonnes (3) ........ 506
Lorient (1) ........ 518
Lorient (2) ........ 523

*Mamm* ........ 537
Marais salants ........ 538
Marée ........ 539

Marée noire .......... 546
Marée noire, liste noire .......... 547
*Men* .......... 551
Mer .......... 553
Météo .......... 555
Musique .......... 561

*Normandie* .......... 569

Ouessant .......... 577

Paix .......... 587
Paquebot .......... 591
Pardon .......... 602
Peintres .......... 624
Père .......... 637
Phares .......... 642
Pharos .......... 645
Pluie .......... 649
Plogoff .......... 650
Pouce-pied .......... 651

Queffélec (Henri) .......... 657

Radis .......... 665
Révolution .......... 666
Roc'h Melen .......... 672

Saint-Malo .......... 677
Saint-Pol-Roux .......... 692
Saints .......... 694
Sel .......... 697
Suarès .......... 699

Tabarly (Éric) .......... 705
Tempête .......... 715
Tourisme .......... 719
Transatlantique .......... 722

Union .......... 727

Vacances .......... 733
Vache .......... 737
Vague .......... 739
Verne (Jules) .......... 742
Vieux gréements .......... 744

Wagon .......... 751

X .......... 757

Yves .......... 763

Zénith .......... 769

Du même auteur (suite)

*Autres ouvrages*

*Béla Bartók*, biographie, Mazarine, 1981. Édition revue et corrigée, Stock, 1993.

*Le poisson qui renifle*, livre pour enfants, Nathan, 1994.

*Le Pingouin mégalomane*, livre pour enfants, Nathan, 1994.

*Le soleil se lève à l'ouest*, beau livre, photographies de Jean-Marc Durou, Laffont, 1994.

*Bretagne, horizons*, beau livre, photographies de Philip Plisson, Le Chêne, 1996.

*Idoles*, beau livre, peintures de Jeanne Champion, Cercle d'Art, 2002.

*La Mer*, beau livre, photographies de Philip Plisson, La Martinière, 2002.

*Tendre est la mer*, photographies de Philip Plisson, La Martinière, 2006.

*Passions criminelles*, avec Mireille Dumas, Fayard, 2008.

*Tabarly*, L'Archipel, 2008.

*Adieu, Bugaled Breizh*, Le Rocher, 2009.

*Cadavres exquis*, ouvrage collectif, Play Bac, 2011.

*Dictionnaire amoureux de la Bretagne*, Plon, 2013.

*On l'appelait Bugaled Breizh*, Le Rocher, 2014.

*Désirable*, Le Cherche Midi, 2014.

*L'Homme de ma vie*, Guérin, 2015.

*Bretagne aquarelles*, Éditions du Pacifique, 2018.

*Naissance d'un Goncourt*, Calmann-Lévy, 2018.

*Demain est une autre nuit*, Calmann-Lévy, 2019.

**Collection « L'Abeille » Plon**

*Dernières parutions*

1. *Les Derniers Mondains*, Camille Pascal
2. *Dictionnaire amoureux de Marcel Proust*, Jean-Paul et Raphaël Enthoven
3. *Contre Macron*, Juan Branco
4. *Les Métamorphoses de Dieu*, Frédéric Lenoir
5. *La Sorcière et l'Occident*, Guy Bechtel
6. *Mémoires*, Maurice Druon
7. *Dictionnaire amoureux de la langue française*, Jean-Loup Chiflet
8. *Joseph Kessel*, Yves Courrière
9. *Dictionnaire amoureux de la Bretagne*, Yann Queffélec

*À paraître*

*Dictionnaire amoureux de l'Inde*, Jean-Claude Carrière
*La sexualité selon Jean-Paul II*, Yves Semen
*Dictionnaire amoureux du festival de Cannes*, Gilles Jacob

Pour en savoir plus
sur les Éditions Plon
(catalogue, auteurs, vidéos, actualités...),
vous pouvez consulter notre site Internet :
**www.plon.fr**

lisez!

et nous suivre sur les réseaux sociaux :

Editions Plon

@EditionsPlon

@editionsplon

MIXTE
Papier issu de
sources responsables
FSC® C003309
FSC
www.fsc.org

L'éditeur de cet ouvrage s'engage
pour la préservation de l'environnement
et utilise du papier issu de forêts gérées
de manière responsable.

Imprimé en France par CPI
en février 2020
N° d'impression : 3037022